KB046356

난간 없이 사유하기

THINKING WITHOUT A BANISTER

난간 없이 사유하기

한나 아렌트의
정치 에세이

한나 아렌트
신충식 옮김

HANNAH
ARENDT

문예출판사

저는 이를 난간 없이 사유하기라고 부릅니다. … 즉, 여러분은 계단을 오르내릴 때 넘어지지 않도록 항상 난간을 붙잡을 수 있습니다. 하지만 우리는 이 난간을 잃어버렸습니다. 이건 제가 저 자신에게 이 난간을 말하는 방식이죠. 그리고 이것이 실제로 제가 하려는 일입니다.

— 한나 아렌트

차례

일러두기

1. 주석에서 원서의 편집자인 제롬 콘의 주에는 '편집자', 옮긴이의 주에는 '옮긴이'를 넣었고 그 외는 모두 저자의 주다.
2. 원어 병기는 처음 한 번을 원칙으로 했으나 내용 이해를 돕기 위해 예외를 두기도 했다. 또한 처음 한 번은 각주가 아닌 본문을 기준으로 하였다.
3. 인명은 원서에서 성이나 이름만 나올 경우 원서를 따랐다. 다만, 인명의 원어 병기는 성과 이름을 모두 넣었다.
4. 원서에서 이탤릭체로 강조한 부분은 작은따옴표로 표시했고 인용한 문장이나 용어 등은 큰따옴표로 표시했다.
5. 주석의 인용 도서 출처 표기 중 국내 출간된 도서는 국내 서지 정보를 기준으로 작성했다.
6. 색인은 서문과 옮긴이 해제를 제외한 저자의 글만으로 작성했다.
7. 인명과 지명은 국립국어원의 외래어 표기법을 따랐다.

서문

제롬 콘

1961년 피그스만 쿠바 침공의 낭패를 쇠퇴의 기점으로 잡는다면 미국의 연방 공화국은 50년 이상 쇠퇴 국면을 밟아왔다. 이보다 한 세기 전 제6대 대통령을 역임하고 재선 실패 이후에도 오랫동안 하원 의원으로 활동한 존 퀸시 애덤스John Quincy Adams는 주로 노예제 문제를 두고 벌이는 극심한 여론 분열을 보면서 자신이 "고귀한 실험noble experiment"이라 부른 이 사안에 이미 절망했다.

오늘날 모든 정당의 정치인과 온갖 정치 색깔을 띤 식자층은 자신들의 권력 때문에 여론이 냉담한 점을 비난한다. 하지만 국민에게 여론 조사 결과가 아무리 왜곡되어도 여론 조사에 집착하는 일은 여론 강박증 외에 다른 무엇을 의미하겠는가? 한나 아렌트Hannah Arendt는 무분별한 기부 전화와 진배없는 여론 조사를 자신의 의견을 상실했거나 완전히 속아서 자기 의견을 저버린 것으로 믿었다. 그리고 아렌트의 사유 방식에 익숙한 사람들에게는 그녀의 이런 믿음이 전혀 놀랍지도 않다. 1963년 시카고에서 한 무리의 학생과 이야기하던 아렌트는 우리 모두 "자기 마음을 결정하고 난 다음에 다른 사람들과 의견을 교환해야 합니다. 여러분은 건국자들이 공공의 정신public spirit에 반대되는 여론을 크게 불신한 점을 기억할 겁니다. 공공의 정신이 부족한 곳에 '공공의 의견public opinion, 여론'이들어서기 마련입니다"라고 했다. 아렌트에게 이는 "왜곡"이자 모든 공화국, 특히나 민주주의라고 자처하는 공화국에는 위험이다. (지금 《페더럴리스트 페이퍼The Federalist Papers》에서 매디슨James Madison의 50번째 편지를 인용하면) "사람들이 별개의 여러 질문에 냉정하고 자유롭게 자신의 이성을 행사할 때면 어쩔 수 없이 다른 의견들에 빠지기 마련이다. …… 이들이 공통 감정common passion의 지배를 받고 있을 때, 이들 의견은 굳이 그렇게 칭할 수 있다면 같을 것이기" 때문이다.[1]

토머스 제퍼슨Thomas Jefferson은 외톨이들을 정치적이든 뭐든 집단 정체성으로 변모시키는 《외톨이 선언》[2]의 의미는 아니더라도, "1인 정당party of one 그 자체였다." 그는 1789년 3월 파리에서 프랜시스 홉킨슨Francis Hopkinson에게 쓴 한 편지에서 "저는 연방주의자가 아닙니다. 저 스스로 사유할 수 있는 장場에서 종교, 철학, 정치 또는 그 밖의 어떤 분야든 국민이 속한 정당의 신조에 전체적인 제 의견 체계를 한 번도 예속시키지 않았기 때문입니다. 그러한 중독은 자유롭고 도덕적인 행위자에 대한 최종적인 비하입니다. 정당과 함께하지 않아 천국에 갈 수 없다면, 제가 천국에 갈 일은 아예 없을 겁니다. 그래서 저는 연방주의자의 정당과 무관하다고 당신에게 이의를 제기합니다. 그런데 저는 반연방주의자 정당과도 크게 거리를 두고 있습니다"라고 적었다.

미국 공화정이 실패했다면 책임은 누구에게 있을까? 이 질문은

---

1   주목할 만한 사실은 아렌트가 건국자들의 행위에서 우연의 요소들을 누그러뜨리는 그들의 용어들을 '귀담아들었다'는 점이다. 우연성이란 자유로운 행위의 '필수 조건a conditio sine qua non'이며 동시에 이에 대한 전문 정치학자와 역사가의 다양한 해석 조건이다. 그래서 아렌트는 말이 없는 행위의 '무용성'에 주목한다.

2   애널리 루퍼스, 김정희 옮김, 《외톨이 선언Party of One: The Loners' Manifesto》(마디, 2015).

경제적으로 또는 심리적으로 (다양하게) 해석할 수 있다. 아렌트는 이 질문에 정치적 답변보다는 사회적 답변을 내놓을 듯하다. 정치적으로 답변하기 위해서는 남자와 여자의 확실하면서도 모호한 사회적 관계와 일정한 거리를 둘 관찰자가 필요하다. 정치적 답변은 '미국 시민은 공화국의 위력을 어떻게 허비했는가?'라는 자못 다르면서도 더 정교한 질문에 대한 것이리라. 1975년, 다가오는 미국 공화국American Republic의 탄생 200주년을 기념해 아렌트가 생애 마지막 해에 행한 대중 강연에는 오늘날 말했을 법한 내용의 여러 암시가 담겨 있다. 거기서 그녀는 "가장 작고 가장 무력한 국가 중 하나에 대한 승리가 불과 몇십 년 전만 해도 지구상에서 가장 강력했던 나라(1940년대 중후반, 연합군이 제2차 세계대전에서 승리한 직후의 미국을 가리킴)의 주민들을 환호하게 할 수 있을 때, 이는 바닥에 떨어진 자신감, 즉 이 나라 위력의 쇠퇴"라고 강조했다.[3] 그런 다음 아렌트는 1975년경 자신이 보기에 1950년대에 "조지프 매카시Joseph McCarthy가 촉발한 미니 위기"로 보인 뭔가를 언급한다. 이 위기는 "아마도 오랜 기간 루스벨트 행정부의 가장 중요한 성취일 …… 신뢰할 수 있고 헌신적인 시민 봉사의 궤멸"을 예고했다. 이를 기점으로 해서 "서로를 뒤엎어버리는 사건들의 대변동" 및 "역사의 나이아가라 폭포처럼 연쇄적인 사건의 폭포수"가 있었다. 그 압도적인 힘에 모든 사람, 즉 이를 성찰하고자 하는 관망자들과 그 폭포수를 늦추려고 하는 행위자들은 망연자실했고 마비되었다. 아렌트가 이 연설을 하고 40년 이상이 지난 지금, 우리는 이 나라가 1975년의 시점보다 훨씬 덜 정당한 방식으로 세계 최강국 또는 유일의 최고 권력으로 칭송받고 있음을 그래도 얼마나 자주 듣는가? 더욱더 혼란스

---

3 한나 아렌트, 서유경 옮김, 《책임과 판단Responsibility and Judgment》(필로소픽, 2019), pp. 433~458.

럽게도 오늘날 이러한 거들먹거림에는 어떻게든 미국이 이전의 "풍요"와 "위대함"으로 돌아가야 한다는 정치적으로 공허한 경제적 통보가 따른다.

　아렌트의 정치사상과 연설의 저변이라 할 이들 사상을 자양하는 토양은 그 결과야 어떻든 대단히 비옥하다. 아렌트가 오늘날에도 언급하리라 거의 확실할 수 있는 사안은 행정의 최상층부, 하지만 미국 정부의 최상부에서 이뤄지는, 보아하니 무자비한 정치적 거짓말과 관련이 있다. 거짓말은 우리 시대를 "진리 이후post-truth"로서 문법적으로 부적합하고 자기모순적인 묘사가 함축하듯이, 진리를 위협하는 게 아니라 오히려 정치적 진행 상황 그 자체의 실재를 믿는 우리의 역량을 약화한다. 한편으로 현실 감각 상실의 결과로 정치권력의 상실을 초래한다면, 다른 한편으로는 어떻게 해서 시민의 자유 행사가 권력을 '낳는지'를 두고 더 중대한 문제가 존재한다. 이는 아렌트가 이 저작에서 강력히 천명하고 있듯이 "자유롭기 위한 자유"가 아렌트에게는 정치 혁명의 목적, 바로 그 이유다. 물론 그중 어느 것도 저절로 추동되는 재정 불균형과 죽음으로 내모는 인종 불평등이 여타 다양한 형태의 야만성과 관료제 부패, 사회 부정의와 함께 계속해서 훨씬 더 가시화되는 방식으로 우리의 자유를 박탈한다는 사실을 부인하지 않는다. 이들 요인은 잠식 중인 사회적 '토탈리즘totalism'의 징표, 예컨대 관료제화된 공화국에서 정도의 차이는 있겠지만 정치적 자유의 철저한 억압의 징표다. 이러한 토탈리즘은 아렌트가 20세기 전체주의totalitarianism의 본질로 지각한 공포terror에 이르거나 그 결과를 빚을 필요는 없겠지만, 이 징후들은 우리가 "진정한 형태로 우리 시대의 참된 어려움"을 지각하도록 아렌트가 우리에게 주의를 주는 거라고 나는 믿는다.[4]

4　한나 아렌트, 이진우 외 옮김, 《전체주의의 기원 *The Origins of Totalitarianism*》(2) (한길사, 2006), p. 255.

'정치적' 자유는 어떤 요소로 구성되는가? 기표소에 혼자 들어가서 하는 비밀 투표가 자유로운가? 자유롭기 위해 가르치거나 집필하거나 읽는가? 아렌트가 보기에 가장 간명한 답은 (단순 잡담과는 구별되는) 말하고 행위할 능력이 정치적 자유의 필수 조건이라는 점이다. 우리에게 던져진 질문은 행동하기와 말하기가 함께 어디서, 어떻게 권력을 낳느냐다. 여전히 지속되는 제2차 세계대전의 대규모 부대 및 신무기를 포함한 군사력과 달리 정치권력이란 아렌트에게 최소한 부정적으로라도 사람들이 자기 자신, 가족, 경력을 두고 동료들과 이야기하면서 발생하지 않는다. 권력과 관련된 사안은 다른 시민들에게 자신의 의견을 설득하기 위해 공개적으로 열심히 논쟁하면서 시민들이 목소리를 내는 일이다. 이는 복종과 반대다. 시민은 정의상 자기 것이 아닌 사건들에 말을 맞춘다. 그 누구도 "내 사건"이라고 말하지는 않는다. 하나의 사건은 객관적이고 다수 인간에 맞서는 것이며, 그 결과는 '다른' 사람들의 다원성에 영향을 미치기 때문이다. 어떤 사건에 포함된 권력은 그 사건을 어느 정도 다루기 쉽게 해주는 자기 역량을 인지하는 시민의 잠재력이다. 이러한 다루기 쉬운 조건이 바로 정치적 '공통성commonality'이다. 여기서 인간 불평등의 각인이나 틀이 말소된다. 정치적 공통성은 아렌트가 "자유의 섬"이라고 부르는 구체화된 공적 '공간'이다. 자유의 섬은 역사의 큰 부분이 불신, 부당 행위, 부당성과 비유될 세계에서는 좀처럼 나타나는 법이 없다.

이 저작에는 아렌트가 로버트 허친스Robert Hutchins에게 보낸 서신이 실려 있다. 그 서신에는 아렌트가 공통적인 정치 관심사로 인지한 예시가 넘친다. 일부 독자에게 이는 공동 세계의 가능성을 제시할 수도 있다. 공동 세계를 이해하려다 보면 공동 세계가 어떻게 발전하고 어떤 정부 형태가 이에 가장 적합한지에 대한 근본 쟁점들이 제기된다. 공동 세계를 실현하려는 아렌트의 견해는 결코 낙관적이지 않았다. 아렌트는 세계에 아직 거의 출현한 적이 없고 다만 아주 잠시 나타났던 정부 형태를 논의하는 데 침묵했다. 한때 여전히 정부 평의회의 전망에 관한 질문을 받았을 때 그녀는 "그렇더라도 아주 미미할 뿐이다. 그렇지만 아마도 결국은 다음 혁명에 뒤이어 나타날 것이다"라고 대답했다.[5]

정부 평의회에 대한 아렌트의 관심사는 상세하지 않다. 왜냐하면 사전에 온전히 파악할 수 없는 '새로운 출발'일 것이기 때문이다. 그런데 정부 평의회에 대한 아렌트의 비전은 획기적이다. 아렌트는 정부 평의회가 전체주의를 총체적으로 파괴할 "새 정부 형태"라고 보았다. 전체주의는 군주제가 전제주의의, 귀족제가 과두제의, 민주제가 중우제의 대응물이라는 의미에서 그 어떤 긍정적인 대응물도 없다. 이들 쌍은 아렌트가 전체주의, 확장하자면 모든 형태의 토탈리즘에 대한 긍정적인 대응물로서 평의회를 추가할 때까지, 고대 이후로 사실상 어떤 변화도 없이 그대로 남아 있었다. 가장 광범한 평의회 설명이 헝가리 혁명을 다룬 논문에 있다. 처음으로 이 글의 전문이 실렸다. (권력의 토대기도 한) 기본적인 수준에서 평의회는 공정한 임금과 적정한 주택, 초중등 교육, 개인의 안전과 공공의 안전 같은 쟁점에 공통 관심사를 가진 남녀로 구성된다. 그런 다음 이들 지역 수준에서는 평의회의 더 높고 더 작은 지역 수준들을 선발할 것이다. 상위 수준의 평의회 구성원들은 이러한 쟁점들을 해결할 세부 사항들을 연구해야 한다. 피라미드의 정점에 있는 상향식으로 선발된 통치나 조정 기능을 가진 평의회는 자체의 법으로 공공 이해관계의 복합체를 지도하고 조직화한다.

이쯤에서 상상해보건대 어쩌면 대규모 전제 정치로서 "세계 정

<hr>

5 한나 아렌트, 김선욱 옮김, 《공화국의 위기*Crises of the Republic*》(한길사, 2011), p. 307.

부world government"개념을 아렌트가 격렬히 반대했음을 특히 언급할 만하다. 정부 평의회에서 이동, 사상, 행위의 자유는 각각의 수준에서 나타나지만, '권력'은 의무 이행과 이를 넘어서는 수준의 실천에 대한 기본 수준들에서만 실현된다. 평의회 정부들은 공동 세계를 구성한다. 여기서 공동 세계란 남녀 세계의 다원성 사이에 있는inter esse 이해관계들이 문자 그대로 넘쳐나는 세계다. 즉, 개인이 각자 자신의 고유한 관점에서 다른 사람들을 언급하기에 족한 공간을 유지하면서도 말하고 행동하는 개인으로서 이들과 관계를 갖는 세계다. 이 '사이in-between' 공간은 어떤 평의회와 유사한 협치 체계의 다원성에 존재한다. 평의회 내부에서 시민은 이념뿐만 아니라 소비와 공리 제품에서도 시장에서 평등한 것과 관련되어야 한다는 점을 추가해야 한다. 정치적 평등을 감각적으로 자각하는 일은 법이 불공평을 행하지 못하게 할 뿐만 아니라 정치적 평등이 상향식으로 모습을 드러내지 않도록 권한을 부여하고 이를 보증한다. 확실한 점은 평의회의 협치 체계가 전통적인 국가 주권 개념을 압도하리라는 사실이다.

　　이 저작의 제목인 '난간 없이 사유하기Thinking Without a Banister'는 〈한나 아렌트에 대한 아렌트〉(본문 p. 629 참조)에서 언급한 자기 사유 체험에 대한 묘사다. 이는 자신 말고는 그 누구와의 동의에도 의거하지 않으며 세계에서 물러난 활동이다. 달리 말하자면, 사유의 '대화'로 물러나 있는 동안에 주체는 아렌트가 "하나 안의 둘two-in-one"이라 명명한 둘로 분리된다. 아렌트에게는 "하나 안의 둘"의 경험이 '사유'다. 사유는 플라톤Plato, 아리스토텔레스Aristoteles, 칸트Immanuel Kant, 아렌트가 언급한 다른 철학자들에게 있었던 듯하다. 아렌트는 헤겔Georg Hegel이 그랬듯이 사유 활동을 통해 있는 그대로의 세계에서 '조화로울' 수 있었다. 하지만 히틀러Adolf Hitler와 스탈린Iosif Stalin의 전체주의 체제가 보인 전대미문의 잔혹성과 파괴 때문에 세계에서 물러나 자기 자신과만 사유 중인 아렌트는 어떤 전통적인 종교, 도덕 또는 역사의 지지도 용납하지 않았다. 바로 이러한 성찰에서 아렌트는 시대가 자신에게 지운 짐을 가장 무겁게 느꼈다.

아렌트에게 사유 활동에 관여한다는 것은 어느 한쪽 난간에 의지하지 않고서 자신이 떠안은 엄청난 부담을 보살피며 계단을 오르내리는 일과 유사하다. 난간을 붙들지 않고 사유하기는 아렌트의 비유 중 또 다른 면, 즉 과거와 미래를 연결하는 시간의 흐름에 걸쳐진 전통 규범이라는 다리가 전체주의라는 지금까지 상상하지도 못한 정치 범죄로 그 존재를 조롱당했을 때 과거와 미래 사이에 갑자기 벌어지는 심연을 보완해준다. 심연에서는 깊이를 알 수 없기에 이를 포함한 모든 공간 차원을 결한다. 이 얼마나 아찔한 일인가? 아렌트가 아주 존경해마지 않은 아일랜드 시인 윌리엄 예이츠William Yeats는 그 아찔함을 더할 나위 없이 멋지게 표현했다.

> 확대된 순환 고리를 돌고 돌면서
> 매는 매사냥꾼의 목소리를 듣지 못한다.
> 모든 것이 무너져내려 중심을 잡을 수 없다. ……

한나 아렌트가 오늘 이 자리에 있다면, 아마도 그녀는 긴박하게 다가오는 자연 위기와 정치 위기의 감성을 공유하리라. 하지만 그녀가 다른 사람들처럼 종종 자기 자신의 이름으로 행했듯이 20세기 전체주의 운동이나 이들 운동 요소를 비교하겠는가? 아렌트는 〈20세기에 권위가 의미하는 것〉(본문 p. 127 참조)이라는 글에서 자신에게는 스탈린 사망으로 종결된 전체주의 체제를 기억에서 끄집어내 기술한다. 여기서 아렌트는 독자들에게 오늘날 우리가 비교 가능한 무엇에서 얼마나 멀리 있는가를 명확히 해준다. 다른 한편, 이 저작을 관통하는 중심 사상으로 여길 부분은 '혁명'이다. 혁명은 여기 실린 적어도 여섯 논문의 특정 주제이자 다른 여러 글에서도 계속 울림을 준다. 혁명에 대한 아렌트의 지적은 오늘날에도 유효하다. 프랑스와 미국에서 18세기 말 성행한 혁명 정신은 혁명 행위로 경험하게 된, 오랫동안 잠자고 있던 자유와 행위의 인어를 복원했다. 행위의 자발적 참신성newness, 이 참신성은 고대 세계에 부여한 '신적 경이thaumazein'가 자주 아렌트와 연계 짓는 '세계 사랑amor mundi' 개념을 낳게 했으리라 믿는다.

혁명 정신은 행위 중의 인간이 아렌트의 용어로 "되돌릴 수 없는 지점", 즉 시계를 되돌리듯이 되돌아가는 것이 더는 가능하지 않을 때야 온전히 실현된다. 이와 반대로 전적으로 새로운 무엇이 세계 내에서 태동할 수 있다. 다시금 예이츠는 1916년 아일랜드 독립 투쟁에서 실패한 행위를 시로 표현하며 이를 가장 잘 드러냈다.

> 과도한 사랑으로 그들이 죽을 때까지
> 당혹스럽게 된다면 어찌할 것인가?
> 나는 이것을 한 연으로 써내겠다.
> 맥도나와 맥브라이드
> 코널리와 피어스
> 지금 그리고 다가올 시간 안에
> 녹색이 입혀진 어디에서나
> 변하게 된다, 전적으로 변하게 된다.
> 소름 돋는 아름다움이 탄생한다.

프랑스 혁명은 미국 혁명과 달리 세 가지 목표인 '자유liberté, 평등 égalité, 박애fraternité'를 이루지 못했다는 점에서 전적인 재앙이었다. 그런데도 지금까지 18세기의 위대한 두 혁명 중 역사적으로 더 영향력이 있는 사건은 프랑스 혁명이었다. 아렌트는 프랑스 혁명이 실패하고 미국 혁명이 성공한 내막을 아주 상세히 밝혔다. 하지만 나는 아렌트가 프랑스 혁명의 목표를 완전히 뒤집어놓은 혁명 내부에서 일어난 공포와 관련해서, '세계 사랑'을 "모든 악과 이에 따른 고통에도 있는 그대로의 세계를 사랑하는 일이 가장 어렵다"라고 했음을 강조하고 싶다.

　예이츠가 말하듯이 '소름 돋는' 아름다움은 개별 행위자들이 각자의 원인에 빠질 때 태동한다. 패배한 인간의 패배 원인이 고대의 신들을 즐겁게 하지 않아서라고 이야기하더라도 한나 아렌트를 '즐겁게 할' 수 있으리라는 점은 의심할 바 없을 것이다. 하지만 이는 '있는 그대로의 세계를 사랑하는 일'과 같은 것인가? 아렌트는 개인이 아닌 어떤 세계 민족도 사랑하지 않았다고 이야기해왔고, 이 사실은 잘 알려져 있다. 이는 그 정반대와 일치한다. 서론 끝부분에 나오겠지만, 아렌트는 반인륜 범죄를 포함해 가장 끔찍한 정치 범죄에 책임이 있는 개인들에게만은 관심을 놓지 않았다. 아렌트는 (남편) 하인리히 블뤼허Heinrich Blücher와 카를 야스퍼스Karl Jaspers 서거 후 생애 말년에 이들과 함께 가장 신뢰한 사람이자 절친한 친구였던 위스턴 휴 오든Wystan Hugh Auden마저 죽고, 마지막 자리에서 본 마르틴 하이데거Martin Heidegger도 정신적으로나 육체적으로 쇠약해졌음을 발견하고서 "바람결의 잎새처럼 자유로움Frei wie ein Blatt im Wind", 즉 완전한 무력감의 충격적 이미지를 느꼈다고 했다. 세계와 사유의 화해가 사랑과는 너무도 거리가 있기에 이 모든 사태는 세상사에 밝았던 말년의 아렌트가 '세계 사랑'에 다소 회의적일 수밖에 없게 한 측면이 있다.

　이쯤에서 혁명에 관한 아렌트의 많은 설명 중 자주 간과된 부분에 초점을 맞추는 게 중요하다고 믿는다. 아렌트는 여러 혁명이 두 종류, 즉 세계에서 '새로운 출발'을 모색하는 혁명과 '과거의 출발을 재건하고자'

모색하는 혁명으로 구별된다고 주장했다. 그리고 이 저작에 담긴 근대의 정치 자유와 공공 행복의 부활에 관한 아렌트의 혁명 관련 주제를 명확히 알리는 일은 아렌트의 이러한 고유한 주장과 맞물려 있다. 아렌트는 후자의 혁명을 베르길리우스Vergilius가 아이네이아스Aeneias의 로마 건국으로 기술한, 다시 말해서 약탈당하고 피폐해진 트로이 도시 국가의 재건으로 묘사한다. 아렌트가 꼽는 전자의 혁명을 보여주는 주요 예시에는 미국 공화국의 절대적인 새 시작이 있다. 아렌트는 자기 독자들이 그 차이를 보고 느끼기를 원한다. 아렌트 자신은 베르길리우스의 '시간의 질서상 지나친 부분의 재건ab integro saeclorum ordo'이 시대 질서의 총체적인 단절을 의미하는, 여전히 1달러 지폐에 등장하는 '노부스 오르도 세클로룸novus ordo seclorum'이라는 문구로 변화한 것에서 절대적인 새로운 시작을 감지한다.

아렌트는 이 저작의 마지막 글인 자신의 아름다운 오든 추도 연설에서 예이츠를 기억하며 쓴 그의 시를 인용한다. 시는 "자기 시대의 감옥에서 / 자유인에게 예찬하는 방식을 가르치라"로 끝을 맺는다. 아렌트는 계속해서 말한다.

예찬은 이 시의 핵심어입니다. 이는 신의 창조를 정당화하려는 시인(또는 철학자)에 달려 있을지라도 "모든 가능한 세계의 최상에 대한 예찬"이 아니라 인간의 조건에서 가장 불만족스러우며 …… 상처에서 그 기운을 빨아먹는 모든 것에 반대하며 던진 예찬입니다.

아렌트에게 오든은 당대에 가장 위대한 영국계 시인이었다.[6] 가장

---

6 아렌트는 아일랜드 출신인 예이츠와 미국 출신인 엘리엇을 비교하는 방식으로 이러한 평가를 내렸다.

위대할 수 있었던 요인을 "인간의 '좌절한' 성공unsuccess에 대한 자신의 취약성, 즉 욕망의 뒤틀림, 마음의 불성실, 세계의 부정의에 대한 취약성의 '저주'에 굴복했다"(본문 p. 752 참조)라고 했다. 내가 듣기로는 이 또한 '세계 사랑'과 조화롭지 않다. 오히려 이는 아렌트가 위대한 모든 시인에게서 발견한 인간적 결단의 용기다. 이는 다시금 훼손당한 자기 고향의 재건으로서 로마의 건국을 노래한 베르길리우스를 떠오르게 한다. 오늘날 미국에서 200년 이상 된 영광스러운 새 출발로서 이러한 재건은 대체로 지혜의 마지막 단어로 보인다.

* * *

클라우디오 …… 죽음은 두려운 것이다.
이사벨라   그리고 부끄러운 삶은 싫은 것이다.
_ 셰익스피어, 《자에는 자로Measure for Measure》, 3막 1절

한스 요나스Hans Jonas는 대학 시절부터 친구였던 아렌트가 미래에 어떤 평가를 받을지는 몰라도 일생에 걸쳐 정치 담론의 수준을 끌어올렸다고 했다. 엄청난 분량의 저작을 볼 때 이 점은 의심할 여지가 없다. 미국의 유권자들이나 공공 영역의 사무실에서 또는 정치 분야의 전문 작가들 사이의 기대할 만한 곳에서도 아직은 이러한 정치 담론이 확산한다는 어떤 징후도 거의 없어 보이지만 말이다. 이곳에서 우리는 한때 신뢰할 만한 신문의 피상성, 주간지의 위트와 지성을 대체해버린 입담, 고작해야 한때 거들먹거렸던 서평이 제기한 일부 지적 퍼즐들을 가지고 있다. 더

욱 역량 있는 다수의 전문가는 현재 독자층이 준準식자층의 대중 사회mass society에서 멀어지는 해변을 허둥지둥 가로지르는 게와 별반 다를 바 없다는 데 동의한 듯하다.

오늘날 정치 담론의 질과는 별개로 아렌트의 사유는 정치 사건들을 파고들어 그 스스로 정치적 삶에서 새로운 의미를 발견했다. 어쩌면 아렌트 작업의 보증은 사유 활동이 세계 표면의 사건 현상에서 의미를 잃어가는 그 사건들을 납득하는 데 필수 조건이라는 점을 보여준다고 하는 게 더 적절하다고 할 수 있다. 아렌트는 표면에서 일어나는 현상들에 놀라서 사유로 진입한다. 그녀의 사유 활동은 이들 현상에 매이고 계속 선회하며 일정한 거리를 두고 이들에 파고들며 결국은 이들을 내부에서부터 조명한다. 그런데도 사유 활동 자체는 우리가 생각하고 싶어 하듯이 더 확고한 토대에 입각하며 사건 '아래에 놓여 있다.' 위트에 능했던 T. S. 엘리엇Thomas Stearns Eliot은 헨리 제임스Henry James를 두고 그의 마음은 너무도 섬세해서 그 어떤 이념도 여태 이를 '위배할' 수 없었노라고 했다. 하지만 이런 이념 자체가 여러 정신을 위배하지 않는 반면에, 어떤 다양성이나 편견이든 이들 이데올로기는 정치적 사건들에서 정치사상가의 집중력을 '흐트러뜨린다.' 아마도 엘리엇이 전적으로 적합하다고 할 듯한데, 생산적인 상상이 헨리 제임스에게서 역동적이었듯이 바로 그러한 의미에서 플라톤에서 홉스Thomas Hobbes와 아렌트에 이르는 정치 분야의 최상급 저자들은 재생적인 상상을 적극적으로 발휘했다.

내 판단에 1961년 예루살렘의 아돌프 아이히만Adolf Eichmann 재판 참관은 아렌트의 생애에서 가장 중요한 사건이라고 보는 게 타당하다. 출간되지 않은 글들을 모아놓은 두 번째 책인《난간 없이 사유하기》에는 1950년대 중반부터 1975년까지의 글이 수록되어 있다. 이 책의 원서 부제는 '이해의 에세이, 1953~1975'다. 이를 가능한 한 명료하게 표현하자면 첫 번째 책에 해당하는 《이해의 에세이, 1930~1954 Essays in Understanding 1930-1954》에 담긴 전반부의 삶에서 아렌트에게 가장 영향을 미친 사건은 두 밀레니엄 동안 처음 보는 새로운 정부 형태인 전체주의의 출현이다. 히틀러와 스탈린은 모두 전체주의를 두고 자신들의 목표가 자연 또는 역사의 목표와 같거나 자연 및 역사의 일정한 결합과 동일하다고 믿었다. 이들 목표를 달성하는 데 공포와 파괴는 필수적이었다. 문자 그대로 이들은 (아렌트가 자라고 교육받아온) 도덕적, 법적, 철학적 전통의 토대를 밑바닥에서부터 송두리째 바꿔놓았다. 몇 년이 지난 후에 15년 전 제2차 세계대전 중에 저지른 반인륜 범죄로 삶 자체가 재판에 넘겨진 아돌프 아이히만의 현상하는 실재는 문자 그대로 숨이 멎을 정도였다.[7] 바로 이 점이 서론의 후반부에서 논의된다. '아이히만 사건l'Affaire Eichmann'은 미국뿐만 아니라 유럽 국가의 시민들은 물론이고 수많은 세계인이 오늘날 자기 자신들을 발견하는 도덕적, 정치적, 법적 난국의 청사진에 가깝기 때문이다.

가장 직접적인 문제는 아렌트가 프랑스 혁명 이후 최초로 촉구되었다가 그다음에 주로 공고해졌다고 보는 행위의 점진적 상실이 아니다.[8] 그보다는 오히려 인간 사유 역량의 경직화일 수 있다. 이러한 현상은 그전까지 생각하지도, 결코 목격한 적도 없는 규모로 무고한 인간과 아이들을 죽음에 이르게 한 혐의로 재판정에 선 아이히만에게서 아렌트가 처

7   아렌트가 아이히만 사건에 관해 몸소 집필한 대부분의 논문은 《책임과 판단》에 수록되어 있다. 그녀의 난해한 미완의 최후 대작인 《정신의 삶 The Life of the Mind》도 동일 사건에서 영감을 받았다.

8   이것이 앞서 언급한 프랑스 혁명이 미국 혁명보다 훨씬 더 영향을 끼친 이유다. 아렌트는 워싱턴 D. C. 의회도서관이 소장하고 있는 대부분의 미완성 원고에서 프랑스 혁명 이후 행위의 실패를 고찰했다.

음으로 본 것과 너무도 유사하다. 하지만 이 문제는 어찌 되었건 아렌트가 나치 살인자의 무죄를 입증해주었다고 비난하는 것에 대해 그녀를 심히 걱정하는 전문가들의 관심사만은 결코 아니다. 또한 훨씬 더 불합리하게도 문제는 이들 전문가가 누구를 옹호하는지, 또는 무엇을 옹호하는지를 종종 깨닫지 못한 듯이 보이는 일부 아렌트 옹호자들을 포함하기도 한다. 아렌트에게 무엇이 발생'했는가'의 의미는 무엇이 발생하고 '있는가'를 의미 있게 하는지를 돕는 것이다. 이보다 더한 것은 감지된 '현재'가 단지 지나가는 순간들과는 반대로 인간들이 알려지지 않은 미래로 함께 행동'할 수' 있는 견고성을 제공한다는 점이다. 하지만 과거의 의미가 불명료하고, 가령 지적인 안개 속에서 과거에 대한 이해를 상실했을 때 현재에 그 과거를 어떻게 기억하고 판단할 수 있겠는가? 어떤 이유로 오늘날 수많은 지식인이 아이히만의 평범성banality을 인정하면서도 그가 열성적인 반유대주의자 또는 인종 말살의 이데올로그였다는 점을 확신하는가? 아렌트는 이 점이 논란이 되고 자명한 사실로 받아들이기도 전에 이를 '도덕적인' 문제로 보았다. 재판이 종결되고 1963년 《예루살렘의 아이히만Eichmann in Jerusalem》이 출간된 후 곧 "이 도덕 쟁점이 잠복해 있다는 느낌"을 받았다고 썼다. "사실 말을 꺼내기가 훨씬 더 힘들고 타협점을 찾기가 거의 불가능한 무엇, 즉 무방비 상태의 괴물성 속에 공포 자체가 숨겨져 있었기 때문이다." 아렌트가 '악의 평범성'(아이히만에 관한 저작의 부제)으로 드러내고 싶었던 바는 고대부터 온갖 악조건에도 살아남은 유일한 민족인 유럽 유대인 절멸 '사건'의 지극한 공포에 사람들이 그저 압도되었다는 점이다. 그에 비하면 사유 능력의 상실, 이와 동일시할 수 있거나 이것에서 비롯된 정직성의 상실에 그 어떤 것도 저항할 수 없다는 사실은 주로 어둠 속에 남아 있다.

　이 지점에서 아렌트의 발언이 결정적이다. 첫째, 아렌트는 전체주의 체제하에서 총체적 지배의 공포에 직면한 지식인 사이에 비자발성 이상의 실제적 어려움이 있음을 알고 있다. 바로 이 점 때문에 잔혹한 참여자로서 아이히만의 평범성이 제기한 도덕 쟁점들은 아이러니하게도 아렌트가 아닌 이들 지식인을 눈멀게 한다. 둘째, 아렌트는 아이히만이 독일, 오스트리아, 헝가리, 아르헨티나 또는 예루살렘에서 쓴 가면 뒤에 정말로 아무것도 없음을 알고 있다. 이는 왜 그가 행한 극단적 악이 어떤 심리학적 근원이나 깊이가 없는지, 왜 이러한 악이 인간 세계에 들불이나 바람을 타고 홀씨처럼 번져나갈 수 있는지를 설명해준다. "무방비 상태의 괴물성"은 이를 파악하고 견디는 데 필요한 정신적 투쟁 때문에 "타협하기" 어렵다. 아렌트에게 포착하기 어려운 이 도덕 쟁점은 바닥이 안 보이는 악, 완전한 파멸 이외에 어떤 포괄적 목적도 지니지 않은 악, 더욱이 반유대주의나 어떤 여타 이데올로기[9]와 본질적인 연관성이 없는 악의 인지와 이해가 필요하다.

완벽한 파멸의 심연에서는 어떤 조정도 있을 수 없다. 악이 사유를 거스른다. 아마 상상력도 거스를 것이다. 심연 없이는 ("선에만 심연이 있다") 붙들고 있을 지지대, 파악할 근원도 존재하지 않을 뿐만 아니라 비난할 사탄, 부패, 심지어는 어리석음 또는 광기도 존재하지 않는다. 숨막히는 평범성이 '존재한다!' 아렌트는 아이히만이 광대였음을 의심할 수 없도록 했다. 이러한 의심이 재판에 "치명적"이었음을 입증했고, 어쨌

9　이로써 아렌트는《전체주의의 기원》과 다른 데서 장황하게 분석한 나치와 볼셰비키 체제의 본성 및 역사의 이데올로기들을 부인하지는 않는다. 하지만 더욱이 그녀는 "완벽해진" 전체주의 국가를 "체제에 대한 너무 신뢰할 수 없는 지지로서 확신"의 폐기로 이해한다. "여타 모든 체제와 구별되는 이 체제를 통해서 인간은 자발적 사유와 행위의 존재인 한에서 피상적이 되었음"을 보여주었다[한나 아렌트, 홍원표 외 옮김,《이해의 에세이 1930~1954》(텍스트, 2012), pp. 550~552].

든 "그와 그의 부류들이 수백만의 유대인에게 원인을 제공한 고통의 관점에서 지속하기 어려울지라도 …… [더욱이] 그가 벌인 최악의 광대짓은 여태 거의 주목받지 않았고 아예 보고된 바도 없었다." 심지어 오늘날에도 독일인은 아이히만 말들의 난센스에 대해 거의 이야기하지 않는다. 다른 것들도 그랬지만 여기에 대해서도 마르가레테 폰 트로타Margarethe von Trotta[10]만은 예외다. 확실히 반인류 범죄를 저지른 전범 아이히만은 자신이 속한 게슈타포 부서에서 자기 업무가 무엇인지를 자각할 능력이 없었다. 자신이 행한 악을 평범한 악으로 이해하지 못해서였다. 그는 인종말살을 간접적으로 도운 "탁상 살인자desk murderer"였다. 아이히만은 자기 동료들보다 더 근면하게 업무를 시작해 상사의 주목을 받으면 승진하리라 믿었다. 자신의 행동에 역겨움이나 혐오를 느끼지 않은 이유는 죽도록 일하다가 독가스로 살해되어 소각될 준비를 하던 생명을 상상하지 못했기 때문이다. 심지어 그는 이들을 기억조차 하지 못했다! 숙고해야 할 질문은 혐오감이 없었다는 점이 어떻게 사유의 무능과 관계되는지다. 이는 도덕적 질문이다. 이 질문을 통해 아렌트는 자신이 처음으로 제국 의회의 화염 속에서 악의 실재를 언급한 1933년부터 추적해온 것에 대한 성과 있는 연구를 열어갔다. 이러한 추적은 전쟁을 통해 계속해서 더욱더 복잡해졌고 예루살렘 재판에서 아이히만의 말을 들으면서 정점에 이르렀다.[11]

10 페미니즘을 지향하는 독일 영화감독으로 신 독일 시네마 운동의 주도 세력이다. 2012년 한나 아렌트 전기 영화를 감독하기도 했다. (옮긴이)

11 아이히만이 다른 정황에서 또 다른 가면을 쓰고 다른 장소에서 한 말로 이를 부인할 수 없다. 'aisthesis'의 그리스적인 의미는 특수한 것에 대한 감각적 통각인데 게슈타포 관리로서 아이히만의 발언은 법정에서 자신이 한 말을 특권화하지는 않았다. 최소한 그의 말을 들을 수 있었던 사람들에게 이는 특권은 아니었다.

아이히만이 유럽 유대인 파멸의 필연성을 믿었든 안 믿었든 확실히 그는 이에 관여했다. 오늘날 아렌트 지지자들은 '믿는 일'과 '관여하는 일'이 같다고 심각하게 주장하는가? 같은 지지자들이 그의 평범성 및 무사유를 기꺼이 수백만 유대인의 죽음에 대한 아이히만의 책임과 구분하듯이 왜 전자와 후자를 구분하지 않는가? 아렌트에 호의적인 다수는 자신들이 결코 실제로 본 적이 없는 아이히만을 그린다. 이 초상화에서 아이히만은 고집불통의, 대량 학살을 한, '그리고' 평범한 인간으로 드러난다. 하지만 이는 예루살렘 법정에서 아렌트가 그의 삶을 다룬 재판에서 본 인간인가? 오히려 아이히만은 크리스토퍼 브라우닝Christopher R. Browning[12]의 "평범한 사람"처럼 자신이 책임져야 할 '악에도' 평범했는가? 아이히만은 그럭저럭 살아가기 위해 단순히 계속해나간, 심리적으로 정상적인 인간이었는가? 그렇지 않다면 이는 단순히 아렌트가 처음부터 거슬러 헤엄쳐 가고자 한 옛 조류의 가장 최근 판인가? 아이히만을 교수형에 처해야 한다는 점이 그가 가진 야심의 왜곡보다는 세계라는 개별적인 부분을 파괴한 책임 때문이라는 아렌트의 판단을 상정해보거나, 아니 더 좋게 표현해서 이해하는 데 어쨌거나 우리에게 도움이 되는가?

아렌트의 친구와 지지자는 아이히만이 자기 양심을 우상인 히틀러에게 "맡겼다"라고 이러저러한 방식으로 말함으로써 그의 "양심" 문제를 다루려는 경향이 있다. 히틀러는 크게 성공한 어린애였다. 이는 아이히만이 문자 그대로 지도자를 따르면서도 그 선상에서 자신의 승진을 좇을 거라 가정하기에 충분한 이유였다. 반대로 아렌트는 아이러니하게도 아이히만의 양심이 몇 주 동안은 관행대로 작동했는데 그러다 갑자기 반대 방식, 즉 히틀러 방식으로 근무하게 되었으며 유럽 유대인을 말살하려

---

12 미국의 역사학자로 홀로코스트 전문가다. (옮긴이)

는 히틀러 기획에 필요한 병참 분야 전담자로서 자신의 복무 기간에 열정적으로 근무했다고 했다. 양심의 이러한 변화는 무엇을 의미하는가? 양심은 거의 매번 우리에게 하지 '말아야' 할 것을 말해주는, 내면에서 올라오는 목소리로 이해할 수 있는가? 이는 우리가 주식에 대한 내부 성보를 제공하는 금융 거래자에게 "당신은 투명한 양심으로 해줄 수 있나요?"라고 물을 때 의미하는 바가 아니었는가? 아이히만은 이전 삶에서 올라온 메아리가 잠잠해지는 짧은 휴식 후에, 동종업계에서 일하는 동료들의 목소리만 들었다. 아이히만에게는 내면의 목소리가 없었다. 아렌트의 용어로 표현하자면 그는 '하나 안의 둘'이 아니었다. 이는 그에게 함께 사유할 동료가 없었다는 의미다. 사유할 동료란 자기 자신보다는 타자에게 이야기하는 '사람'으로, 적어도 세계에 재현되기 전까지는 아무도 들을 수 없도록 너무도 빨리 지나가는 말로 이야기해주는 사람이다. '아이히만은 헤아릴 줄은 알았으나 사유하지는 못했다.'

　　사람들은 왜 아이히만이 나치 친위대에서 앞서가지 않았는지 궁금해한다. 왜 동료들은 그를 "하찮은 인물"로, 상사들은 세속적이고 열등하며 중요하지 않은 사람으로 생각했을까? 이것이 아이히만이 갈망하던 동료일까? 아이히만은 자신보다 훨씬 위에 있다고 생각하는 이들과 동료애를 나누고 그들에게 속하기를 욕망했을까? 이러한 욕망이 독일이나 그 밖의 다른 곳에서는 일상적이지만 이를 꿰뚫어 보는 아렌트의 요점은 아이히만이 "수백만의 자기 동포"와 같지는 않았다는 점이다(이 점에서 아렌트는 반대의 이유이기는 해도 크리스토퍼 브라우닝에게 동의할 듯하다). 아이히만은 자신이 한 일 때문에 자신의 삶을 재판받는 특수한 개인이었다. 이 사안을 두고 양심의 역할에 관해 생각한다는 것은 유일한 양심이 나쁜 양심이며 이 양심은 다만 점잖은 신사와 숙녀에게만 말을 건다는 사실을 깨닫는 일이다. 실제로 나쁜 양심은 인간 존엄의 필수적인 조건이다. 이에 반해서 명료하거나 투명한 양심에는 목소리가 없으며 아무에게도 이 목소리가 필요하지 않다.

아마 무엇보다도 가장 중요한 점은 (일부 아렌트 팬들에 따르면) 나치의 유대인 대학살 가해자들이 그 일이 얼마나 어려운지, 또는 얼마나 어려운지와 무관하게 자신의 일이 적법할 뿐만 아니라 '옳았다 recht'고 확신했다는 사실이다. 히틀러는 홀로코스트의 "옳음" 또는 "좋음"을 믿었는가? 히틀러는 유럽 유대인을 파멸시키는 데 확실히 '정치적 이성'(아렌트는 아주 아이러니하게도 '국가 이성 raison d'état'이라 불렀다)을 가졌지만, 이러한 이성을 '도덕적으로' 정당화할 수 있다고 생각했는가?

아니면 그 반대로 "도덕적 선 moral goodness"은 히틀러가 일관되게 경멸한 사안인가? 왜 누군가는 모든 대량 학살 가해자가 자신이 행한 일에 도덕적 정직성을 확신해야 한다고 믿어야 하는가? 아렌트는《전체주의의 기원 The Origins of Totalitarianism》에서 "전체주의 지배의 이념적 주체는 철저한 나치나 헌신적인 공산주의자가 아니라 사실과 허구, 참과 거짓 간의 구분이 더는 없는 국민이다"라고 말했다. 여기서 아렌트는 "이념적 ideal"이라는 용어를 막스 베버 Max Weber가 말한 "이념형 ideal type"의 의미에서 원용하지, 예루살렘에 찾아가 몸소 보고자 했던 특정 인물을 가리키지 않는다. 그런데 아렌트는 설명에서 아이히만을 골수 나치주의자[13]가 아니며 사실과 허구를 분별할 수 없는 나치주의자 대신 T로 기술한다. 이 마지막 무능이 결정적으로 중요하다. 사실과 허구를 구분할 수 없는 무능은 옳고 그름의 차이에 대한 무지와 전혀 같지 않다. 옳음을 행하는 것이 옳고, 그름을 행하는 것이 그르다는 것을 아는 데는 그 어떤 경험도 필요하지 않다. 하지만

---

13 아이히만은 유럽 유대인의 절멸이 목표였던 나치 이데올로기를 이해했거나 믿었음을 스스로 드러낸 적이 있는가?

특수한 행위가 그르다는 판단은 선험적 지식의 사안이 아니다. 이는 사실과 허구를 분별할 수 있는 '능력이다.' 이는 하늘이 사실에서나 허구에서나 '푸르기에' 하늘은 푸르다는 데 동의하는 모든 사람과는 정반대다. 유대인이 사실 인류를 오염시키지 않아서 이들을 사지로 보내는 데 항의한다면, 이를 위한 우리의 판단은 어떤 기준에 고정되지는 않지만 한 유대인 또는 여러 유대인과 부대껴보았거나 이들을 알고 있다는 자신의 체험에 바탕을 두게 된다. 아이히만은 허위에서 사실을 분별할 수 '없으며' 전례 없는 반인륜 범죄에 책임이 있는 "이념적" 전체주의형 주체일 수 있다. 이는 그에 대한 아렌트의 설명에서 가장 중요한 양상 중 하나이며 찬반양론을 불문하고 논평자들보다 아렌트 자신이 더 잘 이해한 난점이다.

아렌트가 악의 평범성이나 무사유thoughtlessness를 논의할 때, 《전체주의의 기원》에서 그녀는 지상에서 보기 드문 근본악radical evil의 출현으로 죽음의 공장 또는 강제 노동 수용소Gulag라고 불렀을 때부터 마음을 바꾸었다. 더욱이 단순히 아렌트의 악에 대한 두 개념은 평범하거나 무사유의 악을 구성하는 행위들이 실행에 옮긴 근본악 이론에 지나지 않는다는 점을 제안함으로써 조정될 수 있는 경우가 아니다. 이를 두고 아렌트는 누구보다 메리 매카시Mary McCarthy[14]를 신뢰했다. 아렌트는 매카시에게 바로 이 문제에서 자기 마음을 '바꿨노라고' 고백했다. 다시 말해서 아렌트는 이제 악은 뿌리가 없으므로 결코 근본적이지 않다고 생각했다. 이는 결코 악을 한계 짓는 것이 아니라 반대로 악의 한계를 지워버리고 그 범위를 확대한다. 어떤 뿌리도 없다는 바로 그 점 때문에 평범성이나 무사유의 악은 지구의 모든 지표면으로 뻗어나갈 수 있다. 칸트에게 근본악은 "이론"이었을 수 있다. 확실히 이 이론은 (칸트가 전혀 발전시키지 않았으며)

---

14 미국의 소설가이자 문학평론가다. (옮긴이)

아렌트에게는 결코 이론인 적이 없었다.[15]

　　아렌트는 예루살렘으로 떠나기에 앞서 근본악을 다음과 같이 정리했다. "근본악의 본성은 알려진 바가 거의 없다. 심지어는 공개적인 장면에서 [근본악의] 극히 드문 분출에 노출된 우리에게조차도 그렇다. 우리는 이러한 공격을 처벌도 용서도 할 수 없으며, 따라서 이 공격이 인간 현안들의 영역과 인간 힘의 잠재력을 뛰어넘어서 이 둘이 나타날 때마다 뿌리까지 파멸시킨다는 사실을 알 뿐이다."[16] 아이히만의 반인륜 범죄에서 악의 근원이 '드러나지 않도록disappearance' 하는 일은 아렌트를 비방하는 사람들보다는 지지하는 사람들에게 더 문제가 된 듯하다. 아렌트에게 아이히만이 처형되어야 하는 이유는 그가 "인류 범죄"를 저질러서가 아니었지만 다수, 심지어는 이스라엘 판사도 그렇게 믿었을 수 있고 설득력이 없는 것도 아니다. 하지만 아렌트에게 그의 범죄는 아이히만 자신을 포함한 모든 인간의 고유한 본성인 인간의 다원성에 반하는 것이었다. 인간의 다원성은 오직 신만이 인간의 본성을 알 수 있고 필멸자인 인간은 결코 알 수 없다는 아렌트의 이전 주장을 확인시켜준다. 아이히만에게 사형을 언도한 이유는 그가 저지른 일에 대한 처벌(그의 범죄에 합당한 처벌이 무엇일까?)로서가 아니다. 게슈타포의 관리로 근무할 때, 전후 아르헨티나로 도망쳤을 때, 자기 행동에 대한 재판을 받기 위해 예루살렘으로 가게 됐을 때 자신이 무엇을 하고 있는지를 사유하는 데 실패해서다. 아렌트가 판단할 때, 인간 세계에 아이히만과 같은 인간을 위한 장소는 존

15　"근본적" 또는 "급진적"으로 번역한 "radical"이라는 단어는 어떤 이데올로기의 고수가 아니라 예를 들어 정치적 반유대주의처럼 이러한 문제의 뿌리에 도달함을 가리킨다. "근본적"과 "뿌리root"라는 단어들은 뿌리를 의미하는 라틴 명사 'radix'에서 유래했다.

16　한나 아렌트, 이진우 옮김, 《인간의 조건 *The Human Condition*》(한길사, 2019), p. 338.

재하지 않는다. 그는 세계를 자신 말고 타인의 관점으로는 보지 못했고, 특히 자신이 칭찬하면서 함께 일한 유대인의 관점에서 보지 못했다. 이는 평범하고 (다음 부분이 가장 난해한데) 괴물이 아닌 '한 인간으로서' 자신이 책임질 극단적인 악의 평범성이다.

아렌트가 말하고 있듯이 그 행동들은 끔찍했다. 화물칸에 인간을 수화물처럼 실었고 즉시 죽일 일부와 노예처럼 일할 사람들을 "선별"했다. 그리고 산송장이 될 때까지 이들의 인간성을 고문과 기아, 가스실과 화장장, 도랑에 쌓인 시체 위에 아무렇게나 던지기 등 단계적으로 짜냈다. 아이히만은 이런 행동 중 아무것도 하지 않았다. 그렇지만 그는 이런 일들을 할 장치를 마련하고 제공했다. 그에게는 이 일들을 실제로 행한 사실보다 더 큰 책임이 있다. 재판관들은 죽음의 도구를 휘두른 자들과 거리상 멀어질수록 아이히만의 책임도 그만큼 커졌다고 주장했고, 아렌트도 이에 적극적으로 동의했다. 물론 책임이 커진 데는 수용소에 팽배한 생존의 필연성에 그가 강요받지 않았다는 점도 있다.[17] 아이히만의 악을 모든 인간성이 직면한 문제로 본 점은 그리스어 번역 구약성서에서 '걸려 넘어지게 하는 돌부리skandalon'로 이해하는 일과 같다. 이 돌부리는 아렌트가 평범성이라고 한 것과 일부 유사한 면도 있지만 차이점도 크다. 우리는 천국을 떠나기로 '선택한', 천사 중에서 가장 뛰어난 사탄을 더는

17 실제 살인을 담당한 코만도스(Kommandos, 독일 나치 수용소 노예 노동자들의 기본 조직 단위_옮긴이)가 주저했다면 그들은 죽었을 것이다. 여기서 실제 살인은 유대인 문제에 대한 "민족 말살final solution"의 한 양상이나 또 다른 양상을 계산한 히틀러 친위대의 사례는 전혀 아니었다. 자못 유사한 일련의 사고에서 프리모 레비Primo Levi는 "이해가 불가능한 인페르노의 벽 안에 최종적으로 내던져진" 사람들에 대해 다음과 같이 말했다. "내게 이는 진정한 지시 준수에 따른 비상사태Befehlnotstand …… 경직된 이것 아니면 저것, 즉 즉각적인 복종 아니면 죽음이었던 것으로 보인다"(Primo Michele Levi, "The Gray Zone" Chapter 2, *The Drowned and the Saved*).

비난하지 않는다. 우리는 아이히만이 "관공서 용어officialese"라고 부른 유일한 언어가 그의 마음을 흐리게 하고 양심을 무디게 하는 데 일조했음을 알 수 있다. 아렌트는 인간이 인간에게 행할 수 있는 일은 "인간은 인간에게 늑대다homo homini lupus"라는 고대 개념을 훨씬 능가한다는 사실을 분명히 보고 판단했다. 정치적으로 아이히만의 평범성은 그가 쓴 가면 배후에 어떤 결정을 하도록 만든 근원이 없음을 보여준다. 그의 가면은 선택이나 우연의 강풍이 데려간 곳이 어디든 일관성이나 기대 없이 바뀌었다.

아렌트는 아이히만 자신이 "악의 평범성"을 범하지 않았다는 기괴한 행위에 대해 아이히만의 책임이라고 명명했고, 우리는 여기에 동의해야 한다. 하지만 아직껏 충분히 검토하지 않은 부분은 아이히만이 초창기 무렵 빈에서 비교적 규모가 큰 빈 유대 공동체의 지도자인 요제프 뢰벤헤르츠Josef Löwenherz의 뺨을 갈겼다는 점이다.[18] 나중에 이 둘은 협력했고 아이히만은 뢰벤헤르츠가 전쟁 내내 빈에서 살아남을 수 있도록 보호해주었다. 그런데도 아이히만은 뺨을 때린 일을 진심으로 한층 더 후회한 듯하다. 아마도 특히 아렌트의 언어로 표현하면 뢰벤헤르츠는 "나치 당국이 원하는 대로 전체 유대 공동체를 실제로 조직화한 첫 번째 기관원"이었을 것이다. 그런데 왜 이 이야기를 검토하는가? 결국 아이히만 안에서 아주 미미하게나마 그의 품위나 동료애를 알아볼 수 있지 않을까 해서인가? 뢰벤헤르츠 이야기의 이해는 그와 아이히만 둘 다가 보여준 반인륜 범죄 희생자들에 대한 '무관심', 즉 '무시'를 강조한 사실을 안다는 것과는 전혀 다른 사안이다. 아렌트에게는 이러한 무관심이 "최악의 위험"이다. 최소한 판단의 힘을 깨달은 사람들에게 이는 사실 "전적인 판단"의 거부

18 이 저작의 아렌트와 로저 에레라Roger Errera의 인터뷰 끝부분을 참조하라.

보다 더 위험하다.[19] 유대감보다 무관심이 위험하다.

이 저작에 실린 요아힘 페스트Joachim Fest와 한 인터뷰에서 아렌트는 아이히만이 마치 기계처럼 끝없이 반복한 "믿기지 않는" 상투어로 이루어진 악의 평범성을 '결코 지나칠 수 없는 현상'으로 묘사한다. 그러면서 아렌트는 "평범성이 무엇을 의미하는지 말해드리죠. 예루살렘에서 언젠가 에른스트 윙거Ernst Jünger가 들려줬는데 까맣게 잊고 있던 이야기가 떠오르네요"라고 퉁명스럽게 말한다. 그 이야기는 다음과 같이 전개된다. 전쟁 중에 윙거는 시골에서 몇몇 농부와 마주친다. 그들 중 한 명이 독일 포로수용소에서 극심한 기아 상태에 있던 러시아 포로들을 넘겨받았는데, 농부는 윙거에게 러시아 죄수들이 "인간 이하subhuman였어요. …… 돼지 사료를 먹더라니까요"라고 말했다. 이에 대해 아렌트는 말한다. "이 이야기에는 무모할 정도로 어리석은 점이 있어요. 이야기 자체가 어리석다는 말입니다. 굶주린 사람이라면 누구나 그렇게 하리라는 걸 농부는 모른 거죠. …… 아이히만은 꽤나 지성적intelligent이었지만 이 점에서는 어리석었습니다. …… 이것이 제가 말하는 평범성의 의미입니다. 거기에는 뭔가 깊은 구석이라고는 아예 없어요. 악마와 같은 것도 없고요! 다른 사람이 무슨 일을 겪는지 상상조차 꺼리는 거부감이 있을 뿐이죠. 그렇지 않습니까?" 여기서 주의해야 할 점은 원래 제목인 '아이히만은 무모할 정도로 어리석었다Eichmann war von empörnder Dummheit'가 함축하듯이, 아렌트가 "무모할 정도로 어리석은"이라고 부른 것은 아이히만이 아니라 그 이야기다. 아렌트는 자신의 상상으로 재현해서 아이히만과 소통하려는 시도가 "담벼락에 대고" 말하는 것과 같음을 이해했다.

아렌트는 기독교 신앙이 20세기의 대세라면 지옥에 대한 기독교

---

19 한나 아렌트, 《책임과 판단》, p. 276.

적 공포가 전체주의 지배의 공포를 막았을 거라고 했다. 하지만 아렌트는 기독교 신앙이 우리 자신과 우리가 무엇을 할 수 있는지 아는 데 장애물로 남으리라는 점도 알고 있었다. 그녀는 어떤 신조에 대한 신앙이 있음과 창조의 유의미성에 대한 진정한 종교적 믿음을 구분한다. 주기도문에서 "오늘날 우리에게 일용할 양식을 주옵시고"에 바로 이어서 "우리가 우리에게 죄지은 자를 사하여 준 것같이 우리 죄를 사하여 주시옵고"가 나온다. 이제 우리는 이 두 간청 사이에 완전한 마침표가 존재하지 않는다면 이들 간청이 어떻게 연관되는지를 물을 수 있다. 일용할 양식의 제공이 단순히 소비와 생존의 문제가 아니라 빵을 쪼개 다른 사람들과 공유하는 일, 즉 프랑스어로 정확히 표현하자면 'copains'(벗)의 문제라면 인간의 사회성은 평화만이 아니라 갈등으로도 인도하는가? 장 칼뱅Jean Calvin의 오해받기 아주 쉬운 언어로 "인간의 자유에 대한 모든 주장은 똑같이 인간의 굴레에 대한 주장"인가?

지옥의 가장 깊숙한 얼음주머니에서 단테Dante Alighieri는 교감, 즉 식인 풍습으로 변모한 가장 신성한 성례를 드러낸다.[20] 칸토 33곡에서 순례자는 우골리노 백작이 "이웃vicino"이라 부르는 피사의 대주교 루기에리의 두개골을 탐욕스럽게 물어뜯는다. 이 둘은 영원히 함께 유폐되어 있기 때문이다.

---

20   Robert Pogue Harrison, "Dante: He Went Mad in His Hell", *New York Review of Books,* 2016년 10월 27자를 참조하라. 나는 단테가 연옥의 결말에서 정신을 놓았다는 점과 그 문제 때문에 바흐가 계속해서 "신에 대한 난폭한 집착"을 표명했다는 점을 한순간도 신뢰하지 않는다(Alex Ross, "Bach's Holy Dread", *The New Yorker,* 2017년 1월 2일). 누군가는 《오셀로*Othello*》의 저자가 편집증 환자였다고 주장할 수도 있다. 세기에 따라 분리된 단테, 셰익스피어, 바흐라는 세 숭고한 시적 목소리는 파괴가 자신들이 살았던 세계의 잠재력이 아니라는 이미지들을 생산했다.

곁눈질로

그는 다시금 이로 저주받은 두개골을 그러쥐었다.

그의 이는 개의 이빨만큼이나 뼈에 강했다. (II, 76~78)

루기에리는 우골리노를 살해할 음모를 꾸몄다. 그러나 그는 자기 이웃이 될 사람이 자기 자식들 시체를 먹어 치워 살아남는 것을 먼저 보고 나서야 음모를 꾸몄다. 루기에리가 책임질 범죄는 이루 말할 수 없다. 징벌적 정의에 관한 한, 신에게 버림받고 '단테의 사랑의 신이 내린' 이 무한 징벌은 어떤 범죄에 상응하는가? 아이히만과 관련해 아렌트는 간단히 성경을 인용하고 거기에 자신만의 방점을 추가했다. "그가 태어나지 않았더라면 '자신을 위해' 더 좋았을 것이다."

아렌트의 사유를 두고 많은 논평자는 반인륜성 범죄와 이를 저지른 범죄자를 구분했다.[21] 하지만 이는 아렌트에 따르면 아이히만이 재판을 받고 교수형 당한 악의 평범성과 행동의 괴물성을 구분하는 것과는 전혀 다르다. 아렌트는 주로 니체Friedrich Nietzsche와 가졌던 사유 속의 대화에서 자신이 의미하는 바를 분명히 한다. 니체는 행위의 "가치"가 행위를 "주관적 현상"으로 바꾸게 될 의식에서 그 행위에 선행하는 것에 좌우된다는 이념이 "어떻게 거짓인지"를 천명하면서 시작한다. 행위의 "가치"는 "알려지지 않은" 그 행위의 결과와 동일시될 수 없다. 그래서 행위 자체의 "가치"는 알려지지 않은 것인가? 니체는 계속해서 "도덕성의 탈자연화"에 대해 논의한다. 그가 말하는 탈자연화는 행위자에게서 행위의 분리를 의미한다. 이러한 분리를 통해서 "죄"에 반대하는 경멸의 개념 및 "그 자

---

21 나는 저명한 아렌트 사상 전문학자가 "아렌트는 악이 평범하다고 결코 주장한 적이 없다"라고 외친 부분을 잘 기억한다.

체로 선한 행위와 악한 행위"가 존재한다는 신념이 나온다. 니체는 자신이 "자연"의 복원이라 부르는 것과 탈자연화를 대비시킨다. 니체에게 "자연"은 어떤 행위 "그 자체로 전혀 가치가 없음"을 함축한다. 지금까지 이는 선과 악이 "사실의 사안들"이 아니라는 데이비드 흄David Hume의 흠잡을 데 없는 회의주의 증명 중 하나를 상기시킨다. 같은 행위가 어떤 경우에는 특권이지만 또 다른 경우에는 낙인일 수 있다. 오늘날 이와 관련한 통치 사안들과 재정 사안들에 서로 다른 예시가 있다. 니체에게는 행위와 공연 행위performance를 하는 행위자를 해석하는 것이 바로 재판관들의 '자기 관계성'이다. 즉, "그들 자신에 대한 행위 및 행위자의 유용성 또는 유해성의 관계에서" 이들을 해석하는 일이다.[22]

이 '자기 관계성'은 아렌트의 경험과 부합하는가? 처음에 그녀에게 전체주의 정부의 총체적 지배, 즉 이들 정부의 인간 자유 말살은 세계 내 근본악의 출현이었다. 그런 다음 그녀의 판단은 일반적으로 인정받고 주목받았다. 다른 한편, 반인륜 범죄의 악에 대한 아렌트의 아주 놀랍도록 새로운 이해와 이의 실행자인 아이히만에 대한 그녀의 판단은 일반적으로 부인당하고 경멸받는다. 여기에 상대주의의 가능성은 없다. 인간의 다원성을 포함한 다원성 그 자체는 아렌트에게 보편 법칙이다. 의식적으로나 무의식적으로도 다원성을 위반하는 그 누구도 다원성하에서 살 권리를 잃는다. 하지만 동시에 이는 결정적으로 절대적 사안은 아니다. 전례가 없던 일을 판단할 수 있는 기준이 없는 판단 능력은 이기심의 사안들에서 오류를 범할 수 있다. 이는 다만 재판관 공동체, 즉 공공의 '정신'을 통해 발생하고 발생되는 공동 관심사를 판별하는 공적 실체에서만 신뢰할 수 있다. 다원성을 두고서 법관들에게 유일하게 타당한 기준들은 이

---

22   한나 아렌트, 〈도덕 철학에 관한 몇 가지 질문〉《책임과 판단》을 참조하라.

들 모두에게 알려지고 인정받은 예시들examples이다. 이들 예시는 종종 선례들precedents로 잘못 불리기도 한다. 성 프란체스코는 하나의 예시며 보나파르트Napoléon Bonaparte 및 푸른 수염의 사나이Bluebeard도 그렇다. 이윽고 아이히만에 대한 아렌트의 판단도 하나의 예시일 수 있다.

카를 마르크스와 서구 정치사상의 전통

1. 단절된 전통의 실마리

카를 마르크스Karl Marx에 관해 숙고하며 글을 쓰는 일은 절대 녹록하지 않았다. 국민 국가에서 겨우 최근에야 온전한 법적 평등과 참정권을 획득했으며 이미 존재해온 노동자 정당들에 대한 영향은 직접적이면서도 훨씬 광범위했다. 게다가 학계에서 마르크스를 등한시하던 것도 그의 사후 20년을 넘지 않았다. 그때부터 마르크스의 영향력은 이미 1920년대에 다소 시대에 뒤떨어진 엄격한 마르크스주의에서 사회과학 및 역사학 전 분야로 퍼져나갔다. 더 최근에는 그의 영향력이 자주 부인당했다. 하지만 이는 마르크스의 사상과 그가 도입했던 방법을 포기해서라기보다는 이 사상과 방법이 너무도 자명해서 그 기원을 더는 기억하지 않아서다. 그런데 종전에 마르크스를 분석할 때 만연하던 난점들은 현재 우리에게 놓인 여러 난점과 비교하면 학문적 성격을 띠었다. 이들 난점은 니체를 분석할 때 발생한 난점과 어느 정도 유사했고, 키르케고르Søren Kierkegaard를 분석할 때보다는 조금 덜한 정도였다. 찬반 투쟁이 너무도 신랄했고 그 가운데에서 발생한 오해는 너무도 엄청나서 우리가 누구 또는 무엇을 생각하고 논의하는지를 정확히 말하기가 아주 어려웠다. 마르크스 경우의 여러 난점은 분명히 정치와 관련이 있어서 훨씬 더 심각했다. 바로 처음부터 찬반 입장은 당 정치의 기존 노선에 빠져서 마르크스의 지지자들에게 그를 옹호하는 사람은 누구든 "진보적"으로 간주하고 마르크스에 반대하는 논의를 펴는 사람은 누구든 "반동적"으로 간주했다.

마르크스적 일당one party의 부상으로 마르크스주의가 거대 권력의 지배 이데올로기가 되었을 때 (또는 된 듯이 보였을 때) 이 상황은 더 악화되었다. 이제 마르크스에 관한 논의는 당뿐만 아니라 권력 정치와도 밀접하게 관련되어 있고 국내 관심사일 뿐만 아니라 세계 정치의 관심사와도 관련이 있는 듯 보였다. 마르크스라는 인물은 이전의 그 어느 때보다 정치 영역으로 말려들었고 근대 지식인들에 대한 그의 영향력은 크게 상승했다. 이들 지식인에게 주요한 사실은 사상 처음으로 실제 정치인이나 정치꾼이 아니라 한 사상가로서 대국의 정책들에 영감을 주었다는 점이었다. 그럼으로써 정치 활동의 전체 영역에서 마르크스 사상의 무게가 감지되었다. 무계급, 무국가 사회로 이어지는 프롤레타리아 독재로 먼저 정리한 마르크스식 바른 정부의 발상은 한 국가의 공식 목표이자 세계를 휩쓰는 정치 운동의 공식 목표가 되었기에, 정치 행위를 철학적 사유의 엄격한 강령에 종속시키려 한 플라톤의 꿈은 확실히 하나의 현실이 되었다. 비록 사후일지라도 마르크스는 플라톤이 시칠리아의 디오니시오스 궁궐에서 헛되이 시도한 부분을 달성했다.[1] 근대 세계에서 마르크스주의와 이의 영향력은 이러한 이중적인 영향과 재현 때문에 오늘날의 모습이 되었다. 이러한 영향과 재현은 첫째, 노동 계급의 정당들을 통해서고 둘째, 지식인들의 심취를 통해서다. 이들 지식인은 소비에트 연방 자체의 지식인

---

1 아렌트가 《일곱째 서한Seventh Epistles》, 《여덟째 서한Eighth Epistles》에 기록한 플라톤의 전설적인 시러큐스 여행을 가리킨다. (편집자)

42

이 아니었고 볼셰비즘이 마르크스주의적이거나 그런 척한다는 사실 때문에 심취하게 되었다.

이러한 의미에서 확실히 마르크스주의는 마르크스의 실제 가르침을 선전해야 하는 만큼 그 가르침을 감추고 말살하는 데 기여해왔다. 마르크스가 어떤 사람이고 무엇을 생각했으며, 정치사상의 전통에서 어떤 위상에 있는지를 찾고자 한다면 마르크스주의 또한 다분히 골칫거리로 보이기 시작한다. 이는 본질상 헤겔주의나 단일 저자의 저술에 입각한 여타 주의와 별반 다를 바 없으며 심지어 그보다 더해 보인다. 마르크스는 마르크스주의를 통해 자신과 전적으로 무관한 수많은 것에 대해 칭송받거나 매도되었다. 가령, 지난 수십 년간 "계급 투쟁의 발안자"로 높은 평가를 받거나 많은 원망을 받았다. 이와 관련해 그는 "발안자"(사실은 발명하지 않는다)가 아닐 뿐만 아니라 심지어는 발견자라고 할 수도 없다. 아주 최근 들어 다른 지식인들은 자신을 마르크스라는 이름(거의 영향을 받지 않았으면서도)과 거리를 유지하려 하면서 마르크스가 자인한 전임자들에게서 얼마나 많은 것을 발견했는지를 입증하느라 바빴다. 18세기나 19세기 경제학자는 물론 17세기 정치 철학자 그 누구에게도 아리스토텔레스가 이미 발견한 통찰이 필요하지 않았다는 사실을 상기해보면, (예를 들어 계급 투쟁처럼) 영향 관계를 이렇게 조사하는 일은 조금 우스꽝스럽기조차 하다. 아리스토텔레스는 민주정의 실체를 빈자의 지배로, 과두제를 부자의 지배로 정의하고 이미 이러한 전통적 용어들의 내용, 즉 다수의 지배와 소수의 지배를 폐기하는 정도에서 이러한 통찰을 강조했다. 심지어 부자가 빈민보다 수적으로 우세할지라도 빈자의 지배를 민주제라 일컫고 부자의 지배를 과두제라 불러야 한다고 주장했다.[2] 계급 투쟁의

---

2 아리스토텔레스,《정치학 Politica》, 1279b11~1280a3. (편집자)

적실성은 좀처럼 다른 두 정부 형태가 계급 투쟁에 토대하고 있다는 사실을 통해서보다 더 단호하게 천명될 수는 없다. 마르크스에게 이러한 정치적, 경제적 사실을 역사 영역으로 고양한 공이 있다고 할 수 없다. 정치적, 경제적 사실의 고양은 헤겔이 나폴레옹 보나파르트Napoléon Bonaparte를 만나 그에게서 "말 위의 세계정신"을 본 이후로 계속 유행했다.

그러나 오늘날 우리가 직면한 마르크스에 대한 도전은 영향력과 선호를 두고 벌이는 학계의 논쟁보다 훨씬 더 심각하다. 전체주의 지배 형태가 마르크스주의를 원용하고 명백히 여기에서 직접 발전했다는 사실은 물론 여태 마르크스에게 제기된 가장 심각한 비난이다. 이 비난은 니체, 헤겔, 루터Martin Luther 또는 플라톤에 대한 유사한 성격의 비난만큼 가볍게 무시할 수 없다. 이들 모두는 물론이고 더 많은 다른 사상가가 한 번 이상 나치즘의 비조鼻祖라고 공격받았다. 오늘날 비록 아주 손쉽게 간과되고 있지만, 나치 버전의 전체주의가 소비에트의 전체주의와 유사한 계통을 따라 발전할 수 있었고 그럼에도 전적으로 다른 이데올로기를 사용했다는 사실은 적어도 마르크스가 볼셰비키 지배라는 특별한 전체주의적 양상들을 불러왔다는 비난을 매우 견디지 못했다는 사실을 보여준다. 그의 가르침이 레닌주의는 물론 마르크스주의에 예속되는 해석들과 스탈린이 마르크스주의와 레닌주의 모두를 전체주의 이데올로기로 결정적으로 변모시킨 것은 손쉽게 증명할 수 있다. 그럼에도 또한 나치즘과 이른바 나치즘 이전의 것들 사이보다도 비전체주의 국가들에서 마르크스식 전체주의 운동은 물론이고 마르크스와 볼셰비즘 사이에 더 직접적인 연관성이 있다는 사실이 남는다.

지난 몇 년 사이에 마르크스를 전체주의 지배의 원조라고 비난하면서 마르크스, 레닌Vladimir Lenin, 스탈린 계열의 연속성을 가정하는 일이 유행으로 자리 잡았다. 이러한 주장에 굴복한 인물 중 대부분이 전체주의 때문에 마르크스를 비난하면 서구 전통 자체가 새로운 정부 형태라는 괴물로 종결될 수밖에 없다고 비난하는 것과 같음을 거의 자각하지 못하는 듯하다. 마르크스를 언급하는 사람은 누구나 서구 사상의 전통을 언급하게 되어 있다. 그래서 마르크스에 대한 다수의 새로운 비판가가 자랑스럽게 여기는 보수주의는 평범한 마르크스주의자의 혁명적인 열망만큼이나 일반적으로 자기에 대한 오해도 크다. 마르크스 사상의 연원을 의식한 극소수 마르크스 비판가는 전통 내에서 특별한 조류를 이해하려고 했다. 이 조류는 가톨릭계 기독교의 가장 오래된 이단 중 하나로 기억되며 오늘날 종종 그노시스주의라 하는 서구 이단이다. 하지만 전체주의가 서구 전통의 이러한 조류에서 직접 성장해왔다는 결과론적 해석을 통해 전체주의의 파괴성을 제한하려는 시도는 반드시 실패하게 되어 있다. 우리가 유토피아를 다음 세계에 남겨두고 지구상의 모든 것을 세속적인 척도로 측정하고 판단할 수 있다고만 가정하지 않는다면 마치 모든 것을 다시금 정리할 수 있듯이, 마르크스 사상은 "내재주의"에 제한될 수 없다. 마르크스의 뿌리는 심지어 그 자신이 알고 있는 것보다 훨씬 더 전통에 깊이 뿌리내리고 있어서다. 내 생각에 아리스토텔레스에서 마르크스에 이르는 계통은 마르크스에서 스탈린으로 이어지는 계통보다 빈도수나 정도에서 결정적인 단절이 훨씬 덜하다.

그러므로 이 상황의 심각한 양상은 마르크스가 쉽사리 비방당하고 자신의 문제점들과 가르침이 잘못 전달될 수 있다는 데 있지 않다. 당연히 후자의 지적들은 매우 잘못되었다. 우리가 살펴보게 될 마르크스는 산업 혁명에서 기인하는 몇몇 문제점을 최초로 간파한 인물이기에 이러한 왜곡은 계속해서 점점 더 대면하게 될 실제 난국에 대처할 때 중요한 원천과 가능한 도움의 상실을 의미한다. 하지만 무엇보다 심각한 점은 인종주의에 대한 나치 이데올로기의 상상이 아닌 참된 근원과 구별되는 마

르크스가 명확히 서구 정치사상의 전통에 속한다는 사실이다. 이데올로
기로서 마르크스주의는 의심할 나위 없이 전체주의 정부 형태를 직접 이
전통에 엮는 유일한 연결고리다. 그렇지 않다면 전체주의를 직접 서구 사
상의 경향에서 도출하고자 하는 시도에는 타당성 비슷한 무엇도 없을 것
이다.

　　마르크스라는 이름을 피상적으로 묵살하고 그의 가르침의 결과
를 종종 무의식적으로 견지하는 것과는 대조적으로, 마르크스 자신에 대
한 심각한 검토는 결국 두 가지 점에서 위험한 측면이 있다. 첫째, 이 검토
를 통해 사회과학에서 이름만 마르크스주의인 어떤 조류와 마르크스 자
체 사상의 깊이에 물음을 던지지 않을 수 있다. 둘째, 마르크스 자신이 다
루고 싸웠던 우리 전통의 실제 문제점들과 당혹감들을 반드시 검토해야
한다는 점이다. 다른 말로 표현하면 마르크스에 대한 고찰은 근대 세계에
적용할 수 있다는 점에서 전통 사상을 고찰하지 않을 수 없다. 이러한 근
대 세계는 한편으로는 산업 혁명, 다른 한편으로는 18세기 정치 혁명으로
거슬러 올라갈 수 있다. 근대는 이 용어의 좁은 의미에서 정치적 사건들
과 별개인 두 가지 주요 문제인 '노동'과 '역사'의 문제를 근대인에게 제시
했다. 마르크스 사상의 중요성은 그의 경제 이론이나 사상의 혁명적 내용
이 아니라 이 두 핵심 난제에 그가 고집스럽게 매달렸다는 데 있다.

　　우리 역사상 처음으로 정치적 평등이 노동 계급으로 확대되었을
때, 우리의 전통적인 정치 범주들이 이러한 정치 상황을 결코 의도한 게
아니라는 의미에서 우리 전통의 명맥이 단절되었다고 주장할 수 있다. 적
어도 마르크스는 이 사실을 간파했고 노동 계급의 해방이 근본적으로 변
화된 세계에서만 가능하다고 느꼈다는 점에서 그의 사상은 유토피아 사
회주의와 구별된다. 유토피아 사회주의의 결정적인 약점은 (마르크스 스
스로 믿었듯이) 비과학적이라는 게 아니라 노동 계급이 비특권 집단이며

노동 계급의 해방을 위한 투쟁은 사회 정의를 위한 투쟁이라는 가정이다. 기독교 자선이라는 더 해묵은 신념이 강렬한 사회 정의의 열망으로 발전해야 한다는 것은 특정한 형태들의 고통을 종식할 수단이 분명히 존재하던 시기에는 충분히 이해할 수 있었다. 하지만 이러한 열망은 사회 집단에 더는 적용되지 않고 오히려 개인에게만 적용된다는 의미에서 "시대에 뒤졌고" 지금도 그렇다. 마르크스가 이해한 것은 근대 세계에서 노동 자체가 결정적인 변화를 겪었고, 이것이 모든 부의 근원이며 결국은 모든 사회적 가치의 기원이 되었을 뿐만 아니라 계급의 기원과 별개로 모든 인간은 조만간 노동자가 될 처지에 있으며, 사회는 이러한 노동 과정에 적응하지 못하는 사람들을 단순한 기생충으로 보고 판단하리라는 점이다. 달리 말하면 다른 사람들이 이런저런 노동 계급의 권리에 관심을 보인 반면, 마르크스는 이미 이 계급이 아니라 이에 상응하고 전체 사회에 대한 중요성에 상응하는 의식에서 노동자가 아닌 사람은 그 누구도 어떤 권리, 심지어는 생존권조차 없는 때가 오리라 예견했다. 물론 이러한 과정의 결과는 모든 여타 직업의 배제가 아니라 모든 인간 활동을 노동 활동으로 재해석한 것이다.

사상사의 관점에서 보면, 역사가 인간의 사유에 진입할 뿐만 아니라 이의 '절대'가 되는 순간에 전통의 맥락과도 단절되었다고 거의 동등한 권리로 주장할 수 있다. 사실 이는 마르크스가 아니라 헤겔에게서 발생했다. 헤겔의 전체 철학은 역사 철학이다. 오히려 다른 모든 사유는 물론 이전의 모든 철학적 사유를 역사로 녹여낸 철학이다. 헤겔이 심지어 논리학을 역사화하고 다윈Charles Darwin이 진화론으로 자연마저 역사화한 이후에 역사 범주의 막강한 공격을 견뎌낼 그 어떤 것도 남지 않은 듯 보였다. 마르크스가 이 정신적geistliche 상황에서 마땅히 도출해낸 결론은 역사를 완전히 배제하려는 시도였다. 헤겔에게 역사적으로 사유함은 어떤 이야기의 의미이고 그 의미는 이야기가 종료됐을 때만 발현될 수 있다. 종료와 진리가 동일시되었다. 모든 것이 종료할 때 진리가 나타난다. 그러니까 우리는 종료 지점에 근접했을 때야 진리를 학습할 수 있다. 다른 말로 표현하자면 반드시 우리의 삶으로 보상할 필요는 없더라도 한 시대를 풍미하는 생생한 자극으로서 진리에 대한 대가를 치르게 된다. 생명과 정신의 대립을 두고 벌이는 근대의 다양한 해석, 특히 니체 형식의 해석은 그 근원을 우리의 모든 정신 범주의 역사화, 즉 생명과 진리 사이의 대립에 두고 있다.

헤겔이 철학 일반에 대해 천명한 "미네르바의 부엉이는 황혼이 깃들 무렵에야 비로소 날기 시작한다"[3]는 역사 철학에서만 타당하다. 이는 역사 분야에서 참이고 역사가들의 견해와 일치한다. 헤겔은 실제로 철학이 고대 그리스에서 플라톤 및 아리스토텔레스와 더불어 시작했다고 생각했기에, 당연히 이러한 견해를 받아들이는 데 고무되었다. 플라톤과 아리스토텔레스는 폴리스와 그리스 역사의 영광이 저물 무렵에 저작을 집필했다. 오늘날 우리는 플라톤과 아리스토텔레스가 그리스 철학의 출발점이라기보다는 절정기였음을 안다. 그리스의 철학적 사유는 고대 그리스가 정점에 이르렀거나 거의 이르렀을 때 "비상하기 시작했다." 하지만 진실은 아리스토텔레스는 물론이고 플라톤이 서구 철학 전통의 출발이 되었고, 이 출발은 초창기 그리스의 철학적 사유와 구별된다는 점에서 사실 그리스의 정치적 삶이 저물어갈 때 발생했다. 그 후 인간이 폴리스에 산다면 정치권 밖에서는 어떻게 살아갈 수 있느냐에 관한 문제가 발생했다. 이 문제는 곧이어 때때로 우리 시대와 이상할 정도로 닮아 보인다

---

3 이 유명한 이미지는 헤겔의 《법철학 *Grundlinien der Philosophie des Rechts*》 서문에 나타난다. (편집자)

는 점에서 어떤 정치 체제에도 속하지 않는, 즉 '무정치 체제apolity'의 상태 또는 오늘날 이른바 무국적 상태에서 살아가는 일이 어떻게 가능한지에 관한 질문이 되었다.

노동 문제는 18세기 말에 발생해 19세기 중반에 온전히 모습을 드러낸 곤혹스러운 문제들에 대한 정치적 측면을 가리키고, 역사 문제는 정신적 측면을 가리킨다고 할 수 있다. 우리는 계속 이 곤혹스러운 문제들과 더불어 살아가고 있고, 이런 문제 속에서 산다는 점에서 여전히 마르크스와 동시대인이다. 마르크스가 세계의 거의 모든 영역에서 계속 행사하고 있는 막대한 영향력이 바로 이러한 사실을 확인시켜주는 듯하다. 하지만 이는 우리가 20세기의 특정한 사건들, 즉 궁극적으로 전체주의 지배로 알려진 전적으로 새로운 정부 형태를 초래한 사건들은 고려하지 않는다는 점에서만 사실일 뿐이다. 지속적인 역사의 의미에서 우리 전통의 실마리는 다만 전체주의 제도 및 정책의 등장과 함께 단절될 뿐이었다. 이들 제도와 정책은 더는 전통적 사유 범주로 이해할 수 없게 되었다. 전례가 없는 이들 제도와 정책은 전통적 도덕 기준으로 판단할 수 없거나 '살인하지 말라'는 명령이 사법적 초석이었던 문명의 기존 법적 틀 안에서 처벌할 수 없는 범죄를 일으켰다.

전통의 측면에서 이해할 수 있는 것과 그럴 수 없는 것 사이의 구분은 지나치게 학술적인 일로 보일 수 있다. 금세기의 위기에 대한 두드러진 성찰 중 실제로 전통의 붕괴와 관련이 있다는 명백한 증거 하나는 위기의 근원 시점을 추정하려는 많은 학자의 학구적 시도였다. 정말로 그럴듯한 위기의 근원은 기원전 4세기와 기원후 19세기에 걸쳐 여러 역사적 순간에 나타났다. 이 모든 이론에 반해서 나는 전체주의의 발생을 분명히 새로운 정부 형태로 받아들일 것을 제안한다. 전체주의는 최소한 정치적으로 우리 모두의 삶, 즉 상대적으로 아주 소수인 개인의 사상이나 어떤 특정 국가 또는 사회 집단의 운명만이 아니라 우리 모두의 삶이 감지할 정도로 우려되는 사건이었다. 유독 이 사건만이 지금까지 지구상에 존재해온 모든 정치적 조건과 관계에 변화를 동시에 일으키고 그에 따르는 흔적마다 소급해서 보여온 여러 "단절"을 회복 불가능하게 했다. 전체주의는 이러한 사건으로서 우리 전통 내 단절을 기정사실로 만들었고 예견이나 예찰像察, forethought도 전혀 할 수 없었다. 더욱이 어떤 단일 인간이 이 사건을 예측하거나 그 "원인이 될" 수 없었다. 지금껏 우리가 과거의 정신적 또는 물질적 "원인들"에서 실제로 발생한 일을 추론할 수 있다는 점에서 자신과 그 과거를 비춰주는 바로 그 사건이 던지는 조명 아래서만 그러한 모든 요인이 원인으로 나타난다.

그런 의미에서 우리는 마르크스와 더는 동시대인이 아니다. 이 관점에서 볼 때야 비로소 마르크스는 우리에게 새로운 의미로 나타난다. 그는 분명 과거에 위대한 인간이었다. 마르크스는 우리도 계속 겪고 있는 곤경에 이미 관심을 가졌을 뿐만 아니라 그의 사상은 전체주의의 한 형태로 이용되기도 하고 오용될 수도 있었다. 그래서 마르크스가 우리에게 전통으로 되돌아갈 수 있는 탄탄한 연결고리를 제공하는 듯 보인다. 우리가 여태 그랬던 것보다도 더 굳건하게 마르크스 자신이 그 전통에 뿌리를 내리고 있었기 때문이다(마르크스는 전통에 반기를 들거나 이를 뒤엎으려 하거나 역사적, 정치적 행위에 대한 이론적, 해석적 분석의 우위에서 벗어나려고 생각했을 때조차 이 전통에 굳건히 뿌리를 내리고 있었다). 우리에게 전체주의는 필연적으로 우리 시대의 중심 사건이 되었고 결국 전통의 단절은 '기정사실fait accompli'이 되었다. 마르크스는 스스로 전통 그 자체가 범주적 틀을 제공하지 않는다는 극히 일부의 새로운 기본 사실에 관심이 있었기에, 자신의 성공 또는 실패가 이러한 사실과 관련된 전통 자체의 성패를 우리가 판단할 수 있도록 했다. 심지어 이의 도덕적, 법적, 이론적, 실천적 기준들은 정치적 제도 및 조직 형태들과 더불어 극적으로 붕괴하기 전에도 그러했다. 마르크스가 여전히 현재 우리 세계에서 크게 부각되는 것은 실로 그의 위대함을 보여주는 척도다. (그를 확실히 전체주의의 "원인"이라고 결코 말할 수는 없을지라도) 전체주의에 유용하다는 점을 입증할 수 있다는 사실은 궁극적으로 실패를 보여주는 척도이기도 하지만 동시에 그의 사상이 실질적으로 적절하다는 증표다. 그는 격변하는 세계에서 살았다. 그의 위대성은 이 변화의 중심을 정확히 파악했다는 점이다. 우리는 변화를 주요 특징으로 하는 세계에서 살고 있다. 이는 우리가 변해왔음을 완전히 망각할 위험에 놓일 만큼 변화 그 자체가 당연한 것이 된 세계다.

전통에 대한 첫 번째 위대한 도전은 헤겔이 세계를 역사 운동의 의미에서 변화에 예속되는 대상으로 해석했을 때 도래했다. "철학자들은 세계를 단지 '해석해왔을' 뿐이다. …… 하지만 요점은 세계를 '변화시키는' 일이다"[4]라고 한 마르크스의 전통에 대한 도전이 헤겔의 체계에서 유래했을 듯한 여러 가능한 결론 중 하나였다는 것이다. 이는 우리에게 마르크스가 다음과 같이 말하는 것처럼 들린다. 과거의 철학자들이 해석한 세계, 그들이 마지막으로 이해한 세계는 지속적이고 자기 발전적인 역사의 측면에서 사실 알아볼 수 없을 정도로 변하고 있다. 이러한 과정을 통제하고 우리의 전통에 따라 세계를 변화시키도록 하자. 마르크스는 "전통"을 인간성 전체를 대변하는 살아남은 한 계급이 궁극적으로 계승자가 될 철학의 전통으로 항상 이해했다. 그 자신은 거역할 수 없는 역사 운동이 어느 날 멈출 것이며, 세계가 궁극적이면서 결정적인 변화를 겪을 때 그 이상의 변화는 불가능할 것임을 의미했다. 마르크스 가르침의 이러한 측면은 일반적으로 유토피아적 요소라며 무시된다. 이는 일단 역사의 동

---

4 카를 마르크스, 《포이어바흐에 관한 테제Theses on Feuerbach》, XI. (편집자)

력인 계급 투쟁이 종료하면 역사 자체도 멈추게 되는 계급 없는 사회의 관점에서 본 결말이다. 사실 이것이 지적하는 바는 일부 근본적인 측면에서 볼 때 마르크스가 헤겔보다 전통에 더욱 밀접하게 묶여 있다는 점이다. 그러므로 마르크스의 가르침에 들어 있는 혁명적 요소는 실제 혁명이 이뤄낸 목적을 해석할 때 그 안에 단지 피상적으로만 포함되어 있다. 그에 따르면 이 목적은 흥미롭게도 그리스의 도시 국가들에 결부된 삶의 이상과 일치해온 결과물이다. 그의 사유에서 실제로 반전통적이며 전례 없는 측면은 노동에 대한 예찬이자 계급, 다시 말해서 철학이 초창기부터 항상 경멸해온 노동 계급에 대한 재해석이다. 이 계급의 인간 활동인 노동은 철학이 이를 해석하고 이해하는 데 신경조차 쓰지 않을 정도로 너무도 무의미하게 여겨졌다. 노동 해방의 중요성 및 모든 인간 활동의 가장 기본으로서 이에 상응하는 마르크스의 노동에 대한 존엄성을 파악하기 위해 이러한 성찰의 서두에서 노동과 작업의 구분을 반드시 언급할 필요가 있다. 이 구분이 대체로 명료하지는 않겠지만 전체 전통에 결정적이었으며 겨우 최근에서야 마르크스의 가르침 덕택에 부분적으로 이 구분이 흐릿해졌다.

마르크스는 자신의 핵심 사건인 노동 계급의 해방을 철학 용어로 진지하게 받아들인 유일한 사상가다. 오늘날 그의 위대한 영향력은 여전히 이 한 가지 사실 때문이며, 또한 그의 사유가 어떻게 해서 전체주의 지배의 목적에 유용했는지를 잘 설명해주기도 한다. 건국 순간부터 노동자와 농민의 공화국이라고 불린 소비에트 연방은 노동자들이 자유세계에서 향유하는 모든 권리를 박탈했을 수도 있다. 그럼에도 소비에트 연방의 이데올로기는 다분히 노동자를 위해 설계된 이데올로기며 다른 모든 인간 활동과 구별되는 노동은 최상의 "가치", 즉 노동이 인정하는 유일한 탁월성으로 남아 있다. 더욱이 이러한 점에서 이는 더욱더 노동자의 사회가 되어가는 경향을 보이는 우리 사회의 가장 급진적이면서 유일한 해석이다. 다른 한편, 정치사에서 유례가 없고 정치사상에도 알려지지 않은 소비에트 연방의 지배 수단은 자주 (그리고 완전히 빗나간 것도 아닌) 노예 사회의 수단으로 불려왔다. 이러한 용어는 총체적 지배의 비공리주의적 특징을 정당화하지는 않을지라도 예속 그 자체의 총체적 특징을 보여준다. 분명한 점은 이 예속이 노예 삶의 핵심적 증거가 되어온 공리주의적 동기가 더는 존재하지 않을 때 더욱 악화된다는 사실이다. 하지만 노예 제도는 최소한 서구 사회에서 단 한 번도 정부 형태였던 적이 없었으며, 엄밀히 말해서 결코 정치 영역에 속한 적이 없었다. 노예가 아닌 사람들만이 독재가 아닌 정상 정부 아래서 정치적 삶에 참여할 수 있었다. 그럼에도 심지어는 독재하에서 사적 삶의 영역은 온전한 채로 남아 있었다. 이는 어떤 노예도 누릴 수 없는 일종의 자유가 남아 있었다는 의미다.

그러나 정치에 대한 영향력이 심대하던 마르크스가 정치 그 자체에 여태 진심으로 관심이 있었는지는 의심스럽다. 사실은 단지 사건들의 과정을 따라가는 동안에 그의 해석, 아니 오히려 노동 예찬은 그 자체로 전통적인 모든 정치적 가치의 온전한 반전을 소개하는 데 실패할 수가 없었다. 결정적인 것은 역사상 처음으로 천한 노동자들을 포함한 만인을 위한 평등으로서 노동 계급의 정치적 해방이 아니라, 지금부터는 인간 활동으로서 노동이 더는 엄격하게 사적인 삶의 영역에 속하지 않는 결과를 낳았다는 점이다. 노동은 제1급의 공적이고 정치적인 사실이 되었다. 이것으로 삶의 경제적 영역을 말하는 것이 아니다. 전체적으로 이 영역은 항상 공적 관심 사안이었다. 하지만 이 영역은 아주 미미할 정도로만 노동의 영역이다.

노동이 어떤 경제보다도 반드시 선행한다. 이는 인간이 더불어 살며 삶의 욕구와 호사에 대면해 이들을 안전하게 하려는 조직적인 노력은,

심지어 노동의 경제가 최고조로 발전했을 때도 노동과 더불어 시작하며 노동이 필요했음을 의미한다. 단순히 삶의 보존에 필요한 기본 활동으로서 노동을 항상 골칫거리curse로 생각했다. 여기서 골칫거리란 노동이 여태 쉽게 되는 것을 방해하고 이를 통해 이러한 삶이 올림피아 신들의 삶과 구별되도록 하는 식으로 삶을 어렵게 했다는 것이다.[5] 인간의 삶이 쉽지 않다는 점은 가장 기본적인 양태에서 인간의 삶이 필연성에 예속되며 강제로부터 자유롭지도, 결코 자유로울 수도 없음을 말하는 또 다른 방식일 뿐이다. 여기서 강제는 우리 신체의 특이하고도 아주 압도적인 충동에서 먼저 느껴지기 때문이다. 이처럼 기본적이고 강제적인 욕구만을 충족시키려 하는 사람들은 정의상 전통적으로 자유롭지 않다고 간주했다. 다시 말해서 이들은 자유로운 시민의 역할을 수행할 준비가 되지 않았다고 생각했다. 삶의 필연성 그 자체를 충족하는 일에서 자유롭도록 타인들을 위해 이 작업을 하던 사람들이 노예였다.

모든 문명에서 노동은 우리가 소모하는 것을 공적 영역에서 마음대로 처분할 수 있도록 하는 활동이다. 자연과의 신진대사로서 노동은 원

---

5 아렌트는 1953년 7월에 작성된 《사유 일기Denktagebuch》의 한 항목에서 다음과 같이 쓴다. "야코프 부르크하르트Jacob Bruckhardt(《그리스 문화사Griechische Kulturgeschichte》 1권, pp. 355~356)는 그리스 신들이 하인들을 둘 필요가 없었다고 언급한다. 남자들만이 노예가 필요하다. 신들은 운명의 예속을 받기는 해도 지상의 모든 필요에서 자유롭다. 이 자유는 그들의 불멸성과 연관이 있는가? 어쨌든 이들 그리스 신은 자신들의 '안락한' 삶을 그 특징으로 한다. 이들의 실존에 고통은 없다." 이러한 일련의 사유는 아렌트가 1975년에 저서 《정신의 삶》 중 《판단Judging》을 위해 선정한 두 제사 중의 하나를 비틀어서 반복한다. 그는 이 저작을 집필하지 못하고서 생을 마감했다. 괴테 J. W. Goethe는 《파우스트Faust》 2부 후반부에서 우리가 모든 마법을 단념하고 단지 인간으로서 자연 앞에 선다면 "인간이 된 노고, 고역, 고통은 가치 있을 것이다Da wär's der Mühe wert ein Mensch zu sein"라고 했다. (편집자)

래 생산적이라기보다 소모적이다. 비록 생산성, 즉 공동 세계에 뭔가를 추가하는 일이 지금까지 노동과 연관성이 없었다고 할지라도 노동의 필연성은 소모적으로 남게 된다. 엄격히 말해서 모든 노동 활동은 우리 신체의 생물학적 욕구와 연관되어 있어서 전통적으로 노동을 인간 삶이 가진 거의 동물과 같은 저급한 기능에 속한다고 생각해왔고, 엄격히 사적사안으로 간주했다. 공적, 정치적 삶은 이러한 사적 영역이 끝나는 지점 또는 다른 말로 표현해서 이러한 욕구가 공동 세계로 초월해 넘어갈 수 있는 시점에 시작된다. 여기서 공동 세계란 인간 사이에 노동하는 개인들 각자가 자연과의 신진대사를 초월하는 세계다. 정치는 이 용어의 본래 그리스적 의미인 노동으로부터의 해방에서 시작했다. 여러 다양한 변용에도 거의 3,000여 년 동안 이러한 점은 동일하게 남아 있다. 우리가 알고 있듯이 정치는 노예 제도의 수립을 통해 처음으로 가능해졌다. 그러므로 노예 제도는 그리스식 정치적 삶의 부분이 아니라 '정치 이념politeuein'의 조건이자 그리스인에게 시민의 삶을 충족해준 그 모든 활동의 조건이었다. 이 조건은 노예들에 대한 지배에 기반을 두었지만 그 자체가 지배와 피지배로 분리되지는 않았다. 노예에 대한 초기 그리스인의 지배는 '정치이념', 즉 정치적인 것의 선정치적pre-political 조건이었다. 이러한 본래의 정치 형태는 그리스 폴리스의 쇠퇴기, 즉 그리스 철학의 정점과 일치한 쇠퇴기에 결정적인 변모를 겪었다. 이러한 측면에서 그리스 철학은 우리 자신의 시대에 이르기까지 항상 권위적이었다. 철학자들의 의심과 경멸은 '정치 이념'의 활동 자체에만 관심이 있었지, 정치 이념이 의거하고 있는 토대에는 관심이 없었다. 철학의 활동인 애지愛智, philosophein의 이상은 생물학적 삶의 필연성에서의 해방으로 가능하게 된 '정치 이념'을 대신해서 나왔다. 이때부터 지배와 피지배 사이의 구분은 정치 영역을 직접 침범했다. 삶의 필연성에 대한 지배는 정치가 아닌 철학의 선행 조건이 되었다. 즉, 인간이 상위의 철학적 삶이 정치 이념을 대신하도록 이끄는 데 물질적으로 필요한 것은 그게 무엇이든 지배하는 선결 조건이 되었다. 양쪽 모두 시민의 삶을 충족시키는 활동의 더 이른 경험은 전통을 상실하는 것 말고는 없었다. 노동 활동의 찬양으로서, 노동 계급의 정치적 평등으로서 노동 해방은 정치의 본래 의미, 즉 노동의 중심에 있는 정치 영역이 용어상 모순적이던 의미가 상실되지 않았다면 가능할 수 없었을 것이다.

마르크스가 노동을 인간의 가장 중요한 활동으로 삼았을 때, 전통의 측면에서 인간을 인간답게 만드는 것은 자유가 아니라 강제라고 했다. 마르크스는 타인들을 지배하는 그 누구도 자유로울 수 없다고 덧붙이며, 자신에 앞서 헤겔이 유명한 주인과 노예 변증법에서 덜 효과적으로 논의한 것을 단지 전통의 측면에서 다시금 말한다. 다시 말해 필연성 때문에 노예가 된 사람들이나 지배해야만 하는 필연성으로 노예가 된 사람들 그 누구도 자유로울 수 없다. 이 점에서 마르크스는 모든 사람을 위한 자유를 부인한 동시에 모든 사람을 위한 자유를 약속하는 한, 자기모순처럼 보일 뿐이다. 그뿐만 아니라 우리가 자연스럽게, 본래부터 인간의 조건하에서 고통받는 그 강제에서 오는 자유에 입각해 있을지라도 바로 그 자유의 의미를 뒤엎는 듯 보였다.

노동자들을 위한 평등과 노동 활동의 예찬은 혁명적이면서 매우 중요하다. 노동에 대한 서구의 태도는 순수 생물학적 의미에서 삶에 대한 태도와 긴밀하게 연계되어왔기 때문이다. 이러한 의미는 자연에 대한 인간의 신진대사로 마르크스 스스로 노동을 정의한 데서 이전보다 심지어 훨씬 더 효과적으로 강조되었다. 노동자들은 삶의 순수한 필연성에 노예화되지 않기 위해 자유로움의 지배를 받은 사람들일 뿐만 아니라 심리적으로 말해서 '영혼의 사랑philopsychia', 즉 생 자체를 위한 생의 사랑에 대해 비난받은 사람들이기도 했다. 사실 영혼의 사랑은 노예와 자유인을 구별하는 것이었다. 고대에 자유로운 인간은 자신의 영웅을 아킬레우스 Achilleus에서 찾았다. 아킬레우스는 짧은 생애를 위대함이라는 영속적인 명예로 바꾸었다. 기원전 4세기 이후에 자유인은 철학자가 되었다. 그는 자신의 삶을 '이론 활동theorein', 영원한 진리의 "관조" 또는 중세 시대에는 영원한 영혼의 구원에 몰두했다. 자유인들이 정치 영역을 형성하는 한, 노동은 그 영역에서 배제되었다. 이 모든 경우에 정치 행위의 가치를 가장 제한받는 사람들조차 그게 무엇이든 노동을 아무런 위엄이 없는 활동으로 여겼다.

2. 전통에 대한 근대의 도전

언뜻 봐도 그 모습을 드러내듯이 이 입장의 다른 지점, 즉 이에 대한 가장 극단적인 반대 지점에 마르크스의 전체 철학 이론이 토대로 삼은 기둥인 세 가지 명제가 있다. 첫째, '노동은 인간의 창조자다.' 둘째, '폭력은 역사의 산파다.' (마르크스에게 역사는 과거의 정치 행위이기에 이는 폭력이 행위를 효과적일 뿐만 아니라 효율적으로 만듦을 의미한다.)[6] 세 번째 명제는 얼핏 두 명제와 모순되는 듯 보이는데 '다른 사람을 노예화하는 그 누

---

6   이 원고들의 다른 곳에서 아렌트는 마르크스가 정치사를 "노동하는 동물로서 인간들이 이루어낸 일"로 보았다고 여긴다. "…… 그런 다음에 노동, 즉 생산성의 과정에 역사를 이루어나가는, 우리가 사태를 지어가듯이 역사를 이루어나가는 것이 분명 가능하다. …… 마르크스의 역사론은 생산력의 발전에서 자체의 결정적인 운동을 파악한다. 생산력이야말로 궁극적인 힘으로서 노동에 기반을 둔다." 주목해야 할 점은 아렌트가 마르크스의 원고를 섭렵하며 그의 독일어 개념인 'Arbeitkraft'를 더 일상적인 의미의 노동력 labor power보다는 노동 효력labor force으로 일관되게 번역한다는 것이다. (편집자)

구도 자유로울 수 없다'이다. 이들 명제 각각은 우리 시대가 시작된 결정적인 사건들의 전형을 통해 그 내용을 표현한다. 첫째, 산업 혁명의 결과로 소유권 및 재능 자격과 무관한 노동 계급의 온전한 정치적 해방을 들수 있다. 그전에 어떤 정치 유기체도 실제로 거기에 사는 모든 사람을 포괄하려고 시도한 적이 없었다. 우리가 이 사건을 17세기와 18세기의 언어로 번역해본다면 인간을 (심지어 자연 상태에서, 자신의 제작 역량working capacity과 노동 역량laboring capacity만이 부여되었을 때조차) 온전한 시민으로 받아들였다고 말해야 할 것이다.

유럽의 국민 국가들에서 이 포괄적인 원칙에 심각한 자격 제한이 있었던 게 사실이다. 어떤 국가의 영토에서 태어난 사람들이나 그 국적을 이어받은 사람들만 시민으로 인정했다. 하지만 이러한 자격 제한은 새로운 혁명 원리 그 자체와 아무런 관계가 없다. 예를 들어 이 제한은 미국에 적용할 수 있다. 미국은 중세 국가가 계급 사회로 변모하는 데 방해받지 않고 산업 혁명을 이룬 유일한 국가다. 따라서 노동 계급의 해방이 즉시 그 참된 성격을 성취할 수 있던 곳이기도 하다. 산업 혁명을 유럽 버전으로만 알고 있던 마르크스가 아주 과대평가한 계급 체계는 사실 봉건 잔재다. 이 흥미로운 봉건 잔재의 변형을 통해 산업 혁명이 제대로 이루어지는 곳이면 그 어디에서나 신속하게 청산된다. 미국에서 노동 해방의 정치적 결과는 모든 인간 사이에 이루어진 사회 계약의 실현에 매우 가깝다. 17세기와 18세기의 철학자들은 여전히 사회 계약이 문명사회의 초반에 있는 역사 이전의 사실이거나 정치적 권위의 정당성을 위해 필요한 학문적 허구라고 생각했다.

순수 노동력에 대한 무제한적 요구와 함께하는 산업 혁명은 노동을 인간의 가장 중요한 자질로 재해석하는 전대미문의 결과를 초래했다. 노동 계급을 해방하고 노동 활동을 존중하는 이중적 의미에서 노동의 해방은 실제로 새로운 "사회 계약"을 의미했다. 이 사회 계약은 전통이 최소한의 공통분모, 즉 노동력의 소유권을 경멸해온 것을 기반으로 형성된 인간 간의 새로운 근본 관계를 의미했다. 마르크스는 노동, 즉 인간과 자연의 구체적인 신진대사가 가장 기본적인 인간의 특징, 다시 말해서 인간과 동물의 삶을 본질적으로 구분해준다고 말하면서 이러한 해방에 대한 결론을 끌어냈다.

둘째, 프랑스 혁명과 미국 혁명이라는 엄청난 사건이 존재한다. 이들 사건에서 폭력은 그 의미가 다만 후속 세대에서만 드러나거나 이해 당사자들의 관점에서만 이해할 수 있는, 어떤 우연한 대량 학살이 아니라 완전히 새로운 정치체body politic를 만들어냈다. 이 새로운 정치체에 대한 개요와 특히 미국의 경우 아주 구체적이었던 이 정치체는 18세기 계몽 철학자philosophe들과 이데올로그들, 즉 실현 가능한 폭력의 도움만이 필요하다는 이념을 가진 사람들을 통해 묘사되었다.

셋째, 프랑스 혁명과 미국 혁명의 가장 도발적 결과는 평등 이념이었다. 이는 그 어떤 사람도 주인이나 노예가 되지 말아야 한다는 사회 이념이다. 근대 및 그리 근대적이지 않은 모든 반대, 즉 평등과 자유는 상호 배타적이고 이 둘은 병행해서 존재할 수 없으며, 자유는 다른 사람에 대한 지배를 전제로 하며, 만인의 평등은 단지 잘 알려진 전제주의의 조건이거나 전제주의를 초래하리라는 주장은 18세기 혁명들의 위대한 열망과 이전에 주장된 모든 자유 개념에 대한 도전을 소홀히 하고 있다. 마르크스가 다른 사람을 지배하는 사람은 그 누구도 자유로울 수 없다고 할 때, 앞에서 지적했듯이 마르크스에 앞서서 헤겔이 유명한 주인과 노예 변증법에서 입증하고자 골몰해온 것을 하나의 위대한 명제로 요약했다. 이는 각 주인이 자기 하인의 노예이며, 각 하인은 궁극적으로 그 주인의 주인이 된다는 것이다.

초기 저작부터 《자본론 Capital》 3권에 이르는 마르크스의 모든 작업이 사로잡혀 있는 근본적인 자기모순(폭력을 근절하기 위해 폭력이 필요하고, 역사의 목적은 역사를 종식하는 것이며, 노동은 인간의 유일한 생산 활동이지만 인간 생산력의 발전은 궁극적으로 노동의 폐지로 이어질 거라는 등으로 다양하게 표현할 수 있는 근본적인 자기모순)은 자유에 대한 이러한 주장에서 발생한다. 마르크스는 노동이 인간의 가장 중요한 활동이라고 주장했는데, 이는 자유가 아닌 필연이 인간을 인간으로 만든다는 점을 전통의 측면에서 말하고 있다. 마르크스는 자신의 역사 철학 전반에 걸쳐 이러한 사유 계통을 따랐다. 그의 역사 철학에 따르면 인류의 발전은 역사 운동의 법칙, 즉 정치적 원동력의 지배를 받으며 역사의 의미는 그 법칙에 포함된다. 여기서 정치적 원동력은 계급 투쟁이며 계급 투쟁의 거역할 수 없는 자연적 추진력은 인간 노동 역량의 발전이다. 마르크스는 프랑스 혁명의 영향 아래 폭력을 역사의 산파라고 덧붙였는데, 이때 그는 전통의 측면에서 인간의 언어 능력에 포함된 자유의 실질적인 내용을 부인했다. 그래서 그는 이데올로기론에서 이 궁극적인 결과를 위해 이러한 계통의 사유를 따랐다. 그의 이데올로기론에 따르면 법적, 정치적 제도에서 시와 철학에 이르는 구술적 언어로 표현된 모든 인간 활동은 폭력적 행위를 위한 단순하면서도 아마도 무의식적인 핑계 또는 이들 행동의 정당화였다(그에 따르면 이데올로기는 누군가가 자신의 능동적 역할을 위해 세계 내에 존재한다고 주장하는 것을 명료화한다. 과거의 모든 법, 종교, 철학이 그러한 이데올로기다).

이로부터 당연히 과거 정치 행위의 기록인 역사는 전쟁과 혁명에서만 왜곡되지 않은 진실한 모습을 보여주며, 정치 활동이 직접적이고 폭력적인 행위가 아닌 경우에는 미래 폭력의 준비 또는 과거 폭력의 결과로 이해해야 한다는 결론이 나온다. 이러한 결론은 마르크스 자신의 역사 저작에서 이미 분명하게 드러났고, 정확히는 모든 마르크스주의 역사 기록에서 더욱 명확해졌다. 자본주의의 발전은 본래 본원적 축적에 의한 폭력의 결과물이다. 이는 마치 노동 계급의 발전이 본래 혁명의 날을 위한 준비인 것과 같다(레닌이 20세기는 아주 다분히 전쟁과 혁명의 세기가 되리라고 덧붙였을 때, 마찬가지로 이는 역사가 무르익어 자체의 본래 모습을 보여주는 세기가 되리라는 점을 의미했다). 여기서 다시금 마르크스는 최소한 우리 전통의 한 가닥을 뒤엎었다. 플라톤 이래로 "진리보다는 말에 관여하는 것이 '실천praxis'의 본성이다"라는 게 자명해졌다. 마르크스에 따르면 이는 말보다 더 많은 진리를 보여주는 것이 '실천' 그 자체일 뿐만 아니라, 말에 따른 모든 구속을 단절한 일종의 '실천'이기도 하다. 여타 모든 종류의 인간 행위와 구별되는 폭력은 그 정의상 침묵하기 때문이다. 다른 한편, 말이 진리보다는 행위에 관여한다고 생각할 뿐만 아니라 지금은 진리를 드러내는 단순한 "이데올로기적" 대화로 그 주요 기능을 상정한다.

폭력과 관련한 마르크스의 확신은 노동과 관련한 자기 확신보다 전통의 측면에서 덜 이교도적이고, 폭력과 노동의 양자는 긴밀하게 연계되어 있다. '노동이 인간을 창조했다'라는 명제는 '신이 인간을 창조했다'라는 전통적인 교리에 반해서 의식적으로 정식화된 것인데, 이는 폭력이 드러내는 확언과 상관관계가 있다. 폭력이 계시하는 확언은 신의 말이 계시라는 전통적 개념에 반대한다. '신의 말logos theou'의 이러한 유대적, 기독교적 이해는 그리스적 '로고스' 개념과 결코 양립할 수 없고, 우리의 전통을 통해 인간의 말이 이의 계시적 능력을 유지할 수 있도록 했기에 이는 "합리적인", 즉 진리 추구적 사유의 도구뿐만 아니라 인간과 인간 사이의 소통을 위한 도구로서도 신뢰할 수 있게 되었다. 악령이 인간에게 진리를 감추도록 할 수 있다는 데카르트René Descartes의 지독한 의심에 앞서서 마르크스의 이데올로기론에 표명되었듯이 기본적으로 말에 대한 불신은 종교에 대한 근본적이고 효율적인 공격임을 스스로 입증했다. 이는 정확히 철학에 대한 공격이기 때문이다.

당연히 마르크스는 이러한 입장을 근대 과학의 토대로 받아들인다. 그에게 과학은 "사태의 현상과 본질이 일치한다면 피상적일 것"이다. 현상 그 자체가 더는 본질을 드러낼 수 없다고 생각되거나 (이는 본래 동일한데) 현상 그 자체가 침묵하고 있어 인간의 감각과 모든 감각 지각을 불신하는 사람들에게 더는 말할 수 없음은 무언의 폭력에 대한 예찬과 긴밀히 연관되어 있다. 노동의 예찬처럼 이는 강제와 자연적 필연성에 대한 예찬을 내포하기에 정치적으로 자유에 대한 공격이었다. 하지만 이를 근거로 "자유 영역"에 대한 마르크스의 열망이 순전히 위선이거나 다른 사람을 지배하는 사람은 그 누구도 자유로울 수 없다는 주장에 그저 일관성이 없다고 결론을 내리는 것은 마르크스 작업의 적절성을 과소평가한 것일 뿐만 아니라 이른바 근대 세계의 모든 가치에 대한 객관적인 난점과 장애를 과소평가하는 것을 의미하기도 한다.

마르크스의 자기모순은 이상적인 미래 사회의 윤곽을 보여주며 자주 유토피아적이라고 외면당하는 몇몇 구절에서 가장 두드러진다. 이들 구절은 마르크스 작업의 핵심을 이루며 그 작업의 본래적 계기들을 가장 명확하게 드러내기에 묵살할 수 없다. 더욱이 이 사회에는 '장소성 topos', 즉 지구상에 지리학적, 역사적 무장소성이라는 것이 유토피아라면 이는 확실히 유토피아적이지 않다. 이의 지리학적 '장소성'은 아테네이며, 역사 내의 그 장소는 기원전 5세기다. 마르크스의 미래 사회에서 국가는 소멸했다. 지배자와 피지배자 간에 더는 어떤 구분도 없고 지배도 존재하지 않는다. 이는 고대 그리스 도시 국가의 삶과 일치한다. 도시 국가는 선정치적 조건으로서 노예에 대한 지배를 기반으로 하고 있을지라도 자유 시민의 상호 작용에서 이 지배를 배제해왔다. (마르크스의 주장이 거의 텍스트 측면에서 따르고 있는) 헤로도토스Herodotos의 위대한 정의에서 "지배하지도 않고 지배받지도 않기를" 원하는 사람이 자유롭다. 국가와 더불어서 모든 형태의 폭력도 사라지며 행정이 경찰과 군대를 대신하게 되었다. 경찰은 불필요하다. 입법자가 "법률을 만들거나 고안하지 않고 다만 이를 정식화하는 자연과학자"이기에 인간은 법 영역에 머물기 위해 자신의 성품에 순응하며 살 수밖에 없다. (한때 레닌이 충격적으로 표현했듯이)[7] 소유권 분쟁이 부재한 사회에서 인간이 수천 년 전에 발견하고 수립한 기본적인 행위 규칙 몇 가지를 따르는 것이 쉬울 거라는 기대는 다만 인간 본성이 타락하거나 인간의 법이 자연법에서 유래하지 않았다고 가정할 때만 "유토피아적"이다. 하지만 여기서 다시금 폴리스와 놀라운 유사성이 보인다. 폴리스에서 시민은 법률에 따라 자신들에게 내려진 사형 선고를 이행해야 했기에, 이들은 폭력 수단을 사용하도록 훈련받은 특별한 무력에 죽임을 당하는 게 아니라 차라리 보호자의 도움을 받아 스스로 목숨을 끊는다. 게다가 아테네 폴리스의 이러한 삶이 폴리스에 국한되지 않고 지금은 전 세계를 포괄한다고 우리가 마르크스와 더불어 가정하는 즉시 논리적으로 연결된다.

모든 것 중 가장 충격적인 사실은 당연히 마르크스가 이미 모든 문명국가에서 자유롭게 된 "노동의 해방"이 아닌 "노동의 완전 폐지"를 원한다는 주장이다. 그에게 노동은 인간의 자연적인 조건으로서 필수적인 "자연과의 신진대사"가 아니라 전문적인 연마가 필요한 작업, 기능, 예술의 전체 영역을 의미한다. 이 영역은 우리 전체 전통의 특징인 고된 노

---

7   《국가와 혁명The State and Revolution》에서 레닌은 "인민은 누천년 반복되어온 사회적 삶의 기본 규칙을 준수하는 데 점점 익숙해질 것"이라고 썼다(아렌트가《전체주의의 기원》1판에서 인용했다). (편집자)

동에 대한 일반적인 경멸로 절대 떨어지는 법이 없었다. 구체적으로 말하면 노동 폄하가 바로 기원전 5세기경 아테네의 삶을 특징짓는다. 오직 아테네에서 우리는 거의 완벽한 여가 사회를 발견할 수 있다. 여기서 살아가는 데 필요한 시간과 에너지는 말하자면 '공적 연설agorein', 시장을 거닐며 대화하기, 체육관 가기, 모임이나 극장에 참석하기 또는 시민들의 갈등 판단하기라는 훨씬 더 중요한 활동 사이를 비집고 들어갔다. 마르크스는 자신의 미래 사회에서 고대의 노예들이 행한 노동뿐만 아니라 기술자 및 '예술가들banausoi'의 활동도 없애버렸다. 즉, "공산주의 사회에서는 다른 여러 일 가운데 그림만 그리는 사람들인 화가가 존재하지 않는다"라고 했다. 이 사실은 그의 본래적인 계기original impulses를 가장 잘 드러낸다. 아테네 삶의 귀족적인 기준들은 사실 작업을 하는 데 여전히 노력이 필요한 사람들의 자유를 부정했다. 전문화가 아니라 노력이 핵심 기준이었던 것은 화가나 목동과 달리 조각가와 농노를 자유롭지 못하다고 여긴 사실에서 알 수 있다. 달리 말해 우리가 그리스에서 시작한 전통에 비추어 동의하든 반대하든 아테네적인 폴리스 삶에서 얻은 주요 경험에서 비롯돼 형성된 정치 철학의 전통에 비추어서 마르크스의 사상을 검토하자고 고집한다면, 우리는 분명 마르크스의 작업 자체의 중심 지표들을 따르게 된다.

마르크스의 가르침이 띠고 있는 "유토피아적인" 측면은 기본적인 자기모순을 낳고, 위대한 작가들의 작품에서 보이는 모든 노골적인 비일관성처럼 저자 사상의 중심을 내비치며 조명한다. 마르크스의 경우에는 기본적인 비일관성이 심지어 그 자신의 것이 아니라 19세기 전체에 그늘을 드리웠던 세 가지 주요 사건, 즉 프랑스와 미국의 정치 혁명, 서구 사회의 산업 혁명, 두 혁명에 내재한 자유를 향한 만인의 요청에 이미 명쾌하게 정리된 상태로 존재했다. 이 세 사건은 오히려 마르크스의 저작보다 우리의 정치사상 전통과 이제 더는 일치하지 않았다. 오직 이들 사건 이후에야 우리의 세계는 냉혹한 사실성 안에서 이전 시대와 비교할 수 없을 정도로 변해버렸다. 심지어 마르크스가 집필을 시작하기도 전에 폭력은 역사의 산파가 되었고, 노동은 사회의 중심 활동이 되었으며, 보편적인 평등은 기정사실이 되는 도정에 있었다. 하지만 마르크스나 이러한 혁명적 사건들에 수반된 정신적 변화 그 어떤 것도 이 사건들이 도전한 전통과 별개로 이해할 수 없다. 오늘날조차도 우리의 사상은 여전히 친숙한 개념과 "이념"의 틀 안에서 작동한다. 이들 개념과 이상은 우리가 살아가는 실재 및 이들로 파악해야 하는 실재와 제아무리 폭력적으로 충돌을 일으킬지라도, 대부분이 믿는 것보다 그다지 유토피아적이지 않으며 보통 역사에서 아주 특정한 위치를 차지하고 있다.

우리가 보게 될 것처럼, 마르크스는 폭력과 노동에 대한 자신의 찬양이 자유와 말 사이의 전통적인 연계점에 도전한다는 사실을 의식하지 못했고, 의식할 수도 없었다. 하지만 그는 노동으로 표현된 필연성과 폭력으로 표현되는 강제가 자유와 양립할 수 없다는 점은 의식했다. 이에 대해서 그는 "사실 자유의 영역은 욕구와 외적 유용성으로 조건 지어진 노동이 끝나는 지점에서만 시작한다"라고 말했다. 역사의 변증법에 따르면 필연성과 강제가 자유를 꽃피우게 할 수 있다. 다만, 우리가 마르크스를 따라서 (단순히 인간적인 것들이 일어나는 방식만이 아니라) 인간의 본성을 필연성 측면에서 정의한다면 이러한 해법은 실제로 작동하지 않는다는 점을 예외로 해야 할 것이다. 역사의 종말 이후에 등장해야 하는 자유로우면서도 노동하지 않는 인간은 단순히 가장 본질적인 인간의 역량을 상실하게 될 것이기 때문이다. 이는 마치 일단 인간이 폭력의 요소를 상실해버리면 그 행위는 특히 인간적인 효율성을 상실하게 되는 것과 같다.

마르크스에게는 우리가 아리스토텔레스의 양면적인 주장, 즉 자유인이 폴리스의 구성원이며 폴리스의 구성원은 언어 능력을 통해 야만인과 구별된다고 한 데서 알 수 있듯이, 말과 언어 사이의 친숙한 관계를 의식하지 않을 권리가 있었다. 연관된 이 두 가지 주장은 인간이 사회적 존재, 즉 우리에게 아리스토텔레스가 필요하지 않아도 될 진부성을 선언함으로써 전자를 번역하는 전통과 인간을 '합리적 동물animal rationale'로 정의하는 후자를 번역하는 전통으로 이미 분열되었다. 이 두 경우는 그리스 '폴리테스politēs, 시민'의 경험에 부합하는 마르크스의 자유 이념뿐만 아니라 아리스토텔레스 통찰의 정치적 관점을 상실했다.

'폴리티콘politikon, 정치적'이라는 단어는 이제 더는 함께 있음이라는 고유하면서도 탁월한 삶의 방식을 의미하지 않는다. 이 방식으로 단순한 동물적 특징과 구별되는 진정한 인간적인 역량을 보여주고 증명할 수 있다. '폴리티콘'은 인간이 수많은 동물 종과 공유하는 보편적 특징을 의미하게 되었다. 아마도 이러한 특징은 초인간적인 목자 아래에 있는 수많은 양 떼처럼 고대 스토아 시대의 인류 개념에 가장 잘 표현되어 있었을 것이다. '로고스'라는 말은 고전적인 그리스 용례에서 단어와 이성 양자를 모호하게 의미했고, 그럼으로써 말의 능력과 사유 능력 간의 통일성을 유지했다. '로고스'가 '라치오ratio'가 되었다. '라치오'와 '로고스' 간의 주요 정치적 차이는 전자가 자기 생각을 타인들에게 표현하기 위해서 말을 사용하는 단독성 내의 이성적 개인에 주로 머물러 있고 그 개인과 관계있는 반면에, 후자인 '로고스'는 본질적으로 타인들과 관계를 맺으므로 이는 본성상 정치적이다. 아리스토텔레스가 보기에 말의 양식으로써 타인들과 함께 살아갈 수 있는 동일한 인간 특성이 이제 두 가지의 확고한 특징이 되었다. 이는 이성이 있고 사회적이라는 사실이다. 두 가지 특징은 거의 처음부터 단순히 구별되는 정도가 아니라 서로 대립적이라고 생각했다. 다시 말해서 인간의 합리성과 사회성의 갈등은 정치사상 전통을 통해 밝힐 수 있다.

정치사상 전통에서 본래 정치 체험의 상실은 이미 아리스토텔레스와 거의 동시에 시작했지만 확실치 않은 이 전통 자체의 초창기부터 그 조짐을 보였다. 정치 체험의 상실은 정치사상이 관련되는 지점에서 실제로 플라톤과 더불어 시작됐다. 사실 이러한 관점에서, 즉 아리스토텔레스의 정치 철학에서 폴리스의 경험을 승인할 때 그는 플라톤과 명백한 갈등을 보인다. 그의 정치 저작은 플라톤에 반대하는 논쟁적 표현들로 가득하다. 반면에 아리스토텔레스의 인간 정의를 재해석한 전통은 플라톤주의와 부합하지 않은 인간의 정치적 자유와 정치 본성에 대한 모든 통찰을 배제했다.

정치 철학 측면에서 플라톤과 아리스토텔레스의 가장 큰 차이점은 쇠퇴해가는 그리스 폴리스의 정치적 삶에 의식적으로 반대하며 집필한 플라톤이 정치 행위를 (정치 행위의 다른 면이 있다는 점에서) 수반하는 말의 타당성을 더는 믿지 않았다는 점이다. 플라톤에게 이러한 말은 단순한 의견이고 그 자체로 진리의 지각과 반대되며 진리를 고수하거나 이를 표현하는 데 부적합하다. 시민이 시민들 사이에서 공무를 관리하는 형식인 '설득peithein'은 플라톤에게는 진리의 직접적인 지각, 즉 "둘autos auto" 사이를 가로지르며 사안을 두고 이야기하는, "한 사람"이 "다른 사람"과 이야기하는 '대화dialegein' 방식으로 이끌 수 있는 지각에서만 발생할 수 있는 부동의 확신에 대한 불운한 대체물이었다. 철학적 요점은 플라톤에게 진리 인식은 본래 무언어적이며 '대화'로 도달하는 게 아니라 심화될 수 있을 뿐이라는 점이다. 우리의 맥락에서 본질적인 점은 아마도 소크라테스Socrates의 운명과 설득의 한계가 소크라테스 자신의 재판에서 너무도 확연히 드러났다는 인상을 받았을 듯한 플라톤이 자유에 아예 관심을 두지 않았다는 사실이다. 플라톤에게 설득은 자유가 아니라 단어들을 통한 자의적 강제의 형식이 되었다. 이러한 진리가 본질상 말이 없고 관조의 고독에서만 지각될 수 있다는 점에서 플라톤적인 인간은 이미 "말을 하는" 사람이 아니라 합리적인 동물, 즉 자기의 주요 관심사와 깨침이 언어 역량이 아닌 그 자신, 다시 말해서 자기 자신의 이성에 있는 존재였다. 언어 역량은 정의상 그가 동일한 사람들 사이에 살고 있으며 자기 삶을 이들과 더불어 관리하는 것을 전제한다. 아리스토텔레스는 말과 자유를 연계하며 경험에 뿌리를 두고 있었고 그 당시에 여전히 존재하던 전통의 굳건한 토대에 입각하고 있었다. 그렇지만 결국 플라톤의 승리는 그리스 폴리스가 치유할 수 없을 정도로 쇠퇴하고 있었고 폴리스의 궁극적인 파멸을 두려워하면서 막으려 했다는 사실 때문이었다. 플라톤은 아리스토텔레스와 달리 온전한 그리스 시민으로서 이러한 사실을 알고 있었고 그 영향을 심각하게 받았다.

플라톤과 아리스토텔레스는 기원전 4세기에 정치적으로 쇠퇴해가는 사회의 온전한 영향 아래에서, 철학이 지극히 의식적으로 정치적 영역을 완전히 저버리거나 그 영역을 폭군처럼 지배하고자 하는 상황에서 집필했다. 이 사실 외에 철학적 사유, 특히 모든 정치적 사유 전통에서 그 뒤를 잇는 모든 것에 압도적으로 중요하고 큰 영향을 미치는 단일한 요인은 아마도 없을 것이다. 무엇보다 이러한 사실은 철학 자체에 가장 심각한 결과를 가져왔다. 철학적 사유뿐만 아니라 거의 모든 사유 일반은 이 결과들이 문명의 종말에 담긴 함의라고 믿었고 이렇게 믿는 데 헤겔은 필요 없었다. 심지어 더욱 심각한 것은 사유와 행동 사이에서 바로 열린 후 결코 닫힌 적이 없는 심연이었다. 단순히 의도한 목적이나 의도한 목적을 달성하기 위한 수단만이 아니라 가장 일반적인 감각의 의미에 관여하는 모든 사유 활동은 "뒤늦은 사유afterthought"의 역할을 떠맡게 되었다. 뒤늦은 사유란 행위가 실재를 결정한 이후의 사유를 말한다. 다른 한편, 행위는 무의미하게 되었다. 다시 말해서 행위는 어떤 위대한 행동도 더는 불멸의 빛을 발하지 않는 우연의 영역이 되었다. 이러한 점에서 갈등을 야기하는 위대한 로마식 경험은 지속적인 영향력이 부재한 채로 남아 있다. 로마식 경험의 기독교석 유산은 정신적 발전에서 그리스 철학을 따랐고, 로마식 실천은 법적-제도적 역사에서 로마식 실천을 따랐다. 더욱이 로마식 경험은 그 자체의 철학적 개념을 결코 낳지 못했지만 초창기부터 기원전 4세기의 그리스 범주 안에서 그 자체를 해석했다. 행위가 마침내 다시금 의미 있게 된 것은 기억에 남는 인간의 행동에 대한 이야기가 "본질적으로 일관되지 않으면서 불멸의 것"(존 애덤스John Adams)이 될 수 있다고 느꼈기 때문이다. 그래서 역사의 '우연한 집적'(칸트의 "우울한 우연성")은 "자연의 책략"이 필요했다. 또는 인간이 철학적 사유에 합당한 어떤 존엄성을 성취하기 위해 행동하는 배후에서 작동하는 다른 힘이 필요했다. 하지만 최악의 결과는 자유가 "문제"가 되었다는 점이다. 아마도 철학에서 가장 곤혹스러운 문제이자 확실히 정치 철학에서 가장 해결할 수 없는 문제일 것이다. 아리스토텔레스는 자유에 아직 "문제"가 있지는 않으나 언어 능력에 내재되어 있다고 한 최후의 인물이다. 다른 말로 표현하면 아리스토텔레스는 인간이 말의 '양식modus'으로 서로 이야기하고 함께 행동하는 한 자유롭다는 점을 계속 알고 있었다.

우리는 마르크스의 자유 개념과 모든 정치의 궁극적 목표로서 자유 주장이 그의 가르침의 기본적인 불일치를 초래한 이유 중 하나를 이미 지적했다. 그 원인은 언어와 자유 간의 근본적인 연계성에 대한 초기 망각뿐만 아니라 자유 일반에 대한 관심의 초기 상실이었다. 언어와 자유 이 양자는 정치사상의 전통만큼이나 장구하다고 하지만 여기에 전혀 다른 또 다른 난점을 덧붙여야겠다. 이 난점은 자유 개념 자체보다는 이러한 개념이 보편적 평등성의 조건 아래 필연적으로 겪을 수밖에 없는 변화에 기인한다.

우리의 앞선 시대에 평등은 문자 그대로 모든 사람이 다른 모든 사람과 평등하다는 정치적 실재의 측면을 전혀 의미하지 않았다. 물론 이는 우리 근대 사회의 평등화 성향을 거의 부인할 수는 없을지라도 모든 사람이 다른 모든 사람과 같음을 내포하고 있지는 않다. 근대 이전의 평등은 평등한 지위를 가진 인간들을 위한 평등권의 문제로서 정치적으로 이해했다. 다른 말로 표현하면 평등한 인간들은 평등하게 다뤄야 하지만 결코 모든 인간이 동일하다는 의미는 아니다. 신 앞에서 만인은 평등하다는 기독교 개념은 근대적 정치 평등의 기원으로 무척 자주 인용되는데, 지구상의 모든 인간을 평등하게 만들려는 의도는 전혀 없었다. 이와 반대로 이 개념은 '신의 국가civitas Dei'의 시민으로서만 평등하게 고려할 수 있다고 주장했다. 인간의 궁극적인 운명이 '지상의 국가civitas terrena'에서 '신의 국가'로 강조점이 이동하면서, 지구상에서 인간의 정치적 지위에 대한 기본적인 불평등을 변화시키려는 그 어떤 것도 행하지 않았다. 이러한 정치적 위상의 틀에서 정치적 평등과 형평이 작동해야 한다. 세계에 속하지 않은 채 세계를 살아가는 기독교적 생활 방식은 운명의 궁극적인 평등을 승인하기 위해서 인간과 인간 사이의 세속적인 구분의 적절성을 부인할 수 있다. 하지만 여기에서 "궁극적"은 이러한 세계 너머의 세속적인 구분을 떠난 완전한 순수함을 의미한다. "운명destiny"은 시작이자 끝을 지시하며 이 둘 중 어떤 것도 지상에 뿌리를 두지 않았다. 신 앞의 기독교적 평등이 모든 인간은 고사하고 모든 기독교인의 정치적 평등조차 요구하지 않았기에 근대적 평등 개념에는 기독교를 예찬할 만한 정당성이 거의 존재하지 않는다. 이는 수 세기 동안 노예 제도와 농노 제도에 관용을 베풀었던 평정equanimity에 대해 교회를 비난하는 것과 같다. 정치인들이 기독교인이거나 또 공교롭게도 단순히 기독교 교파에 속하지 않을 뿐, 이들은 기독교냐 아니냐와 아무 관련이 없다.

　　본래 평등은 같은 집단에 속한 사람들에게만 해당했다. 그래서 이 개념을 만인으로 확장하면 그 의미가 없어져버렸을 것이다. 이 본래의 의미에 내재한 특권은 동등한 인간, 즉 오직 동등한 사람들끼리만 자기 행동을 판단할 권한이 있다는 점이다. 바로 이러한 의미에서 카토Marcus Cato[8]는 최후의 재판에서 재판관 그 누구도 자신을 재판할 권한이 없다고 불만을 제기했다. 재판관 중 카토와 같은 세대에 속한 사람이 아무도 없었기 때문이다. 그들 모두 자유 로마 시민이었을지라도 카토와 동등한 인간이 아니었다. 동등한 인간들과 다른 모든 인간 사이의 구분이 얼마나 깊게 느껴지는지, 우리의 상황이 이를 이해하는 데 얼마나 준비가 되지 않았는지는 인간에 대한 아리스토텔레스의 정의인 '언어 능력이 있는 동물zōon logon echon'을 다시금 돌이켜보면 분명히 드러난다. 당연히 아리스토텔레스에게 인간은 다만 폴리스의 거주민들, 평등한 사람들만을 의미했다. 바로 우리는 이를 모든 인간에게 적용 가능한 일반 명제로 오해하고 있다. 그가 폴리스에서 삶에 대한 특정한 조건을 동물적 삶과 구별되는 인간의 속성으로 정의한 이유는 그가 이 조건을 어디에서나 적용 가능하다고 생각해서가 아니라 그 조건이야말로 가능한 최상의 인간적 삶이라고 결정했기 때문이다.

　　인간에 대한 더 보편적인 정의와 개념은 이후 세기에서야 나타났다. 아주 흥미롭게도 이 시기는 근대 세계에서 무국적성의 발생과 비슷한 '비정치성apolity'의 조건이 후기 근대에 발생한 무렵이다. 철학자들이 (플

8　기원전 2~3세기의 로마 정치가이자 문인이다. 로마가 그리스화하는 것을 반대했고 라틴 산문 문학을 개척했다. 그의 증손과 구분해 대大 카토라고도 부른다. (옮긴이)

라톤처럼 이론적으로만이 아니라) 폴리스와 확실히 단절하고 세계 대다수 국민이 정치적 무거주성을 가지게 되었을 때, 이들은 인간을 전적으로 비정치적 방식으로, 다시 말해서 인간이 동등한 인간들과 더불어 살았던 방식과 별개로 인간에 대해 생각했다. 하지만 인간의 평등에 대한 후기 스토아 시대의 개념은 그 개념이 발생한 조건처럼 부정적이었다. 이는 자유를 '정신의 평정'인 '아타락시아ataraxia'로 정의한 스토아학파의 개념처럼 오늘날 우리가 살아가는 긍정적인 의미에서 보편적 평등과 많든 적든 관계가 있다. 이는 어떤 긍정적인 자유 개념과 관계가 있다. 다른 말로 표현하면, 가능한 모든 개별적 사건을 이해할 때까지 규정들을 보편화하는 경향과 오늘날 보편적 개념들의 사용은 우리가 실제로 살고 사유하며 행하는 보편적 평등의 조건과 관련이 높다.

마르크스가 어느 정도 이 새로운 보편적 평등을 의식했고 심지어 여기에 사로잡혀 있었음은 무계급, 무국가 사회를 지향한 그의 미래 개념에서 알 수 있다. 이러한 사회는 보편적 평등이 인간 사이에 있는 모든 경계를 무너뜨리는 사회다. 그가 보지 못한 것, 그리고 인간의 평등을 살인할 수 있는 동등한 능력으로 대담하게 정의한 홉스에게서 아주 명백하게 드러난 것은 모든 국경선처럼 이러한 경계들이 한계와 더불어서 투사하고 인간을 분리할 뿐만 아니라 함께 결속시킨다는 점이다. 마르크스의 위대성과 근대 정치사상 및 운동에 엄청난 영향력을 행사한 근거는 그가 인간 자체의 본성, 즉 인간을 노동력으로 보는 그의 개념에서 이러한 평등의 긍정적인 측면을 발견했다는 점이다. 그는 "인간의 평등 개념이 이미 대중적 편견의 고집스러운 면을 지니고 있기에" 인간에 대한 이러한 새로운 개념이 가능함을 잘 알고 있었다. '노동하는 동물animal laborans'로서 인간에 대한 마르크스의 정의는 '합리적 동물'로서 인간에 대한 전통적 정의에 도전했으며 이 두 정의는 의도적인 대립 상태에 있다.

'합리적 동물'은 잘 알려져 있듯이 'zōon logon echon'의 번역인데, 만인에게 평등하게 적용할 수 없다는 아리스토텔레스의 정의를 여전히 담고 있다. 모든 인간이 동등하게 "합리적인", 즉 동일하게 이론적 사유 능력이 있는 것은 아니기 때문이다. 이는 인간의 실천적인 지성보다는 형용사 '합리적'이 주로 목표로 하는 이론적 이성을 제공하고 그 이성을 듣는 능력이었다. 인간의 합리적 부분에 대한 이후의 해석이라고 불리는 "공통감common sense"은 특별히 정치적인 지시 또는 아마도 이러한 정치적 지시 때문에, 인간 본성에 대한 본질을 정의하는 데 결코 사용된 적이 없었다. 비록 공통감이 똑같이 강력하고 각각의 모든 개인에게 동일한 결론에 이르더라도 말이다. 마르크스 이전에는 홉스만이 보편적 평등의 가정 아래 인간에 대한 새로운 정의를 발견할 필요성을 절감했다. 홉스는 몽테스키외Charles Montesquieu와 더불어 시작된 새로운 시대의 가장 영향력 있는 정치사상가는 아닐지라도 가장 위대한 정치사상가였다. 홉스에 따르면 이러한 평등은 본래의 자연 상태에 내재해 있고 "살인할 수 있는 능력의 평등성"을 인간의 가장 일반적인 공통분모로 정의했다. 홉스는 이 가정을 통해 엄중한 논리성으로 인간의 정치적 유기체를 도출해냈다. 마르크스는 노동 생산력을 전제로 인간 사회의 토대를 발전시켰는데, 홉스는 마르크스 못지않았다.

타자를 지배하는 그 어떤 사람도 자유롭지 않다는 마르크스의 주장은 보편적 평등의 사실, 즉 정의상 그 누구도 지배할 권리가 없다는 조건과 정확히 부합한다. 그럼에도 지배의 배제, 즉 지배자와 피지배자 사이의 오래된 구분을 없애는 것은 우리의 전통이 지배 없이는 자유가 불가능하다고 생각한, 자유의 유일하고 충분한 조건에서 아주 멀리 있다. 지배받지 않는 사람들은 자유롭다고 간주했다. 이러한 자유는 평등한 사람들 사이에서만 실현될 수 있다. 마르크스가 주장했듯이 오직 이 지점에서만 지배자와 신하 사이의 구분이 존재하지 않았다. 그럼에도 노예에 대한 지배에 입각한 이러한 자유는 그러한 기본적인 지배와 별도로는 상상할 수도 없는 자유였다. 단순히 이러한 자유가 다른 인간에 대한 지배를 내포하기 때문이 아니라 삶의 기본적인 필연성에 대한 통제가 필요했기 때문이다. 이러한 삶의 필연성은 이것이 필요한 노동의 해방을 통해 통제되지 않는다면 모든 자유는 허상이 될 것이다. 이 본래 의미에서 자유는 능력이라기보다 오히려 존재 상태였다. 엄밀한 의미에서 정치는 국가가 실현되었을 때 시작한다고 생각했다. 정치적 삶은 지배에 입각하고 있으나 지배와 피지배는 이런 내용이 아니다. 그리스인은 동양의 전제주의 같은 곳에서 사는 관련 국민을 노예로 사는 것, 즉 선정치적 조건하에서 사는 삶으로 이해했다. 그러므로 자유는 명예, 정의, 부 또는 또 다른 선과 같은 정치적 "선" 가운데 하나가 아니다. 자유란 결코 인간의 '에우다이모니아eudaimonia', 즉 인간의 본질적인 복지나 행복에 속하는 것으로 선정되지 않았다. 자유는 정치적 활동의 선정치적 조건이었고, 따라서 인간이 함께 살아가며 영위할 수 있는 모든 선의 선정치적 조건이었다. 그 자체로 자유를 당연하게 여겼고 자유를 정의할 필요가 없었다. 아리스토텔레스가 자유로운 시민의 정치적 삶이 '언어의 능력이 있는logon echon', 즉 언어의 방식으로 행하는 특징이 있다고 말했을 때, 그는 자유의 본질이 아닌 자유로운 인간과 이들 행위의 본질을 인간의 선으로 정의했다.

보편적인 평등은 정치적 삶의 선정치적 조건으로서 자유 및 노동자에 대한 절대적 지배와 공존할 수 없다. 자유로운 시민이 생물학적 삶의 필연성, 즉 최소한 그러한 필요성이 인간의 특별한 활동에 대해 요구하는 범위에서 삶의 필연성을 벗어날 수 있게 한 부분은 바로 후자다. 자유가 타인에 대한 지배와 양립 불가능하다는 마르크스의 공식은 다만 이러한 어려움을 증폭할 뿐이다. 이것이 사실이라면 어떤 그리스인은 마르크스에게 자유란 불가능하다고 말하는 식으로 대답했을지도 모른다. 모든 인간은 필연성, 즉 먹고사는 필연성과 생명을 보존하고 재생하려는 필연성의 노예가 될 것이다. 노예는 인간이 아닐 뿐만 아니라 그 어떤 인간도 그러한 조건에서 온전히 인간다울 수 없다. 자유 개념은 이후 발전해 정치 영역에서 가장 귀한 선이 되었지만 자유와 보편적 평등 사이의 이 기본적인 전통적 양립 불가능성은 아무것도 바뀌지 않는다. 가장 중요하면서도 광범위한 변화는 이미 아리스토텔레스에게서 가시적으로 분명히 드러난다. 정부에 대한 아리스토텔레스의 정의는 시민으로서 인간에 대한 자신의 정의와 일치하지 않는다. 그 스스로 이미 잊었을지는 몰라도 이는 그 이후 전체 전통이 망각 속으로 들 수밖에 없는 것, 즉 한편으로는 자유와 언어 사이의 연관성, 다른 한편으로는 지배와 필연성의 연관성을 망각의 늪에 빠져들게 했다. 문제는 노예에 대한 지배, 따라서 폴리스의 삶에 대한 선정치적 조건으로 본래 경험한 타인에 대한 지배가 정치 영역 그 자체로 진입했고, 더불어 어떤 사람들을 지배자와 피지배자로 분리하면서 심지어는 지배적인 요소가 되기까지 했다. 이때부터, 다시 말해서 거의 아리스토텔레스 이후 곧바로 권력 문제는 결정적인 정치 문제가 되었고, 인간 삶의 전체 영역은 더불어 살아가는 영역이 아니라 권력 투쟁의 영역으로 정의할 수 있다. 권력 투쟁의 영역에서는 누가 누구를 지배하느냐는 질문보다 중요한 것은 없다.

다른 사람들에 대한 지배는 단지 모든 정치적 삶의 선정치적 조건이 되는 것을 일찌감치 멈췄다. 이러한 지배는 고유한 정치 영역으로 진입하자마자 바로 그 중심이 되었기 때문이다. 이러한 변화는 정부 형태에 대한 정의에서 가장 잘 관찰할 수 있는데 정부 형태를 이제 함께 살아가는 다양한 방식이 아니라 시민 사이의 다양한 지배 형태로 이해했다. 플라톤이 여전히 탁월성에 입각해 정의한 제왕제와 귀족제(다만 이들의 사소한 차이는 제왕제가 통치하는 시민 중 한 명의 탁월성에 의존했다면, 귀족제는 몇몇 사람이 탁월하다는 점이다)는 이제 군주제와 과두제가 되었다. 군주제에서는 한 사람이, 과두제에서는 소수가 다른 모든 사람을 지배한다. 플라톤은 여전히 이러한 정부 형태를 명백한 왜곡이라고 봤다. 그는 이 두 정부 형태가 참된 '정치 이념politeiai'이 아니라 일부 폭력적인 격변에서 생겨나고 '폭력bia'에 의거한다고 생각했다. 폭력을 사용하면 모든 형태의 정부가 그 자격을 박탈당하게 된다. 더 오래된 개념에 따르면 폭력은 폴리스, 즉 고유한 정치 영역이 끝나는 시점에 시작하기 때문이다. 이 폭력은 처음에 이 영역을 가능하게 하는 노예에 대한 지배, 도시의 성벽에 대한 방어 또는 모든 시민이 자발적으로 복종하는 법의 경계를 위반하는 것으로 끝난다.

"좋은" 정부 형태를 보여주기 위해서 제왕제, 귀족제, 정치 조직체라는 이전 개념들을 여전히 사용하는 아리스토텔레스는 누가 누구를 지배하는가, 얼마나 많은 사람이 권력을 장악하는가가 서로를 구분하는 결정적인 기준이라고 이미 실제로 생각한다. 다른 말로 표현하면 그는 항상 군주제를 1인 지배로, 과두제를 소수의 지배로, 민주주의를 다수의 지배로 기술한다. 하지만 지배 자체에 존재하는 폭력 요소가 또한 이러한 정부 형태의 자격을 박탈하기에 아리스토텔레스는 전적으로 다른 의미에서 법을 도입해야만 했다. 이제 법은 경계가 아니라 지배를 측정하는 척도가 되었다(헤라클레이토스Heracleitos가 말했듯이 경계는 시민이 도시의 성벽을 지키듯이 방어해야 했다. 이 경계가 도시의 성벽처럼 시민의 물리적 존재와 탁월성을 위해 시민의 정치적 삶에서 동일한 기능을 하기 때문이다). 이제 지배는 법에 순응하거나 법을 무효화한다. 후자와 같은 지배를 독재라 불렀다. 반드시 그런 것은 아니지만 독재는 보통 한 사람이 권력을 행사하므로 일종의 전도된 군주제라고 부른다. 이때부터 법과 권력은 정부에 대한 모든 정의의 두 개념 축이 되었다. 이 정의들은 아리스토텔레스와 몽테스키외를 분리한 2,000년 이상 거의 변하지 않았다. 자의적인 형태의 폭력은 자격 박탈의 요인으로 남아 있기에 이제 주요한 질문은 다른 사람에 대한 지배가 기존의 법을 따르는지의 여부다. 반면에 얼마나 많은 사람이 실질적으로 권력을 장악하고 있는지의 질문은 점점 더 의미가 없어졌다. 다만 칸트만이 정부 형태의 수를 둘로 축소했을 때 이 정치사상의 전통에서 마지막 결론을 끌어냈다. 이 두 가지 정부 형태는 그가 공화국이라 부른 법에 따라 타인을 지배하는 형태와 전제주의적이라고 부른 무법의 자의적 권력이 지배하는 형태다.

이러한 발전은 어떤 면에서 볼 때 초기 그리스 정치 체험의 완전한 반전이다. 다른 사람들에 대한 권력을 장악한 사람들만이 자유롭고 정치 참여가 전적으로 적합하던 시기인 초기 그리스의 정치 체험에서 정치적 삶을 위한 가장 중요한 자격은 노예에 대한 선정치적 지배였다. 하지만 이러한 초기 경험은 결코 완전히 사라지지 않았다. 정치는 그 방식이 크게 변화하기는 했어도 여전히 자유와 연결되어 있었다. 여기서 자유는 지배를 행사하는 것과 관련이 있었고 따라서 지배자만을 자유인으로 여겼다. 이게 자유가 "선"이 될 수 있는 맥락이다. 선이란 법의 한계 내에서나 한계를 초월해서나 향유할 수 있는 무엇, 즉 누군가가 향유하는 대로 행사하는 권력과 긴밀하게 연관된 무엇이다. 자유는 이제 조건이 아니라 바로 정치적 삶의 내용이 되었는데도 "지배 계층"에 남아 있었고 계속 지배를 받는 타인의 존재를 전제한다. 그래서 보편적 평등이 만인을 위한 정의, 다시 말해서 만인이 자유롭고 그 누구도 지배받지 않는 사회 정치체를 위한 불가피한 요구로 나타났을 때, 정치사상의 전통에서 보편적 평등 개념은 단지 그 누구도 자유로울 수 없음을 의미한다. 즉, 용어상 모순의 모든 특징을 다 가지고 있었다.

마르크스의 국가가 없는 사회에서 통치와 지배가 사라지리라는 예측과 더불어 자유가 전혀 다른 의미에서 이해되지 않는다면 실로 이는 무의미한 어휘가 될 것이다. 여기서 마르크스가 다른 것에서처럼 자기 개념들을 재정의하는 데 귀찮아하지는 않았지만 전통적 개념 틀에 머물러 있었기에, 레닌이 타인들을 지배하는 그 누구도 자유로울 수 없다면 자유는 편견이나 이데올로기일 뿐이라고 결론 내린 것은 그리 틀리지 않았다. 그렇게 함으로써 레닌이 마르크스의 저작에서 가장 중요한 계기들을 놓쳤지만 말이다. 또한 마르크스가 전통을 고수한 것은 마르크스와 레닌의 치명적인 실수, 즉 정부와 대조적으로 단순 행정은 근본적이고 보편적인 평등의 조건하에서 인간들이 더불어 살아가기 위한 적절한 형태라고 한 이유이기도 하다. 행정은 비지배no rule여야 한다. 하지만 이는 실제로 그 누구도 책임지지 않는 정부 형태인 관료제가 지배할 뿐이다. 관료제는 지배에 개인적인 요소가 사라져버린 정부 형태다. 이러한 정부는 심지어 어떤 계급의 이익을 떠나서 지배할 수 있고 이는 당연히 사실이다. 하지만 이러한 무인 지배, 다시 말해서 어떤 진정한 관료제에서 그 누구도 지배자의 빈자리를 차지하지 않는다는 사실이 지배의 조건이 사라졌다는 의미는 아니다. 피치자被治者의 측면에서 바라볼 때 이처럼 무인 지배는 아주 효과적이다. 더욱더 나쁜 것은 정부 형태로서 관료제는 전제주의와 중요한 공통적인 속성을 띤다는 점이다. 전제주의 권력은 자의적인 권력으로서 전통을 통해 정의된다. 이러한 권력은 본래 어떤 설명도 할 필요가 없는 지배, 즉 그 누구도 책임을 지지 않는 지배를 의미했다. 완전히 다른 이유이기는 하지만 그 누구도 지배하지 않는 관료제에도 동일하게 적용할 수 있다. 관료제에는 설명해달라고 요구할 수 있는 사람이 많이 존재하나, 그 누구도 책임을 지지 않기에 아무도 설명해주지 않는다. 우리는 참주의 자의적 결정 대신에 보편적 절차를 통해 나온 우연적 해결, 즉 악의와 자의성이 부재한 해결을 찾는다. 이들 해결의 배후에 의지가 존재하지 않는데 여기에는 어떤 호소도 존재하지 않기 때문이다. 피치자에 관한한, 그들이 사로잡힌 모형들의 망은 단순한 자의적 전제정보다 훨씬 더 위험하고 치명적이다. 하지만 관료제를 전체주의 지배로 잘못 이해해서는 안 된다. 10월 혁명이 마르크스와 레닌이 규정한 노선을 따랐지만 만약 그렇지 않았다면 아마도 관료제적 지배를 초래했을 것이다. 무인 지배, 무정부 체제, 지배의 소멸 또는 억압은 보편적 평등에 입각한 모든 사회에 항상 나타날 수 있는 위험이다.

노동, 폭력, 자유는 근대의 세 가지 위대한 사건에 나타난 우리의 전통에 대한 핵심 도전을 보여준다. 마르크스는 바로 이러한 도전을 정식화하고 고찰하고자 했다. 이러한 도전들과 비교해볼 때 마르크스가 의식한 전통적 "가치들"에 대한 하나의 반전이자 "관념론"에서 "유물론"으로의 전환은 그렇게 중요하지 않다. 이러한 문제를 두고 그는 자신이 헤겔을 전도시켰다고 말했으며, 이에 대해 무척 자주 좋은 평가를 받거나 비난을 받았다. 하지만 이러한 방향 전환 운용turning operations은 전통을 거스르는 신시대의 의식적인 반란과 무의식적으로 전통에 속박되는 특징이 있다. 우리는 키르케고르가 철학과 종교의 관계를 전도시킨 점을 기억한다. 그리고 니체가 플라톤주의를 전도시킨 점도 기억한다. 니체는 플라톤과 함께 영속적인 본질과 소멸할 운명적 삶이 모순임을 가정하면서 인간은 살아 있는 한, 이른바 "본질적인 것"을 통해 자신이 살아 있음에 방해받을 수 있으리라는 반플라톤적 결론에 도달했다. 마지막 사례는 특별히 시사적이다. 플라톤은 자신의 가르침에서 이러한 방향 전환 운용을 이룩했다고 이미 생각했다. 그러므로 이는 단순히 살아 있고, 따라서 죽음을 피할 수 없는 신체가 아니라 영혼이다. 그 이유는 참된 실재, 즉 감각 대상들의 실재가 아니라 오직 영혼의 눈으로만 보고 파악할 관념들의 실재에 관여함으로써 불멸에 이를 수 있는 감지 불가능성이기 때문이다. 플라톤이 요구한 바는 '페리아고게periagoge'가 호메로스적 종교에 따라 공동으로 그리스를 믿었던 모든 것이 전도된 전회a turning around였다는 점이다. 최소한 이는 아주 분명하게도 플라톤 스스로 믿었던 것이다. 누군가는 니체가 플라톤을 전복시켰을 때 그 스스로 플라톤 이전 철학으로 되돌아왔을 뿐이라고 생각할지도 모른다. 하지만 물론 그렇지 않다. 니체도 마르크스처럼 모든 전회에도 전통의 틀 안에 머물러 있었기 때문이다. 니체가 그랬듯이 감각적인 것을 칭송하려면 정신적인 것의 실재가 필요하다. 이는 마치 플라톤이 영혼은 자체의 '페리아고게', 즉 관념의 영역을 향한 전회를 수행할 수 있다는 주어진 배경으로서 감각적인 것의 적나라한 사실성이 필요했던 것과 같다. 호메로스Homeros에 대한 직간접적인 논쟁적 답변들로 자신의 저작을 가득 채운 플라톤은 호메로스를 뒤엎지는 않았지만 이러한 방향 전환 운용들은 실제로 훨씬 더 광범위한 가능성일 뿐만 아니라 거의 결론적인 필연성이라는 철학의 토대를 수립했다. 후기 고대에서 철학의 전체적인 발전은 기독교 이전의 세계에서 유례가 없는 광신주의와 서로 싸우는 수많은 학파와 함께 방향 전환 운용들로 이루어진다. 이러한 운용은 대체로 플라톤의 '페리아고게'로 가능했고, 그 운용을 위해 영원히 참인 관념들의 세계와 그림자가 드리워진 단순한 현상의 세계 간 플라톤적 분리를 통해서 운용의 틀이 수립되었다.

헤겔이 마지막으로 엄청난 노력을 기울이며 플라톤의 본래 생각에서 발전한 전통 철학의 다양한 줄기를 함께 모아 이들을 하나의 일관된 전체에 들어맞도록 했을 때, 훨씬 더 낮은 차원이기는 하지만 유사한 분리가 충돌하는 두 개의 사유학파로 전환되는 일이 뒤따랐다. 곧이어 철학적 사유는 우파 헤겔주의자와 좌파 헤겔주의자의 지배를 받았다. 하지만 최소한 우리 시대에 이르러 단절되지 않은 위대한 철학 전통을 마침내 결론지을 수 있는 세 가지 위대한 반전, 즉 키르케고르의 회의에서 신앙으로의 도약, 니체의 전도된 플라톤주의, 마르크스 이론에서 '실천'으로의 도약 또한 그 어떤 단순한 전복 작용이 요구하는 것보다 전통에 대한 훨씬 더 철저한 단절을 가리킨다(이들 중 어떤 반전도 헤겔과 그의 역사 개념, 역사 개념 안에서 지극히 중요한 하나의 관점 없이는 불가능했을지라도 이 세 반전은 모두 헤겔의 추종자였고 추종자로 남았다). 이들 단절 중 마르크스가 가장 직접적인 결과물을 낳았다. 간단히 말해서 이 단절이 우리 정치사상의 전통을 다루었으며 정치 발전에 직접적으로 영향력을 행사했기 때문이다.

확실히 마르크스를 통한 단절은 자신의 "유물론"이나 헤겔을 전도시키는 데 있지 않았다. 헤겔의 《논리학Wissenschaft der Logik》을 제대로 이해하지 못하면 그 누구도 《자본론》을 이해할 수 없다고 한 레닌이 전적으로 옳았다. 마르크스의 의견에 따르면 사회주의를 과학화하고 이를 전임자들의 사회주의, 즉 "유토피아적 사회주의자"와 구분한 점은 과학적 통찰과 오류가 있는 경제 이론이 아니라 물질을 지배하면서 동시에 자기 자신 또는 계급 "의식"으로서 인간의 추론 능력을 보여준 운동 법칙의 발견이었다. 마르크스의 "과학적" 사회주의가 유토피아적 사회주의를 넘어선 놀라운 실천적 이점은 사회주의 운동을 진부한 도덕적 태도에서 해방했다는 점이었고, 여전히 그렇게 하고 있다는 것이다. 또한 근대 사회에서 계급 관련 질문들이 "정의에 대한 열망" 또는 조금 수정된 기독교적 자선을 토대로 더는 해결할 수 없음을 인정했다는 점이다. 노동이 근대 사회의 중심 활동이라면 노동 계급의 구성원이 제아무리 어떤 특정한 순간에 억압받거나 착취당하는 일이 벌어진다고 할지라도, 비특권층으로서 이들을 생각하는 일은 무모하다. 최후의 것이 첫 번째가 된다는 변증법적 역사 운동의 도입은 최소한 이러한 계급의 엄청난 권력 잠재력, 즉 마르크스 사후 겨우 몇십 년 동안만 빛을 발했던 잠재력을 설명해준다. 정명제, 반명제, 종합의 변증법적 운동(이 운동은 새로운 반명제와 새로운 종합에서 흘러나오는 새로운 정명제로서 각각의 종합이 즉시 그 자체를 수립하듯이 무한해진다)은 인간과 물질을 붙들어 서로 혼합한 다음, 이들을 반명제적으로 분리한다. 그래서 오직 종합적으로 재통일하기 위해 이들을 물질과 정신으로 분명히 나타나게 할 수 있을 것이다. 마르크스와 헤겔의 변증법이 의거한 경험의 토대는 자연 신진대사의 모든 것을 포괄하는 영속적 과정이다. 이에 대해 인간의 자연과의 신진대사는 한편으로는 무한히 작은 부분일 뿐이며, 다른 한편으로는 인간 역사의 사실일 뿐이다. 변증법적 운동의 논리를 통해 마르크스는 자연과 역사 또는 물질과 자연을 결합할 수 있었다. 인간은 의미 있고 이해 가능한 역사의 저자다. 동물의 신진대사와 달리 자연과 인간의 신진대사는 단순히 소모적이지 않고 하나의 활동인 노동이 필요해서다. 마르크스에게 노동은 물질과 인간, 자연과 역사를 통합하는 연계점이다. 마르크스에게 만물의 출발점이 물질을 소비하며 구체적으로 인간적인 형태인 한 그는 "유물론자"다. 노동이라는 인간의 본성에 놓인 소비 활동 없이 그 어떤 것도 여태 물질 자체에서 유래하지 않는다는 점에서 마르크스는 "관념론자"이기도 하다. 다른 말로 표현하면 마르크스 자신은 의식하지 못한 듯하지만 "유물론"과 "관념론"은 그 의미를 상실했다. 헤겔 체계의 위대성과 전통 철학의 범위 안에 전적으로 머무르기를 원한다면 그 영향력에서 벗어나기가 극도로 어렵다. 그 이유는 플라톤의 두 "세계"를 하나의 움직이는 전체로 통합했기 때문이다. 현상의 세계에서 관념의 세계로의 전통적인 전환 또는 그 반대로 관념의 세계에서 현상의 세계로의 전환은 역사 운동 자체에서 발생해 비록 내용은 아닐지라도 절대적인 것의 변증법적 운동의 형식이 된다.

마르크스의 세 명제, 즉 '노동은 인간의 창조자이며', '폭력은 역사의 산파이고', '타인들을 노예화하는 그 누구도 자유로울 수 없다'는 각각 혁명적이다. 다시 말해 이들 명제는 근대 세계로 안내한 세 혁명적인 사건을 따르고 이들을 명료한 사유로 만들었다는 점에서 혁명적이다. 하지만 그 어떤 것도 이와 더불어서 또는 이를 통해 혁명이 발생한다는 점에서 혁명적이지 않다. 다만, 첫 번째 명제는 우리의 정치사상 전통 전체와 노골적인 갈등 속에 있다는 점에서 혁명적이다. 이 첫 번째 명제는 또한 아주 특징적인 측면에서 볼 때, 용어의 전복적 의미에서 "혁명적 성향들"에 대해 적어도 의심하는 명제이기도 하다. 우리의 세계와 이전의 모든 시대 간에 결정적인 차이점인 노동에 대한 과소평가는 이미 심히 의심스러운 진부한 말의 위상을 얻게 되었다. 이를 위해 겨우 한 세기가 조금 더 지났을 뿐이다. 마르크스가 확실히 대부분의 사회과학자보다 더 많은 오류를 범하지는 않았지만 그의 예언은 거의 모든 관점에서 맞지 않았다. 하지만 한 측면, 즉 미래는 노동하는 동물인 인간, 다시 말해서 노동력 외에는 아무것도 가진 것이 없는 인간, 그가 프롤레타리아라고 부른 사람들에 속한다는 신념에서는 마르크스가 전적으로 옳았다. 심지어 우리는 오늘날 이 사실을 거의 의식하지 못하고 있다. 요지는 노동이 모든 부의 원천이라는 고전경제학자들(마르크스는 온갖 비판을 가하면서도 자신의 경제 이론에서 이들을 긴밀하게 따랐다)의 주장이 옳았는지가 아니라 우리가 노동 사회에 살고 있다는 점이다. 다시 말해서 인간은 자신의 목적이 "개인적 삶의 보존"이라는 의미에서 모든 활동을 주로 노동 활동으로 생각하며, 자신을 주로 노동력의 소유자로 생각하는 사회에 살고 있다. 바로 이러한 의미에서 명백히 노동하지 않고 노동을 통해 자신의 삶을 영위하지 않는 사람들을 기생충으로 판단하는 노동자 사회에 살고 있다.

　　노동은 이 단어에 담긴 모든 전통적 정의에서뿐만 아니라 거의 모든 언어의 어원학적 기원에서도 그 주요 특징들 가운데 하나를 상실했기에 근대적 삶의 이 기본적인 조건은 자주 태만해진다. 출산이 점점 덜 고통스러워지듯이 노동도 정말로 수월해졌다. 성경 1권 3장에서는 인간의 죄에 대한 처벌로 노동의 수고와 출산의 고통을 언급한다. 이 둘은 인간이 삶을 위해 필연적으로 종속될 수밖에 없다는 사실을 표현하기에 함께 묶여 있다. 노동과 노동에 드는 수고는 인류의 재생산을 위해 출산과 그 고통이 불가피했듯이 개인의 삶을 유지하고 보존하는 데 필요했다. 노력과 고통은 단순히 징후가 아니라 인간의 조건에 내재된 근본적 필요성을 느끼고 드러내는 방식이었다. 노동, 다시 말해서 살아 있음을 위해 필요하고 살아 있음에 내재된 활동은 쉬워졌다고 해서 강제적 성격을 잃지는 않는다. 노동은 강제적 필연성을 지각하는 일이 더 어려운 게 사실이지만 고통과 노력의 거친 야만성보다 용이성을 가장하는 일이 더 쉽기 때문이다.

마르크스가 예견한 것은 산업 혁명이 "필연성의 영역을 확장할" 거라는 점이다. 즉, 노동을 수월하게 만드는 경향이 있는 모든 기술적 발전에도 필연성의 영역이 노동의 영역에 예속될 거라는 사실이었다. 이러한 확장은 욕구의 지극한 복잡성, 삶의 필연성에 속한다고 느끼게 하는 이행, "노동자의 수"가 실제로 우리 사회의 핵심 수치가 되어버린 과정의 직접적이고 감각적인 결과물과 긴밀히 연관되어 있다. 이러한 사회에서 "일하지 않는 자는 먹지도 말라"는 옛 구절은 인간 역사의 다른 모든 시대와 대립하는 직접적인 적실성을 띠었다. 100년 전까지만 해도 단순 노동자들은 정치적 권리를 부정당했지만, 오늘날 우리는 비노동자가 생존할 권리조차 가질 수 없다는 의견을 당연하게 받아들인다. 이러한 간단한 사실에 우리 시대의 사회 혁명이 들어 있다.

일어나는 모든 사안의 변증법적 구조에서 마르크스의 신념으로 자양된 그의 희망은 어떻게든 이 절대적인 필연성의 지배가 똑같이 절대적인 자유의 지배를 초래하거나 이를 해결할 수 있다는 점이다. 이는 그의 사상에서 유일하게 유토피아적인 요소다. 하지만 이는 또한 마르크스의 용어로 표현하자면 "자유의 영역은 노동이 끝나는 지점에서 시작한다"라는 전통에서 도출할 수 있는 유일하면서도 아마 절박한 결론일 것이다. 마르크스에 따르면 노동자들, 즉 자기 활동이 필연성에 예속되는 사람들을 자유롭게 하고 해방하는 것이 가능하다고 생각하는 일은 어리석다. 모든 인간이 노동자일 때 자유의 영역은 사실 사라지게 될 것이다. 이때 남은 유일한 것은 인간을 노동에서 해방하는 일이다. 이는 모든 가능성에서 철학자들이 인간의 영혼을 육체에서 해방하려는 초기 희망만큼이나 불가능한 무엇이다.

불가피하게도 정치사상의 전통은 가장 중요한 것으로서 정치에 대한 철학자들의 전통적 태도를 포함한다. 정치사상 그 자체는 플라톤과 아리스토텔레스에서 시작한 우리의 철학 전통보다 더 오래되었다. 이는 마치 철학 자체를 궁극적으로 수용하고 발전한 서구 전통보다 더 오래되고 더 많은 것을 포함하고 있는 듯하다. 그러므로 우리의 정치적 또는 철학적 역사가 아니라 정치 철학 전통의 초창기에 정치에 대한 플라톤의 경멸, 즉 "인간의 현안과 행위는 아주 진지하게 받아들일 가치가 없다"라는 확신과 철학자가 자신을 이들과 관련지을 필요가 있는 유일한 이유는 철학 또는 아리스토텔레스가 후일 말했듯이 이에 '전념하는 삶', 즉 '관조적 삶bios thēorētikos'이 인간이 더불어 사는 한, 인간과 관련된 모든 현안을 어느 정도 이성적으로 조정하지 않고는 물질적으로 불가능하다는 불행한 사실 때문이다. 전통의 초창기에는 정치학이 존재한다. 철학은 우주처럼 영원한 문제에 관심을 보이는 반면에, 인간은 살아 있고 죽어가기 때문이다. 철학자 역시 필멸의 인간인 한, 그 역시 정치에 관심이 있다. 그러나 이러한 관심은 그가 철학자라는 것과는 부정적인 관계가 있을 뿐이다. 플라톤이 아주 풍요롭게 명료화했듯이 철학자는 정치 현안에 대한 조악한 관리를 통해 철학을 추구할 수 없을까 봐 두려워한다. 라틴어의 '오티움 otium'처럼 '스콜레 scholē'는 여가 그 자체가 아니라 정치적 의무에서 유일한 여가, 정치에 대한 비관여, 따라서 영속적인 것에 대한 철학자의 관심사를 위한 정신의 자유다. 이러한 자유는 필멸의 삶에 대한 욕구와 필연성이 보살펴질 때만 가능하다. 그러므로 특이하게 철학적 관점에서 본 정치는 시민으로서 정치 활동에 '관여 politeuesthi'하는 것 이상으로, 고대 그리스 폴리스의 특징인 이러한 정치 활동 그 이상을 이해하기 위해 이미 플라톤에서 시작되었다. 고대 그리스 폴리스에서 삶의 욕구와 필연성의 단순한 충족은 선정치적 조건이었다. 말하자면 정치는 삶의 필연성 자체로 그 영역을 확장하기 위해 시작되었다. 그래서 필멸자의 쉬이 사라질 현안에 대한 철학자들의 경멸에다가 목숨만 부지하는 삶과 생존에 필수적인 모든 사안에 대한 유난히 그리스적인 경멸이 추가되었다. 키케로 Marcus Cicero가 이 한 지점, 즉 정치에 대한 태도에 대해 그리스 철학을 부인하고자 하는 무모한 시도에서 간략히 지적하고 있듯이, "우리의 결핍과 안락에 긴요한 모든 것을 전래 동화에서처럼 어떤 마법의 지팡이가 제공한다면 최고의 능력을 갖춘 모든 인간은 다른 모든 책임을 버리고 오로지 지식과 과학에만 몰두할 수 있다." 요컨대 철학자들이 체계적인 방식으로 정치에 관심을 두자, 정치는 그 즉시 이들에게 필요악이 되었다.

그래서 우리의 정치 철학 전통은 불행이든 운명이든 처음부터 정치 현안, 다시 말해서 인간이 사는 곳이면 어디에나 존재하는 공통적인 공공 영역과 관련된 이러한 활동은 이들 자체의 모든 존엄을 상실했다. 아리스토텔레스의 용어로 정치는 목적을 위한 수단이다. 이는 그 자체로 어떤 목적도 가지고 있지 않다. 그 이상으로 정치에 대한 적절한 목적은 어떤 점에서는 그 반대, 즉 정치적 현안에 비참여, '스콜레', 철학의 조건 또는 이에 관조적 삶의 조건이다. 다른 말로 표현하면, 그 어떤 다른 활동도 물론 단순한 노동처럼 엄밀히 말해서 결코 인간 활동으로 간주하지 않던 것을 예외로 하고는 반철학적인 것으로, 철학에 적대적인 것으로, 정치 활동 일반과 특수한 행위로 나타나지 않는다. 렌즈 광내기를 업으로 삼았던 스피노자Baruch Spinoza는 마침내 철학자의 상징적인 인물이 될 수 있었다. 이는 마치 플라톤 시절 이후 작업, 기술, 인문학의 경험에서 얻은 수없는 사례가 비유상 철학적 진리의 더 높은 지식으로 인도하는 봉사를 할 수 있는 것과 같다. 하지만 소크라테스 이후 행위의 인간, 예를 들면 키케로의 경험에서처럼 본래의 경험이 정치적인 인간은 철학자들이 진지하게 다뤄주기를 바랄 수 없었다. 구체적으로 그 어떤 정치 행동이나 행위로 표현된 인간의 위대성은 호메로스의 영웅 예찬, 결코 잊을 수 없는 그 영광에도 여태 철학의 예시로 이용되는 것을 바랄 수 없었다. 철학은 '창조poiesis'보다 '실천'에서 훨씬 더 제거된다.

기원과 '원칙arche'이 동일한 철학에 비추어볼 때, 정치는 그 자체의 기원조차 가지고 있지 않다. 그리고 이 점은 정치를 폄하하는 데 아마 오히려 훨씬 더 중요할 것이다. 정치는 인간이 살아나가는 고된 과업에서 서로를 필요로 하는 생물학적 필연성의 기초적이고 선정치적 사실을 근거로만 태동했다. 다른 말로 표현하면 정치는 이중적 의미에서 파생물이다. 이는 생물학적 삶의 선정치적 데이터에 기원을 두고 있으며 인간 운명의 후정치적 최고 가능성을 목적으로 한다. 우리가 봤듯이 정치는 육체노동laboring이 필요한 선정치적 필연성의 저주이기에 아래에서는 노동, 위에서는 철학의 제약을 받는다고 이제 말할 수 있다. 노동과 철학, 엄밀히 말하면 아래에서부터 기원하는 노동과 목표, 목적이 위를 향하고 있는 철학은 정치에서 배제된다. 플라톤의《국가Politeia》에서 수호 계급의 활동처

럼 정치는 한편으로는 노동의 기본 필요성과 생계를 지켜보고 관리해야
하며, 다른 한편으로는 철학자의 비정치적 '테오리아theōria, 관조'로부터 명
령을 받아야 한다. 철인왕에 대한 플라톤의 요구는 철학 자체가 이상적인
정치 조직체에서 실현되어야 하거나 계속 실현될 수 있음을 의미하는 게
아니다. 오히려 다른 어떤 활동보다 철학에 더 많은 가치를 두는 지배자
가 철학이 존재할 수 있는 방식으로 지배하도록 허용해야 한다는 의미다.
즉, 철학자는 '스콜레'를 가져야 하고, 우리가 더불어 살아가면서 발생하
며 결국 인간 삶의 불완전성에 궁극적 기원이 있는 현안들에 방해받지 않
는 것을 의미한다.

　　정치 철학은 철학이 가한 이러한 타격에서 우리 전통의 바로 그
초창기의 정치로 전혀 회복되지 않았다. 정치에 대한 경멸, 즉 정치 활동
이 필요악이라는 확신은 플라톤을 근대 시대와 분리한 수 세기 동안 해결
의 실마리처럼 잘 작동한다. 이러한 경멸 또는 확신은 부분적으로는 인간
을 노동자로 살게 하거나 자신에게 주어진 노예들을 지배하도록 강요하
는 생활의 필연성 때문이다. 또 부분적으로는 더불어 살아가는 것에서 유
래하는 악, 다시 말해서 그리스인이 '호이 폴로이hoi polloi, 많은 사람'라 부른
다중multitude이 모든 단일한 개인의 존재를 위협한다는 사실에서 기인한
다. 이러한 맥락에서 그 태도가 플라톤이나 아리스토텔레스처럼 세속적
인 용어들로 자신을 표현하는지, 또는 이 태도가 기독교의 용어로 자신을
표현하는지는 적절하지 않다. 테르툴리아누스Tertullianus[9]는 우리가 기독교
인인 한, "우리에게 그 무엇도 공적 사안보다 더 소외된 것은 없다nulla res
nobis magis aliena quam res publica"라고 처음으로 주장했지만, 그럼에도 그는 '키

9　2세기 무렵 활동한 카르타고의 신학자로 1,000년 동안 서방 그리스도교의 어휘
및 사상 형성의 기초를 이룩했다. (옮긴이)

비타스 테레나civitas terrena, 지상의 국가', 즉 세속 정부의 필요성을 계속 주장했다. 인간이 죄를 지었기 때문이고 루터가 훨씬 후에 표현했듯이 진정한 기독교인은 서로 멀리 살고 있으며 고대 철학자들이 그랬듯이 다중 사이에 버려져 있기 때문이다. 여기서 중요한 점은 동일한 개념을 후기 기독교 철학을 거친 후 다시 세속적 용어로 채택했다는 사실이다. 말하자면 이 개념은 모든 다른 변화와 급진적인 반전을 견뎌냈고, 매디슨의 우울한 반성 가운데에서 확실히 정부는 인간이 천사라면 불필요했을 인간 본성에 대한 반성일 뿐이며, 그다음 니체의 분노한 표현으로 말하자면 그 어떤 정부도 선일 수 없고 이에 대한 주체들은 전적으로 우려해야 하리라고 표현한 것이다. 정치에 대한 평가와 관련해 그 밖의 다른 곳은 아닐지라도 신의 국가가 지상의 국가에 의미를 부여하고 명령을 내리는지의 여부나 '비오스 테오레티코스bios thēorētikos, 관조적 삶'가 규칙을 제정하고 '비오스 폴리티코스bios politikos, 정치적 삶'의 궁극적인 목적인지의 여부는 적절하지 않다.

철학으로 이러한 전체적 삶의 영역을 내재적으로 폄하하는 일에 더해서 중요한 점은 인간이 함께 살고 행동하는 것을 통해서만 도달하고 이를 수 있는 사안과 자신의 단독성 및 고독 내에서 인간이 지각하고 보살피는 사안을 철저히 분리하는 것이다. 여기서 다시금 인간이 고독 가운데에서 진리를 추구해 마침내 관념들의 관념에 대한 무언의 관조 안에서 그 진리에 도달하는지의 여부 또는 그가 자기 영혼의 구원을 보살피는지의 여부는 중요하지 않다. 이른바 개인과 공동체(이는 본래적이고 해묵은 문제를 주장하는 가장 최근의 위선적인 방식) 사이가 아니라 고독 속의 존재와 함께 살아가는 것 사이에서 결코 닫힌 것 없이 열려 있는, 메울 수 없는 심연이 중요하다. 이러한 당혹감에 비하면, 행위와 사유 사이의 관계 또는 오히려 비관계라는 똑같이 오래되고 성가신 문제는 그 중요성에서 부차적이다. 두 개의 분명한 생활 양식으로서 정치와 관조, 더불어 사는 사람과 고독한 삶 사이의 철저한 분리도, 이들의 위계적 구조도 플라톤이 이 양자를 수립한 이후에 여태까지 결코 의심받은 적이 없었다. 여기서 다시금 유일한 예외는 키케로다. 그는 위대한 로마의 정치적 경험을 바탕으로 '비오스 폴리티코스'보다 '비오스 테오레티코스'를 우위에 두는 것의 타당성, 즉 '코무니타스communitas'에 대한 고독의 타당성을 의심했다. 정당하지만 무익하게도 키케로는 "지식과 학문"에 전념했던 자신이 "가르치기 위해서나 학습하기 위해서 존재하든, 듣거나 말하기 위해서 존재하든 자신의 연구에는 친구가 필요하며 고독"으로 도피하는 것을 반대했다. 다른 데서처럼 여기서도 로마인은 자신들이 "비실용적"이라고 주장한 철학을 경멸한 대가를 혹독하게 치렀다. 최종 결과는 논란의 여지가 없는 그리스 철학의 승리였으며, 서구 정치사상에 대한 로마 경험의 상실이었다. 키케로는 철학자가 아니었기에 철학에 도전할 수가 없었다.

전통의 말미에서 철학과 정치의 적절한 관계에 대한 가공할 만한 일치에 도전한 마르크스가 전통적 의미의 철학자였는지, 어떤 진정한 의미의 철학자였는지에 대한 질문은 결정할 필요가 없다. 문제의 사안에 대한 마르크스의 생각을 무모하면서도 아주 불명확하게 요약하고 있는 두 결정적인 진술, 즉 "철학자들은 세계를 '해석해왔을' 뿐이다. …… 하지만 요지는 이를 '변화시키는' 것이다"와 "당신은 철학을 실현하지 않고서는 이를 지양할 수 없다"(여기서 '지양하다aufheben'는 헤겔의 세 층위의 의미, 즉 보존하다, 더 높은 차원으로 올리다, 폐지하다라는 의미다)라는 헤겔의 용어로 아주 긴밀히 표현되고 그의 계통에 따라 사유되었다. 그리고 이를 그 자체로 받아들이고 있으며 그 폭발적인 내용에도 이 두 진술은 헤겔 철학의 비공식적이며 자연스러운 지속으로 거의 받아들여질 수 있다. 헤겔 이전에는 그 누구도 철학이 (세계 또는 그 밖의 어떤 것의) 해석일 뿐이거나 철학이 '비오스 테오레티코스', 즉 철학자 자신의 삶에서만 실현될 수 있다고 생각하지 못했다. 더욱이 실현될 수 있는 것은 어떤 특정하거나 새로운 철학이 아니며 예를 들어 마르크스 자신의 철학도 아니고, 헤겔에서 정점에 이른 전통 철학이 철학을 정의했듯 인간에 대한 최상의 운명이다.

마르크스는 철학에 도전하지 않고 이른바 철학의 비실천성에 도전한다. 그는 세계를 바꾸고 이를 "철학적"으로 만드는 대신에 철학자들이 세계에서 자신의 자리를 찾는 것 이상을 하지 않는 철학자들의 체념에 도전한다. 이는 왕으로서 지배하는 철학자들에 대한 플라톤의 이상과 결정적으로 다를 뿐만 아니라 그 이상이다. 이는 인간에 대한 철학의 지배가 아니라 모든 인간이 철학자가 된다는 의미기 때문이다. 마르크스가 헤겔의 역사 철학(《논리학》을 포함한 헤겔의 철학서 전체는 오직 이 한 주제, 즉 '역사'만을 다루고 있다)에서 도출한 결론은 철학적 전통과 대조적으로 행위가 결코 사유의 반대가 아니라는 점이다. 행위는 진정한 수단, 즉 실제적인 수단이다. 정치는 결코 철학의 존엄 아래에 무한정 놓이지 않으며 본래 철학적이라 할 수 있는 유일한 활동이었다.

위대한 전통

1. 법과 권력

플라톤 이래 다양한 정부 유형의 특징에 대한 모든 전통적 정의는 법과 권력이라는 두 개념 축에 기초했다. 다양한 정부 형태의 차이는 단일 인간이나 가장 명망 있는 시민 또는 인민이 통치 권력을 소유했는지 여부에 따른 권력 배분에 달려 있었다. 각각 이러한 정부 형태의 좋은 특성이나 나쁜 특성은 권력 행사에서 법이 떠맡는 역할에 따라서 판단되었다. 법에 충실한 정부는 좋고 그렇지 않은 정부는 나쁘다. 그런데 좋은 정부나 나쁜 정부의 척도로서 법의 기준은 이미 아리스토텔레스 철학에서 전혀 다른 이해관계의 개념으로 매우 일찍이 대체되었다. 그 결과로 나쁜 정부는 지배자의 이익을 위해 권력을 행사하게 되었고, 좋은 정부는 피치자의 이익을 위해 권력을 행사하게 되었다. 권력의 원칙에 따라 열거된 정부 형태는 어떤 경우에도 변하지 않았다. 항상 군주제, 귀족제, 민주제라는 세 가지 기본 형태가 있고 이에 상응해 참주제, 과두제, 중우제(폭민통치)라는 세 가지 기본적인 왜곡이 있었다. 여전히 근대 정치사상은 아리스토텔레스의 이해관계 개념을 지나치게 강조하거나 곡해하기 쉽다. 여기서 '이해관계dzên kai eudzên'는 (루이 드 로앙Louis de Rohan 추기경이 오랜 시간이 지나서 표현했듯이) 아직 "왕에게 명령하는" 지배는 아니지만, 법을 '각자에게 각자의 몫suum cuique'이라는 원칙에 따라 다뤄야 한다는 부자와 빈자의 서로 다른 관심사를 가리킨다. 그러므로 만인의 이해관계 내에서 지배는 '정의의' 법에 따른 지배의 특수한 해석에 불과하다.

　　법과 권력 사이의 관계와 관련된 흥미로운 모호성은 아주 잘 알려진 이러한 진부한 용어 속에 감춰져 있었다. 이와 관련해 거의 모든 정치 이론가는 그 모호성에 주목하지 않은 채 전혀 다른 두 가지 비유를 사용한다. 한편으로 우리는 적법성을 불러오기 위해서 권력이 법을 강제해야 한다고 배운다. 다른 한편으로 법은 절대 넘어서지 말아야 할 권력의 한계와 경계로 상정된다. 전자의 경우에 권력이란 생각건대 필요악으로 이해될 수 있는 반면에, 후자의 경우에 권력의 역할은 오히려 법의 기능에 무너지기 시작할 것이다. 여기서 법의 기능이란 자체의 존재성을 여타의 자유롭고 "선한" 힘을 규정할 필연성에 두는 듯 보인다. 수단과 목적이라는 전통적 범주에 따라 전자의 경우에는 권력이 법을 이행하는 '도구instrument'로서 나타나며, 후자의 경우에는 법이 권력을 견제하는 '도구'로 나타난다. 법과 권력의 관계에 대한 이 모호한 이해의 한 결과가 일견 명백해 보인다. 권력이 법을 강제하고 집행하기 위해서만 존재한다면 그 권력이 한 사람에게 있는지, 소수의 사람에게 있는지, 아니면 모두에게 있는지는 큰 차이가 되지 않는다. 여기에는 한 가지 본질적인 차이만 있을 뿐이다. 그 차이란 적법하거나 합법적인 정부와 무법적이거나 전제적인 정부의 차이다.

　　따라서 참주제라는 용어는 플라톤부터 1인 지배의 왜곡뿐만 아니라 모든 무법적인 정부에 무차별적으로 사용되었다. 무법적인 정부란 정부의 결정들이 다수의 의지나 욕망일지라도 그 정부 자체의 의지와 욕망으로만 제한되는 정부다. 그래서 정치적 결정에 예속될 수 없는 법으로도 제한받지 않는다. 우리는 칸트의 《영구 평화론 *Zum Ewigen Frieden*》에서 이러한 계통의 사유가 불러온 마지막 결과를 발견한다. 그는 이 저작에서 수많은 정부 형태를 구분하는 대신에 누가 또는 얼마나 많은 사람이 권력을 가졌는지와는 무관하게 합헌적이거나 적법한 정부와 폭정의 지배라는 단 두 개의 정부만 존재한다고 말할 수 있으리라 결론 내렸다. 칸트에게 전통적인 모든 정부 형태는 지배의 형태다. 이들 형태는 권력의 원칙에 따라 구별되며, 권력을 가진 사람은 그게 누구든지 이들 정부 형태에서 분리되지 않고 다른 사람들에게 견제받지 않는 "주권자"로서 권력을 가진다는 점에서 독재적이다. 칸트는 군주제, 귀족제, 민주제에 반해서 권력이 다른 사람에게 항상 견제받는 합헌 정부를 설정했고, 이 정부를 다른 모든 기준과 관계없이 "공화주의" 정부라 부른다.

그러나 법은 제약이 없으면 자신의 힘을 남용할 수도 있는 권력자들을 둘러싼 경계나 울타리로 이해될 수 있다. 따라서 이러한 법과 권력의 관계에서 두 번째 비유에 주목하면 전통적인 정부 형태의 차이, 즉 군주제, 귀족제, 민주제의 차이가 아주 중요해진다. 이제 질문은 오직 1인, 가장 저명한 소수 또는 전체 국민이 법의 테두리에서 권력을 행사하도록 용인해야 하는지다. 이러한 맥락에서 1인 지배를 왜 전체주의와 동일시하거나 어쨌든 전제주의에 가장 가깝다고 하는지, 왜 민주주의를 최고의 정부 형태로 간주해야 하는지가 명백해진다. 이제 군주제는 1인만이 자유롭다는 의미이고 귀족제는 최상의 사람들에게만 자유를 부여하며 민주주의만 자유로운 정부로 생각할 수 있다. 헤겔의 역사 철학에서 이러한 사유 계통의 마지막 결과를 발견할 수 있다. 헤겔은 세계사를 세 시기로 구분한다. 즉, 오직 1인만이 자유로운 동양의 전제주의, 일부만 자유로운 고대 그리스와 로마 세계, 마지막으로 인간 자체가 자유로우므로 만인이 자유로운 기독교 서방 세계로 구분한다. 법과 권력의 개념에서 계속 되풀이되는 이러한 모호성의 가장 충격적인 양상은 단순히 우리 전통의 상이한 두 흐름만을 다루는 게 아니라, 그 반대로 거의 모든 위대한 정치사상가가 양쪽을 거의 차별 없이 사용한다는 점이다.

나는 정부 형태를 전통에서 공식화하고 정의하는 방식으로 열거했다. 그 정부 형태의 토대는 다른 여러 국민의 다양한 생활 방식에 대한 역사적 호기심이 아니라 최상의 정부 형태에 대한 플라톤의 추구, 즉 아테네 폴리스에 대한 부정적인 태도에서 기인했고 항상 이러한 태도에 대한 함의를 통해 정립되었다. 그 이후로 최상의 정부에 대한 탐구는 정치사상의 전통에서 자신의 고향을 발견한 이들의 모든 정치적 경험을 개념화하고 변형하는 데 기여했다. 아마 정치사상 전통 그 어디에서도 2,500년 동안 단 하나의 새로운 정부 형태도 추가되지 않았다는 놀라운 사실만큼 그 포괄성을 더 인상적으로 보여주는 경우는 없었을 것이다. 로마 공화국도, 로마 제국도, 중세 국왕제도, 민족 국가의 출현도 이미 플라톤에 친숙해진 내용을 수정하거나 추가할 필요를 느끼지 못했다. 아주 놀랍게도 플라톤은 이 엄청난 결과를 두고 볼 때 모든 조직 사회의 조건으로서 지배와 피지배의 구분을 거의 즉흥적이면서도 즉각적인 방식으로 소개했다. 반면에 법의 개념은 플라톤의 마지막 저작인 《법률Nomoi》(이 저작은 유실되었다가 15세기에서야 재발견되었다)에서만 바로 모든 정치 생활의 내용으로서 그 중심적 위치를 차지한다. 여기서 법은 《국가》의 관념들에 대한 가시적이고 정치적인 번역으로 이해할 수 있다.

그럼에도 최상의 정부를 추구하는 과정에서 법 문제가 본래 종속적인 역할을 떠맡는다면, 최악의 정부 형태라는 전제주의 정의에서 그 역할은 늘 중요했다. 이와 같은 초기 배치에 대한 근거는 플라톤뿐만 아니라 아리스토텔레스도 당연시한 폴리스의 구체적인 정치 경험에 있다. 그리스의 선철학적 정치 경험은 복수의 인간이 그들 사이 또는 도시와 도시 사이에 수립한 경계로 이해했다. 법은 각자가 자신의 것이라 부르는 생활 공간을 한정했으며, 인간 조건의 안전장치이자 변화하는 환경 및 인간의 이동과 행위에 대한 안전장치인 만큼 신성했다. 법은 유한자로 구성된 공동체에 안정감을 부여했다. 그리고 그 지속성 속에서 공동체에 탄생한 새로운 인간들은 법을 계속 위태롭게 한다. 법의 안정감은 모든 인간사의 지속적인 운동, 즉 인간이 태어나고 죽는 한 결코 끝날 수 없는 운동과 같다. 개별 인간의 새로운 탄생은 폴리스의 지속성을 위태롭게 한다. 각자의 새로운 탄생과 더불어 잠재적으로 새로운 세계가 나타나기 때문이다. 법은 이러한 새로운 출발에 한계를 설정하며 공동 세계의 이전 존재를 보장한다. 이러한 존재는 각 세대에서 개인의 수명을 초월한 지속성을 영속시켜준다. 이러한 공동 세계에서 필멸의 삶을 살아가는 각 인간은 자신의 배후에 있는 영속성의 흔적을 남기기를 희망할 수 있다. 그리스 폴리스의 발생과 더불어 주장해온 이 의미에서 법률은 공적인 공동 세계를 형성한다. 그리스인에 따르면 이 세계 밖에서는 인간의 삶이 자체의 가장 본질적인 관심사를 박탈당하게 된다.

공적 삶을 지향하는 폴리스의 큰 장점은 폴리스가 법률의 울타리라는 안정적인 힘을 가진 덕분에 여러 인간사에 견고성을 제공할 수 있다는 점이다. 이러한 견고성은 인간 행위 그 자체의 내재적인 무용성과 시인들의 불멸성에 의존한다는 점에서 결코 소지할 수 없다. 하나의 단일체로서 폴리스는 법의 영속적인 울타리에 둘러싸여 있어서 무슨 일이 일어나거나 거기서 행하는 모든 것은 행위자나 지속하는 자의 삶과 더불어 사라지지 않겠지만, 미래 세대의 기억 속에 확실히 살아남도록 요청할 수 있다. 국왕제보다 폴리스의 장점, 즉 신화적으로 말해서 그리스인이 테세우스Theseus 왕의 아테네 건국에서 최후의 가장 위대한 왕권의 시도를 본 이유는 페리클레스Perikles가 아주 간결하면서 솔직하게 제시했기 때문이다. 페리클레스는 아테네 자손들의 행위에 대한 "수많은 업적"을 좋은 방향으로든 나쁜 방향으로든 남기기 위해 한 명의 호메로스가 필요하지 않았다는 점에서 아테네인을 칭송했다.

헤라클레이토스가 도시민이 자기 도시의 '성벽teichos'을 지키려 싸우듯 법을 지키기 위해 싸워야 한다고 주장할 때 법이 헤라클레이토스 자신 안에 존재했듯이, '노모스nomos, 법'의 초기 의미는 플라톤이 《법률》의 대화 초반에 제우스를 경계의 신으로 환기할 때도 플라톤 자신 안에 여전히 존재한다. 도시는 거주민들이 그 주위에 성벽을 쌓은 후에야 물리적으로 존재할 수 있듯이, '도시민politeuesthai'의 정치적 삶도 법이 정립되고 제정된 연후에야 시작할 수 있다. 도시 국가에는 법의 울타리가 필요했다. 공간 자체만으로는 각자 이동의 자유를 보장하기에 더는 충분하지 않았는데 그러한 방식으로 인간이 울타리 내에서만 더불어 살았기 때문이다. 법의 정립이 어느 정도 입법, 즉 법의 제정 그 자체를 정치적 활동으로 고려하지 않았던 폴리스 삶의 조건이라고 느껴졌다. 입법가는 외부에서 불려온 사람이거나 솔론Solon처럼 법을 제정한 후에 적어도 얼마간 공적, 정치적 삶에서 물러난 사람일 수도 있다. 어느 정도 법은 어떤 초월적 권위나 원천이 없이 복수의 인간이 설립하고 제정한 무엇이다. 이러한 권위와 원천을 위해 소크라테스 이전의 철학은 모든 사물이 그 기원을 인간에 두고 있는지 또는 그 자체를 거쳐 이들이 무엇인지를 물음으로써 모든 사물의 구분을 제안할 때 법이나 자연을 통해, 'nomô'와 'physei'라는 용어들을 도입했다. 그래서 우주의 질서, 즉 자연 사물의 '코스모스kosmos'는 인간 현안의 세계에서 분화되었다. 여기서 인간 현안의 질서는 인간이 만들고 행하는 만물의 질서이기에 인간이 수립한다. 또한 이러한 구분은 정치학이 자연이 아니라 법칙을 다룬다고 아리스토텔레스가 명시적으로 주장한 우리 전통의 초기에도 존재한다. 바로 이러한 맥락에서 법 테두리를 무너뜨리는 폭군은 정치 영역을 완전히 파괴한다. 그는 통치자가 아니라 파괴자다. 그 파괴자는 도시의 성벽, 즉 도시 존재의 선정치적 조건을 파괴한다.

그러나 우리 전통의 출발 이전인 아주 초기에 이미 법에 대한 전혀 다른 이해가 존재했다. 핀다로스가 'nomô basileus pantôn'이라고 할 때 우리는 그의 말을 "법은 모든 사물의 지배자다"라고 번역함으로써 정당화할 수 있을 듯하다. 우리는 이 구절을 마치 왕이 단합해서 자신의 지도력하에 시작되는 모든 일에 질서를 부여하듯이 법은 우주에 내재한 질서이며 우주의 운동을 지배한다는 의미로서 정당하게 이해할 수 있을 듯하다. 이 법은 정립되지 않았다. 이는 인간이나 신이 정립하지도 않는다. 그 법이 신적이라고 한다면 신들까지도 다스리기 때문이다. 이 법은 분명히 인간들이 수립한 성벽이나 경계로 상정할 수 없다. 여기에서 파생하거나 영향을 받은 법은 하나의 공동체에 국한되지 않는 타당성을 지닐 것이다. 공공 영역 그 자체에서도, 일반적으로 '인간 안에서' 벌어지는 일들과 구별되는 인간 '사이에서' 발생하는 일에서도 마찬가지다. 우주 법칙은 모든 면에서 보편적이었다. 또한 우주 법칙은 모든 사물에 적용할 수 있고 모든 상황과 삶의 조건에 있는 모든 사람에게 적용할 수 있다. 사물, 즉 'physei'와 법, 즉 'nomô' 사이의 구분, 그러니까 자연스럽게 자라는 사물과 인간이 존재를 부여하는 사물 사이의 구분은 이러한 적실성을 상실하게 할 것이다. 하나의 법칙이 양쪽을 모두 관장하고 지배하기 때문이다. 그리스의 스토아주의에서 발전한 후기 자연법 개념에서 이미 명쾌하게 지적했지만 폴리스의 다양한 공동 세계를 둘러싸고 보호하며 구축한, 울타리와 경계의 이미지로 법을 봤다고 이해할 때, "자연법"이라는 용어 자체가 모순될 것이다. 자연법은 다음과 같은 사실을 가정하고 있기 때문이다. 즉, 사물은 자연이나 법을 통해서 존재하지 이 둘 다를 통하지 않는다.

전통을 위해 더욱 중요한 것은 하나의 법이 도덕적, 정치적인 모든 것을 지배한다는 가정하에서 삶의 사적 영역과 공적 영역이 더는 명확히 구분되지 않으며 양자에 개입하거나 우주의 영원한 질서로 통치된다는 점이다. 칸트의 용어로 표현하자면, "별이 총총한 내 위의 하늘"은 이의 질서정연한 법칙적 숭고성 내에서 "내 안의 도덕률"에 일치하기에 인간은 우주에 속한다. 이 법칙은 전체 실정법 강령들에 드러난 한계의 특성을 상실했다. 이들 강령은 규정보다는 오히려 금지를 포함하며 명백히 금지되지 않은 모든 것은 법에 예속된 사람들의 자유로운 결정에 맡긴다. 사적인 도덕성과 공적인 도덕성의 갈등, 개인적 상호 작용에서 용인되고 요구되는 사물들과 사적 도덕성의 대가를 치르면서 정치적 삶의 필수성을 요구하는 사물 간에 갈등이 존재한다. 예를 들어, 홉스가 그렇다. 그는 권력이 비롯되는 정치적, 공적 영역에서 시작해 인간의 본성은 "권력에 목말라하는 동물"의 본성이라고 결론 내린다. 또는 이와 반대로 칸트의 경우에서처럼 내 안의 법은 나를 보편적 입법자로 고양시키는 개별적 사생활에서 각 인간의 행동과 상응한다. 어느 경우든 한 법칙의 보편성은 구제받는다. 권력의 법칙에 복종하고 이에 순순히 따르는 사람들은 본성상 권력에 목말라한다. 도시의 법칙에 복종하는 사람들은 그들 스스로 도덕적 법칙성의 본성을 인정한다.

그러나 타당한 규칙 및 처방 사이의 구분은 우리의 전통 전반에 걸쳐 우주 법칙의 보편적 타당성과 명확히 정의된 인간 집단 사이에서만 유지되며, 그들의 관계는 우리가 헤라클레이토스에서 처음으로 발견한 이미지 안에서 다소간 보인다. "모든 인간 법칙은 하나의 신법을 통해 자양된다. 이 법칙이 의지를 내고 모든 것을 충족하며 모든 것을 지배하는 한, 그것이 지배하기 때문이다"(단편 114). 또한 우리의 법적 전통은 인간이 만든 이러한 실정법 강령이 권위에 대한 궁극적 근원으로서, 보편적으로 타당한 하나의 법에서 비롯될 뿐만 아니라 이에 의거한다는 주장은 결정적이다. 우리는 바로 이처럼 동일한 구분과 관계를 'ius civile'과 'ius naturale', 실정법과 자연법 또는 신의 명령 사이에서 발견한다. 각 사례에서 울타리와 같은 법의 초기 개념은 정립된 법 강령에 존속하며, 이러한 강령을 통해 하나의 보편 법칙은 옳고 그름의 인간 기준으로 번역한다.

하나의 보편 법칙 또는 후일 신의 명령은 부동의 영속적인 것으로 이해되며 이 영속성으로 만들어낸 인간의 실정법은 상대적 영속성을 끌어낸다. 이러한 상대적 영속성을 통해 실정법은 끊임없이 변화하는 인간사를 안정화할 수 있다. 보편 법칙과 실정법 사이의 구분이 더는 인정되지 않을 때, 다시 말해서 근대적 형태의 발전 법칙에서 보편법이 자연적이든 역사적이든 규칙 및 처방의 실정적인 인위적 강령에 항상 우선할 수밖에 없는 운동 법칙이 되었을 때 발생하는 일을 전체주의 지배 형태에서 봤다. 여기서 발생하는 공포는 끊임없이 변화하는 보편적 운동 법칙의 일상적인 실행으로서 모든 실정법을 자체의 상대적 영속성 내에서 불가능하게 하며 전체 동체를 파국의 도가니로 몰아넣는다. 이러한 위험성은 예전의 보편 법칙 개념이 자체의 영속성을 박탈한 곳이면 어디든 잠재하며, 반대로 계속 발전하는 자연 운동 또는 역사 운동 측면의 근대적 발전 개념과 결합한다. 이러한 진보를 이념사 관점에서 고찰하면, 오류는 있을 수 있어도 전체주의 지배가 모든 서구인의 전통과 단절이라기보다는 헤겔에서 정점에 이르고 엥겔스Friedrich Engels가 역사의 다윈이라고 부른 마르크스와 다윈이 실제 적용한 철학적 "이교"의 결과물이라고 어렵지 않게 결론을 내릴 수 있다.

하나의 보편 법칙 이념이 다소간 철학자들의 관심사로 남아 있는 반면에, 법률가들은 자신들의 법칙에 정당성을 부여하기 위해 궁극적인 (그리고 심지어는 초월적인) 권위의 필연성에 동의할지라도 법률을 인간 사이의 경계와 관계로 계속해서 생각할 것이다. 또한 이러한 차이는 로마의 '이우스 젠티움 ius gentium, 만민법'에서 독립적으로 발전한 자연법칙의 이중적 기원에서 분명히 드러난다. 자연법은 상이한 사람들 사이에 수립된 법칙이며 이들 도시는 상이한 민법들을 제시했다. 여기서 자연법은 각 인간에게서 유래하고 그 안에서 작동하는 것으로 이해되지 않았다. 자연법은 또한 상부에 주재하고 우주의 모든 사건보다 우월하지도 않다. 오히려 자연법은 (그리스식의 형태로 한 도시가 또 다른 도시를 파괴하거나 이로부터 고립된 채로 살아가기를 원하지 않는다면) 도시와 도시, 한 법전과 또 다른 법전 사이에 필수적인 소통과 상호 작용을 위한 특정 채널로 이해된다. 로마의 영향력은 엄격한 법적 전통에 강하게 남아 있다. 하지만 정치사상의 철학적 전통에서는 다른 로마의 경험만큼 영향력이 남아 있지는 않다.

실정법에 규정된 옳고 그름의 기준은 이를테면 두 가지 양태가 있다. 이 기준은 권력과 인간의 능력을 뛰어넘어서 자기 존재를 보편적으로 타당한 법칙에 두는 한 절대적이다. 그렇지만 인간이 이 기준을 정립하고 틀을 짠다는 점에서 단순한 관행이기도 해서 민족에 따라 상대적이며 타당성에도 한계가 있다. 두 번째 양태가 없다면 보편타당한 법칙은 인간 세계에 실재가 부재한 채 남게 된다. 첫 번째 양태가 없다면 인간이 설정한 법칙과 규제는 권위와 정당화를 위한 궁극의 원천을 놓치게 된다. 이러한 관계와 이중적 양태 때문에 정부의 구체적인 적법성은 전통의 틀에서 모든 정치체의 근간이 될 수 있다. 역사적으로 적법성은 다만 폴리스와 여기에서 파생된 다양한 공화주의 형태의 특징이다. 최종적으로 법 집행은 정부의 주요 의무로 이해되며 적법한 정부는 얼마나 많은 사람 또는 얼마나 소수의 사람이 수중에 들어온 권력을 공유하고 즐기는지와 관계없이 선하다고 생각한다. 이 전통의 끝에서 우리는 칸트의 정치 철학을 발견한다. 그의 철학에서 법 개념은 모든 다른 개념을 흡수했다. 여기서 법은 결국에는 다른 모든 정치 경험과 가능성을 해롭게 하는 전체 정치 영역의 기준이 되었다. 적법성은 인간이 더불어 살아가는 데 유일하게 합법적인 내용이다. 모든 정치 활동은 궁극적으로 법제화 또는 법적 처방의 적용으로 고안된다.

우리는 단락 회로를 통해서라도 지배와 법이 실제로 일치하는 입장에 도달하기 위해 훨씬 더 이후의 발전을 개략적으로 살펴봤다. 입헌 정부는 더는 법의 틀에서 지배하고 행위하는 다양한 가능성 중 하나가 아니고 법률 그 자체가 지배하며 지배자만이 법률을 관리하고 여기에 복종한다. 이는 우리가 《법률》을 통해 알고 있는 플라톤 정치사상 최종 단계의 논리적 귀결이다.

이러한 숙고는 여전히 위대한 전통의 계열에서 정치의 본질을 탐구하고 서로 다른 정부 형태에 대한 오래된 질문들을 제기한 마지막 사상가를 이해하는 데 필수적이다. 정부의 세 분야인 입법, 사법, 행정의 발견, 즉 권력은 분립할 수 없는 게 아니라는 위대한 발견으로 그 명성을 확고히 지키고 있는 몽테스키외는 체계적인 사상가라기보다 다분히 정치적인 저술가다. 이로써 그는 자신에게 다가온 위대한 정치사상의 문제점들을 자유롭게 접하면서 거의 무심결에 재구성할 수 있었다. 전체를 하나로 작동하게 해서 자신의 새로운 통찰을 가로막지 않으면서도 발표의 숨은 동기로 자기 사유의 내적 일관성을 흩트리지 않았다. 그의 통찰들은 실제로 루소 Jean-Jacques Rousseau의 통찰보다 훨씬 더 "혁명적"이고 동시에 더욱 지속적인 측면에서 긍정적이다. 루소는 18세기 혁명에 미친 온전하고 직접적인 영향력과 19세기 정치 철학의 지적 영향력에서 유일하게 몽테스키외와 필적할 만하다. 다른 한편 관심사가 체계적이지 못하고 자료를 느슨하게 엮어서 광범위하게 흩어져 있는 자기 사유의 내적 일관성과 모든 정치 현안에 대한 자기 접근법의 분명한 통일성 모두 애석하게도 소홀히 다루어졌다. 이러한 미비점 때문에 자기 전임자들보다는 계승자들과 조금 덜 분리되어 있을 뿐이다.

권력이 모든 폭력적 함의에서 완전히 분리된 정치적 삶의 비전은 세 부문의 정부 발견 이면에 숨겨져 있다(칸트만이 이 발견을 정말로 공화주의 정부의 핵심 기준으로 제대로 이해했고 미국의 공화국 헌법에서만 제대로 실현되었다). 몽테스키외에게만 수단과 목적이라는 전통적인 범주를 완전히 벗어난 권력 개념이 있었다. 그에게 정부의 세 부분은 인간의 세 가지 주요 정치 활동, 즉 법률의 제정, 결정의 이행, 양자와 동시에 일어나는 결정의 판단을 대변한다. 이러한 각각의 활동은 고유한 권력을 낳는다. 권력은 연방 공화국들 사이, 주와 연방 정부 사이는 물론이고 정부 부문 사이에서도 분리될 수 있다. 권력은 '하나의' 목적에 적용되는 '하나의' 수단이 아니기에 그렇다. 권력의 기원은 행위에 대한 복수 인간의 다중적인 역량에 있다. 이들 행위는 정치체가 살아 있는 한, 어떤 목적도 가지지 않는다. 행위의 직접적인 목적은 인간적, 정치적 삶의 변화무쌍한 정황들로 규정된다. 이 정황들은 그들 스스로 그리고 정의된 공동체 또는 주어진 문명 안에서 발생하기에 개인으로서의 시민 사이에서 발생하며, 공유하거나 갈등을 초래하는 이해관계로 시민을 서로 결속시키거나 분열시키는 공적 사안들의 영역을 구성한다. 이러한 맥락에서 이해관계는 물질적 필요나 탐욕의 함의가 없어도 문자 그대로 '사이-존재inter-esse', 즉 인간 '사이between'의 존재를 형성한다. 모두에게 공통적이며 그래서 각자에게 관심사인 사이in-between는 정치적 삶이 발생하는 공간이다.

몽테스키외가 발견한 분리 가능한 권력의 성향과 삼권 분립은 전체 정치 영역의 중심 자료로서 행위 현상에 대한 그의 심취에서 기인했다. 그는 자신의 탐구를 통해 정부의 성격ce qui le fait être tel과 원리ce qui le fait agir를 구분했다(《법의 정신De l'esprit des lois》, 3권, 1장). 그는 정부의 종류를 다만 조금 변경된 용어들로 정의했다. 몽테스키외는 귀족제 정부 형태를 소홀히 하며 공화정이 국민의 수중에 주권이 있는 합헌 정부라 주장한다. 군주제는 한 사람의 수중에 주권이 있는 적법한 정부다. 참주제는 권력이 자의적인 의지에 따라서 한 사람이 행사하는 무법 통치다. 더 심원한 그의 발견은 이러한 "특수한 구조들"이 작동하도록 각각 다른 "원칙"이 필요하다는 통찰이다. 또는 다른 말로 표현하면, 이는 이러한 구조들이 그 자체로 죽어 있으며 정치적 삶의 실재 및 행동하는 인간의 경험과 일치하지 않는다는 통찰이다. 몽테스키외는 역사를 운동의 원리로, 역사 과정을 그리스 사유에 빚진 나머지 본래 움직일 수 없다고 상정해온 구조들로 소개했다. 몽테스키외 이전에 오히려 변화의 유일한 가능성은 더 나쁜 것을 위한 변화, 즉 귀족제를 과두제로, 민주제를 폭민제로, 군주제를 참주제로 바꾸어놓을 수 있는 변화 또는 왜곡으로 생각해왔다. 물론 왜곡의 가능성은 훨씬 더 많다. 예를 들어, 다수결 지배 또한 참주제로 종결되는 특수한 성향이 있다는 사실은 아주 일찍이 지적받았다. 변화의 추진 동력으로서 몽테스키외의 행동 원리와 비교할 때, 이러한 모든 왜곡은 물리적이고 거의 유기적인 본성을 띠고 있다. 최상의 정부조차도 영원히 지속될 수 없다는 플라톤의 유명한 예측과, 바람직한 자손을 낳기 위해 적합한 부모를 선택하는 과정에서 불가피한 실수를 통해 궁극적 실패를 설명하는 것은 파멸의 측면에서만 변화를 생각할 수 있는 사고방식에 대한 가장 설득력 있는 예시일 뿐이다. 반대로 몽테스키외는 바로 자신이 행위를 모든 정치적 삶의 본질적 요소라고 이해했기에 운동을 역사의 조건으로 인지했다. 행위는 단순히 정부에만 속하지 않으며 기록된 국가 행적에서 그 자체를 보여주지 않을 뿐만 아니라 결코 지배와 피지배의 과정에서 소진되는 법이 없다.[1] 그는 전통과 더불어 적법성에 입각한 정부의 영속적인 성격을 인지한다. 그럼에도 그는 이러한 법률 구조를 인간이 다만 이동하고 행동하는 틀, 즉 그 자체로 살아 있으며 필연적으로 파멸이나 진보라는 어떤 규정된 방향으로 발전하지 않고 이동하는 것의 안정 요소로 이해한다. 따라서 몽테스키외는 본성이나 본질을 이야기할 뿐만 아니라, 상대적인 영속성 가운데에서 변모하는 정황과 도덕적 인간의 행위를 품고 있는 정부의 구조도 언급한다.

몽테스키외는 자신의 세 주요 정부 형태에 상응해 "한 공동체가 작동하는" 세 가지 원리를 공화제의 덕, 군주제의 명예, 참주제의 공포로 구분한다. 이들 원리는 심리적 동기들과는 다르다. 오히려 이들은 모든 공적 행위를 판단하는 기준이자 정치적 삶 전체를 표출하는 기준이다. 여기에 적용되는 각각의 원리는 그 자체로 정부와 시민, 지배자와 피지배자 모두에게 같다. 공포의 원리가 참주제에서 모든 행위를 일어나게 한다면 이는 참주가 자기 신하들을 두려워하기에 행동하며, 피억압자들은 참주를 두려워하기에 행동한다는 의미다. 군주제에서는 자신을 돋보여 공적으로 명예로워지는 것이 신하의 긍지이듯이, 공화제에서는 공적인 현안들에서 동료 시민보다 더 크지 않는 것이 시민의 자긍심이고 "덕"이다. 이로부터 공화제 시민은 명예가 무엇인지 모른다거나, 군주제의 신하들은 "덕성스럽지" 않다거나, 모든 국민은 자신이 우연히 살게 된 정부 규정대로 늘 처신해야 하는 것은 아니다. 이는 다만 공적 삶의 영역이 항상 '행위를 하는' 모든 인간이 당연시하는 규정들로 결정되며, 이 규정들은 모든 형태의 정치체에서 같지 않음을 의미할 뿐이다. 이 규정이 더는 타당하지

---

1 "On juge mal des choses. Il y a souvent autant de politique employée pour obtenir un petit bénéfices que pour obtenir la papauté"("De la Politique", in *Mélanges inédits de Montesquieu*, 1892).

않다면, 행위 원리들이 자신의 권위를 상실해 그 누구도 더는 공화제의 덕이나 군주제의 명예를 믿지 않는다면, 또는 참주제에서 참주가 신하들에게 두려움을 주는 것을 멈춘다거나 신하들이 더는 자신의 압제자를 두려워하지 않는다면 각각의 정부 형태는 그 막을 내리게 될 것이다.

여러 정부의 본질과 이들 행위 원리 사이의 관계에 대한 몽테스키외의 비체계적이며 때로는 우발적인 관찰의 저변에는 역사적으로 주어진 문명들에서 통일성 본질에 대한 훨씬 더 심오한 통찰들이 깔려 있다. 그의 "일반 정신esprit général"은 정부 구조와 이에 상응하는 행위 원리를 통합한다. 이는 그 자체로 후일 역사 철학은 말할 것도 없고 역사학에 영감을 부여하는 이념이 되었다. 헤르더Johann Herder의 "민족정신Volksgeist"과 헤겔의 "세계정신Weltgeist"은 그 유래의 명확한 흔적을 보여준다. 몽테스키외의 독창적인 발견은 이 둘 중 어느 하나보다 덜 형이상학적이며 아마도 정치학에 더 이로울 듯하다. 18세기 중반에 집필할 당시, 그는 요행히도 아직은 "세계사"를 자각하지 못했다. 세계사는 100년 후에야 헤겔 철학과 주요 역사가들의 저작에서 "세계란 세계 판단이다Die Weltgeschichte ist das Weltgericht"라고, 즉 세계 판단의 업무에 사사로운 권한을 행사하게 된다. 그의 통합적 일반 정신은 무엇보다 함께 살아가고 행동하는 인간의 기본 체험이다. 이 체험은 동시에 한 나라의 법률과 이 법률하에 살아가는 인간의 행위로 표출된다. 이러한 의미에서 덕은 "평등의 사랑"에, 명예는 "분별의 사랑"에 기반을 둔다. 공화제의 법률은 평등에 기반을 두며 평등의 사랑은 공화주의 시민의 행위가 비롯되는 근원이다. 군주제의 법률은 분별에 기반을 두고 있으므로 분별의 사랑은 시민의 공적 행위를 고취한다.

분별과 평등은 둘 다 인간의 모든 공동적 삶의 기본 체험이다. 우리 인간은 동등한 타당성으로 출생을 통해 서로 다르거나 '구별되고' 모든 인간은 "평등하게 태어나며" 사회적 지위로만 분별된다고 할 수 있다. 평등이 정치적 체험이라는 점에서 이는 한없이 우월한 존재인 신 앞에서의 평등과는 구별된다. 신 앞에서 모든 분별과 차이는 무시해도 될 정도다. 평등은 기존의 차이들과 무관하게 모든 사람은 평등한 가치를 지닌다는 사실을 항상 의미해왔다. 각 개인은 본성상 같은 정도의 힘을 가지고 있어서다. 공화제적 법의 토대이며 시민의 행위가 비롯되는 근본적인 경험은 더불어 살아가는 경험이자, 평등한 권력을 지닌 인간 집단의 구성원이 되는 경험이다. 그러므로 공화제에서 법은 차별이 아닌 제약의 법이다. 이 법은 각 시민의 힘을 제약하도록 설계되어 있어서 자기 동료 시민의 힘을 위해 여지를 남겨둘 수 있다. 그 여지 내에서 공화제의 법과 행위의 공통 토대는 인간의 힘이 주로 우월한 어떤 권력(신 또는 자연)의 제약을 받는 게 아니라 '평등한 사람들'의 권력에 제약받는다는 통찰이며, 여기에서 기인하는 만족이다. 평등의 사랑으로서 덕은 고립에 대한 불안에서 인간을 지켜줄 뿐인 권력의 평등에 대한 경험에서 유래한다. 영국의 오래된 자장가는 "하나는 하나요, 모두가 혼자요, 늘 그렇지요"라고 하면서, 신의 최고 비극이 될 뿐임을 인간의 마음에 감히 지적하려는 듯하다.

군주제(와 모든 계층제적 정부 형태)가 기반한 분별은 본래적이면서 진정한 정치적 체험이다. 분별을 통해서만이 나는 진정한 나 자신, 즉 이전에도 결코 존재하지 않았고 앞으로도 절대 존재하지 않을 하나의 고유한 개인이 될 수 있다. 나는 모든 타인과 비교를 통해서만 이 고유성을 수립할 수 있기에 공적인 사안들에 대한 개인의 역할은 궁극적으로 내가 그들에게 인정받는 정도에 달려 있다. 각각의 삶의 행보에서 쟁취한 분별에 입각해 사회적, 정치적 위상을 가진 개인이 "모든 다른 사람"의 분별되지 않고 분별할 수도 없는 대중과 결코 직면하지 않는 것은 바로 군주제 정부의 위대한 장점이다. 이러한 대중에 반해 단독적인 인간은 한 사람의 절박한 소수자를 불러낼 수 있을 뿐이다. 평등한 사람들의 권력은 무기력이 극에 달해 모두 참주제를 받아들일 준비가 될 때까지 서로를 상쇄할 수 있으며 이는 권력의 평등이 그 의미, 방향, 제약을 받는 틀을 가진 적법성의 구조에서 평등에 입각한 정부의 위험성을 구체적으로 보여준다. 정당한 이유로 몽테스키외는 참주제의 행동 원리로서 무법성과 공포의 구조에 대한 공동 토대를 지적하는 데 실패했다.

(1953)

2. 지배와 피지배

이제 몽테스키외의 통찰에 비추어 우리가 전통의 끝이 아니라 시작부터 다시 생각하고 통치의 경험이 어떤 역할을 떠맡았는지, 삶의 영역에서 주로 어떤 위치에 있는지를 자문한다면, 전통적인 정부 형태는 항상 전혀 다른 분류 체계를 수반한다는 점을 기억해야 한다. 여기서 전통적인 정부 형태란 1인 지배, 소수자 지배 또는 다중 지배로 열거할 수 있으며, 이들의 왜곡이 그러하듯이 통치자와 신하 사이의 구분에서 일관되게 뒤따른다. 우리는 군주제 대신에 왕정basileia, kingship에 대해 듣는데 이러한 맥락에서 군주제는 참주제와 같은 의미로 사용된다. 그래서 1인 지배, 군주제 또는 참주제를 종종 왕정의 왜곡이라 부른다. 소수의 지배인 과두제는 여전히 제1인자의 지배인 귀족제의 왜곡이다. 다수의 지배인 민주주의라는 용어 대신에 우리는 정치 공동체polity를 찾아냈다. 이 정치 공동체는 본래 도시 국가 또는 폴리스를 가리켰으며 나중에 공화국, 즉 로마 공화국 Roman res publica이 되었다. 이제 민주주의는 이러한 정치 공동체의 왜곡이자 폭민이 최상을 통치하는 폭민제로 이해할 수 있다.

왕정, 귀족정, 정치 공동체는 최상의 정부 형태로 칭송받거나 아주 초기 또는 후기에 특히 키케로가 이 세 지배 형태의 혼합을 추천했다. 하지만 "혼합 정부"는 추정컨대 각 정부 형태의 가장 좋은 특성을 구현할 텐데 이러한 정부는 본질적으로 1인 지배, 소수자 지배 또는 다중 지배로 구분된다는 가정하에서는 불가능하다. 이들 형태는 명확히 상호 배타적이기 때문이다. 더욱이 이러한 맥락에서 전통적인 정의보다 훨씬 더 강력하게 비난받는 참주제는 자의적인 무법 상태라기보다는 최악의 정부 형태지만, 여전히 더불어 살아가기는 가능한 형태 또는 가장 바람직하지 않더라도 여전히 동료 인간을 이해할 수 있는 인간의 태도라는 점에서 비난받고 있다. 오히려 참주는 인간 사회에서 완전히 배제된다. 인간적인 교류에 부적합하며 인류의 범위를 뛰어넘고 인간의 탈을 쓴 짐승으로 간주된다. 다른 말로 표현하면 왕정, 귀족정, 정치 공동체는 단순히 군주제, 과두제, 민주제가 왜곡된 "좋은 형태들"의 정부로 보이지 않는다. 심지어 전자는 후자와 같은 범주 틀 안에서 정의할 수도 없다.

왕정, 귀족정, 정치 공동체에 대한 서술은 오히려 인민이 함께 살아가는 다른 형태들에서 확인되고 이들 형태에 구현되는 실제적 정치 경험을 보여준다. 이러한 경험은 법과 권력에 따라 지배 개념을 가져온 경험들에 선행하며 이 경험들과 반드시 동일하지는 않다. 정부들에 대한 전통적인 정의와 서술에서 여전히 불가피해 보이는 경험들이 더 일찍이 개념화되었는지의 여부는 다른 질문이다. 투키디데스Thoukydidēs가 후일 "혼합 정부"(《펠로폰네소스 전쟁사The History of the Peloponnesian War》 8권, 97)라고 불린 점을 이미 언급한 사실과 아리스토텔레스가 《정치학Politica》(1265b33)에서 유사한 이론들을 암시한 사실은 정치사상의 더 초기 흔적이 우리 전통의 발생과 더불어 지양되고 흡수되며 부분적으로 배제되었다는 점을 가리키는 듯 보인다. 요점은 통치자와 신하의 구분이나 법과 질서의 기준

둘 다 "좋은 형태들"에 적용될 때 훨씬 의미가 있는 것이 아니라는 점이다. 반대로 "좋은 형태들"은 우리가 이들을 그 구분과 기준에 따라 정의하고자 하면 그 즉시 "왜곡된 형태들"로 바뀐다.

왕정이 1인 지배일 때, 오늘날 우리가 말하곤 하는 법에 따르면 입헌 군주제와 같을 것이고 법에 어긋난다면 참주제와 분명 같을 것이다. 하지만 사실은 왕basileus이 군주의 절대 권력을 가지지 않았고 권력은 세습 관직이 아니었으나 그는 선출되었으며 아주 분명히 '동료 중 제1인자primus inter pares' 그 이상으로 결코 용인된 적이 없다는 사실이다. 통치의 관점에서 군주를 권력자로 규정하는 순간, 이미 그는 참주로 변모했다. 최상의 소수자가 지배하는 귀족 정치라면 최상의 인간이 누구이고 어떻게 이들을 알아낼 수 있는지(확실히 자기 선출 방식은 아니다), 이들이 통치기간 중 최상의 인간이 최상으로 남아 있을 수 있는지에 대한 문제가 항상 제기된다. 객관적 기준에 따라 소수가 확인되는 순간, 이들은 다만 부자이거나 세습 귀족이다. 아리스토텔레스는 이들의 지배를 왜곡된 귀족제인 과두제로 정의했다. 또는 그 소수가 가장 현명한 자라면, 플라톤에게 이들은 다중을 설득할 수 없고 폭력을 통해 본의가 아닌 신하들을 지배하는 자다. 다시금 이는 참주제가 된다. 정치 공동체나 공화제를 지배와 피지배의 용어로 정의하는 일은 전적으로 불가능하다. 아리스토텔레스는 "각 폴리스 공동체가 지배자와 피지배자로 구성된다"라고 자명하게 말한 후, 곧바로 이러한 정부 형태에서 "모든 사람이 지배와 피지배를 균등하게 공유하며" 자연 그 자체는 도시를 청년과 노인으로 구성해 지배의 적임자가 누구이며 피지배에 적합한 사람이 누구인지를 지적해야 한다고 말했다(《정치학》, 7권, 14장, 1332b12~36). 여기서 통치자와 신하 사이의 구분은 분명히 사제 간 또는 부자간의 구분으로 사라지고 만다. 폴리스 삶의 전체 조직이 통치자와 신하의 구분을 용인하지 않는다는 점은 그리스 폴리스의 옹호자가 경쟁에서 패배한 후 마침내 정치 생활에서 완전한 은퇴를 허용하라고 요구하는 정부 형태에 대한 헤로도토스의 유명한 논의에서 아주 명백하게 드러난다. 그는 지배도 피지배도 원하지 않았기 때문이다. 당연하게도 그리스 폴리스의 삶은 시민 사이에 그런 분열이 있다는 사실을 알지 못했다. 아리스토텔레스가 한 번 이상 지적했듯이 그리스 폴리스의 삶이 기반을 둔 통치권은 공적, 정치적 영역에서가 아니라 가장이 가족과 노예를 지배한 아주 사적인 가계 영역에서 주로 경험했다.

가족과 가정이라는 사적 영역은 삶의 필연성으로 구성되었다. 노동을 통해 개인의 삶을 지속하고 생식과 출산을 통해 종의 보존을 보장하는 것이 삶의 필연성이다. 노동과 출산이라는 이중 고통(영어뿐만 아니라 거의 모든 유럽 언어에서 노동이라는 동일 어휘가 수고와 출산의 고통으로 원용됨)의 측면에서 인간 삶의 조건을 정의하는 점과 이 두 요소가 상호 연관되어 있으며 서로 상응한다고 이해한 점은 우리 과거의 두 경향, 즉 유대인과 그리스인이 동의하는 극히 보기 드문 특징 중 하나가 되어왔다. 출산과 고통이라는 두 요소는 낙원에서 인간이 죄를 지은 후, 신이 인간의 삶을 어렵게 하도록 결정했기 때문이든, 이러한 충동적 필연성을 신의 "손쉬운" 삶과 대조적으로 이해했든 상호 연관이 있고 서로 상응한다. 이는 마르크스가 이 근본적인 연관성이 거의 잊힐 무렵에 노동과 출산을 두 주요 형태의 "삶의 생산인 노동을 통한 자기의 삶, 즉 존속 수단 및 출산을 통한 새로운 삶"으로 이해함으로써 그 삶을 재설정했다는 마르크스 사유의 서열을 나타낸다(《독일 이데올로기Die Deutsche Ideologie》, 17). 하지만 마르크스가 노동을 통한 삶의 생산을 정치 철학의 중심에 둔 반면에, 전통 이전의 과거와 완벽하게 일치하는 전체 전통은 노동을 정치 영역 밖에 두었다. 그리고 이러한 노동을 살아가는 문제들을 해결하는 방식에 대한 각 개인의 사적인 관심사로 만들고 이 전체 영역을 경멸했다. 주로 노동이

"사적인 것"이 아니라 존재하고 살아가는 데 본질적인 필연성에 종속되기 때문이다. 노동자나 여성처럼 이러한 필연성에 종속된 사람 그 누구도 자유로울 수 없다. 무엇보다도 자유는 삶 자체에 필요한 모든 활동에서 독립을 의미한다.

지배, 피지배의 분리는 군림하는 부류와 필연성에 예속되는 부류로 분리한 사적 영역에서 처음으로 경험한다. 공적, 정치적 삶은 선정치적 조건으로서 이러한 분리에 의존하지만 지배 개념 그 자체는 거기서 본래 아무런 역할도 하지 않는다. 이는 폴리스와 시민의 평등 개념에서 단연코 사실이다. 이 개념에서 자유는 선정치적 조건이지 정치적 내용 또는 이상이 아니다. 하지만 이는 예전부터 그랬다. 아가멤논Agamemnon은 왕 중의 왕이었으며 심지어는 겉으로나마 노동을 예찬하는 헤시오도스Hesiodos의 이야기에서조차 주인의 명령을 수행하기 위해 늘 있었던 노예와 하인의 존재를 항상 만나게 된다.

전통적인 정치사상에서는 다른 사람에 대한 지배로만 성취할 수 있는 필연성과 별개인 이 기본적인 자유가 생명 그 자체보다 더 고귀한 것을 열망하는 삶만이 살 가치가 있으며 그 목적이 활동 자체인 활동만이 시작할 가치가 있다는 거듭되는 확언에 반영된다. 고대와 근대의 자유인의 삶에서 가장 두드러지는 차이는 대단한 편리the ease에 있다. 노예 노동에 전적으로 의지하는 편리함이 없었다면 그리스와 로마적 의미에서 '정치적 삶bios politikos'은 아예 불가능했을 듯하다. 따라서 이 차이가 그러한 사람들의 실제 경험에서는 외견상 부정적인 상대인 삶의 '순수 필연성 anagkaia'보다는 덜 적절하다.

다른 말로 표현하자면, 지배 형태의 전통적 정의에서 모든 정치조직의 본질이라고 한 지배와 피지배, 통치자와 신하 사이의 구분이 본래 사적 영역에서만 타당한 구분이며, 따라서 정치 내용이 아니라 조건일 뿐이다. 철학자들이 실제 정치 경험을 형식화하고 개념화하기 시작하며 이 구분을 실제 정치적 경험에 겹쳐놓은 이유는 정치에 대한 철학자의 태도, 즉 짐작건대 공적, 정치적 영역 자체에 들어 있을 불변의 속성보다는 확실히 정치적 이유 및 함의가 있는 태도와 훨씬 더 깊은 연관이 있다.

왕정, 귀족정, 정치 공동체 또는 공화정은 여성과 노예에 대한 지배에서 드러나는 필연성의 자유에 입각하고 있다. 이들의 차별성은 얼마나 많은 사람이 권력을 가지는지, 누가 누구를 지배하는지의 문제에 있지 않고 공적 관심사 자체로 이해하는 사안 및 공적 영역과 관련된 인물 간의 관계에 있다. 왕정에서 공적 관심사는 일상사가 아니지만 일상생활의 정상적인 과정을 '방해하는' 사건으로서 두드러진 의미가 있는, 즉 무엇보다도 공동 노력이다. 전적으로 공적 사안에 관여하기 위해서 그들이 '선택한 지도자basileus'를 따르는 사적 지도자들은 사생활을 떠나야 할 뿐만 아니라 일상의 리듬에서 완전히 벗어나야 한다.

헤시오도스의 호메로스 예찬은 노동 자체가 아니라 일상생활에 대한 존엄이다. 《노동과 나날Works and Days》이라는 제목에서 알 수 있듯이, 선원인 형제에게 보내는 충고에서 더욱 명확해졌듯이, 그는 온갖 종류의 감행과 모험 대신에 집에 머무름을 예찬한다. 그는 일상생활의 그윽한 아름다움을 그 예로 제시한다. 이 아름다움은 집과 벌판에서 하는 일보다는 바로 한 해에 나날이 되풀이되는 모습으로 특징지을 수 있다. 헤시오도스에게도 집과 벌판에서 하는 작업은 노예가 하고, 가장은 감독만 할 뿐이다. 헤시오도스의 의미는 자신이 공통의 공공 영역에서 완전히 벗어나 있는 삶을 예찬한 점이다. 그에게 영광과 위대한 행위의 가능성은 부질없다. 헤시오도스는 사적 삶을 거리낌 없이 예찬한 유일한 그리스인이다. 다른 그리스인들의 주된 특징은 이러한 사생활이 공동 세계의 영역이나 공간을 제공하지 않았다는 점이다. 우리는 이러한 영역과 공간에서만 나타날 수 있고 보일 수 있으며 결국 잠재적으로 뭔가가 될 수 있다. 로마 정신과 구별되는 그리스 정신은 공통의 공적 세계 구성을 위한 불가피한 조건보다는 사적 삶에서 볼 수 있다. 그 근거는 사적 삶이 현상과 가상, 명성과 의견이라는 다양한 의미에서 '의견doxa'에 대한 가능성을 제공하지 않았다는 점이다. 현상과 보임이 '존재is'일 뿐이라는 점에서 이 모두를 포괄하며 그림자가 드리워진 실재에서 선에 대한 플라톤의 최고 관념은 '파노타톤phanotaton', 즉 "그중에서도 가장 빛나며, 가장 눈부신 현상을 갖는 일이다"(《국가》, 518c)다.

삶의 필수품이 성공적으로 "지배를 받고" 보살핌을 받더라도 사적 영역은 어둡고 불분명하며, 그림자가 드리운 영역으로 남아 있다. 사적 삶은 실재에서 박탈당한다. 스스로 보여줄 수 없고 다른 사람이 대신 보여줄 수도 없기 때문이다. 나타나고 다른 사람들에게 보이는 것만이 인간에게 온전한 실재와 진정한 의미를 부여한다는 신념은 그리스의 모든 정치적 삶의 토대다. 참주의 주요 목적은 인간을 사적인 가계로 몰아넣는 일이다. 이는 인간성의 가능성을 박탈하는 것이다. 헤시오도스가 불화의 여신 에리스Eris를 예찬하면서 우리에게 믿도록 했듯이, 동료들보다 더 잘하고 가능하면 그중에 '최고aristeuein'가 되려는 투쟁, 즉 아곤agon은 "도예공과 도예공, 기술자와 기술자, 거지와 거지"(《노동과 나날》, 24)의 경쟁이 아니다. 오히려 이 경쟁은 실재와 다른 사람들에게 나타남을 정치적으로 동일시하는 것이다. 다른 사람들이 있는 곳에서만 인간의 삶은 구체적으로 시작할 수 있다. 다른 사람들의 주목을 받는 곳에서만 자신을 두드러지게 해서 자신의 인간성으로 들어갈 수 있다.

그러므로 자신의 인간성은 좁은 의미에서만 정치적 삶과 정치 체험이 아니라 사적 가계와 이에 대한 지배가 끝나는 곳 어디에서나 시작하는 인간의 삶과 체험 그 자체다. 그런 다음에 다른 모든 사람이 자유롭게 빛을 발하는 공적인 조명 아래에 있는 공동 세계가 시작된다. 이는 왕정과 폴리스에서도 똑같이 들어맞는다. 하지만 이 관점에서 폴리스의 장점은 시민의 일상적 삶을 위해 공동 세계를 제공하는 것이지 간헐적으로 이루어지는 기획만을 위하지는 않는다. 같은 이유로 폴리스의 삶은 진정으로 비일상성의 기회들을 상실하게 되며, 따라서 그 독사는 시민으로서 살고 '행동하는politeuesthai' 지속적인 활동에서 자신을 더욱더 두드러지게 해주는 의견이 된다. 그래서 폴리스의 삶은 위대한 행동에 뒤따르는 불후의 명성에 대한 눈부신 영광이 점점 덜 중요해진다. 왕정과 정치 공동체 및 공화국의 구분은 통치자와 신하 사이의 관계가 아니다. 심지어 이는 주로 시민 사이의 다른 관계도 아니다. 이들 시민은 공동 세계에서 함께 살고 부대끼는 인간이다. 주요 역사적 차이는 행위 그 자체가 다른 형태들의 공공 조직에서 떠맡는 역할에 있다.

어쩌면 왕정은 가장 오래되고 기본적인 정치 조직 형태다. 이는 어떤 것을 새롭게 시작한다는 일반적인 의미에서, 또한 새로운 기획을 함께 시작한다는 의미에서 행위 체험에 의거한다. 행위는 사적 가계의 수장이 함께 와서 머무르는 집결지다. 그들은 기획이 지속되는 한에서 정치체를 형성하며, 자신들의 사적 관심사를 뒤로하고 결정한다. 그들을 함께하도록 추동하는 요소는 한 사람만으로는 결코 만족할 수 없는 행위 욕구다. 홀로 있거나 고립된 가운데에 추구할 수 있는 노동 및 작업과 구별되는 행위는 복수의 인간이 함께 모여 조화롭게 활동하는 곳에서만 가능하다. 행위의 조화에는 왕이 필요하다. 말하자면 이 조화는 왕을 만들어낸다. '동료 중 제1인자'로서 왕은 다른 사람들이 충성의 정신으로 자유롭게 선택해 따르는 선출된 지도자가 된다. 자유로운 개입의 요소가 부재한 곳에서 왕정은 군주제가 되며, 복종이 자발적이지 않을 때는 플라톤이 말했듯이 참주제가 된다. 트로이 전쟁을 감행하기 시작한 아가멤논을 따랐던

116

왕족들의 최고 통치자는 아가멤논과 메넬라오스Menelaos를 도왔다. 그들은 스스로 "영원한 영광"을 쟁취하고 싶었기 때문이다. 여기서 영원한 영광이란 유한자의 세계에서 자신들이 죽은 뒤에도 존속하게 될 영광스러운 현상의 '의견doxa'이다. 유한자들 자신과 이들이 행한 모든 일이 다른 사람들에게 보이고 주목을 받게 되는 공동 세계에서만 필멸성이라는 자신들의 사적 운명을 극복하는, 즉 독특하면서도 교환 불가능한 한 인간으로 태어나 살다가 죽는 것을 희망할 수 있다. 이 독특한 인간은 자기 자신의 관심 사안들뿐인 사적 삶privacy에서는 자기 배후에 자신의 세속적 존재의 어떤 흔적도 남기리라 희망할 수 없다.

　　바로 이 사적 삶이 전혀 쓸모없다는 핑계로 사적 존재, 다시 말해서 그리스인의 '고유한 표현양식idiom' 및 가족적 삶이 공적, 정치적 영역으로 통합되기에 비록 그 정도가 덜하긴 해도 로마인의 '사적인 것res privata'은 가장 본질적 인간의 가능성을 앗아가는 삶의 함의를 항상 띠게 된다. 그럼에도 뭔가 이런 쓸모없음은 이른바 영웅시대의 위대한 감행에 내재해 있기도 하다. 행위의 요청으로만 이루어지는 공동 영역 그 자체는 과감한 시도가 종료되는 순간 사라진다. 예를 들어 트로이가 파멸되어 그곳 시민이 죽임을 당하거나 영웅들의 개별 가정에 노예로 배분되는 순간 이 영역은 사라지게 된다. 어떤 의미에서 무언가를 행하고poiein 견디는pathein 용기에 감화받는 왕정과 이의 과감한 시도는 어떤 다른 언어보다 그리스어와 더 관계가 긴밀하다. 이들은 마치 같은 행동pragmata의 두 측면, 즉 인간의 행운이 끊임없이 변하고 기복이 있다는 것을 의미한다. 바로 이들이 인간 현안의 더욱 안정적인 공동 세계ta tōn anthrōpōn pragmata로서 마침내 폴리스에서 발현하기 시작한다. 후일 공동 세계는 인간이 서로 활동하면서 고통받는 모든 것에 대한 생존을 이해하고 보장해준다. 바로 이 세계를 통해 인간의 위대함은 단어의 엄격한 의미에서 행위나 행위자에 국한되지 않고 견뎌내는 사람과 고통받는 사람이 똑같이 공유한다고 이해할 수 있다.

그리스 정치 공동체나 로마 공화국에서의 행위는 여전히 주요 정치 체험이 아니었다. 인간이 단순히 위대한 감행을 위해 함께하는 게 아니라 더불어서 영원히 함께 살 수 있는 것이 도시 국가의 토대다. 더 협의의 친숙한 의미에서 정치 현안들은 시민 사이에서 발생한다. 아울러 시민의 주요 체험은 함께 행동하는 것보다 훨씬 더 함께 살아가는 것에서 유래한다. 행동이 필요한 순간에 폴리스는 더 오래된 왕정 조직 형태로 되돌아가며 시민은 정복이든 방어든 전쟁에서 자신들을 이끌어줄 지도자인 스트라테고스stratêgos²를 다시 따르게 된다. 하지만 그다음에 도시 성벽 밖에서 전형적으로 발생하는 이러한 행위들은 엄밀히 말하면 정치 활동 외부에 있다. 초기 왕정에 그랬듯이, 이들 행위는 자유인들이 모여 함께 살아가는 유일한 영역을 더는 형성하지 않는다. 다시금 군사 행동이 정부 형태의 토대가 될 때, 우리는 낡은 왕정의 복고가 아니라 직업 군인 중에서 로마 황제를 선출하던 때와 같은 군주제의 수립을 목도했다. 전쟁이 일상 업무가 되고 군사 행동이 모든 시민의 현안을 압도할 때 스트라테고스는 군주로, 또는 차라리 로마 왕으로 바뀐다. 기원전 5세기경 왕을 의미하는 'rex'라는 말은 초기 그리스인의 귀에 군주monarch라는 단어가 그랬듯이 로마 공화주의자들의 귀에도 혐오스러웠다. 이런 다음에야만 1인 지배 또는 군주제가 참주제와 다른 위상을 얻게 된다. 하지만 그리스 폴리스와 로마 공화국은 한편으로 어떤 감행의 시작으로서 초기 행위 개념에서 똑같이 배제되고, 다른 한편으로는 전쟁을 일상 업무로 여기는 가장

---

2 고대 그리스에서 일반 장군들보다 광범위한 기능을 가지고 국가의 관리 구실을 수행한 장군을 가리킨다. (옮긴이)

최근의 직업 군인 관점에서 배제된다.

　　정치의 본질에 대한 플라톤과 아리스토텔레스의 개념을 결정짓는 부분은 제한된 공간의 성벽 내에서 다수의 인구가 매일 함께 살아간다는 점이다. 다수의 인구는 '평등'과 '차이'라는 두 경험에서 서로 관계를 맺고 있다. 하지만 폴리스의 건국과 더불어 나타난 평등의 의미는 보편적 평등에 대한 우리의 신념과 아주 다르다. 첫째, 이는 실제로 보편적인 평등이 아니라 사실상 평등한 사람들에게만 해당되었다. 당연히 노예, 여성, 이민족처럼 자유롭지 못한 사람들은 예외였다. 따라서 처음에는 자유와 평등이 서로 상응하는 개념이었고 어떤 갈등도 이 둘 사이에 존재하지 않는다고 느꼈다. 평등을 모든 사람에게 확장하지 않았기에 죽음 앞에서 만인의 평등처럼 인간 운명의 공통된 배경에 반한다고 이해하지 않았다. 또한 이는 신 앞에서의 평등처럼 초인간적인 존재의 가공할 실재에 반해서 측정되지도 않았다. 이들 평등의 의미 중 그 어떤 것도 로마 제국이 쇠망하는 수 세기 이전에 정치 영역으로 진입하지 못했다. 긍정적인 의미에서 본래 평등은 홀로 있지도, 고립되어 있지도 않다. 고립은 동등한 존재가 없다는 의미이며, 시골 가계의 지배자는 전쟁에 나가지 않으면 동등할 수 없기 때문이다. 한 인간이 아니라 복수의 인간이 지구상에 거주한다는 사실에 감사하는 첫 번째 정치적 표현은 폴리스의 정치체에서 발견할 수 있다.

　　시골 가정의 외로운 주권자가 아니라 동등한 인간 중 '항상 모든 것에서 자신을 최상으로 돋보이게 하려는 끊임없는 노력aei aristeuein'에 대한 그리스인의 위대한 열정은 생활 양식으로 발전했다. 최상의 사람이 통치하는 게 아니라 폴리스의 삶에서 최상의 사람들이 끊임없이 우위에 있다는 의미에서 귀족제를 가져오기를 바랄 수 있었다. 헤라클레이토스는 유명한 단편에서 누가 최상의 사람인지, 이들은 보통 시민과 어떻게 구분되는지를 알려준다. "최상의 인간은 모든 필멸의 사물보다 하나, 즉 불후의 명성을 선호한다. 하지만 다중은 소 떼처럼 배불리 먹는 것에 만족한다"(*Die Fragmente der Vorsokratiker, 22.* Herakleitos, B29). 각각의 인간은 유한하기에 자기 행동이 소멸할 수 있는 무용성과 한 인간의 필멸성에도 살아남을 영원한 장소를 스스로 찾아서 표시해야 한다. 명성을 얻어 돌이킬 수도 없고 교환할 수도 없는 자신의 개성을 보여주기 위해서는 다른 사람과 비교해 자신을 측정할 필요가 있다. 이러한 필요성은 분명 초기 왕정의 위대한 감행에 대한 가장 강력한 동기 중 하나였다. 왕정에 비해 폴리스의 가장 큰 장점은 인간의 행위만 보이고 기억되는 공적인 공동 세계가 감행의 시작과 끝이 있는 일정한 시간에 한정되지 않고, 그 자체로 영속적인 번영의 장소라는 것이다. 더욱이 '탁월한 활동 aristeuein' 그 자체가 이제는 일상의 공연 행위가 되었고 전체 정치체를 영속화한다. 그리스 폴리스가 경쟁적인 정신에 영감을 받은 한, 출발에서처럼 과두제 또는 고전적 시대의 다중이 정부 권력을 쥐고 있는지와 관계없이 귀족제로 남아 있었다. 귀족적 특성, 즉 어떤 대가를 치르고라도 무모하게 진행되는 개인주의는 마침내 폴리스를 멸망에 이르게 했다. 폴리스와 폴리스 간의 연합을 거의 불가능하게 했기 때문이다.

그리스 폴리스의 정확한 상대는 로마 공화국이다. 로마 공화국은 처음부터 패배한 적들과의 동맹 체결을 기반으로 했다. '국가의 안녕 salus rei publicae', 즉 만인에게 공통된 안녕을 항상 의식적으로 개인의 영광보다 위에 두어서 누구도 온전히 자신이 될 수 없었다. 평등에서 차이와 구분은 부차적이었다. 여기서는 평등만이 작동 원리이자 생활 방식이며, 아테네에서처럼 모든 타인을 뛰어넘어 자기 탁월성을 드러내기 시작하는 도약대가 아니다. 로마와 아테네의 공통점은 초기 행위 개념이 정치 생활의 중심이며, 위대한 시도의 개념과 긴밀하게 연결되어 언제든 모든 시민이 공적 사안을 처리하는 적극적인 삶의 개념으로 뒤바뀐다는 점이다. 로마와 그리스에서 이러한 활동의 내용은 라틴어 어휘인 '행위함agere'이 그리스 어휘인 '좋은 시민으로 행위함politeuesthai'만큼이나 다르다. 전자가 로마 건국과 법률, 즉 보존과 성장을 위한 보살핌이 시민에게 영원한 책임이라는 부담을 지우며 끊임없는 주의 깊은 관심으로 구성된 반면에, 후자는 모든 인간적인 것에 대한 끊임없는 숙고와 공통적인 고찰로 이루어졌다. 본성상 인간적인 모든 것은 폴리스 삶의 정신에 따라 정치적, 공적 영역에서 그 참모습을 드러낼 수밖에 없었기 때문이다. 하지만 두 경우 모두에서 능동적 삶을 영위하고 시민의 세계가 자신들에게 제시한 최상의 가능성에 참여하기를 원하는 시민은 자신과 동등한 인간 사이에서 가능한 한 많은 시간을 보내야 하고, 가장으로서나 가계의 지배자로서는 가능한 한 집에서 시간을 적게 보내야 했다. 따라서 이들 시민은 주로 체육관이나 극장에서, 법원이나 시장에서, 국민 의회나 원로원에서 시간을 보냈다. 가사를 돌보거나 장인을 감독하거나 자신의 농장을 살피는 이들 시민의 개인 업무는 말하자면 매일 공적으로 참관하던 훨씬 더 중요한 현안 사이에서 압박을 받는다. 그러므로 여가 개념은 '스콜레'든 '오티움'이든 구체적이고 배타적으로 공적, 정치적 현안의 여가를 의미했다. 이는 심지어 철학자들이 비활동적, 관조적 생활 방식의 필수 조건으로서 요구하기 전에도, 동료 시민과 함께하는 폴리스나 공화국이 기꺼이 부여하거나 부여할 수도 없는 일종의 홀로 있기를 가리키는 작업의 여가가 아니었다.

실질적인 정치 경험에 비추어볼 때 세 가지 정부 형태는 세 가지의 다른 방식으로, 그러나 상호 배타적이지 않으며 함께 살아가는 방식으로 사라진다. 왕정은 위대하고 단일한 감행으로 시작하고 통찰한다는 의미에서 일상생활이 아니라 특이한 경우를 위해 설계된 행위에 주로 기반하고 있다. 왕정은 로마의 역사보다는 그리스에서 발생한다. 로마가 여태 가졌던 1인 지배의 유일한 경험이 전제정이라서 로마사에서는 최후까지 왕rex을 혐오했다. 로마의 정치적 삶은 모든 감행 중 가장 위대한 로마가 건국된 후에 시작되었기에 이러한 삶은 자신의 공동 세계를 형성하는 인간들이 집결할 수 있는 지점들로서 여러 감행에 대한 체험도 없었다. 로마사는 로마가 시민에 기반을 두었고, 이들 시민은 위대하고 정의로운 정신에서 태어났으며('gerere'는 본래 낳음을 의미함) '행동한 것들res gestae'을 포함했다.

귀족제 역시 주로 그리스인의 체험이다. 자기 동급자들과 비교해 탁월함을 쟁취하고 끊임없이 자신을 평가하며 노력aristeuein하는 양식으로 함께 살아간다. 귀족제에 반대해 반드시 다른 형태의 정부까지는 아니더라도 아테네보다는 차라리 로마에서 번영한 정치 공동체의 정신이 있었다. 로마 정신은 동료 간에 넘치는 우애의 큰 즐거움, 즉 홀로 있기에서 벗어나는 대단한 안도감을 우리가 되찾기 힘들 정도로 구현하고 고양한다. 이 안도감이 도시가 중심이 되는 첫 번째 토대이자 시골의 농촌 일자리를 떠나 다수가 함께 모이게 됨의 특징이 되었다. 여기에 "혼합 정부"의 개연성이 분명히 있다. 이것이 의미하는 바는 바로 세 가지 근본적인 체험의 통합이다. 인간들이 서로 더불어 살며 복수성으로 존재하는 한 이 세 가지 체험이 이들의 특징이 되었다. 가령 "평등의 사랑"과 (후일 몽테스키외가 표현했듯이) "분별의 사랑"의 결합, 행위는 시작이라는 경험과 그 누구도 홀로 행위할 수 없다는 경험을 "왕실" 능력에서 통합하는 게 그렇다.

가능한 정부 형태 중 최악이라는 1인 지배 또는 군주제와 구별되는 함께 살아가는 방식으로서 참주제를 배제하는 것도 너무도 당연하다. 참주는 정치적 양태 내에서 인간의 조건에 속하는 모든 기본 속성에 대해 똑같이 죄를 짓고 있다. 그는 완전히 홀로 행동할 수 있다고 보는 듯하다.

참주는 인간 사이에 공포와 불신을 심어 인간의 행위 역량과 평등을 파괴해 서로를 고립시킨다. 그는 그 누구도 자신의 탁월성을 내보이도록 용인하지 않았으며 평등의 왜곡인 획일성을 확립해 지배를 시작한다.

전통은 지배와 피지배, 법과 권력의 틀 내에서 정부 형태를 정의하면서 과거와 그 특별한 정치 체험을 개념화한다. 앞에서 지적했듯이 그 무엇도 지배자와 신하의 구분보다 이들 정치 체험에서 더 소외될 수는 없다. 지배는 정확히 함께 살아가는 선정치적 조건이며, 따라서 고대 용어로 이는 사적 삶의 범주가 공적, 정치적 영역에 적용된다는 의미일 뿐이다. 사실 그리스인의 지배 무능력보다 그리스 역사의 부정적인 양상들에 그렇게 특징적인 요소는 존재하지 않는다. 그리스인의 무능력은 트로이의 파괴, 트로이 주민의 도륙과 여성 및 아이의 노예화로 종결된 위대한 트로이인의 감행에서 밀로스인, 그리고 일반적으로 모든 동맹에 대한 펠로폰네소스 전쟁에서 아테네인의 불운한 행동에 이르는 모든 방식을 보여준다. 그 어디에서도 그리스인은 정복당한 민족을 다스릴 수 없었다. 다시 말해서, 그들은 한편으로는 파멸이 없고 다른 한편으로는 노예제가 없는 정치적으로 타당한 원칙으로서 지배권을 확립할 수 없었다. 시민의 사적 영역은 정복과 파멸로 강화될 수 있다. 이들 시민은 집안의 가장들이 노예와 여성을 지배하듯이 시민으로서 시민이 또 다른 민족을 지배하게 될 공적 영역을 결코 수립할 수 없었다. 바로 공적 영역의 지배가 존재하지 않는다는 점이 그리스 역사의 특이한 잔혹성이라는 특징이 되었다.

확실히 로마는 이 문제를 위대하게 풀어냈다. 하지만 이 해결책 역시 지배의 측면에서 이뤄지지는 않았다. '임페리움imperium'뿐만 아니라 '도미니움dominium'은 '소키에타테스societates', 즉 이전의 적들과 연합하려는 로마인의 역량에 입각하고 있다. 로마의 권력은 적이 되었든 우군이 되었든 로마와 이웃 국가 간에 구체적인 공적 영역을 수립하는 데서 표출되었다. 그래서 로마와도 다르고 피정복민의 기존 정치적 위상과도 다른 공동 세계가 생겨났다. 아주 구체적으로 말해서 이 공동 세계는 양자 '사이에 있는' 그 자체의 세계다. 이 세계는 로마법에 기반을 두고 있으나 다시금 로마 시민에게 타당한 법이 아니며 그 사이에서 작동하도록 특별히 설계된 법, 즉 '이우스 젠티움ius gentium'이라는 여러 도시의 상이하면서도 소외된 법 사이의 일종의 중재자에 바탕을 두고 있다. 로마는 단지 자국이 쇠퇴하게 되어 "보편적 주인"이 되었고 그런 다음 스스로 수립한 첫 번째 위대한 연방국인 공동 세계를 무너뜨렸다. 로마 제국, 즉 '임페리움 로마눔Imperium Romanum'에서 '권력Imperium'은 키케로가 말했듯이(《의무론De Officiis》 3권, 88) 로마의 영광과 그 연방의 선의지gloria et benevolentia sociorum의 지지를 받고 있다.

모든 공동체 조직의 필수 요소로서 지배와 피지배의 전통적 분리가 정치 영역에서 경험의 평등적 요소에 입각할 수 있었던 것은 오직 로마 제국의 쇠퇴기와 몰락 이후에만 가능했다. 막 저물어가는 고대의 같은 시기에 고대 세계의 모든 정치적 삶이 의거해온 가장 근본적인 차이, 즉 유일하게 정치적이던 자유인의 세계와 사적으로 남아 있던 노예에 대한 가계의 지배 사이의 구분이 점점 흐릿해졌다. 그 이유는 자유인의 공적 영역에서 부분적으로 이들 각각의 사적 영역이 거의 자동으로 새롭게 강조되는 만큼 와해됐기 때문이고, 부분적으로는 이전의 많은 노예가 자유로워져 그 구분 자체가 더는 중요하지 않게 되었기에 점점 흐릿해졌다. 하지만 이때부터 시작된 지배자와 피지배자 간의 전통적 구분은 중세와 근대의 처음 몇 세기를 거치면서 계속해서 그 중요성이 커졌다. 공적, 정치적 삶의 전체 영역과 이것이 작동하는 공동 세계가 본질상 이러한 분리로 구조화된다는 점은 마침내 서구 정치사상 전통의 기본 가정이 되었다.

이러한 구분이 안 되는 어디에서나, 예를 들어 명확히 규정된 국가 권력의 간섭 없이도 기능하는 미래 사회의 유토피아적 기대에서처럼 국가뿐만 아니라 정치 영역 전체가 소멸하리라는 불가피한 결론이 나오게 된다.

(1953)

20세기에 권위가 의미하는 것

1

파시스트, 공산주의, 전체주의 운동의 등장과 우리가 알고 있는 두 전체주의 체제인 1929년 이후의 스탈린 체제와 1933년 이후의 히틀러 체제는 모든 전통적인 권위의 다소 일반적이고 극적인 붕괴를 배경으로 발생했다. 이러한 붕괴는 그 어디에서도 체제 자체나 운동 자체의 직접적 결과물은 아니었지만, 체제 및 운동 형태로서 전체주의는 권위 자체의 타당성이 근본적으로 의심되는 정치적, 사회적 분위기를 총체적으로 활용하는 데 가장 적합한 듯이 보였다.

지리적으로나 연대적으로나 몇 가지 예외가 있기는 하나 전체주의 풍조의 가장 극단적 징후가 처음부터 이번 세기의 상황이 되어버렸다. 이들 징후는 역사적으로 알려진 모든 사회에 존재하는 한 가지 형태의 권위, 즉 자녀에 대한 부모의 권위, 학생에 대한 교사의 권위, 일반적으로 청년에 대한 노인의 권위의 점진적 와해다. 최소한의 "권위주의" 정부 형태조차 이 부류의 "권위"를 늘 당연하게 받아들였다. 이러한 정부 형태는 확립된 문명의 지속성이라 할 정치적 필연성 못지않게 아이의 무력감이라 할 자연적 욕구가 항상 요구하는 것처럼 보였다. 태생이 신참자인 그들은 미리 확립된 세계에서는 이방인으로 태어나는데, 이 세계의 안내를 받게 되는 경우에야 확립된 문명의 지속성을 보장할 수 있다. 권위에 내재한 이 단순하고 기본적인 특성 탓에 엄격히 제한된 이 권위 형태는 정치사상 사를 거쳐오며 매우 다르면서도 훨씬 제약이 덜한 권위주의 체계 모델로 원용되기도 했고 남용되기도 했다.[1]

　　우리 시대는 이런 주장이 더는 압도적 설득력을 갖지 못하는 첫 세기다. 이 주장은 억압받는 계층인 청년의 해방을 약속하고 세기 자체를 "아동을 위한 세기"라고 불렀을 때보다 더 철저하게 반권위주의 정신을 선언했다. 우리는 여기서 이 초기의 다양한 자기 해석이 지닌 함의를 더 는 알아볼 수 없으며 이제는 이 원리가 실현된 다양한 "진보 교육" 학파에 관심이 없다. 하지만 반권위주의 위상이 서구에서 가장 평등주의적이며 전통에 거의 구속받지 않는 국가인 미국에서만 '권위 부재의 교육'이 극단으로 치달았음은 주목할 만하다. 미국은 정확히 지금 급진적 교육 실험의 결과가 권위 개념을 재평가하도록 이끄는 다른 정치적 또는 사회적 단일 요소보다 더 많이 존재하는 곳이다. 최근 몇 년 사이에 놀랄 만큼 많은 지지자를 얻은 신보수주의는 관점상 정치적 또는 사회적이라기보다는 주로 문화적이고 교육적이다. 신보수주의는 청년과 노인, 교사와 학생, 부모와 자녀 간의 관계에서 권위를 없애고 얻은 직접적 결과물인 분위기와 우려에 호소한다.

　　우리 세계에서 권위 문제에서 몹시 기이하면서도 다른 관점에서

1　이런 논의를 맨 처음 시작한 철학자는 아리스토텔레스로 보인다. 그는 《정치학》에서 "모든 정치 공동체는 지배자와 피지배자로 구성된다"(1332b12)라는 것을 보여주고자 한다. 여기서 그는 "자연 자체가 같은 부류의 사람들을 연령에 따라 청년층과 노년층으로 나누어 전자는 지배받기에 적합하게, 후자는 지배하기에 적합하게 만들어주었다"(1332b36)라고 말했다.

보면 전혀 흥미롭지 않은 양상을 언급하고자 한다. 이렇게 하는 유일한 이유는 권위의 일반적 쇠퇴가 어떤 극단으로 치달을 수 있는지, 나아가 명백한 자연적 필연성을 무시하는 데까지 치달을 수 있는지를 보여주기 때문이다. 이러한 양상은 금세기에 본격적인 권위주의 정부 형태의 발흥을 찾기가 얼마나 어려운지, 지시와 칙령으로 통치하는 전제 정부 형태를 권위주의 구조로 오인하지 않기 위해 우리가 얼마나 신중해야 하는지를 보여준다. 금세기 들어 우리는 사실 매우 새롭게 변모한 전제정과 독재정을 지켜보았다. 이러한 변모 중 파시스트적이고 초기 공산주의적인 유형의 일당 체제에 주목해야 한다. 하지만 이 같은 변모는 전체주의 지배와 다른 만큼 제도적 구조, 조직 유형, 정치의 내용 측면에서 권위주의 정체들과 크게 다르다. 우리가 권위를 그 역사적, 언어적 내용과 상관없이 정의하지 않는다면, 권위를 자의적 질서 및 전면적 자유 폐지, 즉 항상 그 반대로 생각될 수 있는 정치 실재와 동일시하지 않는다면, "금세기에 권위주의 정부 형태의 발흥"을 논의하기는 어렵다는 점을 알게 될 것이다. 지금까지 진정한 권위주의 제도는 제대로 말하자면, 물론 정치체이기를 오래전에 끝냈지만 근대의 맹공격에서 간신히 살아남은 제도는 가톨릭교회 말고는 거의 거론할 수 없을 것이다.

전제정과 권위주의 정부 형태는 아주 오래되었다. 전자는 고대 그리스로 거슬러 올라가고 후자는 로마 공화국의 정신에 그 기원을 두고 있다. 전체주의 지배만이 단어 자체가 신조어라 할 정도로 새롭고, 단순히 정치적 지배만이 아니라 '전체적total' 지배를 주장한다. 전체주의 지배에 대한 우리의 지식은 아직 매우 제한적이며, 우리의 연구에 열린 유일한 변종은 최근에야 문서 자료를 활용할 수 있게 된 히틀러 정권이다. 의심할 나위 없이 이러한 한계 탓에 우리는 더 친숙한 경험들에서 파생한 개념 도구를 가지고 우리 역사에서 가장 새로운 정치체를 연구하고 싶어 한다. 이때 한편으로는 전제정과 동일시하고 다른 한편으로 권위주의와 동일시함으로써 우리는 바로 이러한 현상에 속하는 특징과 제도를 정확히 보지 못한다는 점을 예외로 둔다.

전체주의와 권위주의를 동일시하는 태도는 자유주의를 표방하는 저자들에게서 가장 역력하다. 이 둘은 "조직화되고 보장된 자유의 방향으로 진보가 지속된다는 점이 …… 근대 역사의 특징"[2]이라는 가설에서 시작해, 각기 이 노선에서 벗어나는 부분을 반대 방향으로 향해 가는 반동의 과정으로 여긴다. 그 결과 이들은 권위주의 체제에서 자유의 제약, 전제정과 독재정에서 정치적 자유의 폐기, 자발성initiative 자체의 완전한 폐기, 즉 인간 자유의 가장 일반적이면서 가장 기본적인 표명의 전체적 말살 사이에 원칙적으로 여러 차이가 존재한다는 사실을 간과한다. 전체주의 체제는 다양한 방식의 길들이기를 통해서만 말살이라는 목표를 이루려 한다. 이 체제에서 공포와 수용소는 국민을 섬뜩하게 하기보다는 오히려 길들이기를 의미하기 때문이다. 정부 형태보다는 역사와 자유의 진보에 관심 있는 자유주의 저자들은 여기서 정도의 차이를 보일 뿐이며, 권위주의 정부가 자유를 완전히 폐지한다면 그 실체를 잃은 만큼, 다시 말해서 전제정으로 변하게 되는 만큼 제약을 받은 자유에 매여 있다는 사실을 무시한다. 모든 권위주의 정부가 의존하는 합법적 권력과 비합법적 권력 간의 구분을 두고도 마찬가지다. 자유주의 작가는 권력은 부패하기 마련이며 지속적인 진보는 그 기원이 무엇이든 권력의 확실한 쇠퇴가 불가피하다는 확신 때문에 이러한 정부에 거의 관심을 두려고 하지 않는다.

전체주의와 권위주의를 자유주의적으로 동일시하고 자유에 대

---

2   이 가설은 액턴Lord John Acton 경의 "Inaugural Lecture on the Study of History"에 나온다. *Essays on Freedom and Power*, New York, 1955, p. 35로 재출간되었다.

한 모든 권위주의적 제약에 수반되는 "전체주의적" 경향으로 이해하려고 하는 그 이면에는 권위와 전제정, 합법적 권력과 폭력 간에 더 오래된 혼선이 존재한다. 언제나 존속해온 전제정과 권위주의 정부 간 차이는 전제 군주가 자신의 의지와 이해관계에 따라 지배하는 반면, 권위주의 정부는 심지어 가장 가혹한 정부조차 법의 구속을 받는다는 점이다. 권위주의 정부의 법령acts은 자연법, 신의 명령, 플라톤식 관념의 경우와 같이 전적으로 인간이 제정하지 않은 법령 또는 최소한 실제 권력에 있지 않은 인간이 제정한 법령으로 검증받는다. 권위주의 정부에서 권위의 원천은 항상 외부에 있으며 자체 권력보다 우위에 있다. 이러한 원천은 항상 정치 영역을 뛰어넘으면서 외부에 존재한다. 이 정치 영역에서 파생한 여러 권위가 이들의 "권위", 즉 정당성을 끌어낸다. 이때 권위에 반하는 경우, 그 권력은 견제받을 수 있다.

권위의 근대 대변자들은 여론이 신보수주의에 우호적 분위기를 제공하는 짧은 기간에조차 자신들의 권위가 거의 실패했음을 익히 알고 있다. 물론 이들은 전제정과 권위 사이의 이 구분을 기꺼이 지적하고자 한다. 자유주의 저자가 과거의 어떤 어두운 세력이 단지 일시적으로 방해한 자유의 방향에서 본질상 보장된 진보를 보는 반면, 보수주의 저자는 권위가 쇠퇴하면서 시작된 실패의 과정을 본다. 그래서 자유의 경계를 보호해주던 제한적인 한계를 상실한 이후 자유는 무력해졌고 무방비 상태가 되었으며 파멸에 이르렀다.[3] 전제정과 전체주의는 다시금 동일시된다.

3   자유주의 정치사상만이 주로 자유에 관심이 있다고 말하는 것은 그다지 온당하지 않다. '자유liberty' 개념이 여러 다른 저자와 더불어 그리고 다른 정치적 정황에 따라 굉장히 다변화될 수 있듯이 '자유freedom'의 이념에 중점을 두지 않은 정치사상 학파는 우리 역사에서 거의 존재하지 않는다. 내 생각에 이 주장에 대한 어떤 결과의 유일한 예외는 결코 보수주의라고 할 수 없는 홉스의 정치 철학인 듯하다. (편집자)

다만 현행 전체주의 정부가 민주주의와 직접적으로 동일하지 않을지라도 전제정의 불가피한 결과, 즉 전통에서 인정받은 모든 권위가 사라진 결과물로 이해된다는 점은 예외로 한다. 그럼에도 한편으로는 전제정과 독재정 간의 차이, 다른 한편으로 전제정과 전체주의 지배 간의 차이는 권위주의와 전체주의 간의 차이와 별반 다를 바가 없다. 고대 도시 국가의 통치자에서 근대의 독재자에 이르기까지 전제 군주들이 일단 모든 조직적인 반대 세력을 억압하고 모든 실제 적을 없애면, 국가를 가득 뒤덮은 묘지의 다들 아는 그 적막함은 전체주의 체제하에서 살아가는 인민에게 그 어떤 도움도 주지 못했다.

근대의 일당 독재는 전제정과 유사한 측면이 있다. 이들의 통치가 운동보다는 정당에 좌우된다는 점에서 그렇다. 그런데 과거의 대다수 파시스트 독재의 사례에서 독재자를 권좌에 앉힌 것은 사실 운동이었다. 하지만 관건은 권력을 장악한 후에 이 운동이 한 정당에 고착된다는 점이다. 나치는 스탈린과 스탈린 시대 볼셰비즘에 확실히 찬사를 표명했을 뿐만 아니라 무솔리니Benito Mussolini와 이탈리아 파시즘에는 아주 명시적이면서도 종종 거듭해서 비판했다. 이는 일당 독재와 전체주의 운동 사이의, 또는 이들의 언어를 사용하자면 정상 국가의 독재주의 우두머리와 "세계 혁명" 사이라는 결정적 차이에 중점을 두고 있다. 전체주의 지배 형태는 정당이 아닌 운동이 권력을 접수하고, 통치자들은 주로 운동을 계속 유지하고 운동이 정당으로 "타락하는 것degenerating"을 막는 데 관심이 있다는 사실에 전적으로 의존한다. 그래서 어떤 대가를 치르더라도 권력을 유지하려는 전제 군주의 야만적 결단과 독재자의 선동 능력 대신에 운동 자체의 가속화를 지향하는 전체주의 지도자들의 외골수와 같은 집착을 발견한다. 이것이 절멸 과정으로서만 기능할 수 있는 특징을 지닌 히틀러의 "결코 종식될 수 없는 선별 과정처럼" 바로 스탈린 체제의 숙청이 지닌

의미다.[4]

이와 긴밀하게 연계된 것이 전체주의 체제에서 벌어지는 무모하기 짝이 없는 공포다. 이를 통해 전체주의 체제는 과거의 독재정과 전제정은 물론이고 근대의 독재정 및 전제정과도 매우 선명하게 구분된다. 이제 공포가 더는 반대파를 놀라게 하고 억압하는 수단에 머물지 않는다. 그보다는 대립이 감소하면 오히려 공포는 커지고 대립이 더는 존재하지 않을 때 공포는 절정에 이르며, 격분의 대상이 적보다는 심지어 박해자의 관점에서 볼 때 순수한 인민을 향한다. "객관적 혹은 잠재적 적", 즉 어떤 범행도 저지르지 않았지만 특정한 순간에 "범죄자"로 낙인찍을 만한 객관적 특징을 공유한 인민이라는 범주만이 끊임없이 가속화하는 운동을 유지하는 데 필요한 "숙청" 또는 "절멸"에 충분한 인적 자원human material을 대줄 수 있다.

자유 개념이 그렇게 복잡하지 않은 독재정과 대조적으로, 전체주의 지도자는 자신의 모든 조치가 자유를 위해 필요하다는 바로 그 주장으로 자신의 조치를 정당화한다. 그는 자유에 반대하지 않으며 심지어 자유의 제약에 찬성하지도 않는다. 다만 전체주의 지도자의 자유 개념이 비전체주의 세계의 자유 개념과는 아주 다르다는 점이 골칫거리다. 세계 혁명의 역사적 과정 또는 인종 선택의 자연스러운 과정은 숙청과 절멸을 통해 "해방되어야" 한다. 17세기 철학자들이 그랬듯이 여기서 자유는 외적 힘이나 장애로 제약을 받는 운동으로 이해할 수 있다. 이 운동은 강물의 자유로운 물결과도 같은 무엇이다. 인간의 예측 불가능한 자발성은 인간이

---

4 이 공식은 나치 문헌에 자주 나타난다. 여기서 인용한 사료는 다음과 같다. Heinrich Himmler, *Die Schutzstaffel als antibolschewistische Kampf-organisation. Schriften aus dem Schwarzen Korps*, No. 3, 1936.

이 운동을 지지하기로 결정하더라도 법, 전통 또는 모든 종류의 안정적인 제도, 심지어 가장 전제적인 제도만큼이나 자유로운 흐름에 장애가 된다. 나치 독일에서 법률 이론가 학파 전체는 법 개념 자체가 운동의 정치적 내용과 너무나 직접적으로 충돌해, 심지어 가장 혁명적인 새로운 입법조차 결국 운동에 방해가 된다는 사실을 증명하기 위해 최선을 다했다.[5] 그리고 스탈린의 연설 일부만 주의 깊게 읽어보기만 해도 그가 이와 유사한 결론에 이르렀음을 알아챌 수 있다.[6]

역사를 위해 볼셰비키 체제의 참상을 옹호할 준비가 된 변증법적 유물론자와 그들 중 반전체주의를 지향하는 반대자 사이에서 벌어진 자유 개념 논의에서 모든 변증법적 세부 사항은 궁극적으로 간단하면서도 비변증법적 이해에 근거를 둔다. 이들이 자유를 논할 때 염두에 두어야 하는 것은 과정의 자유다. 이 과정은 참견하기 좋아하는 인간의 간섭 활동에서 분명히 해방되어야 한다. 아울러 우리가 염두에 두어야 할 대목은 운동이 법, 헌법, 제도의 고정적이고 안정적인 경계를 통해 보호해야 하는 인민의 자유라는 점이다.

'역사' 과정이나 '자연' 과정으로 향한 길을 열어주고 자기 '운동' 노선에서 예측 불가능한 인간 자발성을 척결하려는 전체주의 지배자의 과업은 단순히 법을 칙령으로 변형하는 것보다 훨씬 급진적인 수단이 필

---

5 이 문헌에서 가장 흥미로운 대목은 다음 자료에 나온다. Theodor Maunz, *Gestalt und Recht der Polizei*, Hamburg, 1943. 마운츠는 제3제국에서 극히 소수였던 법률 전문가다. 그와 같은 전문가들은 법 개념이 정의 개념과 어떤 연관성이 있다는 "편견"에서 자신을 완전히 떼어놓는 데 전적으로 성공했다. 그의 법 개념은 나치의 "법적" 실행의 개념을 가장 잘 보여준다.

6 1936년에 소비에트 헌법의 공포를 기념해 스탈린이 한 연설은 매우 인상적이다.

요하다. 이들 전체주의 국가의 칙령에는 정부와 정당한 법 절차가 행정과 익명의 결정으로 대체되는 온갖 관료적 폭정 형태의 특징이 있다. 같은 이유로 '지도자'에 대한 맹목적 헌신에서 군대처럼 일종의 명령-복종의 관계, 즉 군사 독재의 사례처럼 가끔 정치적, 문민적 현안으로 이어지는 관계를 읽어내는 일은 피상적으로 옳을 뿐이다. 특히 집권 후반에 놀라울 만큼 정교한 용어를 개발해낸 나치는 독일에서 최고법은 지도자, 즉 총통 Führer의 명령이 아니라 '의지'라고 선언했다.[7]

운동을 즉각적으로 실천하도록 하고 그런 식으로 유지하게 만드는 것은 이처럼 계속 변하는 "의지"다. "의지"의 외부적 표명, 예를 들어 명령이나 칙령 혹은 법령은 너무도 불안정해서 이 같은 표명은 공식적으로 공표되지 않을 뿐만 아니라 생명이 그것에 복종하는 데 달려 있는 사람들의 주목도 받지 못한다.[8] 압제자들도 사실 복종하게 만들려면 적어도

7　"지도자의 의지는 최고법이다Der Wille des Führers ist oberstes Gesetz"라는 원칙에 대해서는 다음 자료를 참조하라. Otto Gauweiler, *Rechtseinrichtungen und Rechtsaufgaben der Bewegung*, 1939, p. 10. 다음 자료도 참조하라. "지도력의 의지는 그것이 어떤 형태로 표현되는 것과 상관없이 …… 법을 창조하고 현행법을 개정한다"(Werner Best, *Die Deutsche Polizei*, 1941, p. 21). 명령과 지도자의 의지 사이에 현격한 차이가 존재할 수 있음을 명료하게 보여주는 문서는 수없이 존재한다. 가령 1938년 11월의 집단 학살에 대해 보고하는 뉘른베르크 문서 PS3063을 참조하라. 집단 학살을 담당한 나치 돌격대에 대한 명령은 이들이 개인 권총 휴대를 요구했으며, 여기에 담긴 함의는 "모든 돌격대원은 자신이 무엇을 해야 하는지 이제는 알아야 한다는 것이고 …… 유대인의 피가 흘러내리도록 해야 하며, 리더십의 '의지'에 따르면, 유대인의 생명은 중요하지 않다는 것이다"(편집자 번역 및 강조). 믿음직한 나치는 히틀러의 명령에 어떠한 질문도 없이 복종한 자가 아니라 이러한 명령 이면에 있는 자신의 '의지'를 분별해낼 수 있는 자다. 말할 것도 없이 이러한 "의지"는 항상 명령보다 더 급진적이었다. 한스 프랑크Hans Frank(*Die Technik des Staates*, Munich, 1940)의 공식에 따르면, "제3제국에서 행위의 정언 명령은 다음과 같이 들린다. 행동하라. 지도자가 당신의 행동을 안다면 이를 승인할 것이다."

8　이들 칙령 중 가장 유명한 칙령은 당연히 히틀러가 제2차 세계대전을 시작하

자신의 "의지"를 표출하고 공개해야 한다는 점을 알고 있었다. 그런데도 이 같은 특별한 행동을 한 동기는 압제자들의 자의적이기 짝이 없는 변덕을 훨씬 넘어서는 것으로, 반대자에 대한 공포나 비밀스러운 음모에 대한 우려가 아니다. 히틀러가 제2차 세계대전을 시작하면서 사용한 가혹하고 "혁명적인" 칙령, 즉 치유 불가능한 모든 사람을 말살하라는 칙령은 잘 계산되고 의도된 것이다. 이 칙령의 공포 자체가 안정 요인이 될 수 있고 운동 전개의 심화와 급진화를 방해할 수 있다. 예컨대, 여기서는 '국민건강법'의 도입을 들 수 있다. 전후에도 히틀러는 이 법안으로 가족 중 한 명이 치료 불가능한 폐 질환이나 심장 질환이 있다는 사실을 발견하면 그 가족 모두를 제거하려고 했다.[9]

그같이 결정적인 특징의 차이는 전체적인 통치 장치와 정치체의 구조 자체에서 드러나야 한다. 이러한 구별이 행정과 조직의 기술적 형태 수준으로까지 이행될 수 있어야만 비로소 효력이 있다. 간추리자면, 서로 다른 세 가지 대의代議 모델의 이미지를 가지고 권위주의 정부, 독재 정부, 전체주의 정부 사이의 기술적, 구조적 차이를 요약할 수 있다. 나는 권위주의 정부의 이미지로 전통적 정치사상에서 잘 알려진 피라미드 형태

게 한 법령이다. 1939년 9월 1일, 이 법령에 따라 "치유 불능의 환자들에게 최후의 철퇴를 가할 수 있는" 명령이 내려졌다. 그런데 1933년부터 제3제국에 효력 있는 법이었지만 공표된 적은 없었던 이와 유사한 수많은 칙령이 있었다. 전시에 마르틴 보르만Martin Bormann이 그 칙령들을 《규제, 지시, 주의Verfügungen, Anordnungen, Bekanntgaben》라는 제목으로 묶어서, 두툼한 다섯 권 분량으로 수집했는데 머리말에 "오직 당의 내부 업무용으로만 사용하고 기밀을 유지할 것"이라고 적었다. 세트 첫 네 권은 캘리포니아주 스탠퍼드의 후버도서관 문서 보관소에 있다.

9 이 같은 히틀러의 전후 계획에 대해서는 《나치의 음모와 공격Nazi Conspiracy and Aggression》 8권(Washington, 1946)으로 출간된 뉘른베르크 문서 p. 175ff.를 참조하라.

를 제안한다. 사실 피라미드는 권위의 근원이 외부에 있지만 권력 중심이 상층부에 놓인 정부 구조에 특히 적합한 이미지다. 권위와 권력은 각각의 연속적 계층이 일부를 소유하지만 위의 계층보다는 적은 권한을 갖는 방식으로 하부에 스며든다. 하부는 이처럼 조심스러운 침투 과정 탓에 상층부에서 하층부까지 모든 층위가 확고히 전체로 통합될 뿐만 아니라 수렴 광선처럼 상호 연결된다. 수렴 광선의 공통 초점은 상층부 권위의 근원을 초월할 뿐만 아니라 피라미드의 정점이기도 하다. 이러한 이미지는 세속적 피라미드의 상부에 있는 구심점이 기독교식 평등에 필수적인 준거점을 제공하던 시기인 중세에, 교회의 지속적인 영향력을 통해 혹은 그 영향력 안에서 발전해온 기독교 유형의 권위주의에서만 원용할 수 있다. 정치적 권위에 대한 로마적 이해는 권위의 근원이 전적으로 과거, 로마의 건국과 조상의 위대성에 있다는 데서 구심점이 피라미드의 토대에 있는 어떤 제도적 구조로 바뀌어간다. 하지만 이는 우리의 맥락에서 별로 중요하지 않다. 어쨌든 위계 구조로 이루어진 권위주의 정부 형태는 모든 정부 형태 가운데 가장 평등하지 않다. 이런 정부 형태는 불평등과 차별이 모든 곳을 관통하는 원리로 작용한다.

　　모든 정치 이론이 폭정에 대해 하나같이 동의하는 지점은 폭정이 확실히 평등주의 정부 형태에 속한다는 점이다. 폭군은 만인에 반하는 1인이 다스리는 통치자다. 폭군이 억압하는 "만인"은 똑같이 평등하다. 다시 말해, 똑같이 권력이 없다. 피라미드 이미지를 고수하자면 최상층부와 최하층부 사이의 중간 층위가 모두 파괴된 것과 같다. 그래서 최상층부가 교묘하게 고립되고 분해되어서 완전히 평등한 개별 대중 위에서 속담 속의 검proverbial bayonets으로만 지탱된 채 남아 있게 된다. 고전 정치 이론에서는 만인에 반하는 1인의 지위를 누리는 폭군을 인류의 범위 밖에서 지배하는, "인간의 탈을 쓴 늑대"(플라톤)로 부른다. 폭군은 그러한 자리에 스스로 올랐고, 플라톤은 다양한 형태의 왕제 또는 '바실레이아basileia, 여왕제'와 엄격히 구분해 '군주제mon-archy' 또는 '폭정tyranny'이라고 부르는 통치, 즉 1인 통치라 부른다.

폭군 체제와 권위주의 체제 양쪽 모두와 대비되면서 전체주의 지배와 조직에 적합한 이미지는 양파의 구조와 같다. 지도자는 양파의 중심에 있는 일종의 빈 공간에 자리 잡는다. 지도자가 무엇을 하든지, 그러니까 권위주의적 위계 구조에서처럼 정치체를 통합하든 폭군처럼 자기 신하들을 억압하든, 그는 내부에서 그런 일들을 하는 것이지 외부나 상부에서 그러는 것이 아니다. 특별히 다양한 모든 운동 부문, 가령 전위 조직, 다양한 전문가 사회, 당원, 당의 위계 구조, 엘리트층the elite formations과 경찰 집단은 각각의 요소가 한 방향으로 앞면facade을 형성하고 다른 방향에서 중심을 형성하는 방식으로 관련되어 있다. 이들 요소는 한 층위에서는 정상적인 외부 세계 역할을, 또 다른 층위에서는 급진적 극단주의의 역할을 맡는다. 하인리히 힘러Heinrich Himmler의 일반 친위대Algemeine SS 민간인 구성원을 예로 들면, 이들은 나치 친위대 지도자 군단SS Leader Corps에 다소 정상성의 속물적인 외형을 대변한 동시에, 국가사회주의독일노동자당NSDAP의 일반 성원들보다는 이데올로기 면에서 더 신뢰할 만하고 극단적이라고 여겨졌다.

동조자와 당원, 당원과 당 간부나 친위대, 지역 유지와 비밀경찰 요원의 관계에서도 마찬가지다.[10] 이 체제가 지닌 큰 장점은 전체주의 운동이 각 층위의 성원에게 전체주의 지배의 조건에서조차 더 급진적이기

---

10   전체주의 운동의 본래 조직 구조에 대한 상세한 기술과 분석만이 양파 이미지의 활용을 정당화할 수 있다. 내 책《전체주의의 기원》중 〈전체주의 조직〉을 언급해야겠다.

보다는 다르다는 의식과 함께 정상 세계라는 허구를 제공한다는 점이다. 비밀 활동 조직 동조자들의 신념은 전체 운동을 감싸고 있는 당원들의 신념과 점진적으로 달라질 뿐이며, 광신주의와 극단주의가 없기에 외부 세계에 정상성이라는 허구적인deceptive 외형을 제공한다. 동시에 전체주의 운동에 정상 세계를 대변해준다. 이 전체주의 운동의 구성원들은 자신의 신념이 다른 사람들의 신념과 조금 다를 뿐이라고 믿는다. 따라서 이들은 자신의 세계와 그 세계를 실제로 둘러싸고 있는 세계를 분리하는 심연을 전혀 의식할 필요가 없었다. 양파 구조가 실제 세계의 사실성에 대항해 시스템을 조직적으로 충격에서 보호해준다.

이러한 유형의 조직이 지닌 두 번째 장점은 전체주의 체제와 외부의 비전체주의 세계 사이의 관계가 지닌 중요성에 대한 일종의 이중 담화를 가능케 한다는 점이다. 한쪽 방향에서는 정면으로 작동하고 다른 쪽 방향에서는 내부의 중심으로 작동하는 각 층위의 이중 역할과 긴밀하게 상응해, 똑같은 공식 선포가 빈번하게 단순한 선전이나 심각한 세뇌로 이해될 수 있다는 점이 흥미롭다.

예를 들어 히틀러가 자기 장교단에게 한 극단적 민족주의 성향의 연설에는 독일 국방부의 장교들을 세뇌하려는 의도가 깔려 있었다. 하지만 "독일 인민에게 좋은 것은 옳다"라는 슬로건이 공식적으로 "운동에 좋은 것은 옳다"[11]로 대체되기까지 한 나치 고위층 안에서 이러한 연설은 운동의 진정한 목적을 이해할 만큼 아직 충분히 "성숙"하지 않은 외부 세계를 위한 선전에 불과했다. 이와 같은 특수한 구조가 전체주의 통치는 문

---

11 "운동에 좋은 것은 옳다"라는 정식은 아주 이른 시기에 등장한다. 예를 들어, *Dienstvorschrift für die P. O. des NSDAP*, 1932, p. 38을 참조하라. 이 규정은 모든 판본에서 "당원 의무"에 동일한 문장이 들어 있는 더 나중에 간행된 *Organisationsbuch der NSDAP*보다 앞선다.

자 그대로 운동에 입각한다는 사실, 즉 운동은 그 범위가 국제적이라는 사실, 한 국가에서 권력의 등장은 전체주의 통치자가 운동 전체의 이해관계 및 그 목적과 무관함을 의미하지 않는다는 사실, 결과적으로 그가 공교롭게 권력을 획득한 국가는 자기 사적 권력의 권좌나 원천보다는 운동 자체를 위한 사령부라는 사실과 어떻게 연관되는지를 보여주기에는 우리를 너무도 먼 곳으로 이끈다.

2

　운동 자체를 성찰하고 서술하는 일은 구분 짓기가 중요하다는 확신에 분명히 바탕을 두고 있다. 이러한 확신을 강조하는 일이 적어도 내가 알기로는 그 누구도 이 구분 짓기가 난센스임을 아직 공개적으로 주장하지 않았다는 사실의 관점에서 자명한 이치로 보인다. 더욱이 간단히 구분을 무시하고 모든 것이 궁극적으로 또 다른 무엇으로 불릴 수 있다거나 구분은 우리 각자가 "자기 용어로 정의할" 권리가 있다는 정도에서만 의미 있는 가정으로 나아감으로써 정치학 또는 다른 여타 학문에서 자기 연구를 진행할 수 있다는 관점에서도 뻔한 문구로 보인다. 우리가 주요 현안을 다루면서 곧바로 부여한 이 흥미로운 권리는 실제로 각자 자신의 의견에 대한 권리와 같을지라도 폭정, 권위, 전체주의와 같은 용어들이 단순히 공통 의미를 상실했다거나 우리가 공통으로 사용하는 단어가 의심의 여지가 없는 의미를 갖는 공동 세계에서 살아감을 끝냈다는 사실을 가리키는 것은 아닐까? 결국 말 그대로 완전히 무의미한 세계에서 살아가는 일이 비난받을 뿐만 아니라 우리는 각자에게 자신의 의미 세계로 물러설 권리를 부여하고 오로지 자신의 사적 언어 안에 일관되게 남아 있기를 요구한다. 이러한 정황에서 우리가 여전히 서로를 이해하고 있음을 확인한다면, 우리 모두에게 공동인 세계를 함께 이해한다는 말이 아니라 순수하게 형식적 측면에서 논쟁과 추론의 일관성, 논증 과정의 일관성을 이해한다는 의미다.

구분 짓기가 중요하지 않다거나 더 정확히 표현해서 사회, 정치, 역사의 영역에서, 즉 인간 현안의 영역에서 사태는 전통 형이상학이 구분 짓기의 "타자성alteritas"이라 불러온 그 차별성을 가지고 있지 않다는 암묵적 가정하에 진행하는 일은 그것이 어찌 되었든 사회과학, 정치학, 역사학 분야 여러 이론의 특징이 되었다. 이들 중 두 이론만이 매우 의미 있는 방식으로 논의 중인 주제를 다루고 있으므로 특별히 언급할 가치가 있을 듯하다.

나는 서두에서 자유주의 이론과 보수주의 이론을 서술하면서 첫 번째 이론을 언급했다. 검토한 대로 자유주의는 자유를 후퇴시키는 과정을 평가하고, 보수주의는 권위가 후퇴하는 과정을 평가한다. 두 입장 모두 예견되는 최종 결과를 전체주의라 부르며 둘 중 하나가 존재하는 곳 어디에서나 전체주의 경향이 나타난다. 의심할 여지 없이 둘 다 자신들이 발견한 내용을 문서로 훌륭하게 만들어낼 수 있다. 금세기 초반 이래 모든 측면에서 자유가 심각하게 위협받는 현실을 누가 부인하겠는가? 또 제1차 세계대전이 끝난 이후로 온갖 폭정이 발생했다는 사실을 누가 부인하겠는가? 다른 한편, 전통적으로 수립된 모든 권위의 소멸이 근대 세계의 가장 스펙터클한 특징이었음을 누가 부인할 수 있겠는가? 우리가 자기 취향에 준해서, 혹은 말 그대로 자신의 "가치 척도"에 준해서 진보론이나 파국론을 정당화하려면 이 두 현상 중 어느 한쪽에 주목할 필요가 있을 것 같다. 우리가 갈등을 일으키는 보수주의자 및 자유주의자 진술을 같은 시각으로 바라본다면, 진리는 이들 사이에 균등하게 분배되어 있으며 사실 근대 세계에서 자유와 권위 모두가 동시에 후퇴하는 현실에 직면하고 있음을 쉽게 이해할 수 있다. 이러한 과정에 관한 한 우리는 여론의 수많은 변동이 쟁점들을 더 혼란스럽게 만들고 권위와 자유 사이의 뚜렷한 경계선을 모호하게 하며 마침내 어느 한쪽의 정치적 의미를 말살하는 결과를 낳으리라고 말할 수 있다. 지난 150년 동안 일정한 간격으로 한 극단에서 또 다른 극단으로, 자유주의적 분위기에서 보수적 분위기로, 그리고 다시 그 반대 방향으로 되돌아간다. 때로는 권위를 재천명하고 다른 경우에는 자유를 재천명하려 시도하는 식으로 동요해왔다.

자유주의와 보수주의 둘 다 이처럼 격렬하게 요동하는 여론의 동향에서 태동했고 서로 결부되어 있다. 이론과 이데올로기 영역에서 상대의 존재가 없으면 각자의 실체를 잃을 뿐만 아니라 둘 다 주로 복원, 즉 자유나 권위 또는 그들 사이의 관계를 전통적인 위상으로 복원하는 데 관심이 있기 때문이다. 이런 의미에서 이 둘은 마치 진보 또는 파국 이데올로기들이 역사적 과정을 과정으로 이해하게 하는 두 측면에 불과하듯이 동전의 양면을 이루게 된다. 이 둘 다가 그렇듯이 역사적 과정에 정의 가능한 방향과 예측 가능한 종말이 있다고 가정한다면 말이다.

더욱이 역사는 보통 진보, 흐름 또는 발전이라는 이미지를 가지고 있고, 그런 이미지의 특성에서 모든 것이 그 밖의 다른 모든 것으로 바뀔 수 있고 구분 짓기 자체가 진부하므로, 말하자면 구분 짓기가 언급되는 순간에 역사의 흐름에 의해 수면 아래로 가라앉으므로 무의미해진다. 이러한 관점에서 자유주의와 보수주의는 19세기의 가장 일반적이고 포괄적인 역사 철학에 상응하는 정치 철학으로 제시된다. 형식과 내용 면에서 양자는 근대의 최종 단계가 보인 역사의식의 정치적 표현이다. 이들을 구분할 수 없다는 것은 역사와 과정, 진보 또는 파국 같은 개념을 통해 이론적으로 정당화되며, 이전의 모든 세기에 분명히 차별성이 있었던 일부 개념들이 명료성과 설득력을 상실하기 시작한 시대를 증언해준다. 그런데 이들 개념은 공적, 정치적 현실에서는 의미를 상실했으나 그 의미를 완전히 상실하지는 않았다.

구분 짓기의 중요성에 암묵적으로 도전하는 두 번째 이론이자 좀 더 최근의 이론은 특히 사회과학 분야에서 나타나는 모든 개념과 관념의 거의 보편적인 기능화다. 앞에서 인용한 예시에서처럼, 여기서 자유주의와 보수주의는 그 방법론과 관점, 접근 방법에서가 아니라 강조와 평가 면에서만 다를 뿐이다. 손쉬운 예로 볼셰비즘과 공산주의가 무신론임에도 새로운 "종교"로서 오늘날 자유세계에 널리 퍼져 있는 확신을 들 수 있다. 볼셰비즘과 공산주의는 전통 종교가 자유주의 세계에서 수행하고 또 여전히 수행하는 것과 동일한 기능을 사회적으로, 심리적으로, "정서적으로" 수행하기 때문이다. 사회과학의 관심사는 이데올로기나 정부 형태로서 볼셰비즘이 무엇인지, 그 대변자들이 스스로 무엇을 말해야 하는지에 있지 않다. 사회과학은 이런 것들에 관심이 없다. 또한 다수의 사회과학자는 역사가들이 사료라고 부르는 것의 연구 없이도 연구할 수 있다고 믿는다. 이들의 관심사는 오로지 기능에 있다. 이러한 견해에 따르면 동일한 기능을 행하는 것이 무엇이든 동일하다. 이는 마치 내가 내 구두 굽을 망치라고 부를 권리가 있는 것과 유사하다. 대다수 여성이 그러듯이 나 역시 벽에다 못을 박을 때 구두 굽을 사용한다.

분명히 그런 등식으로 매우 다른 결론을 도출할 수 있다. 따라서 보수주의의 특징은 어쨌든 구두 굽은 망치가 아니라 망치 대용물이며, 굽을 사용하는 것은 망치가 없어서는 안 된다는 사실을 증명한다고 주장하는 것이다. 다른 말로 표현하면, 사회과학자는 종교가 필수적이라는 사실이 최상의 증거이듯이 무신론도 똑같은 기능을 할 수 있으며 "이단"을 논박하는 유일한 방식으로 참된 종교로 회귀하기를 권할 수 있다는 사실에서 종교가 필요하다는 가장 좋은 증거를 발견할 것이다. 물론 그런 주장은 빈약하다. 그것이 기능과 작동 방식의 문제일 뿐이라면 "사이비 종교"의 신봉자는 내가 구두 굽을 사용할 수 있듯이 사이비 종교를 사용하는 좋은 사례를 만들 수 있다. 반대로 자유주의자는 같은 현상을 세속주의 대의에 대한 모반의 나쁜 사례로 이해하며, "참된 세속주의"만이 정치에 대한 사이비 종교와 참된 종교의 해로운 영향을 치유할 수 있다고 믿는다. 하지만 자유 사회에 참된 종교로 돌아가 더욱 종교적이 되거나 제도적 종교(특히 세속주의에 끊임없이 도전하는 가톨릭주의)에서 벗어나라고 촉구하는 식의 서로 부딪치는 추천에서 "종교의 기능을 수행하는 무엇이든 종교다"라는 한 가지 쟁점에 대한 반대편의 동의는 받아들여야 할 것이다.

　　권위와 관련해서도 동일한 주장이 흔히 원용된다. 만약 폭력이 권위와 같은 기능을 이행한다면, 다시 말해 국민을 복종하게 만든다면 폭력은 곧 권위다. 이런 마당에 우리는 다시금 권위로의 회귀를 요청하는 학자들을 발견한다. 이들은 명령-복종 관계를 재도입하면 대중 사회의 문제를 관리할 수 있다고 생각한다. 여기서 우리는 대중 사회가 여타 사회체social body처럼 스스로 다스릴 수 있다고 믿는 학자들도 발견한다. 다시금 이 두 주체는 한 가지 핵심 사안에 동의한다. 바로 권위가 국민을 복종하게 한다는 것이다. 이들은 근대 독재 정치를 권위주의 구조를 위한 "권위주의적" 전체주의 또는 그릇된 전체주의라고 부르면서 암묵적으로 폭력과 권위를 동일시한다. 그리고 여기에는 권위에 대한 대안을 모색해야 한다면서 우리 세기에 독재 정치의 부상을 설명하는 보수주의자도 포함된다. 논의의 요지는 항상 같다. 모든 것이 기능적 맥락과 연관되며, 폭력의 사용은 그 어떤 사회도 권위주의라는 틀을 벗어나서는 존재할 수 없음을 방증하기 위해 받아들인다.

내가 이해하기에 이 등식의 위험성은 단순히 정치 쟁점들의 혼돈 및 정부 형태와 전체주의를 분리하는 분명한 노선의 혼선에 있지 않다. 나는 폭력이 권위를 대신할 수 있다고 믿지 않듯이 무신론이 종교를 대체하거나 종교와 같은 기능을 행할 수 있다고 믿지 않는다. 하지만 이 특별한 순간에 우리가 듣게 될 가능성이 농후한 보수주의자들의 충고를 따르자면, 그러한 대체물을 만들어내기가 어렵지 않으리라 확신한다. 다시 말해, 폭력을 이용해 권위를 되살려낸 체하거나 종교 기능의 유용성을 재발견해 (마치 우리 문명이 온갖 종류의 사이비 사안과 난센스로 이미 충분히 채워지지 않은 것처럼) 대안 종교를 만들어내리라고 본다.

이런 이론들에 견주어볼 때, 우리가 제안한 폭정 체제, 권위주의 체제, 전체주의 체제 간 구분은 역사적이지 않다. 역사를 어떤 정부 형태가 인지 가능한 실체로 등장한 역사적 공간이 아니라 모든 것이 항상 다른 것으로 변할 수 있는 역사적 과정으로 이해한다면 말이다. 그리고 현상의 실체를 정치체의 본성 및 사회적 기능 둘 다를 규정하기 위해 사용할 뿐 그 반대는 아니라는 점에서 이들 구분은 반기능적이다. 정치적으로 말해서 이러한 구분은 근대 사회에서 권위가 거의 소실점에 이를 정도로 사라졌다고 여기는 경향이 있으며 이는 자유세계 못지않게 이른바 권위주의 체제에서도 마찬가지다. 그리고 자유, 곧 인간이 누리는 이동의 자유는 모든 곳에서, 심지어 자유 사회에서조차 위협받고 있다. 그런데 이 같은 자유는 유독 전체주의 체제에서만 철저히 폐기되었을 뿐 심지어는 폭정이나 독재정에서는 그렇지 않았다.

3

상호 연관성이 있는 역사 과정 및 사회 기능의 개념들에서 비롯된 준거점을 피하는 데 부정적인 주요 특징을 가진 이 시각에서 다수의 질문이 등장한다. 나는 이 결론적인 언급에서 여러 이유로 내게 특별히 적절해 보이는 사안으로 여러분의 관심을 집중시키고자 한다. 그 사안은 서구의 권위에 대한 개념이 어디에서 기인했는가, 어떤 정치적 경험이 권위를 낳는가, 어떤 종류의 공적·정치적 공동 세계(여러 관념 또는 영적 발전은 거론하지 않겠다)가 특수한 삶의 맥락에 있는 이러저러한 특정 권위가 아니라 권위라는 개념 자체가 타당성을 잃을 때 종결되는가에 대한 물음이다.

권위의 개념은 그 단어 자체와 마찬가지로 고대 로마에 기원을 두고 있다. 그리스어도, 고대 그리스 역사의 다양한 정치 경험도 이 개념을 몰랐다. 물론 그때까지 권위 개념에 가장 근접한 그리스 사상은 이성의 폭정과 그리스인의 폴리스 생활의 실재를 (아마 부지불식간에) 대립시킨 플라톤의 정치 철학이다. 플라톤 철학이 가지고 있는 동기는 정치적이다. 이는 소크라테스의 재판에서 명백히 드러났듯이 철학에 대한 폴리스의 적대감에서 비롯되었다. 권위를 추구한 플라톤이 폭정의 수립에 이른 근거는 자신의 경험 기반이 완전히 부정적이라는 사실에 있다. 그가 볼 때 이성의 폭정은 압제 면에서 의지와 권력의 폭정에 전혀 뒤지지 않았다. 그의 철학은 정치적으로 폴리스의 삶에 반하는 철학자의 모반을 의미하며 통치에 대한 자신의 주장을 밝히는 것이지만, 폴리스나 정치를 위해서가 아니라 철학과 철학자들의 존재를 위해서다. 아리스토텔레스가 참주와 철인왕의 유사성을 벌써 의식했다고 믿을 만한 충분한 근거가 있다. 둘 다 자신의 이익을 위해 통치하는데, 플라톤은 몰라도 아리스토텔레스에게는 이것이 참주의 주요 특징이었다. 플라톤은 철인왕의 참주적 특징을 깨닫지 못했는데 그 이유는 플라톤이 일반적으로 그리스 폴리스와 관련한 참주제의 주요한 특징을 한 인간이 자신을 드러내고 나타나며 보고 들을 수 있는 공적 영역의 폐지와 인민을 "시장"에서 가정생활이라는 사적 공간으로 추방했다고 보았기 때문이다. 그리스인의 전체 여론에서 볼 때 이러한 추방은 인간 실존의 가장 인간다운 속성을 잔인하게 박탈하는 것을 의미했다. 사적 삶이 공적 관심사에 통째로 먹히는 '폴리테이아politeia'를 참주정이라고 칭하는 것은 플라톤에게 용어상의 모순을 의미했다.

플라톤에게 이성의 참주제는 전적으로 유토피아적이다. 어떤 실재와 정치적 경험도 그때까지 이러한 참주제와 상응하지 않았다는 점에서 그렇다. 이 유토피아적 특징 때문에 우리는 권위와 참주적 이성의 초기 동일시를 우리의 숙고에서 완전히 배제할 뻔했다. 플라톤의 개념에 비추어볼 때 로마인들이 자신의 전혀 다른 권위 개념을 이해했다는 사실이 없었다면 말이다. 이와 같은 흥미로운 오역은 서구사에서 결국 매우 중요한 사실이 되었다. 서구사는 로마 제국의 몰락에 이어 몇백 년을 거치면서 로마 전통의 방식, 즉 그리스 철학에 비추어 본래 기독교적인 종교 경험이었던 것을 재해석했다.

이러한 시대착오적인 면이 있다 해도 우리가 "권위"라는 용어를 플라톤 철학에 적용하면 권위는 관념들 속에 존재한다고 판명된다. 관념들은 인간 현안의 영역을 초월하기에 관념의 하늘 아래 지속되고 존재하는 모든 것의 표준, 달리 말해 척도로 활용될 수 있다. 관념들의 권위, 즉 관념들이 인간 현안을 지배하게 하는 특성은 결코 당연히 주어진 것이 아니다. 관념들은 철학자가 바로 자신의 삶에 대한 두려움 속에서 관념들을 통치 및 권력의 기준으로 적용해서야 문자 그대로 온전한 의미에서 '지배적' 개념들이 된다. 이러한 정황에서만 하나의 척도가 외부에 존재하고 측정에 활용되는 구체적 길이와는 다른 특성을 가져야 한다는 점을 깨닫는 것과 같은 방식으로 이들 관념의 초월을 이해해야 한다. 이제 관념들은 내가 하나의 척도, 즉 하나의 기준, 하나의 규칙을 불특정 다수의 특수한 사물과 사건에 적용하는 것과 똑같은 방식으로 사물들의 다양성에 적용된다. 하지만 관념들의 개념을 정치 영역에 유용하게 만드는 이 적용 가능성은 본래 관념의 개념에 내재되어 있지 않기에, 플라톤은 다른 모든 관념으로 관념을 만드는 "최상의 관념"을《향연 Symposion》의 미라는 관념에서《국가》의 선이라는 관념으로 변경해야 했다. 이러한 변화로 정치적 목적을 위한 관념들의 개념이 지닌 유용성이 보증된다. 그리스 언어와 철학에서 "선"이라는 단어는 항상 어떤 사물이나 인간의 유용성과 잠재적 탁월성을 "위한 선good for"을 함의했다. 동굴 우화에서 나온 관념 중의 관념, 즉 최상의 관념이라는 개념에서 이 같은 변화로《국가》에서 관념들은 철인왕의 수중에 있는 규칙과 척도가 될 수 있고 나중에는《법률》에서 법률이 될 수 있다.《국가》에서 철학자의 참주제로 나타난 것은 마침내《법률》에서 이성의 참주제가 된다. 미를 최상의 관념으로 생각할 때 관념들의 본래 기능은 세계를 지배하는 게 아니라 이를 빛나게 하고 일깨우는 것이었다. 플라톤은 자신의 가르침을 인간 현안 영역에 적용할 수 있어야 한다는 점에서도 정치적 곤경에 빠진 자신을 발견했다. 단지 그 이유로 (그는 우리에게 너무 심각하게 받아들이지 말라고 거듭 조언하며) 자신의 관념들에 지배할 수 있는 권력을 부여했으며 그에 따라 관념들의 교의 자체를 대폭 수정했다. 하지만 플라톤이 정치적 목적을 위해 자신의 교의를 원용한 사실은 많은 철학자가 플라톤 이후에 그랬듯이 '관념'의 개념이 원래는 정치적이지 않다는 사실, 그리고 설사 정치 영역에 적용할 수 있을지라도 진정으로 정치적 체험에 기초하지 않는다는 점을 바꾸지는 않는다.

규칙, 척도, 측정 개념들을 인간 현안의 영역으로 끌어들이려는 플라톤의 원대한 시도는 로마인이 전통에 대한 끊임없는 탐구에서 그리스 철학, 특히 이론과 사상의 모든 면에서 이들의 인정을 받은 권위로서 소크라테스학파의 철학에 의존하기로 하지 않았다면 본질상 관념의 유토피아적 특징을 상실할 수 있었으리라는 점을 의심했을 수 있다. 이들은 그리스의 폴리스 생활과 구별되는 권위와 전통이 이미 로마 공화국의 정치 생활에서 아주 중요한 역할을 했기에 그렇게 했다.

구체적으로, 모든 로마인의 정치 생활의 중심에는 토대의 신성성이 미래 세대를 결속해주는 힘이라는 확신이 있다. 로마의 정치 활동은 주로 로마의 건국 토대를 보존하는 데 할애되었다. 그래서 그리스의 여러 폴리스와 달리 로마인은 식민지 건설을 통해 이처럼 건국 토대를 반복할 수 없었다. 로마의 건국 토대tantae molis erat Romanam condere gentem, 즉 아이네이아스의 고통과 방황의 지속적인 의미는 '도시를 건설한다dum conderet urbem'[12]라고 한 베르길리우스의 표현으로 집약할 수 있다. 로마의 건국은 집과 가족의 신성성에 대한 똑같이 비그리스적인 경험, 즉 가족과 도시의 가정 수호신을 숭배하는 경건함과 더불어 로마 종교의 정치적 내용을 이룬다. 종교는 건국 토대를 수립하는 데 거대하면서 거의 초인적이라 할 만하고 전설적인 노력에 결속된religare 상태를 의미했다. 여기서 정치적 활동과 종교적 활동은 거의 분리될 수 없었다. 키케로의 표현에 따르면 "새로운 도시를 건설하거나 이미 건설한 도시를 보존하는 것만큼 인간의 덕이 신들numen의 신성한 양식에 더 가까이 임하지는 않는다."[13] 종교는 건국 토대 자체의 결속력이었으며 무엇보다도 로마 신들이 거주할 장소를

---

12 베르길리우스, 《아이네이스Aeneis》 1권, 33, 5. (편집자)

13 키케로, 《국가론De Re Publica》, VII, 12.

제공했다. 인간의 도시를 보호하고 그곳에 일시적으로 머물더라도 항상 올림포스에 있는 유한자들의 도시에서 멀리 떨어진 곳에 자신들의 집이 있던 그리스 신들과 달리, 로마의 신들은 로마의 신전에 거주했다.

로마의 맥락에서 권위는 시작의 건국 토대를 세운 사람들인 건국 자들과 로마인이 "마이오레스maiores"[14]라고 불렀던 선조들에게 달려 있다. 같은 이유로 전통은 그리스에서는 전혀 존재하지 않았던 것으로서 신성 시되었다. 전통은 신성한 토대의 장본인으로서 증인인 선조들의 증언으 로서 권위를 보존하고 전승했기 때문이다. 따라서 종교, 권위, 전통은 서 로 분리할 수 없게 되었고 삼위일체로서 전통의 힘을 통해 다시 결속되 는 권위 있는 시작의 신성한 구속력을 표현했다. 이처럼 로마식 삼위일 체는 공화국이 제국으로 변모하는 과정에도 살아남았고 '팍스 로마나pax Romana'가 퍼진 어디에나 뿌리를 내렸으며, 마침내 서구 문명으로 출현할 수 있었다.

그러나 로마 정신의 온전한 힘, 또는 정치 공동체의 수립을 위한 신뢰할 만한 근거로서 건국 토대 개념은 로마 제국이 몰락한 후에야, 그 러니까 로마의 정신적, 정치적 상속자인 새로운 기독교 교회가 철저히 로 마화되어 그리스도의 부활을 또 다른 영구적인 제도를 만들 새로운 초석 으로 재해석했을 때 비로소 그 모습을 드러냈다. 심지어 쇠퇴하는 제국을 위해 "가장 막강한 신"의 보호를 얻고자 로마의 몰락 전에 콘스탄티누스 Constantinus 대제의 부름을 받은 교회는 마침내 신약 성서에 명시된 기독교 신앙의 강력한 반정치적, 반제도적 경향을 극복할 수 있었으며, 사람들에 게 "로마나 지방 자치 당국이 더는 제공할 수 없는 교회 성원으로서 시민

---

14 라틴어 마이오레스는 원래 '노인' 또는 '나이 든 사람'을 의미한다. 영어의 5월 을 의미하는 'May'의 어원이기도 하다. (옮긴이)

의식"을 제공한다.[15] 공적 제도로서 그 초석이 더는 부활에 대한 단순 기독교 신앙이나 신의 계명에 대한 히브리인의 순종이 아니라 오히려 역사적 사건으로서 예수의 삶과 죽음, 부활에 대한 증언이었기 때문이다. 결국 사도들은 자신의 간증을 전통으로 대대로 물려준다는 점에서 교회에 권위를 부여하는 "건국 선조 Founding Fathers"가 될 수 있었다.

가톨릭교회의 토대 위에서 로마의 건국이 반복되면서 종교, 권위, 전통이라는 위대한 로마적 삼위일체는 기독교 시대로 이동했고 단일 기관으로서 장구하는 기적을 이루어냈다. 이러한 기적은 우리 역사에서 오직 고대 로마의 천년 역사라는 기적에 버금간다.

로마 철학이 로마인의 정치적 경험을 해석하기 위해 이미 플라톤의 개념을 원용한 것이 사실일지라도, 가시적 인간 현안을 판단하고 측정할 수 있는 마음의 눈에만 보이는 플라톤의 기준들이 이제 정치적으로 온전히 효과적이었다고 주장할 수 있다. 오히려 매우 어렵사리 로마의 정치 구조로 통합되어야 할 요소, 즉 참된 초월적 권위의 계시를 받은 계명과 진리는 이제 건국 신화 자체의 핵심으로 순조롭게 동화될 수 있었다. 이제 신의 계시는 정치적으로 인간의 객관적 행동의 표준과 정치 공동체의 척도에 대한 궁극적 계시로 이해할 수 있다. 정치학에서 쓰는 근대 플라톤주의자의 언어로 표현하자면, 초기 플라톤의 "비가시적 척도에 대한 정향은 이제 척도 자체의 계시를 통해 확인되었다."[16] 철저히 '로마적인' 가톨릭교회는 그리스 철학을 자신들의 가르침 체제로 동화시킨 만큼 권위에 대한 로마의 정치적 개념을 그리스 철학의 필요성과 통합했다. 권위라는 로마의 정치적 개념은 필연적으로 과거 속의 시작 및 건국 토대와 관

---

15   R. H. Barrow, *The Romans*, p. 194를 참조하라.
16   Eric Voegelin, *The New Science of Politics*, p. 78.

련이 있었고, 근대 용어로 "가치들"이라고 부르는 표준과 초월적 척도에 대한 그리스 철학의 필요성과도 관련이 있었다. 이러한 시작과 토대 없이는 그 어떤 명령도 권위의 관점에서 가능할 것 같지 않다. 마침내 그 무엇도 이 결합 자체보다 더 권위 있게 확고해지지 않았다.

그때 이후로 로마식 삼위일체의 세 가지 구성 요소인 종교, 권위, 전통 중 어느 하나가 붕괴하면 다른 두 요소도 불가피하게 붕괴하는 결과가 나타났다. 루터의 실수는 바로 교회의 세속적 권위에 대한 자신의 도전이 전통과 종교를 온전히 내버려 둘 수 있다고 믿은 점이다. 전통의 폐지 이후 권위와 종교가 온전히 존속하기를 바란 홉스를 비롯한 17세기 정치 이론가들의 실수도 마찬가지였다. 마지막으로 이는 우리가 종교와 권위가 부재한 서구 전통의 연속성 안에 머물 수 있다고 생각하는 인문주의자들의 실수와 같았다.

사실 그리스 철학의 개념들이 일단 전통과 권위에 의해 신성시되면 이들 준거틀에 적합하지 않은 모든 정치적 체험을 일소하는 압도적인 위력은 특기할 만하며, 사실은 의미심장하다. 정치적으로 말해서 토대 개념만이 플라톤적 전통을 포함한 모든 전통의 신성화를 가능하게 했을지라도 바로 이 개념이 정치사상에서는 거의 어떤 역할도 하지 못한다는 점도 의미심장하다. 저작에서 토대 개념이 중심적, 결정적 역할을 한 위대한 정치사상가는 오직 마키아벨리뿐이다. 그가 로마식 정치 경험의 기원으로 돌아갈 수 있었던 것은 교회가 소개하고 보존하고 재해석한 모든 전통을 확실히 경멸했기 때문이다. 그런데 이러한 경멸은 진실한 기독교적 삶과 모든 종류의 정치 활동 간의 절대적 양립 불가능성에서 비롯됐다. 마키아벨리는 부패한 교회가 이탈리아의 정치적 삶을 부패시켰다고 믿었을 뿐만 아니라 교회의 기독교적 특성상 부패는 불가피했다고 확신하기도 했다. 더욱이 부패하지 않은 개혁 교회를 존중할 만할지는 몰라도 정치 영역에서는 오히려 더 해로울 수 있다고 생각했다. 이 같은 사고가 그를 로마인의 주요 정치 경험을 재발견하도록 이끌었다. 본래 모습의 이 정치 경험은 철학에 대한 그리스의 관심과 마찬가지로 기독교적 "도덕성"과도 거리가 멀었다. 마키아벨리는 자신의 위대한 스승들을 본받아, 로마 역사의 새로운 시작은 이탈리아가 통일을 이룩하려 할 때 본래의 건국 행위를 반복해야 한다고 믿게 되었다. '영원한 도시'의 토대가 고대 로마인을 위해서였듯이 통일 이탈리아 건설이 이탈리아 국가를 위한 "영원한" 정치체의 신성한 초석이 되기를 희망했다.

마이네케Friedrich Meinecke의 저작 이래, 아니 그 이전부터 마키아벨리를 "국가 이성"의 아버지이자 암묵적으로 근대 민족 국가의 아버지 중 한 사람으로 보는 것이 관행이 되었다.[17] 물론 이것은 틀림없는 사실이지만, 더욱 놀라운 점은 마키아벨리와 로베스피에르Maximilien Robespierre가 아주 빈번히도 같은 언어를 사용한다는 점이다. 공포의 정당화에 관한 로베스피에르의 전체 이론은 새로운 토대와 부패한 정치체의 개혁을 위해 폭력이 필연적이라는 마키아벨리의 이론과 문자 그대로라고 할 정도로 거의 일치한다.

정치사상 분야에서 마키아벨리가 독특하게 기여한 측면은 그의 미심쩍은 "실재론"도, "정치학의 아버지"라는 부분도 아니다. 확실히 그는 정치학의 아버지는 아니었다. 나아가 그의 비도덕주의는 자신의 주장 중 어떤 부분이 얼마나 충격적으로 들리는지와 무관하게 전혀 위대하지 않을뿐더러 그에게 유명세도 선사하지 않았다. 위대한 정치사상가 중 마키아벨리만큼 독자와 해석가들에게 불운했던 인물을 찾아보기 어렵다.

---

[17]   이것의 논거는 마키아벨리를 분석한 Friedrich Meinecke, *Die Idee der Staatsräson*(1924)의 1장이다.

그는 공적, 정치적 영역에서 국민이 "선하지 않을 수 있는 방법을 배워야 한다"라고 주장했다. 이는 결코 국민에게 악해지는 방법을 가르쳐야 한다는 의미는 아니었다.[18] 유명한 그의 다른 모든 발언에서처럼 의식적으로나 명시적으로 기독교 정치 철학과 플라톤 전통을 확실히 반대했다. 그는 정치사상 전통에서 큰 역할을 담당한 두 가지 선 개념과 싸웠다. 말하자면 그는 플라톤의 무엇을 "위한 선" 개념과 이 세계의 선이 아닌 기독교식 절대선 개념이 사적 삶의 영역에서는 전반적으로 정당화될 수 있을지 몰라도 공적 영역에서는 지배할 권한이 없다고 확신했다. 또 이 두 선 개념의 결합은 더더욱 있을 수 없다고 확신했다. 마키아벨리의 로마 체험의 재발견이 위대한 것은 자신이 반대한 이론들의 토대가 되는 전통을 되살려냈을 뿐만 아니라, 자신에 앞서 전혀 명시적으로 언급된 적이 없었던 것을 발견해야 했다는 점이다. 로마인들 스스로 이미 자신들의 체험을 진정한 로마 철학보다는 차라리 속물화된 그리스 철학의 측면에서 생각했기 때문이다.

마키아벨리가 무엇인가의 아버지라면 아마도 근대 혁명의 아버지일 것이다. 모든 혁명은 "로마의 옷"을 입고 일어났으며, 새로운 정치체를 창건하려는 로마 감성에서 영감을 받았다. 내가 이 마지막 발언에서

---

18 《군주론 Il Principe》15장에 나오는 이 진술은 "사람이 실제로 통치권을 얻게 해줄 수는 있지만 영광을 주지는 못하는 방법들"(8장)에 대한 거듭되는 단호한 경멸에 비추어 이해해야 한다. 마키아벨리의 선 개념은《로마사 논고 Discourses》3권 마지막 장에서 정치적 결과에서 논의한 "성 프란체스코와 성 도미니코가 이룬 종교 쇄신"을 통해 완전히 확정되었다.

당시 성 프란체스코는 교회의 재산 소유를 부정하고 청빈한 삶을 추구했으며 후일 프란체스코 교단을 설립했다. 다른 한편 성 도미니코는 스페인의 성인으로 의지가 강하고 통솔력이 뛰어나 중세 그리스도교에 전기를 마련했으며 후일 도미니코 교단을 창설했다. (옮긴이)

그려보고자 한 관점에서 볼 때, 근대의 위기인 유명한 "서구의 몰락"은 권위, 전통, 종교라는 로마식 삼위일체의 몰락, 즉 구체적으로 서구 정치의 로마식 토대의 위기라는 사실을 드러낸다.

　　무너진 전통의 실마리를 개선하기 위해 이 전통이 제공하는 유일한 수단은 새로운 토대의 수립이다. 다시 말해 거의 초인적으로 원래 로마식 노력을 반복하는 일이다. 이러한 방식이 여전히 열려 있는지는 누구도 알 수 없다. 이러한 방식에 반해서 우리 세기의 모든 혁명은 잘못되었고 전체주의 또는 폭정의 정치체를 초래했다. 다른 한편 근대 세계의 문턱에서 일어난 성공적인 혁명인 미국 혁명은 로마식 노력을 반복하는 방식을 보여준다. 미국 혁명에서 '건국 선조'는 헌법을 통해 진정으로 새로운 공동체를 수립했다. 지금까지 이 혁명은 그 특유의 근대성에 의심의 여지는 없지만 근대 세계의 공격을 견뎌왔다. 이에 대해 마키아벨리보다 더 잘 아는 사람은 없었다. 그의 주요 정치적 관심사는 "토대를 잘 수립하는 것"이었다. "새로운 질서를 시작하는 것보다 수행하기 어렵고, 성공이 의심스러우며, 다루기 위험한 일도 없다."[19]

(1956)

19　마키아벨리,《군주론》, 각각 9장과 6장.

로버트 허친스에게 보내는 편지

발신: 한나 아렌트

모닝사이드 드라이브 180번지, 뉴욕시 27, 뉴욕주

1957년 1월 27일

수신: 로버트 허친스

'공화국기금 The Fund for the Republic' 대표

이스트 42번가 60번지, 뉴욕시 17, 뉴욕주

친애하는 허친스 씨[1]에게

몇 주 전 점심 식사 자리에서 약속했듯이, 저는 귀하가 제기한 문

---

1 로버트 허친스는 의미 없는 말과 목적 없는 제도를 참기 힘들어한 구습 타파주의자였다. 그는 22년간 시카고대학교 총장으로 재직했는데 자신의 영향력이 그 누구보다 크고 지속적이었을 그 시기에 그는 다음과 같이 말한 적 있다. "대학의 목적은 바로 세계를 통해 도덕 혁명, 지성 혁명, 정신 혁명을 쟁취하는 데 있다." 그가 아렌트와 친구가 된 것은 놀라운 일이 아니다. 그는 1952년 '공화국기금'을 수립했다. (편집자)

제들을 숙고해봤고 이제 페리 씨Mr. Ferry가 제게 보낸 자료와 관련해 제 의견을 귀하에게 작성하는 중입니다.

1. 기본 쟁점들

저 역시 경험적 연구는 밑바탕이 되는 기본 쟁점과 연관성이 없으면 그 효과를 충분히 의심할 만하다고 믿습니다. 하지만 저는 기본 쟁점들의 이해는 정황에 따라 민감하거나 잠재되어 있을 수 있는 구체적인 쟁점들을 이해하고 대처하려는 시도에서 비롯되어야 한다고 생각합니다. 제가 그 같은 연구는 "기본 쟁점과 관념을 이해하려는 시도에서 발달한다"라고 생각하지 않는 이유는 다음과 같습니다.

첫째, 기본 관념들에 관한 연구는 조직화할 수도, 위임할 수도 없습니다. 고작해야 공화국기금과 같은 단체가 이들 관념에 관한 연구를 고무할 수 있을 뿐입니다.

둘째, "기본 쟁점과 관념이 무엇이며 이것들이 어떤 질서 속에서 연구되어야 하는가"에 대한 답변은 굳건히 자리 잡은 정치 철학의 바탕 위에서만 가능합니다. 의심할 나위 없이 그러한 이론은 많이 존재하지만 그중 어느 이론도 충분한 지적 권위를 내세울 수 없거나, 공화국기금이 지적 권위에 헌신할 자격을 독점적으로 부여했다고 일반적으로 받아들일 만한 타당성을 내세울 수 없습니다. 더욱이 내정된 질서에서 비롯한 연구는 활력을 잃거나 무미건조해지기 마련입니다. 연구자들이 경험과 자료를 통해 학습할 의무가 있다고 느끼지 않고 단순히 사실들을 사전에 형성된 이론의 예시로 원용할 가능성이 더 크기 때문입니다.

셋째, 저는 경험적 중요성을 띤 사실적 쟁점마다 저마다의 토대를 드러내는 일이 정치의 속성이라고 생각합니다. 그러므로 정치 연구에서 우리는 표면에서 시작할 권한이 있을지 모릅니다. 정치적으로 위험한 지점은 모두 정의상 기본 쟁점이 표면을 뚫고 나온 곳이기 때문입니다. 따라서 "피상적으로 작동하는 부분"은 경험적 연구로 드러난 기본 쟁점을 의도적으로 의식하지 않는 방식으로 이 연구를 이행하지 않음을 의미합니다. 역으로 경험에서 드러나듯이 심층적으로 나아가는 것은 바탕이 되는 기본 쟁점과 구체적이고도 명시적인 연관성이 있음을 의미합니다.

넷째, 그러므로 민감하면서도 정치적으로 적합한 쟁점들의 발전에서 지적하듯이, 따라야 할 최고의 질서는 기본 쟁점들에 접근하는 것, 즉 실제 그 자체에서 도출된 질서라고 믿는 경향이 있습니다. 이러한 방식을 통해 기본 관념들과 전통적으로 뿌리를 내린 개념들을 재검토하는 다른 점에서 꺼림칙한 작업을 시도할 수 있습니다.

다섯째, 처음부터 그 작용 범위는 최근에 부상하고 있는 민감한 쟁점이나 가까운 미래에 나타날 수 있는 민감한 쟁점을 포함할 수 있도록 확장되어야 합니다. 오늘날 우리는 어느 순간 생생하고 민감해질 수 있는 점점 더 많은 잠재적 쟁점에 직면해 있습니다. 같은 이유로, 우리가 오늘날 민감한 쟁점으로 인지한 사안이 공적인 장면에서 잠시 사라질 수도 있습니다. 물론 이것이 공화국기금이 연구를 계속 지원하는 일을 방해해서는 안 됩니다.

2. 기본 쟁점, 잠재적 쟁점, 민감한 쟁점의 관계

제가 염두에 둔 구분과 관계를 예시를 들어 보여드리는 것이 최상일 듯합니다. 저는 종교의 자유를 선택하겠습니다.

제 생각에 이는 귀하가 정리한 부분에서 언급한 쟁점 중 가장 민감하지 않은 사안입니다. 이 쟁점은 주州나 사회를 위험에 빠트리지 않습니다. 미국에서 교회 및 교파 간 상호 관용은 항상 높은 수준에 이르렀습니다. 그런 만큼 저는 종교의 자유를 특별 연구 주제로 삼자고 제안하지 않겠습니다. 하지만 한 측면에서 보면 최근 몇 년 동안 이른바 종교적 부활을 통해 잠재적 쟁점이 되었을 수도 있습니다. 종교적 부활은 종교와 종교 의식을 정치적 논쟁으로 다시 가져왔으니까요. 예를 들어 기독교도와 신을 두려워하는 국민만이 민주주의를 성취할 수 있다거나, 종교는 공산주의와 제대로 싸울 서방 세계의 유일한 세력이라는 등의 얘기가 들려옵니다. 저는 이 같은 종교와 정치의 결합이 아주 해롭다고 생각하며 정치와 관련해서보다는 종교에 더욱더 해롭다고 생각합니다.

종교의 자유에 포함된 기본 쟁점은 종교와 정치의 관계, 혹은 역사적으로 말하면 정교분리를 통한 단절입니다. 세속화는 종교에서 정치를 해방하려는 의도로 시작되었지만 두 가지 결과를 초래했습니다. 첫째, 종교는 내재한 정치적 요소를 상실했습니다. 그러한 요소 중에서 가장 중요한 것은 내세에서 받게 될 영원한 형벌에 대한 두려움이었습니다. 둘째, 정치는 원래 지녔던 종교적 제재를 상실했습니다. 세속화는 종교와 정치, 둘 다를 해방하고 정화했습니다. 개인적으로 저는 신앙의 잠재력보다 세속주의의 장점이 순전히 세속적인 정치 영역에 비해 더 명백한 이점이 있다고 믿습니다. 기독교가 발생한 이래 종교의 자유는 신앙의 자유 이상을 내포했습니다. 초기 기독교인들이 로마 제국, 즉 우리가 알기로는 종교에 가장 관용적인 정치체에 맞서 지켜내기 몹시 어려웠던 새로운 자유는 종교에 입각한 정치로부터의 자유였습니다. 그래서 새로운 자유는 교회와 국가의 분리를 통해서만 법적으로 보장되었습니다.

세속화에서 발생하는 위험 요소는 다음과 같습니다. 우리가 정부

를 주로 국민이 행동하도록 강제하는 수단으로 생각한다면, 즉 "인간 본
성에 대한 반성"이자 (제가 알기로 매디슨이 표현했듯이) 인간이 천사인 경
우에 필요 없는 제도로 생각한다면 정부는 교회와 단절로 막대한 대가를
치렀습니다. 죽음(사형)이나 고통(고문)에 대한 두려움, 즉 인간이 인간에
게 부과할 그 무엇도 영속적 죽음과 영속적 고통의 두려움에 필적할 수는
없을 듯합니다. 신을 두려워하는 공동체의 빈번한 권고 배후에는 우리가
더는 정치적으로 지옥을 두려워하는 인간들을 상대하지 않는다는, 매우
이해할 만한 아쉬움이 도사리고 있고 저는 그 사실이 두렵습니다. 다른
말로 표현하면, 국가와 교회의 분리는 강제 수단으로서 정부 개념을 진부
하게 만들었고 재검토의 여지를 남겨두었습니다.

　　잠재적 위험성은 우리 시대의 난국 탓에, 나아가 우리의 정부 개
념이 세속화에 비추어 검토되지 않았기에 종교가 정치적 목적에 대한 수
단, 즉 정부의 강제 목적을 위한 수단이 된다는 데 있습니다. 순전히 세속
적인 문제들, 예를 들어 공산주의를 비롯한 다른 이데올로기의 부상 또는
민주주의, 정부의 목적, 정치의 본질 등을 정의할 수 없는 우리의 무능을
해결하는 데 도움을 주기 위해 종교를 부르려는 유혹은 강력하지만, 그러
면 정치에서는 도피주의를, 종교에서는 신성 모독을 초래할 뿐입니다. 그
리하여 분명히 중세의 모델로 재통합되지는 않을 듯합니다. 종교를 정치
도구로 전락시키는 일은 확실히 종교의 자유를 위태롭게 합니다. 이러한
의미에서 종교의 자유는 사실 잠재적 쟁점 중 하나입니다.

3. 민감한 쟁점들

　　민감한 쟁점들의 목록은 잠정적일 수밖에 없습니다. 그렇더라도

논란의 여지가 있으므로 앞으로 차츰 수정, 보완해야 합니다. 아마도 다음 항목들은 지금 당장 이 목록의 상위에 놓을 수 있을 것입니다.

1) 남부의 인종 문제

여기에 포함될 기본 쟁점은 평등, 주의 권리 대 연방의 권리, 다시 말해 이 나라에서 권력과 권력 분할의 구조입니다.

평등

평등은 어쨌든 정치학에서 가장 중요하면서도 복잡한 문제입니다. 어떤 상황에 대한 경험적 연구는 평등이 무엇보다도 사적 생활 영역과 구별되는 공적 영역의 속성이라는 점을 기억해야 합니다. 평등이 공적 현안들의 내용과 관계있듯이 차별은 사적 문제에 대한 인간의 행동에 관한 것입니다. 사적으로 우리는 친구를 선택하고 일부 동료를 거부하는 등 차별하며 살아갑니다. 이러한 차별이 없는 사적인 개인적 실존을 상상하기는 어렵습니다. 사생활에서 차별의 권리는 인종 차별에 반대하는 우리의 입장을 견지하더라도 온전하게 지켜져야 합니다. 차별이라는 사적 영역과 평등이라는 공적 영역 간의 경계에 질문을 제기하는 것은 정당합니다.

이처럼 실천적으로 특수한 경우의 기본 쟁점을 더 진지하게 자각함으로써 최근에 인종 차별 폐지로 더 나아가기 위해 취해진 단계들을 재평가할 수 있습니다. 예를 들어 차별이 각자의 이웃들을 선택할 권리로 확장될 수 있는가와 같은 열린 질문이 있습니다. 확실히 가장 분노할 만한 인종 차별의 양상은 공적 소통의 영역에 있습니다. 바로 정확히 공개되기 때문입니다. 기차나 버스에서 벌어지는 차별은 인간 존엄과 관련한 우리의 감정을 공격합니다. 이 차별은 우리 모두 평등해야 하는 영역에서 발생하기에 그러합니다. 학교 및 교육 일반은 사적 권리와 공적 권리 및 이해관계가 중첩되는 경계성 영역이라 할 수 있습니다. 그러므로 교육에서 인종 차별 철폐를 시작하는 것은 현명하지 않을 수도 있고, 주거와 관련해서 시작하는 것도 덜 현명할 수 있습니다. 하지만 최근 사건[2]이 명확히 보여주듯이, 공적 소통에서 인종 차별을 멈추고 논쟁의 여지가 거의 없는 영역에서 인종 차별을 벗어나려 하는 것은 필수적인 일입니다.

주의 권리 대 연방의 권리

이 나라의 전체 구조는 주 권력과 연방 권력의 적절한 균형에 달려 있습니다. 여기서 기본 쟁점은 권력의 특징이지요. 권력은 분할할 수 없는 게 아니라 반대로 힘이 약해지지 않으면서도 분할할 수 있다는 생각이 헌법에서 가장 핵심적인 개념입니다. 바로 이 같은 가능성 덕분에 권력이 힘이나 강제력과 구분됩니다. 분할된 권력은 관련 당사자 모두를 위한 더 많은 권력을 의미하는 데 반해, 분할된 강제력은 늘 더 약한 강제력을 의미합니다.

이는 실질적으로 인종 차별 철폐 프로그램이 권력 균형의 측면에서도 반드시 고려되어야 하며, 실제로 헌법이 보장하는 주의 권리를 침해할 경우 지방 권력의 약화, 궁극적으로는 아마도 가장 경계해야 하는 전체 연방의 약화를 초래할 것입니다.

2) 사생활 침해 문제

오늘날 분명 연관성 없는 몇몇 사건은 이러한 침해를 특별히 민감한 쟁점으로 만드는 데 이바지했습니다. 우리가 사생활에 관한 권리의 본

---

2 1955년 앨라배마주의 몽고메리에서 벌어진 로자 파크스Rosa Parks 사건은 미국 인권 운동의 새로운 시작을 보여주었다. (편집자)

질이라고 생각한 일부 사적 권리들, 예컨대 제 생각에는 "불법 수색 및 압수에서 보호받을 수 있다거나" 자기 자산을 소유할 권리는 현저히 위험에 빠지지 않았는지 모르지만, 전혀 언급되지 않은 또 다른 권리들은 갑자기 위태로워졌습니다. 친구와 친척 관련 정보 또는 사적으로 언급한 의견에 대한 보고서를 요구하는 의회 소위원회 때문에, 도청 때문에, 사적 사안을 묻는 기업 설문지 때문에, 인터뷰할 권한이 있다고 여기는 기자와 신문들 때문에 위태로워졌습니다. 이는 마치 정치적, 사회적 강제력이 사생활 자체를 반대하는 음모를 꾸미는 것과 같습니다.

여기서 기본 쟁점은 우리가 끊임없이 움직이는 세 영역 사이의 구별 및 이들의 관계에 관한 것입니다. 여기서 세 영역이란 우리가 시민인 공공 영역, 민생을 해결하는 사회 영역 그리고 공공 영역과 사적 영역에서 합리적으로 자유로워야 하고 사면 안에서 가려지고 보호받는 사적 영역입니다. 최근 사생활 침해는 정치학이 수 세기 동안 침묵해오고 끝없이 추상적인 사적 소유권 논쟁에 매몰된 듯한 쟁점들을 명료하게 드러내고 적극적으로 수용할 기회를 제공합니다. 이러한 추상적 논쟁에서는 소유권이 공적 영역 및 사적 영역 모두와 관련해 재산이 의미하는 바에 대한 문제를 제외하고 모두 논의됩니다. 이 같은 문제에서 여론의 혼선은 적어도 부분적으로는 학습된 여론의 부적절성에 대한 성찰일 뿐입니다. 상황은 인간 활동 및 경험의 측면에서 세 영역 각각이 고유한 타당성을 밝히는 연구를 통해 명확해질 수 있습니다. 다른 활동과 경험에서 공공성이 필요하듯, 이런 활동과 경험 가운데 일부는 사생활이 절실히 필요합니다.

3) 여권 문제

여권을 거부당한 여러 사례를 조사하는 것으로는 여기서 문제가 되는 쟁점을 밝힐 수 없습니다. 여권을 소지하는 것이 미국 시민의 권리라기보다 특권이라는 행정부의 최근 시각이 문제이기 때문입니다. 이러한 분명한 이유로 이 사안이 '권리 장전'에서 해결되지 않았고 그 결과 법적으로 보자면 아직 미결 상태로 남아 있습니다. 최근 몇 년 동안 어려움을 겪은 사람들의 유형을 연구하는 작업은 끝없는 논쟁으로 바뀌면서 오히려 문제를 혼란스럽게 합니다.

여기서 핵심 쟁점은 이동의 자유입니다. 확실히 이동의 자유는 그 무엇에도 뒤지지 않는 가장 근본적 자유로, 우리가 소중히 여기는 자유입니다(이러한 맥락에서 노예 해방에 관한 그리스 정식들이 개별 자유-freedom를 구성하는 네 가지 자유-liberties 중 무제한 이동할 권리를 열거한 사실이 떠오릅니다. 네 가지 자유 중 나머지는 자유 신분, 개인의 불가침성, 직업적 자유입니다). 여권 없이는 여행할 수 없던 시절, 정부가 여권을 신청하는 각 시민에게 여권을 발급할 의무가 없다면 이동의 자유는 제한되거나 "특권"이 됩니다. 여권 신청을 거부할 권리는 범죄자, 주요 증인, 체포되었다가 보석으로 풀려난 사람의 경우와 같이 이동의 자유가 제한된 경우에만 제약을 받아야 합니다. 비슷한 이유로, 신청자가 어디로 얼마 동안 해외에 나갈 계획인지, 지금처럼 그 정보를 신청서에 포함하는 것은 아주 무례한 처사입니다. 최근 중국을 여행하고자 하는 기자들의 사례에서 불거진 문제는 조금 다릅니다. 여권은 정부가 해외에서 여권 소지자를 보호하므로 정부는 정상적인 외교 관계를 맺지 않은 국가들에 대한 책임을 포기할 권리가 있어야 합니다. 문제는 명시적인 책임 포기 각서를 넘어서 특정 국가에 대한 여권을 무효화할 권리가 있는가입니다.

현재 상황은 '수정 헌법'의 도입만으로도 해결할 수 있습니다. 그런데 수정 헌법은 권리 장전이 보장하는 자유를 명시할 뿐 헌법에 새로운 이념을 도입하지는 않습니다.[3]

4) 처벌로서 시민권 박탈

두 차례의 세계대전 사이에 계속해서 늘어나는 무국적자 문제를 다룰 때 유럽 국가들이 보인 무기력은 유럽 민족 국가 체계의 쇠퇴를 보여주는 간과할 수 없는 신호였습니다. 무국적 관련 쟁점은 제2차 세계대전 발발 첫해에 정부가 일본계 미국 시민의 헌법상 권리를 박탈하고 억류하기로 결정하면서 미국에서 민감한 사안이 되었습니다. 이 사건 이후, 이 문제는 최근 정부가 귀화한 시민의 시민권을 박탈하고 이들을 달갑지 않은 영주권자로 여겨 추방할 때까지 수면 아래에 남아 있었습니다. 이 문제는 브라우넬Herbert Brownell[4]이 원래 시민이었던 이들과 귀화한 시민을 공산주의 활동에 대한 처벌로 시민권을 박탈하겠다는 의사를 밝혔을 때 심각해졌습니다.

이러한 제안이 시행되었다면, 처벌로서 무국적이 이 나라의 법률 구조에 포함되어 공산주의자뿐만 아니라 모든 시민도 위험에 빠뜨렸을 것입니다. 더욱이 원래 시민이었던 모든 공산주의자와 귀화 시민 다수는 자동으로 무국적이 되었을 것입니다. 이런 국민을 추방할 수는 없으니 수용소가 유일한 논리적 해법이 되는 상황이 빚어졌을 것입니다. 무국적은 곧 미국에서 중대한 법적, 정치적 문제가 되었을 것입니다.

이와 관련한 기본 쟁점은 다음과 같습니다. 인류가 민족이나 영토로 국가를 조직하는 한, 무국적자는 원래 시민이건 귀화했건 단순히 한 국가에서 추방될 뿐만 아니라 모든 국가에서 추방됩니다. 어떤 국가도 무국적자를 받아주거나 귀화시킬 의무는 없습니다. 이는 곧 무국적자가 실

---

3 아마도 아렌트는 아홉 번째 수정안을 가리키는 듯하다. (편집자)

4 허버트 브라우넬 2세를 가리키며 1953년에서 1957년까지 미 법무부 장관으로 재직했다. (편집자)

제로 인류에게서 추방됨을 의미합니다. 결국 시민권 박탈은 반인륜 범죄에 해당할 수 있으며 사실 이 범주에서 최악으로 여겨지는 범죄일 때는 공교롭게도 대량 국외 추방이 선행되었습니다. 국가가 살인죄에 사형을 선고할 권리는 시민권 박탈에 비하면 미미한 편에 속합니다. 범죄자는 시민권을 가지고 있는 국가의 법에 따라 재판을 받기 때문에 그는 절대로 법망 외부에 놓이지 않습니다.

브라우넬의 제안은 결국 20세기의 가장 중요하고 새로운 현상 중 하나가 된 사안에서 드러난 명백한 무지와 사려 없음을 적나라하게 보여주는 예시에 불과했습니다. 오늘날 우리가 무국적에 대해 알고 있는 사실, 즉 무국적의 위험성은 관련된 사람들뿐만 아니라 다수의 무국적자를 수용하는 국가의 법적 구조 때문이라는 점에 비추어볼 때, 여기에 귀화한 시민과 관련한 현재의 미국 관행을 개선해야 하는 모든 이유가 있습니다. 무모해 보이지만 사실 이 나라의 정치 상황에서 미국 시민이 무엇을 하든 시민권을 박탈당하지 않도록 보장하기 위해 수정 헌법이 필요할 수 있습니다. 요점은 (인정받지 못하는) 시민권 권리가 범죄자가 자신의 범행으로 상실할 수도 있는 시민적 권리civil rights보다 더 근본적이라는 사실입니다. 같은 이유로, 귀화한 시민에게서 시민권을 박탈하는 것은 헌법상 불가능해야 합니다. 여러 역사적 이유 탓에 이제 이들은 다른 어디에서보다 이 나라에서 더 쉽게 시민권을 상실할 수 있습니다. 귀화 과정에서 이중 충성(어쨌든 무국적 상태가 발생하지 않을 경우)과 개인 신원(이름, 장소, 생년월일 등)을 조작한 예는 제외합니다. 여타 사기 사례는 모두 법으로 처벌해야 하지 시민권 박탈로 처벌해서는 안 됩니다.

5) 망명의 권리

마지막으로, 훨씬 덜 심각함에도 더더욱 복잡한 쟁점은 헌법상 보장된 망명권에 대한 유엔과 국제 변호사들의 오래된 요구입니다. 이 문제는 최근 몇 달 동안 헝가리에서 발생한 사건과 헝가리 난민의 도착을 통해 불거졌습니다. 20세기의 혼란 속에서도 망명권은 성문법, 헌법, 국제협약, 옛 국제연맹이나 새로 만들어진 유엔의 헌장 어디에서도 찾아볼 수 없습니다. 정치적 난민이 더는 개별적 예외가 아니라 세계의 어느 곳에서든 주요 사건을 겪은 후에 인구의 상당수가 난민이 되는 시대에도, 이러한 요구는 아마 그 어느 때보다 이뤄질 가능성이 더 희박할 듯합니다.

그렇지만 신중하면서도 지성적인 시도는 직접적인 결과가 곧바로 나타나지 않을지라도 가치 있을 것입니다. 국가와 정부가 도와주고 싶어 하고 법적 장애물에 오히려 조바심을 내기에 지금이 유리한 순간입니다. 헝가리 혁명이 발발했을 무렵, 만약 망명권이 있었더라면 국가가 새로운 이민자들에게 뭔가를 약속하지 않고서도, 쿼터 제도를 바꾸지 않고서도 다수를 잠정적으로 수용할 수 있었을 것입니다. 망명권은 시간의 제약을 받을 수밖에 없습니다. 출신국의 변화하는 상황을 충분히 고려해 체류 연장을 해주어야 합니다. 마지막 세 가지 요점은 공화국기금이 "권리 장전을 재검토하기 위해 비공식적인 헌법 제정 회의"에 나선 것이 현명했는지 질문을 제기합니다. 저는 개인적으로 공화국기금이 오히려 헌법에 대한 포괄적인 재고를 삼가야 한다고 생각합니다. 저는 "18세기 이후 일어난 엄청난 변화"가 그런 재검토를 요구한다고 믿지 않습니다. 헌법이 수정 장치를 통해 이러한 변화를 여전히 다룰 수 있다는 점은 위험할지 모릅니다. 헌법을 검토하기보다는 차라리 수정 헌법을 위한 온갖 종류의 제안이 정기적으로 쇄도하는데도 의회가 왜 다년간 헌법을 제정하는 데 이런 방식의 사용을 기피했는지 그 이유를 따져볼 것을 제안해야 합니다. 이러한 소심함은 사실 구조적 쟁점들에서 행동을 외면하고 전례가 없던 새로운 문제들을 제기하는 사태를 대면하지 못하는 것과 같기 때문입니다.

4. 잠재적 쟁점들

저는 이미 종교적 자유를 잠재적 쟁점으로 언급했습니다. 다른 요소들과 관련해서는 상세하게 파고들지 않을 것입니다. 일반적으로 말해서 잠재적 쟁점들과 기본 관념들을 관련짓는 일이 민감한 쟁점들을 연결하는 것만큼 중요할 수 있지만 훨씬 더 어려울 것입니다. 이러한 방면의 시도는 부적절하면서 추상적인 일반성에 훨씬 더 많이 노출될 것입니다. 바탕에 있는 기본 쟁점에 대한 우리의 시선을 예리하게 만드는 것은 바로 쟁점의 민감성입니다. 이러한 민감성이 없다면, 우리에게 유일하게 구체적으로 도움이 되는 것은 역사입니다. 역사는 민감한 쟁점을 다룰 때 우리 자신에게 좌표 체계를 상기시켜줍니다. 이는 종교 관련 질문처럼 어떤 경우에는 크게 도움이 되지만 다른 경우에는 그다지 도움이 되지 않습니다.

현시점에 매카시[5] 위기 때 표면화된 모든 쟁점, 예컨대 표현의 자유, 학문의 자유, 여타 시민권 문제가 잠재되어 있습니다. 또한 이상하게도 매카시 운동에는 없었으나 반유대주의, 반가톨릭주의, 잠잠한 시기의 소수 광신자 집단의 전문 영역인 여타 사안처럼 과거에 위험한 사안으로 입증된 특정 형태의 차별과 인종 혐오도 잠재적 쟁점에 속합니다.

이 모든 경우에 지속적인 감찰과 통제는 위험한 순간이 다가올 때 이에 잘 대비하기 위해 위험의 순간과 그 범위를 반드시 결정해야 합니다. 하지만 감찰 위임을 받은 사람들은 과거 경험과 단순한 상식을 바탕으로 자신에게 주어진 "운동"에 운동 자체에 없는 힘을 부여하지 않도록

---

5 위스콘신주 출신 상원 의원(1947~1957)을 지낸 조지프 매카시는 선동적인 반공산주의자다. (편집자)

특별히 유의해야 합니다. 그럼에도 반유대주의 감시 위원회가 유대인 증오에서 자신들의 특권을 키워나가고 그 결과를 부풀리는 것이 허용되지 않는 한 좌절감을 느끼는 것은 당연하지만, 다소 해롭습니다. 이러한 위험성에 대한 해결책은 규모가 작고 세계에 널리 알리지publicity 않으며, 특히 판단력이 좋고 정치에 충분한 관심을 기울이는 정직한 사람들을 고용해 그들의 직업적 이해관계를 넘어서도록 하는 것입니다.

5. 결론

1) 기본 쟁점들

공화국기금은 기본 쟁점과 관념에 대한 큰 관심을 공론화하고 새로운 사유를 촉구하도록 할 수 있는 모든 일을 하겠다고 약속해야 합니다. 최상의 접근은 매년 정치 이론 및 정치 철학 분야에서 기본 쟁점을 다룬 최고의 저서에 상당한 규모의 상을 수여하고 현재 사건들에 깔린 기본 쟁점들을 가장 잘 파악해 구체적으로 정치 분석을 한 저술에는 두 번째 상을 수여할 것이라 공표해야 합니다.

이렇게 반복되는 상과는 별개로, 공화국기금은 사전에 공식화한 주제에 대한 논의를 책 분량으로 담을 수 있도록 지금부터 3년 후에 수여하는 특별상을 공표하는 것이 적절하다고 생각합니다. 이 특별상은 새로운 분석의 측면에서 가장 가치 있는 책에 수여합니다. 떠오르는 한 가지 주제는 인간 정신을 통제하는 과학의 "진보"에서 발생할 자유의 위협입니다. 수상작들은 이 방향에서 이루어진 여러 시도에 관한 포괄적인 주장을 소개해야 합니다. 더불어 생화학, 뇌 수술, 심리학, 사회 공학, 행동 과학 등의 분야에서도 성취된 과학적 결과물을 소개해야 합니다.

이러한 수상에서 소홀히 할 수 없는 부산물은, 다른 생활 영역은 물론 사유를 제도화하는 추세를 반박하는 데 도움이 되는 개인의 학문 정신과 사유를 고무하는 것입니다.

2) 민감한 쟁점들

일부 현장 인사들은 기본 쟁점 측면에서 민감한 쟁점을 열거하고 평가하기 위해 접근해야 합니다. 이는 양쪽 집단을 종합하려는 궁극적 목표를 이루기 위해 최근의 현실 정치에 몸담았던 소수의 인물에게 접근하기를 권장할 수도 있습니다. 후자의 기능은 이들의 실제적이고도 일상적 체험에 반대하는 "사상가들"의 쟁점을 검토하고 관념들을 작전 수준에서 적절한 실천으로 변환하는 것을 돕는 일이 될 듯합니다. 예를 들어 매카시 검열과 같은 에피소드에서 작전을 수행한 부류들을 염두에 둘 만합니다.

공화국기금이 신뢰하는 사람들은 각 쟁점을 연구하는 최상의 접근을 고려할 수 있는 자문 위원회를 구성해야 합니다. 이때 모든 쟁점에 획일적인 방법으로 접근하지 않는 것이 중요합니다. 반대로 관념들 및 기본 쟁점들의 측면에서뿐만 아니라 이에 접근하는 방식의 측면에서도 각각의 주제를 분리해서 다루는 것이 원칙으로 자리 잡아야 합니다. 예를 들자면 (미국) 남부의 인종 연구는 아마도 엄격하게 경험적 실태 조사 방침에 따라 실시하는 것이 가장 좋습니다. 사생활 연구는 세 가지 차원에서 행해져야 할 듯합니다. 즉, 경험적 연구에서는 사회적 압력, 정치적 요인, 경찰 관행의 영향력을 결정해야 합니다. 법적인 양태와 개인에게 미치는 심리적 영향도 심도 있게 검토해야 합니다. 공적 영역, 사회적 영역, 사적 영역의 상호 작용과 상관성은 역사 연구와 이론 연구의 대상이 될 수 있습니다. 다른 한편, 여권 상황을 연구하며 진상 조사에 절대 관여하지 말아야 하며 여기에는 많은 이론이 필요 없습니다. 이 연구는 다양한 국적법 전문가, 여러 나라에서 행정 관행과 역량을 비교할 수 있는 국제 변호사, 마지막으로 수정 헌법을 대비할 수 있는 헌법 전문 변호사의 손에 맡겨야 합니다. 무국적 문제는 국제 변호사와 난민 활동에 적극적으로 참여해온 사람들이 적절하게 처리할 수 있습니다.

이러한 연구가 일단 완결되고 각 사례에서 어떻게 작동하는지 결정되면 실제 작업을 행하는 집단들이 형성될 수 있습니다. 최종 결과물은 출간을 위한 일련의 작업이 되어야 합니다.

3) 잠재적 쟁점들

잠재적 쟁점들 역시 민감한 쟁점과 같은 방식으로, 동일 인물들이 결정해야 합니다. 여기서 다음 단계는 소수 실무 기관의 설립이며 최종 목적은 야심 찬 연구보다는 공화국기금에 정기적으로 올리는 보고여야 합니다. 이들 기관 자체는 홍보하는 일 없이 실무에 임해야 하며 연구 결과를 언제, 어떻게, 공적으로 활용할지를 결정하는 것은 공화국기금에 달려 있습니다. 직원은 정치학을 전공할 필요가 없으며 이론 교육을 받을 필요도 없습니다. 하지만 이들은 실무 경험, 지역에 관한 견문, 올바른 판단력, 성실성을 겸비해야 합니다.

4) 수정 헌법

어쩌면 오직 수정 헌법으로만 제대로 해결할 수 있는 이들 쟁점을 위해 특별한 절차가 마련되어야 합니다. 제가 궁극적으로 의회의 조치를 끌어낼 단계들을 어떻게 만들어갈지 계획을 세울 적임자라 할 수는 없지만, 헌법 사안에 대한 전문 법률가와 전문 정치인의 숙고와 입안에 이어 주요 학술 단체의 논의가 반드시 뒤따라야 한다고 생각합니다. 이러한 비공공 활동에서 고무적 결과를 얻은 후에야 비로소 통신, 잡지 기사, 라디오, 텔레비전 등 다양한 매체를 통해 국가 전체에 알리고 그 반응을 넌지시 떠보는 방향으로 나아가야 합니다. 제가 드리고 싶은 말씀의 요지는 호의적 여론을 조성하기 위해 할 수 있는 일을 다 한 이후에야 하원 의원들에게 접근하는 편이 현명하리라는 것입니다.

더 깊은 논의와 정리가 따라야 한다고 생각하시면 곧바로 저를 찾아오시기를 바랍니다.

진심을 담아,
한나 아렌트

추신: 이 서신을 준비하며 제가 서두른 나머지 페리 씨와 코글리 씨Mr. Cogley에게 복사본을 보낼 수 없어서 유감입니다.

(1957)

헝가리 혁명과 전체주의적 제국주의

      헝가리 혁명의 화염이 전후 전체주의의 거대한 지형을 밝힌 지 근 2년이 지났다.[1] 이 사건을 승리나 패배로 저울질할 수는 없다. 사건의 위대성은 그 비극성에 바탕을 두며 이로써 공고해진다. 여전히 우리는 러시아가 점령했던 부다페스트 거리에서 혁명 희생자들을 공식적으로 애도하는 검은색 복장을 한 여성들의 조용한 행렬을 본다. 행렬은 자유를 위한 투쟁의 마지막 정치적 몸부림이자 분명히 비극적인 사건에 대한 최후의 행위였다. 단순히 긴박성 측면에서 볼 때 이 사건은 최근 역사에서 거의 전례를 찾아보기 힘든 유형이었다. 그 후 몇 주, 몇 달 사이에 공포가 모든 사람을 저마다 가정의 어둠 속으로 다시 몰아넣었으나 이곳이라고 안전한 장소는 아니었기에 이들은 계속 공포에 짓눌렸다. 그리고 정복과 공포에 짓눌린 헝가리 민중은 혁명에 실패하고 난 이후 적어도 1주기 기념일이 오기까지 변함없이 용기를 잃지 않았다. 이들은 1주기 추모일을 맞아 어둠을 박차고 뛰쳐나왔으며 당시의 기억은 공포만큼이나 각자의 집으로 퍼져가는 중이었다. 기억만이 이들의 행위에 영속성을 부여하며 궁극적

---

1   헝가리 혁명은 1956년 10월 마지막 주에 시작해서 11월 첫째 주에 끝났다. (편집자)

으로 역사에서 자기 위상을 확고히 할 수 있다. 자유의 사망 1주기에 이들은 누구나 할 것 없이 자발적으로 공공 오락 시설, 소극장, 영화관, 카페, 식당 같은 장소를 외면했으며 학교 책상의 잉크통에 꽂을 작은 양초를 아이들에게 들려서 학교에 보냈다. 이러한 행동은 혁명 때 벌어진 일들이 역사로 인정받을 만한 위엄을 갖췄다는 점을 입증했다. 이제 기억과 성찰의 힘을 소환하는 일은 우리에게 달려 있다. 그리고 기억과 성찰은 역사서에 기억될 만한 사안으로 넘어갈 것이다.

혁명이 발발한 정황들의 맥락은 위중했으나 이들 정황에 자동으로 따르는 어떤 절차에서 자유로울 만큼 강력하지는 않았다. 이들 절차는 거의 언제나 역사를 구속하는 듯하며 우리가 기억할 만한 모든 점을 역사적이라고 이해한다면 사실은 역사적이라 할 수조차 없다. 헝가리에서 벌어진 일은 다른 어디에서도 일어나지 않았다. 12일간의 혁명은 붉은 군대Red Army가 조국을 나치 지배에서 "해방시킨" 이후 12년보다 더 많은 역사를 담고 있다.

12년 동안 정확히 예상한 대로 모든 일이 일어났다. 한편에는 공개적인 기만과 약속 파기의 길고도 암울한 이야기가 있었고, 다른 한편에는 최종적인 환멸과 가망이 없는데도 희망이 있었다. 새로 정복된 영토는 인민 전선 전술 및 가짜 의회 제도의 첫 단계에서 일당 독재로 향하는 전체주의를 예비하고 있었다. 일당 독재는 그때까지 용인되던 이전 정당들의 지도자와 당원을 신속히 청산했다. 마지막으로 모스크바가 정당하거나 부당하게 불신하던 지역 공산주의자들을 진정한 러시아식 공개 재판으로 제거했다. 하지만 권력은 모스크바에서 연수받은 헝가리 대리인 중에서도 가장 비열하고 부패한 집단의 수중에 넘어갔다.

이 모든 일과 그 외 훨씬 더 많은 일을 예견할 수 있었다. 이는 발전을 한 방향으로 밀어붙이는 역사적, 사회적 혹은 경제적 강제력이 있어서가 아니라 이 모두가 러시아가 헤게모니를 장악하는 소문난 방식의 일환이었기 때문이다. 마치 러시아 통치자들이 전체주의 독재가 출현할 때까지 10월 혁명의 모든 단계를 굉장히 서둘러서 반복하는 것 같았다. 유일한 차이는 1920년대 러시아에서는 재앙과 같았다면 이 일은 그 누구도, 심지어 스탈린도 기획하지 않은 그야말로 사건이었고 마치 최대한 신속히 진행되고 종료되어야 하는 하나의 프로그램처럼 작동했다는 점이다. 그래서 지난 12년간의 역사는 형언할 수 없을 만큼 끔찍했는데도 그 자체로 크게 주목받지 못하고 있으며 별반 다르지도 않다. 한 위성국에서 발발한 사태는 거의 같은 시기에 발트해에서 아드리아해에 이르는 다른 위성국들에서도 발발했다.

위성국 형태로 이뤄지던 전체주의 통치의 유일한 예외 중 하나는 발트해 연안 공화국²이고 다른 한쪽은 소비에트가 점령한 동독이다. 전자는 소비에트 연방에 직접 합병될 정도로 불행해졌다. 그 결과 (위성국 내에서 적어도 성장의 발목을 붙들었던) 형식적인 되풀이는 면했다. 발트해 연안 공화국의 지위는 다른 소비에트 민족들이 누리던 지위에 즉각 흡수되고 말았다. 인구 절반이 추방당했고, 감소한 인구 분을 임의 강제 이주로 메꿨을 때 이들의 위상은 타타르족, 칼미크족 또는 볼가 독일인, 즉 히틀러와의 전쟁에서 제대로 처신한 사람들의 지위로 확실히 전락했다. 동독의 경우는 정반대 측면에서 예외다. 이 나라는 위성국조차 된 적이 없지만, 독일인 모스크바 공작원들의 부인할 수 없는 열망에도 일종의 부역자 정부하의 점령된 영토로 남아 있었다. 그 결과 이 나라는 독일 연방 공화국Bundesrepublik과 비교해 아주 비참했지만 다른 위성국들보다는 정치적

---

2   오늘날의 에스토니아, 라트비아, 리투아니아로 이루어진 발트 3국을 가리킨다.
(옮긴이)

으로나 경제적으로 훨씬 처지가 나았다. 이러한 상황은 그곳에서 사는 독일인에게는 다르게 보일 수 있었으나, 자신들이 원하기만 하면 언제라도 서독으로 망명하기가 상대적으로 쉽다는 바로 그 사실 때문에 그들은 '철의 장막'이 소비에트 연방의 동쪽 국경에서 시작한다는 사실을 절감했다. 오로지 이들만이 서베를린으로 가는 지하철을 탈 자격이 있었고 그 지하철은 위성 국가나 소비에트 연방에도 없는 개인적 결정을 내리는 공간이었다. 하지만 이 지역들이 예외인 이유는 그 국가들이 러시아 세력의 궤도에서 이탈했기 때문이다. 이들 지역은 그 궤도에 속해본 적이 없기에 위성 체계의 예외가 아니었다.

스탈린 사후 곧이어 시작된 여러 난제가 전혀 예상할 수 없는 바는 아니었다. 이들 난제는 러시아 최고 지도부 내의 난제, 아니 오히려 논쟁을 매우 충실히 반영했고, 1920년대의 조건을 그대로 반복했기 때문이다. 이때만 하더라도 국제 공산주의 운동이 지향하는 궁극적인 전체주의 형태로 간소해지기 전이었다. 이 무렵 모든 공산당은 파벌이 뒤얽힌 러시아 정당을 충실하게 반영한 정파들로 분열되었으며, 각 분파는 수호성인처럼 저마다 러시아 지도자를 우러러보았다. 러시아 지도자는 세계 각지에 있는 피후견인protégé의 운명이 전적으로 자신의 운명에 달려 있었으므로 그는 실제로 수호성인이었다. 스탈린이 사망하자, 30년 전 레닌이 사망했을 때와 비슷한 승계 위기(결국 어떤 승계 원칙도 없던 상황에서 이런 문제는 당연했다)가 뒤따랐을 뿐만 아니라, 이 때문에 1925년에 스탈린이 제안한 "집단 지도 체제"라는 미봉책에 다시금 직면하게 된 사실이 확실히 흥미로웠다. 그 결과, 해외의 공산당들은 자신들의 지도자를 집단 지도 체제의 일환으로 받아들이고 그 주위에 자기 정파를 심고자 했다. 그리하여 너지 임레Nagy Imre[3]가 게오르기 말렌코프Georgii Malenkov[4]의 피후견인이었듯이 당시 헝가리 수상이었던 카다르 야노시Kádár János[5]는 흐루쇼프

Nikita Khrushchyov의 피후견인이었다. 말렌코프를 상대로 흐루쇼프가 거둔 승리는 1920년대 스탈린 정파가 거둔 승리와 일치할 뿐만 아니라 그때와 같은 방식으로 승부가 결정되었으며, 러시아 외부의 공산주의 운동에서 도 같은 결과를 가져왔다.

할당받은 과업처럼 역사적 발전의 이러한 반복은 전체주의 운동의 정형화된 부분으로 보이며 빈번히 우스꽝스럽기도 하다. 거기서 공산주의자들은 어떤 역할을 했기 때문에 그들은 헝가리 혁명 기간에도 이따금 그 모습을 드러냈다. 그들은 패배의 좌절 속에서도 어쩔 수 없이 사건 방식뿐만 아니라 자기 역할과도 전혀 맞지 않는 낡은 수법들에 의존했다. 이들이 마지막까지 운영한 공산주의 방송 '자유 라디오 러이크Free Radio Rajk'는 동지들에게 "카다르의 사이비 공산당에 가입해" 내부에서부터 "진정한 헝가리 공산당"으로 바꿔놓으라고 촉구했다. 같은 맥락에서, 30년 전 스탈린에게 반대한 초기 분파도 동지들에게 당을 떠나지 말고 '트로이의 목마 전략'을 구사하라고 촉구했다. 스탈린 자신도 나치 운동과 관련해서 독일 공산주의자에게 같은 전략을 지시했다. 추정하건대 이 고상한 정치적 권고는 근대 대중의 비밀스러운 소망과 잘 부합했다. 근대 대중은 비록 외로울지라도 방관자적 입장으로 남은 채 동참하지 않는 것을 견딜 수 없어 한다. 이러한 추세를 보여주는 가장 좋은 사례는 아마 나치 독일에서 이루어진 정치적 조정 혹은 '통제Gleichschaltung'일 것이다. 나치 독일 치하의 무수한 독일 국민은 그 누군가가 등을 떠밀어서가 아니라 전적

---

3 헝가리의 정치인으로 두 차례 헝가리의 수상을 지냈다. 그는 1956년 헝가리 혁명 당시, 스탈린주의에 반대해 소비에트 연방의 침공에 저항했으나, 혁명이 실패로 끝난 후 비밀 재판에 넘겨져 교수형에 처해졌다. (옮긴이)
4 스탈린의 사후에 소비에트 연방 국가 원수 권한대행을 지냈다. (옮긴이)
5 1956~1958년에 헝가리 사회주의 노동자당 제1서기를 지냈다. (옮긴이)

으로 자신의 의지로 나치 사회주의 운동에 참여하는 것이 내부에서 사태를 더 좋게 변화시키는 고상한 정치 행위라고 확신했다. 결과는 늘 같았다. 전술이라는 명목으로 전체주의 정당에 참여한 부류는 사실상 모범적인 스탈린주의자나 나치가 되었다.

헝가리 혁명은 전체주의 통치 방식에 통달한 사람들이 그런 방식에 점점 익숙해지고 여론이 무심해지는 바로 그때, 이 자동적인 발생과 의식적 또는 무의식적인 반복을 멈추게 했다. 이 혁명은 모두를 깜짝 놀라게 했다. 심지어 폴란드에서 벌어진 사건들마저 혁명을 준비한 건 아니었다. 혁명은 준비될 일이 아니었으며 그 누구도 예견하지 못했다. 외부에서 성난 무력감으로 지켜보거나 혁명을 진압하기 위해 무장했던 사람들과 마찬가지로 싸우면서 고통받는 사람들도 예견하지 못했다.[6] 아무도 믿지 않던 일이 여기서 벌어졌다. 혹여 누군가는 믿었는지 모르지만 그들은 공산주의자도, 반공주의자도 아니었다. 자신들의 공허한 말 때문에 다른 사람들이 어떤 대가를 치러야 하는지 알려고도 하지 않고 신경도 쓰지 않는, 전체주의 공포에 대항하는 인민의 의무에 대해 거창한 상투적인 말을 늘어놓는 자들은 더더욱 아니었다. 로자 룩셈부르크Rosa Luxemburg의 "자발적 혁명"과 같은 것이 여태 존재한다면 자유 외에 그 무엇도 원하지 않은 전체 민중의 갑작스러운 봉기는 자발적이다. 봉기에 선행하는 군

---

6 뉴욕 주간지 《뉴리더The New Leader》(1957년 7월 29일~9월 2일)에 여섯 편의 기사 시리즈 〈크렘린에서의 투쟁Battle in the Kremlin〉을 쓴 보리스 니콜라옙스키(Boris I. Nicolaevsky, 멘셰비키 지식인이자 운동가_옮긴이)는 스탈린 사후에 러시아에서 이루어진 여러 발전에 대한 가장 포괄적이고 탄탄한 분석을 보여주며, "헝가리 혁명에 대한 유엔 보고서는 부다페스트에서 발발한 폭력이 '고의적 도발deliberate provocation'의 결과임을 확고히 해주었다"라는 점을 밝힌다. 나는 그렇게 확신하지 않는다. 하지만 비록 그가 옳다고 할지라도 러시아가 벌인 도발의 결과는 분명 예견하지 못했고 이 도발의 본래 의도를 훨씬 뛰어넘었다.

사적 패배의 비도덕적 혼란도, '쿠데타' 기술도, 전문 모략가나 혁명가로 구성된 매우 촘촘하게 짜인 조직도, 심지어 당의 지도 없이도, 보수주의자와 자유주의자, 급진파와 혁명파 모두가 폐기한 숭고한 꿈을 바로 그때야 우리는 목격할 특권을 가졌다. 헝가리의 대학교수가 유엔 위원회에서 지도자가 없는 혁명으로 역사상 유례가 없다고 말했는데, 어쩌면 그 말이 옳았다. "조직적이지 않았고 중앙의 지시도 없었다. 자유 의지가 모든 행위의 동력이었다."

정치학자들에게는 사회적 강제력과 역사적 경향도, 설문 조사나 여론 연구도, 사회과학의 무기고에 있는 어떤 다른 장치도 아니며 과거와 현재의 사건만이 참된 교사, 즉 가장 신뢰할 만한 교사다. 이런 사건들이 정치에 종사하는 사람들에게 가장 신뢰할 만한 정보의 원천이기 때문이다. 헝가리의 자발적 혁명과 같은 특별한 의미를 띤 사건이 일단 일어나면 모든 정책, 이론 및 미래 잠재성에 대한 예측을 재검토해야 한다. 그런 관점에서 우리는 전체주의적 제국주의의 성격은 물론 전체주의 정부 형태에 대한 우리의 이해를 확인하고 확장해야 한다. 여기서 발생하는 질문들은 그 성격이 아주 단순하다. 휴 시튼-왓슨Hugh Seton-Watson[7]이 믿는 바와 같이, "오웰George Orwell의 1984년은 단지 악몽일 뿐이고" "전체주의가 일단 전복되면 또다시 전복될 수 있다"라는 말은 사실이다. 한마디로 "헝가리 혁명은 …… 1905년 판 볼셰비즘이었음을 증명할 수 있다."[8]

---

7 러시아를 전문으로 연구한 영국의 역사가이자 정치학자다. (옮긴이)

8 시튼-왓슨이 다음 저서에 쓴 서론을 참조하라. Melvin J. Lasky, *The Hungarian Revolution; A White Book: The Story of the October Uprising as Recorded in Documents, Dispatches, Eye-witness Accounts, and World-Wide Reactions.* Books for Libraries Press, 1970, pp. 23~24. 시튼-왓슨은 이 책의 1장인 〈역사적 배경: 1945~1956 The Historical Background: 1945-1956〉의 집필로 유명하다.

1. 스탈린 사후의 러시아

헝가리 혁명이 의심할 나위 없이 자발적 사건이었던 만큼 스탈린 사후의 발전 맥락을 벗어나서는 이를 이해할 수 없다. 오늘날 우리가 알고 있듯이, 스탈린은 새로운 숙청이 대대적으로 벌어지기 바로 전날에 사망했다. 그가 자연사했든 살해됐든 당 상부의 분위기는 심각한 공포에 휩싸였음이 분명하다. 스탈린의 승계자도 없었고 그가 임명한 고위 인사도 없었으며, 스탈린이 하던 임무를 신속하게 맡을 사람도, 감당할 수 있는 사람도 없었기에 곧바로 승계 투쟁이 시작되었고 소비에트 러시아와 위성 국가들에 심각한 위기를 불러왔다. 스탈린 사후 거의 6년이 지난 오늘날에도 승계 투쟁의 결말이 지어졌는지 의문스러울 정도다. 하지만 한 가지는 확실하다. 전체주의 독재의 매우 심각한 결점 중 하나인 승계 문제의 해법을 찾을 수 없다는 너무도 분명한 무능 말이다.

이 사안에 전체주의 독재자들이 어떤 태도를 보였는지 우리는 전부터 알고 있다. 종종 승계자를 임명한 스탈린의 부주의는 몇 년 후 그 승계자를 살해하거나 숙청하는 것으로 이어졌다. 히틀러가 "식탁 담화Table Talk"에서 이 사안을 두고 한 몇몇 산발적인 발언은 스탈린의 부주의함과 일치했고 또 추가로 보완해주었다. 우리가 아는 모든 사실을 통해 볼 때, 스탈린과 히틀러가 이 사안을 별로 중요하지 않다고 확신한 게 분명하다. 두 사람은 통치 기구가 온전한 채로 남아 있는 한 누구나 할 수 있다고 확신했다. 이 같은 부주의를 이해하려면 분명히 소수 인사로 선택을 제한했다는 점을 기억해야 한다. 이들은 독재자가 사망하는 순간에 자신들이 최상층부에 있었으며, '그리고' 생존해 있다는 바로 그 사실만으로도 전체주의 조건에서 이미 우위를 입증했다. 그러므로 위험은 감당할 만해 보이며 어쨌든 승계를 위한 구속력 있는 규제보다 위험을 선호할 수 있다. 이 규제는 전체주의 운동에 "운동"의 필요성이나 극단적인 유연성과는 거리가 멀고 아마도 방해가 되는 안정성 요소를 도입할 것이다. 만약 승계법이 존재한다면, 사실 이 법은 정부의 전체 구조에서 유일하게 안정적인 법이 될 것이며, 따라서 아마도 일종의 합법성을 향한 첫 번째 단계가 될 것이다.

우리가 무엇을 알았든 결코 독재자 사후에 어떤 일이 일어날지는 전혀 알 수 없었다. 이제 다만 우리가 알고 있는 부분은 승계가 미결의 문제이며 잠재적 승계자들 사이의 관계와 그들이 의존하는 다양한 조직 사이의 관계, 대중과 맺은 관계와 관련된 심각한 위기를 불러온다는 점이다. 대중 지도자가 되려는 전체주의 지도자는 인기에 연연하며, 인기는 선전으로 조작하고 공포로 지원하는 것 못지않게 효과적이다. 그래서 승계 과정에서 첫 단계는 인기 경합이었는데, 승계 경쟁자 중 선두주자들이 충분히 알려지지 않았던 이유는 전체주의 통치의 속성 때문이었다. 예외로 아마 게오르기 주코프Georgii Zhukov[9]의 인기를 들 수 있을 듯하다. 군인이었던 주코프는 권좌에 오르는 데 전혀 성공하지 못할 것처럼 보였다. 흐루쇼프는 지방을 순회하면서 사람들과 악수하고 아이들에게 입을 맞추었다. 요컨대 그는 선거 운동에서 미국 정치인이 하듯이 행동했다. 라브렌티 베리야Lavrentiy Beria[10]는 극단적인 성격의 반전, 즉 완화 정책에 관여했는데, 기이하게도 하인리히 힘러의 노력을 상기시켰다. 힘러는 전쟁의 마지막 몇 달 동안 연합군과 평화 협정을 맺을 만큼 신뢰할 만한 인물이 되어 히틀러를 승계하려 애를 썼다. 말렌코프와 흐루쇼프가 함께 손잡고

9　소비에트 연방의 군인이자 정치가로 1955년 국방상이 되었으나 1957년 공직에서 추방당했다. (옮긴이)

10　스탈린 통치 기간에 가장 영향력 있던 비밀경찰NKPD의 수장이다. 스탈린 사후에 유력한 후계자로 떠올랐으나 1953년 12월에 처형되었다. (옮긴이)

서 마침내 베리야를 숙청했다. 외교 정책에서 베리야가 벌인 일탈 행위가 위험했을 뿐만 아니라, 외국에서나 러시아 자국에서 민중의 증오를 받는 상징적 인물이었기 때문이다. 그런데 힘러의 경우와 마찬가지로 이런 사실은 베리야 자신 말고는 모두 알고 있는 명백한 사실이었다.

대중적 인기를 얻기 위한 이러한 경합을 대중에 대한 진정한 두려움으로 오인해서는 안 된다. 확실히 공포는 "집단 지도 체제"를 수립하는 데 가장 강력한 동기 중 하나였지만, 레닌 사후의 삼두 정치와 다르게 이들은 민중의 "반혁명counterrevolution"보다는 서로를 두려워했다. 이들의 관심사는 다 함께 자신들을 대중에게서 보호하려 하기보다는 자신들이 서로를 죽이지 않겠다는 상호 보장을 창출해내는 데 있었다. 그리고 이들 신사의 과거를 조사하는 걸 귀찮아하는 누구라도 이러한 공포가 정당하며, 상호 보장을 위해 취한 조치들이 지극히 당연했음을 받아들여야 할 것이다. 그들 모두 철저한 스탈린주의자였고 당의 숙청과 대량 학살이 있었던 지난 10년 동안 교육받고 검증된 이들이었다.

이에 반해 대중의 공포는 거의 정당화되지 않았다. 스탈린 사후의 순간에도 경찰 기구는 온전히 남아 있었다. 그리고 심지어 베리야의 숙청에 뒤이어 강력한 경찰 제국이 붕괴되었고, 공포가 실제로 완화되었을 때조차 위성국의 정국 불안에서 기인한 부메랑 효과(일부 학생의 소요, 모스크바 공장의 파업, 지식인들에게 "자아비판"에 더 많은 재량을 부여하자는 아주 신중한 일부 요청)가 어느 정도 있었다. 그러나 지식인들이 표현의 자유를 위해 어떤 실질적 요구를 하거나 소요와 같은 잠재적 반동이 나타날 어떤 심각한 징후는 전혀 없었다.[11] 더욱이 지식인 간 약간의 반대 쇼는

---

11 이런 관점에서 이그나치오 실로네Ignazio Silone와 소비에트 연방 잡지인《외국 문학Foreign Literature》의 편집자 이반 아니시모프Ivan Anissimov 사이에 이루어진 편

당이 장려했을 뿐만 아니라 대개는 당의 직접적인 지시였을 것이다. 그리고 이 쇼 또한 진정한 양보와는 전혀 무관한 스탈린의 검증된 지배 장치 중 하나였다. 스탈린은 여론 동향을 알아보고 어떤 반대자들이건 간에 그들을 공개적으로 회유해서 적절히 대처할 목적으로 도발을 도구로 활용했다. 흐루쇼프는 지식인을 대상으로 한 연설에서 공식적으로 "해빙"의 종식을 선언했고, 지식인들이 "스탈린의 개인숭배에 대한 당 비판의 본질을 잘못 이해한" 나머지 "그의 긍정적 역할"을 과소평가했다고 말했다. 그리고 "그들의 영광스러운 재능"을 펼치는 데 무한한 기회[를 가지고서] ……"사회주의 리얼리즘"으로 되돌아가야 한다고도 했다. 그의 연설은 정확히 일상적인 퍼포먼스에 지나지 않았다.

같은 연설의 또 다른 측면이 더욱더 흥미롭다. 연설에서 흐루쇼프는 "모든 작가, 예술가, 조각가들의 창조적 성장"을 통해 "지속적인 동료애의 관심사"가 될 "창작 연합creative unions"의 설립을 공표했기 때문이다. 여기서 우리는 그가 어떻게 경찰 공포 정치를 바꾸고자 했는지 실마리를 발견할 수 있다. 그는 외부 (경찰) 기관이 아닌 인민 가운데, 이 경우에는 작가와 예술가 집단에서 선발한 사람들이 감찰하는 것을 계획한 듯 보인다. 여기서 감찰은 상호 감시 원칙의 제도화이자 아마도 이러한 원리에 대한 개선일 것이다. 모든 전체주의 사회에 파급된 이 원리는 스탈린이 타인을 향한 비난을 충성 시험의 유일한 잣대로 삼음으로써 아주 효과

___

지 교환이 전형적인 경우다. 이 교환은 "해빙"이 서구 작가들에게 희망을 불어넣던 시기인 1956년 마지막 몇 개월 동안 이루어졌다. 이들은 러시아 인텔리겐치아와 대화에 진입할 또 다른 기회가 되리라고 믿었다. 그리고 이러한 교신은 이와 같은 희망이 얼마나 근거없는지를 보여주었다. 이 교신은 이탈리아에서 《템포 프레젠테Tempo Presente》에, 미국에서는 '골칫거리 대화A Troubled Dialogue'라는 제목으로 《뉴리더》(1957년 7월 15일)에 실렸다.

적으로 만들었다. 흐루쇼프가 선언한 또 다른 개혁도 똑같은 방향을 가리
킨다. "사회적 기생충"에 맞서는 그의 법령은 이러한 "비사회적" 요소들
이 대중 스스로 강제 수용소concentration camps에서 처벌로 선택되리라는 점
을 분명히 상정하고 있다. 다른 말로 표현하자면, 흐루쇼프는 비밀경찰의
특정 기능들을 고도로 조직적이고 제도화된 일련의 군중 통치로 대체하
자고 제안한다. 인민 스스로 경찰이 되어 공포 정치가 필요한 희생자들을
넘겨주리라 기대하고 믿는 단계까지 이른 듯하다.

유사하게도 통치 기술의 새로운 발전을 많이 논의한 분산 프로젝
트에서 발견할 수 있다. 소비에트 사회의 민주화나 소비에트 경제의 합리
화를 가리키는 것과는 완전히 무관하며, 이를 떠맡을 새 인물들이 함께하
는 새로운 경제 영역의 수립을 통해 관리 계급의 권력을 분쇄하려는 목
적이 분명했기 때문이다.[12] 중앙에 집중된 모스크바 인력을 여러 지방으
로 재배치하는 일은 무엇보다도 이들을 원자화한다는 사실을 확인해주었
다. 지방으로 전출된 인력은 당내 지방 당국의 감시를 받았다. 그리고 이
당국자들은 모든 공장과 모든 생산 부문에서 새로운 조합이 예술가들에
게 부여하는 것과 같은 "창조적 성장에 대한 꾸준한 동지적 관심"을 분명
히 발휘할 것이다. 이 같은 정책 목표가 새로운 것은 아니다. 흐루쇼프는
계급의 연대 징표를 보여주는 모든 집단의 인민이 이데올로기 측면에서
무계급 사회의 수립을 위해, 그리고 실질적으로는 총체적이고 확실히 통

---

12   보리스 니콜라옙스키(각주 6번을 참조하라)는 "소비에트 관리 계층에 대항하
는 흐루쇼프의 전투는 …… 한참 더 과거로 되돌아간다"라는 사실을 보여준다. 《공산주의
의 문제점들Problems of Communism》(September-October 1957, p. 2)에 게재된 리하르
트 뢰벤탈Richard Löwenthal의 〈크렘린에서의 새로운 숙청New Purge in the Kremlin〉
에 실린 다음과 같은 주장도 참조하라. "더 경제적인 현실을 위한 추동력으로서 시작한 사
안이 경제 분야에서 더 직접적인 당의 지배를 위한 추동력으로 바뀌었다."

치할 수 있는 원자화된 사회를 위해서라도 와해해야 한다는 사실을 스탈린에게서 학습했다.[13] 하지만 스탈린이 주기적으로 반복하는 대규모 당의 숙청과 함께 영구 혁명의 수단으로 달성한 것을 흐루쇼프는 경찰 기능을 사회에 직접 구축해, 덜 극적이고 덜 파괴적인 수단으로 달성하기를 바란다. 따라서 내부로부터의 영구적인 원자화를 확고히 해서 국가 전체 구조를 폭력적으로 뒤흔드는 일이 불필요하도록 만들 것이다.

통치 방식과 제도의 이 같은 개혁은 특히 "해빙"기에서 유래한 제안들이 아니기에 아주 중요하다. 비록 이 개혁이 거의 주목받지는 못했지만, 끔찍하고 효과적이었던 헝가리 혁명의 잔인한 진압과 경찰 공포 정치는 위기에 대한 전형적인 스탈린식 해법을 대변하지 않는다. 전형적인 전체주의 스타일로 잇따라 일어났던 이러한 경찰 공포 정치는 평화가 확립된 후에야 실제로 시작되었고 그 이후 점점 더 강화되었다.[14] 아마도 스탈

13 공산주의 운동의 혁명적 발전이 "새로운 계급"의 탄생에 바탕을 두고 있다는 사고의 광범위한 오류는 밀로반 질라스Milovan Djilas의 《새로운 계급 *The New Class*》(New York, 1957)에서도 공유하는 바다. 이 해묵은 오류는 스탈린 체제의 출범 시점만큼이나 일찍이 등장했는데, 독재 치하에서 자유를 상실하는 데에는 거의 관심이 없으나 위대한 감성과 분노로 잔존하거나 각각의 새로운 불평등을 표면화하는 사유 방식에서 유래한다. 공산주의 및 사회주의 운동의 실질적이고 혁명적인 활력조차 초기에는 정치적 억압이 아닌 사회적 부정의로 촉발되었듯이, 오직 지배하고 있는 관료제의 실망스러운 생활 양식, 가령 이들의 높은 봉급, 밍크코트, 자동차, 저택 같은 객관적 중요성을 과대평가했다는 것으로도 이해할 수 있다. 하지만 이런 것들의 소유가 물론 "새로운 계급"의 징후는 아니다. 다른 한편, 이러한 새로운 계급이 유고슬라비아에서 형성되고 있다는 점이 사실이어야 한다면, 이는 다만 티토Josip Tito의 독재가 전체주의가 아님을 증명할 것이다. 사실 그의 체제는 전체주의가 아니다

14 헝가리 전 정치범 연맹Federation of Hungarian Former Political Prisoners 의 장이었던 벨라 파비안Bela Fabian은 군대가 혁명을 진압한 이후 시작된 공포의 희생자 수를 다음과 같이 말했다. 2,140명이 처형되었고 5만 5,000명이 헝가리 형무소와 수용소에 투옥되었으며 7만 5,000명이 러시아 수용소로 추방되었다고 추정한다. 《분트 *Bund*》

린은 군사 작전보다는 경찰의 활약을 선호했을 듯하다. 확실히 그는 지도자를 처형하고 수천 명을 투옥하는 대신 사람들을 대규모로 국외로 추방하고 지방으로 의도적 인구 분산 정책을 펼쳐서 그런 생각을 실행했을 것이다. 소비에트 연방이 지난 몇 년간 그랬듯이, 헝가리 경제의 완전한 붕괴를 막고 대규모 기아를 막기 위해 충분한 원조를 보내는 일보다 스탈린의 마음에서 더 멀어지는 것은 없었다.

　　이 충격적인 방식의 변화가 성공적으로 입증될지의 여부를 언급하기에는 아직 이르다. 이 변화는 일시적인 현상으로 집단 지도 체제, 공포와 이데올로기의 경직성에 대한 완화, 여기에 더불어 상부의 해소되지 않는 갈등의 시기에서 오는 여파일 것이다. 하지만 모든 이데올로기적 사안과 참으로 정치적인 모든 사안에서 흐루쇼프가 스탈린 방식을 무모하게 사용하는 것으로 돌아갔고, 이 후퇴를 너지 임레의 살인으로 감췄다는 사실을 고려할 때 그럴 가능성은 낮아 보인다. 너지 임레의 목숨을 살려주겠다고 브와디스와프 고무우카Władysław Gomułka[15]와 한 약속이 공개적으로 널리 알려진 직후에 살인 자체가 발생했다는 사실을 볼 때, 스탈린 방식의 특징이 아닐지라도 말이다. 이는 스탈린이 합법성이나 도덕성을 위해 굽히지 않겠다는 자신의 결의를 보여줄 때 선호하는 방식이었다. 이방식은 단순히 이를 선포할 뿐만 아니라 그의 동지들이 직접 경험하게 하는 방식으로 이루어졌다. 더욱 충격적인 점은 흐루쇼프가 명백히 스탈린의 통치 방식으로 회귀하면서도 최소한 그때까지 대규모 사람들을 수용한 강제 수용소와 절멸 수용소를 갖춘 이전 형태의 공포를 포기하기를 거

(Bern) 1958년 7월 24일자 뉴스 기사를 참조하라.

　　15　폴란드의 정치가로 1956년에 폴란드 노동자당 중앙 위원회 제1서기가 되어 자유화 운동을 탄압했고, 1970년에 일어난 식량 폭동으로 실각했다. (옮긴이)

부했다는 사실이다. 흐루쇼프의 이러한 전략의 근거는 승계 위기와 거의 무관해 보인다. 지난 10여 년간 러시아의 처지를 고려해보건대 우리가 전체주의 통치와 동일시한 방식 중 일부를 러시아 체제가 간절히 버리고 싶게 하는 어떤 객관적 요소들이 존재한다는 점을 부인할 수 없다.

　이들 요소 중 첫 번째는 역사상 최초로 소비에트 연방이 노동력 부족으로 고통받고 있다는 점이다. 주로 국가의 점진적 산업화로 빚어진 이 상황에서 강제 노동과 강제 수용소 및 절멸 수용소 같은 구제도들은 진부할뿐더러 아주 위험하기까지 하다. 구제도들은 여러 기능 중에서도 1930년대의 심각한 실업 문제를 해결해야 했다. 러시아 정치 엘리트들이 스탈린의 새로운 대규모 숙청 계획을 두려워했을 가능성은 충분하다. 그들은 자신의 개인적 안전을 우려했을 뿐 아니라 러시아가 이제 "인적 자원"에 엄청나게 큰 비용을 감당할 위치에 있지 않다고 느꼈다. 이는 베리야와 그 파벌이 경찰 내에서 청산된 후에 경찰 조직과 막대한 경제적 제국이 부분적으로 와해되고, 일부 강제 수용소를 강제 정착지로 전환하고 상당히 많은 수감자를 석방한 이유에 대한 가장 그럴듯한 설명인 것 같다.

　첫 번째 요소와 밀접하게 연관된 두 번째 요소는 중국 공산주의의 출현이다. 2억 명 대 6억 명으로, 인구수로 세 배나 우위인 중국 때문에 러시아는 궁극적인 패권을 위해 가시화되지는 않았지만 매우 실질적인 투쟁에서 아주 불리한 상황에 놓였다. 이 맥락에서 특히 중요한 점은 중국이 소비에트 블록을 고수하면서도 지금까지는 러시아식(스탈린식) 인구 분산 정책을 따르기를 거부했다는 사실이다. 지금까지 중국 혁명이 요구한 희생자 수, 어림잡아서 1,500만 명은 될 듯 보이는데 전체 6억 명 인구에 심각한 타격을 입힐 만큼은 크지 않고, 스탈린 체제가 주기적으로 러시아 인민에게 입힌 손실과 비교하면 미미한 편이기 때문이다.[16] 순전히 수적인 세력에 대한 이러한 숙고는 경찰국가나 공포 통치의 폐지가 필요하지 않더라도 히틀러와 스탈린 두 체제의 핵심 특징인 무고한 사람들(또는 전체주의 통치자들이 주장하듯이, "객관적인 적들")의 대량 학살을 분명히 방해한다.

러시아의 국가 존립과 국제적 위상을 위협하는 이런 객관적 요소들을 통치자들이 실제로 고려해야 한다면 공산주의자들 사이에서조차 이단으로 통하는 민족주의적 볼셰비즘 방향으로 가도록 강요당할 수 있을 것이다. 이러한 추세는 오늘날 유고슬라비아와 중국 양국의 정책에 결정적으로 영향을 미치는 듯하다. 물론 더 작은 국가들의 독재자들, 예를 들어 폴란드의 고무우카, 그보다 앞서 헝가리의 러이크László Rajk[17]와 너지, 유고슬라비아의 티토Josip Tito가 이런 일탈로 기운다고 해도 놀랍지는 않다.

모스크바의 단순한 하수인 이상이었던 공산주의자들은 어떤 이유로든 세계 혁명 전략 이후로 자신들이 태어난 나라가 더는 존재하지 않게 된다면 기꺼이 다른 국가의 통치 관료가 되려 했고, 그들에게는 다른 선택의 여지가 없었다. 중국은 러시아보다 훨씬 손쉽게 전체주의 공포 정치의 대가를 치를 수 있었는데도 의도적으로 마오쩌둥毛澤東의 지도 체제하에서 국가 정책을 선택했다. 양국의 차이는 중국의 대내 정책을 살펴보면 또렷해진다. 러시아의 공식 이데올로기와 의도적으로 모순되는 듯 보이는 "내적 모순"에 관한 마오쩌둥의 유명한 연설에서도 이런 점이 확실

---

16 마오쩌둥의 통치와 스탈린 통치의 차이점을 밝히는 최상의 증거는 중국과 러시아의 인구 조사 비교에서 발견할 수 있다. 6억 명에 근접한 것으로 산정된 중국의 마지막 인구 조사는 통계 기대치보다 높은 반면, 지난 수십 년 동안 러시아 인구 조사는 기대보다 상당히 더 낮은 통계 수치가 나왔다. 스탈린 시기 공포 정치로 감소한 러시아 인구가 어느 정도인지 신뢰할 만한 수치가 없어서 관례적으로 살해된 러시아인 수와 "통계로 잡히지 않는" 수백만 인구는 동일시되었다.

17 헝가리의 공산주의 정치인으로 1949년 10월 라코시 정권의 공개 재판으로 처형되었다. (옮긴이)

히 드러난다. 이 연설문은 레닌 사후 공산주의 궤도에서 처음 등장한, 이 데올로기적으로 새롭고 진지한 글임은 의심의 여지가 없었고, 이러한 정확한 지적대로 이데올로기의 주도권은 모스크바에서 베이징으로 이동했다.[18] 사실 이것은 미래에 중대한 결과를 가져올 수 있었다. 심지어 러시아 체제의 전체주의 성향을 바꾸어놓을 수도 있었다. 하지만 조금도 과장하지 않고 말하건대 그때는 그러한 희망이 무르익지 않은 상황이었다. 주코프가 실각한 한 가지 이유는 그가 확실히 "민족주의적 일탈"이라는 잘못을 범했다는 점, 다시 말해 마오쩌둥이 인민 개념을 공산주의 이데올로기에 재도입하려 한 것과 아주 흡사한 의미로 "소비에트 인민"을 논하기 시작했다는 점이다.

승계 위기뿐만 아니라 중국과의 경쟁에 대한 두려움은 스탈린 사후 대중을 대상으로 한 공포 정치가 극적으로 누그러지는 데 중요한 요인으로 작용했다. 그렇다면 이는 사실 단순 책략이나 일시적 해빙 이상이 될

---

18 이 중요한 연설의 완결된 텍스트는 G. F. 허드슨G. F. Hudson의 귀중한 논평이 담긴 추가 소책자인 《뉴리더》 1957년 9월 9일자, 2절에 실렸다. 이 연설 제목으로 흔히 알려진 〈백화제방Let a Hundred Flowers Bloom〉은 사실을 굉장히 호도하는 제목이다. 마오쩌둥의 주요 관심사는 계급 간, 다른 한편으로는 인민과 정부 간 공산주의 국가의 "모순들"의 존재를 이론적으로 입증하고 근거를 찾는 것이다. 나아가 볼셰비키가 아니라 나로드니키가 집필한 것처럼 강력한 포퓰리즘적 주석이 연설에 실린 점이 더욱더 중요하다. 이와 대조적으로 마오쩌둥은 자유의 문제에 매우 정통하다. 민주주의가 그랬듯이, 그에게 자유는 목적을 위한 수단이다. 자유와 민주주의 양자는 "절대적이지 않고 상대적이며 특정한 역사적 정황에서 존재하고 발전한다."

편집자 추가: 이 연설은 〈인민들 사이에서 올바로 다루어야 할 모순들에 관해On Correctly Handling Contradictions Among the People〉(수정된 연설문의 영어 번역은 《마오쩌둥 전집, 1949~1976 The Writings of Mao Zedong, 1949-1976》 2권, 1956년 1월~1957년 12월, New York: M.E. Sharpe, p. 309)라는 제목으로 1957년 2월 27일에 최고국가회의의 제11차 확대 전체 회의에서 마오쩌둥이 한 연설을 뜻한다.

것이다. 그러나 이런 현상이 오늘날 수많은 인민이 품고 있는 희망, 즉 이 전체주의적 통치가 역사의 흐름에 따라 내부에서부터 스스로 개혁해 일종의 계몽 전제주의 또는 군사 독재를 종식하리라는 희망을 정당화한다는 의미는 절대 아니다. 현재 상황에서 놀라운 점은 바로 살인과 당의 숙청이 다시금 대규모로 시작되었지만 많은 사람을 죽이고 경제를 파탄 나게 하는 일종의 대량 살상으로 빠져들지 않았다는 것이다. 이는 오히려 전술적 후퇴에 가깝다. 흐루쇼프가 언제라도 대중 공포 정치와 대량 살상을 재개할 수 있도록 의도적으로 문을 활짝 열어놓았다는 여러 징후가 있었다.

이 같은 징후 중 하나를 나는 이미 언급했다. 바로 (나치 전체주의 생도에게 아주 친숙한 용어인) "사회적 기생충"에 맞서는 법으로, 체제에 반대하거나 어떤 다른 범죄도 저지르지 않았는데도 언제든 상당수 인민이 다시 수용소로 사라질 수도 있었다. 이 법령의 전체주의적 성격은 형법이 정의한 범법 행위를 교묘하게 없앰으로써 드러나며 강제 이주를 유일한 처벌로 열거한다. 이는 분명히 러시아가 필요하다면 큰 소동 없이 강제 수용소와 강제 노동 체제를 재도입할 수 있는 지렛대로 계획된 것이다. 이 법령이 아직 서류상으로만 존재하는 것이 사실이지만, 만약 그 법령이 자유세계에서 마땅한 관심을 받았다면 (계속된 후속 사건들로 논박되었던) 소비에트의 새로운 적법성 논의는 애초에 제기되지 않았을 것이다.

또 다른 조짐은 제20차 소련 공산당 최고 회의에서 흐루쇼프가 한 연설에서 드러난다. 아마도 이 연설은 원래 러시아 공산당의 고위층 및 "집단 지도"와 관계있는 인사들만을 위해 기획된 듯하다. 특별히 교육을 잘 받았을 청중들은 이 연설이 두 가지 완전히 상반된 방식으로 해석될 수 있음을 즉각 알아챘을 것이다. 스탈린의 정신 질환이 체제의 모든 범죄의 원인이었고, 흐루쇼프의 말을 들은 사람이나 흐루쇼프를 포함한 그 누구도 비난할 수 없었다. 이 경우 집단 지도 체제가 가져온 상호 간의 공포는 전혀 정당하지 않았고 결국 균형감을 잃은 정신만이 살해를 기도했을 것이다. 그도 아니라면 스탈린은 광적인 의심으로 악의 영향을 받기 쉬웠으며, 이 경우에는 스탈린이 아니라 자신의 목적을 위해 병든 권력을 남용한 모든 사람이 책임을 져야 한다. 연설에 대한 첫 번째 해석은 흐루쇼프가 군대의 도움으로 권력을 장악한 1957년 여름까지 공식적인 해석으로 남아 있었다. 두 번째 해석은 흐루쇼프가 레닌그라드 사건[19]에서 말렌코프의 역할을 강조함으로써 자신의 쿠데타를 정당화했을 때 공식적인 방침이 되었다. 흐루쇼프는 레닌그라드 사건에서 말렌코프가 비서실 수장으로서 맡은 역할을 암시해 그를 내무인민위원회NKVD[20]의 비공식 수장으로 만들었다. 흐루쇼프의 쿠데타 기술이 1920년대 말에 당의 삼두 체제 청산과 좌우파 세력 숙청을 위해 스탈린이 세운 방식을 그대로 따랐다는 것은 상식이다. 따라서 그가 전임 수장을 복권하고 "해빙"을 종식해야 한다고 지식인들에게 즉시 말한 것은 아주 적절한 조치로 보였다.

그 누구도, 어쩌면 흐루쇼프도 자신의 미래 행동의 방향이 어떠할지 전혀 알 수 없었다. 오늘날 누구나 "해빙"은 끝났다고 알고 있으며, 흐루쇼프의 쿠데타 연설에 근거해 그가 언제라도 집단 지도 체제에서 추방당한 이전 동지들을 물리적으로 청산하고 당, 정부, 관료 체제에서 스탈린 부역자들을 새롭게 숙청할 수 있다는 점도 확실하다. 하지만 우리가 이 모든 것이 어디로 가고 있는지 자기 자신에게 묻고 전체주의 통치 체제하에 들어온 인민에 대한 실제 전망을 생각한다면, 헝가리에서 카다르 야노시를 따르던 집단이 1년 전에 제공한 설명을 상기해야 한다. 당시는

---

19 1948년부터 전체 연방 공산당 레닌그라드 지구당에 속한 당의 간부와 관료 2,000여 명이 4년에 걸쳐 숙청된 사건이다. (옮긴이)

20 Narodny komissariat Vnutrennikh Del; People's Commissariat of Internal Affairs. 대숙청 기간의 정치 경찰이다. (옮긴이)

서방 관측통들이 체제 개혁에 거는 희망이 여전히 활짝 폈던 때였다. 흐루쇼프가 시작한 "탈스탈린화" 과정의 완벽한 이중적 의미는 우리가 "옛 스탈린 집단이 사회주의 적을 진압할 때" 또는 "프롤레타리아 독재를 적용할 때 전혀 가혹하지 않았다"라고 이해할 때 돌연 분명해진다.[21]

우리의 맥락에서 언급할 만한 스탈린 이후의 마지막 변화(체제의 결정적인 변화에 특별히 거대한 희망을 덧붙인 것)는 군대와 경찰 사이에 발생한 위상의 교체, 즉 군대의 갑작스러운 부상 및 특히 경찰 기구의 희생으로 소비에트 위계질서에서 주코프 원수가 부상한 일이다. 이러한 희망에 전혀 근거가 없지는 않았다. 그전까지는 군대가 종속적 역할을 담당했고 권력이나 지위 면에서 경찰 조직과 경쟁할 수 없는 것이 전체주의 정부의 주요한 특징이었기 때문이다. 하지만 희망도 빗나갔다. 전체주의 정부의 또 다른 주요한 특징, 즉 거의 언제든지 권력의 중심으로 이동할 수 있도록 제도화된 기구의 탁월한 유연성을 고려하지 않았기 때문이다. 전체주의 권력 장치의 획일적 성격에 대해 논의하며 잊지 말아야 할 점은 이 용어를 일상의 정치 사안들에서 비일상적 기회주의이자 관직과 제도를 증가시킬 수 있는 훨씬 더 비상한 능력인 이데올로기의 엄격한 일관성에만 적용해야 한다는 사실이다.

더욱이 군대 기구보다 경찰이 부상한 현상은 모든 전제정의 상징이다. 전체주의 체제에서만이 아니라, 후자의 경우에 경찰 권력은 인민을 억압해야 할 필요성에 대해 응답하기보다는 세계 통치에 대한 주장을 정당화한다. 전 지구를 자신들의 미래 영토로 간주하는 이들은 새로이 정복한 영토를 조국과 일치시키고 군대보다는 경찰의 방법과 인력을 이용해

<hr />

21 Paul Landy, "Hungary Since the Revolution", *Problems of Communism*, September-October 1957을 참조하라.

그 지역을 통치하는 데 의기투합할 것이다. 그래서 나치는 외국 영토를 통치하려 할 때, 특히 정복하려 할 때 나치 친위대, 즉 본질상 경찰력을 활용했다. 여기에는 나치 친위대의 지도하에서 경찰과 국방군Wehrmacht[22]을 합병하려는 궁극적 목적이 있었고 이는 군대를 아주 불리하게 했다. 전체주의의 유연성을 고려할 때 정반대의 접근 방식으로도 같은 결과를 얻을 수 있으며, 군대를 경찰에 예속하는 대신 군부대를 경찰과 통합하고 군대를 직접 경찰 부서로 전환할 수 있다는 점을 부인할 수 없다. 그리고 군대의 상급 장교 군단도 경찰을 지휘한다는 사실로 군대의 통합을 위장하고 있다. 당과 당 이데올로기가 주도권을 견지하는 한, 이러한 발전이 반드시 경찰의 통치 방식을 불가능하게 하지는 않는다. 독일에서는 '독일국가방위군Reichswehr'[23]의 강력한 군사적 전통 탓에 그런 일이 불가능했다. 이 강력한 전통은 외부에서만 와해될 수 있었다. 그럼에도 당연히 이와 같은 전통조차 장교 집단이 당 서열에서 독자적으로 선출되지 않고, 그에 따라 경찰 간부 집단보다 당에 덜 의존하고 덜 충성해야만 겨우 살아남을 수 있었다. 러시아에 관한 한, 이는 전적으로 가능하게 보이며 흐루쇼프는 정치 위원들을 교체하는 데 성공할 수 있었다. 이 정치 위원들은 외부에서 군대로 차출되어왔지만 군대 내에서 통제권을 가지고 있었고 당은 이런 역할을 떠맡고자 하는 장교만 찾으면 되었다. 추정컨대 흐루쇼프는 이미 다른 곳에서 실험한 방식을 여기에 똑같이 사용할 계획이었을 것이다. 즉, 군인에 대한 정치적 통제권을 장교에게 넘길 계획이었다. 어쨌든 이런 상황에서 군대와 경찰 사이에 결정적 차이가 존재할 리 없다.

흐루쇼프가 주코프에게 자신의 쿠데타를 지지해달라고 호소했을

---

22 1935~1945년 나치 독일의 육해군 통합 군사 조직이다. (옮긴이)

23 1919~1935년의 바이마르 공화국의 군대로 국방군의 전신이다. (옮긴이)

때, 군대가 경찰보다 우위에 있다는 점은 기정사실이었다. 이는 경찰 제국의 와해에 따른 거의 자동적인 결과 중 하나였으며, 관리 집단을 일시적으로 강화하는 조치보다 훨씬 오래 지속되었다. 이 관리 집단은 특정한 기간에 경찰이 통제하던 경제의 몫을 해체해 다수의 공장, 광산, 부동산을 물려받았다. 동료들보다 이러한 결과를 더 신속하게 파악하고 더욱 단호하게 행동한 것은 흐루쇼프의 기민함을 보여준다. 경제적 양상은 경찰의 해체 후 군대가 당 내부의 갈등을 해결할 유일한 폭력 도구라는 단순한 사실만큼이나 중요하지 않았다. 흐루쇼프는 스탈린이 30년도 전에 비밀경찰과의 관계를 이용한 것과 정확히 같은 방식으로 당내에서 주코프를 활용했다. 그때나 지금이나 국가 내 최고 권력은 당에 속해 있었다. 스탈린이 경찰 기구의 도움으로 당내에서 결정적인 승리를 거두자 곧 경찰 기구를 없앰으로써 자신의 권력을 실현했듯이, 흐루쇼프는 지지율을 위해 바로 직전까지 의존했던 주코프 권력을 주저 없이 박탈했다. 두 사람 모두 권력에 대한 갈망 때문만이 아니라 가장 중요하게는 당의 권력을 복원하기 위해 행동했다. 당의 권력이 일시적으로 너무나 급격하게 흔들려서 이를 구해내기 위해 군대나 경찰과 같은 폭력 기관들을 동원해야만 했을 뿐이다. 그러나 주코프는 권력을 잡은 짧은 시간 동안에도 정치 위원의 간섭에 대한 군 지휘권의 보장 같은 사소한 양보 이상을 결코 이뤄내지 못했다. 이러한 양보는 스탈린이 전쟁 시기, 즉 군사적 고려와 민족주의적 선전을 통해 몇 년 동안 당 이데올로기가 뒷전으로 밀려났을 때 인민에게 한 행동과 불길하게도 유사했다. 우리가 러시아의 발전을 나치 정부와 비교하다 보면 모든 면에서 유사하더라도 히틀러와 스탈린이 전쟁을 정반대 방식으로 다루었음을 간과하기 쉽다. 히틀러는 자신의 목적 달성을 위해 군사적 불이익을 감수하면서까지 독재 정권을 전체주의의 길로 몰아넣으려고 의도적으로 전쟁을 이용했다. 이에 반해 스탈린은 이미 전체주의로 발전한 자신의 통치를 약화시켜 러시아를 군사적 일당 독재체제로 만들었다. 물론 이 전술은 전쟁에서 가장 큰 이점이 있었다. 러시아 인민은 실제로 자신들이 외국인 침략자에 맞서 싸우고 전체주의적 통치에서 해방되기 위해 싸운다고 믿었다.

이 마지막 요점이 결정적이다. 전체주의적 독재가 저절로 군사 독재로 전환되리라는 희망을 구현할 수 있는 것은 거의 없었고 평화의 관점에서 볼 때 이러한 전환이 바람직하리라고 결코 확신할 수 없었다. 하지만 일반 대중이 세계에서 가장 평화를 사랑하고 가장 위험하지 않은 피조물이라는 의견은 지난 40년간 서반구에서는 아주 타당했을지는 몰라도 정의상 침략자에게는 아직 해당하지 않는다. 주코프는 확실히 또 하나의 아이젠하워Dwight Eisenhower가 아니었다. 그의 위상이 높아진 점은 단지 러시아가 전쟁 준비를 하고 있다는 사실을 보여주었을 뿐이다. 이는 스푸트니크호 및 대륙 간 로켓 개발과는 직접적으로 관련이 없다. 이들의 진전은 그러한 정책이 물질적 토대가 부족하지 않음을 보여주기 때문이다. 더 중요한 사항은, 핵전쟁이 전 인류를 파국으로 이끌 것이라는 말렌코프의 1954년 성명이다. 그의 말은 진심이었던 듯하다. 말렌코프가 내놓은 비군사적 산업 발전과 소비재 생산 증가 계획이 자신의 성명과 일치했기 때문이다. 이와 함께 산업 발전과 생산 증가는 말렌코프에게 군대를 지원할 비용을 대주었고 흐루쇼프의 승리를 간접적으로 거들었다. 어쨌든 1년 후 말렌코프가 이미 지도 체제에서 축출되었을 때, 몰로토프Vyacheslav Molotov는 핵전쟁이 제국주의와 자본주의의 종말을 의미할 뿐이지만 공산주의 진영은 이전에 발발한 두 번의 세계 전쟁에서 이득을 보았던 만큼 이번에도 이득을 얻을 것이라고 선언했다.

흐루쇼프는 1956년에 같은 의견을 이미 비공식적으로 표명했으며, 주코프가 실각하기 전인 1957년에 "새로운 세계대전은 오로지 자본주의의 붕괴로만 종결될 뿐이다. …… 자본주의는 남아 있지 않겠지만 그와 반대로 사회주의는 존속할 것이다. 막대한 손실 속에서도 인류는 존속하는 데 그치지 않고 계속 발전할 것이다"라고 공식적으로 확인한 바 있다. 이 발언은 외국인들에게 평화로운 공존에 대해 들려주기 위해 진행하던 인터뷰에서 나왔고, 너무 호전적이어서 흐루쇼프 자신도 "어떤 사람들은 공산주의자들이 사회주의의 승리로 이어질 것이므로 전쟁에 관심이 있는 거라고 생각할 수도 있다"라고 느꼈다.[24] 확실히 이 선언은 러시아가 실제로 전쟁을 개시하겠다는 의미는 아니었다. 전체주의 통치자들 역시 여느 사람들처럼 마음을 바꿀 수 있다. 러시아 지도자들은 승리의 희망과 패배의 공포 사이에서 망설이는 중이었다. 그뿐만 아니라 승리가 자신들을 전 세계에서 이론의 여지 없는 지배자가 되게 할 수 있다는 희망과 너무 막대한 비용을 치른 승리에 지친 자신들이 중국이라는 거대한 권력 거물에 맞서 홀로 남을지 모른다는 두려움 사이에서 망설였으리라는 추측은 너무도 당연하다. 이는 국가 노선에 따라 고려하게 될 사안이다. 모든 게 잘된다면 러시아는 실제로 미국과 협정modus vivendi을 맺는 데 관심을 둘 수 있다.

어쨌든 주코프의 실각은 무엇보다도 흐루쇼프가 마음을 바꾸어 전쟁은 불가능하며 바람직하지 않다고 결정한 데서 비롯된 일일 수 있다. 그러므로 주코프의 실각은 그 근거가 너무 미미해서 우리가 확실히 판단할 수 없을지언정 처음부터 명확한 일이었다. 그럼에도 주코프는 전쟁을 원했던 듯이 보이며, 그러한 이유로 그가 공산주의 용어로 주전론을 뜻하는 "모험주의"로 정당하게 비난받았을 가능성은 있는 듯하다. 흐루쇼프는 한동안 머뭇거리다가 자신의 마지막 주군이자 지도자의 "지혜"를 한

---

24 1957년 10월 10일자 《뉴욕타임스》에 실린 제임스 레스턴James Reston과 흐루쇼프의 인터뷰 전문을 참조하라.

번 더 따르기로 분명히 결정한다. 그의 주군은 늘 국내 정책에서 무자비함을 보이는 만큼 대외 문제에서는 극도로 주의를 기울였다(하지만 확신할 수는 없어도 흐루쇼프 자신이 전쟁 아이디어를 만지작거리고 있었기에 주코프에 대한 비난이 가능했을 수도 있다. 마치 스탈린이 히틀러와 동맹을 준비하고 있을 때, 투하쳅스키Mikhail Tukhachevski[25]가 나치 독일과 음모를 꾸미고 있다고 비난한 것처럼 말이다).

매우 불안하고 혼란스러워 보이는 이러한 가능성은 전체주의 독재의 본성이며, 이 모든 변화는 일시적인 성격을 띠며 그렇게 되리라는 사실을 잊지 말아야 한다. 흐루쇼프의 말을 빌리자면 "생명체에서 한 세포가 죽어 또 다른 세포가 그 자리를 차지해도 생명은 지속된다." 아무튼 우리의 해석은 주코프의 실각 이후 연합국에 대한 완전히 이례적인 평화의 확언이 뒤따랐다는 사실로 뒷받침된다. 이러한 확언은 전쟁광에 대한 저주와 함께 히틀러에 반대하는 전시 연합군이 "전쟁을 고민하는 자에게 저주를! 전쟁을 원하는 자에게 저주를!"이라며 소리친 건배사기도 했다. 건배 제의를 한 흐루쇼프는 명백히 "자본주의와 제국주의 세력"이 아닌 국내의 일반 대중을 마음에 두었다. 이 말 또한 당연히 주의해서 향유해야 한다. 이는 의심할 바 없이 러시아와 위성국에서 정치 선전을 위한 것인데, 그곳에서 주코프의 인기는 어쩌면 그를 전쟁광으로서 비난하게 했을 것이다. 흐루쇼프가 핵전쟁에 대한 전반적인 견해를 바꾸었을 가능성이 거의 없음은 불행히도 확실하다.

이들 사태의 끔찍한 성격 때문에 평화 유지에 대한 우리의 희망은 오랜 기간 근본적으로 개선되어온 러시아와 위성국의 상황이 또 한 번 결

---

25 1930년대 말 스탈린의 대숙청에 희생된 소비에트 연방군의 가장 유능한 총참모장이다. (옮긴이)

정적으로 악화되었다는 사실에 상당 부분 달려 있음이 분명하다. 스탈린 정치의 중심축 중 하나는 공격적인 외교 정책과 자국 내 양보를 결합하는 것이다. 그런가 하면 그와 반대로 평화로운 외교 정책에 대한 보상으로 자국민에게 공격적으로 대해 영원한 혁명의 동력이 결코 떨어지는 일이 없도록 했다. 다른 모든 사안에서 그렇듯이 여기서도 흐루쇼프는 당연히 이미 죽은 자기 주군의 충고를 따랐다.

이 정도만으로도 상황이 몹시 나쁘지만 최악은 아니다. 최악은 이같은 정황에서 핵 시대의 가장 중요한 정치 쟁점인 전쟁 문제가 해결은커녕 합리적으로 제기될 수 없다는 점이다. 비전체주의 세계에서 핵무기를 들고 싸우는 전쟁은 인류 존속, 나아가 모든 지구 생명체의 존속을 위태롭게 할 가능성이 있음은 부인할 수 없는 사실이다. 명백히 이는 정치에서 전쟁이 맡은 역할에 관한 모든 전통적 관념, 자유를 위한 전쟁도 있을 수 있다는 정당화, 외교 문제에서 '최후 수단ultima ratio'으로서 역할을 완전히 진부하게 만든다. 실제로 핵전쟁은 정치를 카를 야스퍼스가 《원자 폭탄과 인류의 미래Die Atombombe und die Zukunft des Menschen》라는 뛰어난 저작에서 밝힌 다양한 측면인 "다른 차원의 공격"으로 진입하게 한다. 그러나 우리에게 실제적인 문제는 전체주의 정신에 필요한 이데올로기 문제다. 여기서 갈등은 의견 차이와 합의 도출에 따르는 어려움이 아니라 사실에 입각한 동의가 훨씬 끔찍할 정도로 불가능하다는 점이다.[26] 전쟁 논의에서 흐루쇼프의 비공식 발언인 "가난한 자는 전쟁에 아랑곳하지 않는다"는 참으로 간담을 서늘하게 한다. 왜냐하면 단순히 어제의 대중적인 진리가 오

---

26 물론 이러한 기본적 차이는 서구 세계의 인민과 전체주의적 통치를 받는 세계의 인민 사이에 벌어지는 대화에서 즉각적으로 발생한다. 레스턴 씨의 인터뷰 및 위에서 언급한 실로네와 아니시모프 사이에 오간 서신 둘 다 전체주의적 사유와 논증이 어떻게 대답을 회피하고 이데올로기적인 담화에서 사실 공개를 관리하는지 보여주는 좋은 본보기다.

늘날의 상황에서 얼토당토않은 위험한 것으로 변모했기 때문이 아니라, 그의 표현들이 아무리 서민적이고 속물적이더라도 그가 단지 공산주의 이데올로기의 폐쇄된 틀 안에서 사고하고 새로운 사실이 파고드는 것을 용납하지 않기 때문이다.

전체주의의 위협을 자본주의와 사회주의 경제 질서 사이의 상대적으로 무해한 갈등이라는 척도로 가늠한 점은 언제나 착오였다. 그리고 전체주의의 허구와 우리가 사는 사실적인 일상 세계 사이의 폭발적 모순을 간과하는 일도 마찬가지다. 그러나 우리에게는 사실 측면에서 변화된 세계를 구성하는 동일한 기술적 발견들이 함께 모여 있고, 이러한 발견을 단순한 수단으로, 즉 사실을 부정하며 거짓으로 만들어진 허구의 세계를 구축하는 추가적인 도구로 진정 받아들이는 사람들에게 이용 가능해질 때 오늘날처럼 위험스럽게 잘못된 적은 없었다. 자유도 인류의 생존도 우리가 알고 있는 자유 시장 경제에 달려 있지 않다. 생존만이 아니라 자유도 전체주의 세계가 사실들을 인지하도록 설득하고 원자력 시대에 세계의 새로운 사실 측면을 받아들이게 하는 성공과 실패에 당연히 달려 있다.

2. 헝가리 혁명

러시아계 한 미국인 비평가는 제20차 전당 대회에서 흐루쇼프가 한 연설이 탈스탈린화의 출발점도 정점도 아니었다고 올바로 지적했다. 오히려 탈스탈린화의 종말이라고 시사했다.[27] 하지만 이 연설은 의심

---

27 니콜라옙스키(각주 12번을 참조하라)는 이용 가능한 모든 정보를 신중히 편

할 여지 없이 폴란드의 반란과 헝가리의 봉기를 초래했다. 스탈린 사후에 발생한 상황을 염두에 두고 생각해볼 때, 이 사건들이 어떻게 가능했는지 의아하지 않을 수 없다. 흐루쇼프의 결정적 연설은 처음부터 명백히 러시아 자국보다는 위성국에서 완전히 다르게 받아들여졌다. 연설자의 의도에 대한 오해는 치명적이었다. 전체주의적 사유를 매우 기이하게 행해온 소비에트 연방 인민과 비교해볼 때, 위성국 인민의 사유 방식에는 여전히 다른 점이 있었고 이 오해는 그 차이를 드러냈다.

　　전당 대회 연설에 내재한 불길한 모호성은 자유세계의 일반 독자들과 같은 방식으로 이 연설을 이해한 위성국 독자들에게서 확실히 사라졌다. 이 소박한 독해는 엄청난 안도감을 줄 수밖에 없었다. 처음으로 소비에트 세계의 지도자는 인간의 삶에서 일상적인 슬픈 사건, 가령 질환, 광기, 범죄가 정치에 슬금슬금 들어와 국민에게 큰 위해를 끼치는 것에 대해 정상적인 인간들처럼 이야기했다. 마르크스주의의 어법과 변증법적 유물론의 역사적 필연성은 정상인들의 부재로 두드러졌다. 이것이 "제대로 된 이해"였다면, 이 연설은 특별한 전환점을 시사했을 것이다. 즉, 사회주의 또는 독재와의 단절을 명확히 의미하지는 않을지라도 전체주의 운동과 통치 방식과의 의식적 단절 이상을 의미했다. 갈등을 종식하지는 못하더라도 두 세계 권력 사이에 존재하던 해롭고 깊은 간극의 균열은 아마도 치유할 수 있었을 것이다. 흐루쇼프가 스탈린 체제에 반대한다고 표명하면서 그 체제에 대한 자유세계의 주요 비난, 즉 스탈린 체제는 공산주의 정부가 아니라 비민주적이고 위헌적으로 통치하고 법을 통한 권력의 제한이 전혀 없는 범죄에 찌든 정부라는 비난을 확인했기 때문이다. 이제 남은 유일한 문제는 소비에트 연방이 사회주의 경제를 운용하고 미국이

집하고 분석해 이 의견을 지지한다.

202

자유 시장 경제를 운용한다면 두 강대국이 각각 자기 우방과 더불어 세계 정치의 모든 문제를 성실하고 평화롭게 협력하면서 공존하지 못할 이유가 없다는 점이다.

온 세상이 흐루쇼프의 비밀 연설을 《뉴욕 타임스The New York Times》에서 보고 알게 되기까지 몇 달이 지났다. 또한 이 연설은 미국을 우회해서야 겨우 위성국에도 도달했다. 그 즉각적인 결과는 전례가 없는 것이었다. 폴란드와 헝가리에서 일어난 공개적인 반란은 스탈린 사후 그의 이름이 조용하지만 가장 효율적으로 공적 삶에서 사라진 이후 수년 동안 일어난 적이 없었다. 그리고 헝가리의 라코시 마차시Rákosi Mátyás[28]와 같은 다수의 노련한 스탈린주의자들이 권좌에서 물러났고 그 후 몇 년 동안 이들 중 일부가 복권되고 경찰의 통제가 다시 강화되었다. 첫 번째 요지는 인민이 개방적이고 명확하게 표현된 말로만 깨어났고, 관찰자가 아무리 말해주었더라도 조용한 책략으로는 아니었으며, 아무리 모호해도 이들의 선동적인 힘을 바꿀 수는 없다는 점이다. 다분히 화자의 의도와 정반대로, 전체주의적 공포와 이데올로기가 이들이 통치하는 인민의 마음에 드리운 무력한 냉담의 치명적 마력을 깨뜨리는 데 성공한 것은 행위가 아니라 사탕발림의 말이었다.

그러나 모든 곳에서 이런 일이 일어나지는 않았다. 너지나 고무우카 같은 일부 옛 공산주의자들이 스탈린의 세심한 기획 숙청(스탈린은 당에서 단순한 대리인이 아닌 그 모두를 제거하려 했다)에서 기적적으로 살아남은 국가들에서만 그런 일이 일어났다. 초창기에 폴란드와 헝가리의 발전은 매우 유사했다. 두 나라 모두에서 당 내부 분열이 실제 공산주의자

---

28 헝가리의 공산당 지도자로 1945~1956년에 헝가리를 통치했다. 철저한 스탈린주의자로 모스크바의 지령에 철두철미했다. (옮긴이)

와 "모스크바파" 사이에서 발생했으며 민족 전통, 종교의 자유, 학생들의 격렬한 불만을 강조하는 등 일반적인 분위기도 비슷했다. 헝가리에서 일어난 일이 폴란드에서는 일어나지 않은 것은 우연이며, 그 반대도 마찬가지라고 말하고 싶어 하는 사람이 있을 듯하다. 그러나 사실상 폴란드 인민의 눈앞에 헝가리의 비극적 운명을 보여줌으로써 고무우카는 초창기에 반란을 저지하는 데 성공했고 폴란드 인민도 집단행동에서 오는 힘의 짜릿한 경험을 놓쳤다. 결국 이들은 국민이 자유의 깃발을 훤히 보이게 펼칠 때 무슨 일이 일어나는지를 모르게 되었다.

기억해야 할 세 번째 사실은 두 나라의 반란이 지식인과 대학생 그리고 일반적으로 젊은 세대에서 시작되었다는 점이다. 이들은 체제에서 물질적 행복과 이데올로기적 세뇌를 중점적으로 진행하던 인구 계층 중 하나였다. 공산주의 사회의 비특권층이 아닌 초특권층이 주도권을 쥐었으며, 이들의 동기는 자신의 고통이나 동료 시민의 물질적 고통이 아니라 전적으로 '자유'와 '진리'를 향한 동경이었다.[29] 이는 자유세계에는 훈훈했지만 그만큼 모스크바에는 무례한 교훈이 분명했다. 물질적, 사회적 특권 형태의 뇌물이 어디에서나 반드시 작동하지는 않는다는 사실을 보여주었기 때문이다. 우리 세기에 특히나 교육받은 계층, 지식인, 작가, 예술가는 뇌물에 개방적이고 온갖 종류의 말도 안 되는 소리에 순응하는 모습을 보여주었지만, 여전히 우리 시대의 정치에서 각자의 전문 직업에 적

---

29 참으로 경이로운 유엔의 《헝가리 문제에 대한 특별 위원회 보고서 *Report of the Special Committee on the Problem of Hungary*》는 젊은 여학생의 말을 다음과 같이 인용한다. "비록 빵과 여타 생필품이 부족한 상태일지라도 우리는 자유를 원했다. 우리, 그러니까 젊은이들은 거짓말 속에서 자랐기에 특히 더 구속받았다. 계속해서 우리는 거짓말을 해야만 했다. 모든 것이 우리 안에서 진절머리가 났기에 건강하게 사고할 수 없었다. 우리는 사상의 자유를 원했다."

합한 역할을 계속 맡을 수 있다는 사실도 보여주었다. 동유럽에서 자유와 진리에 대해 단순하면서도 분명하게 이야기해온 목소리는 인간 본성이 변할 수 없으며, 허무주의는 무용하고, 심지어 모든 가르침의 부재와 끊임없는 세뇌의 압박에도 자유와 진리에 대한 열망은 인간의 마음에서 영원히 떠오를 거라는 궁극적인 확인처럼 들렸다.

불행히도 이 결론에는 단서가 붙는다. 첫째, 반란은 전체주의 통치 경험이 상당히 짧은 국가들에서 일어났다. 위성국에서 행해지는 독재는 사실 겨우 1949년경에야 전체주의가 되었으며 이들의 볼셰비키화 과정은 스탈린의 사망과 이에 뒤따른 "해빙기" 무렵인 1953년에 중단되었다. 승계 투쟁으로 파벌들이 형성되었고 논란이 불가피해졌다. 자유를 향한 아우성은 이 같은 당 내부 논란의 분위기에서 태동했다. 1920년대 공산주의 운동의 언어로 표현하면, 이들 당사자는 당 내부 민주주의의 재건에 관심을 기울였다. 하지만 당 내부에서 공산주의자가 되는 첫 번째 혁명 단계는 러시아 본토가 아니라 최근에 점령된 신생 국가들에서만 목격되었다. 새로운 당 노선에 대한 올바른 은유인 "해빙"이라는 표현은 한 러시아 작가에게서 유래한 듯하나, 일리야 에렌부르크Ilya Ehrenburg[30]는 오히려 러시아 인텔리겐치아라기보다는 "신들은 실패했다"라는 전형적인 서구의 문학 유형에 오히려 더 가깝다. 그는 파리 레프트 뱅크Left Bank[31]의 식당들을 들락거리던 오래된 보헤미안이자 '아비튀에habitué, 단골'로서 "해빙"이라는 용어를 새롭게 만들었을 무렵 그릇된 희망을 키웠을 수도 있다. 아무튼 두딘체프Vladimir Dudintsev의 소설《빵만으로는 살 수 없다Not by Bread Alone》(1956)는 아마도 앞에서 언급한 고무된 "자기비판"의 산물일 것

---

30 유대계 러시아 작가다. (옮긴이)

31 파리 센강 남쪽으로 지성인과 예술가들이 모여 살았다. (옮긴이)

이다. 이 소설은 전혀 자유에 관해서가 아니고 재능 있는 사람에게 경력을 열어주는 이야기다. 러시아 지식인 중 반란에 대해 전적으로 말할 수 있는 한, 이에 대한 증거가 극히 드물다는 점에서 자유에 대한 권리보다도 사실적 진리를 알고자 하는 권리를 향한 동경이 커 보인다. 이러한 사례는 두딘체프가 초기 나치 침공에 대해 쓴 소설에서도 나온다. 그는 참호에서 독일 비행기와 러시아 비행기가 전투를 벌이는 장면을 지켜보고 있었는데, 독일제 항공기 메서슈미트Messerschmitt가 수적으로 열세였는데도 승리를 거두었다. "나는 늘 우리 비행기가 가장 빠르고 가장 좋다고 들었던 터라 내 안에서 뭔가가 뚝 끊어지는 것 같았다." 여기서 두딘체프는 전체주의의 허구가 사실의 무게에 짓눌려 무너지는 긴 순간을 이야기한다. 현실의 경험은 당이 주장하는 "역사적 진리", 즉 "우리 비행기가 가장 빠르고 가장 좋다"라는 문장으로 더는 억압될 수 없었다. 이 문장은 불가피한 역사 발전 과정에서 우리는 아마도 항공 분야에서 우리와 경쟁할 수 있는 모든 비행기를 파괴한 다음에야 가장 빠르고 가장 좋은 비행기를 가지게 될 거라는 의미다.

파스테르나크Boris Pasternak의 사례는 사뭇 다르다. 그는 혁명 초기의 유일한 대작가라는 점에서 특별하다. 기적적이라 할 만큼 그는 무너지지 않았으며 그의 시심poetic substance은 파괴되지 않았다. 수십 년 동안 침묵을 지키는 데 필요한 믿기지 않는 힘을 발견했기 때문이다. 파스테르나크는 "오웰의《1984》는 단지 악몽일 뿐"이라는 희망을 지탱해주는 유일하게 빛나고 살아 있는 기둥이다. 또한 이러한 희망은 전체주의 체제에서 시인이 공적으로 어떤 모습을 보여야 하는지를 명백히 보여주는 특별한 일화를 제공한다. 들리는 바로는, 파스테르나크가 모스크바에서 낭독회를 열겠다고 발표했는데, 지난 몇 년 동안 셰익스피어와 괴테를 러시아어로 소개한 번역자로만 이름을 알렸을 뿐 침묵으로 일관했는데도 인파가 구름 떼처럼 몰려들었다고 한다. 그는 자기가 쓴 시들을 낭송했고 이어서 옛 시를 낭송했는데, 손에서 그만 시를 적은 종이가 빠져나갔다. "그러자 강연장에서 어떤 목소리가 들려왔는데 그 시를 기억하고 있는 사람이 이어 암송하기 시작했다. 강연장 구석구석에서 다른 목소리들이 함께했다. 시 낭송은 중단 없이 합창으로 끝났다."[32] 이 사례는 러시아에서 아직 전체주의적 통치가 승리하지 못했을 때를 말해주는, 내가 아는 유일한 일화이며 의심할 나위 없이 대단히 의미 있는 사건이었다. 하지만 위성국의 반란 시기인 1950년대가 아닌 1946년에, 그러니까 러시아 해방 투쟁으로 인해 강제로 실현된 인민의 더 위대한 자유가 아직 허공을 맴돌 때 나온 사례이다. 스탈린의 지배에 저항하는 반동에 대해서는 아직 논의할 수 없었지만 말이다.

　이러한 이야기에 비추어볼 때, 특히 그 이야기가 최근의 사건들을 견뎌내는 시기에 우리가 구체적으로 전체주의 멘탈리티를 생성하는 전체적 통치의 효과를 의심하고 과소평가하려는 유혹에 저절로 빠지지는 않을까 두렵다. 어쨌든 우리가 경험한 전체주의의 조건이 확고하게 자리를 잡게 되면 자유를 향한 자발적인 인간의 충동보다 사실적 실재가 훨씬 더 위험하다는 사실을 보여준다. 우리는 이 사실을 전쟁 직후 스탈린 체제가 예상치 못한 사실적 실재에 노출된 러시아 주둔군의 귀환병들을 일제히 수용소로 추방했을 때 알았다. 그리고 히틀러의 패배 이후 신기하게도 독일에서 나치 이데올로기가 완전히 무너진 사실에서도 알 수 있었다. 히틀러의 패배는 일반적인 생각과 달리 "독일인의 성품 결여"와 관련이 적고 본질상 허구적인 세계의 극적인 붕괴의 결과였다.

32　프랑스 주간지 《렉스프레스 *L'Express*》의 1958년 6월 26일자에 레옹 레느망 Léon Leneman이 보고한 것이다.

인간의 다른 모든 경험과 마찬가지로, 사실적 실재의 충격은 경험의 순간을 견디려면 말이 필요할 테고, 자신을 확실히 유지하기 위해 타자들과 소통이 필요할 듯하다. 전체적 통치는 정상적 소통 채널을 방해하고 파괴하는 데 성공하는 만큼 성공할 것이다. 정상적인 소통 채널은 민주주의에서 언론과 의견의 자유로 보호받는 공적 채널 못지않게 사면으로 둘러싸인 사적인 공간에 있는 개인 간 채널도 해당한다. 독방 감금과 고문이라는 극단적인 상황을 제외하고 모든 사람을 단절시키는 이 과정이 성공할지는 말하기 어렵다. 여하튼 이런 과정은 시간이 걸리며 위성국에서 완전한 지배를 위해 사람들을 준비시키는 데 많은 것이 필요하리라는 점은 분명하다. 외부에서 벌어지는 공포 정치가 내부의 이데올로기적 강제(여론 조작용 공개 재판의 자기 비난에서 소름 끼치도록 명백하게 드러나는 것이 바로 이러한 강제다)를 통해 보완되고 뒷받침되지 않는 한, 기본적인 사실 수준에서 진실과 거짓을 구분할 인민의 능력은 손상되지 않은 채로 남아 있다. 이것이 사실인 한 억압은 있는 그대로 느껴지고 반란은 자유의 이름으로 일어날 것이다.[33]

33 헝가리에서 체제 붕괴는 라슬로 러이크가 여론 조작용 공개 재판을 준비하는 논의를 공개함으로써 자기 비난의 동기와 기법에 대한 또 다른 아름다운 사례를 제시했다. 이 연설은 카다르가 라코시의 지시에 따라 감옥에서 한 짧은 연설이다. 아마도 라코시는 훗날 카다르에 대한 공개 재판에서 사용하려고 비밀리에 녹음했을 것이다. 이 녹음은 라코시가 축출된 중앙 위원회 회의에서 재생되었다. 이때 동료들이 들은 내용은 다음과 같다. "친애하는 러치, 저는 라코시 동지를 대신해 당신을 만나러 왔습니다. 그가 당신한테 이 상황을 설명해주라고 요청했습니다. 물론 우리는 당신이 결백하다는 사실을 알고 있습니다. 하지만 라코시 동지는 당신이 이해하리라 믿습니다. 정말 훌륭한 동지들만이 이러한 역할에 선택됩니다. 그는 당신에게 이렇게 함으로써 당신이 공산주의 운동에 역사적으로 기여하게 되리라는 사실을 말해주라고 부탁했습니다"(E. M., "János Kádár: A Profile", *Problems of Communism*, September-October 1957, p. 16). 그 무엇도 이처럼 심각한 아부와 이데올로기적인 호소의 결합을 넘어설 수 없을 것이다.

헝가리 민중은 노소를 불문하고 자신들이 "거짓말에 둘러싸여 살아간다"라는 사실을 알았으며, 만장일치로 모든 선언문에서 러시아 인텔리겐치아들이 꿈꾸는 방식조차 잊어버린 무엇, 즉 사상의 자유를 요구했다. 승계 위기 당시 이들의 말을 근거로 판단해볼 때, 그리고 거의 어떤 것에도 의지할 데 없었던 일반적인 판단으로 볼 때 사상의 자유에 이들은 그랬다. 정치 경찰AVH[34]의 서열 밖에 있는 누구라도 체제를 위해 최소한이라도 노력을 기울이도록 준비될 때까지는, 지식인들 사이에 반란을 일으킨 사상의 자유에 대한 동일한 관심이 반란을 들풀처럼 번져가는 혁명으로 변화시켰다고 결론짓는 것은 아마도 오류일 듯하다. 혁명이 주로 당 내부의 문제, 즉 "사이비" 공산주의자에 반한 "진정한" 공산주의자의 반동이라고 결론짓는 것도 이와 유사한 오류다. 바로 공산당원들이 본디 혁명을 촉발했기 때문이다. 사실은 완전히 다른 언어로 말한다. 무엇이 사실인가?

무장하지 않았고 원래부터 무해한 수천 명의 학생 시위대가 자발적이면서도 갑자기 거대한 군중으로 변모했다. 군중은 부다페스트 광장의 스탈린 동상을 무너뜨리고 제거하는 일을 떠맡았는데, 이는 학생 측의 요구 사항 중 하나였다. 이튿날 일부 학생들은 자신들의 16개 조항 성명서를 방송해달라고 설득하기 위해 헝가리 라디오 방송국 건물Radio Building로 갔다. 다시금 어디서 왔는지 알 수 없는 대규모 군중이 갑자기 모여들었으며, 방송국 건물을 지키고 있던 AVH가 총성을 몇 발 울려 군중을 해산시키려 하자 혁명이 발발했다. 대중은 경찰을 공격해 처음으로 무기를 확보했다. 이런 상황을 알게 된 노동자들도 공장을 떠나 군중에 합류했

---

34 헝가리어로 Államvédelmi Hatóság의 약자이며 영어로는 'The State Protection Authority'를 의미한다. (옮긴이)

다. 무장 경찰을 지원하기 위해 소집된 군대는 혁명의 편에 서서 민중을 무장시켰다. 학생 시위에서 시작된 일이 24시간 안에 무장 폭동으로 바뀐 셈이다.

이 순간부터 어떤 프로그램이나 의견 또는 성명서도 제 역할을 하지 못했다. 혁명을 이끌어낸 요소는 순전히 함께 행동한 전 민중의 기세였다. 러시아 군대는 그 영토를 즉시 떠나야 하며 자유 선거로 새로운 정부를 결정해야 한다는 이들의 요구는 모두에게 너무도 명백해서 정교하게 정식화할 필요가 거의 없었다. 문제는 사상 및 언론의 자유, 집회의 자유, 행동하고 투표할 자유 등 다양한 자유에 어떻게 접근해야 하는지가 아니라, 이미 기정사실이 된 자유를 어떻게 안정시킬 것이며 이를 위한 올바른 정치 제도를 어떻게 발견하느냐였다. 러시아 군대(처음에 이미 헝가리에 주둔하고 있었고 그다음에는 전투 준비가 된 러시아 정규 군단이 헝가리를 공격했다)의 개입을 제쳐놓고는 그 어떤 혁명도 그렇게 빨리, 그렇게 완전하게, 그러면서도 거의 피를 흘리지 않고서 목적을 달성할 수 없다고 말할 수 있다.[35] 헝가리 혁명에서 놀라운 점은 이 혁명이 내란으로 이어지지 않았다는 사실이다. 헝가리 군대는 몇 시간 만에 해산했으며 헝가리 정부는 며칠 만에 해산했다. 민중이 자신의 의지를 알리고 시장터에서 목소리가 울려 퍼졌지만 이에 반대하려 한 집단이나 계급은 헝가리를 통틀어서 그 어디에도 없었다. 마지막까지 독재 정부에 충성한 AVH의 전체 구성원도 특정한 집단이나 계급을 형성하지 않았다. AVH는 범죄분자, 전 나치 공작원 또는 헝가리 파시스트 정당의 고도로 타협적인 당원들, 즉

---

35 폴란드의 석간신문 《노바 쿨투라Nowa Kultura》 특파원의 추산에 따르면, 부다페스트의 혁명 희생자 수는 약 80명이라고 한다. 시튼-왓슨(전체 인용은 각주 8번을 참조하라), p. 24를 보라.

모스크바 공작원으로 구성된 고위직, 러시아 시민권을 지니고 내무인민위원회의 명령을 수행하는 헝가리인들로 구성된 조직이었는데도 말이다.

당, 군대, 관공서로 이루어진 국가 전체 권력 구조의 신속한 와해와 그 뒤로 이어진 사건의 전개 과정에서 내부 불화가 없었던 점은 이 폭동을 분명 공산주의자들이 시작했다는 사실을 고려할 때 더더욱 놀랍다. 그들은 급속도로 유일한 주도권을 상실했지만, 바로 그러한 이유로 단 한 순간도 민중의 분노나 복수의 대상이 되지 않았다. 그들은 권력이 자신의 손아귀에서 빠져나가는 모습을 보면서도 민중에게 등을 돌리지 않았다. 당파 투쟁과 이념 논쟁도 완전히 부재하고 광신주의도 전혀 존재하지 않았는데, 이는 어쩌면 독재 정권 자체보다 이데올로기적 상부 구조가 훨씬 더 빨리 붕괴했기 때문일 수도 있다. 형제애(여기서 이 단어는 프랑스 혁명의 '형제애fraternité' 의미로 이해해야 한다)의 일반적 분위기는 첫 번째 거리 시위와 함께 시작되어 쓰라린 최후까지, 사실은 그 최후 넘어서까지 지속되었고,[36] 이러한 분위기 속에서 공산주의뿐만 아니라 당의 모든 이데올로기와 슬로건은 녹아 없어진 것처럼 보였다. 그래서 지식인과 노동자, 공산주의자와 비공산주의자 등 모든 사람이 자유라는 공동 목표를 위해 함께 싸울 수 있었다. 이 같은 이데올로기 붕괴가 초래한 한 가지는 혁명의 실재 자체였고, 이러한 돌연한 변화는 히틀러 체제의 갑작스러운 붕괴가 부정적 의미에서 독일 국민의 마음에 영향을 미쳤듯이 헝가리 국민의 마음에도 거의 같은 영향을 미쳤다(혁명의 실재가 촉발한 이 극적인 이데올로기의 붕괴가 민중을 "재교육하기 위해" 또 다른 사건에 이어서 다시금 누군

36　이러한 양상이 특히 충격적인 순간은 "페퇴피Petöfi 육군사관학교 생도 800명"이 봉기에 즉각 가담했다는 소식이 자세히 전해졌을 때다. "이들 생도 대다수는 고위 정부 관료 및 공산당 간부와 AVH 요원들의 자제였다. 이들은 사관학교 내부 생활에서 특권을 누렸으며 다년간 세뇌 과정을 거쳤다"(유엔《보고서》).

가에게 발생해야 한다면 이는 반드시 기억되어야 할 것이다. 외부에서 주어진 이러한 교훈은 그 사건이 만들어낸 동일한 수준의 충격에는 결코 이르지 못한다. 따라서 이는 전체적으로 원하는 목표를 얻지 못하거나 혁명의 실재를 통해 얻은 교훈의 충격을 심각하게 손상할 수도 있을 것이다).

　이들 양상이 중요하기는 해도 그것들은 혁명 자체보다 헝가리 혁명이 반대한 체제의 본성에 대해 우리에게 더 많은 이야기를 들려준다. 긍정적 의미에서, 이 폭동에서 주목할 특징은 민중의 행동이 어떤 지도자 혹은 이전에 형성된 어떤 프로그램 없이도 혼란이나 무정부 상태를 빚지 않았다는 점이다. 어떠한 약탈도, 어떠한 재산 침해도 군중에게서 보이지 않았다. 당시 민중의 생활은 비참한 상황이어서 상품을 절실히 갈구했는데도 그랬다. 생명을 해치는 어떤 범죄 또한 없었다. 민중이 직접 행동을 취하고 고위 AVH 장교를 공개 처형한 곳의 몇몇 사례에서 자신들의 수중에 들어온 모든 사람을 처형하기보다는 정의롭게 행동하면서 차별화하려고 노력했기 때문이다. 린치나 군중의 통치를 예상했으나 그 대신 노동자와 군대에서 조직한 혁명 평의회가 첫 번째 무장 시위와 더불어 거의 동시에 즉각 등장했다. 지난 100년을 거치는 동안 이런 조직은 민중이 며칠, 몇 주 또는 몇 달 동안 정당이 떠먹이거나 정부가 조정하는 대신 자신의 정치 기구를 따르는 게 허용될 때마다 역사적으로 전례 없는 규칙성을 보이며 등장했다.

　역사적으로 우리는 1848년에 유럽을 휩쓴 혁명에서 이러한 평의회를 처음으로 만났다. 우리는 다시금 1871년의 파리 코뮌과 1905년 제1차 러시아 혁명에서 이들과 조우했다. 하지만 평의회는 1917년 러시아 10월 혁명에 이르러서야 명확히 완전한 세력을 갖춘 채 등장했으며, 독일과 오스트리아에서는 1918년과 1919년 전후 혁명에 등장했다. 헤겔과 함께 "세계의 역사는 최종 항소 법원"이라고 믿는 사람들에게 평의회 체제는 당연히 종지부를 찍었다. 즉, 이 조직은 매번 패배했으나 결코 "반혁명" 탓에 패배하지는 않았다. 볼셰비키 체제는 레닌 집권 시기에 '소비에트'라 불린 평의회를 폐지했고, 자신의 '반소비에트' 체제를 위해 이름을 도용함으로써 인기를 입증했다. 사실 헝가리 혁명에서 벌어진 사건들을 이해하려면 이그나치오 실로네Ignazio Silone[37]가 1956년 겨울에 사건에 관해 쓴 탁월한 기사에서 말했듯이, "맨 먼저 우리의 언어를 정돈해야" 하며 "소비에트는 1920년에 일찍 러시아에서 사라졌다"라는 점을 깨달아야 한다. 러시아 군대는 "소비에트" 군대가 아니며 "[1957년 초] 세계에 존재한 유일한 소비에트는 헝가리 혁명 위원회다."[38] 어쩌면 러시아 군대는 바로 그 이유로 아주 신속하면서도 무자비하게 대응했을 것이다. 헝가리 혁명은 그 무엇도 복구하려 하지 않았으며 결코 "반동적"이지 않았기 때문이다. 하지만 원래 '소비에트' 체제인 10월 혁명 때 존재했고 크론시타트 반란에서 볼셰비키당에 짓밟힌 평의회 체제는 헝가리 혁명에서 역사의 무대로 다시 진입했다. 오늘날 러시아의 전체주의 통치자들은 어떤 국가에서 등장하든지 상관없이 다른 어떤 것보다 이 "인민 권력의 기본적이고 즉흥적인 형태"(실로네, 같은 책)를 두려워한다고 할 수 있다. 최근 유고슬라비아에는 평의회 체제나 자유노동자 평의회가 존재하지 않는다. 하지만 티토가 종종 언어를 사용하고 평의회 개념을 여전히 간직한 채 활동한다는 바로 그 사실은, 아마도 러시아 통치자들을 두렵게 하기에 충분할 것이다. 하지만 볼셰비키만이 유일하게 이러한 두려움을 느끼는 것은 아니다. 평의회 체제를 조금이라도 이해하는 곳이라면 어디에서나 우파

---

37 이탈리아의 소설가이자 정치지도자다. (옮긴이)

38 "After Hungary", *The New Leader*, January 21, 1957, p. 15. 내가 알고 있는 한, 헝가리 혁명의 핵심을 짚은 유일한 작가 실로네가 자신이 쓴 기사에서 한 말이다.

에서 좌파에 이르기까지 모든 정당이 공유하는 바다. 그래서 독일에서도 다시 평의회 체제를 없앤 것은 "반동"이 아니라 독일 사회민주당이었다. 그리고 만약 사회민주당이 그렇게 하지 않고 공산주의자들이 권력을 잡았다면 공산주의자들도 분명히 그렇게 했을 것이다.

헝가리 평의회 체제는 초기 혁명의 경우보다 훨씬 분명하게 "사회주의 토대에 입각한 헝가리 경제를 재조직하고 질서를 복구하면서도 경직된 당의 통제나 공포 장치가 부재한 첫 번째 실무 단계"를 대표했다.[39] 그리하여 평의회는 정치적 과제와 경제적 과제 모두를 떠맡았다. 이들 간의 분리가 제도적이면서 모호하지 않다고 믿는 것은 잘못이지만 우리는 혁명 평의회가 주로 정치적 기능을 수행한 반면, 노동자 평의회는 경제 활동을 담당한다고 가정할 수 있다. 다음에서 우리는 혁명 평의회와 정치적 양상만 다루겠다. 이 평의회에 맡겨진 당면 과제는 혼란을 막고 범죄 요소가 우위를 점하는 것을 막는 일이며, 그런 면에서 아주 성공적이었다. 정치 현안과는 매우 다른 법칙에 예속된 경제 현안이 평의회를 통해 다뤄질 수 있는지, 달리 말해 노동자들이 소유권을 가지고 공장을 운영하는 것이 가능한지의 질문은 미해결 상태로 두어야 할 것이다.

사실 평등과 자치라는 정치적 원칙이 경제 영역에 적용될 수 있을지는 매우 회의적이다. 고대 세계의 정치사상에서 경제적 사안은 생명 유지에 필요한 것, 즉 필연성에 매여 있었다. 가계든 국가든 경제는 다만 주인과 노예 체제에서만 유지되고 번영할 수 있었으며, 이런 이유로 폴리스, 즉 정치 영역에서 어떤 역할도 맡을 수 없다는 고대의 믿음이 그렇게 잘못되었다고 할 수는 없다. 여기서 정부의 원리는 인간적 삶이 종속되는 필연성에 상응한다. 인간의 삶은 생물학적 삶이어서다. 인간은 그저 살아

39 이 인용구는 유엔《보고서》에 실린 평가다.

있는 존재가 아닌 정치적 존재이기에 자유롭고, 정치적 존재인 한에서만 자유롭다. 그래서 자유와 평등은 삶을 유지하는 이해관계가 충족되었던 장소, 즉 오직 고대 세계의 가계와 노예 경제 밖에서, 우리 시대의 직업과 임금 밖에서 시작한다. 그러므로 정치적 원리로서 자유와 평등은 인간으로서 모든 인간이 평등하다는 초월적 권위를 통해 결정되지 않으며, 언젠가 모든 인간을 이 세계에서 평등하게 데려갈 죽음처럼 일반적인 인간 운명으로도 결정되지 않는다고 주장하는 것이 중요하다. 차라리 이 같은 정치적 원리는 본질적으로 세속적 원리이며 인간이 함께하는 것, 즉 공동생활과 연합 행위에서 직접 자라난다. 경제는 정치 또는 자유와 관계없으므로 평등을 염두에 두고 다스릴 수 없다는 고대의 견해는 (부정적일지라도) 근대에 들어와 어느 정도 지지를 받는다. 역사를 주로 경제력의 결과라고 믿은 사람들은 인간이 자유롭지 않으며 역사를 시간에 따른 필연성의 발전이라고 확신하기에 이르렀다.

어떤 상황이 되었든지, 비록 혁명 평의회와 노동자 평의회가 함께 등장했을지라도 이 두 평의회는 분리되어 존재하는 편이 더 낫다. 전자는 주로 (특히 헝가리 혁명의 경우에) 정치적 전제정에 대한 대답이고, 후자는 노동조합에 대한 대응이었기 때문이다. 이때 노동조합은 노동자와 이들의 이해를 대변하지 않고 오히려 노동자를 억압하는 정당과 그 정당의 이해를 대변했다. 전체 국가에서 새롭고 자유로운 총선거에 대한 요구는 우리가 이러한 역사 어디에서 만나는 모든 평의회 프로그램의 핵심 부분이었다. 그 반면에, 다당제 체제를 복원하라는 헝가리의 요구는 평의회 체제의 특징이라기보다 일당 독재 이전의 모든 정당에 대한 부끄러운 억압과 폐쇄에 대한 헝가리 민중의 거의 자발적인 반응이다.

평의회 체제를 이해하려면 이 체제가 정당 제도만큼이나 오래되었다는 사실을 기억하는 편이 좋다. 평의회 체제는 정당과 더불어 나타났고, 정당을 통해 반복적으로 파괴되었다. 오늘날 평의회는 정당 체제의 유일한 대안, 즉 근대 민주 정부의 유일한 대안이다. 평의회는 반의회적인 제도가 아니다. 다만 인민을 대신하는 또 다른 형태를 제시할 뿐이다. 하지만 평의회는 본래 반정당적이다. 다시 말해 평의회는 한편으로 계급 이해에 따라 결정되는 대의제에 반대하고, 다른 한편으로 이데올로기나 '세계관'에 반대하는 정향을 보인다. 역사적으로 정당 체제는 의회에서 유래한 반면, 평의회는 공동 행위와 이 행위에서 유래한 인민의 자발적 요구에서 전적으로 탄생했다. 평의회는 이데올로기에서 추론되지도 않았고, 최상의 정부 형태를 다룬 어떤 정치 이론으로 예견되지도 않았다. 평의회가 나타났다 하면 어디에서나 극우에서 극좌에 이르기까지 당 관료들의 극심한 적대감과 만장일치의 침묵, 정치학자와 정치 이론가들의 완전한 무관심에 직면했다. 평의회 체제의 정신은 진정으로 민주적이라는 점에는 의심의 여지가 없지만 어떤 의미에서는 이전에 결코 본 적도, 생각해본 적도 없는 제도다. 더욱더 독특한 점은 이 체제가 민중이 목소리를 낼 때마다 이 체제를 제안하는 별난 고집이다. 여기에는 행위에서 직접적으로 흘러나오는 진정한 자발성이 있으며, 이 자발성은 행위 외부의 이해관계나 이론의 영향을 받지 않는다.

　이제 우리는 근대라는 조건 아래에서 민주 정부를 위한 두 가지 대안을 알고 있다. 첫째는 지난 100년 동안 승리를 거둔 정당 체제이고 둘째는 같은 기간에 반복해서 완패한 평의회 체제다. 여러 측면에서 이 둘은 서로에 대해 가장 첨예한 반대 입장에 서 있다. 그러므로 평의회에 선출된 사람들은 직접 선거를 통해 상향식으로 선출되는 반면, 정당은 하향식으로 후보자를 유권자에게 추천한다. 즉, 유권자들에게 다양한 사람 중에 선택하거나 후보자 명부를 받아들이라고 강요한다. 대표를 선정하는 방식이 완전히 다른 셈이다. 정당의 후보 지명은 해당 정당의 강령이

나 이데올로기에 따라 결정되며 그에 따라 후보자의 적합성을 평가한다. 다른 한편, 평의회 체제의 후보는 인간적 정직성, 용기, 판단력에 대한 충분한 확신을 심어주어야 한다. 여기서 후보자는 누군가가 모든 정치 현안에서 자신을 대표하도록 위임하는 것이다. 일단 선출되면 대표는 자신의 인격적 자질에 대한 이런 신뢰를 정당화할 의무 외에는 다른 무엇에서도 구속되지 않는다. 대표의 자긍심은 정당 기구나 "정부가 아닌 노동자가 선출했다는 데서"[40] 나온다.

일단 위임받은 사람들이 선출되면 그 사람들의 집단은 당연히 일종의 "정당" 형성으로 이어져서 의견 차이들을 전개해나간다. 하지만 평의회 내에서 같은 의견을 견지하는 이들 집단은 엄격하게 말해서 정당이 아니다. 이들 집단은 원래 의회 정당이 발전한 파벌을 구성한다. 그러나 후보자의 선출이 특정 파벌에 대한 지지가 아니라 자신의 관점을 제시할 수 있는 후보자의 개인적인 설득력에 달려 있는 한, 정당이 반드시 그러한 파벌에서 발전할 필요는 없다. 바꾸어 말하면 선거가 개인의 자질에 계속 의존하는 한 말이다. 이는 평의회가 당파를 대표하는 게 아니라 당파를 통제한다는 의미다. 어떤 특정 파벌이 지닌 힘은 관료 기구나 어떤 '세계관Weltanschauung'의 호소에 의존하지 않고, 단지 정당 구성원 중에서 위임을 받은 사람과 위임받을 만한 사람들의 숫자에 달려 있다. 다시 말해 가장 좋은 의미에서, 어떤 파벌의 힘은 그들이 얼마나 인기가 있느냐에 달려 있다. 순전히 사적인 이 원칙이 정당의 독재에 나타낼 위험성은 러시아 혁명의 초기 단계에서 분명히 드러난 바 있다. 레닌이 '소비에트'

---

40 '자유유럽위원회'가 출간한 혁명 당시의 공식, 비공식 라디오 방송의 편찬물(날짜 미상)인《헝가리에서 나타난 반동. 사건 기록 연표 The Revolt in Hungary. A Documentary Chronology of Events》, p. 17에서 인용했다.

를 무력화해야 한다고 느낀 핵심 이유는 사회혁명당이 볼셰비키보다 인민의 위임을 받은 사람들이 훨씬 더 많았기 때문이다. 혁명에 책임이 있던 볼셰비키당의 권력은 혁명으로 성장한 평의회 체제 탓에 위태로운 상태에 처했다.

마지막으로, 평의회 체제에 내재하는 위대한 유연성이 특기할 만하다. 비임시적 원칙에 입각한 일정 수의 인민이 함께 모여 행동하는 것 외에는 평의회 수립에 어떤 특별한 조건도 필요 없어 보인다. 헝가리에서 우리는 모든 종류의 평의회를 목격했다. 함께 살면서 생긴 동네 평의회는 시 평의회, 지역 평의회 또는 구 평의회로 성장했다. 함께 투쟁한 데서 유래한 혁명 평의회, 카페에서 태동했다고 생각하고 싶은 작가 및 예술가 평의회, 학교나 대학에서 함께 공부하며 모인 학생 및 청년 평의회, 군대의 군사 평의회뿐만 아니라 공무원 평의회, 공장에서는 노동자 평의회 등이 있었다. 어떤 종류의 공적 공간에서든 인민이 모이는 곳마다 평의회가 생겨났고, 이 상당히 이질적인 집단의 평의회 각각은 단순히 무계획적인 인민 모임을 정치적 제도로 바꿔놓았다. 선출된 인물들은 공산주의자와 비공산주의자, 온갖 정당 구성원으로 구성된 다채로운 혼합물이었다. 단순히 당의 노선이 아무런 역할을 하지 않았기 때문이다.

한 신문에서 말했듯이 그 기준은 오로지 "자신의 개인적 입장만 생각하거나 자신의 권력을 남용한 사람이 아무도 없다"라는 것뿐이다. 이는 도덕성의 문제라기보다 개인의 자질, 즉 재능의 문제였다. 권력을 남용하거나 권력을 폭력으로 변질시키거나 공동 세계에는 전혀 관심 없고 사적인 사안에만 관심 있는 사람은 간단히 말해 정치적 삶에서 어떠한 역할을 맡는 데 적합하지 않다. 하급 평의회가 상급 정부 기관을 위해 위임받을 사람을 선출하는 선거에서도 동일한 원칙을 준수했다. 하급 평의회는 "정당 가입과 관계없이 노동자들의 신임을 충분히 고려해" 대표를 선

출하라는 요구를 받았다.[41]

헝가리 혁명에서 가장 충격적인 양상 중 하나는 이 평의회 체제 원칙이 재등장했을 뿐만 아니라, 12일간의 짧고도 긴 기간에 헝가리 혁명 역시 평의회 체제 원칙을 제시한 점 그리고 많은 잠재력의 범주를 아주 세세하게 드러내고 이들이 이끌어갈 방향을 보여준 점이다. 평의회 의원들은 거의 직접 투표로 선출되지 않았다. 새로운 평의회들이 의원들 사이를 자유롭게 조정하고, 국가 정부의 상태인 최고 국가 평의회에 이르기까지 상급 평의회 의원을 그들 중에서 선택하기 시작했다. 그리고 정상적인 정부를 평의회 중에서 최고 평의회로 교체하려는 계획은 최근에 부활한 '국가농민당'에서 비롯되었는데, 이 당은 확실히 극단적인 좌파 이념이 의심되는 최후 집단이다. 최고 평의회가 시간 부족으로 결코 설립되지는 못했지만 여러 평의회는 이를 위해 필요한 예비 단계를 밟을 정도로 시간이 충분했다. 조정 위원회와 중앙 노동 위원회를 설립한 노동자 평의회는 이미 많은 영역에서 맡은 역할을 해내고 있었다. 지방에 있던 혁명 평의회는 조정되었고 국가의 의회 기구를 대체할 국가 혁명 위원회를 구성할 계획이었다.

우리는 이 이상은 알지 못한다. 모든 다른 경우에 그랬듯이, 여기서도 가장 짧은 역사적 순간에 민중의 목소리가 군중의 외침이나 광적인 사람들의 언쟁에도 변하지 않고 고스란히 들려왔을 때, 우리는 무엇을 시도했고 무엇에 실패했는지, 유럽(정당 체제가 태동하자마자 거의 신뢰를 잃어버린 곳)에서 유일하게 인민을 자기 편에 둔 적이 있는 유일한 민주 체제의 모습을 할 수 있는 한 최선을 다해 그려볼 수밖에 없었다(여기서 다룰 수는 없지만 대륙의 다당제 체제와 영미의 양당제 사이에 항상 존재해온 결

---

41   자유유럽위원회, 앞의 책

정적 차이를 상기하는 것이 중요하다).[42] 그래서 우리는 이 체제가 장기적으로 현대 정치의 요구 사항과 일치하는지 입증하고, 이 요구 사항에 따라 수정하고 하나의 정치체로서 어떻게 지속 가능한지, 평의회 민주주의와 그 기반이 되는 투표, 선거 원리가 인구가 많은 국가에서 대의 민주주의를 대체하기에 적합한지 알 수 없다. 어떤 이론적 숙고도 정치적 체험을 대체할 수는 없지만 이 체제의 확실한 인기 이상으로 지속 가능성을 말하는 이 체제를 지지하는 사람이 더 많다. 결국 이 체제를 근대 초강대국 중 하나인 러시아에서 한때 실험한 적이 있는데, 체제 자체가 무너지지는 않았으나 무력으로 축출당했다. 또한 우리는 현대 세계에서 민주주의가 지방 자치 기관이 있는 곳에서만 실제로 기능하는 듯이 보인다는 놀라운 사실을 간과하지 말아야 한다. 평의회 체제와 유사한 원칙이 적용되는 스위스의 칸톤제canton system,[43] 미국의 공회당 회합 town hall meeting,[44] 잉글랜드와 스칸디나비아의 유사한 기구에서 말이다. 어쨌든 헝가리 혁명에 진정한 민주주의 활력을 각인시키고 전제정에 반대하는 자유 투쟁을 제공한 것은 평의회 체제의 자발적 진화이지 옛 정당을 복원하려는 시도는 아니었다. 하지만 평의회 체제의 진화와 다당제 복원이라는 헝가리 혁명의 이중적 발전을 살펴볼 때, 결국 다당제 체제가 승리하고 평의회 체제는 다시 한번 무너졌음을 부인할 수 없다.

42　아렌트는《전체주의의 기원》(한길사, 2006), pp. 462~487에서 정당 체제를 자세히 논의한다. (편집자)

43　1848년 이전 스위스의 칸톤은 독자적인 국가의 지위를 가졌다가 1848년 연방 국가로 결합하면서 칸톤 주권의 일부를 연방에 이양한 정치 체제를 가리킨다. (옮긴이)

44　미국의 뉴잉글랜드 지역에서 지역 주민이 정책 결정권자를 직접 만나 정책과 공약에 대한 설명을 듣고 이에 대해 자유롭고 솔직한 의견을 교환할 수 있는 제도다. (옮긴이)

헝가리 혁명의 교훈을 숙고하면서 복원된 체제가 소요 진압을 어떻게 진행했는지 유심히 검토할 필요가 있다. 헝가리를 본격적으로 침공한 러시아군은 헝가리를 다시 장악하는 데 3주가 걸렸다. 이는 평의회 체제가 새롭게 확보한 권력이 견고했음을 잘 보여준다. 전체 인민이 만장일치로 제시한 요구 중 절반만 충족되었다. 폴란드에서처럼 헝가리에서 자발적으로 집단 농장을 떠났던 농민들은 아직 강제로 집단 농장으로 돌아가지 않았다. 그 결과 집단 농장의 전체 실험이 실질적으로 무너지고 양국의 농업 생산량은 국가 경제가 요구하는 수준에 훨씬 못 미쳤다. 따라서 농노에 대한 양보는 이념적으로나 물질적으로나 중요했다.

압제의 가장 잔인한 타격은 제일 먼저 혁명 평의회를 겨누었다. 혁명 평의회는 계급 및 여타 결사와는 독립적으로 전체 인민을 대표했을 뿐만 아니라 실질적인 행위 기구였다. 국가가 다시 한번 무기력한 상태로 전락한 이후 제2의 비타협적이고 가혹한 단계를 통해 학생과 지식인, 사상과 표현의 자유를 요구한 모든 조직에 가혹하고 단호한 두 번째 조치를 취할 수 있었다. 그런 다음에 이어서 체제가 실질적인 정치체라기보다는 정부가 통제하는 노동조합의 후계자로 여겼던 노동자 평의회가 해체되었다. 압제에 대한 이러한 우선순위는 폴란드에서 관찰된 사실에서도 알 수 있듯이 우발적으로 정해지지 않았다. 당시 폴란드에서는 러시아 통치자가 혁명의 진압이 아니라 1956년의 봉기에서 얻은 특정 양보를 철회하기만 하면 되었다. 여기서도 새로운 노동자 평의회, 즉 정당 통제에서 독립한 노동조합은 상대적으로 우선순위의 아래쪽에 놓였다. 1958년 4월에야 노동조합은 폐지되었고 이는 차츰 지적 자유를 심각하게 제약하는 흐름으로 이어졌다.

우리가 이러한 우선순위를 개념적이고 이론적인 언어로 번역한다면 행위의 자유는 전체적 통치에 가장 위험한 요소로 간주되지만 사상의 자유보다 조금 더 위험할 뿐이라는 결론에 도달한다. 이익을 대변하는 행위에는 용납하기에 너무 많은 행위 요소가 포함되어 있었다. 또한 이는 위험해 보였지만 이를 진압하는 일은 덜 시급했다. 정치에서 절대적 우위에 대한 모든 논의에도 특정한 순간에 일시적인 양보가 가능하고 현명하다고 간주되는 유일한 영역은 경제 영역이었다. 경제 영역에서는 그 무엇도 노동과 소비만큼 중요하지 않았다. 노동과 소비는 분명히 인간의 활동 가운데 가장 낮은 수위의 활동이고, 여기서 인간은 비록 정치적 종류의 사안은 아닐지라도 이미 강제에 예속된다.

이러한 조치와 우선순위에서 가장 주목할 만한 부분은 아마도 유물론적 이데올로기의 부재일 것이다. 러시아 통치자들이 이데올로기적 논의가 아니라 진정한 정치적 행위에 대면했을 때, 이들은 놀랍게도 자유가 물질적 사안이나 노동 및 생계 활동, 인간이 물질세계를 지배해야 하는 활동이 아니라 행위와 사유 역량 속에 존재한다는 사실을 재빨리 간파했다. 노동과 소득은 이미 생존 욕구에 예속되므로 경제 영역의 양보가 자유를 위한 넓은 문을 열 수 있을 것 같지는 않다. 자유세계가 이 사안을 어떻게 생각하든, 여기서 경제마저 자유롭다는 것이 아무리 자랑스러울지라도, 전체주의 독재자들은 자본주의 경제와 사회주의 경제의 차이점이 자유세계와의 궁극적 불일치에 대한 핵심을 구성하는 것과는 별개로, 최소한 일시적인 양보가 가능한 유일한 영역을 나타낸다는 점을 잘 알고 있음을 실제로 보여주었다.

3. 위성 체제

자유 헝가리에서 나온 마지막 발언은 '코슈트 라디오Kossuth Radio'

에 보도되어 다음 문장으로 종결되었다. "오늘, 이 국가는 헝가리입니다. 내일 또는 모레, 이 국가는 다른 국가가 될 것입니다. 모스크바 제국주의는 한계도 모르고 시간을 벌려고 할 뿐입니다." 이보다 며칠 앞서 공산주의 방송국인 '자유 방송 러이크'는 "공산주의를 러시아 제국주의 확장의 구실로 삼은 스탈린뿐만 아니라 러시아의 야만적인 식민 통치를 명확하게 보여주는 것"이 헝가리 혁명의 목표 중 하나였다고 선언했다.

서두에서 우리는 전후 러시아의 발전과 팽창이 헝가리 혁명의 불타오르는 불빛 속에서 보여야 한다고 말했다. 이 불빛은(누가 이를 부인하겠는가!) 흔들리며 불안정하다. 하지만 이 불안정한 불빛 없이는 그 무엇도 보지 못할 것이다. 우리가 세계에서 일어나는 일에서 정치를 배워야 한다면 (다른 방도로는 학습할 길이 없으니) 우리 눈은 이 어스름에 익숙해져야 한다. 자유롭게 행동하고 자유를 위해 투쟁하는 사람들이 한 말에 더 큰 비중을 두고 어떤 이론적 성찰보다 더 진지하게 받아들여야 한다. 바로 이들이 흥분한 상태에서 그 순간의 들뜬 분위기로 하는 말이기 때문이다.[45] 이러한 흥분은 히스테리컬하지 않고 정신을 무디게 하지도 않는다. 오히려 정신이 육체적 역량과 감각의 강도를 강화하고 심장을 강화하듯이 이해를 날카롭게 하고 심화한다. 투쟁 대상은 제국주의라고 사람들이 말했다면 정치학은 그 용어를 받아들여야 한다. 비록 역사적, 개념적 이유로 "제국주의"라는 용어를 유럽의 식민지 팽창 시대, 즉 19세기 후반에 시작해 영국이 인도 통치를 청산하면서 끝난 시대에 남겨두는 것을 선

45　오해를 피할 목적으로 쓴다. 내가 의미한 바는, 나는 목격자의 보고나 이론에 똑같이 중요성을 높게 부여하려는 게 아니다. 공포가 현전한다는 사실은 행위보다 더 효과적으로 인간의 사유 능력을 마비시키고 불모화한다. 만약 목숨을 걸어도 괜찮다면 공포 상황에서는 사유보다 행위가 더 쉽다. 인간의 마음을 공포로 몰아넣는 치명적 마법은 단순한 사유가 아니라 오직 자유로만 깨질 수 있기 때문이다.

호했을 수도 있지만 말이다. 이제 우리의 과제는 전체주의 정부 형태에서 어떤 종류의 제국주의가 발전했는지를 분석하는 것이어야 한다.

제국주의라는 개념과 현상이 19세기 마지막 3분기까지는 알려지지 않았다. 이 무렵 유럽에서 산업화가 신속하게 이루어지면서 민족 국가의 영토 제한이 강제로 개방되었다.[46] 제국주의 시대의 두드러진 특징으로 "팽창을 위한 팽창"을 꼽을 수 있다. 이는 영토에 대한 군사적 방어와 주변국의 영토를 합병하려는 야욕처럼 전통적 민족 이해에 더는 제한받지 않거나 교역법의 적용을 받는 팽창을 의미했다. 제국주의 팽창은 언제나 정치적 동기가 아닌 경제적 동기로 촉발되었다. 팽창이 준용하는 유일한 법칙은 끊임없이 팽창하는 경제의 법칙이었다. 국민 경제 안에서 잉여 통화를 의미하는 외국 자본 투자나 국민의 삶에 잉여분이 되었던 사람들을 의미하는 취업할 수 없는 국민이 이 법칙을 어디로 이끌든 이는 경제의 법칙이었다. 그러므로 제국주의는 새로운 산업 경제의 조건 속에서 근대적 세계 시장의 요구에 자신이 동등함을 입증하고 정치적 실체로서 존속하려는 민족 국가적 시도의 결과물이었다. 이 이데올로기의 딜레마는 민족의 경제적 이해가 인민, 국가, 영토의 역사적 정체성을 주장하는 전통적인 민족주의에 입각해 정당화될 수 없는 팽창을 요구했다는 점이다. "피지배 종족"이 고통받는 운명과 마찬가지로 지배 민족에게 들이닥칠 제국주의라는 운명은 좋든 싫든 처음부터 끝까지 이러한 기원을 통해 결정되었다. 외국 땅에 있는 "백인"의 자연스러운 연대로 촉발된 유럽의 민족의식은 인종 의식으로 왜곡되었고, 이는 다시 순차적으로 주체 인종

46　역사적 배경에 대한 좋은 요약으로는 R. Koebner, "The Emergence of the Concept of Imperialism", *Cambridge Journal* (year 5, issue 12, September 1952, pp. 726~741)이 있다.

을 그 계통에 따라 연합하고 조직하기 시작했다. 하지만 인종주의와 결합한 민족주의는 아시아의 고대 문화와 아프리카의 부족 야생성 안으로 침투했다. 제국주의 정신으로 무장한 식민지 관료제가 자신들이 일깨운 민족적 열망에 귀를 닫을 수 있게 되면 모국의 민족 국가는 자신의 존재 원리 자체를 부인하지 않고서는 그들의 선례를 따를 수 없다. 그래서 식민지 관료제는 모국 정부와 끊임없는 갈등 속에 있었다. 인종주의와 왜곡된 민족주의를 조장함으로써 제국주의가 민족 국가에 심각한 위협이 된다는 점이 사실이라면(심지어 민족 국가를 해롭게 한다면), 여전히 손상되지 않은 법적, 정치적 제도를 가진 민족 국가가 다소 우세해서 거의 매번 최악의 상황은 모면했다. 제국주의의 지배 방식이 모국에 부메랑 효과를 가져올 수 있다는 공포는 국민 의회를 피억압 민족을 위하고 식민주의적 행정에 대항하는 정의의 보루로 만들었다.

　　외국인을 억압하는 정부 형태인 예전의 해외 제국주의는 모국의 입헌 정부와 다른 민족을 영속적으로 억압하는 데 필요한 방법 사이의 이중성 때문에 실패했다. 하지만 이 실패는 무지나 무능 탓이 아니었다. 영국 제국주의자들은 "행정적 학살"이 인도를 영원히 속박할 수 있다는 점을 아주 잘 알았으나, 모국의 여론이 이러한 조치를 용납하지 않으리라는 점도 알았다. 오늘날 특히 민족 국가가 스스로 파멸을 준비하고 전제정으로 변모할 준비가 되어 있었다면 제국주의가 성공할 수 있었다는 사실을 잊지 말아야 한다. 불행히도 프랑스의 상황은 이것이 실제로 어떻게 발생했는지에 대한 아주 강력한 예시를 제공한다. 프랑스가 알제리에서 벌인 전쟁에서 알제리를 황폐화시킨 식민지 연대에 의한 모국의 전복보다 더 위태로운 것은 없기 때문이다. 영국 및 영국과 함께하는 유럽이 그 대가를 원하지 않은 것은 최근 유럽 역사가 얻은 몇 안 되는 영예 중 하나다.

　　이처럼 최근 역사를 떠올리는 것은 전체주의 정부가 지휘하는 제국주의의 성공 가능성이 얼마나 큰지를 상기하는 데 도움이 된다. 더욱이 러시아에 민족 국가 특유의 통제를 기대할 수는 없었다. 러시아는 민족 국가인 적이 없었으니까. 심지어 제정 러시아 황제 차르조차 모스크바의 권력 중심에서 다민족 제국을 통치했다. 민족 자결주의, 즉 피지배 인민에게서 자신의 정치적 존재 원리를 부인해야 했던 구제국주의자의 악몽은 모스크바 통치자들에게 여전히 어떠한 문제도 되지 않는다. 이들은 소비에트 연방 인민에게 사용한 것과 본질적으로 똑같은 기구로 위성 국가들을 통치한다. 한편으로는 민속 및 언어적 차원에서 민족 문화를 용인하고, 다른 한편으로는 모스크바가 구상하고 지시하는 당 노선과 모든 민족의 공식 언어로 러시아어를 강요한다. 위성국의 볼셰비키화 초기 단계에서 이러한 관계의 전형적인 움직임으로 모스크바는 모든 학교에 러시아어 의무 교육을 요구했다. 헝가리와 폴란드의 모든 프로그램과 선언문에서 이 의무 조항을 폐지하라는 요구가 두드러진 것도 전형적인 현상이었다.

그러므로 자국 통치와 식민지 통치에서 이원화 원칙은 전체주의적 제국주의에 어떠한 제한도 가하지 않는다. 이원화 원칙도 제국주의적 모험에서 오는 어떤 부메랑 효과를 두려워해야 한다면 거기에는 다른 원인들이 있을 것이다. 그러므로 헝가리 봉기를 짓밟은 붉은 군대의 역할이 러시아에서 일당 독재를 군사 독재로 대체하려는 게오르기 주코프의 희망을 정당화했다는 사실을 부인할 수 없다. 헝가리에서 벌어진 사건들은 이런 유형의 외세 통치를 위해 당이나 경찰에 전혀 기댈 수 없는 강력한 증거를 제시했다. 같은 맥락에서, 체제가 군대의 신뢰성에 달려 있다는 점이 전체주의 통치하에서는 인정된 바가 없었다. 그런데 이러한 의존성이 혁명 초기에 헝가리 군대의 신속한 해체로 입증되었다. 이 혁명이 없었다면 성가시지만 무해한 불만 표출은 결코 무장봉기로 성장할 수 없었을 것이다. 이러한 희망과 열망에 대한 흐루쇼프의 놀라울 정도로 신속하고 엄중한 대응은 이전 유형의 제국주의 정부와 유사한 본국 정부에 부메랑 효과가 미치는 것을 우려한 데서 비롯되었을 수 있다. 하지만 여기서 그러한 위험은 모국의 볼셰비키화와 식민지의 볼셰비키화 사이의 불가피한 시간 차이로 일시적일 뿐이다. 전쟁이 발발하더라도 극도의 주의를 기울여야만 배치할 수 있는 위성국 군대를 신뢰할 수 없다는 점은 과거의 군대와 민족 전통이 여전히 영향력을 행사하고 있으며, 군대의 볼셰비키화가 어떤 사전 준비 없이 진척된 경찰의 볼셰비키화보다 더 천천히 진행한다는 점을 입증할 뿐이다.

자연히 전체주의적 제국주의의 부메랑 효과는 반대 방향으로 치닫는다는 점에서 민족적 제국주의 부메랑 효과와는 다르다. 우리가 러시아에서 알고 있거나 바라는 불안의 극소수 동요는 어쩌면 폴란드와 헝가리에서 발생한 사건들이 야기했기 때문일 것이다. 싸우기 위해 취해야 할 수단도 마찬가지다. 유럽 제국주의가 심지어 극단적인 수단의 효과를 의심하지 않을 때조차 특정 한계를 결코 넘을 수 없었던 것과 마찬가지로, 자국 여론은 지지할 수 없고 법적 정부는 이들을 존속시킬 수 없으므로 전체주의적 제국주의는 모든 반대를 짓밟아야 한다. 억압받는 국가를 진정시키기 위해 양보하는 것이 더 현명할 때조차 어떤 양보도 하지 말아야 한다. 이처럼 "온건성"은 본국의 정부를 위태롭게 하고 정복한 영토에 특권적 태도를 부여한다.

그래서 처음부터 러시아 제국주의의 주요 관심사는 민족 영토와 식민지 영토 간의 유럽식 제국의 구분을 어떻게 수립하는지가 아니라, 그와 반대로 새로이 정복한 여러 국가의 조건들을 어떻게 신속하고 급진적으로 평준화하는가였다. 다시 말해 이들 국가의 생활 수준을 어떻게 러시아 수준으로 떨어뜨리는가였다. 전후 러시아의 팽창에는 경제적 동기가 작동하지 않았다. 더욱이 러시아 군대의 공격에서 경제적 목적은 부차적이었다. 이 지점에서 해외 제국주의를 그토록 명백히 지배한 이윤 동기가 순전히 권력에 대한 고려로 대체된다. 하지만 이 같은 고려는 민족적 특징을 띠지 않으며 러시아의 외교 정책 이해관계 자체와 거의 관계가 없다. 모스크바 통치자들이 지난 10년간 위성국들을 강탈하고 이들 국가에 극도로 불공정한 무역 협정을 강요하는 데에만 관심 있어 보인 게 사실이다. 그럼에도 러시아인들 점령 지역의 해체된 산업에서 전리품을 취급하는 데 사용한 바로 그 태만은 그들의 참된 목적이 자신들이 약탈한 것의 도움으로 자기네 삶의 수준을 향상하려 하기보다는 오히려 위성국의 삶의 수준을 떨어뜨리려는 데 있었음을 보여준다. 이러한 추세는 이제 역전되어 석탄, 철광석, 농산물이 대량으로 위성국들로 이동한다. 위성국들의 수요는 러시아 자원의 심각한 고갈과 소비에트 연방에서 일부 원자재의 심각한 부족을 초래했다. 다시금 목표는 조건의 평준화였다. 즉 해외 제국주의에 관심이 없었을 뿐 아니라 그것을 적극적으로 회피하려 했다.

그러나 서구의 민족적 제국주의와 러시아의 전체주의적 제국주의 사이의 이러저러한 구분으로는 사태의 핵심에 도달하지 못한다. 전체주의적 제국주의의 직전 선행 국가는 영국식, 네덜란드식 또는 프랑스식 해외 식민지 통치가 아니라 독일식, 오스트리아식, 러시아식의 대륙 제국주의 버전이다. 대륙 제국주의는 실제로는 성공하지 못해서 제국주의 역사가들이 별로 주목하지 않았다. 하지만 대륙 제국주의는 이른바 범운동pan-movement 형태, 예를 들어 범게르만주의, 범슬라브주의 형태로 제1차 세계대전 이전과 전쟁 중에 중부와 동부 유럽에서 매우 강력한 정치적 세력이었다. 전체주의의 기원 중 하나는 범운동이다. 원칙적으로 영국식, 네덜란드식, 프랑스식의 세계 지배 목표는 대륙 제국주의의 제한된 목표를 한참 상회하지만 그 팽창 전략들은 범운동의 대륙식 확장 정책을 본보기로 삼는다. 전체주의적 제국주의의 확장 전략은 권력의 중심에서 주변으로 광범위하게 확장하는 지리학적 연속성을 따르므로 새로이 정복한 영토는 전부 옛 권력의 중심으로 끌려 들어갈 수 있다. 당연히 대륙식 팽창은 본국 정부와 식민지 통치 사이의 이원화를 용인할 수 없었다. 범운동의 대륙 제국주의는 유럽의 중심부에 제국을 세우려고 했기 때문에 그들의 종족적 사유나 인종적 사고는 피부색으로 결정되지 않았다. 대신 독일이나 슬라브에서 기원한 지배 종족의 통치하에서 유럽인을 식민지인으로 취급하자고 제안했다.

그러나 러시아 형식의 전체주의적 제국주의가 대륙 제국주의에서 수용한 것은 오로지 지리적으로 지속적인 팽창 전략뿐이며 종족적, '민족적völkisch' 내용은 채택하지 않았다. 사실 "위성"이라는 용어는 이 전략에 존재하는 정치적 실체를 드러내는 매우 적절한 비유다. 현재 러시아는 광범위한 영토 소유권을 확보하거나 그곳에서 공산주의 혁명을 설계하는 데 관심이 없어 보인다(만약 혼란한 상황에서 벌어지는 어떤 기이한 사건들을 통해 공산당이 프랑스에서 권력을 잡을 수 있다면, 아마도 러시아는 미국 못지않게 섬뜩해할 것이다). 그 엄청난 공격에도 전후 러시아의 정치는 전반적으로 불안을 조장하고 공산당의 도움으로 이미 쇠퇴하기 시작한 낡은 체제의 붕괴를 지원하고 추동하는 데 한정되었다. 여기에 대해 아마도 멀리 떨어진 땅에 있는 새로운 소유물을 식민지로 소비에트 연방에 합류시키거나 그곳에서 공산주의 혁명의 불꽃을 일으키는 것보다 훨씬 더 잘 알고 있었을 것이다. 이러한 볼셰비키 외교 정책은 종종 오해받는다. 다양한 민족에게서 일어나는 소요를 과소평가하거나 러시아 도발 정책 탓으로 돌리기 때문이다. 또는 모스크바 공작원이 자신의 의무대로 지역에서 태동한 대중 봉기인 모든 혁명을 짓밟듯이 최근의 혁명에서는 공산주의자들의 역할을 무시하기 때문이다.

상대적으로 러시아에서 독립적인 공산주의 혁명은 모스크바 체제 편에서 보자면 가장 위험한 일이다. "세계 혁명"은 국가에서 국가로 전파되는 억압된 인민의 혁명이 아니라 모스크바가 주도하는 붉은 군대를 통한 단계적 세계 정복이다. 세계가 평안해지는 것을 용인하지 않고 모든 곳에서 소요를 불러일으키며 안정화를 방해하는 것은 전체주의적 제국주의의 이익에 부합한다. 비록 혁명 정부들이 공산주의의 흔적을 지니고 있을지라도 독립적인 혁명 정부와 맞서는 것은 이해관계에 맞지 않는다. 더욱이 팽창이 계속되고 국가의 경계에서 시작되므로 전통적인 민족주의 주장의 배후에서 그 궁극적 목적을 쉽사리 감출 수 있다. 연합국 정치인들은 스탈린이 얄타에서 수 세기 동안 러시아 외교 정책이 추구해온 이상을 거의 요구하지 않는다고 느꼈고, 만약 그렇게 느끼지 못했다면 얄타에서 스탈린의 요구는 쉽사리 용인되지 않았을 것이다. 이는 뮌헨에서 히틀러에게 득이 되었던 오해와 똑같다. 뮌헨에서 히틀러는 오스트리아와 체코슬로바키아에 있는 독일 영토의 합병과 독일 소수계의 해방만을 원한다고 주장했다.

그러나 위성 체제 자체는 전체주의적 제국주의의 유일한 형태도 아니고 유일한 잠재적 형태도 아니다. 이 체제는 나치 제국주의의 배경에 비추어봐야 하는데, 러시아 모델과 나치 제국주의 사이에는 응집력 있는 팽창을 주장한다는 단 하나의 공통점이 있다. 히틀러는 옛 독일의 해외 식민지에 무관심하다고 악명이 자자했다. 나치 독일은 부역자와 부패한 자국 정치인을 이용해 서유럽을 지배했으며, 대규모 강제 수용으로 동부 점령지의 인구를 줄이기 시작했다. 이는 전후 엘리트 군대가 비어 있는 영토를 식민지화해 차지하는 게 목표였다. 위성국에서 활동한 모스크바 공작원은 부역자가 아니라 공산주의 운동 안에서 오래 활동하고 검증된 구성원이다. 따라서 그들은 우크라이나 관료나 벨라루스 관료보다 모스크바 상사의 지위에 전혀 뒤지지 않으며, 모스크바가 이해한 대로 국제 운동의 요구에 맞춰 자기 나라 인민의 이익을 희생하고 러시아의 명령에 복종하리라 본다. 그리고 스탈린조차 위성국들의 인구를 절멸시키거나 그 지역의 재식민화를 원하지 않았던 듯하다. 러시아 제국주의의 가능한 또 다른 대안은 아마도 발트해 국가들처럼 정복한 모든 영토의 통치였을 것이다. 발트해 국가들은 지방 당국의 중재 없이, 마음대로 확장할 수 있는 연방 공화국의 연합이라고 주장하는 소비에트 제국에 직접 병합해 통치했다.

위성 체제는 타협 덕분에 존재하지만 아마도 일시적인 타협일 것이다. 이 체제는 미국과 러시아 두 초강국이 극도로 적대적인 방식이긴 하지만 각자의 영향권에 동의해야 했던 전후 세계 재편의 산물이다. 이렇듯 위성 체제는 미국의 동맹 체제에 대한 러시아식 대응이며, 위성국들의 가짜 독립은 미국 동맹국의 온전한 국가 주권을 반영하기 때문에 러시아에 중요하다. 불행히도 이러한 비유는 여기서도 실제 관계를 표현하는 데 아주 적절하다. 위성 체제는 모든 국가가 자신보다 훨씬 더 강력한 국가와 동맹을 맺을 때 느끼는 공포와 일치한다. 즉, 자신의 정체성 상실보다는 "위성"이 되는 것에 대한 공포다. 위성은 중앙 권력을 중심으로 궤도를 도는 것이 생존할 수 있는 유일한 길이다. 확실히 적대적인 두 강대국이 공존하는 데서 오는 위험은 어느 한쪽에서 시작한 동맹 체제가 자동으로 위성 체제로 퇴보한다는 점이다. 세계의 모든 국가가 어느 한 강대국 또는 다른 강대국 주위의 궤도에 빨려 들어갈 때까지 그럴 것이다.

전후 미국의 정책은 세계를 공산국, 연합국, 중립국으로 나누었다. 이러한 구분은 '법적으로는' 아니더라도 각자의 영향권을 인지하고 두 궤도 밖에 놓인 모든 국가의 진정한 중립성을 주장해 두 초강대국 사이의 균형을 유지하려는 목적이다. 내 생각에는 미국의 외교 정책과 관련해서만 우리 모두를 감동시킬 수 있는 질문, 즉 "자유세계"(이 경우에는 미국)가 헝가리 혁명을 돕기 위해 개입할 수 있는지에 대해 질문하는 것이 의미 있는 듯하다. 그러나 이러한 개입은 미국 외교 정책의 실질적 독트린에 모순을 일으킬 것이다. 또 레바논처럼 미국과 러시아의 영향권 밖에 있는 중립적인 영토가 아니라 러시아의 헤게모니가 암묵적으로 인정되는 곳에 개입했을 것이다. 그런데 워싱턴이 관망하며 중립을 유지하기로 한 결정의 핵심이었던 이러한 기술적, 정치적 고려와 별개로 우리는 개입이 헝가리 혁명에 어떤 의미가 있는지 여전히 숙고해야 한다. 이 개입은 틀림없이 정부가 추진했으리라는 점을 고려할 때, 이는 무엇보다도 헝가리 인민이 이례적인 만장일치로 거절한 현 상황을 복원하는 것을 의미했다.

이 같은 개입은 혁명의 과정에서 유일하게 등장한 정치 세력을 짓눌렀을 것이다. 그리하여 헝가리를 우리가 "자유세계"라 부르는 서방 세계의 영향권으로 다시 끌어오고 헝가리 인민이 끔찍한 고통을 겪지 않도록 할 수도 있었을 것이다. 하지만 그렇게 하면 공동 행위에서 비롯되었고 혁명이 있었던 몇 주 동안 실현된 자유를 지킬 수 없었을 것이다. 원칙적으로 적극적 자유는 "자유세계"의 실제 자유보다 우위에 있었다. (여전히 프랑코Francisco Franco의 스페인이 속해 있는) "자유세계"는 전체주의에 비추어 평가할 때만 자유롭기 때문이다. 헝가리 혁명가들 및 자유 투사의 자유와 비교해 평가하면 심지어 "자유세계"조차 자유롭지 않았다. 실제로 헝가리 혁명을 도울 수 있는 유일한 개입은 오로지 자유만을 위해 진정으로 싸울 준비가 된 전 세계의 지원병 대대에서 나올 수 있었다. 물론 이들은 현재의 권력이 헝가리 인민을 적극적으로 지원할 수 있도록 허락하기만 한다면 당연히 그 역할을 떠맡을 수 있는 유일한 세력이었다. 하지만 미국이 이번에는 스페인 내전에서 채택한 것과 다른 태도를 취하기로 결정했는지는 우리로서는 알 수가 없다. 러시아의 개입이 너무 신속하고 급진적이어서 숙의할 시간적 여유가 없었기 때문이다.

가설에 대한 숙고를 제쳐두고 볼 때 미국 외교 정책이 전체적으로 일종의 권력 균형에 입각해 작동하는 것은 확실해 보인다. 권력 균형이 얼마나 불안정한지와 무관하게 미국의 외교 정책은 본래 안정적인 구조의 이미지를 지니고 있다. 하지만 러시아의 외교 정책은 초강대국과 그들의 영향권 사이에서 보호해야 할 중립국들이 존재하지 않는다는 다른 이미지의 안내를 받는다. 미국은 세계의 중립적인 제3의 권력을 본능적으로 현재 안정이 보장된 유럽 국가들을 모델로 삼고 있는 반면에, 러시아는 유럽식 제국주의가 붕괴하면서 모든 것이 혁명을 향해 움직이는 아시아와 아프리카 국가들의 이미지에서 중립적인 제3의 권력을 상상한다. 불행히도 러시아의 시각이 미국의 시각보다 훨씬 현실적이라는 사실을 부인하기 어렵다. 그럼에도 미국 공화국의 상대적 안정성의 관점에서 볼 때, 20세기의 안정성이 주변부 현상에 지나지 않는다고 보기는 어렵다. 어차피 러시아인에게 세계의 주요한 제3의 영역은 민족 혁명과 공산화에 따라 러시아의 영향권이 자연스럽게 증가할 지역인 아시아와 아프리카다. 두 초강국 간의 평화로운 경쟁 가능성에 관한 러시아의 언급이 선전 문구 이상이라는 점에서, 이는 자동차, 냉장고, 버터 생산에서 이루어지는 평화로운 경쟁이 아니라 승패가 달린 두 강대국의 영향권을 둘러싼 냉전 확대 경쟁이다.

그러나 어떤 이유로든 위성 체계가 생겨났을 수 있으며 러시아의 제국주의적 정복 방식과 행정 방식은 확실히 위성 체계와 상당히 일치한다. 러시아 통치자들은 각 나라에서 외부의 정복이 아니라 내부에서 혁명적 발전이 일어난 듯이 보이는 과정에 활력을 불어넣었고, 이 과정에서 토착 공산당이 마침내 권력을 "강제"하게 되었다. 이러한 목적에 부합하기 위해 이미 1940년대 후반에 여러 다른 정당을 용인하기 시작했고 마침내 전체주의 독재로 변모한 일당 독재에 찬성하면서 청산되었다. 모스크바는 새로 정복한 영토에 자신의 통치 형태를 도입하는 데 만족하지 않고 그 안에서 철저하게 세부 규칙을 따르는 전체주의적 통치를 이끈 러시아식 발전을 반복했다. 모든 국가가 "잘못된" 방향으로 발전을 이끌 수 있는 모든 사고를 방지하기 위해 경찰 통제권을 가진 내무부를 처음부터 공산주의자에게 이양했다. 반면에 인민 전선 전술 시기에 다른 각료직은 모두 조용히 다른 당파에 이양했다.

정복자의 첫째 관심사는 경찰이었는데 그 핵심은 최초의 붉은 군대와 함께 들어온 소비에트 경찰 부대로 이미 구성되어 있었다. 이 사례에서는 러시아 혁명의 발전을 베끼지 않았다. 경찰은 처음부터 전체주의 방식으로 조직되었다. 상부에 있는 당의 가장 신뢰할 만한 엘리트 요소를 가진 스파이 집단이 내부에서 결집한 것이다. 이 집단은 경찰에 대한 스파이 활동 책임을 맡았고 일반 경찰 직원은 순차적으로 정당원과 일반 대중을 밀고했다. 각 국가의 실제적인 볼셰비키화는 유명한 당원들의 친숙한 공개 재판을 통해 도입되었다. 반면에 덜 유명한 당원들은 짐작건대 러시아에 있는 강제 수용소로 조용히 사라진 듯하다. 이런 식으로 토착 공산당 아래에 있던 양탄자를 당겼고 그들의 척추를 부러뜨렸다. 옛 지도자와 추종자들은 더는 존재하지 않았고, 당의 모습도 완전히 바뀌었다. 경찰의 스파이망이 붉은 군대의 유사한 조직을 베꼈듯이 전체주의의 전형인 직위와 기능의 중복 및 증설이 그 즉시 경찰 조직의 핵심 부분이 되었다. 이 두 경쟁 단체의 유일한 차이는 "그들이 소비에트 과두제 내에서 서로 다른 주인을 섬겼다는 것"이었다. 러시아에서 형성된 과두제 모델과 마찬가지로 위성국들의 경찰은 국가의 모든 시민을 위한 "탁상형 액자 cadre-cades"[47]를 지니고 있었다. 거기에는 평판을 떨어뜨릴 수 있는 온갖

---

47 시민들의 정보를 정리해놓은 자료를 가리킨다. (옮긴이)

종류의 정보뿐만 아니라 전체주의 방식의 공포를 심어주는 데 훨씬 유익한 모든 사람의 가족, 친구, 인척의 정보를 기록해둔 것으로 추정된다.

그러나 이 경찰 조직은 러시아 모델에 엄격하게 준해서 세워졌지만 토착적인 것처럼 보이는 복제품을 만들고 토착 공산주의자들로 채우는 장치는 따르지 않았다. 경찰은 러시아 고문이 배후에 머물지 않으며 공개적으로 원래 주민을 감독하고, 그들의 상사로서 공개 재판을 준비하고 운용한 유일한 기관이었다. 이제 이와 유사한 일이 헝가리 봉기 이후 러시아 장교의 명령을 받는 위성국 군대에서 발생하는 모양이다. 그러나 이러한 군사적 통제는 분명히 예상치 못한 전개에 대한 반응이었지만 경찰에 대한 러시아의 통제는 처음부터 계획된 것이었다. 러시아 통치자들은 전체주의적 지배라는 이 가장 중요한 제도가 일단 수립되고 그 메커니즘이 가동되면 모든 것이 자동으로 따라오리라고 생각한 듯하다.

하지만 우리는 러시아 출신 통치자와 위성국 통치자 간에 별로 눈에 띄지는 않지만 무시할 수 없을 만큼 중요한 또 다른 차이를 간과하지 말아야 한다. 이 차이는 평범한 경찰 요원을 선발하는 방식과 관련이 있다. 여기서도 러시아는 또 전체주의 통치의 초기 단계에서 시행된 방법들을 불러내야 했고, 무슨 일이든 하라고 요구할 수 있는 범죄자나 다른 방법으로 피해를 입은 사람들로 비밀경찰 요원을 구성했다. 지난 25년 동안 러시아에서 정치 경찰의 존재는 필수적이지 않았다. 다른 시민들이 군에 징집되듯이 모든 당원이 경찰에 차출될 수 있다. 그러나 이러한 차이는 러시아 이외의 전체주의 통치가 잠재력을 완전히 발휘할 만큼 오랜 기간 아직 시행되지 않은 데서 발생한 것이므로 일시적일 수 있다. 어쨌든 위성국들의 경찰은 여전히 말 그대로 "엘리트" 집단이다. 경찰 요원은 무작위로 선택하지 않았고 일반 시민은 물론 일반 당원과도 구별되는 기준으로 선발했다.

지금까지 이러한 시간적 지체는 모스크바의 영향권에 속한 모든 국가에서 러시아 정부를 빼다박은 복제물을 만들어내려는 모스크바의 시도를 방해했다. 스탈린 사후 승계 위기가 정상적인 발전을 방해하지 않았다면 이러한 지체가 그렇게 위험할 정도로 두드러졌을지는 잘 모르겠다. 아무튼 그 순간, 곧이곧대로 러시아 모델을 모방한 것이 이를 되갚아주었다. 폴란드와 헝가리의 소요는 모스크바에 가장 충성하는 위성 독재 정권이 수행한 탈스탈린화 과정을 자각하는 데서 발생했기 때문이다. 이 탈스탈린화 과정은 러시아에서 성취된 사안이 반드시 모든 곳에서 필수적으로 용인되리라는 점을 고려하지 않았다. 이런 의미에서 루마니아, 알바니아, 불가리아, 체코슬로바키아 같은 국가를 살펴보는 것이 매우 유익하다. 이들 나라는 스탈린주의자들이 권력을 유지하는 데 성공했고 심지어 한동안 모스크바에 반대하기도 했지만 모든 것이 과거 그대로 머물렀고 이런 식의 소요가 발생하지 않았다. 그러는 사이 "동유럽의 모든 국가에서처럼 헝가리에서도 새로운 과정이 계속 진행되었다."[48]

　　여러 공산당 지도자의 시각에서 볼 때, 현재 위성국들 사이의 차이는 주로 러시아의 발전 양상에 보이는 반응이 어떤지로 설명할 수 있다. 의심할 여지 없이 전체주의적 제국주의의 어떤 실패 때문이기는 하지만 이들 국가는 전체적으로 발전의 부자연스러운 획일성을 통해 결정적으로 붕괴했다는 어떤 지표도 담고 있지 않다. 이러한 실패의 심각성은 이 국가들에서 평화 유지에 필수적인 러시아 주둔군의 규모가 어느 정도인지로 가장 잘 가늠할 수 있다. 헝가리에만 28개의 수비대가 주둔하고 있는데 현재 러시아 장교에게 직접 명령을 받고 있는 헝가리 군대를 여전히 무기로는 신뢰할 수 없다. 그리고 이러한 상황은 다른 곳도 비슷하다.

48　시튼-왓슨(각주 8번을 참조하라), p. 22f.

러시아 군대의 주둔은 외견상 바르샤바 조약을 통해 법적으로 보장되며, 조약의 합법성은 손쉽게 나토NATO를 모델로 삼았다. 우리는 러시아 군대가 영향을 받는 인민들과 지켜보는 세계를 위해 적어도 독립이라는 환상을 없애기를 기대해본다. 이 환상 자체는 여타 모든 잔혹한 행위를 무시하더라도 식민지 시대의 유럽 제국이 자행한 어떤 일보다 나쁜 위선이다. 총검에 의지하는 방식은 낡은 유형이자 불편한 지배 장치일 뿐만 아니라 전체주의 통치자의 열망에 대한 심각한 역행이기도 하다. 당연히 그들은 이데올로기와 공포라는 순수한 강제력을 통해 모스크바라는 궤도를 도는 위성들을 유지하기를 바랐다. 이러한 역행이 아시아와 아프리카의 모든 국가에 행사하는 매력적인 마술을 깨뜨리기에 충분할지는 두고 볼 일이다. 다시 말해 이 지역들의 정치적, 감정적 삶은 여전히 외국인들이 공개적으로 권력을 장악한 예전 제국주의에 대한 반작용에 맞춰져 있다. 불행히도 이런 국가의 국민은 끔찍한 정치적 경험 부족으로 고통받고 있으며 현대 정치 방안의 혼돈 속에서 방향을 잡는 것이 너무 어려워서 너무 쉽게 속는다는 사실을 발견한다. 이들은 이 체제의 결함이 무엇이든 자신들이 알고 있는 제국주의를 대변할 수 없고, 이것이 어떤 원칙을 위배하든 최소한 절대적인 인종 평등의 원칙을 존중하고 전파하는 것이라고 쉽게 결론 내린다. 이 같은 견해는 옛 식민지 사람들이 자유보다 피부색에 더 관심을 두는 한 바뀌지 않을 것 같다.

어찌 됐든 전체주의적 제국주의의 실패는 소비에트 기술자와 엔지니어의 성공만큼이나 진지하게 받아들여야 한다. 하지만 우리는 일련의 "계몽된 전제정"으로 이어질 수 있는 새로운 발전이 진행 중이라고도 결론 내리지 말아야 한다. 1956년의 실패도, 1957년의 성공(소비에트 연방이 최초 인공위성인 '스푸트니크 1호'를 성공적으로 우주에 발사한 해에 곧 이어서 '스푸트니크 2호'도 발사했다)도 체제의 성격을 바꾸지는 못했다.

1956년의 극적인 사건들이 뭔가를 보여주었다면 그것은 기껏해야 전체적 통치가 외부를 통해서만 흔들릴 수 없다는 사실이다. 또한 이 체제의 역동성 안에 내재한 무법성과 무형식성으로 내부에서도 위협받고 있으며, 승계 문제를 풀 수 없다는 점에서 이 체제의 무능이 명백해졌다. 우리가 알 수 있는 범위 내에서 전체주의의 극도로 위험한 순간은 이제 다시 한번 지나갔다. 스탈린 사후에 이어진 권력 투쟁에서 흐루쇼프가 얻어낸 승리는 1920년대에 스탈린을 권좌에 오르게 한 방식을 교묘히 반복한 덕분이었다. 상대적으로 덜 잔인했던 예비 단계에서 진행된 이 같은 반복이 다시금 1930년대와 같은 공포의 물결로 또다시 밀려올 수도 있다. 더욱 중요하게도, 전체주의가 아직 제대로 작동하지 않고 있는 새로 정복한 영토를 병합할 즈음에 승계 위기가 발생하지 않았다면 러시아 제국주의는 이 위기가 체제에 어떤 위험을 불러올지 알 길이 없었을 것이다. 전체주의적 제국주의의 위기는 주로 승계 위기와 아직 제대로 안정되지 않은 팽창이 일치하는 데서 야기되었다는 의심을 떨치기 어렵다.

여전히 1956년의 위험 신호는 충분히 현실성이 있었다. 오늘날 이 같은 신호는 1957년의 성공과 체제가 존속할 수 있다는 사실에 가려져 있지만, 이를 망각하는 일은 현명하지 않을 것이다. 이 같은 위험 신호가 뭔가를 전적으로 약속한다면, 점진적 정상화보다는 오히려 전체 체제의 갑작스럽고 극적인 붕괴일 듯하다. 우리가 헝가리 혁명에서 배웠듯이 이러한 파국적 발전이 반드시 혼란을 수반하지는 않는다. 그러나 40년의 전제정과 30년의 전체주의 이후, 러시아 국민에게 가장 영예로운 시기에 헝가리 인민이 세계에 보여준 것과 같은 정신과 생산적인 정치를 기대하는 것은 확실히 현명하지 못한 일이다.

(1958)

아렌트는 이 글에 "로자 룩셈부르크를 기억하며"라는 헌사를 붙이고자 했다. 이 원고의 독일어 원제는 "Die Ungarische Revolution und der totalitäre Imperialismus"다. 그런데 우르술라 루츠Ursula Ludz가 지적한 대로 출판사 측이 이의를 제기했다. 1958년 9월 9일에 출판사 클라우스 피퍼 Klaus Piper의 편집자 한스 뢰스너Hans Rössner에게 보낸 편지에서 아렌트는 다음과 같이 답했다. "우리가 말하려고 하는 바를 흑과 백으로 설명해야 한다면 헌정을 생략해야 해요. 그러면 안 되죠. 우리는 헌사로 아무것도 설명할 수 없어요. 불쌍한 로자! 로자는 40년 동안이나 죽은 채로 의자 사이에 여전히 쓰러져 있어요. 당연히 저는 당신이 왜 그러는지 이해해요. 당신에게도 아주 놀라움을 주었을 내 강의에서 청중의 반응에 충격을 받은나머지 저는 최초로 헌사를 붙이고 싶었을 뿐이에요. 아마도 젊은 층(박수를 치는 유일한 사람들이었죠!)은 다시금 더 잘 알겠죠. 박수를 치지 않는바로 그 사람들이 공산주의자일 수는 없다는 사실에 우리는 동의합니다. 룩셈부르크가 실제로 사회주의자나 공산주의자가 아니라 새로운 형태의 사회와 국가를 위한 유일한 가능성으로서 정의, 자유, 혁명을 위해 우뚝선 '유일한' 인물임을 설명해야 하기에 헌사를 고쳐 말할 수는 없지요." 편지는 출간되지 않았다. 이 후기는 의회도서관의 원고 분과에 있는 '한나 아렌트의 기록물'에서 인용했다. (편집자)

전체주의

《전체주의의 기원》의 새로운 증보 개정판에 대해 간략히나마 말할 기회가 생겨서 기쁘다. 제목이 의아할 정도로 부적절하다는 데 동의한다. 이 제목은 '기원'을 고수함으로써 가장 큰 비중을 차지하는 책 마지막 부분을 무시하는 듯해서다. 이 부분은 전체주의 운동과 정부를 구성하는 여러 요소에 최대한 매진하는 반면에, 반유대주의와 제국주의의 처음 두 부분은 이들 요소의 기원을 발견할 수 있는 현대사의 무의식적 흐름을 다룬다.

나는 책 전체를 담지 못하는 제목의 명백한 불이행을 두고 걱정하지 않겠다. 독자가 이를 가볍게 바로잡을 수 있으리라 믿어서다. 내게 걸리는 부분은 제목이 이 저작을 집필할 무렵 붙들지 않았고 오늘날에는 덜 믿게 된 역사적 인과 관계에 대한 믿음을 희미하게나마 암시한다는 점이다. 이 저작이 공적으로 존속해온 7년이라는 기간이 새로운 제목을 붙이기에 충분히 지났다고 느끼지 않았다면 내 본래 의도에 더 가까운 제목을 찾으려 했을지도 모른다. 이 저작을 집필하는 동안 내 의도는 끊임없이 반복되는 이미지 형태로 나에게 나타났다. 나는 정형화된 구조를 다루는 듯이 느꼈고 그 이미지를 무너뜨리기 위해 정형화된 구조를 여러 구성 요소로 분절해야 했다. 이 이미지가 나를 무척 성가시게 했는데, 모으고 보존하고 기억에 적합하게 만들기 위해서가 아니라 그 반대로 파괴하기 위해 역사를 집필하는 일은 불가능한 과업이라고 생각했기 때문이다. 마침내 나는 내가 역사서를 집필하고 있는 게 아니라는 점을 깨달았다. 이 저작의 주요 부분에 분명히 역사적 분석이 들어 있긴 해도 이는 정치서다. 과거 역사에 관한 것이 무엇이든 현재의 관점에서 볼 수 있을 뿐만 아니라 전체주의의 출현이라는 사건이 비추는 빛이 없었다면 절대로 눈에 띄지도 않았을 정치서다. 다른 말로 표현하면, 이 책의 1부와 2부에서 말하는 '기원'은 어떤 결과를 초래할 수밖에 없는 원인이 아니라 오히려 사건이 벌어진 후에야 기원이 되었다.

두 번째 문제도 같은 방향을 가리키고 있다. 당대의 사건과 문서 자료에 크게 의존하는 이 저작은 초판이 나온 지 7년이 넘었고 원고가 완성된 지 9년이 지났기에, 지금 개정 작업은 당연히 필요하다. 개정 내용은 지금 이 판본의 머리말에 밝혀두었는데, 기술적인 성격에 관한 사항들이어서 책의 본질을 바꾸거나 논쟁과 관련이 있지는 않다. 그러나 이 판본에는 어떤 의미에서 어쩌면 이 책의 성격을 바꾸어놓을 두 편의 글이 증보되었다. 원래 이 책은 함축적이지만 의식적으로 결론을 내지 않는 "맺음말"로 종결되었는데, 이는 이제 "이데올로기와 공포: 새로운 정부 형태 Ideology and Terror: A Novel Form of Government"라는 훨씬 덜 함축적이고 이론적인 장으로 대체되었다. 내게는 이 장이 본 저작의 적절한 결론인 듯이 보이지만 심미적인 관점에서 볼 때 원래 결말의 미결 상태가 전체 저작의 분위기와 스타일에 더 잘 어울린다고 주장할 수도 있다. 원래의 결말이 저자가 자신의 주제와 관련해 계속 관여할 준비가 되어 있던 정도를 보여주기 때문이다.[1]

정치 저술가의 관점이 아닌 제작자와 예술가의 관점에서 볼 때, 나는 더 마음에 들지 않는 일을 했다. 1956년 헝가리 혁명에 관한 장을 추가했고 이로써 책의 전체 준거틀을 강제로 공개하게 할 수 있는 시사적 관심 사안과 논쟁점을 소개했다. 많은 제약에도 이 장에는 분명히 이를 둘러싼 일말의 희망이 있다. 하지만 이 희망은 지금까지 현시대 문제점들에 대한 '유일한' 명시적인 표현은 전체주의의 공포라고 한 3부의 가정과 양립하기 어려울 것이다. 내가 가진 희망의 근거가 대다수 사람에게 생소하게 들리리라는 점을 나도 안다. 오직 유엔《보고서》와 실로네의 몇몇 기사만이 이 마지막 유럽 혁명이 예전에 실제로 시도된 적이 없는 정부 형태를 다시 한번 불러왔다는 사실에 주목했다. 하지만 우리는 이 정부 형태를 새로운 형태로 부를 수는 없다. 100년 이상의 시간 동안 모든 혁명에서 특이하게 규칙대로 나타났기 때문이다. 나는 평의회, 즉 10월 혁명의 초기 단계에서 폐기된 러시아의 '소비에트' 체제와 단기적이고 불안전한 정당 민주주의가 수립되기도 전에 독일과 오스트리아에서 사라져야 했던 중유럽 '평의회Räte'를 말하고 있다.

내가《전체주의의 기원》을 집필하면서 평의회의 중요성을 의식하지 않았던 것은 아니다. 나는 크론시타트 반란과 이에 따른 볼셰비키당의 '소비에트' 궤멸이 러시아 혁명의 전환점이었다고 줄곧 확신했다. 이런 상황은 자기 자식들을 집어삼킨 혁명이라는 매우 잘못된 비유가 실제로 현실이 되는 순간이었다. 혁명으로 태동한 자유를 위한 새로운 제도들이 무너졌으며 그 폐허 위에 일당 독재가 수립되었다. 이를 뒤이은 정부가 더는 혁명사 자체에 속하지 않을 스탈린의 전체주의 정부 수립이었다.

그런데도 1848년 이후 등장한 모든 유럽 혁명에서 평의회가 맡은 역할을 자각했지만 나는 평의회 체제가 다시 나타날 가망이 없다고 보았

---

1 2004년 판(한국어 번역본은 2006년)《전체주의의 기원》에는 새로운 '결론'에 원래의 '맺음말'이 추가되어 있다. (편집자)

기에 이를 설명에서 제외했다. 헝가리 혁명은 내게 교훈을 남겼다. 혁명 기간에 놀랍게도 평의회 체제가 다시 출현한 현상을 고려하면 우리는 우리 시대에 두 가지 새로운 형태의 정부를 마주할 것으로 보이는데, 이 새로운 정부 형태는 파산한 국민 국가 정치체에 반하는 것으로서만 이해할 수 있다. 전체주의 통치 방식의 정부는 확실히 우리가 이전에 알던 그 무엇보다 대중 사회의 내재적 경향과 더 잘 일치한다. 그러나 평의회는 분명히 대중masses이 아닌 인민people이 오랫동안 소망한 결과였다. 우리가 다른 모든 곳에서 헛되이 바랐던 대중의 형성과 대중 사회에 대한 구제책을 포함하는 것은 거의 불가능할 듯하다.

그러므로 현재 판본의 마지막 장은 에필로그 또는 뒤늦은 사유다. 내 희망이 옳았는지 전혀 확신할 수는 없지만 모든 내재적 절망에 무자비하게 대면하는 만큼 현재의 모든 내재적 희망을 소개하는 일이 중요하다고 확신한다. 어쨌든 정치 저술가에게는 균형 잡힌 저작을 독자에게 소개하는 일보다 이것이 훨씬 더 중요했음이 틀림없다.

(1958, 가을)

문화와 정치

1

무엇을 문화로 보든지 간에, 이는 이제 의심하거나 감사해하지 않고서 당연시할 사안이 더는 아니다. 이 말 자체가 지식인들 사이에서뿐만 아니라 전체적으로 보면 문화를 형성하는 대상들을 만들어내는 사람들 사이에서도 거북스러운 원인이 되었다. 지금 우리 모두 자각하는 이 거북스러움을 밝히지 않음으로써 있을 법한 문화는 물론이고 현재 상태의 문화 둘 다를 놓치는 건 아닌지 걱정이다.

문화에 대한 의구심이 단지 어제오늘만의 문제는 아니다. 독일에서는 아마도 150여 년 전에 클레멘스 브렌타노Clemens Brentano[1]가 최초로 기술한 "문화속물주의Bildungsphilisterium"의 등장과 더불어 시작되었다. 속물주의자에게 문화는 사회적 위상과 사회 발전의 사안이었고, 일종의 사회적 유용성을 얻었기 때문에 정확히 그 시각에서 평가 절하되었다. 지금도 우리는 이러한 역학 관계에 아주 친숙하다. 사람들은 보통 이를 "가치 바겐세일Ausverkauf der Werte"이라고 한다. 현대 사회가 문화의 "가치", 즉 문

---

[1] 19세기 낭만주의 중기에 활동한 독일의 시인이다. (옮긴이)

화적 대상들을 전용해 가치로 바꾸어놓는 유용성을 처음 발견했을 때 "바겐세일"이 시작되었다는 사실을 인지하지 못한 채 말이다. 교육받은 속물주의자는 명백히 독일 유형일지 모르지만 사회적 가치의 형태로 평가 절하하는 문화의 사회화는 더 일반적인 현대의 현상이다.

독일의 속물주의자philistine는 영국의 속물snob, 미국의 거들먹거리는 지식인the highbrow intellectual, 아마도 18세기에 루소가 살롱에서 처음으로 발견한 현상인 프랑스의 보수주의자 bien pensant와 일치할 것이다. 요즈음 유럽에서는 이러한 것을 분명히 어느 정도 과거의 일로 여겨 누구도 깊이 들여다보지도 않는다. 그런데 거들먹거리는 지식인의 문화속물주의가 대중 사회에 대한 반발인 미국에서는 사태가 사뭇 다르다. 무엇보다도 "가치 바겐세일"은 교육적 가치들의 "바겐세일"이 되었으며 이들 가치에 대한 수요가 감소세인 공급을 가까스로 앞서나갔다.

사회화 현상은 완전히 별개의 사안이다. 이른바 "대중문화"는 살롱에서 시작된 문화의 사회화와 별반 다르지 않다. 처음에는 상류층과 사회 계급을 장악한 사회적인 것the social의 영역이 이제 실질적으로 모든 층위로 확장되어 급기야 대중 현상이 되었다. 그러나 대중 심리학을 통해 대중 사회의 인간에게 전형적인 것으로 지금까지 확인된 특징들은 다음과 같다. 첫째는 최고의 적응력과 마찬가지로 인간의 버림받음(여기서 버림받음Verlassenheit은 고립도 고독도 아니다), 둘째는 성마름과 지지의 결핍, 셋째는 자질을 판단하거나 분별조차 할 수 없는 완전한 무능력에 따른 놀라운 소비 능력(폭식은 빼고), 넷째는 무엇보다도 자기중심주의와 돌이킬 수 없는 세계 소외다. 인간은 이 소외를 자기 소외self-alienation로 착각한다(이 또한 루소로 거슬러 올라간다). 이 모든 특징은 대중의 속성을 띠지 않은 "상류 사회good society"에서 맨 처음 드러난다. 처음으로 새로운 대중 사회를 맞닥뜨린 사람들은 실제로 자기 자신을 엘리트라고 여길 수 있을 정도로 (양적인 의미에서) 소수의 대중으로 구성되었다고 말할 수 있다.

그러나 문화가 사회화되는 과정인 가장 최근 단계와 문화속물주의를 낳은 그 이전 단계 사이에는 상당한 차이가 있다. 오락 산업의 현상은 이러한 차이를 보여주는 가장 훌륭하고 적절한 예라 할 수 있다. 교육받은 속물과 문화적 속물이 지금까지 가장 관심을 두는 대상이 바로 이것이기 때문이다. 속물주의자들은 문화를 문화적 가치로 고집했다. 이들은 문화적 가치를 통해 스스로 더 높은 사회적 위상, 즉 자신이 자연적으로나 태생적으로 차지한 것보다 자기 딴에는 더 높은 사회적 위상을 확고히 하고자 했다. 그러므로 문화적 가치는 항상 가치가 존재하는 것, 즉 교환 가치였고 문화가 사회적 목적을 위해 원용되거나 남용된다는 사실을 거의 당연시하며 시작된 평가 절하였다. 문화적 가치는 시간이 지나가면서 광채를 잃었고 급기야 한때 모든 문화적 사실에 고유한 것이며 그 자체로 사로잡을 잠재력을 상실했다. 하지만 가치가 되기 위해 탈자연화된 denatured 이 문화적 대상들은 소비되지 않고 가장 황량한 형태로라도 일련의 세계적, 객관적인 사물로 남았다.

오락 산업이 만들어낸 문화적 대상들과는 사정이 완전히 다르다. 말했듯이 이들 대상은 한동안 관심을 끌겠지만 사회가 여타 소비 제품을 소비하는 것과 같은 방식으로 이들을 소비하는 사회의 삶 과정에 이바지함을 의미한다. 결국 소비된 공허한 시간은 노동과 수면을 제외하고 남는 생물학적 시간이다. 노동하는 인간의 경우에 유일한 활동은 자신과 가족의 생명 활동을 유지하고 소비 증가와 생활 수준 향상을 통해 이들 활동을 강화하는 일이다. 이 경우에 쾌락은 생물학적으로 결정된 노동의 순환, 즉 "인간과 자연 간 신진대사"(마르크스)가 공백을 만들어낸 곳의 생명 활동 부문들이 차지한다. 생명 유지를 위한 노동이 경감되고 시간이 적게 소요될수록 레크리에이션의 여가는 점점 더 늘어난다. 그런데 훨씬 긴 시간 동안 자유로워져서 쾌락으로 채워야 할 시간이 더 많아졌지만, 이 때문에 노동이나 수면만큼 생물학적 생명 활동의 핵심 부문인 쾌락도 잃을 게 없다. 이어서 생물학적 삶은 노동을 하든 휴식을 취하든, 소비하든 즐기든 이들 사물을 흡수해 항상 영양분을 공급받는 신진대사일 뿐이다. 오락 산업이 제공하는 사물들은 사용하고 교환할 가치가 아니며, 오히려 다른 사물들처럼 고갈되기 쉬운 소비 대상에 불과하다. '빵과 서커스Panem et circenses', 이 둘은 사실 나란히 간다. 둘 다 생명 활동과 이의 유지 및 회복에 필수적이다. 또한 둘 다 생명 활동에서 소비되는데, 그 과정이 궁극적으로 멈추지 않는다면 반복해서 생산되고 이행되어야 한다.

오락 산업이 자체의 소비 대상들을 만들어내기만 하면 그것도 괜찮기는 하다. 우리는 제품이 변질되지 않도록 제조하는 순간 소비해야 하는, 이렇게 오래가지 않은 제품을 만든다고 제과점을 비난할 수 없듯이 오락 산업도 비난할 수는 없다. 하지만 오락 산업이 문화의 소산이라는 권리를 주장하게 된다면(바로 대중문화에서 일어나는 일이다) 사회적 생명 과정이 문자 그대로 문화의 소산을 게걸스럽게 집어삼켜버리기 시작하는 걷잡을 수 없는 위험이 발생한다. 이때 사회적 생명 과정은 모든 생명 과정과 마찬가지로 받아들이는 모든 것을 신진대사의 생물학적 순환에 무한정 끌어들인다. 물론 책이나 영상 같은 문화 제품이 값싼 복제품 형태로 시장에 뿌려져 다수에게 팔릴 때는 이러한 과정이 발생하지는 않는다. 하지만 문화 제품을 오락 산업에서 사용할 수 있도록 개작하고 요약하며 대중화하고, 복제를 통해 키치로 변형할 때면 이러한 과정은 반드시 발생한다. 우리가 "대중문화"라고 부르는 것, 더 정확하게는 문화의 타락이라고 불러야 하는 것의 징후는 오락 산업이 아니다. 모든 사람이 플라톤의 《대화》를 문고본으로 구매할 수 있을 때 문화의 타락이 시작하지는 않는다. 오히려 그런 제품이 대량 유통이 용이해질 정도로 변형될 때 발생한다. 그렇지 않으면 대량 유통은 있을 수 없다. 이러한 타락을 심화시키는 사람들은 대중음악 작곡가가 아니라 으레 많이 읽고 잘 아는 지적인 프롤레타리아 회원들이다. 이들은 현재 전 세계를 망라해 문화를 조직화하고 전파하며 더욱이 실제로 이 문화와 전혀 상관없는 사람들도 이를 접할 수 있게 하고자 한다.

문화는 대상과 관련이 있으며 세계의 현상이다. 그리고 쾌락은 사람people과 관련이 있으며 생명 현상이다.[2] 인간과 자연 사이에 설정된 음식 섭취의 신진대사에서 오는 쾌락만으로 삶이 더는 만족스럽지 않다면 그 삶은 세계의 대상들에 자유롭게 손을 뻗어 소유하고 소비할 수 있다. 이때 신진대사에서 나오는 쾌락은 인간의 활력이 이 순환 과정에서 더는 소진될 수 없기에 항상 분투와 노동을 수반한다. 그런 다음 생명은 소비에나 적합할 세계의 사물이나 문화적 대상들을 마련하려고 노력할 것이다. 요컨대 생명은 이들 대상이 인간의 신진대사와 통합되기에 앞서 준비되어야 할 자연의 대상인 듯 이들을 다룰 것이다. 자연의 대상들은 이러한 방식으로 소비되어도 영향을 받지 않는다. 또 인간이 살아가면서 노동하고 분투하며 회복하는 한, 그 자신은 자연적인 존재이므로 대상들은 끊임없이 새로워진다. 자연적인 존재의 생물학적 순환은 자연적인 모든 것이 작동하는 더 광범위한 순환에 적합하기 때문이다. 하지만 인간이 자연

---

2 아렌트는 자신의 명백한 "삶에 대한 적대감Lebensfeindschaft" 비판에 다음과 같이 응수했다. "나는 세계를 삶에 대립시켰다. …… 삶에 대한 엄청난 과대평가가 있었고 여전히 그러한 시대에 살고 있기 때문이다. …… 나는 삶에 적대적이라고 생각하지 않는다. 삶은 장엄하지만 최고선은 아니다. 삶이 최고선으로 생각되는 순간 …… 이내 지나가고 만다. 우리 사회에는 세계로부터의 위험한 소외, 이와 함께 세계를 사랑하는 인간들의 지독한 무능이 있다." *Reflections on Literature and Culture*, ed. Susannah Young-ah Gottlieb (Stanford, Calif.: Stanford University Press, 2007), p. 332에서 인용했다. (편집자)

의 존재가 아니라 세계의 존재인 한, 인간이 생산한 세계의 사물들은 자체로 새로워지지는 않는다. 생명이 세계의 사물들을 쾌락에 전용하고 소비할 때 이들은 그저 사라지고 만다. 이러한 소멸은 노동과 소비를 번갈아 하는 방식을 기반으로 하는 대중 사회의 맥락에서 최초로 등장하며, 원래의 질감을 거의 알아볼 수 없을 때까지 교환 가치로 유통되다가 사회 내에서 닳아 없어지는 것과는 분명히 다르다.

　　　문화 파괴의 이 두 과정을 역사학이나 사회학 용어로 설명하는데, 문화속물주의 내에서 문화 제품의 평가 절하는 상업 사회, 즉 재화와 교환 시장이 가장 중요한 공적 공간의 전형적인 위험을 예시한다고 말할 수 있다. 이어서 대중 사회 내 문화의 소멸은 노동자 사회a society of laborers에서 기인한다고 할 수 있다. 이 사회에서 노동자들은 그저 '인간'으로서 당연히 시장이라는 공적 공간이 필요하며 다른 시간적 정황 아래 있는 여타 인간들처럼 즉시 시장을 형성할 수 있겠지만, 노동자로서 이들은 자기 삶의 과정과 독립적으로 존재하는 공적, 세계적 공간을 알지도 못할뿐더러 필요로 하지도 않는다. 노동 사회a laboring society는 어쨌든 개인적 또는 사회적 삶의 과정이 가진 기능의 측면에서 모든 것을 이해하고 해석하는 특징이 있다. 그런데 노동 사회가 노동자 사회와 전적으로 같을 필요는 없다. 이 두 사회, 즉 상업 사회와 노동 사회는 그 자체로 상당히 다른 반문화적 과정을 공유한다. 두 사회 다 세계에서 생산된 모든 대상이 이들을 사용하고 교환하며 평가하고 적용 또는 그 외에도 이들을 소비하고 소화하는 사회와 관계를 맺을 때 작동한다. 이 두 사례에서 우리는 세계가 사회화하는 과정을 다루고 있다. 민주주의와 문화가 대립하고 문화는 귀족 사회 안에서만 성행할 수 있다는 일반적 견해는 민주주의가 인간의 사회화 및 세계의 사회화를 의미한다고 간주하는 한에서 옳다. 여기서 사회화는 이 과정이 어떻게 이해되어야 하는가의 사안은 결코 아니다. 어쨌든 문화를 위협하는 점은 사회의 현상이자 대중 사회 못지않을 상류 사회의 현상이다.

2

　문화와 관련해서 이번 세기 들어 사회화가 전방위적으로 진행된 결과로써 문화속물주의와 대중문화라는 반문화 현상의 발생은 우리에게 거북하다. 이 점을 고려할 때, 그 거북한 면은 아주 최근의 빈티지다. 하지만 문화와 관련해 또 다른 불신이 있는데, 이는 훨씬 더 오래되었으면서도 어쩌면 가장 관련이 깊다. 더욱이 문화를 성찰하는 맥락에서 확실한 장점이 있는 불신은 문화적인 사안의 퇴행적인 모습에 대한 반응이 아니라 정반대, 즉 너무도 압도적인 문화의 명성과 이에 상응하는 두려움으로 촉발되었다. 이러한 불신은 정치 영역에 뿌리를 두고 있다. 또한 우리에게 낯설지 않은 점은 미적 교양 개념이나 문화적 정치Kulturpolitik와 같은 합성어 구문들을 불편하게 생각하는 것이다. 어떤 경우든 우리는 정치와 문화 간 긴장과 가능한 갈등을 의식하게 될 것이다. 예술 애호가는 (정치의 긴박성에 관한 감이 없어) 문화에 유리하게 해결하려고 하고 (문화 생산의 필연성에 생소한) 정치인은 정치에 유리하게, 이른바 문화적 정치cultural politics로 해결하고자 한다. 갈등 해결에 대한 이러한 시도들을 우리가 불편해하는 것은 당연히 현대적 경험에 좌우된다. 예술 애호가는 문화적 속물을 생각나게 하는데, 문화적 속물도 추정컨대 "더 고상한" 것, 즉 여러 문화적 "가치"가 자신들이 속물적이고 저급한 정치 영역이라 믿는 것으로 끌어 내려짐으로써 더럽혀지고 저급화될 수 있을 뿐임을 믿었다. 가장 자유로운 문화적 정치에서조차도 "정치"라는 사안은 일반적으로 문화로 여기는 사안을 완전히 파멸시킨 전체주의 체제하에서 최근에 우리가 대면해온 끔찍한 체험을 상기시킨다.

문화를 성찰해보기 위해 현대의 일반 조직체들을 잠시 제쳐두고 다른 역사적 모델을 숙고해보자고 제안하고 싶다. 역사적 모델 없이는 정치학이 작동할 수 없다. 역사가 정치학에 연구 대상을 제공하기 때문만은 아니다. 문화와 정치 간의 관계처럼 일반적인 현상에 대한 시각을 확보하기 위해 (우리의 경험 지평이 영원히 제한될지라도) 이 지평을 넓히려면 "정치"와 "문화" 같은 사안들에 대한 역사적으로 퇴적된 경험의 도움 없이는 불가능하기에 그러하다. 사실 근대성modernity에서 벗어나자는 내 제안은 고대의 삶을 살았던 사람들에게 정치적, 공적 영역이 비할 바 없이 위엄이 있고 훨씬 타당하다는 점을 그저 인정하자는 것이다. 이것이 정치학에 시사하는 바는 여러 특별한 기본 현상과 문제점이 계속되는 시기보다 이 고대 역사를 배경으로 훨씬 더 명확하게 드러나고 보일 수 있다는 점이다. 우리 앞에 놓인 특정 사안과 관련해서 중세 시대는 특히 당시의 공적 공간이 대부분 속물적이고 세속적인 세력으로 형성되지 않았기에 어쨌든 무시되어도 좋다. 오늘날 문화와 정치의 관계에 대한 문제는 세속적인 문제이므로 종교의 관점에서 결정할 수 없다. 하지만 근대성은 어떤 식으로든 정치 현상을 명료화하고자 할 때 거의 극복하기 어려운 문제점들을 제기한다. 이 시기에 새로운 영역이 사적인 것과 공적인 것의 친숙한 공간 사이에 열렸다. 이 공간에서 공적 영역은 사적인 것이 이루어지는 과정에 있으며, 사적인 것의 대응물이 공적인 것의 과정에 있다. 사회를 매개로 성찰되고 연구되는 모든 정치 문제에 공통된 왜곡과 손상을 여기서 논의할 수는 없다.[3] 나는 이러한 먼 과거에 대한 내 준거를 정당화하고자

---

3 아렌트의 《인간의 조건》 2부 〈공적 영역과 사적 영역〉을 참조하라. (편집자)

할 때만 이를 언급하고자 했다. 따라서 특히 고전 시대인 고대 그리스와 로마 둘 다 문화 자체에 대해서는 아닐지라도 최소한 문화 대상들을 만들어낸 모든 사람, 즉 장인과 예술가에 대해 아주 회의적이었음을 상기하라고 요구하고 싶다. 지배적인 의견은 장인과 예술가를 완전한 시민으로 생각하지 말아야 한다는 것이었다. 예를 들어 로마인은 결국 문화를 그리스의 수입품으로 로마에 등장하게 해서 아주 명백히 정치에 유리하도록 문화와 정치의 갈등을 해결했다(테오도어 몸젠Theodor Mommsen[4]은 "가수와 시인이 줄타기 곡예사, 어릿광대 옆에 나란히 섰고" 조형 예술에 관한 한 "심지어 마르쿠스 바로Marcus Varro[5]마저 대중 및 대중의 꼭두각시와 우상에 대한 욕망을 조롱했다"라고 기록한다). 이에 대한 한 가지 지표는 궁극적으로 로마에 기원을 둔 "문화culture"라는 용어가 "보살핌care"을 의미한다는 점이다. 이는 전체 영역에서 로마인이 생산자나 창조자가 아니라 관리인과 후견인의 역할을 채택했음을 암시한다.

　　보살핌은 또한 기본적으로 관리인과 후견인을 정치적으로 특징 짓는 것과 같은 태도다. 다시 말해 과거에 토대하며 전통을 통해 신성화되는 출발점에 대해 동일하게 보살피고 유지한다. 이는 그리스 전통이 정신적, 지적 사안들과 관련 있듯이 도시의 건설은 정치와 관련이 있다. 이러한 태도는 농민에게 전형적일 수도 있다. 확실히 그 태도는 농민이 자연과 맺은 비할 데 없이 간절한 관계로 수렴되는 곳 어디에서나 로마인에게 가장 생산적이었다. 다시 말해 이러한 태도는 로마의 경관을 형성하는데 가장 생산적이었다. 로마인들은 실물 예술품을 경관처럼 자연스럽게 발전시켜야 하는 것으로 여겼다. 이런 예술품은 경작된 자연이어야 한다.

4　19세기 독일의 역사가로 현대 로마 사학의 기초를 확립했다. (옮긴이)
5　고대 로마의 철학자이자 문학가로 역사, 문학, 건축 등을 연구했다. (옮긴이)

로마인은 "숲의 푸르른 고독 속에서 나뭇잎들이 자신에게 불러주는 노래"(몸젠)를 가장 오래된 노래로 여겼다. 농업조차도 땅에 "멍에"를 지워 폭력의 대상으로 삼을 수 있으며 그러한 폭력이 인간의 초자연적 위대성을 보여주는 증거라고 생각했다. 소포클레스Sophocles는 《안티고네Antigone》의 유명한 코로스 구절에서 "수많은 경이 / 끔찍한 경이가 이 세계를 거쳐 갔지만 인간에 비할 것은 아무것도 없다네"라고 인간의 위대함을 노래했다. 하지만 이는 로마인이 믿었던 것과 정반대다. 요컨대 그리스인은 농업까지도 '테크네techně'와 '포이에시스poiêsis' 측면에서 생각했다. 반대로 로마인은 자연적 존재로서 인간에게 음식과 집을 제공하기 위해 자연이 조심스럽게 문화가 되는 노동 모델의 측면에서 문화적이고 세계를 형성하는 인간의 활동을 체험했다.

'문화culture'라는 말을 사용할 때 로마식 조직체가 여전히 존재하기는 하지만 문화와 정치 간의 관계에 대한 로마식 모델로 특별히 소득이 있는 것은 아니다. 로마인은 문화가 보살핌의 대상이 될 만하고 결국에는 공화국res publica의 일부가 되어서야 문화를 진지하게 받아들였다. 초창기의 로마인은 예술가와 시인이 가는 길을 단순히 막아섰다. 그런 유치한 놀이가 '그라비타스gravitas, 엄숙함', 즉 시민에게 어울리는 위엄과 엄숙함을 따르지 않는다고 믿었기 때문이다. 그들은 이 같은 종류의 생산성이 정치적인 것의 영역과 같은 활동을 불러오거나 위해가 될 수 있다고 생각하지 않았다. 로마식 모델과 비교해 그리스식 모델의 결실은 최소한 아테네에서 정치와 문화 간의 갈등이 결코 어느 한쪽이나 다른 쪽에 분명히 이득이 되지 않지만, 또한 어느 한쪽 영역이 다른 쪽 영역에 무심해질 정도로 중재되지 않는다는 사실에서 얻을 수 있다. 이는 동시에 그리스인이 다음과 같이 말할 수도 있을 것 같았다. "올림피아에 있는 페이디아스Pheidias의 〈제우스Zeus〉를 보지 못한 사람은 헛된 삶을 살았다." '그리고 "페이디아스 같은 사람들, 즉 조각가들에게는 절대로 시민권을 주지 말아야 한다."

투키디데스는 페리클레스의 명언을 기록하며 문화에 대해 정치적으로 탄탄한 의구심을 간접적임에도 현저히 특징적인 방식으로 표현한다. 번역이 거의 불가능한 구절인 "우리는 정치 판단의 한계 안에서 아름다움을 사랑한다. 그래서 우리는 유약함이라는 야만인의 악덕 없이 철학을 한다philosophoumen aneu malakias kai philokaloumen met'euteleias"에 대해 말하고 싶다. 여기서 우리는 지혜 사랑과 미 사랑의 경계를 설정하는 것이 폴리스, 즉 정치적인 것임을 분명히 들을 수 있다(양쪽 다 이해는 된다. 하지만 이는 그 구절을 상태가 아닌 활동으로 옮기는 것을 불가능하게 한다). 아리스토텔레스가 보고한 대로 '말라키아malakia'는 과잉이라는 야만적인 악덕으로 여긴 반면, 과잉을 방지하는 적확성인 '에우텔레이아euteleia'는 정치적 미덕이기 때문이다. 그러나 그리스인이 야만인을 뛰어넘어 자신을 높이 올려줬다고 믿은 가장 중요한 사안은 폴리스, 즉 정치적인 것이었다. 다시 말해 그리스인은 야만인과 자신을 구별해주는 것이 자신의 더 높은 형태의 문화라고 전혀 믿지 않았다. 정반대로, 정치적인 것이 문화적인 것을 제한해야 한다고 생각했다. 페리클레스의 말에 담긴 이 단순한 요점을 파악하는 일이 우리에게 쉽지만은 않다. 페리클레스의 말이 한편으로는 진리와 미 사이의 갈등에 대해, 다른 한편으로는 사유와 행위의 갈등에 대해 논의한다고 아주 쉽사리 믿는 경향이 있기 때문이다. 쉽게 믿는 이유는 우리의 전통이 철학적 경험을 하는 데 유리하도록 서구적인 것과 철학적 세계관에 대한 정치적 경험을 억압하면서 드러나지 않도록 했기 때문이다. 우리의 소박한 이해는 플라톤과 이전의 철학자들이 호메로스와 시인들이 거짓말을 지어낸다며 공화국에서 추방하려 했던 철학사의 서술에 달려 있다. 하지만 밝혀진 바와 같이 철학자인 플라톤만이 호메로스에게 면박을 준 유일한 인물은 아니었다. 정치가인 페리클레스도 아주 상반된 이유를 들어 위에서 인용한 추도 연설에서 똑같이 했다. 그는 아테네의 바로 그 위대성이 정치적인 것의 본질을 구성하는 말과 행위를 불멸의 것으로 만들기 위해 "호메로스 및 그와 비슷한 부류"가 필요하지 않다는 데 있다고 명백히 말한다. 그가 생각하기에 아테네의 권력은 행위에서 직접 자라난, 결국 정치적인 것 자체에서 자라난 명예의 기념비들에 손색이 없을 만큼 위대했다. 위대하다 함은 명성 높은 전문 생산자 없이도 할 수 있음을 뜻한다. 불멸의 명성에 필수적인 영원성을 공고히 하기 위해서 살아 있는 말과 행동을 객관화하려는 예술가와 시인은 그 말과 행동이 '사물'이 되게 한다.

예술가와 장인이 폴리스에 어떤 영향도 미치지 못하게 막으려는 그리스인의 성향이 종종 큰 오해를 받곤 했다고 본다. 이 같은 성향은 생명 지속에 필요한 육체노동의 경시와 쉽게 동일시될 수 있다고 여겼다. 육체노동의 경시에도 본래 정치적 성격이 있다. 삶에 억지로 떠밀리는 사람은 누구도 자유로울 수 없는데, 그의 활동들은 삶의 필요 명령을 따르게 된다. 폴리스에서 자유인의 삶은 생명의 필요성을 충족했을 때라야 비로소 가능하다. 이는 노예들을 둔 가정을 다스리는 주인이 되었다는 의미다. 하지만 헐벗은 삶 bare life에 필수적인 노동은 정치적인 것의 외부에 놓이며, 따라서 후자와 대립할 수 없다. 결국 이에 필수적인 노동은 공적 영역에서가 아니라 오히려 가족과 가계의 사적 영역에서 행해진다. 공적 영역에서 배제되어 사적 가족 구성원의 영역에 한정된 사람, 즉 그리스의 '오이케타이oiketai, 집에 속한 사람들'와 로마의 '파밀리아레스familiares, 가족에 속한 사람들'는 기술자들(이들은 '데미우르고이dēmiourgoi'라는 용어에서 알 수 있듯이 결코 집에 머무르는 법이 없고 오히려 사람들이 있는 밖으로 나가 일한다)과 근본적으로 구별된다. 마찬가지로 이들은 예술가, 즉 '포이에타이poiētai'와도 구별된다. 예술가의 작업은 정치적 삶이 자리 잡은 공적 공간에 적합하도록 장식하고 육성하는 데 봉사한다. 오로지 행위 활동, 생산 활동, 이 "결과물"(행동과 작업의 산물)이 공적 공간에 놓여 있기에 문화적인 것과 정치적인 것 사이에 갈등이 발생할 수 있다. 이 갈등과 관련해서 결정해야 할 문제는 간단히 말해서 인간이 창출하고 거주하는 공적 공간에 궁극적으로 어떤 기준을 적용하느냐에 있다. 행위 또는 생산에 공통으로 적용할 기준이 단어의 기본적인 의미에서 정치적인 기준인가, 아니면 특별히 문화적인 기준인가?

3

우리는 문화와 정치 사이의 갈등이 공적 영역에 놓여 있고, 이 갈등은 우리 모두 공유하는 공적 공간이 공간을 수립한 사람들의 기준, 즉 인간이 '호모 파베르'인 한에서 인간의 기준으로 다스려져야 하는지, 아니면 이들 기준이 행위, 말, 사건에서 드러나는 인간 간의 상호 작용에서 직접 비롯되어야 하는지에 관한 거라고 결정했다. 우리 모두 알고 있듯이 그리스인은 후자의 대안을 선택했고 내가 보기에도 그럴 만해 보인다. 이 결정은 모든 곳에서 나타난다. 우리가 사안들을 평가하는 일상적인 방식으로 이 결정을 발견하고자 한다면, 규모의 기준이 모든 다른 판단과 비교할 때 가장 중요하다고 말할 수 있다. 정치 조직의 측면에서 그 결정을 보고 싶다면, "당신이 어디를 가든 폴리스를 형성할 것이다"라는 구절을 기억하는 것이 좋다. 망명하는 모든 사람에게 전해진 이 구절은 폴리스의 조직이 고향에서 이룩한 독특한 모습과 완전히 독립적임을 함축한다. 한마디로 인간 사이의 행위와 말을 통해 이룩된 훨씬 덜 구체적인 관계가 전혀 손상되지 않은 채로 남겨지고 교환될 수 있다.

이러한 결정의 성격은 문화와 정치 사이의 갈등(생산하는 인간이나 행위하는 인간이 특권을 누려야 하는지에 대한 투쟁)을 일시에 해결하지 '못할' 뿐만 아니라 도리어 불난 집에 부채질하는 격이기도 하다. 결국 모든 질문이 향하게 될 인간의 위대성은 불멸성에 합당한 일을 하고 말을 할 수 있는 인간의 능력으로 구성되었다고 간주한다. 여기서 불멸성이란 인간이 유한함에도 영원히 기억될 가치가 있다는 의미다. 위대함이 요구하는 전적으로 인간적이며 순수하게 세속적인 이 불멸성을 "명성fame"이라고 부른다. 명성은 유한한 인간보다 더 일시적이고 덧없는 말과 행동을 사라지지 않게 할 뿐만 아니라 나아가 불후의 영속성을 부여하는 데 목적이 있다. 앞의 인용문에서 페리클레스가 제기한 질문은 사실 다음과 같이 귀결된다. 그 일을 하는 데 누가 더 적합한가? 위대함이 나타나고 소통할 수 있으며, 보고 보이며, 말하고 들으며, 들릴지도 모르는 사람들이 영원히 존재하고 결국 기억을 영구적으로 보장하는 공적 공간을 확고히 하는 폴리스의 조직인가? 아니면 시인과 예술가, 더 일반적으로 말하자면 행위 중심의 정치 조직보다 훨씬 더 나은 명성을 보장하는 세계를 창조하고 생산하는 활동들인가? 이들 사람과 활동은 가장 쉽게 소멸하며, 가장 덧없는 부류의 것을 영속화하고 불멸하게 만드는 것에 해당하기 때문이다. 그리스인에게 무엇이 명성인지, 존재 가능한 명성이 무엇인지를 교육한 것이 바로 시詩다. 그리스인을 가르친 교육자는 바로 호메로스다. 심지어 음악과 더불어 시가 물질적으로 가장 구속받지 않는 예술이라면 이는 여전히 생산의 형식이며 일종의 객관화를 성취하게 될 것이다. 객관화가 존재하지 않을 때 불멸성은 고사하고 영속을 생각할 수조차 없게 될 것이다.

더욱이 행위가 생산에 의존하는 점은 "영웅"과 그의 명성이 시인에 의존한다는 것이다. 이것이 곧 페리클레스가 언급한 예다. 일반적으로 예술적인 객관화는 이미 존재하는 대상의 세계에서 자라며 계속해서 여기에 신세를 지고 있다. 대상의 세계가 없다면 예술 작품이 존재할 장소도 없게 된다. 대상의 세계가 단순히 인간 삶의 필수성으로 거슬러 갈 수는 없다. 유목민 부족, 원시 부족의 천막과 오두막이 보여주듯이 최소 생존에 대상의 세계는 필요하지 않다. 오히려 이 세계는 자신의 필멸성에 맞서 하나의 둑을 세우고 인간의 소멸과 자연의 불멸성 간에 무언가를 세우려는 욕망에서 발생한다. 자연의 불후성은 유한자가 자신의 유한성을 측정하기 위한 척도로 기능한다. 인간이 만든 세계가 바로 이 장소를 차지한다. 세계가 비록 영속하지는 않아도 인간의 삶보다는 훨씬 더 오래갈 것이다. 모든 문화는 이 같은 종류의 세계 만들기와 더불어 시작한다. 아리스토텔레스의 용어로 말하자면, 세계 만들기는 '불멸하도록 함athanatidzein'이다. 세계의 외부에, 다시 말해 가장 광범위한 의미에서 "문화"라고 부르는 사안의 외부에서 행위는 엄밀히 말하면 불가능하지는 않지만 흔적을 남기지는 않을 것이다. 어떤 역사도, "지구의 품에서 파낸 천개의 돌도 말로써 입증"하지는 못할 것이다.

　　우리는 세계의 대상들을 사용 물품과 예술 작품으로 구분해왔다. 양자가 대상이라는 점에서 비슷하다. 그러니까 둘 다 자연이 아닌 인위적인 세계에서만 생겨난다. 이 대상들은 공동으로 사용하는 대상의 지속성에서 예술 작품의 잠재적 불멸성으로까지 확장되는 일말의 영속성을 특징으로 한다. 이 방식으로 양자는 한편으로 생산에 필요한 시간을 거의 벗어나지 않는 단명한 소비재와 구분되며, 다른 한편으로 사건, 행위, 말, 궁극적으로 이들 요소에서 나오는 이야기와 같은 행위의 결과물과도 구분된다. 이 모든 행위 결과물은 그 자체로 너무 덧없어서 기억과 인간의 생산 역량의 도움 없이는 출현 시간이나 날짜도 거의 남아 있지 않게 될 것이다. 세계 내의 대상들을 이처럼 지속성의 측면에서 바라보면 예술 작품이 다른 대상들보다는 분명히 우월하다. 예술 작품은 수천 년이 지난 이후에도 세상에 처음 모습을 드러냈을 때와 같이 우리에게 빛을 발할 수 있다. 이것이 바로 예술 작품이 모든 사물 중 가장 세계적인the most worldly 이유다. 예술 작품은 각각의 유한한 인간보다 더 오래 가리라 추정되는 세계를 위해 생산된 유일한 사물이라 인간 사회의 생명 활동에서 어떤 기능도 하지 않는다. 예술 작품은 소비재처럼 소비되거나 사용 대상처럼 소모되지도 않을 뿐만 아니라 이러한 사용과 소모 과정에서도 완전히 벗어나야 한다. 말하자면 이들 작품은 인간의 생물학적 필연성과는 확실히 분리되어야 한다. 이는 다양한 방식으로 발생할 수 있지만 특정한 의미의 문화는 예술 작품이 생겨난 곳에서만 발견된다.

세계 속의 존재나 세계를 만드는 존재가 되는 것이 인간 본성의 한 부분인지 아닌지 나는 모르겠다. 세계를 가지지 않은 개인들worldless individuals이 존재하듯이 세계를 가지지 않은 국민도 존재하기 마련이다. 인간이 자신의 생명을 이어갈 목적으로 이 땅에 집이 있어야 할 때 세계가 필요하다. 확실히 모든 세계는 이 땅의 집처럼 그곳에서 살아가는 사람들에게 봉사한다. 그렇다고 인간이 집에서 하는 온갖 일이 세계 만들기로 귀결된다는 의미는 아니다. 이 땅에 있는 집이 세계가 되는 시점은 대상들이 전체적으로 인간이 살아가는 중에 소모적인 생명 과정을 견뎌낼 방식으로, 그리고 필멸의 존재들이 더 오래 살아갈 방식으로 생산되고 조직되는 때일 뿐이다. 이렇게 더 오래 지속되는 것이 보장되는 곳에서만 우리는 문화를 이야기할 수 있고, 모든 기능적이거나 공리적 측면과는 별개로 항상 사실성과 그 특성이 존재하는 대상들을 대면하는 곳에서야 예술 작품을 논의할 수 있다.

이러한 여러 이유로 문화와 관련한 성찰은 예술 작품의 현상을 출발점으로 하는 것이 좋을 듯하다. 이렇게 시작하는 것이 사물들에 대한 그리스식 접근 방식과 관련해 문화와 정치의 관계를 연구하고자 하는 현재의 시도로 볼 때 특히 적절하다. 예술 작품은 그 자체로 다른 어떤 대상보다 정치와 밀접한 연관이 있고 예술 작품의 생산 양식은 어떤 유형의 종사보다 행위와 밀섭한 연관이 있다. 예를 들어 인정을 받는 과정에서 예술 작품만이 공적 영역을 요구한다. 예술 작품이 바로 정신적, 지적 대상이라는 점에서도 밀접한 관계성을 본다. 그리스 용어로 '므네모시네Mnēmosynē, 기억하기와 추억'는 뮤즈의 모태다. 말하자면 사고와 기억을 통해 실재가 재평가된다는 뜻이다. 이 같은 재평가를 통해 사건, 행위, 말, 이야기 같은 무형적인 것을 포착하고 대상화할 수 있다. 공예품의 뿌리가 사용에 있듯 예술적 객관화의 뿌리는 사유에 있다. 단순히 사건이 기억된다고 해서 영속하지는 않는다. 하지만 기억은 사건에 잠재적 불멸imperishability을 제공하며 불멸성은 예술적 객관화를 거쳐 완성된다. 그런데 그리스인에게 모든 정치, 특히 그리스 고유의 정치 조직 형태인 폴리스의 가장 숭고하고 심오한 목표는 잠재적인 불후성immortality이었다. 그들이 추구한 바는 예술 작품 자체의 불후성보다는 오히려 잠재적 불멸, 즉 위대한 말과 행위의 기억 속에 잠재적으로 영원히 지속한다는 점이었다. 이 불후의 명성은 시인의 생산적인 객관화와 폴리스의 끊임없는 서사적 기념행사로 보장받을 수 있었다.

4

그리스 사상, 특히 그 정치적 측면에서 전적으로 필멸자의 잠재적 불멸성을 지향하며 궁극적으로 가장 소멸하기 쉬운 것의 불후를 지향한다는 점을 고려할 때, 인간의 어떤 능력도 생산적이고 예술적인 역량, 즉 그리스어 단어인 '포이에시스'가 의미하는 시적 역량보다 더 중요하게 생각되지 않을 것이다. 우리가 불과 몇 세기 사이에 한 걸작에서 다음 걸작으로 이동하기 위해 걸작으로 시작하는 그리스 예술의 대단한 발전, 즉 무서울 정도로 급속하게 발전했다는 사실을 상기한다면, 특히 분명한 점은 불멸성에 대한 정치적으로 뿌리 깊은 신념을 통해 촉발되는 예사롭지 않은, 구체적으로 말하면 문화적인 힘이다.

말할 필요도 없이 모든 형태의 생산에 대한 그리스인의 의구심은 문화적 대상 자체가 아니라 생산의 토대가 되는 태도, 즉 생산하는 일에만 종사하는 사람을 정형화하는 태도다. 그리스인은 생산 세계와 문화 세계의 영역에서 폴리스와 이의 정치 형태를 위협한다고 추정되는 위험에 의구심을 가졌다. 이 의구심을 통해 그들은 생산자 표준을 일반화하는 일과 정치 영역을 침범하는 이들의 사유 방식에 반대한다. 이는 처음에 우리에게 놀라워 보일 수 있는 점, 즉 누군가가 예술에 대한 최대한의 포용성과 예술 작품에 대한 가장 열렬한 찬사를 보여줄 수 있지만, 그런데도 개별 인간으로서 예술가를 정치 공동체에서 배제해야 하는지를 두고 끊임없이 숙고하고 있음을 설명해준다. 이때 예술의 포용성과 찬사는 풍부한 일화 속에 들어 있는 증거를 통해 알 수 있듯이 예술가들의 놀라운 자기 확신과 일치한다. 본질적으로 무엇이 정치 활동인가와 관련해서 입법 작업이나 도시 계획과 같은 활동이 (다만 정치적인 것의 선정치적 조건으로서) 생산과 어떤 관계가 있다면, 그래서 이들을 폴리스 자체, 즉 시민권을 요구하는 본질적인 정치 활동 영역에서 배제하려는 경향을 두고도 분명히 똑같은 의심을 할 수 있다.

이처럼 생산에 대한 의구심은 생산 활동의 본성에서 직접 파생했을 법한 두 가지 사실적 이유로 정당화된다. 첫째, 후자는 폭력을 가하지 않고는 본래 불가능하다. 탁자를 제작하려면 나무를 베야 하고 쓰러뜨린 나무를 목재로 만들어 탁자 형태가 되도록 폭력을 가해야 한다(횔덜린

Johann Friedrich Hölderlin이 시를 "가장 순수한" 활동이라고 했을 때, 어쩌면 그는 모든 예술 형태에 내재한 폭력을 생각했을지도 모른다. 물론 시인도 마찬가지로 자신의 소재에 폭력을 가하는 것이지 나무에 사는 새처럼 노래하지는 않는다). 둘째, 생산은 항상 수단-목적 관계의 범주에 놓이며 그곳은 생산과 제작의 영역에 진실로 합당한 유일한 장소다. 생산 과정은 명확히 식별할 수 있는 목적, 즉 최종 산출물을 가지고 있다. 따라서 생산 과정의 일부인 재료, 도구, 활동 자체, 심지어 관련된 사람들까지 포함하는 모든 것은 단순한 수단이 된다. 목적으로서 작업이 모든 수단을 정당화한다. 대다수 경우에 이 작업은 이러한 수단 없이는 절대로 확보할 수 없는 폭력을 정당화한다. 생산자는 모든 대상을 이 같은 목적을 위한 수단으로만 간주하며, 모든 대상을 그 고유한 유용성에 따라 판단해야 한다. 제작 영역 이외의 영역들로 일반화되고 확장된다면 이러한 태도는 오늘날까지 바나우젠 Banausen[6]을 특징으로 하는데, 이는 그리스어에서 차용한 몇 안 되는 독일어 중 하나로 본래의 의미가 거의 변하지 않았다. 이 같은 대상을 향한 의심은 정치적인 것의 영역에서 기인하며 한때는 수단과 목적의 합리성이 인간 공동체의 공적, 정치적 공간에서 벗어나도록 폭력성과 공리주의 태도를 둘 다 유지하고자 하는 열망을 시사하기도 했다.

더욱이 정치 이론의 역사나 정치 행위에 대한 일상적 정의를 가장 거칠게 일별해보아도 이러한 의구심이 정치사상의 전통에 거의 어떤 영향도 미치지 못했고, 말하자면 정치적 경험의 역사에서 나타났듯이 순식간에 현장에서 사라졌다는 사실을 쉽게 알 수 있다. 오늘날 우리에게 정

6 고대 그리스에서는 손으로 일하는 사람들을 "바나우소스banausos"라고 하는데 여기에는 '수공업자', '천한', '야비한'의 의미가 있다. 아렌트는 그리스어에서 차용한 독일어 복수명사 "바나우젠Banausen"을 정신적인 일이나 예술적인 일에 문외한ignoramus의 의미로 사용한다. (옮긴이)

치는 정확히 폭력이 정당화될 수 있는 공간이라는 개념만큼 자연스러운 개념은 없는 듯하다. 이 공간은 보통 지배와 피지배로 정의된다. 우리는 행위가 적절한 수단을 통해 정해진 목적을 추구하는 활동이 아닐 수 있다고는 상상조차 할 수 없으며, 따라서 말할 나위 없이 이들 수단은 주어진 목적을 통해 정당화된다. 몹시 불행하게도, 여태껏 우리는 '문외한적인 banausische' 태도의 보편성이 가져온 그런 신념의 실천적, 정치적 결과를 경험해왔다. 어쨌든 여기서 일어난 일은 정확히 그리스인이 문화를 두고 미심쩍어한 부분을 모면하고자 했던 것, 즉 정치 영역이 생산 범주와 사고방식에 압도되어 이로 뒤덮이는 상태다. 정치 영역은 결코 수단-목적 범주가 아니라 본래 생산의 목적the-in-order-to of production이었는데도 독립성을 상실했고, 정치적으로 조직화된 인간들이 서로 행위하고 논의하는 공적 영역, 즉 이미 형성된 세계는 무엇보다 세계가 발생하는 데 필수적인 같은 범주하에 포함되었다.

우리는 공리주의적 수단-목적 합리성이 정치를 얼마나 비인간적인 객관적 행동behavior에 넘겨줄 수 있는지 경험으로 안다. 여전히 이 객관적 행동이 특별히 문화 영역에서 발생하고 인간화의 요소가 정치 영역의 소관이어야 한다는 점이 매우 기이해 보인다. 이는 우리가 그리스 문화에 대한 지식이나 논평이 제아무리 많아도 우리의 문화 이해는 이를 생산자의 관점보다는 자연적인 것과 전통적인 것을 사랑하고 보살피는 관리자의 관점에서 본질적으로 생각한 로마인이 결정하기 때문이다. 완전히 다른 고대 그리스의 견해를 파악하려면 정치적인 것에 대한 그리스인의 발견이 공동체에서 폭력을 배제하려는 아주 진지한 시도에 입각하고 있음을 기억해야 한다. 그래서 그리스 민주주의 안에서 서로 설득하고 대화하는 기술인 페이토peithō의 힘만을 합법적인 상호 작용의 방식으로 여겼다. 우리는 정치적인 것이 실제 폴리스 내부의 정황들만을 언급한다는 점도 놓치지 말아야 한다. 폭력 자체를 비정치적인 것으로 여겼고 폴리스의 범위를 뛰어넘는 국가 간의 전쟁은 대단히 파괴적이었다. 폴리스의 외부에 놓인 것들은 전부 법 너머에 있었고 결국은 폭력에 속수무책으로 노출되었다. 이 폭력 속에서 강자는 할 수 있는 일을 했고 약자는 해야 할 일을 겪었다.

우리가 문화 안에서 폭력 요소를 발견하기 매우 어려운 이유 중 하나는 생산 범주들 내의 사유가 이들을 보편적이라고 생각할 정도로 우리에게 주어지는 사유라는 점이다. 우리는 이들 범주에 따라 모든 곳, 모든 영역에서 폭력을 행사한다. 그런 다음 법률과 동의를 거쳐 최악의 상황을 모면하려 한다. 하지만 이런 이유로 범주들이 실제로 익숙한 영역이자 이들을 통하지 않고서는 아무것도 드러나지 않는 영역은 우리에게 모든 것 중에서 가장 무해한 영역으로 보인다. 당연히 그럴 만하다. 인간이 서로에게 가하는 폭력과 비교해볼 때, 세계의 형성에 관여하기 위해 인간이 자연에 가하는 폭력은 그야말로 미미하다. 바로 이것이 우리가 문화적인 것의 실제 위험을 유약함enfeeblement이라고 믿는 이유이자 앞에서 인용한 '말라키아'에 대한 페리클레스의 언급을 옮긴 이유다. 하지만 그리스인에게 야만적으로 보였던 이 단어가 함축하는 비남성성은 인간이 추구하는 목적에 이르기 위해서 가능한 모든 수단의 동원을 배제하는 것 이상으로 폭력을 배제하지는 않는다. 우리는 예술가와 식자층이라는 이른바 문화 엘리트가 야만의 정치를 상대로 어떻게 승리를 거둘 수 있을지, 모든 "끝없는 수다", 즉 신념의 상호 공유를 남긴 지식층을 어떻게 경외하는지를 자주 목격했다. 우리는 이 같은 사태에서 어느 정도 더 잘 적응할 수 있고 단순한 '지식인의 배반trahison des clercs' 그 이상을 보게 될 수 있을 듯하다. 정치의 폭력성에 대한 믿음이 결코 야만성의 유일한 특권이 아니다. 이러한 믿음의 근거는 또 프랑스어로 '왜곡된 직업관déformation professionnelle'이라고 부르는 것, 즉 자신들의 작업 라인에서 행해지는 문화의 생산자와 후원자들 가운데에서 벌어지는 일탈이 될 수도 있을 듯하다.

기원상 정치적인 수단-목적 사고에 대한 의구심이 훨씬 더 정곡을 찌른다. 이 유형의 사유가 생산에 필요하기는 하다. 하지만 정치권에서는 당연히 목적이 수단을 정당화하며, 완벽히 호소력 있는 목적은 완전히 섬뜩하면서도 파괴적인 수단을 불러올 수 있다고 문제를 제기할 수 있다. 20세기에 거의 상투어가 되어버린 이 같은 사유 계통을 따르면, 행위 그 자체는 목적에 대해 아는 바가 없거나 적어도 개념화된 방식으로는 어떤 목적도 실현할 수 없을 것이다. 무릇 행위는 개인이 의도한 모든 것이 곧바로 변모하는 관계망 안에 놓이기 때문이며, 따라서 예컨대 프로그램과 같은 정해진 목표로 만들어지는 것을 막는다. 이는 정치학에서 수단이 항상 목적보다 중요함을 의미한다. 내가 언젠가 말한 적이 있는데 이와 같은 의미로 다음과 같이 말할 수 있다. 악의 원인an evil cause을 위한 선행은 세계를 더 좋은 장소가 되게 하지만, 선의 원인an good cause을 위한 악행은 사실 세계를 더 나쁘게 만든다. 하지만 이와 같은 선언은 수단-목적 관계 범주가 불러오는 역설에 좌우되고 사실 이러한 범주가 행위에 적절하지 않다는 것만을 전달한다. 이 범주와 관련된 유형의 사유는 우리 스스로 설정한 목표를 다룰 때, 이 목표의 실현을 위해 필요한 수단을 다룰 때, 아니면 자신이 명령해야 하는 타인을 대할 때 주권을 가정하기 때문에 단순히 사전에 상정한 최종 제품을 제작하기 위해 명령을 실행할 수 있다. 생산자만이 주인이 될 수 있다. 생산자는 주권자이고, 모든 것을 자신의 목적을 위한 수단과 도구로 소유할 수 있다. 행위자the acting person는 항상 다른 행위자들과 관계를 맺고 그들에 의존한다. 행위자는 진정 주권자가 아니다. 여기에서 직접 기인하는 것은 역사적 과정, 즉 행위에 뿌리를 둔 과정을 되돌릴 수 없다는 사실은 잘 알려져 있다. 이처럼 행해진 부분을 되돌릴 수 없는 불가능성은 생산자가 항상 파괴적으로 개입할 수 있는, 다시 말해서 자신이 선택만 하면 생산 과정을 되돌릴 수 있는 그 생산 과정에 결코 적용되는 법이 없다는 짐이다.

그리스인이 '바나우젠'을 그렇게 의심하면서 발견한 사실은 '호모 파베르'가 보여주는 생산 행위에 내재한 주권이었다. '호모 파베르'에게 우리가 일반적으로 공리주의적 접근이라고 부르는 것, 즉 사물을 목적을 위한 수단으로 평가하는 것이 자연스럽다. '호모 파베르'는 사용하도록 의도된 물건을 생산하고, 다른 물품을 생산하기 위해서는 항상 어떤 사물이 필요하기 때문이다. 그리스인은 사물이 일반화될 때면 언제나 이러한 사유 방식이 필연적으로 사물을 '사물로' 가치 절하할 것이며 이로써 인간이 생산하지 않고 본질상 인간과 별개인 자연 대상들로 확장되리라고 당연히 생각했다. 바꾸어 말하면, 그리스인은 '호모 파베르'와 같은 부류의 인간이 정치 영역에 접근할 수 있게 된다면 이들의 주권과 지배가 만용 hubris으로 끝날 것을 두려워했다. 더욱이 그리스인은 이러한 문화의 "승리"가 야만주의로 끝나리라 확신했다. 만용을 '말라키아'라는 과잉의 악덕처럼 야만적 악덕으로 간주했기 때문이다. 이 지점에서 다시 한번 《안티고네》에서 끌어온 유명한 합창인 〈세상에 무서운 것이 많다 해도 사람보다 더 무서운 것은 없다네polla ta deina k'ouden anthrōpou deinoteron pelei〉를 상기하고 싶다. 이 경구가 생산 역량에 대한 그리스인의 평가에서 특이한 분열을 단독적인 방식으로 포착하고 있어서다. 그리스인에게 분열은 최상의 경외와 최고로 울림이 있는 공포를 동시에 불러일으켰다. 그리스인이 지닌 만용이 자연과 세계의 존재 자체를 위협했기에 생산 역량은 그리스인에게 여전히 두려운 것이었다.

5

인간은 생산하는 존재일 뿐만 아니라 정치적 존재라는 점에서 일차적으로 세계를 보존해야 하는 걱정을 떠안고 있다. 그 자체로 인간은 생산에 의존함으로써 세계는 일시적으로나마 말과 행위를 위한 지속적인 피난처이자 사멸할 수밖에 없는 유한한 삶의 사멸 가능성을 위한 피난처를 제공할 수 있어서다. 그래서 정치에는 문화가 필요하고, 행위acting에는 안정성을 보장하려는 생산이 필요하다. 하지만 생산은 파괴이기도 하므로 정치와 행위는 문화와 생산에서 보호되어야 한다.

세계가 곧 문화인 한에서 이는 영속성을 보장해야 한다. 우리가 예술 작품이라고 부르는 대상, 즉 확고한 의미의 문화 대상 내의 가장 순수하면서도 방해를 받지 않는 형태로 영속성을 보장해야 한다. 문화 대상들의 "목적"을 이행하기 위해 이들은 모든 목적적 선언과 실존적 관심 그리고 이용되고 소비되는 것에서 신중하게 보호받아야 한다. 현재의 맥락에서, 예술 작품을 신전이나 교회 같은 신성한 장소들에 두거나, 박물관의 관리에 맡김으로써 보호할 수 있다면 이는 적절하지 않다. 어떤 경우에도 예술 작품에는 공공 영역이 필요하며, 오로지 공유하는 세계 내에서만 적합한 장소를 찾는다. 만약에 예술 작품이 개인 소유로 숨겨져 있다면 공인받지 못할 것이며 사적 이해로부터 보호받아야 할 것이다. 예술 작품이 공적으로 보호받아야만 원래의 모습대로 나타날 수 있다. 예술 작품 안에서 드러나는 것이 무엇이건(우리는 이를 보통 미라고 부르는데), 이는 정치 영역과 정치 활동의 관점에서 볼 때 불멸할 수 있다. 이는 곧 작품의 일시성 안에서 말하고 행동하는 것의 입장이다. 정치적으로 말하면, 미는 유한한 인간의 행위와 말처럼 매우 일시적이고 소멸되는 것조차 인간의 세계 안에서 세속적 피난처에 이를 수 있다.

그러나 정치가 문화에 의지하는 것 못지않게 문화도 정치에 의존한다. 은폐와 안전을 위해 남겨진 사적인 것과 대조적으로, 공적인 것은 아주 탁월한 현상appearance의 공간이기에 미에는 행위자들이 보호하는 정치 공간의 공공성이 필요하다. 하지만 미 자체가 정치 현상은 아니다. 이는 본질상 생산 영역에 속하며 생산 범주이기도 하다. 미는 대상들처럼 그 위상에 고유한 양상 및 형태가 있기에 그러하다. 이러한 방식으로 미는 사용 대상을 위한 기준으로 남아 있다. "기능적인" 대상들이 여전히 아름다울 수 있어서가 아니라 그 반대로 사용 대상을 포함한 그 어떤 대상도 여태 그 기능성을 통해 소진되지 않았기 때문이다. 기능성 그 자체의 입장으로서 대상이 나타나는 양태가 아니라 오히려 어떤 것이 나타나는 양태가 이의 형식이자 형체다. 이와 대조적으로 사물의 기능성은 이들 사물이 다시금 사용되고 소모되면서 사라진다. 더욱이 대상의 현상을 고려하지 않고 사용 가치 측면에서 그 대상을 평가하려면 우리는 눈을 감아야 한다.

그러므로 문화와 정치는 서로 의존하며, 이 둘 사이에는 일말의 공통점이 있다. 한마디로 양자 모두 공적 세계의 현상이다. 우리가 앞으로 보게 되겠지만, 궁극적으로 두 영역 간의 모든 갈등과 대립보다 공통성이 더 중요할지라도 이 둘이 공통으로 가지고 있는 점은 한편으로는 문화의 대상에만, 다른 한편으로는 행위를 하는 정치적 인간에만 관여한다는 사실이다. 이러한 공통성은 창조하는 예술가와는 아무런 상관이 없다. 결국 '호모 파베르'는 자신이 형태를 부여하고 조명한 대상들을 특징짓는 공적 영역과 자명하면서도 동일한 관계에 있지 않다. 이들 대상을 세계에 계속 추가하기 위해 그 자신은 공적인 것에서 고립되고 감춰져야 한다. 이에 반해 행위하거나 말하기와 같은 정치 활동은 타인들의 존재와 다수로 이루어진 공간의 공적 영역 없이는 결코 이행될 수 없다. 장인 또는 예술가 활동은 정치적인 것의 활동과 아주 다른 조건에 예속된다. '호모 파베르'가 정치적인 것의 가치에 대한 자신의 의견을 알리기 위해 목소리를 내자마자 정치 영역에 의구심을 가지리라는 사실은 지극히 자명하다. 이는 마치 폴리스가 생산의 정신적 태도와 조건에 의구심을 가지는 것과 매한가지다.

동전의 앞면은 정치 활동이 어떻게 관심과 의심을 한 문화 생산자들을 통해 지각되는지에서만 그 힌트를 얻을 수 있다. 하지만 우리의 현재 맥락에서는 문화와 정치의 공통 특징을 함축하는 인간의 활동에 주목하는 것이 더 중요하다. 나는 칸트의 《판단력 비판 *Kritik der Urteilskraft*》의 제1부에서 그 함의를 취하고자 한다. 내 생각에 이 저작은 칸트 정치 철학의 가장 위대하고도 본래적인 양태를 보여준다.

우리의 기억에 따르면, 칸트의 정치 철학이 《실천 이성 비판 *Kritik der praktischen Vernunft*》에서 이성의 입법 능력을 정립하고 입법의 원리가 "정언 명령"으로 결정되듯이 합리적 판단에 그 스스로 합치하는 것에 의지함을 가정한다. 칸트 용어로 말하자면, 나 자신과 모순을 일으키기를 원치 않는다면 나는 원칙적으로 보편 법칙이 될 수 있는 조건만을 욕망해야 한다. 자기 합치의 원칙은 실로 오래되었다. 칸트의 원리와 유사한 이러한 형태는 벌써 이미 소크라테스에게서 찾을 수 있다. 플라톤의 정식에 따르면, 소크라테스의 핵심 교의는 "나는 단일체이므로 자기모순적이기보다는 세계와 모순되는 것이 내게는 더 좋다"다. 이 명제는 서구의 윤리 개념과 논리 개념의 토대를 형성했고 이들은 각각 양심과 비모순의 법칙을 강조한다.

《판단력 비판》에서 칸트는 "공통감의 격률 maxims of Common Sense"이라는 제목하에 "확장된 사유 방식"의 원칙을 자기 자신과의 일치라는 원칙에 추가한다. 여기서 확장된 사유 방식의 원리는 칸트가 "타인의 시각에서 사유할" 수 있음을 제시한다. 그러므로 자기 자신과의 합치는 타인들과의 잠재적 합치를 통해서 합류한다. 판단력은 이러한 확장된 사유 방식에 의존하며, 이에 입각한 판단은 정당성에 대한 적절한 힘을 낳는다. 부정적 용어로 표현해 이의 함의는 그 자체의 "주관적, 사적 조건들"을 무시할 수 있다는 점이다. 긍정적 용어로 표현하면 타인의 존재 없이는 기능할 수도, 지배할 수도 없음을 의미한다. 자아의 현존은 논리학에서 비모순의 법칙과 비판단의 형식법에 상응한다. 구체적 보편성은 판단에서 유래한다. 이는 보편적 타당성universelle Gültigkeit과 완전히 다른 보편성 Allgemeingültigkeit이다. 타당성 주장은 다른 주장들보다 결코 더 나아갈 수 없다. 이러한 다른 주장의 입장에서 사물들은 공통적으로 생각된다. 칸트는 판단이 "판단하는 모든 사람"에게 적용된다고 말한다. 이는 판단 과정에 참여하지 않은 사람과 궁극적으로 판단될 수 있는 대상들이 나타나는 공적 영역에 속하지 않은 사람들에게 적용되지 않음을 의미한다.

확실히 판단력이 '정치' 역량이라는 통찰은 이에 표현된 정치적 경험만큼이나 아주 오래되었다. 이 경험은 어떤 사태들을 자신의 시각뿐만 아니라 또한 모든 다른 사람의 시각에서 사태를 바라보는 역량으로서의 정치 역량이다. 이렇듯 판단은 기본 역량이다. 인간은 판단을 통해 공적, 정치적 영역 및 공통적인 것으로 견지되는 세계 내에 자신의 방향을 잡을 수 있다. 따라서 칸트 이전이나 이후 그 어떤 철학자도 판단의 문제를 탐구 대상으로 받아들이지 않았다는 점이 더욱더 놀랍다. 이 놀라운 사실의 근거는 우리 철학 전통 내의 정치에 대한 반감에서 찾아볼 수 있는데, 여기서 논의할 수는 없을 듯하다. 그리스인은 스스로 이러한 능력을 '실천적 지혜phronēsis'라 불렀다. 아리스토텔레스가 정치인의 이러한 핵심 역량을 철학자들의 지혜와 대비시키기로 한 결정은 자신의 정치적 저술이 전체적으로 그렇듯이 아테네 폴리스의 공적 여론과 일치한다. 오늘날 우리는 이러한 능력을 한때 독일어로 '게마인진Gemeinsinn, 공통감'이라 불린 '건전한 마음가짐gesunden Menschenverstand'으로 대부분 오해한다. '건전한 마음가짐'은 프랑스어로 간단히 '르 봉상le bon sens, 양식'이라는 일종의 공통감common sense 또는 sens commun과 동일하다. 이것만이 우리의 사적, "주관적" 오감 및 그 데이터가 타인들과 더불어 공유하고 평가하는 비주관적이며 객관적으로 공통적인 세계에 적합하다는 믿음을 갖게 한다.

칸트가 내린 정의들은 아주 놀랍다. 그는 취미 현상과 취미 판단이 부딪치는 순간 이 모든 영예 속에서 판단을 발견했다. 칸트는 판단의 문제와 관련해 '어떤 논쟁도 있을 수 없다de gustibus non disputandum est'라는 주관적 성격과 추상적 자의성에 반대했다. 그것이 정치에 대한 자신의 의미와 양립할 수 없었기 때문이다. 이러한 공통 선입견과 대조적으로 취미는 실제 "다른 사람들이 동일한 쾌락을 가정하며", 취미 판단은 "모든 사람의 동의를 암시한다"라고 주장했다. 그러므로 그는 공통감처럼 취미를 사적 느낌과 정반대로 이해한다. 비록 이 둘이 거의 매번 각자에게 실수를 범하게 되어도 말이다.

이 모든 것을 상세히 논의하는 일은 우리를 너무 멀리 나아가게 할 것이다. 하지만 이 간단한 분석만으로도 분명히 인간의 문화적인 행태가 단호한 의미의 정치 활동으로 이해된다는 사실이 드러난다. 취미 판단 및 정치 판단, 이 양자는 결정이다. 결정이라 할 이들 판단에는 "결코 주관적일 수 없는 토대"가 있다. 그런데 이들 판단은 주관적 이해와는 독립적으로 남아 있어야 한다. 판단은 세계 내에서 특정 입장을 갖는 주관성에서 비롯된다. 하지만 동시에 모두 자기 자신의 입장이 있는 세계가 객관적 사실이자 우리가 공유하는 무엇이라고 주장한다. 취미는 세계로서 세계가 보고 듣는 것, 그것이 자체의 유용성 및 이에 대한 실존적인 관심과 독립적으로 보고 들어야 하는 방식을 결정한다. 취미는 세계를 이의 세계성worldliness에 따라 평가한다. 취미는 감각적 삶이나 도덕적 자아와 관계를 맺는 대신 둘 다에 반대하며 세계에 대한 "사심이 없는" 순수 관심을 제시한다. 인간, 즉 그의 삶도, 자아도 아닌 취미 판단에 가장 중요한 것은 세계다.

또 취미 판단은 어떤 의무를 지지 않는다는 점에서 정치 판단과 동일하다. 인지적 판단과는 대조적으로 취미 판단은 그 무엇도 결정적으로 입증할 수 없다. 칸트가 멋들어지게 표현한 대로 판단하는 인간이 할 수 있는 것은 "모든 이의 동의를 구하려는 일"뿐이며 공통된 견해에 도달하기를 바랄 뿐이다. 이렇게 환심을 사려 함이 그리스인이 '페이테인 peithein, 설득력'이라 부르는 것이다. 페이테인은 정치적 대화를 펼칠 때 선호하는 수단으로, 폴리스 안에서 평가받는 일종의 설득이라는 은유다. 이는 그리스인이 경멸한 물리적 폭력에 반대할 뿐만 아니라 철학적 '대화 dialeghesthai'와도 분명히 구분된다. 철학적 대화가 인식에 관심을 두고 진리의 추구처럼 결론적 증명이 필요한 데 반해, 공적 삶의 전 영역을 이루는 문화적, 정치적 영역에서 중요한 것은 인식이나 진리가 아니라 판단과 결정이다. 한편으로 이는 공유된 세계의 규범적 평가이자 토론이며 다른 한편으로 세계가 어떤 모습이어야 하는지, 그 세계 안에서 어떤 종류의 행위를 취해야 하는지와 관련된 결정이다.

어쩌면 이상해 보일지 모르는 인간의 정치 역량 중 이와 같은 취미 범주화 categorization 논의는 취미가 특이한 강점이 있는 조직력을 명령하는 것으로 잘 알려져 있지만 이는 거의 공인되지 않은 사실이다. 누구나 인간들이 서로 인정하는 것을 돕고, 그다음에 서로가 돌이킬 수 없을 정도로 매여 있음을 느끼도록 하는 호불호와 관련해 문제가 되는 동의의 발견과 견줄 수 있는 그 무엇도 존재하지 않음을 우리 모두 안다. 마치 취미는 세계가 어떻게 보여야 하는지를 결정할 뿐만 아니라 누가 그 세계에 함께 속하는지도 결정하는 듯하다. 이러한 공통 소속감을 정치 용어로는 본성상 조직의 귀족적 원리로 이해하는 것이 가히 잘못은 아닐 듯하다. 하지만 이 소속감의 정치적 잠재력은 도리어 여기서 더 나아간다. 사람들의 공통 소속은 바로 공동 세계에 관한 판단 안에서 결정된다. 개인이 자체의 판단에서 드러내는 점은 개성적인 모든 것을 특징짓고 그 스스로 단순히 특이한 모든 것에서 거리를 두는 정도로 정당성을 얻는 단독적인 '그러므로-그리고-그렇지-않으면-존재being-thus-and-not-otherwise'다. 하지만 말과 행위 안에서 정치적인 것은 정확히 이러한 개성personhood, 즉 자신의 재능이나 특질과 무관한 바로 그 자신이 "누구임"과 관련이 있다. 이러한 이유로 정치적인 것은 문화적인 것과 대립한다. 궁극적으로 문화적인 것에서 질은 늘 결정적 요소다. 특질에는 개성적인 무엇이 표현되고, 바로 그 사람의 "누구임"보다는 개개인의 재능과 특질을 재차 가리킨다는 가정하에 특별히 생산된 대상의 품질이다. 하지만 취미 판단은 단순히 특질의 문제들을 결정하지 않는다. 반대로 이들 문제는 반드시 명확하다. 비록 문화적 쇠퇴기에는 아주 소수만이 이러한 종류의 증거에 민감해야 할지라도 말이다. 취미는 여러 특질 '중에서among' 결정하며, 질에 대한 감(아름다운 것에 대한 증거를 분별할 수 있는 능력)이 전체적으로 나타나는 곳에서만 온전히 발전할 수 있다. 그렇다면 이는 세계 내에서 사태들을 끊임없이 능동적으로 판단하며 문화 영역을 위해 경계를 설정하고 인간적 의미를 제공하는 취미에 전적으로 달려 있다. 요컨대 취미의 임무는 문화를 탈야만화하는 데 있다.

인간다움을 뜻하는 영어 '휴머니티humanity'는 고대 로마어에서 기원했다. 라틴어 '후마니타스humanitas'에 상응하는 어휘가 그리스어에서 발견되지 않는다는 사실은 널리 알려져 있다. 바로 이러한 이유로 나는 취미가 곧 정치 역량인 방식을 보여주는 고대 로마의 예시에 의존하는 것이 적합하다고 생각한다. 정치 역량을 통해 문화는 인간화한다. 그 내용 및 의미와 관련해 플라톤적이라 할 수 있는 다음의 고대 격언을 상기하자. "나는 소크라테스도 사랑하고 플라톤도 사랑하지만, 그래도 진리를 더 존중한다amicys Socrates, amicus Plato, sedmagis aestimanda Veritas." 이는 근본적으로 비정치적, 비인간적 원리다. 이는 분명 진리라는 이름으로 사람과 우정을 거부하는데, 키케로의 유명하지 않은 주장과 대비될 필요가 있다. 키케로는 한때 언쟁의 맥락에서 이렇게 말했다. "나는 피타고라스와 함께 진리를 경험하기보다는 플라톤과 함께 실수하는 것을 선호한다Errare malo cum Platone quam cum istis (sc. Pythagoraeis) vera sentire." 이 선언은 사실일지라도 굉장히 모호하다. 이 말이 의미하는 바는 피타고라스적인 비이성 사용의 진리를 "느끼기feel"보다는 차라리 플라톤적 이성을 사용해 실수를 범하고 싶다는 것이다. 하지만 '느끼다sentire'를 강조하면 이 구절은 다음과 같이 다르게 표현될 수 있을 듯하다. 플라톤이 내 실수의 근거가 될 것이 분명하다 해도 다른 사람들과 함께하기보다는 플라톤과 함께함을 선호하는 취미의 물음이다. 후자의 독해가 옳다는 점을 가정하는 사람들은 어떤 과학자나 철학자도 여태 이것들을 말할 수 없었다면서 반대할 것이다. 하지만 이는 고대 로마식 '후마니타스'의 의미에서 뼛속 깊이 정치적이면서 교양을 갖춘 인간이 논의하는 방식이다. 가장 확실하게도 이는 자유의 질문이 철학에서도 가장 중요한 질문이라고 하면서 모든 관점에서 자유로운 누군가에게서 듣고자 기대하리라는 점이다. 이러한 사람은 다음과 같이 대답할 것이다. 나는 나와 대상 및 사람들과의 상호 작용에서 강요받지 않게 할 것이다. 설령 강제력force이 진리일 수 있다 해도 그렇게 하지 않을 것이다.

문화 영역에서 자유는 취미에서 드러난다. 취미 판단은 질의 "객관적" 판단 이상을 함유하고 전달하기 때문이다. 판단 활동으로서 취미는 문화와 정치를 합치시킨다. 양자는 이미 공적 영역의 열린 공간을 공유한다. 마찬가지로 취미는 양자 사이의 긴장, 즉 행위와 생산 간의 내적 갈등에서 비롯되는 긴장을 균등히 한다. 정치적인 것의 자유가 없으면 문화는 무기력해진다. 정치적인 것의 점진적 소멸과 판단의 쇠퇴는 이 글의 출발점인 문화의 사회화 및 평가 절하의 선행 조건이다. 하지만 전체적으로 정치적인 것은 문화적인 것의 미와 정치적으로 표출된 영속성 및 세계의 잠재적 불후성이 스스로 드러내는 찬란한 광채 없이는 존속할 수 없다.

(1958)

전통 윤리에 대한 도전
마이클 폴라니에 대한 답변

마이클 폴라니Michael Polanyi[1] 씨의 논문 제목인 "허무주의 너머 Beyond Nihilism"는 그의 이론이 얼마나 놀랄 만한지를 보여주지는 않지만 크게 설득력을 얻도록 한 정서와 분위기의 배후를 매우 정확히 드러낸다. 이 분위기는 꽤 친숙한 편이다. 내 생각에 이는 에른스트 윙거와 로마노 과르디니Romano Guardini 같은 독일 작가들이 최초로 표명했다. 우리가 "영점 너머Jenseits des Nullpunkts"에 도달했다고 선언했고 비슷한 시기에 로마노 과르디니는 "근대의 종말Das Ende der Neuzeit"에 관한 소책자를 집필했다. 이 나라에서 이에 대한 가장 최근의 표명은 대니얼 벨Daniel Bell의 《이데올로기의 종언The End of Ideology》에서 발견할 수 있다. 벨은 접근 방법이 사뭇 다른데도 폴라니 씨와 공통점이 많다. 두 사람 모두 현대 세계에 존재하는 문제들은 실용적이고 실험적이며, 점진적으로 해결할 수 있고 반드시 그래야만 한다는 결론에 도달한다. 급진주의는 개혁주의에 자리를 내주어야 하고, 허무주의가 제기한 위험한 질문들은 답이 없는 질문들로 보이므로 미결 상태로 두어야 한다. 매우 기이하게도 우리 세계의 정치적, 도덕적

---

1 헝가리 출신의 영국 화학자이자 철학자로 물리화학, 경제학, 철학에 중요한 이론적 기여를 했다. (옮긴이)

대재앙을 수반한 수많은 사회적, 인도주의적 자선 사업은 "일종의 유예된 논리"의 지혜를 보여준다. 마지막으로 두 저자는 과거 10년 동안의 지배적 분위기에 잘 조응하는 듯 보이지만 자기 생각을 통해 제기된 가장 명료한 질문에는 이상하리만치 무관심하다. 설혹 관심이 있다 하더라도 어떤 업무 또는 목적이 사유에 조금이라도 남아 있기는 한가? 폴라니 씨는 사유 활동 자체가 독단적인 권위에서 일단 해방되면 이 활동은 급진적 태도를 발전시켜 "허무주의적 자기 회의"로 종결되는 경향이 있음을 함축하는 듯하다. 이러한 경향이 인간 정신에 내재한 논리성(모든 것을 이의 논리적 극단으로 끌어들이려는 경향) 때문에 "뒤바뀔 수 없다면incurable" 우리는 이 능력을 전적으로 포기해야 하는가, 아니면 직접적이면서 실천적인 문제를 해결하는 데 도움이 될 수 있는 제한된 범위로만 이를 활용해야 하는가?

이 같은 분위기와 별개로 논문 속 이론은 참신하고 경이롭다. 히틀러와 스탈린 체제에서 명백히 보여준 거대 규모의 정치 범죄는 과거지사다. 하지만 이 범죄는 공포를 불러왔다. "모든 일이 가능하다"라는 충격적 인정, 서구 도덕성의 토대가 더는 안전하지 않다는 놀라운 결론, 보통사람들 가운데에서 양심이 강력한 영향력을 상실했다는 점, 허무주의적 엘리트의 일시적 일탈과 확연히 다른 "도덕적 광기"가 대중 현상이 될 수 있다는 점이 그것이다. 이 모든 반응은 원칙적으로 과장되어 있을 뿐만 아니라 잘못되었다. 충격적인 현실은 어떤 "도덕적 취약성"이 아니라 전례 없는 "정의를 향한 갈구"에서 유래했기 때문이다. 이러한 갈구로 지난두 세기 이상을 도덕적 정념의 물길이 "정의를 담고 있던 둑을 무너뜨려 이를 돌리던 물레방아를 깨부수고 나서야 도덕 감정이 격화되었다." 따라서 공포 자체가 곧 "도덕 과잉"이다.

논문 속 이론은 그 말의 근대적 의미에서 이론이다. 이 이론은 현상적 증거에서 실마리를 찾고 실제로 일어난 일의 서술에 의존하기보다는 진리가 "작동하는지"의 여부에 달렸다는 가설이다. 내 생각에 이 가설은 근대 혁명사와 일종의 혁명적 특징의 형성이라는 대략 확인할 수 있는 일련의 역사적 자료에는 잘 들어맞는다. 이러한 발전을 위해 "도덕적 정념"과 같은 사안이 존재한다는 사실은 아주 결정적이다. 폴라니 씨가 이러한 정념이 무엇인지 장황하게 설명해주지는 않지만, 이 논문에서 정념을 완벽주의로, 즉 가톨릭의 가르침에 따라 오래된 이단으로 생각한다는 추론은 온당해 보인다. 그의 논점 저변의 심리학적 이미지는 성인다움에 이르려고 하는 사람, 그다음으로 (마치 소크라테스가 어떤 인간도 지혜롭지 않음을 발견한 것처럼) "어떤 인간도 선하지 않다"라는 점을 발견한 인간 개념이라고 추정한다. 폴라니 씨는 이러한 인간 개념에 입각한 정황하에서 최상의 인간, 즉 최소로 위선적인 인간이 악당이 되는 거라고 결정한다. 우리는 러시아 문학에서 유래한 이 같은 유형의 허무주의에 친숙하며, 또 다른 "도덕적 정념"과도 친숙하다. 내 생각에 이 도덕적 정념은 자기 회의는 없지만 "혁명적인 것"을 만드는 데 훨씬 더 중요한 역할을 담당했다. 이는 연민의 정념, 즉 루소가 언젠가 말했듯이 "동료 인간이 고통을 당하는 상황을 보면서 갖게 마련인 내면의 반감"이다. 본성상 "도덕적 정념"은 어디에도 매이지 않아서 내재적으로 극단적이라고 확신한다. 하지만 이러한 종류의 극단주의는 사실 우리가 알고 있듯이 히틀러와 스탈린 둘 다 지녔던 논리적 극단주의와 동일하지 않은가? 로베스피에르, 마르크스, 레닌, 트로츠키Leon Trotsky에게 진실일 수 있는 것이 반드시 스탈린에게도 진실은 아니다. 히틀러에 관한 한 우리는 《시온 장로 의정서The Protocols of the Elders of Zion》가 루소에서 니체에 이르기까지 히틀러가 언급한 모든 전임자의 전서보다 자신의 정책에 더 큰 영향력을 행사했다는 것을 안다.

폴라니 씨가 아주 설득력 있게 자기주장을 펼칠 수 있는 이유는 주로 자신의 방법 때문인 듯하다. 그는 관념사에 의지한다. 이 사실을 명시적으로 언급하지는 않지만 역사 발전의 변증법적 특징에 대한 확고한 신념에 의지한다. 이런 방법은 지적으로 매우 만족스럽고 원래 "정신과 실재를 화해하려는den Geist mit der Wirklichkeit zu versöhnen"시도로 헤겔이 창안했다. 그는 이 같은 화해를 "지성"이라 불렀다. 역사적 실재를 그 자체의 용어로 합의하고 이해하려는 정신의 필요는 어딘가 새로운 것이었다. 19세기에 다양한 역사 철학자가 나타나기 전에 철학은 상대적으로 인간 현안의 영역과 무관한 상태였고 인간 현안의 우연성에서 어떤 정신적 함의도 발생하지 않으리라 기대했다. 이런 상황은 프랑스 혁명의 도래로 바뀌었다. 이때 처음으로 관념들이 역사를 만드는 듯이 보였기 때문이다. 프랑스 혁명의 과정에서 도출된 가장 명백한 결론은 정신의 개념 틀 내에서 관념들의 변화와 발전을 결정하는 동일한 규칙들이 세계적 현실의 영역 안에서 역사적, 정치적 발전도 결정한다는 점일 것 같다. 이러한 결론이 지닌 문제는 모든 관념은 관념일 뿐 다른 것은 없다는 점에서 서로에게 특별한 친화력을 가지고 있다는 점이다. 이는 우리가 선과 악 또는 도덕주의와 비도덕주의 같은 대립물을 다룰 때 가장 분명하게 드러난다. 현실의 그 무엇도 개입하지 않는 한 비도덕주의는 "도덕적 전도"로, 악은 선에 대한 단순 부정으로 가장 잘 설명할 수 있다. 다른 말로 표현하면 단순한 관념들의 영역에서 우리는 사드 후작Marquis de Sade의 관점으로 마르크스를 아주 잘 설명할 수 있고 또는 그 반대로 히틀러와 스탈린이 저질렀던 것을 루소와 니체가 설파한 바에 비추어서 이해할 수도 있다. 불행히도 그 결과는 항상 SA와 SS의 형성에 끼친 1920년대의 "반부르주아 비도덕주의"에 대해, 또는 스탈린주의의 '기관원apparatchiks'에 영향을 준 러시아 허무주의자들에 대해 아무래도 책임을 지는 것일 듯하다.

부정적으로 말하면, 이 이론에는 진리의 일면이 있다. 유럽 엘리트들이 받아들임으로써 입증한 나치즘뿐만 아니라 볼셰비즘의 매력은 부르주아 도덕성과 위선에 대한 반항으로 설명할 수 있다. 이러한 도덕성과 위선은 20세기 초에 시작해 독일에서는 1920년대에 정점에 이르렀고, 프랑스에서는 1940년대와 1950년대에 또 다른 정점에 도달했다. 하지만 이러한 진리 요소가 일반화를 얼마나 정당화하지 못하는지 깨닫기 위해서는 우리 세기의 예술가와 작가가 이러한 반항을 할 때마다 예술의 비범한 발전이 뒤따랐다는 사실을 상기해야 한다. 사실 현대 예술은 모두 다 사회, 더 구체적으로 부르주아 사회에 대한 엘리트의 반복적인 반항에서 태동했다. 그러나 전체주의 운동이 일단 권력을 획득하면 이는 곧바로 이러한 정신적, 지적 생산성의 분출을 파괴하고 말살했으며, 이러한 청산은 예술가나 작가를 통해 일어나지는 않았다. 러시아 지식인들이 혁명을 환영한 것은 어떤 혼란이 지배적인 질서보다 더 나을 거라 생각(안타깝게도 잘못된 생각으로 드러났다)해서이고 일부 독일 지식인들이 나치를 환영한 것은 말도 안 되는 난센스가 부르주아 사회의 공통감보다 낫다고 확신해서라면, 이들을 환영한 자들도 환영받지 못했고 스탈린의 '기관원'이나 히틀러의 SS 부대도 환영한 자들의 대열에서 충원하지 않았다는 점은 분명한 사실이다. 바꿔 말하면 폴라니 씨의 용어로 "전도된 도덕주의자"인 이들은 범죄에 바탕을 둔 새 질서의 첫 번째 희생자에 속했다. 이들은 자신과 전혀 다른 무언가에, 극단적인 사유와 허무주의적 자기 회의에 대한 어떤 훈련으로도 준비하지 못한 무언가에 압도당했다.

나는 앞에서 관념의 변증법적 운동에 따라 사건을 설명하는 이론은 지적으로 매우 만족스럽다고 했다. 우리가 관념들을 지적, 정신적 전통의 범주 내에 남아 있도록 용인한다는 단순한 사실을 보더라도 이 이론들은 타당하며, 지식인들이 편안하게 느끼는 사태에 관해 이야기하기 때문에 지식인들에게 호소력이 있다. 골칫거리는 스탈린과 히틀러의 이데올로기적 사유를 촉진한 "관념들"을 정신사 교재에서 거의 발견할 수 없다는 점이다. 이들 관념은 존중받을 만하지 않으며 눈곱만큼도 지적으로 존경받을 만한 면이 없다. 다시 말해 고비노Arthur de Gobineau[2]나 휴스턴 스튜어트 체임벌린Houston Stewart Chamberlain[3]과 같은 소수의 지적으로 말하면 주변부 인물들에게 일반적으로 부여하는 최소한의 지적 존중심도 없다. 레닌과 트로츠키에게 어떻게 대적해야 하는지 아주 잘 알던 지식인들은 히틀러와 스탈린의 정치적, 역사적 중요성을 인식하기까지 오래 걸렸는데 그 이유는 레닌과 트로츠키와 달리 히틀러와 스탈린은 자신을 '지식인으로' 간주하게 할 언어로 말하지 않았기 때문이다. 히틀러를 이해하기 위해서는 반유대주의 역사를 알아야 했다. 스탈린을 이해하기 위해서는 비밀경찰의 역사에 대한 일말의 지식이 필요했다. 역사학은 두 역사의 그 어느 쪽도 자체의 특성대로 제대로 다뤄본 적이 없었다.

그러나 근대의 인식된 역사와 우리 시대에 목격할 수밖에 없었던 정치적 재앙인 "도덕적 과잉" 및 "허무주의적 자기 회의" 사이에는 어떤 연관성을 발견할 또 다른 가능성이 존재한다. 사실 누군가는 "허무주의적 자기 회의에 대한 정념"이 다수의 지식인이 가진 전혀 다른 정념을 담은 둑을 무너뜨렸다고 주장할 수 있다. 하지만 이러한 주장은 우리가 "독단적 권위의 상실" 그 자체, 즉 최소한 정치적으로는 어떤 회복 희망을 넘어서 그 중요성을 상실한 무언가로 되돌아가게 할 것이다. 우리의 맥락에서 또 다른 점이 더 중요하다. 우리의 도덕적 재앙을 독단적 권위의 상실 탓으로 돌리고자 한다면, 다시금 우리는 서구 사상의 위대한 전통이나 관념

---

2 프랑스의 외교관이자 민족학자로 아리아인의 우월성을 주장했다. (옮긴이)

3 영국 태생의 정치 철학자로 유럽 문화에서 아리아인의 인종적, 문화적 우월성을 주장했고 히틀러의 국가사회주의 운동에 영향을 미쳤다. (옮긴이)

의 역사에서 설 자리가 거의 없는 관념 속에 처하게 될 것이다. 정치적으로 말해서 인간의 잠재적 범죄성을 가장 강력하게 통제하는 역할을 한 것은 지옥에 대한 공포였다. 지옥의 공포와 같은 명백한 도덕적 열등의 동기를 통해 인류가 최악의 범죄를 저지르지 않게 해야 한다는 관념은《시온 장로 의정서》처럼 지적으로 이루 말할 수 없이 저급한 산물이 현행 사건의 과정에 영향을 행사하는 힘을 가져야 한다는 생각보다 더 마음에 들지 않는다. 그런데 나는 아주 마음에 들지 않는 이 개념이 어떤 관념 변증법보다 우리가 대면한 실재에 더 가깝지 않을까 우려한다. 이러한 개념은 우리를 너무 멀리 인도해가겠지만 지옥에 대한 신앙이 서구 종교에서 엄격히 정치적인 유일한 요소이며 이 요소 자체는 그 기원이 기독교적이지도 종교적이지도 않다는 사실을 보여줄 수 있다고 생각한다. 이것이 사실이라면, 독단적 권위의 근대적 상실이 갖는 정치적으로 가장 중대한 결과는 내세에 대한 보상과 처벌에 대한 믿음의 상실이라는 결과가 뒤따를 것이다.[4]

요약하자면, 나는 두 가지 이유에서 폴라니 씨의 논점을 따르는 게 꺼려진다. 나는 여러 재앙을 일으킨 사람들이 서구 사상의 위대한 전통에서 영감을 받았다는 격에 맞지 않는 찬사를 하고 싶지 않다. 더욱 중요하게도 유사한 시도에서와 마찬가지로 이들 재앙이 우리에게 대면하도록 만든 문제, 즉 급진적이고 완전한 절대 악에 대한 인간의 역량 문제를 피해갈 위험하리만치 매혹적인 장치를 여기에서 본다. 언젠가 폴라니 씨는 "도덕적 타락"이 "도덕적 과잉"을 이룩했다는 사실을 인정했다. 이러

4　한나 아렌트, 서유경 옮김, 〈권위란 무엇인가?What Is Authority〉《과거와 미래 사이Between Past and Future》(푸른숲, 2005), pp. 127~194. 아렌트의 이 글과 비교해 보라.

한 도덕적 타락은 부산물이 아닌 전체 사안의 핵심 요소라고 주장하고 싶다. 나는 이 문제에 대한 준비된 해법이 없음을 인정한다. 심지어 나는 이론적으로 볼 때 무엇이 근본악이냐는 철학적 질문에 대한 답조차 모른다.

내가 무지한 면이 없지 않고 영국의 공적, 사적 삶에서 보이는 아주 놀라운 품위에 대해서는 폴라니 씨에게 동의하지만 그가 든 영국 사례에서 이들 문제에 대한 해법을 찾으려는 명제는 따를 수 없다. 그는 이러한 품위가 겸손의 지혜에서 나오며 사유를 일반화하고 급진화하는 것을 거부하는 데 의거한다고 믿는다. 그는 "그럭저럭해내는 것"의 큰 미덕을 확신했다. 내가 아는 한, 폴라니 씨는 품위라는 도덕적 덕목과 실용적 경험주의라는 지적 덕목이 어떻게 그리고 왜 상호 연관되는지를 증명하는 데 실패했다. 그는 우리의 불행이 세계와 인류를 구하겠다는 악명 높게 자유로웠던 영국의 잘못된 열망에서 비롯한다고 확신했는데 이 때문에 사실 그 어떤 증명도 필요하지 않게 되었다. 하지만 선에 대한 지나친 사랑이 인간을 악하게 만든다는 그의 기본 가설에 동의하지 않는다면, 이러한 상호 연관성은 더는 당연한 사안이 아니다. 관념들의 역사에 비추어서 현재의 역사를 연구하는 인물 중 모든 악의 근원은 실용주의와 실증주의의 기원에서 찾아야 한다고 주장하는 온전한 학파가 존재한다는 사실을 덧붙이고 싶다. 이 학파 회원들의 주장은 사실에 전혀 충실하지 않으며 일관성도 거의 없다.

마지막으로, 내가 "유럽이 영국 역사의 위업을 반복하는" 것이 불가능하다고 생각하는 궁극적인 이유가 있다. 모든 곳에서 그리고 거의 모든 삶의 영역에서 근대 세계를 압도했던 총체적 위기는 나라마다 다른 영역들을 포괄하고 다른 형태를 띠면서 다르게 나타난다. 역으로 이 위기가 제아무리 심각하다 하더라도 늘 근본적인 쟁점을 아주 많이 남긴다. 이런 쟁점들은 사실 접근하기가 어려우며 아무것도 일어나지 않은 것처럼 계속 작동한다. 그래서 작업의 도덕성이 대부분의 근대 국가에서 심각하게 훼손되었지만 독일에서는 거의 그대로 남아 있게 되었으며, 거의 모든 다른 도덕적 가치가 극히 허무주의적으로 와해되었는데도 기이하게 살아남았다. 영국과 미국뿐만 아니라 모든 국가가 어떤 점에서는 "재앙의 길에서 행복하게 후퇴하는" 듯이 보이며 다른 관점으로 보면 불행히도 이 도상에서 아주 멀리까지 나아간 국가들도 있다. 내가 폴라니 씨의 사고방식을 따른다면, 미국인에게 사적 삶과 가족 관계에서 프랑스의 "위업을 반복하고" 작업과 노동에서 독일의 후진성을 회복하려고 노력해야 한다고 말해야 한다. 의심의 여지 없이 프랑스인은 공공심의 사안에서 영국과 미국에서 교훈을 얻을 수 있고 영국의 품위와 공정성에 대한 "반전"이 아마도 독일에서 작은 혁명을 불러일으킬 것이다. 나는 거의 무한대로 계속할수 있다. 한물간 미덕의 잔재는 세계 어디에서나 찾아볼 수 있다. 요점은 단지 이러한 미덕이 "한물간 것"에 불과하고 더 행복한 과거의 잔재와 다름없다면(사실 대부분 그렇다), 근대성에 대한 무자비한 공격을 견뎌내지 못할 것 같다는 점이다. 비록 우리가 이를테면 각자의 후진성을 공유하고 교환할 수 있었다고 해도 우리의 모든 전통이 말 그대로 유례가 없다는 그 단순한 이유로, 그 전통이 침묵하는 문제들에 거의 매일 대면하게 되는 순간에는 정치적 발전과 과학적 발전이 불러온 계속 변화하는 현실 덕분에 우리에게 도움이 되지 않을 듯하다.

(1960)

1960년 미국 전당 대회를 돌아보다

케네디 대 닉슨

한 나라의 최고위 공직 후보를 지명하기 위한 절차로 전국 전당 대회라는 과업이 있었다. 지명 대회는 지금처럼 유권자의 표를 확보할 수 있는 역량에 달려 있었지만 그 역량은 여러 요소 가운데 하나였을 뿐이다. 요란한 선전, 행진, 연설 뒤에는 정당 수뇌부가 합의를 이루고 대표의 사려 깊은 의견이 균형을 잡아갈 담배 연기 자욱한 방이 있었다. 교착 상태에 빠질 때면 후보로 뽑아 인사시키고 당 기구의 선전을 통해 전국구 인물로 세워야 할 다크호스들이 등장한다.

이 모든 사안과 훨씬 더 많은 일이 과거사가 되었다. 1960년 지명 대회는 당연한 결과였다. 전당 대회가 조작돼서가 아니라 예비 경선과 여론 조사에서 후보들의 득표 역량이 정당 기구의 도움 없이도 입증되어서다. 정당은 당면한 현실을 마주했다. (아주 충분할 정도로) 양 후보는 자신들 특유의 조직을 결성했을 뿐만 아니라, 당 지도부의 혜안을 통해 제시할 대안을 참고 기다리는 대신 자기 주군이라 할 유권자들이 이미 자신들이 보고 싶어 하는 대안을 결정했기 때문이다. 이러한 주요 권력 이동은 부분적으로 텔레비전과 새로운 기능 및 설비들을 어떻게 활용할지 아는 세대를 우리가 최초로 대면한 데서 기인한다. 이 새로운 세대가 불러온 결과 중 하나는 후보를 정할 때 정당의 후견에서 자유로워진 유권자가 선거 때 결정을 내리는 데 정당 가입과는 무관하다는 것이 증명될 가능성이 있다는 점이다. 지금까지 많은 국민은 양당이 텔레비전에서 무엇을 보여주는지 보려고 어느 편에도 관여하지 않은 채 기다리고 있었다고 나는 확신한다. 권력이 당에서 선거구로 이동함으로써 아마도 무당층 유권자의 등급을 격상시켰을 것이다.

이 같은 보여주기가 좋은 일이든 나쁜 일이든, 질문은 열려 있다. 정당이 국가의 정치 엘리트가 자라날 토대여야 한다면 가령 나는 전체 국민보다는 동료 집단이 정한 후보를 선호했을 것이다. 하지만 누군가가 이 때문에 환상을 품었다면 전당 대회의 진행 과정을 지켜보는 일이 그를 만족스럽게 할 것이다(유권자는 뉴스거리가 되고 정치평론가와 뉴스 분석가들이 논평해야 하는 인물들보다 평론가와 분석가들이 얼마나 더 좋은 정보를 알려주고 얼마나 더 재능 있고 호소력 있는지를 하루에도 열두 번씩 생각한다). 이들 정당에 맡겨졌더라면 최고의 인물들을 선출하지 못했을 게 분명했다. 어리석어지는 보통 사람, 진부한 이야기, 문제의 사안에 대한 공허한 수사와 놀랄 만한 무심함의 중압감이 민주당보다는 공화당이 덜하지는 않겠지만 두 전당 대회 모두 놀라움을 주었다. 아이젠하워 씨에게 감사한다는 말을 수없이 반복한 공화당 대의원들은 진심으로 말해야 했다. 태프트Robert Taft 씨가 아니라 골드워터Barry Goldwater[1] 씨의 정치적 고향인 이 당에서 8년 전 당 순위에서 밀린 외부 구원자를 선발하지 못했더라면 무슨 일이 일어났겠는가? 양 정당의 일반적인 기류의 차이는 민주당 전당 대회에서 애들레이 스티븐슨Adlai Stevenson 씨를 환영하는 무모하고 헛된 열정과 공화당 행사 무대에 넬슨 록펠러Nelson Rockefeller 씨의 등장으로 일어난

---

1   미국의 정치인으로 애리조나주 상원 의원(1953~1965, 1969~1987)을 지냈고, 1964년 미국 대통령 선거 당시 공화당 후보였다. (옮긴이)

싸늘하고 적대적인 무관심 차이로 가늠할 수 있다. 대의원들에게 여전히 그렇게 할 자유가 있었다고 해도 두 후보 중 한 명을 선택할 가능성은 없어 보인다. 하지만 민주당원들은 공화당원들이 록펠러 씨를 싫어한 바로 그 이유와 자질 때문에 자신들의 후보인 스티븐슨 씨를 좋아했다는 점이 관건이다.

지명권을 상실했기에 이제 전당 대회는 필요하지 않을 수도 있다는 의견이 제기되었는데, 나는 그렇게 생각하지 않는다. 이러한 권한 상실을 도운 동일한 기술적 장치인 텔레비전 화면은 이들에게 새로운 의미를 부여했다. 전당 대회는 늘 관심 있는 사람들의 눈앞에서 정치적 결정이 극적이도록 도왔으며, 이는 흥분 그 이상을 제공한다. 텔레비전 화면은 우리 삶 중 많은 부분이 그날그날의 결정에 달려 있는 사람들과 익숙해질 전례 없는 기회를 제공한다. 이는 공허한 의식이 아니다. 공화당의 경우와 마찬가지로 놀랍게 할 가능성이 거의 없을지라도 호명을 하면 주마다 대의원단이 후보 지명을 위한 자신의 선택을 어느 정도 공식적으로 알리는 일은 사실 아주 인상 깊다. 더 중요한 점은, 텔레비전 화면이 우리가 누구에게 동의하고 안 하는지가 아니라 후보로 나온 사람을 믿을 수 있는지 없는지를 결정할 수 있도록 가늠하기 어려운 후보의 특징과 품성을 보여준다는 것이다. 두 후보가 텔레비전 토론을 시작할 때 이런 요소는 훨씬 중요해진다. 고위직에 출마하는 모든 후보자에게 텔레비전 토론을 요구하게 된다면, 미래의 정치인은 박사 학위 후보자가 인문계 학교를 졸업하던 시절을 상당한 향수를 가지고 되돌아보듯이 여러 곳을 잠시 들러 악수를 하며 기자회견을 하는 예전의 선거 운동을 회고하게 될 것이다.

텔레비전의 도움이 없었다면 나 역시 두 후보의 젊음, 강인함, 조직력, 야심 등의 유사성에 대한 지금의 진부한 표현에 속아 넘어갔을지도 모른다. 비록 공화당원들이 록펠러 씨의 공약을 무력화하는 데 성공한 후에도 여전히 어조, 접근 방식, 강조, 스타일이 판이한 두 플랫폼의 최종 형태의 유사성에 넘어가지 않기를 바라지만 말이다. 현재의 정황과 정당 간의 광범위한 합의, 다시 말해서 프랑스의 혁명 동지들조차 놀랄 정도로 미국 혁명가들을 결속하게 만든 합의보다 더도 덜도 결정적이지 않았을 합의라는 명백한 사실을 고려해볼 때, 민주당원이 "인류 공통의 위험은 전쟁과 전쟁 위협"이라고 말하는 반면, 공화당원은 "공산 제국주의의 공격"을 대놓고 말하는 플랫폼의 개막식 머리말보다 스타일과 강조의 측면에서 무엇이 더 다를 수 있을까? 비록 양 후보에게 공통점이 있다는 것이 사실일지라도 둘 간의 차이점이 훨씬 더 두드러진다. 최근 우리의 큰 과오가 다분히 흔한 조직 와해의 탓이기에 양자는 어떻게 조직화할지를 알거나 최소한 우리는 그들이 알기를 희망한다. 양 후보는 놀기보다 일하기를 좋아하며 이 둘은 효율성에 대한 건전한 존중과 진부함에 대한 똑같이 건전한 경멸을 공유하는 것으로 보인다. 이 모두는 아이젠하워 행정부 8년이 지난 지금 그리 나쁘게 들리지 않는다.

그러나 유사점은 여기서 멈춘다. 닉슨Richard Nixon 씨는 민주당 소속의 케네디John F. Kennedy 씨보다 자기 정당에 뭔가 더 친숙한 일반 유권자가 원하는 바에 대한 식견이 비범해 보이며 이미 자신에게 확실히 최적화된 역할을 떠맡기 시작했다. 오늘날에도 미국에서 가장 인기 있는 인물인 아이젠하워 씨의 매력에 자신이 미치지 못하고 있음을 알고 있으며 따라서 그는 아이젠하워 씨를 흠모하는 일반 시민을 구현함으로써 이 인기에서 이득을 얻으려 한다. 하지만 "일반 시민"에 방점이 찍힌다. 이는 트루먼Harry Truman 씨에게 주어진 이미지이자 그가 누려온 종류의 인기다. 비록 이런 종류의 인기가 아이젠하워 씨의 매력에는 거의 미치지 못해도 닉슨 씨는 자신이 성취해낼 차선이라고 믿고 있는 듯하다. 내 생각에 그는 보통 사람의 본능에 호소하며 의식적으로 거기에 의존한다. 그에게는 위험한 요소가 전혀 없다. 닉슨 씨는 다른 모든 사람과 매우 비슷하며 다만 근면성과 경험에서 이들을 능가할 따름이다. 따라서 그는 현재 공화당 신조의 화신으로서 식료품 가게에서 대통령직에 이르기까지의 엄청난 성공 스토리, 즉 "앞서감"과 항상 자신의 생활 수준을 향상해나감이 자유의 본질이라고 반복해서 말했다. 확실히 그는 자신에게 재앙이 될 아이젠하워 씨를 자기 모델로 삼지 않고 평범한 시민 아저씨라 할 트루먼 씨를 모델로 삼는다. 닉슨 씨는 텔레비전 인터뷰에서 기자에게 자신이 역사 서적을 좋아한다는 점에서 "트루먼 씨와 많이 닮았다"라고 답해 트루먼 씨를 모델로 삼은 사실을 거의 인정했다. "20년간의 모반"[2]을 정당한 선거 운동 홍보로 생각하던 시절에 트루먼 씨를 "조국의 배반자"로 불렀던 사람이 채 10년도 안 되어 이런 말을 하다니 믿기 어려운 일이다. 그는 의심할 바 없이 지적인 인물이므로 우리가 그 사실을 잊었다고 생각하지는 않을 것이다. 오히려 이것이 그의 "성숙성"을 드러내는 방식이다. 나는 이러한 성숙성 개념이 그가 말을 건네는 유권자들의 생각과 다소 일치하지 않는지는 확신할 수 없다.

이와 대조적으로 케네디 씨는 자신이 보통 사람이라고 믿지 않을 뿐더러 우리가 믿기를 바라지도 않는다. 아이젠하워 행정부 8년에 더해 트루먼 집권 6년은 대통령직에 위대한 재능이 필요하지 않다는 사실을 시민들에게 확신시켰을 것이다. 이 대통령들은 케네디 씨를 설득하는 데 실패했다. 그는 대통령직이 미국뿐만 아니라 세계에서 가장 만만치 않은 직업이라는 것을 알고 있으며, 거기에 자신이 딱 적합하다고 확신한다.

---

2 조지프 매카시 상원 의원이 미국 정부에서 근무 중인 이른바 공산주의 동조자들을 비난하기 위해 사용한 캐치프레이즈다. (옮긴이)

그런데 이러한 자신감이 조금 거북할 수 있지만 평범한 사람과 에스맨에 둘러싸인 오만한 사람들의 위험한 습관은 가지고 있지 않다. 케네디 씨는 지금까지 이용할 수 있는 한에서 최상의 사람들로 자신을 둘러 감쌌고, 존슨 씨를 선택한 것은 분명 남부를 향한 제스처 그 이상이었다. (이러한 선택, 즉 볼스 씨, 스티븐슨 씨, 캘브레이스 씨, 희망컨대 미래의 조지 케넌 씨는 그가 가족을 중심으로 한 조직을 통해 권력을 얻었다는 사실을 다소 상쇄시켰다. 가족에 대한 충성심은 정치적 우애와는 완전히 다르며, 훨씬 강력한 성질을 띤다는 단순한 이유 때문에 극도로 위험한 정치적 장치다.) 케네디 씨는 평범성(그가 부르기로 선택한 "정상 상태의 눅눅한 분위기")을 믿지 않을 뿐만 아니라 위대성을 믿는다. 지금까지 그는 역대 전당 대회에서 최고의 연설을 했다. 이 연설에서 그는 공교롭게도 사실일 수 있는 몇 가지 일반론, 즉 "구시대가 끝나고 있다"와 "예전의 슬로건과 예전의 속임수"가 작동하지 않는다, (제2차 세계대전이 끝난 이래 줄곧 미국의 정책으로 작용한) 어떤 정책이 현상 유지에 서약했다는 일반론을 강조했다. 이런 일반론은 "오늘날 현상 유지"를 하는 곳이 세계 어느 지역에도 없기에 파산할 것이다. 더 중요한 점은, 덜 구체적이기는 해도 "문제가 모두 해결된 것은 아니며 전쟁에서 모두 승리한 것도 아니다"라고 발표한 케네디 씨의 열정이었다. 또한 "사적인 안락함"에 대한 명백한 경멸도 중요한데 그는 "자부심, 용기, 헌신"과 같은 단어를 사용해 안전, 정상성, 평범성에 반대했다. 유망한 것과 유망하지 않은 것을 선거 운동의 첫 단계에서 행했다면, 이는 감히 "더 많은 안전 대신 더 많은 희생"을 약속할 수 없었던 닉슨 씨가 한 것이다. 닉슨 씨는 트루먼 씨가 1948년에 유권자에게 호소한 보통 사람의 덕목을 바탕으로 한 이미지를 자신의 모델로 삼았다면, 케네디 씨는 분명히 프랭클린 루스벨트Franklin Roosevelt를 떠오르게 하는 위엄 넘치는 정치인의 이미지를 갖추려고 했다. 비록 루스벨트가 실제로 우리 시대의 다른 위대한 정치가인 윈스턴 처칠Winston Churchill을 모델로 삼고 영향을 받았지만 말이다. 이런 생각이 억지스럽게 들릴지 모르지만 케네디 씨 연설의 문체 분석이 내 의견을 뒷받침해줄 거라고 생각한다.

아주 묘하게도 케네디 씨에게는 "우리처럼 조직되고 통치하는 국가가 지속할 수 있을까?"라는 유일한 "실질적인 질문"을 제기할 수 있는 장점이 있다. 하지만 누군가가 정당 정치 측면에서 생각한다면 마지막 분석에서 케네디 씨의 일반적 요소들을 간명하게 설명하는 데 가장 근접한 것은 록펠러 씨의 공약이었다. 단지 이러한 관점에서만 케네디 씨는 공산주의 러시아와 경제적 경쟁에서 승리하는 수단이 아니라 인구 증가 측면에서 경제 성장을 불러냈다. 자동차 두 대를 소유한 사람과 자동차를 한 대도 소유하지 않은 사람이 다르듯이 정치적 자유는 전제주의와 다르며 자유 기업의 사안이었던 듯하다. 이는 위험한 헛소리다. 전제정은 엄청나게 번영할 수 있으며, 빈곤은 현대의 조건에서 정치 이데올로기의 경제 체제가 아니라 기술과 산업화로 이겨냈다.

그러나 록펠러 씨의 주요 쟁점은 우리의 외교 정책과 관련이 있다. 간략하게 열거해보면 다음과 같다. 첫째, 그는 유럽과 서방국, 궁극적으로 아프리카와 아시아에서도 "자유 국가의 연방제 형성"을 요구했다. 이는 유럽 민족 국가 체제의 종말에 따른 논리적 귀결이며, 미국 공화국의 창안에 영감을 불어넣은 원칙을 미국인들이 외국어로 번역할 줄 안다면 다른 민족의 미래에도 큰 도움이 될 거라는 사실은 지극히 당연하다.

두 번째 쟁점인 라틴아메리카를 위한 마셜 플랜은 대단히 긴박해 보인다. 이 정책은 좋은 이웃이라는 정책을 구호에서 현실로 바꾸는 유일한 방법이 분명하다.

어쩌면 가장 중요한 세 번째 쟁점은 록펠러 씨가 설명한 두 가지 목적의 새로운 국방 공약이다. 이 두 목적은 어떤 기습 공격에도 살아남을 수 있을 만큼 강력한 보복 역량을 보유해 공격을 억제하는 것과 동시에 제한된 비핵 전투를 위해 재래식 무기의 적절한 무기고를 건설하는 것이다. 대륙 간 미사일에서 러시아의 장점을 두고 논의가 많이 이루어졌으나, 재래식 전투에서 러시아의 이점에 대한 논의는 거의 없었다. 수소 폭탄이라 불리는 절대무기에 대한 해법은 승자와 패자 모두가 멸망할 거라는 사실을 의심의 여지 없이 확고히 할 수 있는 절대적 억지력인 것 같다. 미 해군의 핵잠수함인 폴라리스와 더불어 우리는 절대적 억지력으로 답하는 절대무기의 요지에 접근하고 있는 것으로 보인다. 그 결과는 원자력 교착 상태의 안정화가 될 것이다. 현재의 상태에서 이러한 안정화는 "냉전"이 아니라 평화를 위한 소강상태이며 공존을 위한 사실적 조건이다. 비슷한 시기에 미사일 격차는 좁혀질 듯하며, 이는 우리의 외교 정책이 외국 기지의 필연성 때문에 현재 국방 상황이 강요하는 심각한 불능에서 자유로워지는 행복한 결과를 가져올 것이다.

전당 대회가 록펠러 씨에게 자기 정견을 공표할 기회를 제공하는 것 말고는 다른 어떤 목적에도 기여하지 않았다면 대회는 헛되지 않을 것이다. 남부의 연좌시위 승인, 즉 남부 주 정부에 반대하는 연방 정부의 행위와 구별되는 집회와 결사의 규정에 따라 취해진 국민의 비폭력 행위의 승인과 함께 록펠러 씨의 공약은 자본주의 대 사회주의 또는 그 반대처럼 이데올로기적 난센스 없이, 주요 쟁점들에 대한 확실한 자각 아래 보수와 자유 양쪽 진영에 어떤 희망도 없을 정도로 진부한 틀 바깥에 플랫폼을 제공했을 것이다.

(1960)

후기

몇 마디 덧붙이고 싶다. 후보들의 텔레비전 토론을 지켜보았는데 다소 실망스러운 경험이었다. 구체적인 질문들에 대응할 때는 조금 나았지만 전반적으로 크게 다르지 않았다. 그들은 세부 사안에 사로잡혀서 원칙에 비추어 어떻게 설명해야 할지 몰랐다. 그래서 "우리는 목표에는 동의한다. 다만 수단에서 다를 뿐이다"라는 닉슨 씨의 말은 허풍으로 보인다. 과장해서 말하면 이들이 일부 유능한 경제학자의 도움을 받아 바로잡아야 할 몇 가지 기술적인 세부 사항을 제외한 모든 것에 그들은 동의한다고 말할 수 있을 듯하다.

내가 보기에 문제점은, 공존이란 경제 성장에서 러시아와 미국의 경쟁을 의미한다는 흐루쇼프 씨가 수립한 규칙을 양 후보가 받아들였다는 점이다. 게다가 경제 성장은 소비에트 러시아의 경제 성장으로 가늠할 수 있다. 나는 이런 관점이 전적으로 틀렸다고 생각한다. 미국의 경제 성장은 미국의 증가하는 인구의 국내적 필요에 대한 문제다. 이들 사안에서 러시아에 대한 우리의 태도는 미국의 풍요와 번영에 아직 도달하지 못한 세계의 모든 나라에 대한 우리의 태도와 같을 뿐이다. 성장률을 산출하고 이 미친 경쟁에 뛰어드는 대신에 우리는 흐루쇼프 씨와 러시아 국민에게 다음과 같이 말할 수 있어야 한다.

소비에트 연방 국민의 삶 수준이 개선되고 있다는 것을 알게 되면 기쁠 것이다. 우리는 늘 그 수준이 변명할 여지가 없을 정도로 낮다고 생각했다. 러시아인들이 곧 우리가 사는 정도로 잘살 수 있으리라고 듣게 되어 행복하다. 이 새로운 복지 수준에 어떻게 도달할지에 관한 당신의 여러 생각을 우리가 공유하지는 못하지만 우리는 당신의 실험에 관심이 있다.

당신이 이러한 계통에 따라 지금 우리나라에서 하는 일에 관심이 있기를 바란다. 아마도 서로에게 배울 수 있는 때가 올지도 모른다. 아직은 그렇게 하기가 불가능하다. 당신은 우리와 비교할 수준에 아직 이르지 못했기 때문이다. 여기에는 여러 가지 이유가 있는데 대부분 경제적 이유보다는 정치적 이유다.

당신은 우리 수준에 이르고 싶어 한다. 우리 삶의 수준을 당신의 목표로 삼는 것은 당신이 우리에게 보내는 멋진 찬사라고 생각한다. 이 사안과 관련해 우리는 당신과 전혀 경쟁 관계에 있지 않다. 우리가 고유의 원칙에 따라 인간 존엄의 '필수 요소'인 물질적 조건을 성취하기 위해 전체 세계를 바라지 않을 수 없다는 단순한 이유에서 그러하다. 우리는 미국이 세계 역사상 최초로 빈곤과 비참함이 인간 조건의 핵심이 아니라고 주장한 국가라는 사실을 상기시켜주고 싶다. 그러므로 당신이 경제 성장 면에서 우리 수준을 능가하리라고 자랑하는 데 전혀 마음 쓰지 않는다. 우리가 걱정하는 것은 단 한 가지다. 당신이 정치적 자유를 믿지 않고 당신네 국민이 우리나라가 누리는 복지에 이른다고 할지라도 자유의 혜택을 누릴 수 없으리라는 점이다. 우리는 10년 안에 당신이 이 나라의 언론의 자유, 결사의 자유, 사상의 자유의 기준에 도달하는 데 그치지 않고 그것을 능가할 거라고 자랑했으면 한다. 우리는 당신이 더 많은 자동차와 인공위성을 약속하는 데 마음이 쓰인다. 당신은 의심할 바 없이 인공위성을 잘해낼 것이므로 자동차에도 잘해내기를 바란다. 당신은 이런 영역에서 당신의 업적을 평가하기 위해 우리 삶의 수준을 받아들인다는 찬사를 보냈다. 어째서 정치 영역에서 진보를 평가하는 데 우리의 자유 기준을 받아들이지 않는가?

나는 경제 성장에 관해 한마디 덧붙이고 싶다. 경제 성장 또한 어느 정도는 외교 정책 사안이 맞다. 하지만 소비에트 연방 자체와 경쟁한다는 의미에서가 아니다. 증가하는 인구와 인구의 특정 부분에 대한 개선을 계획하는 것 외에도 저개발 지역을 돕기 위해 잉여를 생산할 수 있어야 한다는 의미에서다. 이러한 관점에서, 또한 이 관점에서만 당연히 러시아와 일정한 경쟁이 존재한다. 하지만 이 경쟁은 경마 경주와 다르다. 여기서 쟁점은 경제 성장 자체가 아니다. 마치 경제적 경쟁의 심사 위원들이 관중처럼 앉아서 경쟁자들에게 점수를 매긴 다음 어떤 체제를 채택할지 마음을 결정한다. 이는 완전히 비현실적이다. 우리에게 부의 증대가 생산성을 자극하지 않고 궁극적으로 세계의 다른 지역, 특히 후진 지역의 번영을 촉진하지 않는다면 우리는 우리 체제를 향한 칭송이 아니라 증오를 얻을 것이다.

행위와 '행복의 추구'

미국이 시민, 그중에서도 특히 유럽에 배경과 기원을 두고 있는 새로운 시민을 위해 준비한 여러 경이로운 일 가운데 놀라운 것이 있습니다. 바로 독립 선언문에서 양도 불가능한 인권이라고 주장한 "행복의 추구"가 미국 공화국의 공적 삶과 사적 삶에서 오늘날까지도 무의미한 구절을 뛰어넘는 그 이상의 의미로 남아 있습니다. 미국 정신의 틀 같은 게 존재하는 한, 이 구절은 좋든 싫든 확실히 가장 파악하기 어려운 인권의 영향을 깊게 받았습니다. 하워드 멈퍼드 존스Howard Mumford Jones의 표현에 따르면 인권은 명백히 인간에게 "환상을 추구하며 착각을 포용하는 놀랄 만한 특권"을 부여합니다. 인권 문제를 최대한 역사적이고 정치적인 의미에서 탐구하는 것이 다음과 같은 간략한 표현의 목표는 아닙니다. 제 목표는 그리 대단하지는 않습니다. 이 혼란스러운 행위의 배후에 있는 진정한 비이데올로기적인 경험의 배경을 발견하려는 노력에서 행위와 행복 사이에 가능한 관계에 대해 질문을 제기하려는 것입니다.

1

인간의 기본 활동 중 하나인 행위의 현상이 이 문제에 대한 일말의 실마리를 내포하고 있다는 사실을 저는 한 사건을 계기로 알게 되었습니다. 대수로워 보이지 않았던 그 사건이 한동안 내 마음속에 보이지 않게 깔린 어떤 흐름의 사유를 되살려내곤 했지요. 이를 계기로 모든 사람의 코앞에 닥친 일보다 더 쉽게 간과되는 일은 없다는 오래된 진실을 확신하기에 이르렀습니다. 이와 관련해 여러분에게 이야기를 들려줄 정당한 근거는 우리 이론이 아무리 추상적으로 들리고 우리 주장이 어떤 식으로든 일관성 있어 보일지라도 그 배후에는 어떤 사건이나 이야기가 존재한다는 사실을 늘 믿어왔다는 점입니다. 이 같은 사건이나 이야기에는 적어도 우리가 자신에게 말해야 할 모든 것의 온전한 의미가 담겨 있습니다. 인간의 뇌보다 전자 기기가 더 잘 수행할 수 있는 기술적이고 논리적인 작동 그 이상의 범위에서 사유 그 자체는 사건의 실제에서 발생하며 생생한 경험이 된 사건들은 지침들로 남아 있어야 합니다. 사유 자체가 생각이 솟구치는 언덕에서든, 가라앉아야 하는 심연에서든 자체를 잃지 않는 것이라면 그 지침에 따라 사유의 모든 면을 지향할 수 있습니다. 달리 표현하면 사유 활동이 그리는 곡선은 원이 그 중심에 붙들려 있듯 사건에 매여야 합니다. 인간 활동 중 가장 신비스러운 이 활동에서 정당하게 기대할 수 있는 유일한 장점은 어떤 정의나 이론이 아니라 오히려 천천히 진행되는 발견과 아마도 어떤 사건이 찰나의 순간에 완전히 밝혀줄 지역을 지도 제작하듯 조사할 수 있다는 점입니다.

사유 과정이 자체의 동심원을 그리며 묘사하는 사건과 이야기에 대해 청중, 특히 지식인에게 들려주는 것은 관습적이지도 현명하지도 않습니다. 비록 관련 사건들의 연속은 사유 과정이 발생하고 자라난 본래의 근원을 감추는 동시에 보존하지만 연속성에 내재한 설득력을 신뢰하면서 청중과 독자를 사유 자체의 흐름에 따라 데려가는 것이 훨씬 더 안전하리라 생각합니다. 사건들 자체가 설득력이 없기에 정의상 이 사건들은 고립되어 있으며 결과적으로 수많은 해석이 가능합니다. 더군다나 이들 사건은 보통 일상적이고 평범하며, 일상적이고 평범한 것은 우리의 주요 관심사안이자 우리 사유의 일용할 양식으로 남아 있어야 합니다. 흔하지 않고 비범한 것은 어렵고 복잡한 문제가 아니라 일상적이고 평범한 것에서 나오기 때문이죠. 하지만 경이로움과 놀라움을 반복하기 위해 이러한 문제에서 우리의 정신을 인위적으로 소외시켜 이에 주의를 환기하는 일이 더 현명하리라 봅니다. 경이로움과 놀라움을 반복하는 것은 우리가 친숙하기에 늘 불가피하게 간과하는 경향이 있는 진부성commonplace이 그 진정한 의미를 주장할 수 있도록 자극하기 위해서입니다.

문학과 예술 분야에서 이목을 집중하는 수단으로서 소외는 흔한 일입니다. 특히 근대 시문학 및 회화 분야에서 당연히 받아야 할 숭고의 몫, 사실 그 이상의 주목을 받았습니다. 철학이 공통적인 문제인 기본적인 타당성에 관심이 있는 한 근대 철학 분야에서도 바로 그런 현상이 나타난다고 봅니다. 근대 철학은 텍스트 해석, 즉 해석의 기술이 그런 소외의 매우 효과적인 수단이 될 수 있음을 발견했고, 저자들에게 가해진 폭력과 의미 왜곡에 따른 잦은 불만은 근대 회화와 저술에서 현실의 왜곡에 따른 익숙한 불만과 묘하게 닮았습니다. 이처럼 회화와 글쓰기의 간접적인 방식에 주어진 현재의 정당화가 곧 "근원 자체로 돌아가야 할 필요성"이고 저는 이의 타당성을 의심하지 않습니다. 하지만 솔직하지 못한 방식으로 인정하자면 또 다른 사유가 있는데 이것도 똑같이 타당하다고 생각합니다. 첫 번째는 "가장 오래된 진리"의 재발견으로 새로운 통찰을 소개하려는 경향입니다. 두 번째는 완전히 새로우면서도 광범위한 인용 기술인데요. 여기에는 단문을 인용하는 기술, 때로는 맥락을 벗어난 단순한 어휘를 인용하는 기술이 있습니다. 단순한 어휘를 인용하는 기술에는 어떤 기만적인 의도 없이 고립만을 목적으로 하는데, 말하자면 진부함triteness이 어떤 식으로든 전해지지 못하도록 정제하는 것입니다. 진부함이란 진리, 자유, 신앙, 이성, 정의 등과 같은 사변적 사상의 핵심어들을 타락시키고 우리의 언어를 오염시킨, 공허하고 평범한 장광설의 분위기로 혼탁해진 것을 말합니다. 은유적으로 표현하면 새 포도주를 낡은 가죽부대에 붓는 대신에 묵은 포도주는 발효를 일으키는 데 사용됩니다. 물론 발효는 무엇보다도 독한 술spirit이 묵은 포도주에서 증류되었을 때만 이루어질 수 있습니다. 분명히 직설적으로 말하는 것을 피하고 과거의 보물을 이렇게 특이하게 활용하는 데는 여러 원인이 있습니다. 원인 중에는 이러한 문제에서 "완전히 새로운 것은 진리일 수 없다"(카를 야스퍼스)라는 통찰이 있고, 거기에 더해 한 사람만 말하는 것 역시 진리일 수 없다는 확신도 있습니다. 하지만 지지와 이야기 상대의 필요성이 전체 이야기를 들려주지는 않습니다. 이는 증류 기법distillation과 여기서 비롯하는 왜곡, 말하자면 오래된 텍스트를 다루는 데서 보이는 자의성 또는 여기에 대한 더욱더 심오하고 참신한 의미를 찾으려고 하는 갑작스러운 열망을 설명해주지 않습니다. 그런 다음 새로운 해석 기술의 핵심인 증류 기법은 현대 예술과 시문학에서 소외처럼 현대의 이론적 글쓰기에서도 동일한 역할을 떠맡고 거의 동일한 결과를 얻고자 합니다.

해석이라는 수단을 이용한 이러한 간접 화법이 우리 세기 이전에는 거의 알려지지 않았고 일반적으로 받아들여지지 않았지만 이제는 기대되는 탐구 양식이 되었습니다. 저는 결정적인 논점으로 증명할 수도 없고, 자명한 진리로 수용될 희망도 없는 진술에 대해 최소한의 설득력을 얻을 수 있는 유일한 방식에 조만간 의지할 듯합니다. 먼저 실제 사건의 일화를 이야기하는 것은 모든 경기 규정을 위반하는 일입니다. 그렇다고 이 규정이 절대적이지는 않으며 사유 법칙이라기보다는 주의해야 할 규정이기에 깨질 수도 있습니다.

　　다음과 같은 사유를 불러온 사건은 이러합니다. 저는 공산주의자라든지 트로츠키주의자라든지 혹은 그와 비슷한 이전의 급진주의를 표방하는 사람 중 한 명과 대화한 적이 있습니다. 아마도 우리 모두 이들 급진주의자를 지인이나 친구로 두었을 텐데 저는 특히 이 사람이 자신의 과거를 어떻게 보고 있는지, 이전의 신념을 어떻게 받아들이게 되었는지 궁금해했습니다. 마음 한편에는 가능할 법한 대답으로 이미 만들어진 대안이 있었지요. 이데올로기로서 마르크스주의는 이 대안들을 가지고 사유와 논점, 과거에 대한 설명, 미래 예측을 위한 편리한 틀을 제공했습니다. 또 다른 대안으로 제도적 종교에 대한 환멸과 새로운 신에 대한 모색을 들 수 있습니다. 이러한 모색이 궁극적으로 실패하면 이전의 신도들은 종종 더 새로운 신을 모색했고, 비록 버려진 신보다 훨씬 덜 위험할지라도 사실 기이한 신들이었습니다. 아마도 가장 좋은 대안이 될 수 있는 또 다른 대안은 "부르주아" 사회의 지배적 표준에 대한 예전의 격정적인 경멸과 사회가 줄기차게 부당하게 대우하는 사람들에 대한 격정적이지만 쉽지 않게 인정받는 동감입니다(공교롭게도 후자인 동감에 대한 열정은 로베스피에르에서 레닌과 트로츠키에 이르기까지 혁명사를 통해 가장 강력한 심리적 동기 중 하나였습니다. 자유를 향한 열렬하지만 이성적이지 않은 사랑이 존재하듯이 정의를 향한 열렬하면서도 이성적이지 않은 사랑 같은 것도 존재합니다. 양차 세계대전 사이에 붙잡혀 있을 가능성이 가장 큰 사람들은 정의를 향한 열망이 안주와 기회주의뿐만 아니라 자유나 진리에 대한 열정을 능가하고 무시한 사람들이었습니다. 이 점에서 그들은 우리가 알고 있는 사회의 규칙에서 결코 어떤 예외가 아니었습니다. 정의에 대한 숙고가 다른 모든 것을 능가하는 경향은 정확히 현대 사회의 두드러진 특징 중 하나입니다).

이 모든 사례에서 혁명이란 사회를 이끌 이데올로기가 있든 없든, 역사적 필연성과 미래의 흐름에 대한 믿음이 있든 없든 더 좋고 행복한 사회를 가져올 유일한 수단으로 받아들여졌을 것입니다. 보편적인 행복을 달성하기 위해 폭력의 사용과 같은 아주 중요한 질문을 외면한다면 다시금 혁명가는 기성 사회의 기반이 되는 진부한 편견에서 벗어난 것에 대해 자축할 이유가 거의 없다는 점을 인정해야 합니다. 정부의 궁극적인 목적과 정치적 행위의 제1법칙이 사회의 행복 증진이라는 것이 너무나 자명하기 때문 아니겠습니까?

놀랍게도 제 지인의 답은 이 모든 기대와 달랐습니다. 지인은 직설적인 대답 대신 우연히 낯선 마을에 느지막이 도착해 자연스레 도박장으로 가게 된 한 상습 도박꾼의 이야기를 들려주었습니다. 지역 토박이가 도박꾼에게 다가와 도박용 바퀴가 구부러져 있다고 경고하자, 외지인은 "하지만 이 지역에 다른 바퀴는 없노라"라고 대답했습니다. 이 이야기가 담고 있는 교훈은 분명합니다. 당시에 제 지인은 여러분이 뭔가를 하고 싶어 좀이 쑤시면 다른 방도가 없음을 암시했습니다. 여러분은 사회 전체의 선을 위해서가 아니라 여러분 자신을 위해 거기에 갔기 때문입니다. 예컨대 우리가 프랑스 혁명을 통해 알게 되었듯이, 비록 더 명예로운 동기로 갔을지라도 여러분은 조국을 구하고자 애쓰면서 여러분이 무엇보다 먼저 자신을 구원한, 다시 말해 "실제 세계와 여러분 사이에 있는 슬픈 모호성épaisseur triste"이 더는 존재하지 않는다는 사실을 발견할 것입니다. 많은 사람이 상대적으로 쉬운 자기 확신이 아니라 자신의 경험에 대해 용기가 있다면, 프랑스 시인이자 작가인 르네 샤르René Char[1]가 전쟁이 벌어

---

1   나치 점령기에 프랑스 레지스탕스로 활동했다. (옮긴이)

진 시기에 나타난 절망적 행위에 관해 다음과 같이 말한 것을 알아야 합니다. "살아남는다면 나는 이 중대한 시기의 아로마 향을 끊어야 하고 내 보물들을 (억누를 게 아니라) 조용히 거부해야 함을 안다. 그리고 내가 노골적인 불만 속에 거의 감지할 수 없는 지식과 호기심에 찬 겸손으로 아주 서툴게 나 자신을 찾아 헤매던 맨 처음, 즉 내 행동-behavior이 가장 궁핍했던 때로 돌아가야 함을 안다."

그러나 제 지인은 프랑스인이 아니라 미국인이었습니다. 이야기 속 도박꾼과 달리, 그의 경험 준거는 할 수 있는 다른 대안이 많던 시기인 1930년대였습니다. 훨씬 더 미심쩍은 점은 그가 젊어서 여전히 도박 활동을 하던 중에 실제로 도박용 바퀴가 굽었다는 사실, 즉 미심쩍다는 사실을 알았는지, 당시에 그가 감히 자신의 동기를 자백했는지, 아니면 심지어 이들 활동이 사실은 전적으로 자신의 동기였는지입니다. 여기서 가장 흥미로운 점은 어떤 사람의 진실이 아닌 이야기에 포함된 진리입니다. 우리에게 이 이야기는 도박꾼처럼 행위자가 자신에게 모든 승률이 불리하다는 점을 받아들일 정도로 그 행위에 짜릿한 행복이 있다고 말해줍니다. 이런 말이 잘 믿기지 않으리라는 점을 인정합니다. 제가 진리를 들었다고 확신하게 된 것은 바로 그 이야기가 토머스 제퍼슨과 존 애덤스가 기나긴 삶을 마감하며 회상하는 분위기에서 서로에게 자신을 해명해야 할 필요를 느꼈을 때 주고받은 마지막 편지의 생경한 구절을 곧바로 떠올리게 했기 때문입니다. 그들이 자주 논의한 한 주제는 죽음이었어요. 둘 다 죽음을 "꺼리기보다 더 기꺼이", 아주 침착하게 평정심을 가지고서, 즉 불안과 '권태로운 삶taedium vitae'에서 똑같이 벗어난 정신으로 맞았습니다. 이처럼 고요한 분위기에서 내세의 삶에 관한 질문이 제기되자, 제퍼슨은 자신의 한 편지에서 "우리는 의회에서 옛 동료들과 다시 만나 '충실하고 선한 공복 여러분, 잘했습니다'(필자 강조)라는 승인의 인장印章을 함께 받기를 바랍니다"라고 끝맺었습니다. 어쩌면 제퍼슨은 보상과 처벌이 있는 내세에 대한 믿음이 문명사회에 필수적이라는 존 애덤스의 확신을 전혀 공유하지 못했을 수도 있습니다.

확실히 제퍼슨은 유쾌하게 말하죠. 아니, 오히려 노년이 스스로 평화롭게 지내는 사람들에게 주는 신랄한 아이러니를 가지고 말합니다. 이들의 내적 자부심은 인생의 성공과 불행 속에서 고스란히 남아 있었던 거죠. 그러나 아이러니의 이면에는 의정 생활, 즉 담론의 기쁨, 입법의 기쁨, 비즈니스를 뛰어넘는 기쁨, 설득하고 설득당하는 기쁨이 최종적으로 다가올 영원한 복락을 미리 맛보는 것foretaste이었다는 솔직한 인정이 있지요. 마치 관조의 기쁨이 중세의 경건함을 위한 것이었듯이 말입니다. 우리가 종교적 함의를 지닌 내세의 삶에서 이런 이미지들을 거두어들인다면, 그들은 그야말로 인간 행복의 다양한 이상을 보여줍니다. 물론 여기서 종교적 함의는 토마스 아퀴나스Thomas Aquinas의 경우보다 제퍼슨의 경우에 더 적당할 것입니다. 문제의 핵심은 토마스 아퀴나스의 '지복perfecta beatitudo'이 전적으로 그 어떤 친구의 존재도 필요하지 않은 비전, 즉 신의 비전으로 구성되어 있다는 거죠. 반면에 제퍼슨은 "의회에" 자기 옛 동료들과 함께 앉아 있을 수 있도록 "동료"의 범위를 확장해서야 생애에서 가장 좋고 가장 행복한 순간들의 증진이 가능하다고 생각했습니다. 이와 거의 똑같은 마음가짐과 분위기로 소크라테스는 사후 생의 가능성에 대한 유명한 구절에서 자신이 물을 수 있는 모든 것은 말하자면 다음과 같다고 웃으면서 솔직하게 토로했죠. 그는 필멸하는 인간의 삶과는 완전히 다른 축복받은 자들의 안전지대island도 없고 불멸의 영혼을 가진 삶도 없다고 했습니다. 그리고 자신이 지상에서 만날 수 없었던 사람들, 자신이 주인이 되어 끝없는 사유의 대화를 함께하고 싶었던 사람들, 바로 오르페우스Orpheus와 그의 제자 무사이오스Mousaios, 헤시오도스, 호메로스 같은 저명한 "옛 동료들"과 함께 하데스(죽은 자들의 나라)에서 만나는 거라고 했습니다. 소크라테스도 틀림없이 "그들과 함께 승인의 인장을 받는 것"을 사랑했을 듯합니다.

제퍼슨으로 돌아가보죠. 제퍼슨의 진술을 굉장히 놀랍도록 가치 있게 만드는 것은, 명시적으로 도전할 생각을 거의 해본 적 없는 고대 및 근대의 정치 이론 전체와 그가 너무 확연하면서도 웬지 모르게 불일치했다는 점입니다. 제가 인용한 문장에서 "승인의 인장"은 내세의 덕에 대한 일반적인 보상이 아닙니다. 제 생각에 승인의 인장은 오히려 "어쩌면 세계 존중이 그 안에 있는 무엇보다 더 가치 있던" 시절이 있었다고 솔직하게 인정하는 또 다른 구절과 한 조입니다. 그럼에도 제퍼슨 또한 "인간의 삶과 행복의 보살핌이 …… 좋은 정부의 유일하게 정당한 목표이고", 통치자들이 말하는 어떤 "행복"도 미심쩍으며, 이 행복은 오직 "권력에 대한 지나친 열정" 안에서만 존재할 수 있고, 피통치자가 정부에 참여해야 하는 핵심 이유는 인간 본성의 개탄스럽고 "정당화할 수 없는" 성향(존 디킨슨John Dickinson) 때문이라고 믿었습니다. 정부는 다만 인간 본성의 반영이고, 인간이 천사라면 정부가 필요하지 않으며, 천사들이 정부를 운용한다면 의회나 권력을 견제할 여타 통제 기관이 필요하지 않다는 제임스 매디슨의 주장에도 동의했을 것입니다. 제퍼슨은 자신의 공적 이력에 대해서 말할 때 자신이 그 일을 얼마나 즐겼는지를 거의 언급하지 않았습니다. 반대로 "조국에 가장 도움이 되는 어떤 방면에서든, 그의 직무 수행은 모든 개인에게서 부여받은 것"이라며 자신이 동료 시민에게 빚진 봉사의 의무를 강조하고 싶어 했습니다. 제퍼슨이 행복에 대해 말할 때 행복의 장場은 "우리 가족의 보살핌과 사랑 속에, 이웃과 제 장서의 세계society에, 내 농장과 직분에 건전하게 종사하는 것"에 있다고 주장할 것 같습니다. 요컨대 행복의 장은 되도록 의회에서 멀리 벗어난 장소에, 공중이 아무 주장도 안 하는 삶에 있습니다.

　저는 이와 같은 고언과 반성이 경건한 척하는 진부한 것들과는 전혀 다른 사안이라는 것을 부인하지 않습니다. 이것들은 19세기 정치에서 유행했고 심지어 오늘날에도 여전히 가장 저급한 차원의 정치적 미사여구에 포함된 상투적인 것들이지만, 건국 선조의 글과 생각에서 높은 비중을 차지한다고는 생각하지 않습니다. 제퍼슨의 저작에서 그 비중은 미미하며 애덤스의 저작에서는 더 미미합니다. 이와 관련해 가장 인상적인 구절은 애덤스가 파리에서 부인에게 보낸 초기 편지에 드러납니다. "나는 정치와 전쟁을 공부해서 우리 자식들이 수학, 철학, 지리학, 자연사, 조선학, 항해술, 상업, 농업을 공부할 자유를 갖게 할 것이오. 그렇게 해서 내 자식의 자식은 회화, 시, 음악, 건축, 조각, 태피스트리, 도예를 공부할 권리를 가질 것이오"라고 편지에 썼습니다. 이 문장들은 즐거운 마음으로 분야를 상세하고 정확하게 열거해 뭔가 믿음을 전달합니다. 그럼에도 이 문장에는 여유와 사색에 대한 개인적 열망을 가리키기보다는 문명의 역사적 발전에 대한 이론이 내재한다는 사실을 자칫 간과해서는 안 됩니다. 더 중요한 점은, 추정컨대 저차원의 질서에서 고차원의 질서로 상승하면서 실제로는 제시한 직업군들이 가령 태피스트리와 도예 같은 아주 사소한 직업으로 열거가 끝난다는 사실입니다. 따라서 애덤스는 분명히 전통과 관습이 자신에게 말해준 것이 옳다는 생각에 따라 상향 질서를 기술하기 시작했지만, 자신의 비밀스러운 신념에 이끌려 진실을 밝혔습니다. 벽을 장식하고 도자기를 수집하는 데 빠진 자기 손자들이 아니라 공공 업무에 "여념이 없는" 이들의 할아버지가 인생 복권에서 1등으로 당첨되었다는 진실 말입니다. 공공 업무가 부담이자 의무인 진부한 사실 뒤에 숨은 진정한 경험을 학습하고자 한다면, 18세기 우리 문명보다는 기원전 4~5세기 고대 그리스로 되돌아가는 편이 나을 것입니다.

불행히도 이들 행위자의 저작 또는 심지어 이들이 판을 짠 문서를 문학 작품으로 착각하는 일이 종종 일어납니다. 그리고 이 문서가 서책인 한에서는 독창성이 있느냐 없느냐를 행위의 영역에 속하지 않는 일반 서적에 적용하는 유효한 기준에 따라 판단할 수 있을 듯합니다. 확실한 것은 '독립 선언문'에 대한 의미 부여가 자연법 철학이 아니라는 사실입니다. 사실 독립 선언문은 "깊이와 미묘함을 놓치고" 있습니다(칼 베커 Carl Becker). 이 문서에서 새로운 이념을 찾고자 하는 노력은 무의미할 듯합니다. 여기에 등장하는 주요 개념은 너무도 널리 알려져서 저자는 "주제의 공통감" 이상을 표현하지 않는다고 생각했습니다. 반면에 당대의 독자 중 일부는 기껏해야 그 이념들이 오히려 "진부해졌다"(존 애덤스)는 점을 의식하고 있었습니다. 이 문서의 위대성에 여전히 의심의 여지는 없습니다. 문서의 위대성은 "인류 의견을 존중"하는 차원에서 문서가 필요하다고 생각했다는 사실, 또는 특정 왕에 대한 일련의 아주 구체적인 불만 목록이 군주제와 일반적으로 왕권 거부를 이끌었다는 사실에 있죠. 달리 표현하면, 독립 선언문의 위대성은 "행위action를 지지하는 주장"(칼 베커) 또는 행위가 문자로 표현되는 완벽한 방식이라는 데 있습니다. 우리는 구어가 아닌 문어를 다루므로 행위의 힘이 자체의 기념비를 세울 만큼 충분하리라는 좀처럼 보기 드문 순간에 대면하게 됩니다.

　　독립 선언문에 담긴 진실은 혁명을 이끈 사람들의 저작들보다 훨씬 더 진실합니다. 진실했던 순간은 바로 제퍼슨이 일반론적으로 말하길 멈추었을 때, 다시 말해 그가 과거나 미래의 행위 측면에서 말하거나 글을 쓸 때였습니다. 제퍼슨은 제가 여러분의 주의를 끌고자 하는 행위와 행복 사이의 특수 관계를 그 진정한 가치로 평가하는 데 가장 가까이 갔습니다. 연방 공화제를 "구區의 체계를 갖춘 기초 공화제"로 분할하고 그 아래 단계로 재분할하려는 제퍼슨의 까마득히 잊힌 위대한 기획을 다시금 요약한 것은 오로지 그가 이 관계를 잘 자각한 덕분입니다. 기초 공화제에서는 모든 사람이 "자신이 국정 참여자"라는 사실을 자각할 수 있을 테고, 따라서 자신만의 의회에서 살아갈 수 있을 것입니다. 제퍼슨은 자신이 "평의회"라고 부른 체제를 수립하지 않고서는 공화제가 안전할 수 없다고 확신했으며 그의 확신이 옳다고 저는 생각합니다. 확실히 그는 이후 혁명에서 등장하는 소비에트 평의회와 레테 평의회 체제에 대한 어떤 예감도, 아마도 프랑스 혁명 시기에 파리의 일부 구역에서 평의회 체제가 혼란스럽고 불운하게 처음 시작한 데 대한 큰 자각도 없었을 것입니다. 제퍼슨이 미국 공화국이라는 존재를 위해 기본적인 안전의 측면에서 전반적으로 무시된 자신의 계획을 고려한 점은 더욱더 주목할 만합니다. 그는 자신의 "구區 체제"가 "더욱이 나는 카르타고가 섬멸되어야 한다고 선언한다 ceterum censeo Carthaginem esse delendam"[2] 라는 로마의 안위를 걱정한 유명한 말이었다고 매우 단호하게 썼기 때문입니다. 제퍼슨은 그런 말을 한 이유로 "크든 작든 이들 평의회 성원이 아닌 사람이 주州 안에 존재하지 않을 때 그는 카이사르나 보나파르트가 자신의 권력을 빼앗기 전에 몸에서 심장이 찢겨나가게 둘 것이다"라고 했습니다.[3] 하지만 애덤스 저작의 비슷한 항목을 가지고서 제퍼슨 정치의 전 항목이 잊혔던 이유는 바로 정확히 일치하는 이론을 찾을 수 없었기 때문입니다(여담이지만, 요컨대 "구"라는 단어는 현재 판본의 색인에서 빠져 있습니다). 골치 아픈 점은 제퍼슨이 믿었던 바와 반대로, "어떤 사안에 대한 공통감"이 결코 이에 대해 공통으로 주장하는 신념과 항상 동일하지는 않다는 것입니다.

이를 또 다른 방식으로 표현하자면 제퍼슨이 "플라톤의 난센스"

---

2 대 카토가 한 말이다. (옮긴이)

3 1816년 2월 2일 제퍼슨이 캐벨 J. C. Cabell에게 보낸 편지 중 일부다. (편집자)

를 즐긴 만큼 분노해서 집필했을 수도 있지만 진실은 플라톤의 "흐릿한 정신"이 어느 정도 정치사상의 범주를 앞서서 결정했고, 《국가》를 공공연하게 찬양한 누구보다도 제퍼슨이 자신의 정치사상에 감춰진 플라톤식 개념에서 어느 정도 벗어날 수 있었던 그러한 안정성의 개념 틀을 수립했다는 점입니다. 최대한 조야하게 이러한 개념들을 표현하고 있지만, 18세기 말의 플라톤적 관념들만큼 조야하지는 않습니다. 이들 개념은 다음과 같이 열거할 수 있을 듯합니다. 일반적으로 정치와 특히 행위의 궁극적 목적은 정치 영역 너머에 있습니다. 정치 행위가 지향해야 할 목적과 정치를 판단할 수 있는 표준은 기원상 정치적이지 않으며 정치와 전혀 다르고 이를 초월하는 일련의 경험에서 발생합니다. 근본적으로 행위는 지식의 이행에 불과하므로 지식보다 열등하며 부차적입니다. 따라서 "좋은 사람"이 곧 "지혜로운 사람"입니다. 마지막으로 플라톤주의에 대한 아리스토텔레스적 해석에서 정치적 행위와 그 궁극적 목표는 전쟁 및 평화와 같은 관계, 즉 정치 행위의 목적이 일반적인 정치와 다를 뿐만 아니라 정반대의 관계에 있습니다.

18세기 프랑스의 계몽 철학자들과 문필가들에게 전해진 이 전통은 바로 모든 정치사상의 중심 문제를 제기하는 것으로 보이는 질문, 즉 정부의 목적은 무엇인가라는 질문을 제기하는 것이었습니다. 하지만 여전히 교과서에 떠돌아다니는 이 질문은 우리가 철학을 처음으로 정치적 삶의 방식과 구별하고 그에 반대되는 철학자의 삶의 방식을 발견하고 정의한 사람들만큼이나 진지하게 받아들일 때만 의미가 있으리라는 사실을 기억해야 합니다. 건국 선조나 자신만의 "철학"이 있었던 영국과 프랑스의 정치 이론가 중 그 누구도 자신의 개념적 언어의 기원에 도달하기에 충분할 만큼 진지하게 철학을 생활 방식으로 삼으려 하지 않았고, 심지어 그렇게 할 수 없었습니다. 이는 다만 그들이 자신의 체험을 천명하고 소통하는 또 다른 포괄적 방식에 이를 수 있었더라면 중요하지 않았을 수도 있습니다. 이것이 사실이 아니었기에 불행히도 건국 선조나 정치 이론가들은 전통의 포로로 남아 있었습니다. 전통의 진정한 원천은 그들의 이해 범위뿐만 아니라 경험 범위를 넘어서 있으며 그 결과는 그들이 일반적인 용어로 또는 정치 행위와 정치 제도의 토대가 아닌 이론적 용어로 생각할 때마다 그들의 사유는 피상적이 되고 그들이 한 경험의 깊이는 불명료해지리라는 점입니다.

마지막 분석에서 경험이 전통적인 상투어들의 단단한 껍질을 부술 때 이것들을 야심적이고 위험한 어떤 주장들로 인도하고 오도할 가능성이 있는 것이 바로 이러한 불명료한 깊이였습니다. 제퍼슨이 "종종 애국자와 독재자의 피와 함께 새로워져야 하는 자유의 나무"에 대해 말할 때처럼 말입니다. 프랑스 혁명 참여자들이 시련과 희생을 치른 "그 중요한 시절의 아로마 향"을 추출하려고 했을 때, 시련과 희생은 자신들을 위해 준비되어 있던 예상치 못한 "행복"과 의미 있는 시간보다 훨씬 더 잘 준비되어 있었습니다. 이때 승기를 붙든 "부조리absurdity" 철학으로 이들을 인도하고 오도한 것은 여전히 동일한 깊이의 경험이었고, 이와 더불어 우리 전통의 개념적 도구를 밝히고 탐구하는 동일한 무능이었습니다.

2

이 이야기가 우리에게 말해줘야 한다고 생각하는 것에 더 타당성을 부여하기 위해 이제 제 낡은 방식의 스토리텔링에서 해석을 분리하고 추상화해 객관화하는 수용 가능한 방식으로 되돌아가려 하니 허락해주시기 바랍니다. 우선 한 문장도 아니고 두 단어에만 주목할까 합니다. 지금까지 우리는 이 두 단어를 거의 함께 사용하지 않았습니다만, 18세기에는 유행하던 관용어였죠. "공적 행복public happiness"이 바로 그 두 단어입니다. 물론 제퍼슨이 독립 선언문의 초안을 작성할 때 양도 불가능한 권리를 열거하는 현재의 공식을 "생명, 자유, 소유권"에서 "생명, 자유, 행복의 추구"로 변경한 것은 확실히 이상한 일입니다. 제퍼슨의 초안을 선택하기에 앞서 진행된 논의에서 이 같은 변경이 거론되지 않은 것은 더 이상합니다. 그 뒤 이어진 몇백 년 동안 어떤 단어나 개념보다 특별히 미국의 이데올로기에 많이 기여한 이 문구에 대한 기이한 관심 부족은 문구 그 자체만큼이나 아주 많은 설명이 필요한 상황입니다. 처음부터 있었던 관심 부족은 제퍼슨 씨의 탁월한 "글솜씨"에 대한 신뢰 때문일 공산이 큽니다. 심지어 "행복"이라는 단어가 정치적 언어에서 혁명 이전의 위상을 차지하고 있어 이 맥락에서 아주 친숙하게 들리기에 이러한 변화가 관심을 끌지 못했을 가능성이 훨씬 더 큽니다.

　　제일 먼저 떠오르는 친숙함의 근원은 황실 포고문에서 원용하는 관용적 표현인데, 이 포고문에서 "우리 국민의 복지와 행복"은 명백히 신민의 사적인 복지와 사적인 행복을 의미했습니다. "행복의 추구"라는 구절이 정확히 무엇인지는 19세기와 20세기를 거쳐오며 의미를 갖게 되었습니다. 하지만 이러한 타당성에 반해 "복리와 행복" 대신에 '공적' 행복을 논의하는 일은 혁명 이전 미국에서 아주 의미 있는 변용이었습니다. 그래서 제퍼슨은 1744년 '버지니아협의회'를 위해 준비한 문서에서 여러 모로 독립 선언문을 예고했습니다. 이 문서에서는 "우리 선조"가 "유럽에서 영연방 자치령"을 떠났을 때 "자연이 모든 사람에게 부여한 권한을 행사했다. …… 이러한 법률과 규정에 따라 새로운 사회를 수립하는 것이 공적 행복을 가장 잘 증진할 것으로 보인다"라고 선언했습니다. 제퍼슨이 옳았다면, 다시 말해 "영연방 자치령의 자유 거주민"이 "공적 행복"을 추구하기 위해 이민을 왔다면, 신대륙 식민지는 처음부터 혁명가의 온상이 었음이 분명합니다. "공적 행복"은 "현안이 있는 정부"에 대한 참여, 즉 공적 권력에 참여하는 것을 의미했기 때문입니다. 여기서 공적 권력은 정부가 공적 권력에 대항해 보호할 수 있는 일반적으로 인정되는 권리와는 확연히 구분됩니다. 우리의 맥락에서 더욱 중요하게도, "공적"과 "행복"이라는 이 두 단어의 결합은 바로 이 사람들이 (제퍼슨이 1775년에 존 랜돌프 John Randolph에게 보낸 편지에서 말했듯이) 다음과 같이 주장했을 때, 완전히 진실만을 말하지 않음을 알았다는 사실을 강력히 시사합니다. "제 첫 번째 소망은 우리의 정당한 권리를 회복하는 일입니다. 제 두 번째 소망은 행복한 시기로 되돌아가는 것…… 제가 스스로 완전히 공적인 시선에서 물러나서 가정의 안락과 평온 속에서 여생을 보내며, 나중에는 세계에서 일어난 일을 듣고자 하는 모든 욕망도 떨쳐버리는 것입니다." 권력의 향유와 공적 행복을 자신의 정치 철학의 초석이라고 말할 정도로 과감한 사람은 존 애덤스가 유일했습니다.

독립 선언문과 관련해 우리는 두 가지 의미에서 "행복의 추구"라는 용어를 아무런 의심 없이 들어야 합니다. 비록 이 의미들이 역사적으로나 개념적으로나 거의 받아들여질 수 없을지라도 말입니다. 여기서 제퍼슨의 탁월한 글솜씨는 다만 "사적 권리와 공적 행복"(제임스 매디슨) 사이의 분명한 경계를 흐리게 하는 데 아주 성공적이었습니다. 제퍼슨 공식의 초안은 또한 공무 및 "공적 행복"을 이해하지도 바라지도 않으며 여기에 더는 신경 쓰지 않고 "전적으로 개인적 이익"(쿠퍼 Thomas Cooper)에만 관심을 기울이는 의회의 사람들에게도 호소할 수 있다는 명백하고도 즉각적인 이점이 있었습니다. "경쟁emulation"에 대한 제퍼슨 동료들의 열망, 즉 존 애덤스의 표현으로 "행동으로 보여주자 spectemur agendo"가 실현될 새로운 정치체, 다시 말해 공적 행복의 장場을 실제로 이루고자 소망하는 동료들과 대립하지 않고 말입니다. 건국 선조가 현재 자신들에게 부여된 정치 존엄과 다른 개념을 가졌는지 누구도 의심할 수 없도록 저는 애덤스가 과감하게 내세운 주장을 인용하고자 합니다. 존 애덤스는 "결국 정부의 주요 수단이 된 이 열망, 말하자면 경쟁에 대한 열망을 규제하는 것이 정부의 주요 목적이다"라고 했습니다. "정부의 목적"을 이렇게 정의할 때 수단과 목적은 명확히 일치합니다. "공적 행복" 개념이 사적 권리와 개인의 이익을 대체하는 순간 정부의 목적이 무엇이냐는 이 질문은 의미를 상실할 것입니다.

이처럼 공적 행복의 의미를 이해하려면 혁명 이전 18세기 프랑스의 정치 언어에서 매우 유사하면서도 상당히 다른 관용어가 존재했음을 기억하는 편이 좋을 듯합니다. 알렉시 토크빌Alexis Tocqueville은 "취미taste"와 "공적 자유에 대한 열망"이 얼마나 널리 퍼졌는지, 지금 혁명이라고 부르는 것이 무엇이든 그 개념이 전혀 없거나 혁명에서 수행할 역할을 전혀 예감하지 못한 사람들의 마음에 얼마나 지배적이었는지를 들려주었습니다. 미국인은 구區와 구역 의회에서 공적 자유의 경험을 혁명에 앞서 맛보았기에tasted 공적 행복을 논의할 수 있었습니다. 이런 의회는 공무를 숙의하는 곳이었고 존 애덤스의 표현에 따르면 "국민의 정서가 처음으로 형성되었습니다." 이 업무와 관련된 활동이 어떤 부담도 되지 않았지만 이런 활동을 공적으로 내려놓은 사람들에게는 다른 어디에서도 얻을 수 없는 행복감을 안겨주었음을 미국인들은 알았습니다. 이러한 미국의 경험에 비하면 결국 프랑스 혁명을 일으킨 프랑스 '문필가들hommes de lettres'의 마음가짐은 극도로 이론적이었습니다. 논평하는 데 어느 정도 권리를 가진 비우호적인 역사가가 프랑스 의회the French Assembly의 "배우들"이라 부른 인물들도 의심할 나위 없이 그 상황을 즐겼지만, 통제 방법을 알지 못하는 혁명적 사건의 급류에 사로잡혀 암울한 업무의 이면을 반성할 시간은 확실히 없었습니다.

그렇다면 "공적 자유"라는 용어가 생겨난 경험의 배경은 무엇이었을까요? 심지어 공적 자유를 알지도 못하면서 (토크빌이 지적했듯이, "폭력적 혁명이라는 바로 그 개념은 그들의 마음에 자리할 곳이 없었습니다. 구상한 적이 없기에 논의되지도 않았습니다") 사실 전체 문명의 구질서를 변화시키는 데 쏠린 사람들은 누구였을까요? 제가 앞에서 언급했듯이, 18세기에는 이들을 '문필가'라고 불렀습니다. 이들의 주요 특징 중 하나는 사회에서 자발적으로 물러났다는 점입니다. 먼저 궁정 사회와 궁정 신하의 삶에서 물러났고 나중에는 살롱 사회에서도 물러났습니다. 이들은 자유롭게 선택한 은둔 생활 속에서 자신을 교육하고 마음을 교화했으며, 정치적인 것은 물론 사회적인 것에서 면밀히 계산해 거리를 두고자 했습니다. 정치적인 것과 사회적인 것 모두를 전체적인 시각에서 보고자 그 둘에서 자신을 격리했습니다.

끝없는 음모와 온통 가십으로 가득한 궁정의 삶은 공무의 세계에 참여하는 것으로 온전한 보상을 제공했는데, 이러한 계몽적인 절대주의 치하에 살면서 이들의 개인적 기풍은 사회적 숙고를 정치적 중요성과 교환하는 것을 거부하고 사적 연구, 반성, 몽상을 위해 차라리 어둠의 격리를 선택했다는 데 있었습니다. 우리는 이러한 분위기를 프랑스 '도덕주의자'의 글에서 알게 되었습니다. 우리는 여전히 초기 단계에서 사회에 대한 신중하고도 의도적인 경멸에 매료되는데, 이는 몽테뉴Michel Montaigne 지혜의 근원이자 파스칼Blaise Pascal 사유의 심오함이었고 몽테스키외 저작의 많은 지면에 그 흔적을 남겼습니다.

더욱이 중요하게도 문필가들은 어떤 "지위estate"에 속하는 것과 무관하게 가난의 부담에서 벗어났고 따라서 미국 동료들과 유사한 위치에 있었습니다. 구체제ancien régime의 궁정이나 사회가 자신들에게 부여할 수 있었던 것이 아무리 탁월해도 불만족스러웠던 그들은 여가를 축복이라 기보다는 부담, 즉 출생과 재능, 성향 덕택에 접근할 권리가 있던 영역에서 강제로 추방되었다고 여겼습니다. "공무의 세계가 문필가들에게 거의 알려지지 않았을 뿐만 아니라 비가시적이었던"(토크빌) 이러한 위치에서 그들이 놓친 것을 "공적 자유"라고 불렀습니다.

달리 표현하자면, 문필가들의 여가는 그리스의 '스콜레'가 아니라 로마의 '오티움'이었습니다. 강요된 비활동 상태, 다시 말해 키케로의 표현에 따르자면 철학이 "고통 치료제doloris medicinam"를 제공해줘야 하는 "한가한 은퇴 생활에 고통스러워하는 나날"이었습니다. 18세기 프랑스인들이 라틴어에서 문자 그대로 번역해 여전히 공무의 영역이라 부른 '레스 푸블리카res publica' 또는 '라 쇼즈 퓌블리크la chose publique'를 위해 여가를 사용하기 시작했을 때 이들은 여전히 매우 로마적인 스타일과 분위기 속에 있었습니다. 이러한 연유에서 문필가들은 그리스 및 로마 저술가들의 저작을 연구하기 시작했는데, 고대 서적에 담겼을 수도 있는 영원한 지혜나 불멸의 아름다움을 위해서가 아니라 (이 사실이 매우 중요합니다) 거의 전적으로 자신들이 목격한 정치 제도를 학습하기 위해서였습니다. 18세기 미국에서처럼 18세기 프랑스에서 사람들을 고대로 되돌아가게 한 동기는 진리 탐구가 아니라 공적 자유와 공적 행복의 추구였습니다.

언젠가 토크빌은 "혁명을 예비한 모든 사상과 정서 가운데에서 엄밀히 말하면 공적 자유의 개념과 취미가 가장 먼저 사라졌다"라고 제대로 평했습니다. '필요한 부분mutatis mutandis'만 조금 수정해서 표현하자면, 원래 수식하는 형용사 없이 "행복의 추구"를 거의 직접적으로 운용하고 이해한 미국의 공적 행복을 말할 수 있을 듯합니다. 이러한 운명적 소멸의 원인이 된 이론적, 역사적 이유가 있습니다. 이 경우 저는 독재정에 대한 전통적 정의의 모호성을 통찰한 우리 정치사상 전통의 이론적 불충분성을 언급한 적 있습니다. 고대의 선이론적 이해에 따르면 독재정은 지배자가 스스로 행위의 권리를 독점하고 시민을 공적 영역에서 각자의 사적 업무에 마음을 써야 하는 가정의 사생활 속으로 몰아넣은 정부 형태였습니다. 다른 말로 표현하면 독재정은 반드시 개인의 이익을 추구하거나 사적 권리의 향유를 침해하지 않으면서 사람들에게서 공적 행복과 공적 자유를 박탈했습니다. 전통적인 이론에 따르면 독재정은 지배자가 자신의 의지로 자신의 이익을 추구하며 통치하므로 신민의 사적 복지와 개인의 자유를 침해하는 정부 형태입니다. 18세기에는 독재정과 폭정을 논의하면서 이 두 가지 가능성을 구분하지 않고 사적인 것과 공적인 것, 방해받지 않는 사익 추구와 공적 자유 또는 공적 행복의 향유 사이의 구분을 예리하게 하는 법을 학습했습니다. 그리고 이 구분은 오로지 혁명 기간에 이 두 원칙이 서로 충돌할 때 이루어졌습니다.

　　기본적으로 이러한 충돌은 표현상 사뭇 달라도 미국 혁명에서나 프랑스 혁명에서나 같습니다. 이론적으로 볼 때 그 중요성을 파악하는 가장 간단한 방식은 로베스피에르의 혁명 이론, 즉 "입헌 정부는 주로 시민의 자유에, 혁명 정부는 공적 자유에 관심이 있다"라는 그의 신념을 상기하는 것일 수도 있습니다. 하지만 제퍼슨의 "구區 체제"에 대한 주장, 즉 혁명 정신이 살아남을 수 있도록 하는 제도 수립에 실패했기에 미완의 혁명이었고 공화국의 영속성이 보장되지 않았다는 그의 확신은 같은 방향을 지향합니다. 로베스피에르가 혁명의 종식을 극도로 꺼린 점, 즉 혁명 권력의 종말과 입헌 정부의 시작이 공적 자유의 종말을 가져오지 않을까 하는 두려움은 본질적으로 모든 세대에서 혁명을 바라는 제퍼슨의 마음 내키지 않은 소망과 유사합니다. 미국 혁명에서 제기되는 문제는 새로운 정치체가 그곳 시민의 "공적 행복"을 위해 자체의 영역을 구성할 수 있는지였습니다. 달리 말해 그 정치체가 구체제보다 효과적으로 사적 행복의 추구에 전적으로 봉사하고, 이를 보장하기 위해 설계되었는가였죠. 한편 프랑스 혁명에서 제기된 문제는 혁명 정부의 종말이 시민의 자유와 권리 보장을 통해 공적 자유의 군림을 종결시킬 입헌 정부의 수립에 있는지, 아니면 공적 자유를 위해 혁명을 영구적으로 선언해야 하는지였습니다. 군주가 법의 한계 내에서 신민의 복지와 이익을 위해 통치하는 모든 비독재적 지배에서 시민의 자유와 권리 보장은 긴요한 사안으로 여겨졌습니다. 더 중요한 것이 없다면 18세기 말에 발생한 정부의 혁명적 변화, 즉 군주제 폐지와 공화제 수립은 구체제의 그릇된 생각과 실수가 유발한 사건으로 봐야 할 것입니다. 혁명이 아닌 개혁, 새로운 정치체의 수립이 아니라 더 나은 정치체를 위해 나쁜 지배자를 교체하는 것이 정답이 되어야 합니다.

　　그러나 문제의 핵심은 프랑스 혁명과 미국 혁명 모두 대서양 양쪽에서 혁명을 감행한 사람들이 원래 입헌 군주제를 지향하는 그런 개혁 이상을 의도하지는 않았지만 매우 신속하게 공화주의 정부를 주장하게 되었다는 점입니다. 대부분의 다른 관점에서 서로 매우 다른 두 혁명이 공통으로 가진 특징은 왕당파와 공화파의 새로운 폭력적 대립이었으며, 이 대립은 혁명 이전에는 사실상 알려지지 않았습니다. 이는 분명히 행위로 만들어진 경험의 결과였습니다. 혁명을 일으킨 사람들이 이전에 무엇을 알았거나 꿈꾸었는지와 관계없이, 말 그대로 행위의 포도주에 취해 공적 행복과 공적 자유를 완전히 알게 된 것은 바로 오로지 혁명 과정에서였습니다. 어쨌든 이들 경험의 여파로 거의 어떤 정황(불행히도 이 대안들을 이러한 용어로 이들에게 제시해야 하는 경우)에서나 이들이 개인의 이익보다는 공적 자유를, 사적 복지보다는 공적 행복을 선호하리라는 점에서 충분히 의미심장한 일이었습니다. 영속적으로 선언될 혁명의 전조가 보이는 로베스피에르와 제퍼슨의 예견된 이론과 제안 뒤에서 우리는 이 두 사람

이후 존경받을 만한 거의 모든 혁명가를 불안하게 만드는, 불편하고 두려움을 불러일으키는 놀라운 질문을 판별할 수 있을 것입니다. 혁명의 종식과 입헌 정부의 교차점이 공적 자유의 종언을 의미한다면 혁명을 종식하는 것이 오히려 바람직했을까요?

이 글의 범위 안에서 18세기 말부터 우리 세기 중반까지의 혁명사를 통해 이러한 경험의 왜곡된 흔적을 파고드는 것은 분명히 불가능합니다. 적정하면서도 참으로 현대적인 정치학 이론을 위해 이러한 경험의 적실성을 공정하게 평가하기란 더더욱 어려울 듯합니다. 그런데도 결론적으로 저는 제 이야기가 보여주고자 한 향후 고려 사항을 두 가지 방향에서 제시하고 싶습니다.

첫 번째 방향은 우리를 역사의 차원으로 인도합니다. 역사 차원에서 19세기의 주요 혁명들은 "평의회" 또는 "구체제"의 "기초 공화제" 내에서 지속적인 정치 조직을 수립하려는 제퍼슨의 시도뿐만 아니라 영속적으로 혁명을 선언하기 위한 로베스피에르의 추진력을 예외 없이 자발적으로 재생산한 사실을 입증할 수 있으리라고 생각합니다. 여기서 지속적인 정치 조직은 혁명의 본래 목적보다는 혁명을 일구어낸 사람들에게 영감을 주고 사건들의 경과에 앞서 이들에게 알려지지 않은 정신을 보존할 것입니다.

두 번째 방향은 우리를 이론의 차원으로 인도합니다. 여기서는 역사적 경험에 바탕을 두고 행위와 행복의 관계를 탐구할 수 있습니다(행복과 행위의 관계는 행위란 무엇이며 덕이란 무엇인가 하는 이중적 질문에 대한 열쇠를 제공할 수 있을 것입니다). 두 번째 차원에서 "혁명"이라는 단어의 의미는 19세기의 이데올로기에서 정화되고 20세기의 전체주의를 통한 왜곡에서 구제받아야 합니다. 그다음으로 혁명은 모든 함의를 가진 행위가 발견된, 또는 오히려 현대를 위해 재발견된 시공간처럼 보일 듯합니다. 장구한 세월이 흐르는 동안 관조가 행위에 드리운 그림자를 기억한다면, 혁명은 대단히 중요한 사건이었습니다. 공무의 영역은 토크빌의 명료한 표현에 따르면, 부자나 빈자에게 똑같이 "비가시적"이었습니다. 바로 이러한 이유로 근대의 모든 정치 이론은 지난 200년 동안 이루어진 혁명적 격변에서 밝혀진 사실들과 일치되도록 해야 합니다. 당연히 이러한 사실은 혁명적 이데올로기들이 우리가 믿기를 원하는 바와 아주 다릅니다.

이러한 사실들을 이해하는 것, 심지어 지각하는 것조차 매우 어렵습니다. 전통적인 정치적, 개념적 사유의 모든 도구 탓에 이러한 시도에서 우리는 실패를 거듭했기 때문입니다. 행위의 재발견과 삶의 세속적, 공적 영역의 재출현은 근대가 완전히 새로운 세계로 진입하려 하는 우리에게 물려준 가장 귀중한 유산이 될 것입니다. 그러나 이 유산의 상속자로서 우리의 시각에 결코 문제가 없는 것은 아닙니다. 앞에서 제가 인용한 프랑스 시인이자 작가인 르네 샤르가 그 문제를 가장 잘 표현했습니다. 그는 레지스탕스 경험을 요약하면서 "우리의 유산은 유서 없이 우리에게 남겨졌다"라고 말했습니다.

(1960)

자유와 정치에 관한 강연

1

자유와 정치의 관계를 논의하는 일이 책으로는 부적절하리라는 단 하나의 이유 때문에 강연에서는 용납될 수 있을 텐데요. 위기나 혁명의 시대가 아니고서야 자유는 좀처럼 정치적 행위의 직접적인 목적이 되지 못하지만 이런 자유 때문에 인간 공동생활에 정치와 같은 것이 존재합니다. 제게 자유는 철학자가 이러저러한 방식으로 정의하고 인간의 역량 안에서 이리저리 위치시키고자 하는 인간 본성의 자질을 의미하지 않습니다. 더더구나 인간이 외적 강제에서 도피하려는 이른바 내적 자유를 의미하지 않습니다. 역사적으로 이는 뒤늦게 찾아온 현상이고 객관적으로는 부차적인 현상입니다. 자유란 원래 세계 소외의 결과물인데, 어떤 세계 경험과 주장들이 외부 세계에서 기인하고 우리가 그 경험과 주장들을 감지할 수 있는 실재로서 처음 접하지 않았더라면 우리는 자유에 대해 아무것도 알지 못했을 텐데도 자유는 각자 자기 자아 내부의 경험으로 변형되었습니다. 우리는 자기 자신이 아닌 타인과 교류하면서 처음으로 자유와 그 반대를 의식합니다. 인간은 서로의 관계 안에서 자유로울 뿐이라서 정치와 행위의 영역에서만 자유를 적극적으로 체험할 수 있습니다. 이 자유는 '강요받지 않음' 그 이상입니다.

자유에 관한 논의도 없이 정치를 들먹일 수는 없습니다. 정치에 대해 말하지 않고는 자유에 대해 말할 수 없습니다. 무릇 인간은 더불어 살고 있지만 정치체를 형성하지 못하는 곳, 예를 들어 원시 부족 사회나 가족의 사생활에서 이들의 활동을 지배하는 요인들은 자유가 아니라 생활의 필연성과 이의 보존을 위한 관심입니다. 더욱이 인간이 이루어놓은 세계가 정치 행위를 위한 장이 되지 못하는 곳, 예컨대 백성을 협소한 집과 사적 관심사로 내모는 독재 사회 그 어디에서도 자유는 세계의 실재 worldly reality가 되지 못합니다. 정치적으로 보장된 공적 영역이 부재한 자유에는 현상을 드러낼 세계의 공간이 미비합니다. 삶의 조건이 어떠하든 자유는 항상 인간의 마음 가운데에 확실히 어떤 동경으로 자리 잡을 수 있지만 여전히 세계에 드러내 보일 수 있는 사실은 아닙니다. 드러내 보일 수 있는 실재로서 자유와 정치는 동시에 발생하며 동전의 양면처럼 서로 연관이 있습니다.

그러나 오늘날 우리가 이처럼 정치와 자유가 동시에 발생한다는 점을 당연하게 받아들일 수 없는 그럴 만한 이유가 있습니다. 전체주의 지배 형태에 우리가 친숙해져 대중의 의견이 주장하는 바는 그 무엇도 삶의 전체주의적 정치화보다 자유의 전체주의적 완전 폐지에 더 적합하지 않다는 점입니다. 자연스럽게 이러한 종류의 숙고를 항상 기억해야 하는 최근 경험의 시각에서 볼 때, 우리는 정치와 자유가 동시에 발생한다는 사실뿐만 아니라 바로 이들의 양립 가능성도 의심해야 합니다. 정치가 끝나는 지점에서 자유가 시작한다고 믿는 경향이 있습니다. 정치가 무한하며 한계도 없는 지점에서 자유가 사라지는 것을 봤기 때문입니다. 정치가 덜할수록 더 많은 자유가 있다느니, 정치적인 것이 차지하는 공간이 작을수록 자유에 남겨진 영역은 더욱더 커진다고 하는 것 같습니다. 실제로 우리가 어떤 특정 공동체에서 자유가 명백히 비정치적 활동, 자유로운 경제 사업에 부여하는 자유 공간에서, 예컨대 학문적 교육의 자유, 종교의 자유 또는 문화적 지적 활동의 자유를 통해 자유의 정도를 측정하는 일이 아주 자연스럽습니다. 우리는 정치가 정치 자체에서 '벗어나' 가능한 한 자유를 보장하는 한에서만 정치와 자유가 양립할 수 있다고 믿습니다.

정치적 자유에 대한 이러한 정의는 우리의 가장 최근의 경험이 우리에게 강요하는, 이른바 정치에서 벗어난 잠재적 자유이며 정치 이론의 역사에서도 큰 역할을 했습니다. 우리는 무엇보다도 이를 17~18세기 정치사상가들에게서 발견할 수 있습니다. 그들은 빈번히 정치적 자유와 안전을 단순하게 동일시했습니다. 정치의 목적이 곧 안전을 보장하는 일이었습니다. 결과적으로 안전을 통해 자유는 비정치적인 무엇, 즉 정치 영역 밖에서 벌어지는 모든 잡다한 활동이 되었습니다. 심지어 몽테스키외조차도 정치의 본질에 대해 홉스나 스피노자와 다르면서도 더 품격 있는 의견을 제시했으나 가끔 정치적 자유와 안전을 동일시했습니다. 19세기와 20세기에 정치학과 정치경제학의 탄생은 자유와 정치 사이의 틈새를 더욱 넓혔습니다. 근대 초기 이래 정치적인 것의 전체 영역과 동일시된 정부는 자유보다는 이제 생활의 과정 및 사회와 개인의 이해관계에 대한 임명직 보호 기관으로 여겨졌습니다. 여기에서도 안전은 여전히 결정적인 기준으로 남아 있지만 안전이 달성해야 하는 것은 자유가 아니라 방해받지 않은 삶의 과정입니다. 안전은 필연성의 지배를 받아야 하기에 이 과정은 현실적 의미에서 자유와 관계 없습니다. 이 점에서 자유는 미미한 현상이 되었습니다. 이런 현상의 측면에서 삶 자체와 삶의 직접적 이해관계 및 필연성이 중요하지 않다면 정치가 도를 넘는 것은 용납되지 않습니다.

그래서 자유가 우리 마음hearts에 가장 가까이 있을 때 종종 정치를 가장 불신하는 우리는 물론이고 근대 전체가 자유와 정치를 분리해왔습니다. 제가 정치의 "존재 이유"는 자유라고 이 논평의 서두에서 말했을 때, 여러분은 여전히 너무 해묵은 진리를 듣고 있노라고 믿었으리라 생각합니다. 이러한 이유의 근거는 역사적이면서도 사실적입니다. 정치politics의 어원인 그리스어 '폴리스polis'를 계속 들을 수 있는 정치라는 단어를 모든 서구 언어에서 사용한다는 사실은 실로 놀랍습니다. 그리고 이 놀라운 사실은 역사적인 사실과 연결되어 있습니다. 어원상으로나 학자들에게도 이 단어는 구체적인 의미에서 정치가 처음 발견된 공동체에서 유래하는 결사체와 깊은 연관이 있습니다. 이러한 언어 사용과 결사체 때문에 우리가 아무리 '폴리스'와 거리를 두더라도 한 가지 중요한 측면에서 정치에 관한 사고방식을 절대 포기하지 않았습니다. 즉, 서구 세계에서 모든 정치인과 이론가가 만장일치 의견으로 전제정을 모든 국가 형태 중 최악이라고 한 것입니다. 이러한 의견은 자명하지 않으며 고전적인 정부 형태 중 전제정이 원칙적으로 자유와 양립할 수 없는 유일한 형태라는 점 외에는 정치에 관해 본질적인 게 아무것도 없기 때문입니다. 근대에 대한 이론들이 우리를 설득하려 하듯이 정치에서는 안전과 삶의 이해관계가 명운이 달린 모든 것이라는 점을 실제로 믿는다면, 전제정을 거부할 아무런 이유가 없을 듯합니다. 분명히 전제정은 안전을 제공할 수 있으며 단지 생명을 보호하는 데 다른 모든 국가 형태보다 더 우월하다는 점을 자주 입증해왔습니다. 결국 최소한 부정적인 의미에서 자유와 정치가 동시에 발생한다는 점이 고전 고대에는 자명했으나 그 이후로는 그렇지 않았습니다.

전체주의 독재에 대한 우리의 가장 최근 체험은 제게 정치적인 것에 대한 가장 오래된 체험을 새롭게 확인해주는 데 적합해 보입니다.

우리가 정치적 자유의 폐지에 진지하다면 일반적으로 정치적 권리로 이해함을 금지하는 것만으로는 충분하지 않습니다. 시민이 정치적으로 적극적이거나 공적으로 의견을 표출하거나 행위 목적을 위해 정당이나 여타 결사체를 형성하는 것을 금지하는 일만으로 충분하지 않으리라는 점을 우리에게 분명하게 보여주었기 때문입니다. 이것이 가능하다는 점에서 사상의 자유도 파괴해야 할 테고 이는 대체로 가능합니다. 의지의 자유, 심지어는 무해한 듯 보이는 예술적 생산의 자유도 파괴해야 합니다. 우리는 정치 영역 밖에 있다고 여기는 익숙한 영역조차 장악해야 합니다. 바로 그 영역에도 정치적 요소가 포함되어 있기 때문입니다. 달리 말해서 인간의 자유로운 행동을 차단하고자 한다면 사유 활동, 의지 활동, 생산 활동을 차단해야 합니다. 이 모든 활동이 정치적인 것을 포괄하고 있어 행위와 이에 따른 모든 의미의 자유를 내포하기 때문입니다. 그러므로 전체주의가 자유를 말살하는 삶의 전체주의적 정치화로 생각된다면 저도 우리가 전체주의를 완전히 호도하고 있다고 믿습니다. 이 정반대는 모든 독재나 전제정에서 보듯이 우리가 정치를 포기하는 경우입니다. 전체주의에서만 이러한 포기 현상이 탁월한 정치 역량, 즉 행위를 말살하는 데 만족하지 않고 모든 활동에서 정치적 자유 요소를 철저히 파괴하는 것으로 나타나더라도 말입니다.

사태에 대한 이러한 견해조차 필경 소외될 수는 있을지라도 여전히 전반적으로 전통적인 정치사상에 따르고 있습니다. 예를 들어, 몽테스키외는 자유 국가의 징표가 국민이 전적으로 자기 이성raisonner을 사용할 수 있도록 하는 일이며, 이들이 이성을 잘 활용하든 못하든 자신이 사유한다는 사실만으로 자유를 불러오기에 충분하다고 믿습니다. 그러므로 인민이 추론하기 시작하자마자 통치 원리가 위태로워진다는 바로 이 점이 전체주의 체제의 특징입니다. 그때 이들이 전제정을 이론적으로 정당화하려고 해도 말입니다.[1] 이는 진리 또는 사유의 여타 부산물과 무관하며 자유가 발생하는 순전한 추론 활동 그 자체입니다. 추론은 자유가 실재하는 사람 간에 공간을 창출합니다. 다시금 몽테스키외에 따르자면, 추론 활동에서 발생하는 이 자유가 이제 흥미롭게도 '이성raisonnement'의 결과에 거스르는 보장을 해준다는 점입니다. 모든 전제 국가 형태의 사례처럼 자유 또는 오히려 추론을 매개로 발생하는 사람 간의 자유 공간이 파괴된 곳에서 추론의 결과는 단지 해로울 수 있기 때문입니다. 말하자면 자유가 세속적 현실이 되는 것을 멈추는 지점에서 개인의 주체적 능력으로서 자유는 파멸로 이어질 수밖에 없습니다. 근대의 독재자들이 너무도 잘 알고 있듯이 말입니다. 이들 독재자는 비록 자신들이 원할지라도 스탈린 사후의 사건들이 우리에게 보여주었듯이 사상의 자유를 허용할 수 없습니다.

그래서 자유와 정치에 대해 들을 때면 풍부한 연상 작용이 일어납니다. 이 연상 작용에는 우리 언어에 자리 잡은 가장 오래된 역사 기억, 정치사상 전통, 우리가 의식적으로 기억하는 현재의 체험이 들어 있습니다. 이 모두를 종합해볼 때 연상 작용은 현대 정치 이론과 그 개념 틀을 훨씬 뛰어넘는 이해를 가능하게 합니다. 이들은 우리가 익숙해하고 이제 잠시 머물러 있어야 할 자유에 관한 다른 의식과 정치에 관한 다른 개념을 전제로 합니다.

---

1   몽테스키외, 이재형 옮김, 《법의 정신》(문예출판사, 2015), 19편, 27장.

2

정치와 자유의 관계는 자유 의지 또는 선택의 자유 문제가 아닙니다. 즉, 두 개의 주어진 사실들, 예를 들어 리처드 3세의 "나는 악인이 되기로 굳게 마음먹었다"처럼 하나의 선과 하나의 악 사이에서 결정하는 '자유 의지liberum arbitrium'의 사안이 아닙니다. 오히려 셰익스피어에게 있는 것은 "이는 존재할 것이거나 우리는 이에 반하게 될 것이다That this shall be or we will fall for it"라는 브루투스의 자유입니다. 다시 말해서, 이러한 자유는 이전에 존재하지 않았으며 인식이나 상상력의 대상으로도 주어지지 않았던, 그래서 알 수 없는 무엇인가를 태동시킨 자유입니다. 행위를 안내하는 것은 상상력으로 구상하고 그 후 의지로 파악할 수 있는 미래의 목표가 아닙니다. 행위는 몽테스키외가 자신의 정부 형태 분석에서 원칙[2]이라부른 것과는 전혀 다른 무언가가 이끕니다. 원칙이 행위에 영감을 주긴해도 어떤 프로그램을 수행하는 사안처럼 특정 결과를 규정할 수는 없습니다. 원칙은 어떤 종류의 결과 안에서가 아니라 오직 행동 자체의 공연행위performance 안에서만 스스로 드러납니다. 공연 행위에서 의지와 행위는 동시에 발생하며 양자는 동일합니다. 의지는 행위를 준비하지 않으며이미 행동deed입니다.[3] 행위가 의지의 작용을 실행에 옮기지는 않습니다. 명백한 점은 주관적인 의지와 그 당면 목표가 아니라 행위가 지속되는 한명백한 채로 남아 있는 지도 원리입니다. 이들 원리에는 명예, 영광 또는그 밖의 모든 사람 너머에 있는 '자기 자신의 차별화aien aristenein'뿐만 아니

---

2   《법의 정신》(문예출판사, 2015), 3권, 1장.

3   아렌트는 마지막 저작인 《정신의 삶》 중 《의지Willing》에서 의지를 행위의 '발생'으로 규정한다. (편집자)

라 공포, 불신, 증오가 있습니다. 이와 대조적으로 자유는 이러한 원칙들의 술어가 아닙니다. 자유는 의지나 인간 본성 어디엔가 있지 않고 오히려 행위와 함께 발생합니다. 인간은 이전이나 이후가 아니라 자신이 행위하는 한에서 자유롭습니다. '자유롭다 be free'와 행위하다가 같기에 그러합니다.

행위에 내재하는 자유의 의미를 설명하기 위해 저는 여러분에게 마키아벨리가 자유의 이러한 측면을 재발견했다는 사실을 상기시키고 싶습니다. 이 자유는 몽테스키외 이전의 고대에서는 독특한 것이었습니다. 마키아벨리는 이 측면의 자유를 개념적으로 정식화했습니다.[4] 세계의 '포르투나 fortuna'[5]에 답하는 그의 '덕 virtù'은 로마적인 '덕 virtus'도 아니고 우리가 덕 virtue으로 이해하는 것도 아닙니다. 아마도 마키아벨리의 덕은 "탁월한 기량 virtuosity", 즉 공연 예술에 속하는 '탁월성 arête'으로 가장 잘 번역할 수 있습니다. 여기서 탁월한 기량을 통한 성취는 공연 행위 자체에 있지, 창작 예술이나 "예술 창작 making art"에 있지 않습니다. 또한 탁월한 기량 안에서 목적물은 활동보다 더 오래 지속되며 활동에서도 벗어나 독립적입니다. 마키아벨리의 덕의 속성인 이 기량은 그가 그리스인을 거의 몰랐을지라도 그리스어인 '아레테 arête'와 많은 공통점이 있습니다. 그는 그리스인들이 정치적 행위의 구체성을 묘사하는 데 항상 플루트 연주, 춤, 힐링, 항해와 같은 비유들을 활용해왔다는 사실을 거의 인지하지 못했습니다. 이 비유들은 공연 행위의 탁월한 기량이 결정적 품격인 예술을 의미했습니다.

행위에는 탁월한 기량이 필요하고 그 기량은 공연 예술 고유의 특

---

4   마키아벨리, 강정인 외 옮김, 《군주론》(까치, 2008), 6장과 7장.
5   운명의 여신이라는 뜻이다. (옮긴이)

징이라서 정치 일반을 종종 예술로 정의했습니다. 예술이라는 단어를 창의적이고 생산적인 예술로 생각하는 일반적인 오류에 빠지고 국가나 정부를 예술 작품으로, 심지어는 인간이 만들어낸 가장 위대한 작품으로 간주한다면 이는 완전히 잘못된 생각입니다. 여기서 공연 예술은 작품을 태동시킨 활동을 뛰어넘어서도 지속하고 이 활동에서 완전히 분리된 유형의 무언가를 낳습니다. 공연 예술의 의미에서 정치는 예술과 정반대입니다. 그렇다고 과학을 의미하지는 않습니다. 국가는 그 존재가 국가를 존립하도록 한 인간 행위에서 결코 독립적이지 않다는 바로 그 이유에서 예술 작품이 아닙니다. 독립적인 존재는 제작의 산물로서 예술 작품을 가리킵니다. 이를 존립할 수 있도록 하는 더 심층적인 행위에 의존하는 것은 행위의 산물로서 국가를 가리킵니다. 행위와 공연 예술 사이의 유사성은 훨씬 더 나아갑니다. 음악 제작, 춤 또는 연극의 탁월한 기량이 공연을 경험하는 관객에게 의존하듯이 행위 또한 정치적으로 조직화된 공간에서 타인들의 존재가 필요합니다. 이러한 공간이 인간이 공동체에서 함께 살아가는 곳 어디에서나 당연시될 수는 없습니다. 그리스의 '폴리스'는 한때 행위에 필수적인 이러한 "정부 형태"였습니다.

그리스 '폴리스'가 인정하는 유일한 사람들은 타인들의 강요에 예속되는 노예나 삶의 생물학적 과정의 필연성에 이끌리는 노동자가 아니었습니다. 우리가 정치적인 것을 그리스 '폴리스'의 의미로 이해한다면, 이는 탁월한 기량으로 적절히 이해되는 행위로서 자유가 나타날 수 있는 공간을 나타냅니다. 정치적 공적 영역에서 자유는 세계의 실재입니다. 이 공간에서 자유는 인간의 역사로 기억되고 병합될 수 있는 말, 행위, 사건 안에서 실재가 될 수 있습니다. 설사 자유가 행위와 직접 관계없을지라도 이 현상의 공간 안에서 발생하는 모든 것은 정의상 정치적입니다. 야만 제국의 위업처럼 정치적, 공적 영역 외부에 남아 있는 것은 인상적이고 가치가 있을 수 있지만 엄격히 말하면 정치적이지 않습니다. 자유를 위한 이러한 공간이 없으면 자유는 실현될 수 없습니다. 정치가 존재하지 않고서 실제적인 자유는 존재하지 않습니다. 간단히 말해 자유란 존재할 수 없습니다. 다른 한편, 자유로움을 드러내는 탁월한 기량의 끝없이 변화하는 현상을 위한 공간이 아닌 공동체는 정치적이지 않습니다.

　　자유와 정치의 개념 및 이들 서로 간의 관계는 우리에게 아주 낯설어 보입니다. 보통 자유를 사상의 자유 또는 의지의 자유로 이해하기 때문입니다. 그리고 정치에 삶의 필연성을 제공하는, 즉 인간 실존의 안전과 이익 보호를 확고히 하는 임무를 부여하기 때문입니다. 하지만 또한 이 안에는 이러한 문제들에 대해 이론화를 시작할 때 망각하고 마는 매우 친숙하면서도 자명한 기본 확신이 존재합니다. 용기야말로 정치적 행동의 핵심 덕목이라는 해묵은 확신입니다. 용기는 중요한 말입니다. 그렇다고 위험을 기꺼이 받아들이고 위험과 죽음의 가능성이 불러일으키는 강렬한 전율을 위해 기꺼이 목숨을 거는 무모한 유형의 용기를 의미하지 않습니다. 무모함이란 비겁함과 마찬가지로 목숨과 관련이 있습니다. 우리가 여전히 정치 행위action에 없어서는 안 된다고 믿는 용기는 개별적인 활력의 감각을 충족시키는 게 아닙니다. 공적 영역의 본질상 우리에게 용기를 요구하는 겁니다. 가족을 보호하고 사면으로 둘러싼 우리의 사생활, 즉 사적 영역에서는 모든 것이 삶 과정의 안전에 봉사하고 또 봉사해야만 하는데 이런 사적 영역과 대조적으로 모두에게는 공통적인 공적 영역이 존재하기 때문입니다. 그나마 이 영역이 우리 이전에 존재했고 이후에도 지속됨을 의미하기에 개별적인 삶들과 그와 관련된 기본적인 이해관계에 일차적인 관심을 기울일 여력이 없습니다. 공적 영역으로 나아가는 것은 정치적 의미에서 용기가 필요합니다. 우리를 기다리고 있을지도 모르는 특별한 위험 때문이 아니라 삶의 보살핌이 그 타당성을 상실해버린 영역에 도달했기 때문입니다. 용기는 세계의 자유를 위해 인간을 삶에 대한 보살핌에서 해방시켜줍니다. 용기가 필요한 이유는 정치의 주된 관심사가 결코 삶 자체가 아니라 항상 세계를 위하기 때문입니다. 세계는 이러 저러한 형태로 우리 모두보다 오래 지속할 겁니다.

그러므로 "정치"라는 말에서 자유 관념을 환기하는 사람들은 정치적인 것이 단지 사적 이해관계의 총합일 뿐이고 이러한 갈등에서 벗어나려는 균형 유지임을 느낄 수 없습니다. 영토 내 전체 인구에 대한 국가의 태도와 가족 구성원에 대한 가장의 태도가 다르지 않습니다. 두 경우 모두 정치는 자유와 양립할 수 없습니다. 자유가 정치의 의미가 될 수 있으려면 정치적인 것이 공적 영역, 따라서 사적 영역이나 이익과 구별될 뿐만 아니라 반대되는 영역을 가리킬 때 한해서입니다.

이론에서 정치 실체의 공적, 국가적 영역의 개념, 예를 들어 광대한 가족, 즉 거대한 가족 구성원으로서 민족 국가는 아주 오래된 것입니다. 하지만 현대 사회는 정치적, 공적 영역과 순수 사적 영역 사이를 헤집고 나가 양자 간의 경계를 흐려서 실질적인 중요성을 얻을 뿐입니다. 지금 우리 모두 이런 사회적 무인 지대에 살고 있습니다. 자유주의, 보수주의, 사회주의 이론이든 모든 정치 이론은 본질적으로 사회에 관한 것입니다. (제가 여기서 지금 자세히 파고들 수는 없지만)[6] 사회란 본질상 공적 관심의 문제를 개별화하고 사적 관심의 문제를 공공화하는 특수 구조입니다. 물론 이러한 경로를 따라 가장 앞서간 전체주의는 우리 모두 알고 있듯이 힘과 공포의 도구주의를 선호하며 공적 삶과 사적 삶의 차이 및 공적 관심사와 사적 이해관계의 갈등을 무마한 점을 자랑스러워합니다. 이

---

6   아렌트는 이러한 사안을 《인간의 조건》 6절 '사회적인 것의 발생'에서 심층적으로 고려하고 있다. (편집자)

도구주의가 사회적 집단체 전체의 이해를 대체합니다. 하지만 서구 민주주의에서도 방식은 다를지라도 공적 삶과 사적 삶의 경계가 흐려져왔습니다. 여기서 정당 정치인은 훌륭한 변호사가 자기 고객을 대변하는 것과 같은 방식으로 유권자의 사적 관심사를 대변하고 있음을 자랑스러워합니다. 결론적으로 우리를 둘러싸고 있는 세계인 공적 영역은 개별적, 사적 이해와 다시금 얽힙니다. 사회에 관한 학문인 사회과학은 우리 모두에게 친숙합니다. 행태주의에서 프롤레타리아 마르크스주의에 이르기까지 모두 똑같은 사안을 목표로 합니다. 이는 자유롭게 행동하는 인간이 사건의 움직임과 과정에 간섭하지 못하도록 하기 위해서입니다. 우리가 생각하고 있는 문제의 측면에서 인간의 사회화가 행태주의의 의미에서 발생하는가의 여부는 중요하지 않습니다. 행태주의는 모든 행위를 원자화된 개인의 객관적 행동으로 환원하거나 근대 이데올로기의 훨씬 더 급진적인 의미에서 모든 정치적 사건 및 행위를 사회의 역사적 과정과 그 자체의 법칙으로 환원합니다. 이렇게 널리 퍼진 이데올로기적 사유와 전체주의 지배의 차이는 후자가 사람들에게 이제 더는 자동 흐름을 방해하려는 어떤 욕망도 없고 오히려 이 흐름에 더욱더 속도를 내고자 박차를 가하는 방식으로 역사의 사회적 흐름으로 사람들을 흡수할 수단들을 발견했다는 점입니다. 전체주의 지배를 이룩한 수단으로는 외부적으로 공포 체제가 부과하는 강요와 내부적으로 부과되는 이데올로기적 사유 방식의 강요가 있습니다. 당연하게도 이러한 전체주의 발전은 사람들의 정치 포기와 자유의 폐기로 향하는 결정적인 단계입니다. 이론적인 말이지만 자유는 사회와 역사 개념들이 정치 개념을 추방하는 곳이면 어디에서나 사라지기 시작합니다.

3

"정치의 의미는 자유다"라는 주장의 전제는 정치적인 것이 삶이 아니라 세계 그 자체와 관련이 있으며, 자유는 삶에 대한 관심이 인간을 특정한 방식으로 행동하도록 강요하는 것을 멈추는 데서 시작한다는 점을 살펴보았습니다. 자유와 정치의 상호 의존에 대한 이러한 개념이 근대에 대한 사회 이론들과 대비된다는 점도 살펴보았습니다. 현안들의 상황은 근대와 그 이론들을 뛰어넘어 우리에게 더 오래된 전통을 믿으라는 초대처럼 보입니다. 하지만 자유가 무엇인지를 이해하려 할 때 겪는 실제 어려움은 전통으로 돌아가는 단순한 회귀가 우리에게 도움이 되지 않는다는 사실에서 발생합니다. 자유가 본질적으로 정치 현상이라는 제 주장에서 자유란 주로 의지와 사유가 아닌 행위 안에서 경험되며, 따라서 자유에는 행위에 적합한 영역인 정치 영역이 필요합니다. 이러한 제 주장은 일부 명성이 자자한 고대 개념들과 직접 배치됩니다. 자유가 사유의 현상이라는 후기 고대에 처음으로 등장한 철학적 자유 개념도, 자유 의지에 대한 기독교적 근대 개념도 본래 정치적이지 않습니다. 실제로 두 개념 다 아주 반정치적인 요소를 포함하고 있습니다. 이 요소는 결코 철학자나 '종교인homines religiosi'의 약점이 아니라 정치 자체에서 최상의 본래성authenticity에 대한 인간 경험에 기반을 둡니다. 우리는 여기서 정치와 자유의 관계와 관련해 우리의 의문에 대한 답으로 인간이 공동생활과 정치 영역에서 물러날 때 자유가 시작된다는 말에 전통이 전적으로 동의하리라는 점을 기억하는 데 만족해야 합니다. 인간은 타인과의 연계보다 자신과의 교류에서 자유를 경험합니다. 즉, 소크라테스 시절부터 우리가 사유라고 부른 내적 대화 형태로든, 아니면 사도 바울Paul과 성 아우구스티누스Augustinus 이후의 기독교가 인간 자유의 부적합성과 미심쩍은 가치를 판별하려고 생각해낸 나는-하겠다I-will와 나는-할-수-있다 I-can 사이에서 투쟁하는 자신의 내부 갈등으로든 말입니다.

자유 문제와 관련해 자유를 검토하고 기독교 전통의 틀 내에서 우리의 답을 찾는 일은 자연스럽습니다. 우리가 이렇게 하는 것은 대부분 아주 자동으로 자유를 자유 의지로, 즉 고대에 사실상 알려지지 않은 능력의 서술로 생각한다는 단순한 사실을 통해 나타납니다. 기독교가 발견한 의지는 심지어 충동과 갈등을 일으킬 수 있으며 적극적으로 동경하는 어떤 대상을 소유하고자 하는 단순한 욕망과 공통점이 거의 없습니다. 실제로 자유가 의지의 현상이라면 우리는 자유가 고대에는 알려지지 않았다고 결론 내려야 할 것입니다. 물론 이러한 결론은 무모하지만 누군가가 이를 주장하고자 한다면 자유 이념이 성 아우구스티누스 이전의 위대한 철학자들의 저작에서 그 어떤 역할도 하지 않았다고 주장할 수 있을 것입니다. 이러한 놀라운 사실의 이유는 고대 세계에서 자유가 배타적이면서도 철저하게 정치적 개념, 실로 폴리스와 시민 정신, 즉 '정치적 삶'의 본질로서 간주했다는 것입니다. 하지만 파르메니데스Parmenides와 플라톤에서 시작하는 우리의 철학 전통은 폴리스 및 정치 영역과 반대로 수립되었습니다. 고대 철학이 모든 고대 개념 중에서 가장 정치적인 자유라는 주제를 다루지 말았어야 한다는 점은 충분히 이해할 만합니다. 기독교가 자유 의지에서 비정치적 자유를 발견하기 전에는 그렇지 않았을 수 있습니다. 비정치적 자유는 자기 자신과의 상호 작용 과정에서 경험할 수 있으며, 따라서 다수와의 상호 작용에 의존하지 않습니다.

의지에 내재한 탁월한 잠재적 힘의 관점에서 볼 때, 우리는 의지가 원래 '나는-하겠다-그리고-나는-할-수-있다I-will-and-I-can'가 아니라 오히려 그 둘 사이의 갈등으로 나타난다는 사실을 잊는 경향이 있습니다. 고대에는 이 갈등이 알려지지 않았습니다. 나는-하겠다-그리고-나는-

할-수-있다라는 개념은 물론 고대인들에게 매우 친숙했습니다. 저는 다만 플라톤이 어떻게 자기 자신을 다스리고 이에 복종하는 방식을 아는 사람들만이 타인들을 통치할 권리가 있으며 그들을 복종시키는 어떤 의무에서 자유로울 권리가 있다고 주장했는지를 상기시키고자 할 따름입니다. 이러한 자기 통제, 아니면 그 대신에 자기 통제만이 권위의 행사를 정당화한다는 확신은 바로 오늘날까지도 귀족제 관점의 특징으로 남아 있습니다. 사실 이러한 자기 통제는 나는-하겠다와 나는-할-수-있다가 너무 잘 조율되어서 이들이 실천적으로 상호 일치하는 곳에서 나타나는 전형적인 정치적 덕목, 즉 탁월한 기량의 현상입니다. 하지만 우리가 나는-하겠다와 나는-할-수-있다를 분리할 때 기독교적인 자유 의지의 관점에서 모순적인 용어들을 말하고 있는 것입니다. 고대 철학이 이러한 분리를 알았더라면 나는-하겠다보다는 나는-할-수-있다의 본래적인 자질로서 이 자유를 확실히 이해했을 듯합니다. 나는-할-수-있다가 실패하는 어디에서나 그것이 외부적 환경 또는 개별적 환경의 결과일지라도 자유에 대한 논의는 존재하지 않을 것입니다.

　　이는 분명히 의지의 측면에서만 설명할 수 있는 현상이기에 저는 자기 통제에 대한 예시를 선택했습니다. 여러분도 알고 있듯이 그리스인은 겸손과 거친 영혼을 조율하고 길들이는 필연성의 질문에 대해 많은 사유를 했습니다. 그렇지만 우리에게 의지가 강하다는 계시인 이 모든 현상 중에서 그리스인은 여타 인간의 능력들에서 분리된 독특한 능력으로서 의지를 전혀 발견하지 못했습니다. 이 독특한 능력은 인간 안에 있는 구체적이면서도 예외적인 자질에 대한 것입니다. 인간이 의지력이 아니라 무력함을 경험했을 때 의지의 존재를 명백히 의식한다는 것은 충분히 숙고할 가치가 있는 역사적 사실입니다. 사도 바울의 다음 말로 시작할 필요가 있을 듯합니다. "의지를 갖는다는 것은 나와 더불어 존재한다. 하지

만 나는 좋음을 어떻게 실행에 옮기는지를 발견하지 못한다."[7] 우리에게
본질적인 점은 이것이 세계 내에서 인간 의지에 대한 무력함의 사례가 아
니라는 것입니다. 의지는 자연이나 정황의 어떤 압도적인 힘 또는 다수에
대한 일자一者, one의 갈등으로 좌절하지 않습니다. 오직 개별 인간 안에
서 의지가 무력하기 때문입니다. 모든 의지 작용은 인간의 의지와 자신이
의지하는 것을 행할 수 있는 능력 사이에서 일어나는 인간 내부의 본래적
갈등에서 유래합니다. 이것이 문자 그대로 의미하는 바는 나는-하겠다는
자아에 반격하며 자아를 자극하고 이를 행위로 조장하거나 자아 때문에
파멸한다는 것입니다. 자아에 대한 의지의 이러한 구속은 인간이 세계 전
체를 정복하려고 나선다고 할지라도 존속합니다. 더욱이 원칙의 문제로
서 의지는 나는-사유한다I-think에서 나는-하겠다를 분리합니다. 이는 또
한 자기 성찰적 특징을 내포합니다. 이 경우에 비록 자아가 대화의 대상
은 아닐지라도 말입니다. 어쩌면 의지의 무력함으로 우리는 처음으로 자
기 실존을 자각했기에 이제 의지는 유난히 힘에 굶주리게 되었고 그래서
의지와 힘에-대한-의지the will-to-power가 우리 귀에는 사실상 동의어로 들
린 것입니다. 어쨌든 전제정은 나는-하겠다와 이런 절대적 자아주의의
단독성에서 유래하는 유일한 정부 형태인데, 철학자들이 인간에게 강요
하고 싶어 하고 나는-사유한다의 모델에 입각해 상정한 유토피아적인 이
성의 정부와 비교할 수 없을 정도로 더 탐욕적이고 잔인합니다.

　　저는 철학자들이 자유를 더는 행위 안에서, 타인들과의 연계에서
경험하지 않고 자기 자신과의 교류로서 의지 안에서 경험할 때 자유에 관
심을 처음으로 보이기 시작했다고 말했습니다. 자유가 주로 정치적 사실
에서 제1질서의 철학적 문제로 바뀐 사실은 자연스럽게 이 새로운 철학

7　《로마서Romans》7장 18절.

적 문제의식을 후일 정치 영역에 적용하는 것을 막지 못했습니다. 하지만 이제 강조점이 행위에서 자유의 이상인 의지력으로 아주 결정적으로 이동했고, 이는 타인들과 조화롭게 행동하는 탁월한 기량임을 멈추고 주권, 즉 필요하다면 타인을 이기는 능력이자 타인에게서 독립한다는 의미입니다. 정치적으로 볼 때 자유에 대한 전통적인 철학 개념의 다른 요소도 자유와 거기에 내재된 주권을 동일시하는 것만큼 해롭다는 점을 입증하지 못했습니다. 이는 인간이 무엇이 되든 자신들이 주권자가 아니라는 점을 깨달을 때 자유의 부인으로 이끌거나, 이러한 부인과 모순되는 듯 보이지만 한 사람 또는 한 집단의 자유가 타인의 자유에 대한 대가로 이뤄질 수밖에 없다는 통찰을 초래하기 때문입니다. 이러한 문제의 관계 내에서 매우 이해하기 어려운 점은 자유가 주권 부재의 조건에서만 인간에게 주어진다는 단순한 사실입니다. 더욱이 어떤 사람이 주권자일 때만 그 사람이 개인으로서나 조직화된 집단으로서 자유로울 수 있다고 믿는 일이 위험하듯이 인간의 주권 부재의 측면 때문에 자유를 부인하는 일은 비현실적입니다. 심지어 정치체의 주권은 항상 폭력의 수단으로만 유지될 수 있는 환영입니다.

우리가 인정해야 할 것은 자유와 주권의 이러한 동일시가 얼마나 비현실적이고 위험한지를 제대로 이해하려면 로마의 스토아로 되돌아가는 해묵은 편견에서 자신을 해방시켜야 한다는 점입니다. 이러한 편견은 주권의 부재가 의존, 다시 말해서 인간 실존의 주권 부재가 다만 인간이 살아남기 위해서 서로를 필요로 한다는 사실과 동일하다는 견해입니다. 단순한 삶의 모든 질문에서 인간이 서로에게 의존한다는 점은 분명합니다. 그리스인들이 말하듯이 인간들이 서로에게서 태어나는 한 탄생의 사실 안에 봉인됩니다. 하지만 인간 삶의 '이this' 의존적 특징은 오직 개인에게만 적용됩니다. 이는 타인들에 대한 절대적 권력을 가진 집단에는 적용할 필요가 없습니다. 그 밖에 이 집단은 모든 타인에게서 자신을 고립시키기에 충분할 정도로 강력하고 겸손합니다. 그렇지만 이처럼 개인의 의존보다 훨씬 더 결정적인 점은 단독자로서 인간은 상정될 수 없으며 전체로서 인간의 실존은 항상 그들과 같은 종류의 다른 존재에게 달려 있다는 것입니다. 오직 '한' 신이 존재한다고 말하듯이 오직 '한' 사람만 존재한다면 우리가 알고 있는 인류 개념은 존재하지 않을 것입니다. 지구상에 한 '국가'나 오직 한 '민족'만이 존재한다면 물론 그 어떤 사람도 국가와 민족이 무엇인지 알지 못할 것입니다. 자기 자신의 목적 가운데에서 존재는 오직 죽음과 더불어 끝납니다. 라틴어가 잘 함의하고 있듯이 '인간 사이에 존재함inter homines esse'과 '살아 있음'은 동일하며 '인간 사이에 존재함을 멈춤 desinere inter homines esse'과 '죽음'도 동일합니다. 오직 죽음 안에서 또는 죽음에 직면해 인간의 실존은 전적으로 단독적singular입니다.

개인의 주권과 마찬가지로 한 집단이나 정치체의 주권은 지적했듯이 하나의 환영입니다. 이는 다수의 인간이 마치 하나인 듯이 그리고 유일한 하나인 듯이 행동할 때만 발생할 수 있기 때문입니다. 이러한 행동은 확실히 가능합니다. 이러한 사회에는 자유가 존재하지 않음을 보여주는 대중 사회의 수많은 현상을 통해 우리가 너무도 잘 알고 있듯이 말입니다. 누구나 동일한 것을 행하는 곳에서는 그 누구도 직접 강요받거나 강제되지 않았을 때조차 자유롭게 행동하지 않습니다. '단수의 인간 man'이 아닌 '복수의 인간men', 단일한 민족이 아닌 다수의 민족만이 존재한다는 사실이 지배하는 인간관계에서 자유와 주권은 동일하지 않아서 이 두 요소는 동시에 존재할 수조차 없습니다. 개인들로서건 조직화된 집단 내에서건 복수 인간이 주권자가 되고자 하는 곳에서 이들은 자유를 버려야 합니다. 하지만 이들이 자유로워지고자 한다면 포기해야 할 것은 정확히 주권입니다.

철학 전통의 개념적 구조 내에서 정치적 경험에 부합하는 자유 개념을 정식화하는 것이 얼마나 어려운지를 보여주기 위해 저는 몽테스키외와 칸트, 이 두 근대 사상가를 고찰하고자 합니다. 이들은 정치 철학과 이론의 측면에서 아마도 가장 위대하고 심오할 듯합니다.

몽테스키외는 이러한 문제들에 대한 철학적 전통의 부적절성을 잘 깨닫고 철학적 자유와 정치적 자유를 명시적으로 구분했습니다. 이 차이는 철학이 의지의 행사 l'exercice de la volonté 외에는 그 어떤 자유도 요구하지 않는다는 사실입니다. 의지는 세계 내의 상황과 독립적이고, 의지가 스스로 설정한 목표 달성과도 독립적입니다. 이와 대조적으로 정치적 자유는 안전입니다 la liberté politique consiste dans la sûreté. 안전은 항상 어디에나 있는 것이 아니라 법의 지배를 받는 정치 공동체 내에만 존재합니다. 안전이 없는 정치적 자유는 존재하지 않습니다. 자유는 "우리가 결심한 것을 할 수 있음"을 의미하기 때문입니다. 이들 문장이 의지를 가진 자아의 철학적 자유를 정치적으로 '자유로움 being free'과 병치하려는 몽테스키외의 성향을 명확히 하듯이 세계적, 감각적 실재, 즉 자유로운 의지의 철학 전통에 대한 그의 의존은 분명합니다. 몽테스키외의 정의는 정치적 자유가 단순히 철학적 자유의 확장, 다시 말해서 나는-하겠다의 자유를 실현하는 데 불가피한 자유처럼 들립니다. 하지만 우리가 몽테스키외의 실제 의도를 이해하고자 한다면 그의 문장들을 읽는 데 수고를 아끼지 말아야 하며 강조점은 '나는-할-수-있다'에 있지 않고 실행 deed에 있습니다. 나는-할-수-있다란 우리가 원하거나 원해야 하는 것을 할 수 있다는 개념입니다. 행위와 실행은 의지의 의사-자동적 이행이라기보다는 상당히 더 의미심장하게 보인다는 점이 추가되어야 합니다. 자유 자체는 행위 안에서 일어납니다. 이를 행할 능력을 보장하는 안전은 타인들이 제공합니다. 이 자유는 나는-하겠다에 존재하지 않습니다. 나는-할-수-있다는 인간의 철학적 자유를 문제시하지 않고서도 나는-하겠다에 순응하거나 모순을 일으킬 수 있습니다. 정치적 자유는 행위에서만 시작하기에 할-수-없다와 자유롭지-않다는 철학의 자유로운 의지가 계속해서 손상되지 않은 채로 존재할지라도 같은 사안에 이르지 않습니다. 바꾸어 말하면 정치적 자유는 "내적 자유"가 아닙니다. 이는 한 인간의 내부에 숨을 수 없습니다. 정치적 자유란 행위가 나타나고 보이며 효과적일 수 있는 공간을 이 자유에 부여할 수 있는 자유로운 인간에 달려 있습니다. 다른 사람들에게 강요하는 의지의 자기주장 역량은 이러한 정치적 자유와 아무 상관이 없습니다.

위대한 철학자 중 칸트만이 "내가 무엇을 해야 하는가"라는 질문이 특히 철학적 질문들인 "나는 무엇을 할 수 있는가? 나는 무엇을 희망해도 좋은가?"와 동일한 존엄을 가졌다고 주창한 유일한 철학자입니다. 철학에서 반정치적 전통의 강점은 몽테스키외에서 그렇듯이 불충분한 정식화로 그 모습을 드러내지 않고 칸트에게는 전혀 다른 두 개의 정치 철학이 존재한다는 놀라운 사실에서 드러납니다. 칸트에게 두 개의 정치 철학이란《실천 이성 비판》에서 일반적으로 받아들여지는 정치 철학과《판단력 비판》에서 받아들여지는 정치 철학입니다. 칸트 문헌에서는《판단력 비판》1부가 실제로 정치 철학임을 거의 언급하지 않습니다. 하지만 저는 그의 모든 정치적 저술에서 판단 주제가 실천 이성 주제보다 더 큰 비중을 띤다는 점을 보여줄 수 있다고 믿습니다.《판단력 비판》에서 자유는 의지가 아닌 상상력의 술어로서 나타나며, 상상력은 "확장된 사유 방식"과 가장 긴밀하게 연관됩니다. 확장된 사유 방식이 바로 탁월한 정치적 사유 방식입니다. 이를 통해 우리는 "다른 모든 사람의 입장에서 사유할" 가능성을 가지고 있기 때문입니다.[8] 이러한 맥락에서야 칸트가 왜 다음과 같이 단호하게 말할 수 있었는지가 철학적으로 분명해집니다. "사람들이 각자의 생각을 교류할 공적 자유를 왜곡하는 외적 강제력은 이들에게서 사상의 자유도 빼앗는다."⁹ 여기서 자유롭지 못하다는 것은 자유로울 수 있는 "내적" 능력을 보복하며 파멸시킵니다. 심지어 사상의 자유, 즉 칸트가 표현했듯이 "자신과의" 내적 "대화"가 사유를 낳는다면 이 대화는 타인의 현존, 따라서 "우리의 사유가 타인들의 이해와 일치하는지를 알기 위해서 공적으로 이들 사유를 발전시킬" 계기에 달려 있습니다.¹⁰

그러나 자유 의지와 완전히 독립된 이 자유 개념은 칸트 철학을 수용하는 데 거의 어떤 역할도 하지 않습니다. 칸트 철학 자체에서조차 이는 "실천 이성" 개념 때문에 가려집니다. 여기서 실천 이성은 선 또는 악에 대한 인간 현안에서 모든 권력을 의지에 귀속시킵니다. 이에 반해서 여러분이 기억하듯이 행위 자체는 더는 인간의 권력과 자유 영역에 속하지 않고 필연성에 종속되며 인과 법칙에 예속됩니다. 인간이 의지력을 가질 수 있는 한에서만 자유롭다는 것은 나는-하겠다가 내적 '나는-할-수-없다'가 대립하지 않는 한에서만 자유롭다는 의미입니다. 칸트는 좁은 의미의 실천 철학과, 정치 철학에서 이 두 근본 명제에 관해 거의 의심하지 않았습니다.

---

8   칸트, 백종현 옮김, 《판단력 비판》(아카넷, 2009), p. 318.

9   Kant, "What Does It Mean to Orient Oneself in Thinking?, trans. Allen Wood, *Religion and Rational Theology* (The Cambridge Edition of the Works of Immanuel Kant), Cambridge, 1996, p. 16.

10   Kant, *Anthropology from a Pragmatic Point of View*, Cambridge, 2006, p. 114.

4

우리는 의지 말고 실행과 행위의 속성인 자유가 존재할 수 있음을 이해하기 어렵습니다. 우리가 볼 때 기독교와 본래 반정치적 철학 전통이 전체 자유 문제에 그림자를 드리웠습니다. 이제 행위 과정에서만 경험할 수 있는 이 자유를 더 정확히 정의하기 위해 다시 한번 고대로 되돌아가 보겠습니다. 이는 박식함을 위해서도, 심지어 우리 전통의 지속성을 위해서도 아닙니다. 단지 우리 모두 어떤 점에서 이들 경험과 친숙할지라도 똑같은 고전적 명료성으로 결코 밝힐 수 없던 이 경험을 파악하기 위해 고대로 돌아가야 합니다.

우리에게 떠올라야 할 첫 번째 사안은 그리스와 라틴어 모두 "행위하다 to act"라는 동사를 가리키는 어휘가 두 개 있다는 점입니다. 두 어휘는 매우 다른 두 개의 과정을 나타냅니다. 두 그리스 어휘는 '아르케인 archein, 시작하다, 선도하다, 지배하다'과 '프라테인 prattein, 무엇을 완수하다'입니다. 이들과 일치하는 라틴어 동사는 '아게레 agere, 뭔가를 작동시키다'와 게레레 gerere 입니다. '게레레'는 번역하기 어렵고 어떤 점에서 '레스 게스타에 res gestae', 즉 우리가 역사적이라 부르는 사건과 실행을 초래하는 과거 행동을 견디고 지지하는 지속을 뜻합니다. 두 경우에서 행위의 첫 단계는 시작입니다. 시작함으로써 새로운 무엇이 세계에 나타납니다. 우리는 자유를 새로운 시작을 할 수 있는 능력, 다시 말하면 칸트 이래 우리가 자발성이라 부르던 것에서 본래 경험했다는 사실을 그리스 단어의 여러 의미 범주에서 볼 수 있습니다. 제가 언급했듯이 시작은 선도이면서 최종적으로 지배하는 행위와 결합합니다. 바로 선도하기와 지배하기가 자유인의 눈에 띄는 특징들입니다. 이처럼 '아르케인'의 다양한 의미는 뭔가 새롭게 시작함이 이미 통치자인 누군가에게 무너질 수 있다는 사실을 가리키고, 그리스에서 이 단어는 자신을 삶의 필연성에서 자유롭게 해주는 노예들을 감독하고, 따라서 동료들과 함께 '폴리스'에서 자유롭게 살 수 있는 인간을 뜻했습니다. 하지만 시작 그 자체는 다른 사람을 선도하는 것과 일치합니다. 타인의 도움이 있어야만 시작하는 사람은 자신이 무엇을 시작하든 '해낼 수 있기prattein' 때문입니다. 라틴어로 자유롭다와 시작한다는 것은 또한 다른 방식일지라도 서로 연계되어 있습니다. 로마의 자유는 로마 건국자들이 로마인들에게 물려준 유산이었습니다. 이들의 자유는 도시를 창건하면서 선조들이 이룩한 시작 및 이와 함께하는 로마의 역사와 관련이 있습니다. 후손은 선조의 현안들을 처리하고 그 결과gerere를 견디며, 같은 이유로 '로마의 건국res gestae'을 확장해야 합니다. 그러므로 로마의 역사 기록은 본질적으로 그리스의 역사 기록처럼 정치적이기는 하지만 투키디데스와 헤로도토스가 그랬듯이 어떤 위대한 사건과 이야기들을 시민의 기억에 남기는 데만 전혀 만족하지 않았습니다. 로마 역사가들은 항상 로마 역사의 시작에 묶여 있었는데, 이 시작이 자신들 역사를 정치적으로 만든 진정한 요소를 포함하고 있었기 때문입니다. 로마인들이 관련된 게 무엇이든지 간에, 이들은 로마의 자유를 궁극적으로 보장하는 도시의 건설ab urbe condita을 시작했습니다.

한 걸음 더 나아가면 우리는 고대에서 정치적인 것의 본래 의미가 이러한 시작 역량과 긴밀히 연관되어 있다고 말할 수 있습니다. 고대인이 도시 없이 정치적인 것을 생각하는 게 말 그대로 불가능하다고 생각한 데는 타당한 이유가 있습니다. 도시 건설만이 출발을 제공하고 뭔가를 할 수 있도록 합니다. 도시 건설이 '아르케인'과 '아게레'를 낳을 수 있습니다. 도시는 시작에 신뢰할 만한 기회를 제공했습니다. 뭔가를 수행할 수 있는, 즉 '프라테인'과 '게레레'에 필수 불가결한 타인들의 도움은 항상 규제받는 시민 공동체의 손에 달려 있습니다. 그래서 폴리스 시민은 삶의 필연성의 숙달자인 인민보다 더 많은 일을 행할 위치에 있으며 종종 행위를 할 수 있습니다. 시민은 항상 자유로울 수 있습니다. 시간이 지나면서 공연 행위와 지속이 시작 자체보다 정치적 삶에 더 중요하게 되는 점도 바로 폴리스 발전의 속성입니다. 그 결과 그리스어와 라틴어 둘 다에서 궁극적으로 행위, 즉 '프라테인'과 '게레레'는 '하나의' 동사가 된 반면에, 이들 언어에서 사라지지 않은 '아르케인'과 '아게레'가 더는 이 용어들의 온전한 정치적 의미를 견지하지 못했습니다. 그럼에도 아리스토텔레스는 자신의 정치 철학에서 인간의 현안과 인간의 활동 영역 전체를 지칭하기 위해 '프라테인'이라는 단어를 전혀 다르게 사용하면서 폴리스는 '프라테이네스'가 아닌 '아르케이네스'로 이루어진다고 말합니다. '아르케이네스'는 통치, 즉 자유를 가능하게 하는 노예의 통치와 시작이라는 적극적인 자유 둘 다를 의미합니다.

고대 자유 개념이 전적으로 정치적이라는 바로 그 이유로 소크라테스학파의 철학에서 그 어떤 역할도 떠맡지 못했음을 이미 언급했습니다. 로마 저술가들이 종종 그리스의 철학 학파들의 반정치적 경향에 반기를 들었다는 점은 사실입니다. 하지만 이들 저술가는 자신들이 물려받은 교의doctrines에서 주제나 사유 방식을 심화하지도, 결정적으로 변경하지도 않았습니다. 당연히 이들은 자신들의 정치 영역에서 경험한 자유를 이론적이면서 철학적으로 정식화하는 데 전혀 이르지 못했습니다. 자유에 대한 타당한 정치 이념을 기독교 철학에서 발견할 희망이 훨씬 더 희박해졌습니다. 아마도 의지의 새로운 "내적" 자유를 전통적 서구 철학의 초석 중 하나로 만든 위대한 기독교 사상가 아우구스티누스는 예외일 수 있습니다. 이러한 내적 자유는 바울이 최초로 경험했습니다. 그런데 우리는 아우구스티누스에게서 의지의 자유로운 선택으로서 전통을 위해 결정적인 '자유 의지'뿐만 아니라 전혀 다른 방식으로 나타난 자유 개념도 발견합니다. 후자의 자유 개념은 그의 유일한 정치 저작 《신국론De Civitate Dei》에서 특징적으로 나타납니다. 《신국론》에서 성 아우구스티누스는 자신의 그 어떤 저작에서보다 구체적인 로마의 경험을 배경으로 많은 이야기를 자연스럽게 합니다. 여기서 그가 내세우는 자유는 내적 인간 성향이 아니라 세계 내에서 인간 실존을 특징짓는 용어입니다. 그는 인간 자신이 세계 내의 시작, 즉 '이니티움initium'이라는 사실에서 바로 이 자유를 내세웁니다. '이니티움'은 인간이 세계 자체만큼 오래 존속하지 않는 한에서 세계와 동시에 창조되지 않고 세계가 존재한 이후에야 새로운 시작으로서 창조되었습니다. 각 인간의 탄생에서 이 처음 시작을 재확인할 수 있습니다. 각각의 경우에 새로운 무엇은 이미 존재하는 세계에 나타나고 이 세계는 각 개인의 죽음 이후에도 계속 존재하기 때문입니다. 아우구스티누스는 인간이 곧 '시작이기is a beginning'에 시작할 수 있고 그래서 자유롭다고 말합니다. 신은 인간을 창조했고, 세계에 시작과 같은 것이 존재하도록 하셨습니다 (Initium) ut esset, creatus est homo, ante quem nullus fuit.[11]

고대 기독교의 강력한 반정치 성향은 너무도 친숙해서 자유에 대한 고대 정치 이념의 철학적 함의를 발전시킨 한 기독교 사상가의 개념이 우리에게 거의 역설적으로 다가옵니다. 그런데 자유에 대한 제2의 아우구스티누스 개념은 기독교 철학이나 근대 철학의 전통에 어떤 영향도 미치지 못했고 칸트의 저작에서야 다시 그 흔적을 발견하기 시작합니다. 아우구스티누스처럼 칸트는 서로 완전히 독립적으로 태동한 두 개의 자유 개념을 인지합니다.[12] 칸트는 첫 번째 자유 개념인 실천적 자유를 "감성

---

11   성 아우구스티누스, 《신국론》, Bk. XII, Chs. 20~21.
12   다음 구절은 칸트, 백종현 옮김, 《순수 이성 비판》(아카넷, 2006), B561~B563을 참조하라.

의 충동으로 일어나는 필연성 과정necessitiation에서 선택할 힘의 독립"으로 정의하므로 여전히 소극적 자유입니다. 그의 철학에서 또 다른 자유 개념인 "자발성"은 사유와 인식에 특히 근본적이며 "그 자체에서 일련의 발생을 전적으로 시작하는" 능력으로 정의할 수 있습니다. 칸트가 이 자발성을 "우주론적 의미의 자유"로도 부른다는 점에서 그의 자발성이 아우구스티누스의 시작과 얼마나 긴밀하게 관련되어 있는지를 알 수 있습니다. 자유가 주로 또는 배타적으로 의지 현상이라면, 인식이 정신적 개념의 자발성과 별개로 발생하는 이유나 칸트가 특별히 "사유의 자발성spontaneity of thinking"에 관해 논의하는 이유를 거의 이해할 수 없을 것입니다.

우리는 로마 기독교 사상가의 저술에서 최초로 정치적으로 경험한 자유의 철학적 토대를 발견합니다. 이 사실은 우리가 고대 기독교 사상의 반정치적 색채, 특히 사도 바울의 편지에 보이는 의지론에 따라 기독교에 대한 우리의 생각을 조정할 때만 낯설게 보입니다. 그런데 나사렛 예수, 즉 이 사람과 그의 가르침을 더욱 의도적으로 고찰하면 이러한 인상이 상당히 바뀌리라 확신합니다. 이 지점에서 우리는 자유와 인간의 자유에 내재한 능력에 대한 아주 특별한 이해를 발견합니다. 하지만 이 능력에 상응하는, 그리고 복음의 말씀 중 산을 옮길 수 있는 인간의 역량은 의지가 아닌 신앙faith입니다. 신앙의 작품이 곧 "기적"입니다. 이는 신약성서에서 여러 의미를 지니고 있으며 이해하기 어려운 용어입니다. 하지만 우리는 기적이 전적으로 초자연적 사건들이 아닌 성경 구절만을 언급함으로써 여기에서 난점을 가볍게 넘어갈 수 있습니다. 비록 모든 기적이 사건들의 일부 자연적인 연속이나 자발적 과정을 방해할지라도 말입니다. 이러한 과정의 맥락에서 기적은 전적으로 예견하지 못한 사건과 과정입니다.

행위와 시작이 본질상 동일하다는 점이 사실이라면 기적을 행할 역량은 마찬가지로 인간 역량의 범위 내에 존재해야 한다는 추론이 가능합니다. 이 이론이 조금 더 구체적일 수 있도록 여러분에게 모든 새로운 시작의 특징을 상기시켜드리고 싶습니다. 이전에 있었던 일의 관점에서 볼 때 새로운 시작은 예기치 않은, 예견하지 못한 세계로 침투합니다. 근본적으로 모든 사건은 우리에게 기적과 같습니다. 기적을 단지 종교적 맥락에서 초자연적이라고 생각하는 일은 편견일 수 있습니다. 이를 순차적으로 해명하기 위해 어쩌면 저는 여러분에게 우리 실제 존재의 전체 틀, 즉 지구, 이곳에서의 유기체적 삶, 동물 종에서 인류의 진화가 일련의 기적에 의존한다는 점을 상기시켜드리고 싶습니다. 우주의 과정들과 이 과정을 통계학적으로 경이로운 확률의 관점에서 볼 때, 지구의 형성은 자연과학자가 말하는 "무한한 불가능성infinite improbability" 또는 우리가 부르는 기적입니다. 비유기적 과정에서 유기적 과정의 형성 또는 유기체적 생명의 과정에서 인간의 진화도 무한한 불가능성이거나 기적입니다. 바꿔 말하면 모든 새로운 시작은 그것이 방해한 과정의 관점에서 볼 때 우리가 바라보고 있는 순간으로서 기적이 됩니다. 기억해야 할 주요 사항은 이러한 관점이 특별하거나 매우 복잡하지 않다는 점입니다. 반대로 이 사안은 가장 자연스럽고 일상적 삶에서 거의 흔한 편입니다.

저는 우리가 실재라 부르는 것이 항상 지구의-유기체적-인간적 실재earthly-organic-human reality의 그물망임을 구체적으로 보여주기 위해 앞의 사례를 제시했습니다. 여기서 실재는 무한한 불가능성의 도래를 통해 '실재로서qua reality' 존재합니다. 당연히 이 사례는 그 한계점을 가지고 있으며 솔직히 인간 현안의 영역에 적용할 수는 없습니다. 우리는 우발적인 사건들로 이어지는 자연적 발전보다는 오히려 하나의 사건에서 또 다른 사건으로 이어지는 역사적 과정들에 직면하기 때문입니다. 그 결과 우연적이며 무한한 불가능성의 기적이 인간 현안에서 너무 흔하게 발생해서 기적을 언급하는 일이 자칫 생소해 보일 수 있습니다. 하지만 기적이 이렇게 흔한 이유는 단지 인간의 자발성이 역사 과정을 창조하면서도 항상 방해하기 때문입니다. 우리가 역사적 과정으로만 숙고한다면 이 역사적 과정 내의 새로운 시작은 좋든 나쁘든 아주 무한히 불가능해져서 모든 대규모 사건은 기적으로 나타납니다. 객관적으로 외부에서 보면 내일이 오늘처럼 정확히 진행될 가능성은 항상 압도적(아주 그렇게 압도적이지만은 않은)입니다. 하지만 인간적 비율상 지구 행성이 우주적 사건들에서 아예 발생하지 '않을' 우연, 어떤 생명도 비유기체적 과정에서 발전하지 '않을' 우연, 어떤 인간도 동물적 삶의 진화에서 나타나지 '않을' 우연과 거의 같습니다.

지구상의 생명 및 자연의 실재가 의거하는 "무한한 불가능성"과 인간 현안에서 기적적인 사건 간의 결정적인 차이점은 후자의 경우에 기적을 일으키는 사람이 존재한다는 것입니다. 이는 인간에게 기적을 일으키는 매우 신비한 재능gift이 있다고 말할 수 있습니다. 이 재능을 행위라고 부릅니다. 행위와 시작이 같다는 점에서 모든 인간 활동에는 단순한 반응 이상의 행위 요소가 존재합니다. 생산이라는 단순 행위는 세계에 또 다른 대상을 추가하며 순수한 사유는 항상 바로 그 자체로 일련의 연속적 사건을 시작합니다.

5

마지막으로 정치적으로 경험한 자유 개념의 철학적 토대에서 우리의 길로 되돌아가 보겠습니다. 이 개념이 현재 우리 정치 경험의 영역에서 우리 자신의 정향을 간단히 정립하는 데 도움이 될 것입니다. 인류의 미래에 대한 전체주의의 특별한 위험성은 이 체제가 전제적이며 정치적 자유를 용인하지 않는다는 사실보다는 모든 형태의 자율성, 즉 모든 인간 활동에서 행위와 자유 요소의 말살을 위협한다는 데 있다고 할 수 있습니다. 가장 끔찍한 전제정 형태의 본질은 "기적"의 가능성을 배제하거나, 이를 조금 더 친숙하게 표현하면 정치에서 사건들의 가능성을 배제함으로써 우리를 자동적 과정에 내맡기는 것입니다. 어쨌든 이 자동적 과정은 지구를 둘러싸고 있는 우주처럼 지상의 자연에서도 우리를 둘러싸고 있으며, 이 과정을 통해 우리 자신은 또한 유기적 자연이라는 범위에서 움직이고 있습니다. 심지어 이 맥락을 결코 완전히 배제할 수 없을지라도 이 자동적 과정의 맥락에서 "무한한 불가능"을 희망하는 일은 순수한 미신, 즉 기적에 대한 부정적인 신념이 될 것입니다. 하지만 예측할 수 없는 것을 찾고 사실 항상 가능한 정치 영역에서 "기적"을 준비하고 기대하는 일은 조금도 미신이 아니며 오히려 현실적인 조언입니다. 인간의 자유는 단순히 형이상학의 사안이 아니기 때문입니다. 이는 항상 그 자체를 주장하는 범위 내에서, 또한 이에 반하는 자동적 과정처럼 당연한 사실입니다. 다른 한편, 행위를 통해서 작동하는 과정들은 자동화되는 경향이 있습니다. 다시 말해서 이는 어떤 단일 행동이나 사건도 인류에 대한 구원 또는 최종적으로 한 민족에 대한 구원을 불러오거나 이를 속죄할 수 없음을 의미합니다.

자유의 기적이 절대적으로 적용되는 경우를 제외하고, 인간이 종속되는 이러한 자동적 과정은 그 특성상 인간 삶의 파멸을 초래할 수밖에 없습니다. 이처럼 자동적 과정은 인간의 전체 존재에 파고들고 생물학적으로 탄생에서 죽음까지 이끌 수 있는 생물학적 과정만큼이나 파괴적입니다. 다원성 내에 있는 세계와 인간만이 모든 정치 현황에서 가능한 기적을 통해 구원을 예견할 수 있습니다. 최소한 파멸을 막는 인간의 선물인 자유가 온전히 남아 있는 한에서 세계와 인간은 이러한 구원을 예견할 수 있습니다. 생명은 본성상 종으로 지속하기에 생명을 구하는 데 기적이 필요 없으며 항상 개별적으로 죽어야 하는 단독자인 인간을 기적이 구할 수도 없습니다. 이러한 파멸적 과정은 우리 모두에게 공통된 세계를 위해서만 중단되며 세계를 통해서 우리는 생명을 유지하거나 최소한 유지할 수 있습니다. 세계야말로 정치의 구체적인 관심사입니다. 따라서 시작할 수 있는 능력이 인간의 단독성 안에 있는 선물일지라도 그 인간은 세계에 대한 관계에서, 자기 동료들과 함께 행위하는 중에 이 능력을 실현할 수 있습니다.

사유 및 생산과 대조적으로 우리는 세계 내에서 타인들의 도움으로 행위할 수 있을 뿐입니다. 에드먼드 버크Edmund Burke가 표현했듯이,[13] "조화롭게 행위하는 일to act in concert"은 '자유로움'으로 시작할 능력을 실현해줍니다. 한편으로 행위, 다른 한편으로 생산과 사유 간의 차이는 생산 및 사유 과정에서 오직 시장만이 자유롭다는 점입니다. 완성이 성공적이라면 이미 시작에서 파악한 사유 또는 상상력으로는 내 앞에 상정된 사물보다 결코 더 많이 실감 나게 묘사하지 못합니다. 여기서 사유와 상정된 사물은 생산 또는 사유 과정에 종속됩니다. 이와 대조적으로 행위가 얼마나 성취할 수 있는지와 관계없이 행위의 공연성은 한 번 시작된

---

13 에드먼드 버크는 자신의 논문 〈현행 불만족의 원인에 대한 숙고Thoughts on the Cause of the Present Discontents〉(1770)에서 다음과 같이 말한다. "이들은 조화롭게 행동하지 않은 그 누구도 효과적으로 행동할 수 없고, 자신감 있게 행동하지 않은 그 누구도 조화롭게 행동할 수 없으며, 공동 의견, 공동 정서, 공동 이해의 구속을 받지 않는 그 누구도 자신감 있게 행동할 수 없다고 믿었다." Edmund Burke, *On Government, Politics and Society*, selected and edited by B. W. Hill, New York, 1976, pp. 75~119, 여기서는 p. 113의 발췌본에서 인용했다.

것에 끊임없이 새로운 시작들이 흘러 들어가면서 계속 새로워지는 자유의 실현을 지향하고 있습니다. 행위 결과는 일단 상정되면 생산될 수 있는 대상이 아니기 때문입니다. 오히려 행위 결과는 이야기의 특징을 띱니다. 사람들이 행위를 계속하는 한, 그 이야기도 계속되지만 그 누구도, 심지어는 이야기를 시작한 사람조차도 이야기의 결말을 예측하거나 상정할 수는 없습니다. 그러므로 행위의 경우에서 시작과 공연성이 아주 분리되지는 않아서 행위를 시작한 인간은 모든 것을 미리 알게 됩니다. 반면에 행위를 완결짓도록 돕는 사람들은 다만 자기 지식을 체득해 명령을 따르고 결정들을 이행하기만 하면 됩니다. 행위에서 시작과 공연 행위가 서로 수렴되고 정치에 적용될 때, 주도권을 잡아서 선도하기 시작하는 인간은 하인 중 우두머리도 아니고 도제나 제자의 주인으로서가 아닌 동료로서 자신을 돕는 데 참여한 사람들 가운데에서 항상 움직여야 한다는 의미입니다. 이는 바로 헤로도토스가 자유로움은 지배하거나 지배받지 않고, 그러므로 민주주의가 본래 자신과 평등한 인간 중에 있다고 했듯이 인간들은 이소노미아 isonomia에서만[14] 자유로 수 있다고 말한 것입니다.

자유의 선물, 즉 시작할 수 있는 능력이 감각적, 세계적 실재가 되는 '자유로움'의 상태에서 정치적인 것의 현실적 공간은 행위가 낳은 이야기들에 따라 존재하게 됩니다. 이 공간은 인간이 지배와 예속 없이 자유롭게 함께 살아가는 어디에나 늘 존재합니다. 하지만 이 공간을 둘러싸고 있는 제도적, 조직적 틀이 온전하게 남아 있을지라도 행위가 멈추고 안전의 척도와 현재 상황의 유지가 자체의 일상적인 위상을 차지하게 되거나 행위가 최초로 이루어지는 과정으로 새로운 시작을 기투할 pro-ject 자발성이 감소하게 되면 이 공간은 즉시 사라집니다. 그런 다음에 자유가

---

14 헤로도토스, 천병희 옮김, 《역사》(숲, 2009), 3권, 80~82장.

처음으로 제기되었던 과정들은 또다시 자동적이 되며, 인간이 만들어낸 자동적 자연 과정이 개인의 삶에 끼치는 것 못지않게 세계에도 해롭습니다. 그러한 경우에 역사가는 화석화된 문명 또는 쇠락해가는 문명을 논하며 우리는 쇠락 과정이 수 세기 동안 지속될 수 있음을 압니다. 양적으로 이들 과정은 기록된 역사에서 지금까지 가장 큰 공간을 차지합니다. 인류 역사에서 자유의 시기는 항상 상대적으로 짧았습니다. 대조적으로 화석화와 쇠락의 긴 시대에서조차 순수한 시장 능력, 즉 모든 인간 활동에 내재한 자유 요소들은 온전하게 남아 있을 수 있으며, 그래서 우리는 정치 외부에서 실현될 수 있는 무엇으로서, 즉 '정치로부터from politics' 자유를 정의하려는 경향이 전혀 놀랍지도 않습니다. 그럼에도 이러한 자기 이해는 오해입니다. 오해는 구체적으로 정치적인 모든 것이 정체되어 있거나 추정하건대 불가피한 자동주의에 빠진 모든 상황과 일치하는 상황에서 비롯합니다. 이러한 상황에서 자유는 이제 자체의 구체적인 "탁월한 기량"을 겸비한 적극적인 활동으로는 경험할 수 없습니다. 이때 '자유로움'은 지구상의 모든 피조물 중 인간만이 받았으리라 보이는 그 선물로 물러났습니다. 우리가 비정치적 활동에서 이러한 암시를 발견할지라도 그 선물은 행위가 자체의 세계적인 공간을 창출할 때만 발전할 수 있습니다. 이 공간에서 자유는 나타날 수 있습니다.

유럽인은 존재 양식이자 세계적 실재로서 자유가 파멸될 수 있고 역사에서 아주 드물게 자유가 온전한 기량으로 펼쳐진 사실을 항상 알고 있었습니다. 이제 우리는 전체주의를 잘 알고 있으므로 의심해야 합니다. 인간이 만들지 않았지만 인간에게 주어진 '자유로움'뿐만 아니라 순전한 자유의 선물도 파괴될 수 있다는 점을 말입니다. 이러한 지식이나 의심이 이전보다 우리를 훨씬 더 무겁게 짓누르고 있으며 오늘날에는 이전보다 인간의 자유에 더 많이 의지합니다. 즉, 재난에 훨씬 비중을 두는 인간의 능력에 더 의지합니다. 재난은 항상 자동으로 일어나서 저항할 수 없는 것처럼 보입니다. 이번에는 지구상에서 인간이 계속 존재하는 것 못지않게 인간이 "기적"을 행하는 재능, 즉 무한한 불가능성을 가져오고 이를 세계적 실재로 확립하는 데 달려 있을지도 모릅니다.

(1960)

냉전과 서구

    지금까지 전쟁과 혁명이 20세기의 지형地形을 결정해왔다. 지난 20년 사이에 이데올로기가 더욱더 공허한 논의로 퇴화한 것과 대조적으로, 전쟁과 혁명은 여전히 우리가 대면한 두 가지 주요 정치 쟁점이다. 사실 이 두 요소는 여러 면에서 서로 연관이 있다. 하지만 이들 문제를 명확히 하기 위해서는 이 둘을 분리해서 봐야 한다. 역사적으로 전쟁은 유사 이래 가장 오래된 현상에 속한다. 반면에 근대적 의미의 혁명은 18세기 말 이전에는 존재하지 않았다고 할 수 있다. 혁명은 모든 정치 데이터 중 가장 최근의 것이다. 더욱이 혁명은 가까운 미래에 우리와 더불어 그대로 존속할 가능성이 크지만, 전쟁은 인류의 존속을 계속 위협하고 합리적 근거로 정당화될 수 없는 상태에 있을 경우에 최소한 현재 형태로, 심지어 국제 관계의 급진적인 변혁 없이도 사라질 수 있다. 그러므로 내가 이야기해야 할 사안을 예견해볼 때 전투에서 총체적인 궤멸과 결정적인 기술 발전이 일어나지 않는 한 현재 세계의 양 진영 간에 벌어지고 있는 갈등은 혁명에서 무엇이 중요하고 무엇이 관련되어 있는지를 어느 쪽이 더 잘 이해하고 있는가 하는 단순한 질문으로 결정될 수 있다.

    앞으로 나는 모두 같은 방향을 가리키는 듯 보이는 몇 가지 고려 사항을 거의 두서없이 다루고자 한다.

1) 분명히, 전쟁을 다른 수단들을 가진 정치의 연장으로 본 클라우제비츠Carl von Clausewitz의 정의는 이것이 18세기와 19세기 유럽 민족 국가 간의 제한된 전투에서 얼마나 적합하든 우리 상황에 더는 적용되지 않는다. 심지어 핵 전투가 없다 해도 그럴 것이다. 우리는 제1차 세계대전 이후 어떤 정부나 정부 형태도 전쟁 패배를 견뎌낼 수 없으리라는 점을 알고 있다. 정부의 혁명적 변화는 제1차 세계대전 이후처럼 인민 스스로 초래했든 무조건 항복을 요구하고 전쟁 재판소를 설립한 승전 권력이 강요했든 간에, 전멸 또는 완전한 혼란을 배제하더라도 가장 확실한 패배의 결과물이다. 따라서 핵전쟁 이전에도 전쟁은 아직 생물학적으로는 아닐지라도 정치적으로는 생과 사를 가르는 사안이었다.

우리가 전멸의 위협에 여념이 없는 순간에 전쟁은 생과 사를 가르는 사안이라는 점이 부적절해 보인다. 하지만 기술 발전의 다음 단계가 여전히 아주 끔찍하긴 해도 자멸적이지 않고, 어쩌면 패전국에 완전한 궤멸을 가져오지 않을 전투로 우리를 되돌려놓을 수 있다는 사실이 전혀 상정 불가능한 일은 아니다. 이러한 전개 가능성은 매우 커 보인다. 여전히 국가 주권에 기반을 둔 국제 관계의 현행 단계가 모든 외교 정책의 궁극적 수단인 무력이나 무력의 위협 없이는 작동할 수 없다는 단순한 이유 때문이다. 우리가 좋아하든 않든, 현행 국제 관계 체제는 최후의 보루인 전쟁 없이는 별 의미가 없다. 이런 체제를 근본적으로 변화시키거나 전쟁을 정치 영역으로 되돌릴 수 있는 어떤 기술적 발견을 이루어낸다는 두 가지 대안 중 후자의 과정이 훨씬 더 쉽고 실현 가능할 것이다.

정치적으로, 사안의 핵심은 변화된 기술 환경에서도 정부는 시민이 얼마나 잘 수립하고 신뢰하는지와 상관없이 전쟁의 패배를 견뎌낼 가능성이 희박하며, 이러한 존속이 정부의 역량과 권위에 대한 가장 중요한 시험으로 여겨져야 한다는 점이다. 다시 말해 근대 전투의 조건에서,

심지어 핵 이전 단계에서도 모든 정부는 덤으로 주어진 시간 속에 살아왔다. 따라서 전쟁 문제는 (가장 극단적인 형태로는 생물학적 존속의 문제인데) 정황과 관계없이 정치적 존속에 관한 문제다. 전쟁을 정치에서 완전히 배제해야만 정치체가 최소한의 안정과 영속성을 이뤄낼 수 있다. 안정과 영속성 없이는 정치적 삶도 정치적 변화도 가능하지 않다.

　2) 전쟁 문제에 관한 논의가 혼돈과 부적절성을 띠는 것이 놀라운 일은 아니다. 진실은 전투 수단이 그것의 합리적 사용을 배제하는 것과 같은 기술 발전 단계에 우리가 사로잡혀 있는 한, 합리적 토론이 불가능하다는 데 있다. "빨갱이가 되느니 죽는 게 낫다better dead than red"와 "죽느니 빨갱이가 되는 게 낫다better red than dead" 중에서 하나를 고르는 일은 원을 사각형으로 만들려는 시도와 별반 다르지 않다. 빨갱이가 되느니 죽는 게 낫다고 말하는 사람들은 한 국가의 생명과 자유 그리고 후대를 위해 인류의 생존 자체를 위험에 빠뜨리는 일과 같은 목적을 위해 자기 목숨을 거는 일이 전혀 별개의 사안이라는 점을 망각하고 있기 때문이다. 더욱이 바로 이 정식은 고대로 돌아가 노예는 인간이 아니며 자유를 잃는다는 것은 자기 본성을 바꾸고, 말하자면 비인간화되는 것이라는 고대의 확신에 의거한다.[1] 우리 중 아무도 이를 믿는다고 말할 수 없을 것이다. 특히 오늘날 그 낡은 정식을 이용하려고 하는 자유주의자들은 이를 믿지 않을 것이다. 하지만 이 정식의 반대 명제가 더 추천할 만하다는 말은 아니다. 낡은 진리가 적용될 수 없을 때 이를 뒤엎는다고 해서 진리가 되지는 않는다. 우리가 직면한 현실의 틀 안에서 "죽느니 빨갱이가 되는 게 낫다"라는 구호는 심지어 사형 선고가 통과되기도 전에 자기 사형 선고에 서명하는 것을 의미할 뿐이다.

1　아렌트는 패배자들을 노예화하는 고대 관행을 언급한다. (편집자)

전쟁 문제에 관한 논의가 이처럼 황당한 대안들의 폐쇄적 범위 내에서 진행되는 한, 이 논의는 거의 항상 양쪽 입장에 대한 정신적 유보 상태로 진행된다. "빨갱이가 되느니 죽는 게 낫다"라고 말하는 사람들은 실제로 "인명 손실이 누군가가 예견하듯이 크지 않아서 우리 문명은 존속하리라고" 생각한다. 반면에 "죽느니 빨갱이가 되는 게 낫다"라고 한 사람들은 실제로 "노예제가 그렇게 나쁘지 않을 거고 인간은 자기 본성을 바꾸지 않을 것이며 자연은 지구에서 영원히 사라지지 않을 거야"라고 생각한다. 이러한 논의에서 우리가 경각심을 가져야 할 부분은 양쪽 입장에 대한 무모한 낙관론이다. 한편에서는 수천만, 수억의 인명 손실을 산정할 각오가 되어 있다. 아마도 부분적으로는 단순한 상상력의 실패 때문이겠지만, 어느 정도는 깜짝 놀랄 만한 인구 증가 때문일 것이다. 다른 한편에서는 강제 수용소와 절멸 수용소 및 이에 따라 지구상에서 자유가 영원히 사라지리라는 끔찍한 전망을 망각할 준비가 되어 있다.

이러한 논의에서 유일하게 위로가 되는 양상은 이제 모든 관계자가 전쟁 자체는 정당화가 필요할 뿐만 아니라, 이를 정당화하는 유일한 가능성은 자유라는 데 동의하는 듯 보인다는 점이다. 여러 가지 이유로 이는 당연시할 사안은 아니다. 첫째, 자유는 암묵적으로 인민에 의한 정치의 중심, 즉 '존재 이유raison d'être'로 인정받고 있다. 중하층민의 편견이 아니라면, 인민은 15년에서 20년 전 이를 정치적으로 가장 소박하다고 생각하곤 했다. 더욱 중요하게도 어쩌면 전쟁의 정당화는 적어도 고대 로마만큼 오래되었지만, 우리가 흔히 하기 쉬운 생각과는 반대로 이 정당화 근거는 대개 자유가 아니라 필연성이었다. 티투스 리비우스Titus Livius는 "필연적인 전쟁은 정의롭고, 군대 말고는 어떤 희망도 없는 곳에서 군대는 신성하다"라고 했다. 리비우스와 계승자들은 수 세기를 거쳐오면서 필연성을 권력 정치의 주지의 현실로 이해했다. 여기서 권력 정치란 정복과 팽창, 기득권 방어와 권력 보존 또는 권력 균형의 유지 등을 말한다. 오늘날 우리는 이들 현실이 역사상 대부분 전쟁의 발발 원인임을 당연히 알고 있을지라도, 어떤 전쟁을 정의로운 전쟁이 아니라 부정의한 전쟁이라고 부르기에 충분하다는 점을 발견할 것이다. 심지어 침략은 범죄라는 현대적 개념도 제1차 세계대전이 근대 기술을 활용한 전투의 가공할 파괴적인 잠재력을 보여준 뒤에야 실천적, 이론적 중요성을 확보했다.

3) 제2차 세계대전에서 승리한 연합군이 평화를 성취하기에 충분할 정도로 강력하지 않았기에 두 열강은 전후 전체 시기를 자신들의 이해관계의 범위를 정의하고 혼란에 빠진 세계의 급변하는 권력 구조에서 자기 입지를 다투는 데 허비했다. 이 시기를 "냉전"이라 불러왔다. 대규모 전쟁에 대한 공포가 외교 현안에 대한 실제 조치를 결정했고 그 어떤 쟁점보다 여론을 집중시켰다는 점을 상기하면 이러한 용어는 아주 정확하다. 그러나 종종 갑작스러운 불꽃이 일어나긴 했어도 사실상 이 전체 기간은 오히려 차갑고 불편한 '평화'의 시기였다. 내가 이 점을 강조하는 이유는 용어의 의미 구조에 관심이 있어서가 아니라, 우리가 너무 서둘러 늑대 소년처럼 도와달라고 수선 피우지 말아야 한다고 느끼기 때문이다.

즉, 내가 걱정하는 부분은 직접적인 전쟁의 실제 대안으로서의 냉전이 어느 날 발생할 수 있다는 점이다. 냉전은 외교 정치의 영역에서 전쟁 자체를 배제할 방법을 알지 못한 채 전멸의 위협을 피해야 하는 현재 상황에서 유일한 대안이 될 수 있기 때문이다. 최근의 일시적인 핵 실험 재개가 실제로 냉전이 어떻게 전개될지를 보여주었길 바란다. 이전의 실험과는 달리 이들 핵 실험은 특정 군대의 완벽함만을 위해 행해진 것이 아니기 때문이다. 실험 자체가 정책의 도구로 의도되었으며, 즉시 그렇게 이해되었다. 이들 실험은 두 대립 진영이 보유하고 있는 무기의 파괴력을 서로에게 과시하는 일종의 잠정적인 전투에 대한 다소 불길한 인상을 제공했다. 이 치명적인 게임은 언제라도 갑자기 실제 사건이 될 수 있지만, 언젠가는 가상의 승리와 패배가 결코 현실로 폭발하지 않는 전쟁을 종식할 수 있다는 점도 상상해볼 수 있다.

　　이는 순전한 공상에 불과한가? 나는 그렇게 생각하지 않는다. 우리는 적어도 잠재적으로 제2차 세계대전 말, 그러니까 원자 폭탄이 최초로 모습을 드러냈던 바로 그 순간에 이러한 종류의 사태에 직면했다. 당시 무인도에서 신무기의 위력을 보여주는 것만으로도 일본인을 무조건 항복시킬 수 있을지를 논의했다. 이 대안의 장점을 도덕적 근거에서 자주 논의했으며 나는 그렇게 하는 것이 옳다고 생각한다. 대안을 지지하는 결정적인 정치적 논거는 이것이 우리의 실질적이며 공공연한 전쟁 목표와 훨씬 더 비슷하다는 점이었다. 확실히 우리가 성취하기를 바란 것은 민간인 몰살이나 대량 학살이 아닌 무조건적 항복이었다.

　　가상의 전투가 최소한 두 가지 가정에 의거한다는 사실을 인정해야 한다. 두 가정 모두 전적으로 핵전쟁에 돌입할 정도로 발전된 강대국 간의 관계에서 나타날 수 있는 현실이다. 첫째, 위험성을 거의 완벽할 정도로 정밀하게 계산할 수 있어서 다른 가능성의 여지가 별로 없는 기술 발전 단계가 전제되어야 한다. 둘째, 전쟁 중인 인간 사이의 지식과 노하우의 형평성이 전제되어야 한다. 따라서 똑같이 숙련된 두 선수 간의 체스 게임은 이들 중 어느 한쪽이 패배를 인정하거나 모든 말이 움직임 끝에 교착 상태에 있다는 데 이들이 동의할 때 종결될 것이다. 전쟁은 오랫동안 체스에 비유되었지만 이는 사실과 거리가 멀었다. 전쟁의 결과는 군대의 사기와 전략 같은 개인적 요소 및 우연에 다분히 의존하기 때문이다. 하지만 기술 전투 시대에 이르러 이러한 요소들이 제거되었고 오래된 비유가 뜻밖에도 진리의 척도를 확보하게 되었다. 또 다른 방식으로 표현하자면 실제로 하나의 전쟁인 냉전의 결과에 대한 상호 인정은 인간 본성의 변화를 의미하지 않는다. 원자 폭탄의 위력 과시는 적을 무조건 항복하게 '했을' 것이며, 적을 '설득하지' 않았을 것이다. 전문가들에게 실험 결과는 결정적이고 강력한 승리와 패배의 증거가 될 수 있다. 전장과 영토 정복, 손실 계산 등이 실제 전쟁에서 장군들에게 그랬던 것처럼 말이다.

4) 이러한 질문들이 가진 문제점은[2] 전쟁 질문에 대한 다른 논의들과 같다. 이들 논의는 느슨하며, 전체 과제를 두고 우리가 할 수 있는 일이 거의 없다. 심지어 명료화와 이해를 위한 시도는 늘 매력적이고 인간 존엄을 위해 필요하겠지만, 어떤 실용적 결과나 이론적 결과도 얻기 어렵다. 내가 보기에 이 사안에 접근할 때마다 바로 무력감이 우리를 사로잡는다.

우리가 직면한 또 다른 현안, 즉 혁명 사안에 대해서는 전혀 그렇지 않다. 이 사안은 과거와 현재의 경험에 비추어서 설명할 수 있으며, 이렇게 설명하는 것이 무익하지 않을 것이다. 그 첫 번째 필요조건은 누구도 이에 관해서 말하지 않을 정도로 명백해 보이는 사실, 즉 혁명의 내재적 목적이 항상 자유 말고는 없었다는 점을 인정하고 이해하는 일이다. 이러한 이해의 주요 장애물은 당연히 다양한 이데올로기, 즉 자본주의, 사회주의, 공산주의다. 이들 이데올로기의 실체는 19세기 및 우리 자신의 조건과는 전혀 다른 사회적, 경제적 조건에서 기인한다. 오늘날 우리는 전 세계적으로 급변하는 기술적, 과학적 조건에서 어떤 종류의 경제 체제가 최선으로 판명될지 예측할 수 없다. 하지만 공산주의 독재 치하 국가들의 신속한 진보를 가로막는 주요 장애물이 정확히 이데올로기에 대한

---

2 이는《파르티잔 리뷰*Partisan Review*》가 제기한 냉전에 관한 일련의 일반적인 질문들을 향해 이루어진 지적들이다. (편집자)

자신들의 경직된 믿음임을 알 수 있듯이, 우리는 지금도 서구가 자본주의 강령에 따라 살고 행동하기를 오래전에 멈추었다고 말할 수 있다. 사태의 진실은 서구와 동구가 이제 모든 종류의 경제적 실험에 관여하고 있다는 점이다. 이는 당연히 그래야만 한다. 이 실험이 이데올로기적 고려에서 벗어날수록 그 결과는 개선될 것이다. 다른 경제 체제 간의 경쟁은 관련이 있는 심각한 객관적 문제들의 관점에서 볼 때 국가 경제의 더 제한된 틀 내에서 벌어지는 경쟁이 그랬듯이 건실한 것으로 판명될 수 있다. 정치적으로 볼 때 동서 간의 유일한 핵심 쟁점은 자유 대 전제專制다. 그리고 경제적 영역 내의 유일한 정치적 자유는 직업과 근무지를 선택할 시민의 권리에 관한 것이다.

19세기 이데올로기들이 오늘날 세계를 갈라놓고 있는 갈등의 잠재력과 위험을 이해하는 데 심각한 장애가 된다면, 18세기의 두 혁명(경제적이지는 않을지라도 정치적으로 말하자면 근대 세계의 기원이자 탄생지)은 여전히 매우 중요한 원칙을 포함한다고 할 수 있다. 나는 이 일상적 발언의 틀 내에서 이 사안을 도저히 설득력 있게 주장할 수 없기에 이들 질문을 읽으며 내 마음속의 상념들을 정리하는 듯한 몇 가지 요점을 이야기하겠다. 먼저, 이 질문들이 다음과 같은 단일 질문에 포괄되는 것으로 보일 때까지 이들을 즉시 해석하거나 재구성했다는 점을 인정해야 한다. 핵전쟁을 피할 수 있다면, 그리고 내가 믿는 바와 같이 혁명이 이 세기의 주요 현안으로 남는다면 가까운 미래에 서구는 어떻게 될까?

첫 번째 요점은 모든 혁명이 두 단계를 거쳐야 한다는 것이다. 즉, 자유 단계(필연성에서의 해방인 궁핍으로부터의 자유 또는 강제력으로부터의 해방인 대내외 정치적 지배에서의 자유)와 새로운 정치체 또는 새로운 정부 형태를 확립하는 건국 단계를 거쳐야 한다. 이 둘은 역사적 과정으로서는 같은 종류이지만 정치 현상으로서는 전혀 다른 사안이므로 확실히 구별해야 한다. 내 주장의 요지는 단순히 해방이 자유의 선결 요건이며 따라서 자유와는 전혀 다르다는 자명한 진술(이론상 매우 흥미로운)이 아니라 해방, 특히 필연성에서의 해방은 필연성에 내재한 긴급성 때문에 항상 자유 형성보다 우선한다는 실용적 진리다. 게다가 해방이 비록 성공적으로 이루어지더라도 자유의 확립을 전혀 보장해주지는 않는다. 해방은 이를 가로막는 명백한 장애물을 제거하는 것에 불과하기 때문이다.

두 번째 요점은 전체 혁명 기록이 (우리가 이를 읽을 줄만 안다면) 확실히 빈곤을 퇴치하려는 모든 시도, 즉 정치적 수단을 통해 이른바 사회적 문제를 해결하려는 모든 시도가 실패로 끝날 운명이며, 이런 이유로 공포로 치닫는다는 점을 보여주는 것이다. 반면에 공포는 혁명을 자체의 파멸에 이르게 한다. 미국 혁명을 제외하면 지금까지 가장 중요한 혁명 과업인 자유를 위한 새 정부 수립에 성공한 단일 혁명은 없었다. 미국 혁명도 그것이 대중 빈곤에 직면하지는 않았으나 당시에도 달리 알려지지 않은 번영의 조건하에서 수행되었다는 점에서 독특하다.

이로부터 결론을 내리자면, 빈곤 및 풍요가 여전히 인간의 역량 범위 밖에 있다면 대부분의 세계에서 혁명이 성공할 가능성은 사실상 없다. 미국 혁명은 미합중국이 의거하는 건국 체험인데 이는 아주 오랫동안 존재해온 그대로, 철칙의 예외이자 지역적 중요성을 거의 넘어서지 않는 사건으로 남아 있을 것이다. 하지만 이것이 더는 타당하지 않다. 대중 빈곤이라는 곤경을 해결하지 못하게 가로막는 어려운 점이 여전히 남아 있을지라도 이는 적어도 원칙적으로는 이제 극복이 불가능하지 않다. 자연과학과 그 기술 발전으로 그렇게 머지않은 장래에 우리가 모든 정치적 고려를 떠나서 기술적, 과학적 토대에 입각한 모든 경제 현안에 대처할 가능성이 열렸다. 심지어 오늘날 서구 선진국에서도 필연성(정치적 고려나 인도적 고려가 아닌) 때문에 우리는 모든 종류의 제4항 정책 프로그램[3]의 압박을 받는다. 이 압박에는 단순한 이유가 있는데, 초기 근대의 경제가 대중의 빈곤을 낳은 것과 똑같은 자동적인 방식으로 우리 경제가 풍요와 과잉을 불러왔다는 점이다. 우리의 현행 기술 수단으로 빈곤을 퇴치할 수 있고, 완전한 정치적 중립 가운데서도 과잉을 물리칠 수 있다. 다른 말로 표현하자면 경제적 요소들이 어떤 식으로든 정치적 발전에 간섭해서는 안 된다. 우리 정치의 미래에 이것이 의미하는 바는 우리가 로베스피에르의 "자유의 억압despotism of liberty" 이래 필연성의 암초에 자유가 좌초하는 것을 수없이 목격해왔지만 이것이 더는 피할 수 없는 사안이 아니라는 점이다.

두렵게도 실제적인 위험으로 남아 있는 전쟁과 전멸을 제외하고는 일반적으로 서구의 입장, 특히 미국의 입장은 이 두 혁명적인 요소, 즉 자유와 빈곤을 명확히 이해하는 일에 상당히 의존하게 될 것이다. 기술적으로나 경제적으로 서구는 현재 세계 도처에서 진행 중인 빈곤과 고통에 대한 투쟁을 도울 수 있는 아주 좋은 위치에 있다. 이 투쟁에서 우리의 역할을 다하지 못한다면 프랑스 혁명가들이 "불행한 사람들은 지상의 권위다Les malheureux sont la puissance de la terre"라고 외칠 때 이들이 얼마나 옳았는지를 쓰라린 경험으로 배우게 될까 두렵다. (일반적으로는 서구에서, 특히 미국에서) 이 '불행malheur'이 알려져 그 목소리를 대중이 듣도록 한다면 우리가 이해하는 데 실패한 듯 보이는 사안은 참담함이 가진 막대한 힘이다. 이는 프랑스 혁명에서 최초로 발생했으며 그 이후 여러 번 발생했다. 어떤 의미에서 빈곤에 대한 투쟁이 기술적 수단과 비정치적 수단을 통해서

---

3 1949년 해리 트루먼 대통령이 공표한 제4항 정책 프로그램은 "우리의 과학적 진보와 산업 진보의 혜택을 저개발 지역의 개선과 성장에 이용할 수 있도록" 기획되었다. (편집자)

행해졌을지라도 권력 투쟁, 즉 자유의 강제력을 위한 방식을 예비하는 필연성의 강제력에 반대하는 투쟁으로도 이해되어야 할 것이다. 미국이 사회 문제의 정치적 적절성을 이해하지 못한 것은 어쩌면 국가의 정부 형태를 탄생시킨 혁명의 역사에 뿌리를 두고 있는지도 모른다. 같은 이유로 이 공화국의 인민은 분명히 전 세계를 위한 새로운 예시를 보여줄 가장 좋은 위치에 있다. 특히 현재 잇따라 새로운 독립 국가의 지위를 얻고 있는 새로운 민족 집단과 인민에게 새로운 정치체를 설립하고 자유에 대한 항구적인 제도를 수립하는 문제에 관한 새로운 예시가 될 것이다. 우리가 심지어 거기에서도 결핍을 발견해온 데는 두 가지 중요한 이유가 있다고 생각한다. 첫째, 미국 혁명에서 문제시되었던 것을 기억해 개념적으로 드러내는 데 실패했다는 점이다. 이곳에서 발생한 혁명에 대한 부인이 오랫동안 식자층의 의견은 물론이고 여론의 소중한 원칙이 되었을 정도였다. 우리가 실패한 두 번째 이유가 어쩌면 훨씬 더 심각하다. 이는 분명히 혁명 자체의 실패 및 그에 따른 국가의 전체 역사의 실패, 즉 인종 문제를 해결하지 못한 것과 관련이 있기 때문이다.

결론적으로 마지막 두 주요 혁명, 즉 러시아가 신속하고 잔인하게 짓밟았던 헝가리 혁명과 러시아의 영향 아래 떨어진 쿠바 혁명을 지적하고자 한다. 내가 알기로 헝가리 혁명은 미국 혁명 이후 빵, 빈곤, 사회 질서의 문제가 아무런 역할도 하지 않은 첫 혁명이다. 헝가리 혁명은 인민이 자유만을 위해서 투쟁했고, 주요 관심사는 새 정부가 받아들여야 할 형태였다는 점에서 전적으로 정치적인 혁명이었다. 참여 집단(여기에는 실질적으로 전체 국민이 포함되었다) 중 어떤 집단도 공산주의 체제가 그 나라에 끼친 심각한 사회적 변화를 되돌리려는 생각조차 하지 않았다. 너무도 다른 상황에서 미국 혁명가가 인민의 사회적, 경제적 조건을 당연시했듯이 그것은 정확히 모든 사람이 당연하게 여긴 사회적 조건이었다. 쿠바 혁명은 명백한 반대 사례를 제공한다. 지금까지 이 혁명은 프랑스 혁명의 경로를 충실히 따랐고, 바로 이러한 이유로 볼셰비즘의 지배하에 너무도 쉽게 떨어졌다. 최근의 두 혁명에 대한 우리의 태도를 돌이켜보면 헝가리 위기 동안 우리가 무엇을 했든 하지 않았든 간에, 그것이 옳든 그르든 권력 정치에 대한 숙고에 입각한 것이지 전체 과업이 어떠했는지를 이해하지 못한 것은 아니라고 본다. 그런데 쿠바 혁명의 경우 지리적으로 훨씬 더 가깝지만 분명히 우리의 이해 범위에서 너무 동떨어져 있다. 오랫동안 부패가 만연한 후진국에서 가난에 찌든 인민이 자기 농장과 돼지 우리 같은 집의 암흑에서 갑자기 해방될 때, 이것이 의미하는 바를 이해하지 못했다. 나는 이 점을 우리의 객관적 행동이 보여주었다고 생각한다. 이들 인민은 암흑에서 해방되어 자신의 고통을 보여줄 수 있었고, 이전에는 결코 보지 못한 그 나라 수도의 거리로 나오게 되었다. 쿠바적 모험의 실수는 잘못된 정보에 있다기보다는 혁명 정신을 이해하지 못한 심각한 무능, 즉 '불행한 사람들 les malheureux'이 표면화되어 다음과 같은 말을 들을 때 이것이 의미하는 바를 파악하지 못한 무능에 있었다. 이 모두는 여러분의 것이며 여러분의 거리, 여러분의 건물, 여러분의 소유이기에 바로 여러분의 자긍심이다. 지금부터 여러분은 그 길을 누구에게도 양보하지 않을 것이며, 존엄으로 걷게 될 것이다.

궁극적으로 재앙이 일어나지 않는 한, 서구의 위상은 혁명에 대한 자기 이해에 달려 있을 것이다. 그리고 혁명은 인민이 존엄하게 걸을 수 있도록 하는 필연성에서의 해방이자, 자유롭게 행동할 수 있도록 용인하는 정치체의 구성을 포함한다.

(1962)

민족 국가와 민주주의

정당한 국가 형태(물론 나는 여기에 다양한 형태의 전체주의 지배나 제국주의 행정 기구는 포함하지 않겠다) 중 민족 국가는 역사적으로나 시점 상으로도 가장 신생 국가 형태다. 이는 프랑스 혁명 당시 프랑스에서 처음으로 태동했으며, 오늘날까지도 프랑스 혁명의 유일하고 확고한 성취물로 남아 있다. 이러한 기원은 그 자체로 민족 국가와 민주주의가 서로 관련되어 있음을 입증한다. 대부분의 결혼이 그렇듯이 민족 국가와 민주주의의 혼인은 초창기인 18세기 말경에는 아주 그럴싸해 보였다. 하지만 우리가 알고 있듯이 그 후 이 혼인은 매우 비참한 결말을 맞았다. 민족 국가에서 민주주의 요소, 즉 절대 왕정의 주권을 대체한 국민 주권은 나폴레옹이 권좌에 있는 동안 극도로 취약하다는 점이 이내 증명되었다. 민족, 다시 말해서 자신의 정치적 해방을 민족 국가에 빚진 국민은 곧 자기 주권을 모든 계층의 독재자와 지도자에게 양도하는 불운한 경향을 보이기 시작했다. 다당제는 오늘날까지도 국민 주권을 민족 국가에서 주창할 수 있는 유일한 형태인데, 이들 국민은 이 체제를 태동기인 19세기 중반부터 불신해왔다. 많은 경우에 항상 가장 광범위한 의미에서 대중의 동의 하에 다당제는 일당 독재의 수립과 민족 국가의 구체적 민주 제도의 폐지로 종결되었다. 오늘날 우리는 히틀러가 권좌에 오르기 훨씬 전에 대다수

유럽 국가가 이미 일당 독재하에 있었고, 결국 민주적으로나 왕정하에서 통치되지 않았음을 수시로 망각한다. 다시금 오늘날 문제가 되고 있듯이 독재자들이 자신이 결정권을 박탈한 사람들의 민족 정서에 의존할 수 있었다는 점을 잊지 말아야 한다.

이렇듯 역사적으로 회고하고 민족 국가 체제 내에서 이루어지는 현대의 정치를 관측해볼 때 민주주의에 관해 진지한 사람이라면 누구나 불안해진다. 여기서 나는 민주주의의 의미를 특정 기본권 보호라기보다는 공적 사안의 결정에 국민이 적극적으로 참여하는 것으로 받아들인다. 최근 수십 년간 여러 국가에서 수없이 보여준 경험에 비추어볼 때 일단 민족 국가로 통일되고 나면 국민은 자체의 민족적 이해관계가 보호되는 한 거의 어떤 폭정으로라도 떨어질 준비를 하는 듯하다. 외국 정부가 정권을 잡는 경우에만 심각한 저항이 예상된다. 바꿔 말하면 국민은 정치적 해방을 온전히 발전한 민족 국가에서 실현하리라 생각해왔다. 여기서 정치적 해방이란 모든 시민이 보고 들을 권리가 있는 공적 영역을 민족 국가가 인정해주는 것을 의미한다. 대부분 이 권리는 역사와 혈통이 지정해준 영토에서 살아갈 수 있는 지속적 승인에 대한 그 정부의 보장보다 실질적으로 덜 중요하다고 여겼기 때문이다. 외교 정책의 우위에 대한 논의와 외교 정책만이 진정한 '정책이다'라는 오늘날의 대중적 확신은 이러한 사태에 대한 또 다른 표현이다.

절대주의 유산을 물려받은 유럽 민족 국가는 국민, 영토, 국가라는 삼위일체에 토대한다. 결코 자명하지 않은 이 민족 국가의 필요 요건 중 첫 번째는 특정 민족과 연관이 있는 역사상 이전부터 존재하던 영토다. 토착 영토에 대한 애착이 생겨날 때부터 우리 세기에 이르기까지 중서부 유럽 국가들에서 농노 계층이 이를 대표했다. 도시에서조차 소작농은 국민과 대지의 친화성 모델을 형성했다. 특히 모든 쇼비니즘 Chauvinism

적 구호와 마찬가지로 피와 대지에 관한 나치의 구호가 만들어진 것은 이러한 친화성이 명백히 무너지고 소작농이 사회 구조에서 자신의 우위를 상실한 때였다. 하지만 이 구호는 여전히 민족과 민족 국가에 관한 특정 감정에 민족주의적으로 호소했다. 서구 민족 국가의 두 번째 기본 요소는 동일 민족의 구성원만 국가의 영토에 살며, 이상적으로는 이들 민족의 모든 구성원이 이 영토에 사는 것이다. 이때의 서구 민족 국가란 주로, 심지어 배타적일 정도로 프랑스식 민족 국가라고 할 수 있다. 다른 민족적 뿌리를 지닌 국민도 그 민족 안에 사는 한, 민족 감정은 이들이 동화되거나 추방되기를 요구한다. 하지만 누가 자국민에 속하는가의 기준은 아주 다양할 수 있다. 문제의 국민이 교화되고 문명화될수록 더욱더 결정적인 언어 제휴가 이루어질 것이다. 민족의 삶이 야만적일수록 순전히 '민족적인 völkisch' 고려가 더욱더 타당해질 것이다. 하지만 우리가 같은 민족에 속하거나 그 민족에 완전히 동화되었을 때만 시민이 될 수 있다는 원칙은 모든 민족 국가에서 똑같다. 이의 궁극적인 결과는 아마도 민족 국가 형태에서 아직 논의되지 않은 가장 중요한 선행 조건일 것이다. 즉, 국가 자체는 법치 국가나 입헌 국가로서, 그리고 행정 기구로서 국토의 경계(민족 국가는 다른 국가들을 흡수할 수 없다) 외부에 도달하거나 그 국가의 시민이 아니거나 같은 민족에 속하지 않는 거주민을 위한 법적 보호를 확실히 보장할 수 없다.

이 문제에 조금 더 부연하고 싶다. 감히 말하자면 국민과 민족은 같지 않고, 민족보다 훨씬 더 많은 국민이 존재한다는 데 우리 모두 동의한다. 또한 국민이 공통으로, 즉 그들만의 영토에 속하는 공적 공간을 가질 때만 민족에 대해 논의할 수 있다. 이러한 의미에서 민족은 당연히 민족 국가보다 더 오래되었다. 민족은 심지어 절대주의 시대에도 존재했다. 민족 국가는 민족이 국가와 정부 기구를 소유할 때 태동했다.

더욱이 이런 의미에서 미국도 영국도 민족 국가는 아니다. 다수의 영국민은 연합 왕국United Kingdom[1] 외부에 살고 있어서 영국은 프랑스 혁명으로 만들어진 모델의 의미에서 민족 국가는 아니다. 영국민은 전 세계로 뻗어나간 영연방 국가인 코먼웰스Commonwealth로 통일되었지 영국 제도British Isles라는 민족적으로 제한된 영토에 국한되지 않는다. 미합중국은 미국 혁명을 통해 주 연방제로 수립되었다. 연방제 원리는 주 권력의 분할에 입각하며, 그 어디에서도 권력은 중앙 집권화되지 않는다. 주 연방제 원리는 절대주의 과정상 유럽에서 진화해온 중앙 집권제 원리와 의도적으로 대조되게 설계되고 이행되었다. 이러한 발전과 긴밀하게 연계된 것은 미합중국 국민이 여러 민족의 혼합체이며 민족성은 이론상으로나 사실상 결코 시민의 필수 요건이 아니라는 사실이다. 종교 단체가 교회와 국가의 분리 원칙이 법으로 제정되고 정착된 모든 주에 있듯이, 민족성(각 개인의 다른 민족 기원)은 미합중국에서 개인적 사안이 되었다고 말할 수 있다. 그래서 미국 내 민족성은 그곳의 잘 알려진 차별로 가장 분명히 표현되는 사회 영역 안에서 매우 큰 역할을 하고 있다. 하지만 정치적으로 이러한 차별 역시 더 구체적인 문제를 이루고 있는 흑인들의 사례를 제외하고는 무의미하다.

건국할 때 민족성의 원리가 어떻게 적용될 수 있는지에서 사실상의 특별한 한계점은 제1차 세계대전 직후에 강조되었는데, 당시에 동유럽과 서유럽 국민이 자결권에 따라서 민족 국가로 조직되었다. 발트해에서 아드리아해에 걸쳐 있는 인구 혼합 벨트에는 역사적으로 모국의 대지, 즉 국민과 영토의 이항조 the bi-unity에 뿌리내린 연결 고리도 없고 이들을 단일 국민으로 만드는 인구의 동질성도 존재하지 않았다. 이 지역에서 양

---

1 잉글랜드, 스코틀랜드, 웨일스, 북아일랜드로 이루어져 있다. (옮긴이)

차 세계대전 사이에 수립된 모든 국가는 몇몇 민족 집단을 포함하고 있는데 각 민족 집단은 자신들을 동화할 수 없도록 하는 국가 주권을 주장했다. 우리는 이 시기에 자기 국가를 얻지 못한 국민에게 소수자의 권리를 보장하기 위해 찾은 해결책이 성공적이지 못했음을 알고 있다. 소수자는 항상 이러한 권리가 그저 사소한 권리라고 생각했고, 이에 반해서 특정 국가를 부여받은 국민은 어떻게 해서든 소수자를 배제하기 위해서 소수자 조약을 단서 조항 또는 첫 번째 기회에 조명될 서구 열강에 대한 승인으로 보았다. 이 단서 조항은 민족 국가가 원칙상 요구하는 동화가 달성될 때까지 유효하다.

눈에 잘 띄지 않아 거의 주목받지는 못했어도 훨씬 더 심각한 진전은 민족 국가의 원칙 자체를 흔들어놓았던 양차 대전 사이에 도래한 대규모 무국적 문제였다. 민족 국가 원칙에 따라 그 어디로도 귀화할 수 없었던 난민들이 중부 유럽과 동부 유럽에서 빠져나와 이러한 결과가 빚어졌다. 이로써 난민들은 그 어디에서도 조국의 법적 보호 상실에 대한 보상을 받을 수 없게 되었다. 이들은 모든 법 밖에 있었고 정착할 권리와 일할 권리를 보장받지 못했기에 어디를 가나 원래 국가에 있는 경찰 기구의 사냥감이 되었으며 그 결과 경찰 기구의 권력은 다수 국가에서 불법적으로 엄청나게 증대했다. 다시금 민족 국가 원칙이라는 특별한 제약은 헌법으로 보장된 국가의 법적 보호와 국가를 통제하는 법이 분명히 영토의 모든 거주자에게 적용되지 않고, 다만 민족 조직 자체에 속한 사람들에게 적용되는 한 명백해졌다. 무국적자의 유입과 그들이 처한 완전한 무법 상태는 법치국가이자 입헌 국가로서의 민족 국가의 존립을 위태롭게 했으며, 따라서 그 기반 자체를 위협했다.

민족 국가의 본질은 그것이 합헌적이며 법의 지배를 받는다는 데 있다. 민족 국가는 이 형태로만 존재할 수 있다. 이 사실은 초기 역사에서 드러났으며 제2차 세계대전 이후에 더욱 분명해졌다. 19세기 말경 유럽 국민의 근대 산업적, 경제적 발전이 민족 경계를 훨씬 뛰어넘은 역량에 도달했음이 이미 분명했다. 엄격히 한정된 국토와 거의 무제한의 경제 역량 간의 이 모순에서 "확장을 위한 확장"을 표방하는 제국주의가 등장했다. 제국주의의 성장은 다른 영토를 정복하거나 병합하려는 시도가 아니었다. 이는 단지 계속 성장하는 경제 법칙하에서 일어난 일이었다. 제국주의는 산업의 조건과 근대 경제하에서 정치적 실체로서 존속하려는 민족 국가의 시도가 빚어냈다. 산업의 조건과 근대 경제는 유럽 국민이 사는 새로운 조건이었다. 곧이어 이들은 전 지구를 지배하게 될 것이다. 이 발전으로 민족 국가의 딜레마가 발생했다. 실제로 민족의 경제적 이해관계는 이러한 국가 형태의 전통적 민족주의(국민, 국가, 역사적으로 주어진 영토의 삼위일체)와도, 국가 기관이 국민을 억압하는 일을 용인하지 않았던 특정한 법적 성격과도 조화될 수 없는 일종의 팽창을 필요로 했다. 이는 일관된 제국주의 정책의 요구와도 양립할 수 없었다. 제국주의 실험은 민족 국가의 토대에 심각한 위협을 가했는데, 특히 이 실험이 민족주의 이데올로기를 점차 야만적인 인종 의식으로 확대하고 왜곡할 때 그러했다. 하지만 여전히 민족 국가의 법적, 정치적 제도는 궁극적으로 (적어도 해외 제국주의에 관해서는) 승리를 거두었으며 거의 항상 최악의 상황, 즉 1920년대 영국 제국주의가 인도의 통제를 유지하는 유일한 방식으로 간주한 "행정을 통한 대량 살상"을 예방했다. 제국주의 통제 방식이 모국에 부메랑 효과를 가져올 수 있다는 유럽인의 정당한 공포는 제국주의를 침몰시켰다. 이는 물론 제국주의가 결과 없이 남아 있다는 의미는 아니다. 반대로 민족 국가의 제국주의 실험이 가져온 (재앙적이라고까지는 할 수 없는) 가장 중요한 결과는 그것이 침몰하고 있을 때 나타났다. 이를 가능한 한 간결하게 표현해보면, 유럽 스스로 코앞에서 민족 국가의 부적합성과 민족주의의 위험을 경험한 바로 그 순간 전 세계의 비유럽인 및 비미국인도 이러한 부적합성과 위험을 마주하게 되었다는, 즉 보기보다 역설적이지 않은 결과가 빚어졌다. 비유럽인과 비미국인의 가장 큰 꿈은 여전히 이들 스스로 유럽 민족 국가로 조직화하려는 데 있으며 이들의 가장 강력한 정치적 동력은 유럽 브랜드, 궁극적으로 프랑스 브랜드의 민족주의다. 아프리카인과 아시아인이 이미 실패한 민족 국가의 모습으로만 정치적 자유를 상상할 수 있다는 사실은 제국주의 시대의 유산이 우리에게 남긴 가장 작은 위험일 뿐이다. 훨씬 더 심각하고 위협적인 위험은 제국주의에서 비롯된 인종적 사고가 도처에 있는, 한눈에 보기에도 다른 민족의 큰 계층을 장악했다는 사실이다.

우리에게 던져진 질문인 '민족 국가가 민주주의의 한 요소인가'와 관련해 현재는 어떻게 진행되고 있을까? 우리가 민주주의 의미를 (이해관계의 대의권, 특히 출판의 자유는 포함하면서도 정치적 의사 결정에 직접 참여할 권리는 포함하지 않는) 시민의 기본권에 대한 일관된 보호로 받아들인다면 역사적 맥락에서 이 질문에 긍정적으로 답해야 한다는 점은 의심할 나위가 없어 보인다. 민족적 이해관계를 위해 실제의 정치적 자유를 희생하고, 가장 다양한 종류와 유래를 가진 독재 정권에서 국민에게 만장일치의 획일적인 여론을 강요하는 민족 국가의 재앙적인 경향조차도 모든 경우에 시민의 기본권이 프랑스에서 분명히 볼 수 있듯 위태로워지는 것을 의미하지는 않는다. 하지만 우리가 민주주의를 국민의 통치로 이해한다면, 또는 통치라는 단어가 이 구문에서 진정한 의미를 상실했듯이 모든 국민이 공적 사안에 관여하고 공공의 영역에 등장해서 자신의 목소리를 낼 권리로 이해한다면 역사상으로도 민족 국가에서 민주주의는 그다지 좋은 모습으로 존재하지 않았다. 유럽의 민족 국가는 계급 기반 사회의 맥락에서 태동했으며 민족 국가 덕분에 인구의 하층민도 해방되었지만, 우리가 이의 고전적 시기라고 부르던 때에도 민족의 공적 사안을 하층민을 대신해 보살폈던 지배 계급, 특히 통치 계급이 있었다.

그러나 내가 보기에 오늘날 민족 국가의 이 모든 당연한 장점은 과거의 일이며, 더는 대단한 비중이 실리도록 허락되지 않을 듯하다. 민족 국가가 근대 세계의 삶에 적합하지 않다는 점은 오래전에 드러났으며 국민이 이에 더 오래 고착될수록 민족 국가와 민족주의가 왜곡되어온 방식은 더욱 무모하면서도 사악하게 자기주장을 할 것이다. 우리는 전체주의, 특히 히틀러 체제의 형태가 민족 국가의 붕괴와 민족이라는 계급 기반 사회의 해체에서 비롯되었음을 잊지 말아야 한다. 오늘날의 권력 관계에서 민족 국가의 주권 개념은 어쨌든 절대주의에서 유래했는데 이는 위험한 과대망상증이다. 오늘날의 교통 및 인구 조건에서 민족 국가의 전형적인 외국인 혐오는 지역색이 아주 강해서 의식적으로 민족적 성향이 있는 문화가 민속 문화 및 '저급한 향토 예술Heimat kitsch'의 수준으로 급격히 무너져 내리기 쉽다. 하지만 민족 국가에서 중앙 집권이 무너지고 연방제의 다多-권력 중심으로 권력 분산이 이루어진 곳에서만 실제 민주주의가 존재할 수 있다(아마도 권력 분산은 이러한 맥락에서 결정적인 지점이 될 듯하다). 개인과 개인들의 구성체인 집단 양쪽 다 중앙 집권적으로 조직화한 국가 기구의 독점에 거의 항상 무력하며, 시민의 무력화는 심지어 자신의 모든 권리가 보호될 때도 어떤 형태의 민주주의와 기본적으로 대립한다. 오늘날 우리는 외교 정책에서 '최후 수단ultima ratio'으로서 전쟁 가능성을 배제하기 위해 국가 간의 관계를 어떻게 조직할 수 있는가 하는 질문을 어디에서나 대면하게 된다. 그와 마찬가지로 국내 정책에서도 자유로운 의견 형성, 즉 의견의 합리적인 교환을 용인할 근대 대중 사회를 결국 공적 사안에 대한 개인의 적극적인 책임으로 조직화하고 갈라놓을 방식에 대한 질문을 어디에서나 대면하게 된다. 자기중심적이고 편협한 민족주의와 자체의 경계를 초월할 줄 모르며 근본적으로 무능한 민족 국가는 이에 대해 상상이 가능한 최악의 선행 조건을 제공할 수 있다.

(1963)

케네디와 그 이후

    BBC 방송 해설자가 뉴스의 충격에 놀랐듯이 케네디 암살은 "사라예보 이후 가장 큰 총성"이었는가? 이번 총성은 서거한 대통령이 겨우 두 달 전 유엔 연설에서 말한 "비교적 고요한 순간"과 "떠오르는 희망"이 이내 물러가리라는 것을 의미하는가? 우리가 이 비극에서 역사적 전환점을 볼 수밖에 없는 날이 올까? 비교의 측면에서 생각해보는 일, 즉 역사적 범주들을 현대의 사건에 적용하는 일은 매력적이다. 미래의 역사가를 기대하는 것이 너무도 현재적인 끔찍한 현실과 비극의 적나라한 공포를 회피하는 일일 수 있기 때문이다. 여기에 오해의 여지가 있다. 우리 자신과 우리의 현재에 좌우되는 미래는 예측 불가능하고 역사는 우리에게 말해줘야 하는 이야기가 끝났을 때만 시작하기 때문이다.

    우리가 국내외 양 차원에서 미국 정책의 지속성을 확신하는 이 순간에 국가가 새로운 시대로 진입하기는커녕 예전의 구역으로 되돌아가는 듯하다. 트루먼 씨와 달리 새 대통령은 케네디의 러닝메이트였을 뿐 아니라 대통령 후보였고, 당시 매사추세츠주 상원 의원의 참신하고 예기치 않은 탁월성이 없었더라면 당선 가능성도 있었다. 이 짧은 기간 동안 모든 것이 이전과 똑같이, 단지 다른 '스타일'로 진행될 것이라는 점이 여러 번 강조되었다.

이는 케네디가 말하고 행한 모든 것의 스타일이다. 바로 스타일이 이 행정부를 전혀 다르게 만들었다. 미국 정책의 입안이나 추구에서가 아니라 오히려 정치 자체에 대한 평가에서 전혀 달랐다. 의심할 나위 없이 존 F. 케네디는 자기 세대와 조국이 만나게 될 운명이었던 불가피하고 아주 환영할 만한 도전과 함께, 언뜻 보기에 구식으로 보이는 명예와 영광이라는 용어들로 정치를 생각했다. 하지만 그는 구식이 아니었고, 결코 "정치에 초연하려고" 하지도 않았다. 다시 말해서 케네디 대통령은 정당 정치의 본질인 극렬한 권력 투쟁 경쟁을 모면하려고 하지 않았다. 그는 자신이 추구하지 않았던 입지에 "선발되기를" 기대하며 "위대한 인간" 이미지를 조장하지 않았다. 그는 자신의 위험과 경외심을 불러일으킬 고독한 책임을 알면서 업무를 추진했다. 이는 그에게 지구상에서 가장 바람직한 일이었기 때문이다. 그는 관행과 의례를 탐탁하게 생각하지 않았다. 이들 요소에는 그를 인간들의 공통 지위 이상으로 높이는 경향이 있어서 그가 의도한 대로 '동료 중 최고primus inter pares'에 더는 남아 있을 수 없었기 때문이다.

앞에서 말했듯이 정치를 더 새롭고 높은 수준으로 끌어올린 부분은 케네디 대통령의 스타일이었다. 그의 스타일이 전 정부 영역에 새로운 위상과 새로운 위엄을 부여했다. 대통령의 의도를 보여주는 첫 번째 두드러진 신호는 취임 초기에 그가 예술가와 작가 등 전적으로 "비정치적인" 영역에 종사하는 많은 저명인사를 초대했을 때 나타났다. 그는 이들 시인, 예술가, 음악가, 학자를 뭔가 편협하게 정의된 목적으로 이용할 뜻이 없었다. 전통적으로나 관습적으로 가장 소외된 인사들을 위해 공적 영역 내 어떤 자리를 만들기를 원하지 않았으며, 최소한 이를 주요 목적으로 삼지 않았으리라 추정된다. 오히려 그 반대였다. 케네디 대통령은 이들이 공적인 현안에 영예와 탁월성을 불러오기를 원했다. 공적 사안으로 들어온 영예와 탁월성은 그 자체로 남아 있으면서 위기와 비상시국에야 비로소 자기의 본래 장점을 통해 간신히 빛날 수 있다. 케네디 대통령은 자신의 감성이 자신을 행위와 결정의 요구에 부적합하게 만들 수도 있다고 느끼는 햄릿과 같은 "지식인"의 눈으로 예술과 문학을 바라보았다.

케네디 대통령에게 정보를 제공하고 그를 통제한 정신은 젊음의 정신the spirit of youth(확실히 이는 나이 문제가 아니라 겨우 세 살 더 많은 닉슨 씨를 두고는 결코 말할 수 없는 정신이었다)으로 불렸다. 젊음의 정신은 스티븐 씨가 대통령을 바로 그렇게 불렀듯이 근대인 자체, 즉 완전히 "현대인"의 정신이었다. 금세기 들어 두 번, 즉 제1차 세계대전 이후와 제2차 세계대전 이후의 새로운 세대는 각 국가의 공적 사안에 목소리를 내지 못했다. 아마도 케네디는 고위 공직자로서 그렇게 한 첫 번째 현대인일 것이다. 하지만 그의 목소리가 젊음의 목소리이자 1960년대의 목소리라면 그의 말과 행위는 정치인의 가장 중요한 두 덕목인 겸손과 통찰력을 보여주었다는 점에서 더욱 특기할 만하다. 쿠바 위기와 인권 갈등에 대한 그의 대처에서 가장 두드러진 부분은 극단에 치우치지 '않았다'는 점이었다. 그는 반대자들이 생각하는 바를 한시도 잊지 않았다. 그들의 입장 자체가 극단이 아니고 따라서 그가 국익이라 여기는 것을 위태롭게 하지 않는 한, 그들의 입장을 따르지는 못해도 무시하지 않으려 했다. 케네디 대통령이 핵 실험을 재개하겠다는 결정을 내린 후 백악관 앞에서 피켓을 들고 있었던 학생 시위대에게 인사를 건넨 것은 자신의 반대편 생각을 파악하는 능력에서 비롯된 바로 이 젊음의 정신에서 나온 행동이었다.

올해 우리가 잃은 가장 위대한 두 인물의 죽음 간에 한없이 슬프면서도 기묘한 유사성이 있다. 한 분은 원로였고 다른 한 분은 장년이었다. 교황 요한 23세[1]와 존 F. 케네디 대통령은 자신들이 시작했고 미완으로 남겨둔 업무를 감안할 때 너무도 일찍 서거했다. 이들의 목소리가 침묵에 들었을 때 전 세계는 바뀌었고 어두워졌다. 그럼에도 세계는 그들이 말하고 행동하기 전의 모습은 결코 아닐 것이다.

〔1963〕

---

1 본명은 안젤로 주세페 론칼리Angelo Giuseppe Roncalli다. (편집자)

나탈리 사로트

나탈리 사로트Nathalie Sarraute의 초기 저작인 《트로피즘Tropismes》 (1939)을 제외한 모든 저작이 이제 영어로 출간되었다. 출판사와 마리아 졸라스Maria Jolas 덕분이다. 《뉴요커The New Yorker》에 실린 재닛 플래너Janet Flanner의 말을 인용하면 졸라스는 사로트의 작품을 "또 다른 음조로 편곡한 것처럼 보일 정도로 진실에 가까운 영어로" 번역했다. 좀처럼 걸작이 되기 어려운 장르가 소설이며, 이는 마땅히 그래야 한다. 그런데 완벽한 번역본을 찾기란 그보다 훨씬 더 어렵다. 이는 어쩌면 마땅히 그래야 하거나 그럴 수 있는 바는 아닐 것이다.

사로트는 1948년 첫 소설 《미지인의 초상Portrait of a Man Unknown》을 출간하며 서문에서 자신을 "전적으로 부정적인 작품"을 쓴 작가인 블라디미르 나보코프Vladimir Nabokov나 에벌린 워Evelyn Waugh, 《위폐범들Les Faux-Monnayeurs》의 앙드레 지드André Gide와 같은 작가로 평가하고 장르 전체를 "반소설anti-novel"이라고 명명했다. 1950년대에 반소설은 신소설New Novel이 되었으며 사로트는 신소설의 창시자가 되었다. 이 모든 분류는 다소 인위적이다. 이를 사로트에게 적용한다면 설명하기 쉽지 않다. 그녀는 자신의 전임자들로 도스토옙스키Fyodor Dostoevsky(특히 《지하로부터의 수기》)와 카프카Franz Kafka를 지목했으며, 카프카를 도스토옙스키의 정통 후계자로 여겼다. 그런데 이는 다분히 사실이다. 그녀는 19세기 고전 소설의 가정(저자와 독자는 잘 알려진 실체로 구성된 공동 세계에서 움직이며, 쉽게 식별할 수 있는 등장인물은 자신들에게 부여된 특성과 소유물을 통해 이해될 수 있다)에 대항해 적어도 두 편의 초기 소설인 《미지인의 초상》과 《마르트로 *Martereau*》(1953)를 집필했다. 그녀는 "그때 이후" 자신의 에세이집 《의혹의 시대 L'Ère du soupçon》에서 "[이 인물은] 모든 것을 잃었다. 선조들, 아주 작고 겉만 번지르르한 것에 이르는 다양한 물건으로 지하실에서 다락방까지 가득 채운 세심하게 설계된 집, 수입원 및 재산, 자기 옷, 신체, 얼굴…… 개성, 종종 자신의 이름까지"라고 밝힌다. 그런 인물은 알려지지 않았기에 그가 자기 '영웅'으로 선택한 소설가에게는 별로 중요하지 않으며, 그가 자신을 어떤 환경에 두는지도 중요하지 않다. "등장인물은 독자와 소설가 간의 명예의 위상을 차지하기에", 그는 "그들의 공통된 헌신의 대상이었기에" 이런 선택의 자의성은 소통의 심각한 실패를 암시한다.

사로트는 상실된 공통 기반의 일부를 회복하기 위해 저자와 독자의 공통 문화유산으로 추정되는 19세기 소설을 자신의 출발점으로 매우 영리하게 채택했고, 인구가 많은 세계에서 "등장인물들"을 선정하는 것으로 시작했다. 그녀는 등장인물들을 바로 발자크 Honore de Balzac와 스탕달 Stendhal에서 찾아내고 연대를 가늠할 수 있는 이 모든 부차적인 특질(습관, 도덕, 소유물)을 제거했으며 우리가 기억하는 가장 기본적인 것들만 유지했다. 이것들은 탐욕(《미지인의 초상》에서처럼 못생기고 돈 한 푼에도 벌벌 떠는 노처녀 딸과 함께 사는 구두쇠 아버지, 가상적이거나 실제적인 온갖 질병을 중심으로 전개되는 줄거리)이고, 증오와 나태(소득세 징수원에게서 면제받고 싶은 돈을 아버지에게 사취하는 "이방인"을 중심으로 줄거리가 전개되는 《마르트로》에서 여전히 프랑스에 남아 있는 긴밀하게 맺어진 가족 단위, 즉 어머니, 아버지, 딸, 조카로 구성된 "어둡고도 완전히 닫힌 세계")이며, 심지어 후기 작품인《플라네타륨*The Planetarium*》의 등장인물, 즉 의인화된 야망(그의 냉정한 "사회적 공간에서의 출세"를 기술하는 익숙한 줄거리)이다.

사로트는 외부 세계의 대우주에서 거의 지각할 수 없다고 하더라도 자신의 소우주에서 쉴 새 없이 일어나는 지진의 미세 진동 같은 감정과 분위기의 끊임없는 진동을 발견하기 위해 ("잘 만들어진 인형"일 뿐인) 이 전통적 인물들의 "매끄럽고 딱딱한 표피"를 깨서 보여주었다. 그녀가 "심리학적" 삶이라고 부르는 내면의 삶은 육체적 현상의 피부 아래 내부 장기로 들어가는 생리적 삶의 과정 못지않게 현상의 "표피 세계"로부터 감춰져 있다. 어느 쪽도 자신을 자발적으로 드러내지 않는다. 생리학적 과정은 다만 어떤 질병의 징후(그녀 자신의 이미지를 사용하자면 전염병의 징후인 미세한 뾰루지)를 통해 자연스럽게 나타나지만, 이를 가시화하기 위해서는 외과용 칼이나 엑스레이 등의 특별한 도구가 필요하다. 마찬가지로 이러한 심리적 운동은 대재앙의 경우에만 징후의 발발을 일으키며 이를 탐구하기 위해서는 소설가의 의혹의 확대경이 필요하다. 가족생활의 친밀성을 선택하기 위해서 스트린드베리적[1] 뉘앙스를 지닌 닫힌 커튼 뒤의 이 "어스름 semidarkness"은 카우치 대신에 이러한 종류의 면밀한 심리 분석을 위한 실험실로서 완전히 천재적인 필치였다. 여기서 "[일상적으로] 대화와 잠재 대화 sub-conversation를 분리해주는 동요하는 경계"가 거의 매번 무너져서 자기 내면의 삶은 보통 "장면들 scenes"이라는 표면 위로 폭발할 수 있어서다. 분명히 이 장면들은 전적으로 자신에게 쏠려 있는 세계의 무한한 권태에서 유일한 흐트러짐 distraction이다. 그런데 이 장면들은 모든 현상이 침투되는데도 여태 확고한 토대에는 이르지 못하는 곳에

---

1 스웨덴의 극작가이자 소설가로 자연주의의 대표적 작가인 스트린드베리Johan Strindberg를 가리킨다. (옮긴이)

서 "영속적으로 돌고 돌도록" 저주받은 지옥의 박동을 형성하기도 한다. 여러 거짓말과 겉치레 이면에는 항상 있어온 성마름의 진동the vibration of an ever-present irritation, 즉 "수천 가지 가능성이 충돌하는 혼돈"이자 모든 걸음걸이가 당신을 더 깊이 지옥으로 빠지게 하는 늪이 있을 뿐이다.

　　나탈리 사로트는 기법과 표현법의 유사성에도 다른 장르에 속하는 두 번째 연작 소설인 《플라네타륨》(1959)과 《황금 열매The Golden Fruits》(1963)를 집필하기 이전에 "전지전능한 나"의 이러한 격동과 파열음이 있는 내면적 삶의 대가가 되었다. 그녀는 첫 번째 시기에 집필해 1956년에 출간한 에세이 및 소설 자체에 담긴 수많은 문장과 인터뷰에서도 상당히 명쾌하게 자신의 의도를 설명했다. 평론가는 사로트 자신의 통찰에 공감하고 싶은 유혹을 느낀다. 따라서 그녀는 대단히 흥에 겨워 "사실 내 연구에서 주요 요소를 형성하는 심리학적 움직임"에 대해 이야기해왔다. 그녀는 또한 더 신중하게 진정 사실적인 것의 영역, 즉 괴테의 "아름다움, 좋음, 참됨"이 아니라 아주 미세하며 희석되지 않고 왜곡되지 않은 사실의 문제까지 타개하려는 희망을 언급해왔다. 아마도 이는 "아무것도 아니거나 거의 아무것도 아닌 것"("첫 번째 풀잎…… 아직 피지 않은 크로커스 꽃…… 나에게 완전히 예속되어 자리 잡은 어린아이의 손")이 될 것이다. 하지만 "나를 믿어, 그게 가장 중요한 거야." 끝으로 그녀는 자신의 작품 전체에 걸쳐 신조로도 충분히 삼을 수 있는 유명한 문구를 《카라마조프의 형제들The Brothers Karamazov》에서 인용한다. "'선생님, 저는 영원한 삶을 얻기위해 무엇을 해야 하나요?' 교리 강사는 더 가까이 다가온다. '무엇보다도 자신에게 거짓말을 하지 마라.'" (다른 측면에서와 마찬가지로 이 측면에서 그녀는 살아 있는 어느 다른 작가보다도 메리 매카시와 공통점이 많다.)

　　자신이 실행 중인 사안을 설명하고자 그렇게 애쓰던 저자가 언급하지 않은 두드러진 요소들이 훨씬 더 지적할 만한 가치가 있을 수 있다.

첫째, 사로트가 아주 충격적이라고 생각한 발견들에는 전적으로 부정적인 특징이 있다. 그녀의 작품에서는 방법이나 주제 중 어느 것도 내적인 삶의 파국적 성격, 즉 사랑, 관대, 아량 등이 아예 부재하거나 거의 부재한 점을 해명하지 않는다. 기만성의 의도가 없다면 모든 단어는 "무기"다. 모든 사상은 "깃발 뒤에서 전진하려는…… 크고 강력한 부대처럼 모인다." 전투의 이미지가 모든 곳에 스며든다. 그녀 스스로 지적했듯이 (내적 독백의 초기 대가들인 도스토옙스키, 프루스트Marcel Proust, 조이스James Joyce는 물론이고) 카프카의 작품에서도 그녀의 저작에 부재한 "진실의 순간, 즉 이와 같은 은총의 상태"는 여전히 존재한다. 둘째, 더욱 놀랍게도 그녀의 작품을 논평하거나 존경하는 다수가 강조하는 "그들"("그들이 말하는" 것, 상투적인 표현, 진부한 표현, 문구의 단순한 관용구 전환)의 매우 효과적인 사용을 전혀 상세히 설명하지 않았다. "그들"은《미지인의 초상》에서 처음 나타났고《플라네타륨》에서 플롯의 중심으로 이동했으며《황금 열매》에서 "영웅"이 되었다.

　　《미지인의 초상》에는 그리스 비극처럼 세 주인공이 등장한다. 아버지, 딸, 관찰자, 즉 새롭게 변장해 이야기를 들려주는 늙은 전령이 등장해 "그들"이 코러스를 이룬다. 아버지와 딸은 모두 외부 세계에서 "보호하려는 집단"에 둘러싸여 지원을 받는다. 아버지는 동네 술집에서 정기적으로 만나는 "오랜 친구들"에게, 딸은 큰 아파트의 출입구 근처에서 끊임없이 수다를 떠는 노파들에게 둘러싸여 지원을 받았다. 이 노파들은 딸이 요람에 누워 있을 때부터 "동화 속의 사악한 대모처럼…… 머리를 흔들며" 그녀 주위에 모여들었다. 코러스는 영원히 진부한 이야기를 힘차게 노래하며 주요 인물을 지원하고("어린애들은 절대로 감사를 표하지 않아, 정말로") 등장인물들이 "밀도, 무게, 끈기"를 회복해 다시 "주요 인물"이 되기 위해 열심인 전선 후방에서 평범성의 "단단한 성벽"을 쌓는다. 마침내 평범한 남편을 찾은 딸이 코러스 참여를 기대할 때 평화가 찾아온다. "나는 경건하게 내 목소리와 그들의 목소리가 어우러지게 하련다."

　　"나"와 "그들"의 이러한 관계는 후기 소설에서 가끔 역전된다. "그들"은 《플라네타륨》과 《황금 열매》라는 두 작품에서 적의 화신, 다시 말해서 "내"가 겪은 모든 재앙의 원인으로 자주 등장한다. "그들"은 "이빨로 물어 갈 먹잇감을 찾으러 구석구석 킁킁거리며" 특정 순간에는 자신들이 어쩌다가 주인으로 인정하게 될 사람이 누가 됐든 그의 "발아래 누워 이내 아주 온순하게 벌벌 떠는 개처럼" 첫 번째 부주의한 순간에 와서 무자비하게 당신을 "체포해 낚아챌 것이다."

　　마지막으로 각 소설의 중심이 되는 진리의 계기인 "변신"이 있다. 그리스 비극에서는 인지의 계기가 중심이듯 사로트의 소설에서는 진리의 계기가 중심에 있다. 내 생각에 이는 현대 소설에서 나탈리 사로트의 작품에 고유한 극적 특성을 부여하는 것이다(카프카의 유명한 소설에서 이 용어를 빌려왔을 법하다. 《미지인의 초상》에서는 원래 메시지를 사용하기도 한다. 이들 부녀는 "두 마리의 거대한 곤충, 두 마리의 어마어마하게 큰 쇠똥구리처럼" 서로 마주한다). 변신은 "잠재 대화"와 "잠재 대화"가 서로 대면하는 드문 순간, 즉 겉모습 seeming의 대낮처럼 밝은 세계에서 "우물 밑바닥"으로 하강하는 순간에 발생한다. 꿈과 악몽의 세계만큼이나 사적이고 소통 불가능한 하계下界에서 벌거벗은 채 "서로 움켜잡고" 미끄러지며 싸우는 바로 이 우물 밑바닥에서 등장인물들은 아무것도 숨기지 않을 정도의 지독한 친밀감을 가지고서 만난다.

　　처음 두 소설은 열렬하게 진리를 탐구하는(이게 당신의 본래 모습이며 자기 자신에게 거짓말 마라) 과정에서 독자에게 "오, 인간에 대한 연민을 위하여"라는 전체 種에 대한 스트린드베리의 동정을 남긴다. 결국 가족은 가장 자연스러운 인간 공동체이며, 이 배경에서 드러나는 부분은 "인간 본성"에 관한 무언가를 내비치는 듯하다. 후기 두 소설의 배경은 사회다. 가정과 비교할 때 사회는 "인위적"이며 이것이 곧 문단 패거리 사회인 경우에는 더더욱 인위적이다(사로트 부인이 1963년《모나트*Der Monat*》12월호에서 프랑수아 본디François Bondy와 한 인터뷰에서 설명했듯이 플라네타륨은 "실제 하늘이 아니라 인공 하늘이다"). 기이하게도 다른 배경의 결과는 한편으로 대화와 잠재 대화가 더 긴밀하게 상호 연계되어 있고, 다른 한편으로 이전 작품에서 너무도 처절하게 슬퍼서 거의 비극적이었던 모든 것이 이제는 순전히 우스꽝스러운 희극으로 변모한다는 점이다. 여기 사회적인 것의 영역에는 "신성한 것은 없다……. 성스러운 장소도 없고" 위반될 수 있는 "금기도 존재하지 않는다." 이 마당에서 "우리는 모두 같고, 모두 인간이고…… 닮아 있어서" 서로 간에 허세를 부릴 어떤 친밀감도 필요 없다. 모든 구분 짓기나 심지어 단순한 차이도 "이는 우발적 사건, 별나고 흉측한 사마귀 정도이며, 병이다." 이 구분 짓기가 어떤 대상, 즉 "설명할 수 없으나…… 나머지와 관련해서는 어떤 유사물"일 예술 작품으로 실체화되어 모습을 드러낸다면 심지어 이는 아마 "작은 기적"일 듯하다 (《황금 열매》).

　《플라네타륨》은 여전히 아버지, 숙모, 인척 등 가족에게서 취했는데도 전혀 "닮지" 않은 "등장인물"을 많이 보유하고 있다. 두 주요 인물로 근대적인 척하는 쥘리앵 소렐과 레날 부인이 있다. 젊은 '야심가ambitieux'는 평범한 입신 출세주의자에 "작은 건달"이 되었고 "작은 건달이 무언가를 원할 때 아무것도 그를 막을 수 없으며, 그가 하지 않을 일은 아무것도 없다." 상류 사회의 '열정적인 여성femme passionnée'은 문단의 유명 인사가 되었다. 그들에게는 추문도 없고 이 사회에 남아 있는 열정도 없다. 이 둘은 작품의 진정한 주인공이라기보다는 주인공을 잃은 코러스의 일원, 즉 거의 우연히 선정된 "그들"의 인물에 더 가깝다.

돈을 노리는 신혼부부가 젊은 남자의 숙모 소유의 아파트(그들은 거주용 아파트를 가지고 있으면서도 "접대용" 새 아파트가 필요하다)를 어떻게 얻는지에 관한 이야기다. 그런데 숙모는 비감할 정도로 "나쁜 취미"를 가지고 있어서 집에다 최신식 문을 설치했다. 대부분의 복잡한 이야기는 불운을 가져오는 문과 가구에 관한 것이다. 변신은 작품의 거의 끝부분에서 일어나며 흥미롭게도 이 문과 관련이 있다. 젊은이는 자신을 아주 곤란하게 만드는 유명 인사를 데리고 다닌다. 그는 문 때문에 고민에 빠졌지만 잘 무마된다. 유명 인사가 주위를 둘러보던 중 "눈 깜짝할 새에 경천동지할 만한 변신이 일어난다. 그가 문을 보자마자 전원주택의 흉측한 시멘트에 풀을 먹인 알따란 벽지papier mâché를 바른 벽들로 둘러싸인 그 문은 마치 요술 지팡이에 닿은 듯…… 원래 모습으로, 한때 삶으로 눈부셨던 오랜 수녀원 회랑 벽들에 둘러싸인 듯한 모습으로 되돌아간다." 아아, 초라한 문은 재발견된 은총의 상태로 오래 머물 수 없다. 아파트에는 또 다른 곤혹스러운 대상이 있다. 바로 복원된 팔로 한쪽이 손상을 입은 고딕식 동정녀상이다. 오 이런, 유명 인사는 이를 알아채지 못한다. 그녀는 "어깨와 팔에만 눈길을 주며 이들을 무심하게 먹어 삼키는데, 강한 위장으로 거뜬히 소화하고 그녀의 눈은 아무렇지도 않은 듯 암소의 눈을 하고서 차분한 인상을 유지한다." 이는 모든 것이 "틈, 즉 갑작스레 갈라진 틈"으로 부서지는 진리의 순간이다. 동정녀상은 기적을 행할 힘을 상실하고 그를 영원히 괴롭힐 "타원형의 문…… 떠돌아다니며 불확실하고 이도 저도 아닌 상태에 멈춰 있는…… 거대한 옛 수녀원의 문이나 싸구려 방갈로의 문"으로 돌아온다.

이는 내가 현대 문학에서 알고 있는 절묘하게 재미난 구절로 물론 미국식 "타인 지향적" 희극이거나 프랑스 말투로 "가식성" 희극이다. 하지만 이 말들은 사태 자체의 비참하고 기괴한 실재에 비하면 얼마나 미약하고 현학적인가! 그야말로 웃기는 점은 최상의 기준을 과시하는 지식인 중 "좋은 취미"와 세련미를 갖추었을 법한 "내부 지향의" 엘리트 환경에서 이 모든 일이 발생한다는 사실이다. 그들은 무엇에 관해 마음 쓰지 않는 체하고 확실히 아무것도 말하지 않으며 최고의 질서를 갖춘 사안들만을 논의한다. 이들 지식인은 자신을 기술해보라고 요구받았을 때 "어둡고 적대적인 세계와 불화를 빚는 매우 민감하고 나약한 존재"로 나타난다. 마치 《뉴욕 타임스 북 리뷰The New York Times Book Review》가 《플라네타륨》이 드러내는 사기 사건을 더 심각하게 하라고 요청받은 것처럼 높이 평가했듯이 말이다. 하지만 이는 아마도 당연히 그래야 할 것이다. 문제의 진실은 《플라네타륨》과 《황금 열매》가 함께 "지식인들"에게 여태 부과된 가장 엄중한 비난을 형성한다는 점이기 때문이다. 이는 마치 사로트가 "지식인의 배반Le Trashion des Clercs? 웃기지 마라. 이들 중생이 애초에 배신해서 무엇을 얻었는가?" 하고 말하는 듯하다.

가장 순수한 희극은 《황금 열매》에 있다. 여기서 "그들"은 문단 패거리 밖 어떤 "등장인물들"에도 방해받지 않는 그들 자신에 속한다. 이 작품은 또 다른 책, "황금 열매"라는 제목으로 갓 출간된 소설에 관한 이야기다. 출간 초기의 눈부신 성공에서 완전히 잊힌 조용한 몰락까지, 그리고 이야기는 그 책의 불확실한 미래 전망으로 끝을 맺는다(프랑스에서는 이 책의 초기 반응이 뜨겁지 않았다고 들었다. 아마도 평론가들이 모든 문구, 즉 훌륭하거나 어리석은 칭찬 또는 비방이 담긴 모든 말투가 한담으로 예견되고 드러나는 작품을 어떻게 생각할 수 있을지 자문했기 때문일 듯하다). 우리는 책 자체에 관해서는 아무것도 배우지 못한다(저자가 거명되는 이유는 문단 패거리에 속해 있어서다). 이 작품은 모든 것이 이야기될 마지막 순간까지 속닥거리고 고래고래 소리칠 모든 식자층의 손에 들어갈 불운을 지닌 모든 책의 이야기이기 때문이다.

실제로 모든 사람이 있다. 가령 비평가, 대가 maître, 흠모하는 숙녀들, 나무랄 데 없는 취미를 공격함으로써 한때 "눈 밖에 났었는데" "오래전에 명예를 회복한 장본인", 스스로 "황금 열매"를 발견하지 않았다고 의심받으나 자신이 발견했다고 아내에게 말하는 남편, 진부한 이야기로 가득한 소설을 발견한 "그들"에게서 동떨어진 지역민(그러나 이는 "의도적으로" 이루어졌으며, 그는 그렇게 확신한다), "평균 이하, 평균, 위대함의 범주로" 망자들을 분류하면서 가장 최신작의 장소를 발견한 학자들("배움으로 무거워진 머리"), 심지어 의심하는 인간, 평화를 방해하며 "누더기를 걸치고서 맨발로 세계를 일주하는 지체 높은 미친 인간", 심지어 "외국인, 부랑자"가 있다(그러나 "당신은 우리 중 하나"이며 "당신을 배제하는 일은 있을 수 없다"). 그들은 모든 양상, 즉 모든 논점을 샅샅이 규명하고 이들 모두가 《황금 열매》 이전에 왔던 인간들과 그 이후에 왔던 인간들이 존재할 것"을 알 때까지 최선을 다해 서로를 능가한다. "자신(그들이 그 과정 안에 넣을 내용으로 완전히 채워질 공허한 수신자)을 비우는" 신비스럽고 매력적인 이 과정이 그들 각자에게서 일어난다.

누가 "그들"인가? 그들은 각기 똑같은 "전능한 나"다. 이 나의 파국적인 내면의 삶은 초기 소설들의 주제였다. 이들 개개인은 지옥에서 벗어나 그리로 되돌아가는 일을 두려워했다. 그는 여전히 혼자였을 때, 즉 자신이 항상 승인받으면서 한결같이 무참히 깨지려고 하는 "불쌍한 악귀이자 모호한 작은 친구이자 알려지지 않은 저자"였을 때 그곳이 어떠했는지를 너무도 잘 기억할 뿐이다. 그가 "거대한 비율로, 점점 더 엄청나게 사방으로 퍼져나가는…… [자신에 대한] 또 다른 이미지"를 고집하지 않았다면 자신에게 무슨 일이 일어날 수 있겠는가? 이야말로 "그들"이 모두 비슷한 이유이며, 자신의 동료에게서 "가장 미미한 진동이 즉시 전달되고" "점점 커지는 주파수로 증폭되는" 매개를 발견한 이유다. 이러한 종류의 사회는 "나"의 대우주, 즉 거창한 "나"다. 이와 반대로 이러한 "나"는 아마도 "심리적" 내면의 삶일 수 있는데, 사로트는 이 삶의 전율하는 파동을 탐구했다. 다시 말해서, 나는 겉으로 볼 때 "외향적인데" 누구도 아닌 자신에만 관심을 보이는 자아중심적 인간egomaniacs의 "내면적" 삶일 뿐이다. 아무튼 상승과 하강, 즉 "그들"이 이리저리 던져진 멋들어진 취미의 흐름보다 (정의상 충실성, 신실성, 견실성을 전적으로 결여한) 들끓는 감정들의 파국적 불안정성을 더 많이 닮은 것은 없다.

확실히 조류가 바뀐다. 오르는가 하면 곧 내려앉는다. "당신은 정확히 어떻게 해서 그런지 전혀 알지 못하"지만 모든 사안이 급속히 무너져 내린다. 당신이 아는 것은 모든 사안이 하루걸러 반전된다는 사실이다(우리는 마침내 그 작품이 우리에게 최후의 일격을 다음과 같이 가할 때까지 같은 사람들, 같은 비평가, 지금 "처음부터 절대 거두어들이지 않았던" 남편을 계속 사랑하는 같은 부인, "그들"의 나머지 모두를 듣는다). "당신은 여전히⋯⋯ '황금 열매'와 함께하는가?" 확실히 "그들"은 이와 같은 '완전한 변화volte-face'로 교란되지 않는다. 그들은 같은 매개라 할 수 있는 같은 동료 속에 머물러 있으며, 무슨 일이 일어났는지를 거의 자각하지 못한다. 그들 중 누군가가 심지어는 의심에 시달린다면 그는 "그들이 최고급 대양 정기선에 의해서⋯⋯ 태동하게 될" 변화의 여신, 즉 역사를 환기하라는 말을 듣게 될 것이다.

이 작품은 희극이며, 모든 좋은 희극처럼 대단히 진지한 무엇과 관련이 있다. 지적인 "그들"의 허위성은 특히 끔찍하다. 이 허위성이 "어떤 가치 기준"도 없는 가장 미묘하면서도 동시에 필수적인 공동의 취미common taste 요소 중 하나를 건드리고 있어서다. 취미는 세계가 어떻게 보여야 하는지를 결정할 뿐만 아니라, 그 세계 안에 함께 속한 사람들 사이의 "선택적 친화성"도 결정한다. 이는 우리가 서로 인지하는 "은밀한 징표들"이다. 그들이 "우리는 형제다. 그렇지 않은가……? 나는 그대에게 이 성스러운 빵을 제공한다. 나는 그대를 식사에 초대한다" 외에 다른 무엇을 말하겠는가? 우리 모두 이방인으로 온 세계 한가운데에서 느끼는 이러한 동류의식의 감정은 공통된 대상 세계에서 사회 조직의 수단인 비밀번호와 부적을 만들어온 "세련된" 사람들의 사회 속에서 엄청나게 왜곡된다. 하지만 그들은 이를 파멸시키는 데 실제로 성공했는가? 사로트는 결말 직전에 "그들"과 "나"에게서 벗어나 "우리", 즉 저자와 독자로 구성된 옛날의 우리로 관심을 돌린다. 독자는 말한다. "우리는 아주 약하고 그들은 아주 강하다. 아니면 아마도…… 우리, 당신과 나는 지금도 더 강하다."

(1964. 03. 05.)

"담벼락에 대고 말하는 것처럼"
요아힘 페스트와의 인터뷰

페스트 아렌트 씨, 아이히만 재판과 이른바 독일에서의 후속 재판들 사이에 어떤 연관성이 있다고 생각하십니까? 특히나 독일과 이스라엘의 반응은 어떤 식으로 비교할 수 있을까요? 이따금 사람들은 다소 부적절한 표현이기는 하지만 이른바 "소화되지 않은 과거unmastered past"를 독일인과 유대인이 공통으로 지니고 있음을 시사하곤 했습니다.

아렌트 글쎄요, 이는 사실 두 가지 질문이죠. 아마도 첫 번째 질문에 먼저 답할 수 있을 듯합니다. 제 견해로는 아이히만 재판은 현실적으로 독일에서 이어진 일련의 재판에 촉진제 역할을 했습니다. 이들 재판 중 일부는 더 일찍 진행되었고, 일부는 더 일찍이 체포가 이루어졌지요. 하지만 당신은 이 소송을 통계의 관점에서 보고 아이히만의 재판 날짜가 아니라 납치된 날짜를 기억할 때 순전히 그 비율 측면에서 깜짝 놀랄 겁니다. 저는 왜 그렇게 생각하는지 말하고 싶지는 않습니다. 그저 사실이니까요.

지금 당신이 한 말, 그러니까 유대인과 독일인이 소화되지 않은 과거에 관한 문제를 공통으로 갖고 있다고 한 말은 아주 옳습니다. 거기에 약간의 단서를 달고 싶군요. 우선 당연한 이야기지만 그들이 공통으로 보유한 소화되지 않은 과거의 실제 종류는 피해자 경우와 가해자 경우에서 확연히 달라요. 심지어 '유덴레테Judenräte'[1]도, 당연한 말이지만 피해자예요. 그들이 100퍼센트 무죄라는 뜻은 아니에요. 하지만 그들은 가해자의 반대편에 서 있었던 게 분명해요. 그건 아주 명백해요.

이제 소화되지 않은 과거는 사실 유대인과 독일인이 지구상의 거의 모든 나라나 국민, 적어도 유럽과 미국의 국민과 공유하는 무엇이기도 해요. 저는 미국 사례를 통해 이걸 알게 됐어요. 나치의 전반적인 사태가 일깨운 바로 그 공포는 유대인과 독일인에 그치지 않고 전 인류에 영향을 끼치고 있어요. 유대인과 독일인의 공통점은 그 사건에 직접 연루되었다는 사실이죠.

"독일과 이스라엘에서 이 반응이 같은가"도 물었죠? 자, 이스라엘 인구의 4분의 1, 즉 25퍼센트가 그 사건에 직접 관련된 분들이에요. 전체 인구를 생각하면 엄청난 비율입니다. 분명한 점은 피해자인 이들이 모든 세대의 일반적인 독일인과는 다르게 반응한다는 사실입니다. 이들 독일인은 그 사건에 관해서 그저 아무것도 듣지 않기를 바라죠. 그런데 '피해자들' 역시 그 사건에 관해 듣고 싶어 하지 않아요. 이유는 전혀 다르지만요.

요즘 제가 알게 된 게 하나 있어요. 바로 이스라엘의 젊은 세대와 독일에서 태어난 세대의 태도 말입니다. 이스라엘의 젊은 세대는 그 사건에 무심한데, 이런 현상은 독일에서 무심한 것과 몇 가지 점에서 유사해요. 젊은 이스라엘 세대도 느껴요. "그건 우리네 부모님 문제야." …… 물

---

1   '유덴레테'는 나치가 대규모 유대인 집단 거주 지역인 게토를 통제하려고 유대 공동체 지도자들로 구성한 위원회 명칭이다. 이들 위원회는 게토의 주거, 의료, 난방, 수돗물, 음식 배급을 매일 관리하는 책임이 있었지만, 이들의 궁극적 임무는 나치 수용소로 보내야 할 유대인 명단을 수집하는 일이었기에 위원회 내부에서 많은 갈등과 고통을 유발했다. (옮긴이)

론 그곳에서만 다를 뿐이죠. "우리네 부모님이 이런 일 저런 일이 일어나기를 원한다면…… 그래, 좋아! 그러시라고 해! 하지만 제발 우리는 그 문제에서 빠져나오게 해줘……. 우리는 그 문제에 그다지 관심이 없거든." 이게 정말로 일반적인 정서더군요. 결국 이건 독일에서처럼 이스라엘에서도 세대 간의 문제예요.

페스트 이들 재판은 새로운 유형의 범죄를 세계에 폭로했습니다. 어느 정도는 뉘른베르크 재판처럼, 그리고 뉘른베르크에서 주로 열린 후속 재판들처럼 말입니다.

아렌트 그게 정말로 새로운 유형의 범죄라는 점에서 동의하면서도 단서를 달고 싶어요. 우리는 어떤 범죄자를 떠올릴 때 범행 동기가 있는 인간을 상상하죠. 그런데 아이히만을 살펴보면 실제로는 아무 범행 동기가 없었어요. 우리가 일반적으로 "범행 동기"라고 이해할 만한 게 없었다는 거죠. 그는 나머지 인간들에 동조하고 싶어 했어요. 아이히만은 "우리"라고 말하고 싶어 했는데, '나머지 사람과 동조하기', 즉 '우리라고 말하고 싶어 하기'만으로도 역사상 가장 극악한 범죄를 자행하기에 충분했죠. 히틀러 지지자들은 결국 이런 종류의 상황에 전형적인 인간들이 아니에요. 타인의 지지가 없었더라면 그들은 무기력해졌을 거예요.

그렇다면 여기서 실제로 무슨 일이 벌어지고 있는 걸까요? 저는 바로 아이히만에게만 몰두하고 싶어요. 그의 소송을 잘 아니까요. 제가 우선 말하고 싶은 점은 남들에게 동조하는 것, 즉 다수가 함께 행동하는 데 끼려 함으로써 권력이 나온다는 거죠. 그래서 자기 스스로 얼마나 강한지와 상관없이 혼자 있는 동안에는 권력이 존재하지 않아요. 함께 행동하는 데서 기인하는 이런 권력의 감정은 그 자체로 절대 나쁜 것이라기보다는 인간이라면 누구나 느끼는 감정이지요. 그렇다고 선한 감정이라는 뜻은 아닙니다. 그저 중립적인 감정이죠. 그건 단지 하나의 현상, 즉 그 자체로 기술되어야 할 총체적인 인간 현상이죠. 그런 식으로 행동할 때는 극도의 쾌감이 있어요. 여기서 이런저런 근거를 한정 없이 인용하지는 않겠어요. 미국 독립 혁명 사례를 인용하는 것만으로도 몇 시간이 걸릴 수 있어요. 기능인의 직무functioning는 정말로 도착적인 행위 양식이고, 이런 직무에는 항상 쾌감이 따른다고 말하고 싶습니다. 그렇지만 남들과 함께 행동할 때 중요한 모든 것, 즉 함께 상황을 논의하기, 의사 결정에 이르기, 책임지기, 우리가 하는 일을 숙고하기 등이 기능인의 직무에서는 배제됩니다. 이 직무에 남는 것은 공허한 분망함 empty busyness 뿐이죠. 기능인의 이 공허한 직무에서 얻는 쾌감이 아이히만에게 아주 뚜렷이 나타납니다. 그가 권력에서 쾌락을 추구했을까요? 그렇게 생각하지는 않습니다. 그는 전형적인 기능직 공무원이에요. 그런데 그 공무원이 공무원 이상도 이하도 아닌 존재일 때 정말이지 대단히 위험한 인물이 됩니다. 제 견해로는 여기에서 이데올로기는 별다른 역할을 하지 못하는 듯합니다. 이 점이 결정적 요인으로 보입니다.

페스트 제가 새로운 유형의 범죄를 들며 의미했던 부분은 다음과 같은 상황입니다. 전후에 독일과 연합국 양쪽에서 제3제국 지도자들을 악마로 만드는 경향이 있었습니다. 독일인은 히틀러에서 아이히만에 이르는 이런 인물들을 항상 지옥 밑바닥에서 온 야수들로 봤습니다. 독일인이 자신에게 유리한 알리바이를 만들어내려고 그런 식으로 생각했을 법도 합니다. 아이히만처럼 너무도 평범한 인간에게 굴복하기보다 야수의 힘에 굴복하는 편이 당연히 죄책감이 훨씬 덜할 테니까요.

아렌트 이도 더욱 흥미롭군요!

페스트 정말요? 그런 것 같습니다. 연합국의 상황도 매우 비슷했습니다. 그들은 1939년 이전까지 자신들의 결단력이 부족했던 것에 대한, 즉 유화 정책의 채택에 대한 일부 핑곗거리를 찾아냈습니다. 한편으로 악마의 화신을 상대하므로 지옥에서 온 야수들을 상대로 거둔 승리는 훨씬 더 영광스러워 보입니다.

아렌트　제가 보기에 히틀러의 악마화는 연합국 내에서보다는 독일 망명자를 포함한 독일인 사이에서 훨씬 더 흔한 일이었어요. 사실 연합국은 진실이 세계에 드러났을 때 전례 없이 엄청나게 경악했어요. 이게 독일에서는 참담할 정도로 과소평가되고 있어요. 그런 상황을 알게 됐을 때, 평범한 군인이 베르겐벨젠Bergen-Belsen 강제 수용소나 그 밖의 여러 사건을 목격했을 때 그들은 존재의 근간이 흔들릴 정도로 크나큰 충격을 받았어요……. 저는 무수히 많은 대화를 통해 그런 모습을 봐왔어요. 제가 외국에서 살았기에 당신에게 이 말을 할 수 있는 거예요…….

당신이 바로 말했듯이 이제 악마화 자체가 하나의 알리바이를 제공하는 데 도움을 줄 수 있어요. "당신들은 악마의 화신에게 무릎을 꿇었기에 죄가 없다." 그런데 무엇보다도……. 보세요, 우리의 모든 신화, 즉 우리의 모든 전통은 악마를 타락 천사로 보지요. 타락 천사는 당연히 늘 천사로 남아 있는 천사보다 훨씬 더 많은 관심을 끌어요. 후자는 우리에게 좋은 이야깃거리를 제공하지 않으니까요. 달리 말해 악은 특히 1920~1930년대에 그 자체만으로도 진정한 깊이가 있는 존재라는 점을 보장하는 역할을 했어요. 그렇게 생각하지 않아요? 철학에서도 같은 상황을 보게 돼요. '부정성the negative이야말로 역사를 추동하는 유일한 요소다'라는 생각 같은 것들이죠. 우리는 이 생각을 훨씬 장황하게 추적할 수 있지요. 결과적으로 우리가 누군가를 악마화하면 그를 흥미로운 존재로 보이게 할 뿐만 아니라 다른 사람들이 가지지 않은 깊이를 그에게 은밀히 부여하기도 합니다. 다른 이들은 지나치게 얄팍해서 가스실에서 누군가의 목숨을 빼앗지 못해요. 지금 저는 의도적으로 이처럼 표현하고 있기는 하지만, 결국에는 그게 실제로 일어났던 거죠. 어쨌든 악마의 아우라를 자기 자신에게 조금도 부여하지 않은 인물이 있었다면, 그게 바로 아이히만 씨였어요.

페스트 아이히만이 실제로는 대단히 왜소한 인물이라며 한 관측통은 비밀 요원들이 엉뚱한 자를 체포해서 재판에 회부한 게 아니냐고 묻기까지 했습니다. 실제로 그는 '잔인한' 사람이 아니었어요. 이 점은 모든 서류에서 아주 분명하게 드러납니다. 이와 정반대로 아이히만은 지시받은 사항을 이행하는 걸 항상 어렵게 여겼습니다. 자신이 항상 그걸 어려워했다는 점에서 가치 있다는 느낌을 받았고요.

아렌트 맞아요. 사실이에요. 불행히도 그건 대단히 흔한 일이죠. 우리는 자신이 어떤 일을 하길 즐기느냐 아니냐로 선과 악을 판단할 수 있다고 생각해요. 악은 항상 유혹의 형태를 띠고 나타나는 데 반해서, 선은 우리가 자발적으로는 절대 하려고 들지 않는 일이라고들 생각하죠. 무례하게 들릴지 모르지만 저는 이건 쓰레기 같은 소리라고 생각해요. 브레히트Bertolt Brecht는 선한 일을 하려는 유혹은 우리가 견뎌내야 하는 무엇이라는 점을 늘 보여주고 있어요. 정치 이론으로 돌아가죠. 마키아벨리에게서, 어떤 점에서는 칸트에게서도 똑같은 것을 읽을 수 있어요. 따라서 아이히만을 비롯한 많은 사람은 선행이라고 불리는 일을 하려는 유혹을 매우 자주 받았어요. 그런데 그들은 이런 유혹을 제대로 견뎌냈어요. 그건 시험이었으니까요.

페스트 맞습니다. 우리가 악을 문화 속에서, 즉 종교, 철학, 문학 용어로 상상하고 정식화해온 방식에 아이히만 같은 인간 유형의 자리는 없다고 벌써 지적하셨지요. 당신 저작에 담긴 주된 통찰 중 하나는 부제에 이미 드러난 "악의 평범성"인데, 이 표현이 많은 오해를 불러왔어요.

아렌트 맞아요. 실제로 그런 오해가 전체 논쟁에 차고 넘쳤지요. 그건 진짜 논쟁의 사소한 부분일 뿐이에요. 달리 말해 이런 오해들은 상황이 어쨌건 생겨났으리라는 게 제 견해예요. 어쨌든 그 표현은 사람들에게 엄청난 충격을 안겼는데, 저는 그 이유를 완벽히 이해할 수 있어요. 저 자신도 거기에서 큰 충격을 받았으니까요. 저로서도 전혀 감당할 준비가 안 된 사안이었죠.

자, 오해 중 하나는 이겁니다. 사람들은 평범한 것은 또한 진부하다commonplace고 생각했어요. 하지만 제가 생각한 점은…… 제가 말하려던 바는 그게 아니었어요. 우리 모두의 내면에 아이히만이 있고, 우리 각자는 아이히만과 같은 측면을 가지고 있으며 악마는 그 밖의 다른 것을 안다고 말하려던 게 절대 아니에요. 절대로 그렇지 않아요! 저는 이전에 전혀 들어본 적도 없는 사안을 제게 말하는 누군가와 대화하는 모습을 완벽히 상상할 수 있습니다. 그건 전혀 진부하지 않아요. 그러면 저는 "너무 평범해banal"라고 하거나 "그건 정말 쓰레기네rubbish"라고 말합니다. 그게 제가 말하려던 뜻이에요.

평범성은 정말이지 지나칠 수 없는 현상이었어요. 그 현상은 우리가 수없이 들었던 믿기지 않는 진부한 말cliché과 표현법으로 표출되었어요. 평범성이 무엇을 의미하는지 말해드리죠. 예루살렘에서 언젠가 에른스트 윙거가 들려줬는데 까맣게 잊고 있던 이야기가 떠오르네요.

전쟁 중에 에른스트 윙거는 우연히 포메라니아Pomerania[2] 혹은 메클렌부르크Mecklenburg[3] 지역의 몇몇 소작농을 만났어요. 아니, 그곳은 포메라니아였지 싶어요(이 이야기는 제2차 세계대전 당시 쓴 윙거의 일기문집인 《방사放射, Strahlungen》에 실려 있고 1949년 최초로 출간되었다). 그런데 그 소작농 중 한 명이 포로수용소에서 러시아인 전쟁 포로들을 넘겨받아 자

---

2 독일과 폴란드 북부에 있는 지역이다. (옮긴이)

3 독일 북동부의 발트해에 면한 지역이다. (옮긴이)

기 집에 거두었지요. 말할 나위도 없이 포로들은 극심한 기아 상태에 있었죠. 러시아 전쟁 포로들이 이 나라에서 어떤 대접을 받았는지는 당신도 알 겁니다. 소작농은 윙거에게 말했어요. "글쎄, 그네들은 인간 이하였어요……. 가축과 다를 바가 없었어요! 금방 알 수 있었죠. 돼지 사료를 먹더라니까요." 윙거는 이 이야기에 "독일인들은 때때로 악마에 사로잡혀 있었던 것 같다"라고 논평했더군요. 하지만 그의 표현은 뭔가 "악마적"인 것을 뜻한 게 아니었어요. 보세요, 이 이야기에는 무모할 정도로 어리석은 점이 있어요. 이야기 자체가 어리석다는 말입니다. 굶주린 사람이라면 누구나 그렇게 하리라는 걸 소작농은 모른 거죠. 누구라도 그런 식으로 행동하리라는 걸 말이에요. 그럼에도 이 아둔함에는 뭔가 터무니없는 게 있어요. …… 아이히만은 꽤나 지성적이었지만 이 점에서는 어리석었습니다. 마치 담벼락에 대고 말하는 것처럼 말이 안 될 정도로 어리석은 사람이었어요. 이것이 제가 말하는 평범성의 의미입니다. 거기에는 뭔가 깊은 구석이라고는 아예 없어요. 악마와 같은 것도 없고요! 다른 사람이 무슨 일을 겪는지 상상조차 꺼리는 거부감이 있을 뿐이죠. 그렇지 않습니까?

페스트 아이히만, 나아가 루돌프 회스Rudolf Höss[4]도 특별히 독일적인 인물이라고 생각하십니까? 조금 전에 칸트를 언급하셨는데요, 아이히만 자신도 재판 중에 종종 칸트를 언급했어요. 그는 일평생 칸트의 도덕률을 따랐으며 칸트의 의무 개념을 자신의 지침으로 삼았다고 말했습니다.

아렌트 맞아요. 당연히 아주 부적절한 발언 아닌가요? 아이히만이 말하기에는요. 결국 칸트의 전체 윤리학은 모든 사람이 행위를 할 때마다 자기 행위의 규범이 보편 법칙이 될 수 있는지 심사숙고해야 한다는

---

4 1940년 5월 중순부터 1943년 11월까지 재임한 아우슈비츠 수용소 소장이다.

통찰로 귀결돼요. 달리 말해…… 칸트의 윤리학은, 말하자면 순종과는 정반대예요! 각각의 인간은 입법자lawgiver입니다. 칸트 철학에서는 그 누구도 순종할 권한이 없어요. 아이히만이 칸트에게서 취한 유일한 점은 경향성inclination이라는 돌이킬 수 없는 사안이죠.[5] 그런데 이런 사안이 불행히도 독일에 널리 퍼져 있어요. 독일에서 의무duty라는 이 묘한 개념을 두고서…… 이야기 좀 해야겠어요. 히틀러나 아우슈비츠 재판에 회부된 빌헬름 보거Wilhelm Boger[6] 같은 사디스트들을 보세요. 히틀러는 아마 살인 본능을 가진 인간, 즉 단순한 살인자였을 겁니다. 제 생각에 이들은 전형적인 독일인이 아니에요.

독일인이 유달리 잔혹한 민족이라고 보지 않습니다. 사실 저는 그와 같은 민족성을 믿지 않아요……. 그런데도 제가 바로 전에 한 이야기, 즉 윙거 이야기는 확실히 독일적이에요. 제가 말하는 바는 칸트가 말했듯이, 그가 한 말을 지금 그대로 인용해도 된다면요, "다른 모든 사람의 처지에서 생각하지" 못하는 무능이에요. 그래요, 그런 무능…… 이런 종류의 무사유는 마치 담벼락을 상대로 말하는 것과 같아요. 그래봐야 어떤 반응도 얻을 수 없어요. 이들은 당신에게 절대로 관심을 기울이지 않으니까요. 그게 독일적인 거예요. 독일 특유의 것으로서 저한테 깊은 인상을 준 또 하나는 순종을 이상화하는 이 정신 나간 사고방식이에요. 우리는 어린아이 시절, 그런 게 필요할 때 이런 의미로 순종해요. 어릴 때는 순종이 굉장히 중요한 문제죠. 하지만 열네 살, 늦어도 열다섯 살이 되면 그렇게 고분고분 순종하는 태도는 버려야죠.

5 칸트의 도덕 철학에서는 경향성 개념과 의무 개념이 늘 대비된다. (옮긴이)

6 경찰국장이자 강제 수용소 감독관이었던 아우슈비츠의 정치부장으로 복무하는 동안 보여준 잔혹성으로 악명이 높았으며, 1965년 프랑크푸르트 아우슈비츠 재판에 회부되어 종신형을 선고받았다. (옮긴이)

페스트 "맹세oaths", "지시orders", "순종obedience"을 언급하는 배후에는 단순한 변명 이상의 무엇이 있다고 생각하지 않나요? 아이히만은 이 단어들을 줄곧 언급했죠. 그 자신이 어렸을 때부터 순종적인 사람으로 양육됐다고 설명했습니다. 그는 물었죠. "제가 불복종을 해서 얻을 이득이 뭡니까? 그런 짓이 어떤 점에서 나한테 쓸모가 있었겠습니까?" 그러면서 그는 자신에게 지시가 더는 내려오지 않던 1945년 5월 세상이 끝났다는 느낌에 갑자기 압도되었다고 말했습니다.

아렌트 총통이 부재한 삶이라!⁷

페스트 순종이라는 문제는 아이히만의 한평생을 관통하는 라이트모티프leitmotif ⁸처럼 기능합니다. 재판 기록에서 그걸 읽을 수 있는데, 이 문제는 끊임없이 불쑥불쑥 튀어나옵니다. 완전히 허풍선이 같은 존재의 라이트모티프입니다.

아렌트 맞아요, 우리는 이 허풍선이 존재sham existence를 어디에서나 볼 수 있지요. 하지만 그가 그런 것들, 그러니까 "명령", "맹세", "하나님", "순종 의무", "순종의 미덕"과 관련이 있는 유일한 사람은 아니었어요. 그렇죠? 또한 아이히만은 "노예 같은 순종"에 대해 말했어요. 예루살렘에서 그는 끔찍한 혼란 상태에 빠져서 갑자기 그 모든 게 노예처럼 순종하는 문제였을 뿐이라고, 거기에 선한 점은 아무것도 없었다는 등의 말을 했어요. 그렇죠? 그래서 사람들 마음속에서는 그런 생각이 끝도 없이 꼬리를 물고 맴돌았어요. "맹세"에 대한 언급, 책임을 빼앗겼다는 생각 등……. 이건 아이히만에게서만 볼 수 있는 게 아니에요. 나는 뉘른베르크 재판 기록에서도 그걸 발견했어요. 거기에도 말도 안 되는 무사유가

---

7 아렌트가 '지도자'를 가리키는 데 쓴 용어는 "총통Führer"이다. (옮긴이)

8 주요 동기라는 뜻이다. (옮긴이)

있어요. 보세요, 아이히만은 남들이 그랬듯이 분노에서 비롯한 이런 공격적인 행위들을 저질렀어요. 그러면서 말했죠. "그들은 우리가 책임질 일은 없을 거라고 약속했습니다. 그런데 지금 우리는 온갖 책임을 다 뒤집어쓴 채 남겨졌습니다. 그렇지 않습니까? 거물들은 어떻습니까? 당연히 그들은 늘 그렇듯 책임을 모면했습니다"라고요. 그런데 우리는 그 거물들이 어떻게 책임을 모면했는지 알아요. 그들은 스스로 목숨을 끊거나 교수형을 당했어요. 책임에 관해 말할 때 이 상황을 망각하는 것은 그로테스크하며 모든 질문을 우스꽝스럽게 만들죠! 맞아요, 이들이 더는 세상에 살아 있지 않다는 것이 '사실'입니다. 이 모든 게 그들이 여전히 살아 있어야만 의의가 있다는 걸 상상하지 못한다면…… 으음, 그런 경우에는 아무것도 도움이 안 돼요.

페스트 그런데 여기에 일정 부분 더 근본적인 문제가 도사리고 있을까요? 전체주의 상황에서 살았던 사람들에게 얼마만큼의 책임을 계속 물을 수 있을까요? 이건 아이히만 유형의 사람들에게만 적용되는 게 아니라 반대편에 있는 유덴레테에도 같은 방식으로 적용됩니다.

아렌트 대답에 앞서 잠깐만요. 보세요, 그건 정말로 놀라운 현상이에요. 이들 중 아무도 뉘우치지 않았어요. 그래요, 프랑크Hans Frank는[9] 분명 뉘우쳤어요. 하이드리히Reinhard Heydrich도[10] 임종할 때 뉘우쳤다는 말

---

9 나치 독일의 수석 법학자이자 전쟁 동안 폴란드 중부와 남부, 우크라이나 서부를 아우르는 영토를 가졌던 동방총독부General Government의 총독이었다. 뉘른베르크에서 전쟁 범죄와 반인도적 범죄를 저지른 죄로 재판에 회부된 그는 유죄 판결을 받고 1946년에 처형되었다.

10 나치 고위 관료이자 최종 해결책Final Solution의 주요 설계자 중 한 명이었다. 1942년 5월 27일에 프라하에서 체코슬로바키아 군인들에게 공격을 받고 체코슬로바키아 정부에 의해 수송되었지만 부상 때문에 일주일 후 사망했다.

이 있죠. 로베르트 레이Robert Ley[11]는…….

페스트 맞습니다. 프랑크의 경우는 순전히 감정이 격해진 상황에서 보인 뉘우침이라고 생각합니다. 그러더니 그는 법정 최후 진술에서 자신의 뉘우침을 곧바로 철회했죠.

아렌트 맞아요!

페스트 그건 대단히 양가적인 감정이었어요.

아렌트 그래서 제가 "아무도 뉘우침을 표명하지 않았다"라고 말할 수 있는 거예요.

페스트 적어도 근본적으로는요, 그걸 단 한 소송에서 명확히 입증할 수는 없잖아요.

아렌트 잘 알려졌듯이 아이히만은 "뉘우침은 어린아이들을 위한 것"이라고 말했어요. 뉘우친다고 말한 사람은 아무도 없었어요. 반면에 우리는 그 누구도 뉘우치지 않았을 때 자신의 행위를 변호하면서 "그래요, 사실 우리는 그 짓을 이런저런 이유에서 했고 제 생각에 지금도 변함없습니다. 우리는 전쟁에 졌습니다. 하지만 우리의 승패가 그런 일을 한대의 자체에는 아무 영향도 끼치지 않습니다"라고 말하는 사람이 최소한 한 명쯤은 있어야 하지 않나 생각해봐야 해요. 그런데 실제로는 대의가 젖은 행주처럼 무너져버렸어요. 누구도 자신이 한 짓을 변호하지 않았죠. 자신을 방어할 논리를 아무도 내세우지 않았어요. 이 점은 당신이 방금 언급한 순종이라는 현상에 아주 중요해 보입니다. 그렇게 생각하지 않아요? 달리 말하면 이들은 남들에게 동조하고 싶었던 거죠. 그들은 만사에 동조할 준비가 되어 있었어요. 누군가 그들에게 "우리와 살인을 저지르더

---

11 나치 정치인이자 1933년부터 1945년까지 독일 노동 전선의 우두머리로, 1945년 뉘른베르크에서 전쟁 범죄에 관한 재판을 기다리던 중 자살했다.

라도 당신은 고작 우리 중 한 사람일 뿐이야"라고 말하면 그들의 입장에서는 좋은 일이죠. "절대로 살인을 저지르지 않아도 당신은 우리 중 한 사람일 뿐이야"라고 해도 그들로선 역시 좋은 일이고요. 그렇죠? 제 생각은 그래요.

페스트 맞는 말씀입니다. 실제로 아이히만이 미국인들에게 투옥되었을 때 누군가 다른 사람의 지도력에 순종할 수 있게 돼서 기쁘다고 밝혔습니다. 법정이나 심문, 예비 심문에서 알고 있는 모든 것을 말할 준비가 되어 있던 기이한 태도는 아마도 그가 어떤 종류의 권위건 현재의 권위에 절대적으로 순종할 준비가 되어 있다는 것과 동일하게 해석할 수 있을 겁니다. 어떤 종류의 권위에도 가능한 한계까지 순종할 준비가 되어 있었다는 거죠.

아렌트 믿기 힘든 일이에요. 아이히만은 예루살렘에서 행복감에 젖어 있었어요. 거기에는 조금도 의문의 여지가 없어요. 재판장은 란다우-Moshe Landau[12]였고, 레스 경감 Captain Avner W. Less[13]까지 다양한 계급의 인물이 등장했죠. 밀리스 씨가 올바로 말했듯[14] 아이히만은 레스 경감을 고해 신부인 양 이용했어요. 그는 "경감님, 모든 것을 기꺼이 말하겠습니다"라고 했죠. 물론 그는 돋보이는 인물이 되고 싶어 하기도 했어요. 어쨌든 그는 자신의 인생사를 들려줬죠. 아무튼 책임이라는 문제, 그 문제로 돌아갈까요?

---

12 아이히만 재판을 주재한 판사로 그 자신이 나치 독일을 탈출한 망명자였다.

13 1961년에 공판 전 아이히만을 275시간 동안 신문한 이스라엘의 젊은 경찰관이다.

14 아렌트는 자신이 대단히 높이 평가한 네덜란드 저널리스트 하리 밀리스Harry Mulisch가 아이히만 재판에 관해 쓴 저작《형사사건 40/61 Strafsache 40/61》에 대해 신뢰하고 있다.

페스트 네, 그렇게 하시죠.

아렌트 그러니까 사람들을 재판에 회부할 때 우리는 그들에게 책임을 돌리죠. 법적인 견지에서 볼 때 우리에겐 그럴 권리가 있어요……. 순교는 대안이 아니었으니 우리에게 권리가 있었죠. 대안은 양쪽 모두에게 있었어요. 그들은 굳이 동조하지 않고 스스로 결심할 수 있었어요. "고맙습니다만…… 저는 그렇게 하지 않을 겁니다. 저는 제 목숨을 거는 짓을 하지 않습니다. 나는 이런 상황에서 벗어나려고 애쓰고 있습니다. 이런 상황을 모면할 수 있는지 알아보려고 애쓰고 있습니다." 그렇지 않나요? "저는 그 누구와도 뜻을 같이하지 않습니다. 제가 억지로 동의해야만 하는 처지가 되면 스스로 목숨을 끊을 겁니다." 이럴 수도 있었다고요. "우리"가 아니라 "나"라고 말하기, 즉 자기 스스로 판단하기를 뜻하는 거예요. 스스로 판단하기는 대중의 모든 층위에 속한 사람들이 어디에서나 했던 일이에요. 종교를 믿는 사람과 믿지 않는 사람, 늙은이와 젊은이, 교육받은 이와 못 받은 이, 귀족 및 부르주아와 수많은 노동자, 어마어마한 수의 노동자가 말이에요. 나는 특히 베를린에서 그런 일이 벌어지는 것을 목격할 수 있었어요.

알다시피 동조했던 사람들은 늘 똑같은 방식으로 자신들의 행위를 정당화했어요. 그들은 늘 말했죠. "우리는 상황이 더는 악화되지 않도록 계속 그 상태에 머물렀을 뿐입니다." 그렇죠? 하지만 이런 정당화는 철저히 거부돼야 합니다. 상황이 그보다 더 '악화될 수는' 없는 노릇이었으니까요.

페스트 그래서 뉘른베르크 재판의 미국인 검사 로버트 잭슨Robert H. Jackson[15]은 이 상황에 대한 심경을 본인 특유의 아주 적절한 방식으로 밝혔습니다. 그는 샤흐트Hjalmar Schacht와 파펜Franz von Papen[16]을 거론하며 말했습니다. "우리가 이 사람들에게 어째서 그리도 오랫동안 동조했는지 물으면 이들은 상황이 악화되는 것을 막고 싶었기 때문이라고 말합니다. 모든 일이 어찌 그리 악화되었느냐고 물으면 이들은 자기에게는 아무 힘도 없었다고 말합니다." 이 지점에서 모든 논리가 정말로 허물어지고, 이들이 제출한 사과문은 단순한 변명이 돼버립니다.

아렌트 맞아요. 그들도 모두 관료였어요.

페스트 물론이죠.

아렌트 양심의 가책이 있었어요. 그들은 가책을 느낀 공무원들이었어요. 하지만 그들의 양심은 인간이라면 그저 한 사람의 공무원으로 존재하기를 멈춰야 하는 한계선이 있다는 걸 자신에게 명확히 보여줄 정도까지 나아가지는 않았어요. 그들이 자기 자리를 떠나 "맙소사, 추악한 일들은 다른 누군가 하게끔 합시다!" 하고 말했다면, 그들은 어느새 다시금 인간이 됐을 거예요. 공무원으로 존재하는 대신에 말이에요. 그렇지 않았을까요?

페스트 맞습니다. 그런데 전체주의 정권이나 전체주의 사회에서 결백한 상태로 남을 수 있는지 여전히 한 번 더 묻고 싶군요. 영웅적인 행동을 하는 사람은 많지 않습니다. 그들이 영웅이 될 거라고는 기대할 수 없습니다……. 하지만 그들은 범죄자도 아닙니다. 무슨 일이 일어나고 있는지 알고 있었다는 점에서 그들도 때로는 방조자일 뿐입니다.

아렌트 맞아요. 그런 점에서 방조자가 되는 건 끔찍한 일이에요. 여기서 중요한 문제는 범죄를 그저 지켜본 사람들, 동조하지 않았던 사람들, 혹은 애초에는 살해당한 사람들과 연대하고 싶은 충동을 느꼈던 많은

---

15 뉘른베르크 재판의 미국 측 수석 검사다.

16 얄마르 샤흐트는 히틀러 정권에서 제국은행 총재와 경제 각료로 근무한 경제학자이자 은행가이며 정치인이고, 프란츠 폰 파펜은 1933·1934년에 히틀러 치하에서 부총리로 근무한 정치인이다.

사람의 죄책감이죠. 이것이 방조로 이어지는 지점과 관련해서 야스퍼스가 중요한 말을 했다고 생각해요. 그는 "내 죄는 내가 여전히 살아 있다는 것이다"라고 했어요.[17] 그렇죠? "우리는 입을 굳게 다물어야만 목숨을 부지할 수 있었다." 하지만 당신이 알듯, 목숨을 부지할 줄 아는 것과 그 실행 사이에는 거대한 심연이 있어요. 알고서도 외면하고 떠난 사람과 실행에 옮긴 사람들 사이에는요……. 따라서 아무 일도 하지 않은 사람이, 구경만 하고 자리를 뜬 사람이 "우리는 모두 유죄"라고 말한다면 그건 실제로 철저히 실행에 옮긴 사람들을 감싸는 게 돼요. 바로 이게 독일에서 일어났던 일이에요. 따라서 우리는 이런 죄책감을 일반화해서는 안 돼요. 그건 진짜 죄인들을 감싸는 짓일 뿐이니까요. 어쨌든, 괜찮다면 이 문제에 대해 약간 더 말하고 싶군요.

페스트 그렇게 하시죠.

아렌트 우리는 전체주의 상황에서 무기력powerlessness 현상이 존재함을 인식해야 해요. 절대적인 무기력의 상황에서도 다른 행동 방안이 여전히 존재함을 인식할 필요가 있고요. 달리 말해, 전체주의 상황이 우리가 반드시 범죄자가 돼야 함을 뜻하지는 않아요. 무기력 현상은 정세에 결정적인 영향을 미쳐요. 물론 이것이 그들 모두가 처한 상황이었어요. 그들은 완전히 무기력했어요. 그들은 모두 고립된 처지였기에, 함께 어딘가에 소속되지 않았기에 저항을 벌일 가능성이 아예 없었어요. 심지어 10여 명도 채 안 되는 사람조차 한자리에 모여 서로를 신뢰할 수 없는 상황이었으니까요.

---

17 카를 야스퍼스,《독일 국민의 죄의 문제Questions of German Guilt》(New York: Fordham University Press, 2000), p. 66. 야스퍼스는 이러한 죄책감을 도덕적, 정치적 죄책감과 구별해 "형이상학적"이라고 부른다. (편집자)

페스트 아렌트 씨는 이 상황과 관련해 우리가 부당한 짓을 저지르기보다는 부당한 짓을 당하는 게 낫다는 예전의 간단한 명제로 그럭저럭 견뎌낼 수 있다고 생각하시나요?

아렌트 이 명제는 소크라테스에서 비롯했죠. 우리의 맥락에서 다르게 말하면, 이 명제는 유대인에게서 가져온 기독교도와 서양인을 위한 종교적 계명이 권위를 갖기 전에 정식화된 거예요. 소크라테스가 항상 덧붙인 말은, 아니 플라톤이 했던 말은 이 명제를 증명할 수는 없다는 것이었어요. 일부 사람들에게 이건 자명한 일이지만, 우리는 타인에게 당신은 그 명제대로 행동해야 한다고 증명할 수 없어요. 그렇다면 이걸 자명하다고 보는 사람들이 그렇게 믿는 이유는 뭘까요?

그런데 소크라테스가 내놓은 또 다른 명제가 있어요. 제가 보기에 이 명제가 우리에게 그 이유를 알려주죠. "자기 자신과 불화하는 것disunity보다는 세계 전체와 불화하는 편이 낫다. 나는 단일체unity니까." 내가 자신과 단일화돼 있지 않다면 감당할 수 없는 갈등이 일어나요. 이를테면 그건 도덕 영역에 모순이 있다는 생각인데, 칸트의 정언 명령에서 봐도 여전히 타당한 이야기예요. 이 통찰은 실제로 나는 나 자신과 더불어 살아가며, 이를테면 하나 안의 둘임을 전제로 하기에 "나는 이러저러한 일은 하지 않을 것"이라고 말할 수 있습니다. 내가 이러저러한 짓을 저지른다면 나에게 남은 유일한 길은 자살, 아니면 후일 기독교 범주로 생각할 때 내 마음을 바꾸고 회개하는 일입니다.

이제 자기 자신과 더불어 살아간다고 함은 물론 자신에게 말을 건다는 뜻이에요. 자신에게 말을 건다는 건 기본적으로 사유하는 겁니다. 이는 기술적인 종류의 사유가 아니라 누구나 할 수 있는 사유를 말합니다. 따라서 이런 통찰 배후에 있는 전제는 '나는 나 자신과 대화할 수 있다'라는 거예요. 그래서 나 자신에 의지할 수밖에 없는 세계와의 부조화 상황이 생길 수 있어요. 어쩌면 또 다른 자아인 친구와도 조화를 이루지 못할 수 있죠. 아리스토텔레스가 근사하게 표현한 "자기 안의 타자 autos allos"처럼 말이죠.

제가 보기에 이는 무기력한 상황이 실제로 어떠할지 보여줘요. 아무런 행동도 취하지 않고 떠난 사람들은 자신이 무기력하다는 점을 인정하고, 무기력한 사람도 여전히 사유는 할 수 있다는 명제를 고수했지요.

페스트 대량 학살에서 관료제가 떠맡은 역할과 아이히만으로 되돌아가죠. 한 개인이 관료 기구에 몸담고 있음이 무엇을 의미하는 건가요? 어떤 사람이 권위적인 조직의 부분일 때 불의에 대한 자각은 얼마만큼 증발하는 걸까요? 개인에게 단지 부분적인 책임이 주어졌을 뿐이라는 사실이 도덕적 통찰의 가능성을 숨기는 걸까요? 아이히만은 "나는 책상에 앉아 내게 주어진 업무를 수행했습니다"라고 말했습니다. 나치의 전직 단치히Danzig[18] 지방 장관 Gauleiter은 공직에서 자기 영혼은 항상 자신의 업무와 일치했지만, 사적인 영혼은 항상 그걸 반대했다고 밝혔습니다.[19]

아렌트 맞아요. 이게 이른바 살인자 간에 나타난다는 내부 이민 internal emigration[20]이에요. 이는 내부 이민이나 내부 저항inner resistance이라는 개념 전체가 소멸했다는 뜻이죠. 제 말은 그런 건 존재하지 않는다는 겁니다. 세상에는 외부 저항만 있을 뿐이에요. 인간 내부에는 기껏해야 '심

---

18 폴란드의 항구 도시다. (옮긴이)

19 페스트가 여기서 언급한 인물은 1935년부터 1945년까지 단치히-서西프러시아의 지방 장관(국가사회주의 독일 노동자당 지역별 지부의 당 지도자)을 역임한 알베르트 포르스터Albert Forster다. 그는 재임 기간에 수만 명의 유대인과 게르만 민족, 색깔이 불분명한 독일인의 대량 학살과 이주, 강제 동화에 직접 관여한 책임자였다.

20 나치즘에 반대했으면서 나치가 정권을 잡은 후에도 독일에 남기를 선택한 독일 작가들을 일컫는 논쟁적인 용어다. (옮긴이)

리 유보_reservatio mentalis'[21]만 있어요. 그렇죠? 허풍선이 존재가 보여주는 속이 빤한 아주 역겨운 거짓말이죠. 바꾸어 말하면, 관료제는 대량 학살을 행정상 자행했고, 이런 상황은 여느 관료제가 그러듯이 자연스럽게 익명성을 만들어냈어요. 개별 인간은 사라지지요. 관계자가 판사 앞에 모습을 드러내는 순간, 그는 다시금 인간이 돼요. 그리고 실제로 이게 사법 체계의 대단히 인상적인 측면이에요. 그렇지 않나요? 진짜 변신이 일어나는 거예요. 그 사람이 "하지만 저는 그저 관료일 뿐이었습니다"라고 말하면 판사는 이렇게 말할 수 있어요. "잘 들어요. 당신이 여기 있는 이유는 그게 아니오. 당신이 여기에 서 있는 이유는 당신이 인간이고 어떤 일을 저질렀기 때문이오." 이런 변신에는 뭔가 대단히 인상적인 게 있지요.

관료제가 본질상 익명성을 띤다는 점 말고도 무자비한 행위는 무엇이건 책임이 증발되는 것을 용인하지요. "멈춰서 생각해보라Stop and think"라는 영국의 관용구가 있어요. 누구도 하던 일을 멈추지 않는 한 생각에 침잠할 수 없어요. 당신이 누군가에게 무자비한 짓을 강요하거나, 그 사람이 스스로 강요받기를 용인할 경우 늘 똑같은 이야기로 귀결돼요. 그렇지 않나요? 당신은 책임에 대한 자각이 발전할 수 없음을 늘 알게 될 겁니다. 이런 자각은 한 인간이 자기 자신이 아닌 자기가 하는 일에 관해서 성찰하는 순간에야 일어날 수 있어요.

페스트 이 전체 복합체에서 비롯한 몇 가지 법적 결과에 대해 잠시 논의해보죠. 특히 우리가 막 논의했던 주제와 관련된 질문에 관해서요. 아이히만과 같은 유형은 여전히 전통적 개념의 살인자에 속할까요? 그는 살인자라기보다는 살인을 일삼는 조직체의 부속품에 더 가깝지 않

---

21 노골적인 거짓말은 아니지만 역시 사람들을 기만하는 행위의 한 형태다. (옮긴이)

을까요? 그가 진 부분적인 책임이 전체 죄책감을 정당화할까요?

아렌트   우리는 이미 동기 없는 살인에 관해 언급했어요. 우리에게 친숙한 치정이나 사리사욕 같은 범행 동기가 없는 살인에 관해서요 ……. 또는 확고한 신념 없이 범행을 저지른 가해자, 즉 중간 인물이 존재하죠. "나도 어쩔 도리가 없었어요!"라고 말하는 인물들 말이에요. 이런 의미에서 물려받은 개념들은 우리에게 이 문제를 다룰 방안을 전혀 주지 않아요. 책상에 앉아서 또는 대중 속에서 저지르는 이런 살인에 관해서요 ……. 물론 일반 살인자와는 비교가 안 될 만큼 무시무시한 인간 유형이지요. 그는 희생자와 더는 어떤 관계도 없으니 말입니다. 그는 사실상 파리를 잡듯 사람들을 살상하는 거죠.

당연한 이야기지만, 부분적인 책임이 있다고 해서 부분적인 죄책감을 느끼는 게 결코 아니에요. 아이히만에게 사람을 실제로 죽이는 업무가 부여되지는 않았어요. 그런 일에는 적합하지 않았으니까요. 하지만 그는 살인 과정의 일부분이었어요! 실제로 누가 이걸 했고 저걸 했는지는 중요하지 않아요. 제가 의미하는 바는…… 제가 "그런데도 그가 전형적인 살인자는 아니에요"라고 할 때 그 말은, 그가 그런 살인자보다 더 나은 사람이라는 뜻이 아닙니다. 이는 그가 훨씬 더 악한 존재라는 겁니다. 그에게 이른바 "범죄 본능"이 전혀 없다 해도 말이에요. 그는 그런 일에 말려들었어요. 하지만 저는, 이렇게 말해도 괜찮다면, 아이히만보다 훨씬 더 호감 가는 살인자들을 찾아낼 수 있을 것 같아요.

페스트   예루살렘 법정은 이 질문에 대한 결정적인 대답도 내놨습니다. 이 소송은 목숨이 위태로웠던 피해자들과 관련한 대중 범죄일 뿐만 아니라 가해자들과도 관련이 있는 범죄라고 밝혔을 때 말입니다. 이 지점에서 다음 문장을 인용하고 싶습니다. "실제로 피해자를 살해한 사람과…… 거리가 얼마나 떨어져 있었는지는 책임의 정도에 조금도 영향을 주지 않는다…… 오히려 자기 두 손으로 치명적인 살해 도구를 사용한 사람에게서 멀리 떨어져 있을수록 책임의 정도도 커진다."[22]

아렌트 맞아요, 지당한 말씀이에요. 저도 그 문장을 인용했어요. 이 문장은 최종 판결문에 나오죠. 그 말에 전적으로 동의해요.

페스트 하지만 문제는 이 소송에서 작동 중인 법률 규범들이 책임의 본질을 철저히 파악할 수 있느냐입니다. 그렇게 생각하십니까?

아렌트 법학 교재를 가지고는 행정상 자행된 대량 학살을 다룰 수 없죠. 세상 그 무엇도 우리가 이런 유형의 가해자를 상대하도록 준비해주지 못하죠. 우리가 여전히 정의를 이행할 수 있던가요? 법학 교재에 따르지는 않지만, 이를테면 사실상 존재하는 정의인가요? 사실 판사들은 그렇다는 걸 부인하려고 전력을 다해 투쟁하긴 해도 항상 조금의 주저도 없이 판결을 내려요.

정의는 두 가지 결과를 낳죠. 먼저, 정의는 훼손된 질서를 회복해야 해요. 이건 질서를 훼손한 당사자들이, 우리가 지금 논의하는 사람들이 유죄 판결을 받아야지만 성공할 수 있는 치유 과정이죠. 둘째는 제가 보기에 우리 유대인에게 영향을 끼치는 것으로…… 판사 중 한 명이 사용했지만 사람들이 별로 관심을 기울이지 않은 휘호 흐로티위스Hugo Grotius[23]를 인용해야겠군요. 그는 가해자가 처벌받아야 하는 이유가 피해를 보거나 상처를 입은 사람의 명예나 품위와 관련 있다고 말했어요. 이건 피해자가 감내한 고통과는 아무런 관련이 없어요. 무엇인가 올바로 세우는 것과도 전혀 관계가 없고요. 이건 정말로 명예와 품위의 문제예요. 봐요, 우리가 독일에 있을 때 그건 중요한 문제예요. 독일인이 자신들 가

---

22 한나 아렌트, 《예루살렘의 아이히만》, p. 342를 참조하라.
23 국제법의 기초를 닦은 네덜란드 법학자다. (옮긴이)

운데 살인자를 두고서도 추호도 동요하지 않으면서 계속 살아갈 수 있다고 생각한다면, 그건 유대인의 명예와 품위에 반하는 생각이에요.

페스트　당신 책 이야기로 돌아가죠, 아렌트 씨. 책에서 당신은 아이히만 재판이 유럽 한복판과 유럽의 모든 나라에서, 박해자와 피박해자 모두에게 일어난 도덕 붕괴의 총체적 본질을 드러낸 방식에 대해 언급했습니다. 당신 저작에 대한 반응, 즉 한편에서는 이 붕괴를 부인하고, 다른 편에서는 전체 죄책감의 고해로 형성된 반응은 당신이 입증하려고 한 것을 정확히 보여주나요?

아렌트　글쎄요, 그럴 겁니다. 제 책에 대한 이런 반응이 제게는 …… 그건 물론 시험 사례였어요. 하지만 그 사건 이후로는 제가 애초에 예상한 의미의 사례가 아니었죠. 제가 여러 차례 경험한 사례를 이야기해볼게요……. 이 저술을 여러 사람이 원고 단계에서 읽었어요(저에게는 흔치 않은 일이었죠). 이처럼 원고 단계에서 책을 읽은 분 중 최소 절반 정도가, 아마도 더 많은 사람이 유대인이었어요. 그런데 출간 이후에 나온 것과 같은 반응을 보인 분은 단 한 명도 없었어요. 그들은 그와 비슷한 반응조차 보이지 않았어요! 실제로 그들 중에는, 당연한 말이지만 제 친구들과 가까이 지낸 지인들이 포함돼 있었죠. 예를 들어 그들 중 한 명은 이 책을 읽고…… 한 명이 아니라 여러 유대인이 원고 단계에서 이 책을 읽고는 정말로 열광적인 반응을 보이지 않았나요? 그런데 전투campaign가 시작되니까 그들은 자신들이 이 책을 원고 단계에서 이미 읽었다는 사실을 완전히 망각해버리더군요. 이 현상을 더 잘 이해하고 싶다면, 이건 별개의 현상인데요, 나탈리 사로트가 쓴《황금 열매》[24]를 읽어봐야 해요. 그는 이 현상을 코미디로 묘사했어요. 그건 실제로 코미디였어요. 지식인 사회를 다룬 코미디요. 그렇지 않나요? 의견들이 이쪽저쪽으로 우왕좌왕하는 방식, 물론 영향을 받아서 말이에요……. 일반적으로 생각하는 것보다 훨씬 더 많은 사람이 이러한 영향을 받아요. 그렇지 않나요? 이런 현상은 지성과는 아무 관련이 없어요. 사람은 아주 지성적이어도 그런 식으로 행동할 수 있어요.

페스트　전투를 언급하셨는데요. 당신이 책에서 도출해낸 여러 관련성에 반대한 배후에는 물론 많은 이유가 있을 겁니다. 그런 반대 의견 중 일부는, 저는 이 말을 꼭 해야만 하겠는데요, 정중히 응대할 가치가 있다고 봅니다. 여기서 질문이 제기됩니다. 우리가 말하는 진실이 한쪽에서는 어떤 정당한 이해관계와 갈등하고 다른 쪽에서는 대중의 감정과 갈등하더라도 우리는 진실을 말해야 할까요?

아렌트　자, 지금 당신은 전체 논쟁에서 제가 정말로 흥미롭게 여기는 유일한 질문을 건드리고 있어요.

저는 제가 누군가의 정당한('정당한legitimate'이라는 단어를 강조하고 싶은데요!) 이해관계를 훼손했다고 생각하지 않아요. 하지만 이게 논란의 여지가 있는 문제이고 제가 실제로 이들을 훼손했다고 가정해봅시다. 제가 그래야만 옳았을까요? 글쎄요, 저는 그건 역사가의 과제이자 그 시절을 살았고 그 시절에 독립적인 처지에 있던 사람의 과제라고 생각해요. 그런 사람들이 있는데, 이들은 사실적 진리의 수호자가 되어야 해요. 사회가 이 수호자들을 내쫓았을 때 또는 국가가 그들을 구석으로 몰거나 담벼락에 밀쳤을 때 일어나는 일을 우리는 역사를 집필하는 과정에서 봐왔어요. 예를 들어 러시아에서는 5년마다 새 역사책이 나와요. 진실과 충돌할 소지의 정당한 이해관계에 있는 국가나 사회가 그런데도 사실적 진리의 수호자들과 원칙상 이해관계에 있을까요? 이 사례에서 저는 그렇다고 말하겠어요. 그런 후에 일어나는 일이라면 물론 이 책에서는 별로 중요하

24　이 저작에 실린 아렌트의 서평 〈나탈리 사로트〉(p. 383)를 참조하라. (편집자)

지 않은 두세 가지 진실을 은폐하려고 구구절절한 변명서를 작성해서 시장에 내놓은 거고요. 그런 책략은 성공하지 못할 거예요. 그런 종류의 책략들은 결코 성공하지 못해요.

그런데 또 다른 문제가 있어요. 정당한 감정legitimate feelings들도 있다는 거죠. 거기에는 의문의 여지가 없어요. 저는 일부 사람들에게 상처를 줬어요. 제 경우 조직이나 그들의 이해관계를 방해했을 때보다 사람들에게 상처를 줬을 때 더 마음이 불편해요. 전 이걸 심각하게 받아들입니다. 반면에 다른 것은 원칙의 문제일 뿐이죠. 글쎄요, 저는 이런 정당한 이해관계에 상처를 줘왔어요. 본질적으로 제 스타일 때문인데, 그에 관해 더 많은 이야기는 못 하겠네요. 그러니까 여기서 가져야 할 정당한 감정은 비애sorrow라는 게 제 생각이에요. 그게 '유일한' 감정이죠! 자기만족의 감정이 아니고요! 그런데 이걸 이해하는 사람이 거의 없어요. 제가 이 문제와 관련해서 할 수 있는 일이라고는 아무것도 없어요. 사실 저는 사람들이 이런 일에 관해 이야기할 때 감상적인 어조를 취하면 안 된다고 생각해요. 그건 자신을 스스로 비하하는 거니까요. 그런데 그 모든 것에 저는…… 우리가 웃을 수 있어야 한다고도 생각해요. 그건 정당한 주권의 한 형태니까요. 저는 제가 사용하는 반어법에 대한 모든 비판이, 정말이지 취향의 관점에서 볼 때 대단히 불쾌해요. 이들은 순전히 개인적인 문제거든요. 매우 많은 사람의 눈에 저는 분명히 무척이나 불쾌한 존재예요. 저는 거기에 대해서는 아무것도 할 수 없어요. 제가 뭘 어쩌겠어요? 그들은 그냥 제가 마뜩잖은 거예요. 사람들이 자기를 표현하는 방식은, 으음, 그건 스스로는 모르는 거예요.

페스트 마지막 질문입니다, 아렌트 씨. 《예루살렘의 아이히만》을 독일에서 출판하지 말라고 충고한 사람이 대단히 많았습니다. 그들은 "공공 의식public awareness에 끼치는 부정적 영향" 같은 문구를 사용했어요. 그런 부정적인 영향이 정확히 어떻게 발생할 수 있었을까요?

아렌트 글쎄요, 유대인 단체들에 이상한 불안이 있는 게 분명해요. 이들 단체는 사람들이 제가 한 주장들을 악용할지도 모른다고 생각해요. 유대인 단체들은 반유대주의자들이 "바로 이거야" 하고 쾌재를 부르면서 "비난받을 사람은 유대인들 자신"이라고 말할 거로 생각해요. 반유대주의자들이 그러기는 하죠. 하지만 제 책을 읽어보면 알겠지만 그 안에 반유대주의자들이 이용할 만한 건 없어요. 많은 사람이 독일인에게는 아직 분별력이 없다고 생각해요. 글쎄요, 그들에게 아직 분별력이 없다면, 우리는 아마 최후의 심판 때까지 기다려야겠죠.

(1964)

노동, 작업, 행위

　이 짧은 시간을 빌려 아주 생소해 보일 질문 하나를 제기하고 싶다. 내 질문은 활동적 삶active life은 무엇으로 구성되는가다. 활동적일 때 우리는 무엇을 하는가? 나는 이 질문을 제기하며 근대의 문턱에 이르기까지 철학 사상과 종교 사상의 전통에서 우리가 마주치는 '관조적 삶 vita contemplativa'과 '활동적 삶 vita activa'이라는 두 삶의 양식 간의 오랜 구분이 유효하다고 가정하겠다. 또한 우리가 관조 및 행위를 논의할 때 특정한 인간 역량뿐만 아니라 두 가지의 뚜렷이 다른 삶의 양식에 관해서도 논의한다고 가정하겠다. 확실히 이 질문에 어떤 적실성이 있다. 비록 우리가 관조는 행위보다 더 상위 질서라거나 모든 행위가 실제로 관조를 진정한 목적으로 하는 수단일 뿐이라는 전통적 가정에 이의를 제기하지 않을지라도, 어떤 인간도 자신의 전체 삶에 걸쳐 관조 상태에 머물러 있을 수 없는 반면에, 인간이 관조에 빠지지 않고서 자기 삶을 영위해가는 일이 충분히 가능하다는 점은 확실하며, 지금껏 그 누구도 의심하지 않았기 때문이다. 바꾸어 말하면, 활동적 삶은 대다수 인간이 관여하는 사안일 뿐 아니라 누구도 완전히 피해 갈 수 없다. 관조가 모든 종류의 활동에 의존한다는 점이 인간 조건의 본령에 속하기 때문이다. 관조는 인간 유기체의 생존에 필요한 모든 것을 생산하는 노동에 의존하고, 우리 신체의 거주에 필요한 모든 것을 제작해내는 작업에 의존하며, 관조의 고요함을 위한 조건인 평화가 보장되는 방식으로 다수 인간의 공동생활을 조직하는 데 행위가 필요하다.

우리의 전통에서 시작했으므로 나는 다만 활동적 삶에 대한 세 가지 주요 표현을 전통적인 방식, 즉 관조의 목적에 부합하도록 기술했다. 당연하게도 관조적 삶의 양식을 따랐던 사람들이 항상 활동적 삶을 기술해왔다. 그래서 항상 관조의 관점에서 활동적 삶을 정의했다. 관조의 절대 고요에 비교하면, 모든 종류의 인간 활동은 비고요un-quiet, 부정적인 무엇, '무여가 a-skholia' 또는 '관조를 가능하게 하는 조건 부재nec-octium'로 특징지어지는 한에서 유사하게 보였다. 고요와 비교될 때 '활동적 삶' 내의 모든 구분과 표현은 사라진다. 관조의 관점에서 보면 필수적인 고요가 방해받고 있는 한 무엇이 이를 방해하는지는 중요하지 않게 된다.

그래서 전통적으로 '활동적 삶'은 '관조적 삶'에서 그 의미를 얻었다. 활동적 삶은 살아 있는 신체에서 관조에 따르는 필요와 욕구에 봉사하기에 매우 제한된 존엄이 이 삶에 부여되었다. 내세를 믿는 기독교는 기독교의 기쁨을 관조의 기쁨 속에서 공표하고 활동적 삶의 비하를 종교적으로 승인했다. 다른 한편으로, 네 이웃을 사랑하라는 명령은 고대에 알려지지 않은 이 승인에 반하는 평형추로 작용했다. 하지만 관조가 인간 역량 중 최고라는 질서 자체의 결정은 본래 기독교적이기보다는 그리스적이었다. 이러한 결정은 철학자다운 삶의 양식으로서 관조가 발견된 것과 일치했다. 철학자다운 삶의 양식은 '폴리스' 시민의 정치적 삶의 양식보다 우위에 있었다. 내가 여기서 지나가듯이 언급할 수밖에 없는 문제의 요지는 자주 가정되었던 것과는 대조적으로 기독교가 활동적 삶을 더 높은 위상으로 끌어올리지 않았고, 이를 파생적인 것에서 구하지도 않았으며, 적어도 실질적으로는 활동적 삶을 자체의 의미와 목적이 있는 무엇으로 간주하지 않았다는 점이다. 진리가 인간의 역량 중에서 질서를 수립하는 포괄적 원칙인 한 이 위계질서를 바꾸는 일은 사실상 불가능했다. 게다가 계시revelation로 이해되는 진리는 본질상 인간에게 주어진 무엇이라서 사유나 추론과 같은 정신 활동의 결과물 또는 내가 만듦making을 통해서 얻은 지식인 진리와 구별된다.

따라서 다음과 같은 질문이 제기된다. 근대에 일어난 전통과의 단절 및 위계질서의 최종적인 전복, 즉 마르크스와 니체를 통한 "모든 가치의 재평가"가 이루어진 이후에도 왜 이 모든 구분과 표현을 갖춘 '활동적 삶'은 발견되지 않았는가? 실제 분석은 아주 복잡해지겠지만 여기서 간단하게나마 그 답을 정리해보자면, 개념 틀 자체가 본래 그대로 남아 있는 것이 철학 체계나 가치 위계의 이름난 전복의 본질이다. 헤겔을 전복하는 것만으로 진리를 발견하기에 충분하다고 확신한 마르크스에게는 특히 그렇다. 다시 말해서, 그가 말한 진리는 역사의 변증법적 본성의 발견이라 할 헤겔 체계의 진리였다.

이 동일성이 우리의 맥락에서 어떻게 드러나는지를 간단히 살펴보자. 내가 인간의 주요 활동을 노동labor, 작업work, 행위action로 열거할 때 명백히 행위가 최상의 지위에 있다. 행위가 우리 삶의 정치 영역과 관련이 있다는 점에서 이 평가는 그리스 폴리스의 삶에 대한 철학 이전 시대, 즉 플라톤 이전 시대의 여론과 일치한다. 관조를 최상위 단계로 도입하는 일은 항상 명시적인 이론에서는 아닐지라도, 실제로 이 질서가 재배치되는 결과를 낳았다(낡은 위계에 대한 사탕발림이 철학자들의 실제 가르침에서 이미 전복되었을 때 자주 보였다). 관조의 관점에서 볼 때 최고 활동은 행위가 아닌 작업이었다. 수공업자 활동이 평가 범위 내에 최초이자 극적으로 부상한 텍스트는 플라톤의 대화다. 확실히 노동은 최하층부에 남았다. 하지만 관조적 삶을 위해 필요한 정치 활동은 수공업자의 활동과 동일한 방식으로 추구될 수 있는 한도 내에서만 그제야 인정되었다. 제작work의 심상image으로 볼 때만 정치 행위는 지속적인 결과를 낸다고 믿을 수 있다. 이 결과는 평화, 즉 관조에 필요한 평화다. 이는 곧 변화가 없음이다.

　　이제 근대의 전복에 관해 고찰해보자. 우리는 이 관점에서 전복의 가장 중요한 특징이 노동의 예찬임을 즉시 깨닫게 된다. 노동은 확실히 로마건 그리스건 간에 고전 공동체 구성원이 이 위상에 합당하다고 생각하지 않았던 활동이다. 하지만 우리가 이 문제에 깊이 천착하는 순간 노동 자체가 아니라 '생산적' 노동이 그 위상을 차지했음을 알게 된다(애덤 스미스, 로크, 마르크스는 소비만을 돕는 미숙련 노동, 즉 미천한 업무를 모두 경멸했다). 다시금 실제 척도에서 지속적인 결과의 기준이 중요하다. 그래서 확실히 가장 위대한 노동 철학자인 마르크스는 다시금 정치 활동을 대가로 치르고서 제작 활동의 심상 내에서 노동을 끊임없이 재해석하고자 했다. 분명 상황이 변했다. 정치 활동은 공화정commonwealth을 '건설해서' 그 최종 결과물로 제작자가 청사진을 그린 그대로 보이는 신뢰할 만한 산물을 낳는 불변의 법칙을 수립하는 것으로 더는 보이지 않았다. 마치 법이나 헌법이 목수가 작업을 시작하기에 앞서 마음에 그린 청사진에 따라 제작한 탁자와 동일한 본성의 사물인 것처럼 말이다. 이제 정치 활동은 공화정이 아니라 잠바티스타 비코Giambattista Vico[1]가 처음 사용한 구절인 "역사를 만드는" 일이 되어야 했다. 우리 모두 알고 있듯이 역사에는 그 최종 결과물로 무계급 사회가 있다. 무계급 사회는 탁자가 실제로 제작 공정의 목적이듯이 역사 과정의 목적이 된다. 다른 말로 표현하자면, 이론 수준에서 낡은 가치의 위대한 재평가자들이 사물들을 전복하는 것 외에 다른 일을 하지 않았기 때문에 활동적 삶 내의 낡은 위계는 거의 방

1　17~18세기 이탈리아의 철학자다. (옮긴이)

해받지 않았다. 낡은 사고방식이 지배하고 있었고, 새로움과 오래됨 간의 유일한 유의미한 구분은 이 질서가 매우 미심쩍다는 점이었다. 이 질서의 기원과 의의는 관조의 실제 체험에 있었다. 이 점과 관련해 근대를 특징 짓는 실제 사건은 관조 자체가 무의미해졌다는 점이었다.

여기서 이 사건을 논의하지는 않겠다. 대신 가장 오래된 철학 이전의 위계를 받아들이면서 이들 활동 자체에 천착할 것을 제안한다. 독자 여러분이 지금쯤 알아차렸을지 모르는 첫 번째 과제는 다소 특이하게 들릴 수 있는 노동과 제작의 구분이다. 나는 이 구분을 "우리 육체의 노동과 우리 손의 제작"에 관해 말한 로크의 우발적 표현에서 끌어온다(아리스토텔레스 언어로 노동자란 "신체를 가지고서 삶의 필요를 관리하는" 인간이다). 이 구분을 지지하는 현상적 증거는 너무 충격적이라서 외면할 수 없다. 그렇지만 여기서 사회적, 제도적 역사에 대한 몇몇 산발적 표현 및 주요 검증 외에는 이를 뒷받침할 것이 거의 없다.

이 빈약한 증거에 반해 난감한 사실은 모든 유럽어가 근대어건 고대어건 간에 우리가 똑같은 활동이라 생각하기에 이른 것에 대해 어원과 무관한 두 단어를 포함한다는 점이다. 그래서 그리스어에서는 'ponein'과 'ergazesthai', 라틴어에서는 'laborare'와 'facere' 또는 'fabricari', 프랑스어에서는 'travailler'와 'ouvrer', 독일어에서는 'arbeiten'과 'werken'이 구별된다. 이 모든 경우 노동에 상응하는 요소는 분명히 신체 경험, 수고, 애씀을 함축하며, 대부분의 경우 출산의 고통에도 의미 있게 원용된다. 이 본래의 연관성을 마지막으로 사용한 철학자가 마르크스다. 그는 노동을 "개인 삶의 재생산"으로 정의하고, "다른 생명"의 생산인 생식을 종species의 생산으로 정의했다.

우리가 모든 이론, 특히 마르크스 이후 근대 노동 이론을 제쳐두고 다만 어원적, 역사적 증거에 의존할 때 노동이 신체의 생물학적 과정과 상응하는 활동이라는 점은 분명하다. 이는 청년 마르크스의 말처럼, 인간과 자연 간 신진대사 또는 우리가 모든 살아 있는 유기체와 공유하는 신진대사의 인간 양식이다. 노동함으로써 인간은 신체의 생명 과정에 공급되어야 하는 핵심적인 필수 요소를 생산한다. 이 생명 과정은 인간이 탄생에서 죽음까지 직선으로 나아가는 쇠퇴 과정에 있을지라도 그 자체로 순환적이기에 노동 활동 자체는 생명의 순환, 즉 우리 신체 기능의 순환 운동을 따라야 한다. 순환 운동이 갖는 함의는 생명이 지속되는 한 노동 활동은 절대 끝나지 않는다는 점이다. 순환 운동은 끝없이 반복된다. 대상이 완성되고 사물과 대상의 공동 세계에 추가될 준비가 이루어질 때 그 목적을 완수하는 작업과 달리, 노동은 항상 살아 있는 유기체가 규정한 똑같은 순환 안에서 움직인다. 이 수고와 애씀의 끝은 개별 유기체의 죽음이라는 끝으로만 다가온다.

　　달리 표현하자면, 노동은 소비재를 생산한다. 노동과 소비는 생물학적 삶이라는 계속 반복되는 순환의 두 단계일 뿐이다. 생명 과정의 이 두 단계는 서로 아주 긴밀하게 이어지며 거의 동일한 운동을 구성한다. 이 운동은 처음부터 다시 시작해야 할 때도 거의 끝나는 법이 없다. 다른 모든 인간 활동과 달리 노동은 필연성, 즉 로크가 늘 말해왔듯이 "생존의 필연성" 또는 마르크스의 용어로 "자연이 강요하는 영원한 필연성"의 기호 아래 놓인다. 그러므로 마르크스에게 혁명의 실제 목표는 단순히 노동하거나 제작하는 계층의 해방이 아니라 인간을 노동에서 해방시키는 것이다. "자유의 영역은 노동이 욕구를 통해 결정되고" "육체적 필요"의 긴급성이 끝나는 곳에서만 시작되기 때문이다. 우리가 지금 알고 있듯이 인간의 해방은 전적으로 가능한 한도 내에서 정치적 해방, 즉 모든 시민 계층의 평등이 아닌 기술을 통해 발생한다. 내가 말했듯이, 기술이 가능한 한도 내의 해방이고 이 제약 조건이 의미하는 바는 살아 있는 유기체의 순환 운동 단계인 소비가 어느 정도는 수고스럽다는 점이다.

　　노동 과정의 직접적 결과물인 소비재는 만질 수 있는 사물 중에서 가장 지속성이 낮다. 로크가 지적했듯이 "이들 소비재는 소비되지 않으면 그 자체로 부패하거나 사라지게 되므로 단기간 지속한다." 세계 내에 잠시 머문 후에 소비재는 자연 과정으로 되돌아간다. 이 자연 과정은 인간이라는 동물의 생명 과정으로 흡수되거나 부패를 통해 그 소비재를 만들어낸다. 인간이 만든 형태로 된 소비재는 세계의 다른 어떤 부분보다 더 빨리 사라진다. 이는 최소로 세계적worldly이며 동시에 모든 사물 중 가장 자연스럽고 필수적이다. 소비재는 비록 인간이 만들었지만 끊임없이 반복되는 자연의 순환 운동에 따라 왔다가 사라지며 생산되고 소비된다. 그래서 소비재가 로크의 주요 목적에 봉사한다는 조건에서 필요했듯이 인간이 자신의 신체에 가진 권리에 대한 사적 소유권의 타당성을 수립하기 위해 이를 "쌓아 올리고" "비축할" 수는 없다.

　　그러나 어떤 지속적인 것, 즉 활동 자체보다 오래 지속되고 심지어 생산자의 수명보다도 오래 지속되는 것을 생산한다는 의미에서 노동은 아주 "비생산적"이고 무용한 반면 또 다른 의미에서는 아주 생산적이다. 인간의 노동력은 자신과 가족의 생존에 필요한 것보다 더 많은 소비재를 생산할 수 있는 능력이다. 말하자면, 노동 과정이 가진 자연적 풍요를 통해서 인간은 동료 인간을 노예화하거나 착취할 수 있었고, 그렇게 함으로써 그들 자신을 삶의 부담에서 해방했다. 이 소수의 해방은 항상 지배층의 강제력 사용을 통해 이루어졌지만, 인간 노동 자체의 이러한 본래적인 풍요 없이는 결코 가능하지 않았을 것이다. 그런데 구체적으로 인간의 "생산성"조차도 자연의 핵심적인 부분이다. 생산성은 우리가 자연의 가정 어디에서나 볼 수 있는 이러한 초과분을 함께하는 것이다. 이는 자연의 목소리가 우리에게 말하듯이 "열매를 맺게 하고 증식하라"의 또 다른 양식일 뿐이다.

　　노동이 삶 자체의 조건에 해당하기에 이는 삶의 수고와 고통에 관여할 뿐만 아니라 우리가 살아 있음을 경험할 수 있는 진정한 행복에도 관여한다. "노동의 축복이나 즐거움"은 근대 노동 이론에서 매우 중요한 역할을 맡고 있으며 전혀 공허한 개념이 아니다. 기술artifice의 주체인 인간은 결코 단순한 자연 존재가 아니다. 인간의 기술이야말로 자연과 구별되는 세계이며, 여기서 복수의 인간은 항상 행위와 말을 통해 서로 관계를 맺는다. 하지만 우리 역시 살아 있는 피조물인 한 노동은 인간이 자연의 규정된 순환에서도 만족스럽게 남아 있고 선회할 수 있는 유일한 방식이다. 여기서 이루어지는 자연의 순환이란 낮과 밤, 삶과 죽음이 서로 잘 이어지는 행복하면서도 목적 없는 동일한 규칙성으로 힘써 일하고 휴식을 취하고, 노동하고 소비하는 과정이다. 노동의 보상은 아무것도 남기지 않지만 다른 어떤 형태의 행복보다 훨씬 더 실제적이며 덜 무용하다. 이 보상은 자연의 풍요, 즉 "땀과 고통" 속에서 자신의 역할을 다한 사람이 자기 자식들의 미래에도 자연의 일부로 남아 있다는 조용한 자신감 가운데 있다. 고전 고대와 달리 생명은 신성하며, 따라서 죽음도 노동도 악이 아니라고 주장(확실히 생명에 반하는 논쟁은 아니었다)한 구약성서는 가부장의 이야기들 안에서 그들이 죽음에 관해 얼마나 무심했으며, 어떻게 죽음이 "멋진 노년과 천수를 누렸던" 밤, 고요, 영원한 휴식이라는 친숙한 형태로 자신들에게 다가왔는지를 보여준다.

　　노동에 내재한 삶 전체의 축복은 제작에서는 결코 발견할 수 없다. 축복은 성취에 뒤따르고 업적에 수반되는 필연적으로 짧은 기쁨의 마법으로 오해받아서는 안 된다. 노동의 축복은 노력과 만족이 생산과 소비만큼 긴밀하게 서로를 따르며 행복이 그 과정 자체에 수반된다는 점이다. 고통스러운 소진과 쾌락적인 재생의 규정된 순환 외부에 인간을 위한 지속적인 행복과 만족은 존재하지 않는다. 이러한 순환의 균형을 깨트리는 것은 그게 무엇이든 살아 있음에서 비롯하는 기본적인 행복을 파괴한다. 한편, 여기서 순환의 균형 파괴는 소진이 비참함으로 이어지는 고통이며, 다른 한편 전체적으로 노력을 안 하는 삶이다. 이러한 삶에서는 권태가 소진을 대신하며 생필품, 상품 소비, 음식 소화의 맷돌이 무력한 인간의 신체를 무자비하게 갈아서 죽음에 이르게 한다. 인간의 모든 활동이 우리가 생계를 유지하고 살아 있도록 하는 "습관적인routine" 일로 수행되는 한 노동의 요소는 인간의 모든 활동, 심지어는 최고 활동에도 존재한다. 종종 우리 자신을 지치게 하는 부담으로 느껴지는 인간 활동의 반복성은 최소한의 동물적 만족을 제공한다. 아주 드물고 절대로 지속되지 않는 기쁨의 의미 있고 위대한 마법이 이러한 동물적 만족을 결코 대체할 수 없으며, 그 만족 없이는 실제 고통과 비애의 똑같이 드물면서도 더 지속적인 마법을 견뎌내기 어렵다.

신체 노동과는 별개로 손으로 하는 작업은 수없이 다양한 물품을 제작한다. 그 총합이 곧 인공물human artifice로서 우리가 사는 세계를 형성한다. 이러한 물품들은 소비재가 아니라 사용 대상이며, 이를 적절히 사용하면 없어지지 않는다. 이들은 세계가 인간이라는 불안정하고 유한한 피조물을 수용하는 데 필요한 안정성과 견고성을 제공한다.

확실히 사물 세계의 지속성은 절대적이지 않다. 우리는 사용 물품들을 소비하지 않고 닳아서 해지게 한다. 그렇지 않다면 이것들은 그냥 나빠져 우리가 이들을 선정하고 건립한 전체적인 과정으로 되돌아갈 것이다. 의자가 인간의 세계에서 외면당해 그 자체로 남게 된다면 다시금 목재가 될 것이다. 목재는 인간이 작업하고 제작하는 재료가 되기 위해 베어진 나무가 자라난 흙으로 썩어서 되돌아간다. 하지만 쓰임새는 이 대상을 닳아서 해지게 하기 마련이지만, 이 목적이 사전에 기획되지는 않는다. 빵의 즉각적인 소비나 "파괴"가 본래 목적이듯이 그것이 만들어진 목적은 아니다. 사용함으로써 닳아 해지는 것이 지속성이다. 바꾸어 말하면, 불가피할지라도 대상의 파괴는 사용에서는 부수적이지만 소비에는 내재되어 있다. 가장 조잡한 신발 한 켤레를 단순한 소비재와 구분 짓는 것은 내가 신지 않으면 신발은 닳지 않고, 신발은 대상이므로 사소할지라도 자체의 특정한 "객관적" 독립성을 지닌다는 점이다. 사용하거나 사용하지 않은 그 신발을 의도적으로 찢지 않는다면 그 신발은 일정 기간 세계에 그대로 남아 있을 것이다.

지속성을 통해서 세계의 사물들 things of the world 은 이들을 생산하고 사용한 사람들과 분리되는 상대적인 독립성을 얻는다. 또한 이들을 버티게 해주며, 살아 있는 사용자들의 필요와 욕구에 한동안 "대항하고" 견디게 해주는 "객관성"을 얻는다. 이러한 관점에서 세계의 사물들은 인간의 삶을 안정화하는 기능이 있다. 이들의 객관성은 인간이 계속해서 바뀌는 본성을 지녔음에도 대상의 지속적인 동일성, 오늘도 내일도 같은 의자, 적어도 이전에는 태어나서부터 죽을 때까지 같은 집과 관련하여 자신의 정체성을 되찾을 수 있다는 사실에 있다. 인간의 주관성과 대립하는 것은 자연의 무관심이 아니라 인간이 만든 인공물의 객관성이다. 우리는 자연이 우리에게 제공한 것으로 대상들의 세계 a world of objects 를 수립했고, 이 인위적 환경을 자연으로 만들어 우리를 자연으로부터 보호해왔다는 오직 그 이유로 자연을 "객관적인" 것으로 바라볼 수 있다. 인간과 자연 사이에 세계가 존재하지 않는다면 영속적인 운동은 있겠지만 객관성은 존재하지 않을 것이다.

지속성과 객관성은 '호모 파베르'가 한 작업, 즉 제작의 결과물이다. 이 결과는 물화 reification 로 이루어진다. 심지어 가장 망가지기 쉬운 물품에도 내재하는 견고성은 궁극적으로 재료로 변형된 물질에서 비롯된다. 재료는 이미 자연의 위치에서 이를 제거해 인간의 손을 거친 물건이다. 인간의 손은 목재를 제공하는 나무의 경우처럼 생명 과정을 제거하거나 지구의 자궁에서 뜯어낸 철, 돌, 대리석의 경우처럼 자연의 더 느린 과정을 방해한다. 이러한 침해와 폭력 요소는 모든 제작 과정에 나타나며, 인공물의 창조자인 인간은 항상 자연의 파괴자였다. 이러한 폭력 경험은 인간의 힘에 관한 가장 기본적인 경험이며, 똑같은 이유로 순수 노동에서 경험되는 고통스러우며 고단한 노력과 정반대에 있다. 이제 이는 "이마에 땀을 흘리며" 빵을 얻는 것이 아니다. 그 과정에서 인간은 실로 모든 살아 있는 피조물의 주인이 될 수 있지만, 여전히 자연과 그 자신의 자연적 욕구와 땅의 하인으로 남아 있다. '호모 파베르'는 자신에게 주어진 것을 침해하고 부분적으로 파괴하는 한에서 자연 자체의 주인이 된다.

제작 공정은 철저히 수단과 목적의 범주들로 결정된다. 제작된 물품은 생산 공정이 그 안에서 종결되고, 그것은 다만 이 목적을 달성하기 위한 수단일 뿐이라는 이중적 의미에서 최종 산물이다. 노동과 소비가 동일 과정(개인의 삶 또는 사회적 삶)의 두 단계에 불과한 이러한 노동 활동과 달리, 제작과 사용은 전적으로 다른 두 과정이다. 제작 공정은 물건이 완성되었을 때 끝나며, 이 공정을 교체할 필요는 없다. 반복하려는 충동은 자신의 생계 수단을 확보하기 위한 수공업자의 필요, 즉 자신의 작업에 내재된 노동 요소에서 비롯된다. 이러한 충동은 또한 시장의 증식 요구에서 비롯될 수 있다. 어떤 경우든 이 과정은 우리가 노동하기 위해 먹어야 하고, 먹기 위해 노동해야 하는 노동 과정 본래의 강제적 반복과 달리 자기 자신 밖의 여러 이유 때문에 반복된다. 개별 기술자에게는 증식이 기계가 더 잘하고 생산적으로 성취할 수 있는 단순 반복처럼 느껴질 수 있지만 증식과 반복을 혼동하지 말아야 한다. 증식은 실제로 물품들을 늘리는 반면에, 반복은 다만 삶의 반복적 순환을 따를 뿐이다. 이러한 순환에서 그 제품들은 나타날 때만큼이나 빠르게 사라진다.

확실한 시작과 예측 가능한 확실한 종말이 있다는 사실이 제작의 특징이다. 제작은 이 특징을 통해서만 다른 모든 인간 활동과 구별된다. 생물학적 과정의 순환 운동에 있는 노동에는 시작과 끝이 없다. 정확히 말하면 노동에는 다만 멈춤, 즉 소진과 재생 사이의 간격이 있을 뿐이다. 행위에는 확실한 시작이 있을 수는 있지만, 우리가 보게 될 바와 같이 예측 가능한 종말은 있을 수 없다. 이러한 작업의 높은 신뢰성은 행위와 달리 제작 과정이 환원 불가능하지 않다는 점에 반영된다. 손으로 만든 모든 물품을 그 손으로 파괴할 수 있고 어떤 사용 대상도 생명 과정에 아주 긴박하게 필요하지는 않아서 이 대상의 제작자는 존속할 수도, 그 파괴를 감당할 수도 없다. 인간의 세계, 즉 인공물의 고안자인 인간은 진실로 영주이자 주인이다. 인간은 자신을 모든 자연의 주인으로 설정했을 뿐만 아니라, 자기 자신과 자기 소행doing의 주인이기 때문이다. 노동과 행위에 관해서 이는 사실이 아니다. 노동에서 인간은 자기 생명의 필요에 예속되며, 행위에서 인간은 동료 인간들에게 의지한다. '호모 파베르'는 미래의 제품에 대한 자신의 심상만 가지고도 자유롭게 생산할 수 있고, 다시금 자기 손으로 하는 제작에 홀로 직면하면 자유롭게 파괴할 수 있다.

모든 제작 과정은 수단과 목적의 범주로 결정된다고 앞에서 말했다. 이는 연장과 도구가 제작에서 떠맡는 막중한 역할에서 가장 선명히 드러난다. '호모 파베르'의 관점에서 볼 때 인간은 벤저민 프랭클린Benjamin Franklikn이 말했듯이 "도구 제작자"다. 연장과 도구는 현대식 주방의 모든 용품을 자랑삼아 구비하고 있는 가정주부가 알고 있듯이 노동 과정에도 사용된다. 하지만 이러한 도구들은 노동에 사용될 때 다른 특징과 기능을 가진다. 도구는 노동자의 부담을 덜어주고 노동의 기계화를 돕는다. 말하자면 노동을 위한 도구가 인간 중심적인 데 반해, 제작을 위한 도구는 사물의 제작을 위해서 설계되고 발명된다. 따라서 이들 제작 도구의 적합성과 정밀성은 주관적 필요나 욕구보다는 "객관적" 목적으로 결정된다. 더욱이 모든 제작 과정은 제품들이 만들어진 공정보다 훨씬 더 오래 지속되는 제품들을 생산한다. 이에 반해 노동 과정에서 "단기간" 동안 이 제품들을 생산하고 사용하는 연장과 도구는 노동 과정 자체에 존속하는 유일한 제품들이다. 이들은 노동에 유용하며, 노동 활동 자체의 결과물은 아니다. 신체로 하는 노동, 그리고 노동의 방식으로 수행되는 모든 제작 과정을 지배하는 것은 목적적인 노력이나 제품 그 자체가 아니라 그것이 노동자들에게 부과하는 과정과 리듬의 운동이다. 노동 기구는 신체와 연장이 동일한 반복 운동으로 움직이는 이 리듬으로 빨려 들어간다. 기계를 사용하기 전까지 도구 운동을 결정하는 것이 더는 신체 운동이 아니고 신체 운동을 강제하는 기계 운동이며, 더 발전된 상태에서는 신체 운동을 완전히 대체한다. 내게 아주 독특해 보이는 점은 인간을 기계에 맞게 "조율"해야 하는지, 아니면 기계를 인간의 본성에 맞게 조정해야 하는지를 두고 수없이 논의한 질문이 결코 단순한 연장 또는 도구의 관점에서 발생하지 않았다는 사실이다. 모든 연장이 손의 하인으로 남아 있는 데 반해, 기계는 사실 노동자가 기계들에 봉사하고 자신의 자연스러운 신체 리듬을 기계 운동에 맞추어야 하기 때문이다. 다른 말로 표현하면 심지어 가장 정제된 연장도 손을 인도하거나 대신할 수 없는 하인으로 남아 있으며, 가장 원시적인 기계조차도 신체 노동을 인도하고 이상적으로 대체한다.

도구성에 관한 가장 근본적인 경험은 제작 과정에서 발생한다. 여기서 목적이 수단을 정당화한다는 것은 사실이다. 목적은 더 많은 일을 행하며, 수단을 낳고 조직화한다. 목재가 벌목을 정당화하고 식탁이 목재의 파손을 정당화하듯이, 목적은 재료를 얻기 위해 자연에 가해진 폭력을 정당화한다. 같은 방식으로 최종 제품은 제작 과정 자체를 조직화하며 필요한 전문가들, 협력 수단, 조수와 협력자의 숫자를 결정한다. 따라서 모든 사물과 사람은 희망하는 최종 제품을 위한 적합성과 유용성의 측면에서 판단될 뿐 그 밖의 다른 것은 없다.

참으로 기이하게도 수단-목적 범주의 타당성은 모든 사물과 사람이 수단이 되는 완제품으로 인해 소진되지는 않는다. 대상이 생산 수단과 제조 과정의 실제적 종결의 관점에서 볼 때 목적일지라도, 말하자면 적어도 그것이 사용을 위한 대상으로 남아 있는 한 결코 목적 그 자체가 되지 않는다. 곧바로 대상은 바로 그 유용성 덕분에 또 다른 수단-목적 사슬에서 자리를 차지한다. 단순한 사용 대상으로서 대상은 안락한 삶을 위한 수단이 되거나 교환 대상으로서 (즉, 제작에 사용하는 재료에 일정한 가치가 부여되는 한) 다른 대상들을 확보하기 위한 수단이 된다. 다른 말로 표현하면, 철저히 공리주의적인 세계에서 모든 목적은 짧게 지속되기 마련이다. 이 목적은 더 심층적인 목적을 위한 수단으로 변형된다. 일단 목적이 이루어지면 이는 목적이 되는 것을 멈추고 언제든 더 심각한 목적을 추구하려는 수단으로 변형될 수 있는 대상 중의 한 대상이 된다. 공리주의, 말하자면 '공작인'에 대한 철학이 대면하게 될 난점은 범주, 즉 공리 그 자체를 정당화할 수 있는 어떤 원칙에 도달하지 못한 채 수단 및 목적의 무한 연쇄에 사로잡힌다는 점이다.

이 딜레마에서 벗어나는 통상적인 방식은 사용자인 인간 자신을 목적과 수단의 무한 연쇄를 멈추게 하는 궁극적 목적으로 만드는 것이다. 인간은 그 자체로 목적이며 여타 목적들이 얼마나 고양되는지와 상관없이 이들 목적을 추구하는 수단으로 절대 사용하지 말아야 함은 칸트의 도덕 철학으로 잘 알려져 있다. 무엇보다도 칸트가 수단-목적 범주와 이의 공리주의 철학을 적합한 위상으로 격하시키고 그것이 인간과 사물의 관계 대신 인간과 인간의 관계를 지배하지 못하도록 막고자 했음은 의심할 나위가 없다. 하지만 심지어 본래 역설적인 칸트의 공리公理조차도 '호모 파베르'의 난맥을 해결하지 못한다. 사용자인 인간을 궁극적인 목적의 위상으로 끌어올림으로써 그는 더욱 강력하게 다른 모든 "목적"을 한낱 수단으로 전락시킨다. 사용자인 인간이 최상의 목적, 즉 "만물의 척도"라면, 자연뿐만 아니라 가치 있는 물건들 자체가 한낱 수단으로 전락해 본래 가치를 상실하게 될 것이다. 여기서 인간은 자연을 제작을 통해 (로크가 말했듯이) 작업해서 "가치"를 부여해야 할 거의 "무가치한 물질"로 다룬다. 또 다른 방식으로 표현하자면 모든 활동 중 가장 세속적인 것은 그 본래의 객관적 의미를 상실하고 주관적 필요를 충족하는 수단이 된다. 이는 얼마나 유용할지와 상관없이 그 자체로 더는 의미가 없다.

칸트의 도덕 철학에서 인간이 목적 그 자체듯이 제작의 관점에서 볼 때 완제품은 그 자체로 목적이며 자체로 존재하는 독립적이고 지속적인 실체다. 물론 여기서 쟁점은 도구성, 즉 어떤 목적을 달성하기 위한 수단의 사용이 아니라 오히려 제작 경험의 일반화다. 이 일반화 과정에서 유용성usefulness 및 공리utility는 세계와 그곳에서 움직이며 행위하는 인간 삶의 궁극적 기준들로 설정된다. '호모 파베르'가 공리주의를 가장해 도구성으로 이에 포함된 모든 사물이 존재하게 하는 활동을 규제할 만큼 배타적일 정도로 완성된 세계의 영역을 규제한다고 제안할 때 그는 자신의 활동 범위를 위반했다고 말할 수 있다. 이처럼 일반화는 최종 분석에서 자체의 실패 원인이 될지라도 항상 '호모 파베르'의 특정한 유혹이 될 것이다. '호모 파베르'는 유용성 가운데에서 무의미하게 남을 것이다. 공리주의는 한때 레싱이 당시 공리주의 철학자들에게 제기한 질문인 "사용의 사용 the use of use은 과연 무엇일까?"에 대한 답을 결코 발견할 수 없다.

제작 자체의 영역에 수단과 목적의 무한 연쇄가 적용되지 않는 단 한 종류의 대상이 존재한다. 이는 예술 작품이자 가장 쓸모없는 것이며, 동시에 인간의 손으로 생산할 수 있는 가장 지속적인 것이다. 바로 예술 작품의 특징은 일상적인 사용의 전체 맥락에서 멀리 떨어져 있다는 점이다. 그래서 이전의 물건, 예컨대 지나간 시대의 가구가 후대에 "걸작"으로 여겨질 경우, 이는 박물관에 놓이게 되고 사용 가능성에서 신중히 배제된다. 한 의자의 목적이 앉을 때 실현되듯이 예술 작품의 본래 목적은 예술가가 이를 알든 모르든, 그 목적이 성취되든 아니든 간에 시대를 가로질러 영속성을 얻는 것이다. 인간이 만들어낸 세계의 순전한 지속성은 그 어디에서도 그토록 순수하고 명료하게 나타나지 않는다. 그러므로 그 밖의 어디에서도 이 사물의 세계는 유한한 존재들을 위한 유한하지 않은 집만큼이나 눈부시게 드러나지 않는다. 이러한 영구적인 것들이 지닌 실제적인 영감의 근원은 사유이지만, 사유로 이들이 사물이 되는 것을 막을 수는 없다. 사유 과정은 연장을 사용하는 순수한 능력이 대상을 생산하지 못하듯이 직접 만질 수 있는 물품도 생산하지 못한다. 무언가를 집필하고 심상을 그리며 작곡하는 등에서 발생하는 과정이 곧 물화다. 물화는 사유를 실재로 '만든다.' 우리가 보통 예술 작품이라 부르는 이 사유물들을 생산하기 위해서는 인간의 손이라는 원시적인 도구로 인공물이라는 덜 지속적이며 더 유용한 다른 사물들을 만들어내는 것과 똑같은 기술이 필요하다.

인간이 만든 사물들의 세계는 유한한 인간을 위한 고향이 된다. 고향이 제공하는 안정성이 소비재의 순수 기능성과 사용 대상의 순수 유용성을 뛰어넘을 때야, 이 안정성이 이들 삶과 행동의 끊임없는 변모를 견디고 감당할 수 있을 것이다. 비생물학적 의미의 삶, 즉 인간의 탄생과 죽음 사이에 주어진 시간은 이제 우리가 다룰 행위와 말에서 드러난다. 단어와 행위deeds를 통해 우리는 인간 세계에 개입하게 되며, 이러한 개입insertion은 제2의 탄생과 같다. 제2의 탄생에서 우리는 자기 본래의 육체적 현상appearance의 적나라한 사실을 확인하고 받아들인다. 탄생을 통해 우리가 존재하게 된 이래 우리는 모든 다른 실체와 '타자성Otherness'의 특징, 즉 우리가 다만 구별을 통해서만 정의할 수 있는 중요한 다원성의 양상을 공유한다. 우리는 무엇이 어떤 '것인지'를 그 밖의 다른 것과 그것을 구분하지 않고서는 말할 수 없다. 게다가 우리를 개별 실체가 되게 하는 구별 표시를 모든 살아 있는 유기체와 공유한다. 하지만 인간만이 타자성과 개별성을 '표현할' 수 있다. 인간만이 자신을 구분하고 '자신과' 소통할 수 있다. 목마름이나 배고픔, 애정이나 적의 또는 두려움과 같은 정서affect만이 아니다. 인간의 타자성과 구별성은 고유성이 된다. 인간이 말과 행동으로써 동류의 사람들에게 개입하는 일은 고유하기 때문이다. 여기서 개입은 노동처럼 필연성을 통해 강요되지 않으며, 제작처럼 결핍과 욕망으로 고무되지도 않는다. 개입은 이들 조건과 무관하다. 개입하려는 충동은 우리가 태어나 세계에 나온 시작에서 유래한다. 우리는 이 시작에 스스로 자발성을 가지고서 새로운 무엇을 시작함으로써 응답했다. 가장 일반적인 의미로 행위to act는 그리스어 '아르케인'이 가리키듯이 '시작함', 즉 '주도권을 취함'이나 라틴어 '아게레'의 본래적 의미로 '뭔가를 움직이게 함to set something in motion'이다.

인간의 다원성, 즉 단 한 사람이 아니라 다수 인간이 지구에 거주하며 이러저러한 방식으로 함께 살아간다는 사실이 인간의 모든 활동을 조건 짓는다. 하지만 살아감은 항상 사람들 사이에서, 나와 동등한 사람들 사이에서 살아감을 의미하며, 행위와 말만이 이 사실과 구체적으로 관련이 있다. 따라서 내가 세계에 개입할 때 그 세계는 이미 타자들이 존재하는 세계다. 행위와 말은 긴밀하게 연관된다. 본래적이고 특히 인간의 행위는 또한 모든 신참자에게 묻게 되는 "당신은 누구인가?"라는 질문에 늘 답해야 하기 때문이다. "어떤 사람이 누구인가"를 드러내는 일은 말 없는 행위가 존재하지 않거나 그런 행위가 존재한다면 이는 부적절하다는 사실에 함축되어 있다. 말을 수반하지 않는 행위는 행위자를 놓치게 된다. 행위 주체doer는 자신이 동시에 말의 화자speaker일 때만 가능하다. 화자는 자신을 행위자로 확인하고 자신이 무엇을 하고 있는지, 자신이 무엇을 했는지, 또는 자신이 무엇을 하고자 하는지를 알려준다. 이는 정확히 단테가 언젠가 말했던 것인데, 내가 할 수 있는 것보다 더 간결하게 다음과 같이 말했다. "모든 행위에서 행위자가 주로 의도한 것은…… 자기 자신의 심상을 드러내는 일이기 때문이다. 그러므로 모든 행위자는 자신이 행위하는 한 행위하는 데서 기쁨을 얻는다. 존재하는 모든 것은 자신의 존재를 욕망하며 행위에서 행위자의 존재가 어떻게든 강렬해지기에 필연적으로 기쁨이 뒤따른다……. 따라서 행위를 함으로써 잠재적 자아를 명백히 드러내지 않는다면 아무것도 행하지 않음이다"(《제정론De Monarchia》, I, 13). 확실히 "누구"의 드러냄은 항상 그 인간 자신 안에 감춰져 있는데, 이는 마치 그리스 종교의 정령daimon과 같다. 정령은 평생 인간을 따라다니고 어깨너머로 항상 지켜보기에 오직 자신이 만나는 인간들에게만 보인다. 그 사람에게는 알려지지 않았을지라도 행위는 극도로 개인적personal 이다. "누구"라는 이름이 붙지 않은 행위는 무의미한 반면에, 예술 작품은 우리가 주인의 이름을 알든 모르든 간에 자체의 타당성relevance을 유지한다. 제1차 세계대전 이후 무명용사의 기념비들을 상기해보자. 이들 기념비는 어떤 "누구"를 발견할 필요, 즉 4년간의 대중 학살이 폭로될 수 있도록 확인 가능한 누구를 입증해준다. 전쟁 당사자가 실제로 '그 누구도 아니었다'는 잔인한 사실에 체념하지 않으려는 의지가 무명용사 기념비 건립에 영감을 불어넣었다. 이는 전쟁이 알려지도록 하는 데 실패한 모든 사람을 위한 것이다. 이들은 알려지지 않음으로써 자신의 업적이 아니라 인간의 존엄성을 상실했다.

인간이 더불어 사는 어디에나 인간관계망이 존재한다. 말하자면 인간관계망은 수많은 인간의 행동과 말로, 즉 죽은 사람들은 물론이고 살아 있는 사람들이 짠 것이다. 모든 행동과 모든 새로운 시작은 이미 존재하는 망으로 들어가게 된다. 그런데도 이 망에서 그 행동과 시작은 행위자agent가 직접 접촉하는 사람들 외에도 수많은 타인에게 영향을 미칠 무언가 새로운 과정을 시작한다. 행위가 자기 목적을 거의 달성하지 못하는 것은 갈등을 불러일으키는 의지와 의도를 지닌 채 이미 존재하는 이 인간관계망 때문이다. 또한 이러한 매개와 이에 수반되는 예측 불가능성의 특징 때문에 행위는 의도하든 안 하든 항상 이야기를 만들어낸다. 이는 제작이 형체가 있는 사물들을 만들어내듯이 자연스럽다. 그런 연후에 이 이야기들은 서류나 기념비에 기록되기도 하며, 시와 역사 기록으로도 이야기되고 온갖 종류의 자료에 삽입되기도 한다. 하지만 이들 이야기 자체는 물화와 전혀 다른 특징을 지닌다. 이들은 사람 손이 어떤 제품을 만든 장인에 관해서 여태 우리에게 말해준 어떤 것보다 각 이야기에서 "영웅", 즉 그들 주제에 관해 더욱 많이 이야기해준다. 하지만 이들 이야기는 적절하게 말하는 제품이 아니다. 모든 사람이 자신만의 이야기, 적어도 자신의 인생 이야기를 시작하지만, 아무도 그것의 작가나 제작자가 아니다. 그럼에도 바로 이러한 이야기에서만 인간 삶의 실제적 의미가 마침내 드러난다. 탄생과 죽음 사이의 모든 개별적 삶이 결국 시작과 끝이 있는 어떤 이야기로서 말해질 수 있음은 역사의 선정치적, 선역사적 조건, 즉 시작과 끝이 없는 위대한 이야기다. 하지만 각 인간의 삶이 자체의 이야기를 하는 이유와 역사가 궁극적으로 수많은 행위자와 화자를 가지고 있지만 그 어떤 인지 가능한 저자도 없는 인류의 이야기책이 되는 이유는 둘 다 행위의 결과라는 점이다. 우리가 살아가며 관여하는 실제 이야기에는 가시적 또는 비가시적 제작자가 존재하지 않는다. 실제 이야기는 '만들어지지

made' 않기 때문이다.

이 영역에 제작자가 없다 함은 순전한 인간 현안들이 가진 보기 드문 취약성과 불확실성을 설명해준다. 우리는 항상 관계망 안에서 행동하기에 각 실행의 결과에는 경계가 없고, 모든 행위는 반응뿐만 아니라 연쇄 반응을 촉발하며, 모든 과정은 예측 불가능한 새 과정의 원인이다. 이처럼 경계가 없다는 점을 피할 수 없다. 이는 자기 행동을 파악 가능한 제한된 틀 또는 상황으로 제한하거나 모든 관련 자료를 거대한 컴퓨터에 제공함으로써 해결할 수 없다. 가장 제한된 상황에서 최소 행위는 똑같은 무경계성과 예측 불가능성의 씨앗을 품는다. 하나의 행동, 하나의 몸짓, 하나의 말은 모든 성좌를 바꾸어놓을 만하다. 작업과 대비되는 행위에서 우리는 실제로 자신이 하는 일을 결코 알 수 없다.

그러나 인간 현안의 취약성 및 불확실성과는 아주 대조적으로 또 다른 인간 행위의 특징이 있다. 이는 우리가 생각하는 것보다 훨씬 더 위험해 보인다. 이는 우리가 행동할 때 무엇을 하고 있는지 알지 못할지라도 우리가 해온 것을 되돌릴 가능성은 없다는 단순한 사실이다. 행위 과정들은 예측 불가능할 뿐만 아니라 환원 불가능하다. 이 말은 행위에서 행위자가 이를 좋아하지 않거나 그 결과가 재앙으로 판명될 때 자신이 행한 것을 취소하고 파괴할 수 있는 저자나 제작자가 존재하지 않음을 의미한다. 이처럼 행위의 특이한 탄력성은 행위 결과의 취약성과 정반대이며, 이 능력이 그 자체 범위 내에서 어떤 해결책을 가지고 있지 않다면 감당하기 매우 어려울 것이다.

환원 불가능성의 난국에서 가능한 구원redemption은 용서의 능력이다. 예측 불가능성에 대한 해법은 약속하고 약속을 지키는 능력에 포함된다. 이 두 해법은 떼려야 뗄 수 없다. 용서는 과거와 관련되며 그 과거 행동을 원상태로 돌리는 데 이바지하는 반면에, 약속을 통해 자기 자신을 구속하는 일은 미래 불확실성이라는 바다에 안전이라는 섬을 만드는 데 도움이 된다. 이 안전이라는 섬 없이는 어떤 종류의 지속성은커녕 인간 간의 관계에서 연속성조차도 불가능할 것이다. 용서받지 않고, 인간이 한 일의 결과에서 해방되지 않는다면 자신의 행위 역량은 말하자면 인간이 결코 복원할 수 없는 단일 행동에 제한될 것이다. 우리는 주문을 깨트릴 마법 공식을 제대로 갖추지 못한 수습 마법사와 마찬가지로 영원히 그 결과의 희생물로 남는다. 약속의 이행에 매이지 않고서 우리는 이야기에 오를 수 있는 "개인person"을 함께 생산해내는 동일성과 연속성을 결코 성취할 수 없다. 우리 각자는 계속 변하기만 하는 기분, 모순, 애매성에 사로잡혀 자신의 외로운 마음의 어둠 속에서 방향타도 없이 무기력하게 방황하도록 저주받을 것이다. 하지만 약속에 자신을 구속함으로써 이룩된 이러한 개별적 정체성은 "객관적인" 동일성, 즉 대상과 관련된 동일성과 구별해야 한다. 이러한 동일성은 앞서 제작 관련 논의에서 내가 언급한 의자와 집의 동일성에 직면하면서 발생한다. 이 관점에서 용서와 약속은 새롭고 끝없는 과정을 시작하는 바로 그 역량에 내장된 통제 기제와 같다.

　　행위가 없다면, 새로운 무언가를 시작해서 각 인간의 탄생과 더불어 세계에 존재하는 새로운 시작을 표출하는 능력이 없다면, 탄생과 죽음 사이에서 보내는 인간의 삶은 반드시 구원을 벗어난 운명에 처하게 된다. 죽음을 향해 달리는 한평생이 필연적으로 모든 인간 현안을 파멸과 파괴로 이끈다. 이 모든 불확실성을 가진 행위는 인간이 반드시 죽게 될지라도 죽기 위해서 태어난 것이 아니라 새로운 무언가를 시작하기 위해 태어났다는 점을 늘 상기시켜주는 듯하다. "인간이 창조된 시작이 존재한다Initium ut esset homo creatus est"라고 아우구스티누스는 말했다. 인간의 창조와 더불어 시작의 원리가 세계에 등장했다. 당연히 이는 인간의 창조와 더불어 자유의 원리가 지구상에 나타났다는 사실을 말하는 또 다른 방식일 뿐이다.

(1964)

정치와 범죄

서신 교환

《메르쿠어*Merkur*》(독일의 문화와 정치에 관한 계간지)에서 한스 마그누스 엔첸스베르거Hans Magnus Enzensberger의 저작 《정치와 범죄*Politik und Verbrechen*》(Suhrkamp, 1964)에 관한 논의를 요청받고 한나 아렌트는 다음 편지로 답변했다.

* * *

뉴욕, 1964년 말

이 책을 아주 흥미롭게 읽었습니다. 저는 《메르쿠어》에 실린 이탈리아 소녀의 살인에 관한 보도 기사만 알고 있었는데, 그 기사도 아주 좋아했지요. 엔첸스베르거 씨는 구체적이고 의미 있는 세부 사항에 예리한 감각이 있더군요. 오래된 이야기를 새롭게 말하려는 의도도 좋았고 중요했습니다. 그는 종종 성공적이었습니다. 예를 들어, 러시아 테러리스트 이야기가 그러합니다. 이 책에서 가장 취약한 부분은 정치적 분석 또는 추론입니다. 이들 중 반역죄에 관한 마지막 글은 아주 훌륭합니다. 하지만 그 스스로 아우슈비츠가 "지금까지 모든 정치의 뿌리를 들춰냈다"라고 한 부분은 확실히 믿을 수 없습니다. 히틀러가 페리클레스에게 논박했습니까? 아우슈비츠가 아테네 폴리스의 뿌리를 들춰냈습니까? 이 부분은 재능이 탁월하고 정직한 저자에게서 나왔다고 해도 공허한 비유 구문으로 들립니다. 엔첸스베르거 씨는 세부 사항을 활용하며 특히 발터 베냐민 Walter Benjamin에게서, 심지어 문체까지 배웠습니다. 제 말은 그를 모방했다는 게 아니라 배웠다는 것입니다! 이는 아주 좋은 장점이지만 자칫 위험한 오해를 불러일으킬 수 있습니다. 또 다른 예로 브레히트가 처음 시도한 범죄, 사업, 정치를 안이하게 동일시한 부분입니다. 제3제국의 범죄는 형법상 범죄가 아닙니다. 사회 중심부에 자리 잡은 시카고 깡패들이 나치의 전조는 아닙니다. 이들은 전적으로는 아니더라도 여전히 이 사회가 범죄자들에게도 제공하는 보호에 의존합니다. 이들은 권력을 장악할 의도도 없고, 실제로 이에 관심도 없습니다. 나치는 사업가가 아닙니다. 그래서 사업과 범죄의 동일시가 유지될 수는 있겠지만 여전히 비정치적입니다. 알 카포네Al Capone도, 존경받는 사업가도 정치적이지 않습니다. 이러한 실수는 마르크스주의, 특히 브레히트와 베냐민이 재구성한 마르크스주의에서 유래한다고 할 때 상당히 이해할 만합니다. 하지만 이는 정치 사건의 이해에는 도움이 안 됩니다. 오히려 매우 잘 다듬어진 도피주의의 형식일 뿐입니다. "아우슈비츠가 모든 정치의 뿌리를 들춰냈다"라는 말은 전체 인류가 유죄라고 말하는 듯합니다. 모든 사람이 유죄인 곳에서는 누구도 죄가 없습니다. 온갖 재료를 넣은 일반 스튜에는 구체성과 특수성이 빠져 있습니다. 한 독일인이 이 사안으로 글을 쓸 때 이는 우려할 만한 이유가 됩니다. 이 소멸의 의미는 재앙을 일으킨 장본인이 우리의 아버지들이 아니라 모든 사람이라는 점입니다. 간단히 말해 이는 사실이 아닙니다. 게다가 독일에 위험한 정서가 확산되고 있습니다. 아우슈비츠가 모든 정치의 결과라면 이 결과가 마침내 초래되었다는 점에 감사해야 합니다. 오, 펠릭스 쿨파Oh, Felix Culpa![1]

좌충우돌하며 약간의 소동을 벌인 이후에 나온 이 모두는 제가 이 책에 대해 논하지 않는 이유를 설명해주고 있습니다. 작품에서 아주 탁월한 부분과 잘못 판단한 부분을 구별하는 일이 제게는 너무 어려워 보입니다. 저는 엔첸스베르거 씨와 얘기하고 싶습니다. 그는 언젠가 이곳에 와야 합니다. 앵글로색슨 전통과 미국의 실재에 대한 독일인들의 이해 부족(단순히 독일인만의 부족은 아닙니다)은 옛이야기입니다. 이는 독서가 아닌 심방을 통해서만 치유될 수 있습니다.

한나 아렌트

* * *

노르웨이, 티에메, 1965년 1월 24일

친애하는 아렌트 여사께

여러 해 동안 당신의 생각들을 섭렵해왔고, 여러 해 동안 그 생각들이 내게 도움이 되었습니다. 그러므로 당신께 감사드립니다. 당신의 생각들이 부분적으로 현재 제 생각을 향하고 있거나 반대한다면 더욱 그렇

---

[1] '오, 복된 죄여!'라는 의미로, 아담과 이브의 타락에 관한 성경 이야기다. (옮긴이)

습니다. 제가 답변으로 몇 마디 할 수 있었으면 합니다.

당신이 저를 비난하고 있는 실수들은 다른 비중을 띠고 있습니다. 당신이 보기에 이 실수들이 마르크스주의에 입각하고 있는 한, 저는 그 사안을 있는 그대로 두고 싶습니다. 우리는 다른 전제들에서 작업해 다른 결과에 이르고 있습니다. 예를 들어 "사회적 문제"는 정치 수단들로는 해결될 수 없다고 당신은 믿습니다. (당신의 글 〈전쟁과 혁명War and Revolution〉[2]에서 말하기를) 고통, 빈곤, 착취는 기술로, 기술로써만 정복할 수 있습니다. 200년 전 미국 독립 선언에서 선포된 사안은 무서운 속도로 "사실이 되었습니다." 다시 말해 "지구의 권력 중" 모든 인민이 "평등하고 분리된 지위"를 갖게 되리라는 것입니다.

그러나 저는 자기 운명을 이끄는 아프리카, 남아시아, 라틴아메리카의 인민을 보지 못합니다. 이들 인민은 국가 방문의 외교 의전에서만 평등하고 분리된 지위를 누립니다. 저는 우리 시대를 살아가는 수십억 인구를 보고 있으며 이들은 고통, 빈곤, 착취에 내버려져 있습니다. 여기서 저는 마르크스주의가 제 실수에 책임이 있는 한 그것을 바로잡는 일이 쉽지 않으리라 결론 내립니다. 그 실수는 저를 당신과 가르고 있지만, 이 분리는 참을 만합니다. 이게 어떤 종류의 오해에서 비롯된 일이 아니고 한 쪽이 다른 쪽을 도덕적으로 비난하는 일로 이어지지 않기 때문입니다.

그런데 당신이 제게 아우슈비츠에 대해 한 모든 말과 그와 관련된 모든 생각은 훨씬 더 중대합니다. 저는 당신의 판단에 침묵하겠다는 발상을 견딜 수 없습니다. 이 판단은 아우슈비츠가 지금까지 모든 정치학의 뿌리를 들춰냈다는 문장에 근거합니다. 당신은 이 문장을 회피적이라고, 즉 "도피주의의 형식"이라고 해석합니다. 저는 이에 대해서 저 자신을 방

---

2 《메르쿠어》1965년 1월호를 참조하라.

어하고 싶습니다(사실은 방어해야겠습니다).

당신이 제시한 결론인 "아우슈비츠가 모든 정치의 결과라면 이 결과가 마침내 초래되었다는 점에 감사해야 합니다"에서부터 시작하지요. 이 문장은 정의나 논리상 세심하지 않습니다. 이는 제가 쓴 모든 것과 도덕적으로 양립할 수 없고 논리적 의미도 없습니다. 핵 장비 개발의 가장 극단적인 결과는 지구상에 있는 모든 생명의 절멸입니다. 누군가 이렇게 주장한다면 마침내 이 결과가 발생했을 때 우리가 감사해야 한다는 대답을 절대 받아서는 안 된다고 봅니다.

저는 이 비교를 우연히 끌어내지 않았습니다. 만일 제가 인류학자도 역사학자도 아닌 사람의 불충분한 수단으로 아우슈비츠를 초래한 역사를 생각한다면 저는 그 미래와 관련해서 그렇게 했을 것이기 때문입니다. 제가 보기에 아우슈비츠가 과거사였던 척하고, 이것이 완전히 끝난 역사일 뿐인 듯 행동하는 것이 바로 도피주의입니다. 지금 아우슈비츠가 독일에서 그렇게 보이고 있습니다. 저능한 사람들만이 "최종 해결"에 대한 책임이 독일인들에게 있다는 점을 의심할 수 있습니다. 하지만 제 책을 저능한 사람들이 읽을 경우를 대비해서 저는 확실하고도 명시적으로 이를 세 번이나 아주 명확히 반복했습니다. 그렇지만 우리는 자기 아버지들뿐만 아니라 형제와 자식에 대해서도 생각해야 합니다. 우리보다 더 나이 많은 세대의 죄뿐 아니라 특히나 우리 자신에게 부담을 주는 죄에 관해서도 생각해야 합니다. 따라서 저는 "오늘날의 최종 해결에 대한 기획은 공적으로 발생하"며 "1964년 강령에 대한 보조물만 존재한다"[3]라고

---

3 이들 인용문은 한스 마그누스 엔첸스베르거의 1964년 논문 〈유리 새장 앞에서의 성찰Reflections Before a Glass Cage〉에서 따왔다. 원래 이 글은 논의 중인 아우슈비츠 관련 구절을 담고 있는 저자의 독일어 원작《정치와 범죄Politik und Verbrechen》로 출간되었다. 영어 번역은 Hans Magnus Enzensberger, "Reflections Before a Glass Cage", trans.

말했습니다. 이것이 "온갖 재료를 넣은 일반 스튜"라면 이는 제 발명품이 아닙니다. 그 속에서 길을 잃을 우려가 있는 특수성이 바로 우리 자신입니다. 오늘날 "대량 살상"이라는 어휘는 모든 텔레비전 화면에서 들립니다. 이 어휘는 "특별 취급"의 대량 살상과 별반 다르지 않습니다. "후대인은 히틀러의 '최종 해결'에 책임이 있는 인사들과 그 하수인들을 자체 준비로 바쁜 와중에도 판결하고자 합니다. 이는 그들의 모순입니다. 이 모순은 우리의 유일한 희망, 작은 희망입니다." 저는 이 주장을 고수하고 싶습니다. "어제의 최종 해결은 막지 못했습니다. 내일의 최종 해결은 막을 수 있습니다."[4] 이것이 도피주의라면 저는 그 제목에 대한 권리를 주장하겠습니다.

끝으로 당신의 문장 "한 독일인이 이 사안으로 글을 쓸 때 이는 우려할 만한 이유가 됩니다"에 대해 논평하고 싶습니다. 저는 이 문장을 이해하고, 왜 당신이 이 문장을 썼는지도 이해합니다. 당신의 입에서 나온 이 말을 받아들입니다. 하지만 이를 말한 사람과 분리된 이 말은 그 자체로 "우려할 만한 이유"입니다. 어떤 판단의 올바름은 그것을 선언하는 그 사람의 민족성에 좌우된다는 점을 암시하기 때문입니다.

저는 수없이 이 '민족에 의한 논증 argumentum ad nationem'에 대면했습니다. 1941년 독일 공격을 거명하면서 자국의 상황에 대한 비판적 논평에 앙갚음하던 소비에트 연방 시민을 만난 적이 있습니다. 이 반응도 이해할 만합니다. 당연히 이는 대화 자체보다는 그 전제 조건과 관련이 있습니다. 어떤 대화도 최소한의 신뢰 없이는 가능하지 않습니다. 하지만 신뢰는 오직 자유롭게 주어질 수 있는 무엇입니다. 민족에 의한 논증

Michael Roloff, *Critical Essays*, New York, 1982, p. 115다. (편집자)

4   한스 마그누스 엔첸스베르거, 앞의 책, p. 114.

은 이 신뢰라는 선물을 회수해 그 대화가 독백이 되도록 합니다. 자신의 말이 항상 자기 유산에 좌우된다면 그 사람은 어떻게 말할 수 있을까요? 그렇다면 그가 하는 모든 말은 자신의 민족성에 대한 단순한 부록이 됩니다. 그는 집단성의 "대표"로서 말할 수 있을 뿐, 더는 한 인간으로서 말하지 않습니다. 단지 다른 무엇의 대변자가 되고, 모든 대변자처럼 그 스스로 말할 수 없고 재갈이 물려 있습니다. 따라서 제 생각에 한 문장은 독일인, 공산주의자, 흑인 등이 말함으로써 이미 있는 것보다 더 크게 우려할 만한 이유가 될 수 없습니다. 그것은 우려할 만한 이유이거나 그렇지 않거나 둘 중 하나입니다. 똑같은 이유로 (이렇게 말할 수밖에 없다는 점을 용서해주십시오) 내게 독일인의 위반에 관한 최악의 사안은 독일인이 위반을 자행했다는 점이 아니라 이들 위반이 어쨌든 자행되었으며 다시 자행될 수 있다는 사실입니다.

당신이 저를 이해해주기를 열망합니다. 독일인들 그리고 독일인들만이 아우슈비츠에 책임이 있습니다. 인간은 무엇이든 할 수 있습니다. 이 두 문장은 모두 필수적이며 한 문장이 다른 문장을 대체할 수 없습니다. 저는 회피도, 사과도, 변명도 하지 않겠습니다. 여기서 제게 중요한 사안은 책이 아닙니다. 아우슈비츠라는 말 이전에는 옳다고 입증될 수 있는 어떤 단어도 존재하지 않는다는 사실을 너무도 잘 알고 있습니다. 이를 마음에 두고서 저는 당신에게 제가 틀렸다는 말을 들을 각오가 되어 있습니다. 저는 다만 당신이 저를 오해하지 않기를 바랄 따름입니다.

최고의 경의를 담아서,
한스 마그누스 엔첸스베르거

뉴욕, 1965년 1월 30일

친애하는 엔첸스베르거 씨께

제가 다소 부주의하게 써 내려간 글에 답장을 주신 덕에 우리가 대화에 빠져들게 되어 기쁩니다. 무엇보다 먼저 제 의도는 공격이 아니라 불안감을 표현하는 것이었음을 말씀드리고 싶습니다. 저는 단 한 순간도 일말의 적대감을 떠올리지 않았고, 당연히 당신이 올바르게 말한 "최소한의 신뢰"를 품고 있었습니다. 당신을 오해하거나 다른 사람들과 함께 묶는 것은 제가 결코 생각지도 않을 일입니다. 사실은 전혀 다릅니다.

당신이 제 이야기를 '민족에 의한 논증'이라고 비난한 것은 타당합니다. 제가 쓴 생략된 형태로는 당연히 한순간도 이치에 맞지 않습니다. 하지만 문제는 당신이 생각하듯 간단하지 않습니다. 저는 "저능한 사람들"을 가리킨 문장에서 당신을 지지할 것입니다. "어제의 '최종 해결'은 한 국가, 즉 독일의 일이었습니다." 하지만 이에 대한 설명이 없는 것은 아닙니다. 당신이 스스로 적고 있듯이 이는 불행히도 대다수 독일인이 자신을 공범으로 만든 "히틀러의 '최종 해결'"이었습니다. 유책 당사자들 누구도 이 "원대한 계획"에 대한 권리를 주장하거나 후일 책임을 떠맡는 것을 꿈에도 생각하지 않았습니다. 말하자면 이는 일어날 필요가 없었으며, 모든 곳은 아닐지라도 그 밖의 어디에선가 일어날 수도 있었습니다. 마지막으로 어떤 종류의 인과 관계의 의미에서 독일 역사로는 설명될 수 없습니다. 하지만 사실 이는 독일에서 일어났고 독일 역사의 사건, 즉 오늘날 모든 독일인이 도덕적 책임이 아닌 정치적 책임을 져야 하는 무엇이 되었습니다. 곡해된 제 문장은 다른 국가의 구성원에게는 의견에 불과한 "최종 해결"에 대한 의견이 독일에서 표현될 때는 즉각적이고 단기적인 정치적 영향과 결과를 초래한다는 것입니다. 독일인에게 이들 사안에 대한 논의가 다른 어디에도 존재하지 않는 이해관계를 작동시키는 일은 불가피합니다. 아우슈비츠는 독일에서만 국내 정책의 현안이며, 사람들이 당연히 종종 무시하고 싶어 하는 대외 정책적 영향은 말할 것도 없습니다. 이 경고와 함께 저는 '궁극적으로à la longue' 중요한 점은 독일인들이 그러한 범죄를 저질렀다는 게 아니라, 이들 범죄가 자행되었다는 점이라는 당신의 의견에 동의할 준비가 되어 있습니다.

　이제 제가 문제 삼은 문장, 기본적으로 당신 책의 주제를 구성하는 문장으로 돌아가겠습니다. 바로 정치와 범죄의 동일시입니다. 당신의 논리적 반대에서 시작하고자 합니다. '아우슈비츠는 모든 정치의 결과다'라는 문장의 논리적 대응물은 '핵 장비는 근대 기술의 결과다'가 될 것입니다. 당신은 '핵 장비 개발의 가장 극단적인 결과는 지구상에 있는 생명의 절멸이 될 것이다'가 아니라고 합니다. 당신이 아우슈비츠에 대한 전적인 책임이 정치에 있다고 주장하듯이 오늘날 핵무기에 대한 전적인 책임이 기술에 있다고 주장하는 사람이 많습니다. 제가 후자에게 그러듯이 전자를 논박하고 싶습니다. 하지만 여기서 논의의 쟁점은 당신이 "대량 학살"과 "최종 해결"을 동일시한 점입니다. 저는 당신이 불길한 단어인 "최종 해결"에 의해 이러한 동일시의 유혹에 쉽게 빠졌다는 점이 두렵습니다. 대량 학살은 실제로 모든 문제에 대한 가장 분명한 해결책이지만 최종 해결은 "유대인 문제에 대한 최종 해결일 뿐"이었습니다. 이는 유사한 질문들에 대한 "해결" 모델로 활용될 수 있습니다. 핵무기가 여기서 어떤 역할을 맡을 수 있다는 점은 타당하지만 대량 학살과는 아무런 관계가 없습니다. 아우슈비츠의 비참한 점은 모든 참여자가 재앙적 결과를 겪지 않고도 반복될 수 있다는 사실입니다.

전쟁에서 핵 장비 개발에 내재한 '정치적' 결과는 아주 간단히 말해 정치적 수단으로서 전쟁의 폐지입니다. 인간이 그 결과를 초래할 경우에만 일어날 수 있는 결과를 핵 장비 자체의 탓으로 돌리지 않는다면 말입니다. 당신이 생각하는 의미에서 전쟁 기술 발전의 정치적 결과가 초래될지는 확실하지 않습니다. 저는 이것이 아주 가능하다고 생각합니다만, 이는 누군가가 반박할 수 있는 의견일 뿐입니다. 제가 두려워하듯이 누구도 반박할 수 없는 점은 모든 곳에서 사람들이 핵에 의한 죽음에 관해 말하기를 멈춘다 해도 아우슈비츠는 여전히 가능하다는 점입니다.

우리의 정치 개념은 고대 그리스와 고대 로마, 17세기, 18세기 혁명들을 거치며 미리 형성되었습니다. 아우슈비츠가 이 전체 역사의 뿌리를 들춰냈다고 말할 수는 없습니다. 그래서 저는 당신이 모든 '현대' 정치의 뿌리가 거기에서 노출되었다는 점을 말하려 했다고 가정합니다. 하지만 이 한계 내에서조차 당신은 요컨대, 히로시마와 병행해 당신의 문장을 지지할 수 있을 뿐입니다. 제 생각에 이는 분명히 즉각적으로 스스로 시사하는 잘못된 결론입니다. 두 사건은 전쟁 과정에서 거의 동시에 발생했기 때문입니다. 하지만 그 결론은 예를 들어 드레스덴과 같은 도시의 폭격과 히로시마만이 전투와 연관이 있다는 사실을 무시하고 있으며, 사실 이들 사건은 현대적 수단으로 싸우는 전쟁에서 전쟁과 범죄 간의 차이가 유지될 수 없음을 보여주었습니다. 그런데 아우슈비츠는 전투와 관계없습니다. 이는 독일의 패배로만 중단될 인구 감소 정책의 시작이었습니다. 우리가 알고 있듯이 히틀러는 평화 시에도 이 인구 "절멸"을 계속했을 것입니다. 제3제국의 정책들은 범죄였습니다. 따라서 그때 이후로 범죄와 정치의 차이가 더는 존재하지 않는다고 말할 수 있을까요? 가장 현대적인 무기로 행해진 전쟁에서는 전쟁과 범죄의 차이가 더는 존재하지 않는다고 말할 수 있어도 제게 이는 잘못된 유비類比로 보입니다.

　　도피에 관해 마지막으로 한 말씀 드리고자 합니다. 목욕물과 함께 아이까지 버리기보다는 어떤 공통분모를 토해내는 병렬을 통해서 많은 특수자를 일반자 아래에 포괄해, 이를 여러 사례 중 한 사례로 만듦으로써 일어난 특정 사안을 과소평가하는 환상적 부류의 급진주의가 존재합니다. 제가 "도피주의"라는 단어로 의미하는 바는 바로 이것입니다. 제가 보기에 우리는 모두 "역사의 흐름"이나 미래에 관한 정당한 우려가 아니라 우리의 연합 과정에 휩쓸리듯이 이러한 도피주의를 종종 행합니다. 도피주의는 우리 직업상의 위험입니다. 구성물을 창조하기 위해 차이들을 없애지 않고 특정한 것을 고수하려고 끊임없이 새롭게 시도함으로써 도피주의에 대항할 수 있습니다.

　　저는 당신이 이 모든 것을 의미한 그대로 받아들이기를 바랍니다. 여기에는 그 어떤 공격도 의도하지 않았다고 말씀드릴 수 있습니다.

　　　　　　　　　　　　　　　　　성심을 다해,
　　　　　　　　　　　　　　　　　한나 아렌트

제시 글렌 그레이의 《전사들》 서문

     7년 전 글렌 그레이Jesse Glenn Gray의 《전사들*The Warriors*》이 출간되었을 때 이를 두고 뭔가 낯설고 거북한 일이 발생했다. 아주 수준 낮은 책들만 편집부에서 처분되기를 바라듯이 보통 아주 괜찮은 책들은 눈에 띄지 않을 수가 없다. 확실히 상상 가능한 거의 모든 일이 대부분의 출판물에서 일어날 수 있고, 일어난다. 이들 출판물은 무시, 비평가들만의 호평, 베스트셀러 목록과 같은 극단 사이에 놓일 수밖에 없다. 이는 매년 비평가와 독자에게 쇄도하는 출판물의 홍수를 고려할 때 달리 어쩔 도리가 없기에 우리 문화의 일반적인 분위기 속에서 최소한의 기준과 지적 정직성을 지키기 위해 이러한 규칙에 다분히 의존한다. 하지만 예외들을 통해 그 규칙이 입증되는데, 그레이의 《전사들》이 예외에 속한다는 점을 알 때 우리는 예외가 드물기를 기원할 수 있을 뿐이다. 이 책이 처음 출간되었을 때는 거의 주목받지 못했지만, 순전히 이 책이 시장에 깔려 있다는 사실에 힘입어 서서히 그리고 확고하게 예찬론자들과 애독자들을 확보했다. 애독자들은 이 책을 개인적 발견의 승리로서 소중히 여기는 각양각색의 독자층이다. 추정하건대 그들은 바로 이러한 개인적인 이유로 《전사들》의 저자를 심지어는 대작이 존재하는 데서도 거의 느낄 수 없는 친화력, 친밀감, 애정의 관점에서 마음에 두기 시작했을 것이다. 그러므로 비판과 여론이 매개하지 않은 이 진심 어린 환영이 이러저러한 이유로 악명 높고 미심쩍은 주류에 휩쓸리지 않았던 저자들을 기다리고 있기를 바라며 우리 자신을 위로하자.

더욱이 이 책과 관련해서 더디면서도 은밀한 성공과 묘하게도 적절한 무엇인가가 존재한다. 제2차 세계대전 당시 정보 장교였던 저자는 4년 이상의 전쟁과 적군의 점령 기간에 체험하고 학습한 사실들을 이야기한다. 한 친구가 당시 "'병사'로 생각했던" 이 특별한 전사가 공교롭게도 철학자였기에(그는 아주 아이러니하게도 콜롬비아대학교에서 받은 박사 학위증과 동일한 우편물로 군대 영장을 받았다) 이 4년 동안 일어난 일들을 이해하고 마음으로 받아들이는 회상과 성찰에 14년이나 걸렸다. "단순성 simplicity"을 학습하고 예술과 "구체적" 사유 및 감정의 언어를 유려하게 구사하기 위해 "추상적 사유의 단순화"를 버리고 나서 추상적 개념과 추상적 감정 둘 다가 실제로 일어나는 일에 대해 거짓일 뿐만 아니라 악의적으로 상호 연결되어 있다는 사실을 이해하는 데 많은 시간이 소요되었다. "추상적 사유는 추상적 감정의 비인간성과 엄격히 비교할 수 있기" 때문에 집단성, 즉 내 민족, 특히 전시의 적 또는 마지막으로 환멸 분위기 속의 '그' 적에 대한 사랑과 증오, 다시 말해 인류에 대한 증오나 맹목적인 충성은 민족이 그러하듯이 의심할 여지 없이 불의에 취약하다.

따라서 전쟁터에서 학습한 첫 번째 교훈은 적에게 가까이 다가갈수록 당신은 그를 점점 덜 미워하게 된다는 점이다. "전쟁터에서 멀리 떨어져 있는 민간인은 최전방의 병사보다 더 잔혹하다는 점이 거의 확실하다." 물론 그 병사가 살인자가 되거나 전쟁에 관한 추상적 개념과 감정을 가진 평화주의자만이 개념을 감정으로 착각하지 않는 한에서 말이다. 그래서 "구체적 감정을 소중히 여겼던 병사들은 전방의 도덕적 분위기가 후방보다 더 견딜 만하다는 사실을 발견했고, 그래서 전투에 대한 더 큰 압박과 개인적 위험을 기꺼이 받아들였다." 이 병사들은 또한 니체가 "증오와 공포보다 차라리 죽는 것이, 자기 자신을 증오와 공포의 대상으로 만드는 것보다 차라리 두 번 죽는 것이 낫다"라고 썼을 때 그가 "확실히 옳았다"는 점에 동의할 것이기에 우리 저자의 영적인 형제들이 되었다. 두 번째 교훈은 어떤 주의ism, 어떤 민족주의와 심지어는 애국주의, 인간이 세뇌되어 조종당할 수 있는 어떤 감정이 아니라 다만 전우애, 즉 "집단에 대한 충성이 전투 사기의 본질"이라는 것이다. 스스로 터득한 구체성, 즉 실제적인 것에 대한 변함없는 신의는 추상적 느낌과 추상적 감정에 빠져 있는 보통 사람만큼이나 추상적 사유를 정식으로 교육받은 철학자가 성취하기 어려운 것인데, 이는 유난히 진지하면서 아름다운 이 저작의 특징이다.

전쟁에 관한 책에서 가장 먼저 독자의 마음을 강타하는 것은 특유의 고요함이다. 고요함은 결코 가르치거나 설교하지 않는, 즉 저자가 기억하는 것을 가장 겸손하게 말하는 이 목소리의 온화하게 성찰하는 어조다. 회상은 첫 번째 페이지에서 시작한다. 14년이 지난 후 그레이는 자신의 전쟁 일기와 편지들을 다시 읽기 시작했다. 이로써 장면이 설정된다. 그는 이들 일기와 편지가 《국가》의 끝부분에서 불확실한 상태에 놓인 국민에 대한 플라톤의 묘사를 자신에게 상기시켜주듯이 "슬프면서도 우습고 이상하다고" 생각한다. 하지만 이들 일기와 편지는 또한 그가 얼마나 많은 것을 잊었는지, "그 세월과 내가 된 것 사이의 연속성 부재"에 대해서 자각하게 한다. 그래서 이제 그는 "계속해서 잊는 것이" 두렵다. 이러한 망각은 사실상 "내 전쟁 시절의 가장 깊은 공포…… 즉 이러한 일들에 진정한 목적이 없으며, 이들이 무엇도 의미하지 않거나 그다지 많은 것을 의미하지 않을 수도 있다는 점"을 확인시켜줄 수 있기 때문이다. 이 공포는 "여전히 나와 함께 있다"라고 그는 고백한다. 여기에서 우리는 그가 전혀 망각하지 않았지만 다만 지금에야 말할 때가 되었다고 결론 내릴 수 있다.

　　놀랍게도 그는 마치 자신이 말해야 할 사안이 이들 문제에 대한 세간의 확신과 근대적 감성의 흐름에 얼마나 거스르는지 몰랐던 듯이 자기 이야기를 "전투에 대한 지속적인 호소들"로 시작한다. "위험에 처한 단체", "극적 장면들"의 "강렬한 매혹", "에로틱한 사랑의 희열이 이에 대한 일시성으로 조건 지어지듯이 삶은 이를 감싼 죽음의 위협 때문에 달콤하다는" 점에서 죽음에 직면한 삶의 "강도와 절절함", "개인의 무력감에서 벗어나 동료들과의 일체감이 가져다주는 힘에 대한 도취"에서 기인하는 "상쾌함", 또한 우리가 그 대상에 완전히 몰입해 우리 "자아ego가 우리를 저버리고" 우리가 더는 "자기self의 벽에 갇혀 자아의 불충분성에 내맡겨졌다"고 느끼지 않을 때 강렬한 미적 기쁨에 가까운 감정, 마지막으로 시인 사포Sappho의 놀라운 직유에서 "참나무 위의 산바람이 우리 잎사귀와 가지를 흔들 듯 우리에게 엄습해오는" 전쟁 속 사랑의 경이로운 "강박"이다. 그레이는 지속적인 호소를 로버트 리Robert E. Lee 장군의 논평 "전쟁이 너무 끔찍한 점은 다행스럽다. 우리는 전쟁을 너무 좋아하게 될 것이다"를 인용하며 거듭해서 발생하는 "황홀ecstasy"이라는 용어로 요약한다. 이 모든 경험의 공통점은 이들 자기selves의 "'나'가 감지할 새 없이 '우리'로 바뀌"든 이들이 "이렇게 순환하는 세계의 부분"으로 크게 느끼든 인간이 문자 그대로 자기의 밖에 서 있거나 오히려 던져져 있다는 것이다. 이렇듯 인간은 너무나 살아 있다고 느껴서 역설적으로 보이지만 죽음은 이들에게 더는 중요하지 않다. 에로틱한 사랑이 황홀한 성격을 띤다는 데 동의하기는 쉽지만, 문제의 요점은 전우애도 황홀한 성격을 띠며, 우정은 더 강렬한 형태의 전우애라기보다는 그 정반대라는 점이다. "전우애가 자기의 벽을 깨뜨리기를 원하는 반면에 우정은 이 벽을 확장해서 공고히 유지하고자 한다. 한 관계는 황홀하며 다른 관계는 전적으로 개별적이다." 한쪽은 무도덕적(비도덕적이 아닌)이며 다른 한쪽은 도덕적 책임의 안내를 받는다. 그런데 모든 도덕성은 자의식에 의존하며, 따라서 일정 정도의 자기애에 의존하기에 자기희생은 우정보다는 전우애로 고무된다. "우정은 삶을 두 배로 소중하게 하며" "전장에서 전우들을 사로잡는 견디기 어려운 공포는 병사−살인자의 무모성에서 가장 멀리 떨어져 있기" 때문이다. 그리고 공포는 우리가 잘 알고 있듯이 선한 이유로든 악한 이유로든 똑같이 쉽게 일어날 수 있는 "자기희생에 대한 사랑"의 무모성에서 가장 멀리 떨어져 있다.

이 책을 다시 읽다 보면 끝없이 인용하고 싶은 유혹을 느껴 독자에게서 자신의 발견 및 이에 따른 큰 기쁨을 박탈할 수 있다. 표면상으로 이는 '호모 푸렌스Homo Furens'[1]와 '호모 사피엔스'에 관한 책이지만, 사실은 삶과 죽음, 사랑, 우정, 전우애에 관한 책, 용기와 무모성에 관한 책, 관능성과 "활력의 고조"에 관한 책, "비인간적 잔인성" 및 "초인간적 호의"에 관한 책이다. 이들은 정형화된 반대라기보다는 같은 사람 안에 동시에 존재하는 대립쌍이다("전쟁은 가장 작은 공간 및 가장 짧은 시간 내에 가장 큰 대립을 집약하고 있기" 때문이다. 이는 전쟁의 가장 큰 매혹이다). 궁극적으로 이 책은 황홀ecstasy의 정반대인 양심conscience에 관한 것이다. 양심은 "다른 사람들과 맞서서 단번에 자신들의 위안이 되는 존재presence를 잃는 것"을 의미하기 때문이다. 확실히 이 둘은 인간 실존existence의 기본적인 자료 그 이상도 그 이하도 아니다. 하지만 "인간이 극단으로 내몰리지 않으면 우리는 단순하고 원초적인 실재에 대면하지 않을 것 같다." 또는 이들 실재에 관해서 성찰하지 않을 듯하다.

---

1 '싸우는 사람'이라는 뜻이다. (옮긴이)

오늘날 전쟁에 반대하기는 쉬우며 글렌 그레이에게 이는 당연한 사안이다. 여기에는 히로시마도, 나가사키도 필요 없으며, 심지어 제2차 세계대전에서 그에게 "죄의 고통"을 가르쳐주기 위해 전투에서 죽은 병사보다 더 많은 민간인이 죽었다는 사실도 필요 없다. "죄의 고통"이 다른 모든 전투의 고통을 아주 자유롭게 다루었던 현대 소설에서 거의 완전히 등한시되었다는 점이 그를 아주 놀랍게 했다. 책의 큰 장점 중 하나는 현실을 부정하지 않고 우리에게 경고할 뿐만 아니라 왜 "오늘날 위대한 전쟁의 공포만큼이나 메마르고 따분한 평화의 공포가 여러 면에 크게 존재하는지"를 우리에게 이해시킴으로써 전쟁에 대한 반대를 강력하고 설득력 있게 만든다는 점이다. 자신의 주장을 뒷받침하기 위해 그는 자신이 위험과 고통의 세월 동안 알고 지냈다가 평화롭고 안락한 상황에서 다시 만난 프랑스 여성 이야기를 들려준다. 그녀는 다음과 같이 말한다. "어떤 일이든 매일 아무 일도 일어나지 않는 것보다는 낫습니다. 당신도 알다시피 저는 전쟁을 사랑하거나 전쟁이 다시 일어나기를 원하지 않습니다. 하지만 전쟁은 최소한 제가 살아 있다고 느끼게 했습니다. 전쟁 이전이나 이후에는 살아 있다는 느낌이 들지 않았어요." 그레이는 다음과 같이 논평한다. "평화는 전쟁의 흥분으로 덮어두었던 사람들 안의 공허함을 드러냈다." 그는 "우리 속에 있는 허무", "자기보다 더 큰 무엇"에 구속감을 느끼는 사람들의 환희에 대해서 경고한다. 지루함이 모든 전쟁의 공포보다 더 두려울 수 있을까?

이 저작은 신중하면서 차분하게 아펜니노산맥에서 일어났던 작은 에피소드로 넘어간다. 전선에서 그리 멀지 않은 이곳에서 그레이는 글을 모르는 한 노인을 만났다. 노인은 자기 당나귀 말고는 살아 있는 존재라고는 눈 씻고도 찾아볼 수 없는 데서 평화로이 파이프 담배를 피우는 영락없는 은둔자였다. 그는 까마득히 먼 데서나 보게 될 전투의 포성과 흙먼지에 몹시 당혹스러워했기에 가까이 풀밭에 있는 병사 그레이를 즉 각 환영했다. 그는 전쟁이 벌어지고 있는지도 몰랐다. 이는 아주 기묘했 다. 하지만 더욱 놀랍게도 두 사람, 즉 병사와 은둔자가 "서로를 잘 아는 듯이 자연스럽게 중요한 사안들에 관해 곧바로 이야기하기 시작했다." 여 기서 우리의 저자는 다시금 "단순하고 원초적인 실재"에 대면했지만, 이 제는 전쟁의 환희와 전투의 극단에서 멀리 떨어져 "평화롭고 정신이 온전 한" 상태였다. 이곳에서 두 사람이 말하자면 밖에서 역사, 즉 "중요한 질 문들인 나는 누구인가? 나는 왜 존재하는가? 삶에서 나의 기능은 무엇인 가?"에 관한 자신들의 관심사를 공유할 수 있었기 때문에 "친숙함과 분명 함"이 더는 멀어 보이지 않았다. 이는 박애였다. 그들 중 한 사람, 노인이 자 은둔자는 "단순성 재능"이라는 축복을 받았고, 다른 한 사람, 즉 병사 이자 철학자는 보통의 교양, 즉 우리가 가르치고 학습하는 것에서 미묘하 게 잘못된 모든 것에서 박탈되었기에 이것이 가능했다. 이것이 바로 일어 났던 일이기 때문이다. "내게 철학을 가르쳤고 내가 커다란 존경심을 품 었던 교수들이 내 상상 속에서 갑자기 보잘것없어졌다…… 심지어 서구 문명의 위대한 사상가들조차 갑자기 자신들의 위상을 잃고 그저 인간이 된 것으로 보였다……. 이들의 지혜는 거의 기괴하리만큼 그 상황에 들 어맞지 않았다." 풀밭의 병사 옆에 있는 글을 깨치지 못한 소작농에게서 그러한 지혜를 기대할 수 없었다. 그의 친구는 들어맞지 않은 것이 아니 었다. 이 둘은 문명의 외부, 전통과 문화의 외부에 있었다. 병사는 전쟁이 "밤새 별들을 바라보는 것" 외에는 상대할 아무것도 없는 외로운 참호에 내던져졌기에 그랬고, 은둔자는 "마치 병사가 바로 자연에서 불쑥 나타난 것처럼…… 진정한 자연의 아이"여서 그랬다. 한 사람은 전혀 배우지 않 았고, 다른 사람은 인간이 "자연의 나머지 가계와 관련해 인간 이야기의 의의를 부풀리게" 할 어떤 "오만"도 없었다.

이 책은 응당 그래야 하듯이 "전쟁의 미래"에 관한 성찰과 "영구 평화"에 대한 전망으로 끝을 맺는다. 낙관론과 비관론을 똑같이 "적절하지 않다"며 거부하고 "평화는 절대 약함, 탈진 또는 공포의 결과로 발생하지 않는다"라고 확신하면서 그는 강력하고도 힘센 자들(저자가 인용한 니체의 말로 "전쟁과 승리를 통해 차별화된 사람들")이 "검을 부러뜨릴" 때 그날이 오리라 희망한다. 이들은 "인간이 두려움과 증오를 받기보다는 차라리 두 번 죽기를 택해야 한다", "양심과 청렴을 저버리는 생존이 떳떳이 죽는 것보다 못하다"라고 말할 여유가 있기 때문이다. 어쩌면 이 구절에서 우리는 글렌 그레이의 친구가 그를 "병사"로 생각했다는 점을 가장 잘 이해하게 된다. 이 두 사람은 현재의 상황에서 삶은 최고선이 '아니다'라는 병사가 가진 기본 신조의 불가피한 최후 결론을 표명할 뿐이기 때문이다.

(1966. 02. 01. 뉴욕)

인간의 조건에 관해

제가 제기할 질문들은 오늘 우리가 들은 다른 강연자들이 표명한 내용과는 조금 다른 관점에서 이루어질 겁니다. 대부분 강연자는 특정 계층의 시민인 과학자를 대변했습니다. 과학자가 아닌 저는 우리가 아마도 가까운 미래에 당면할 문제들과 이들이 얼마나 심각한지를 일반적인 관점에서 질문하려 합니다. 다른 말로 표현하면, 저는 '어떤' 특정 계층의 구성원이 아닌 평균적인 미국 시민의 관점에서 문제를 제기하고자 합니다.

무엇보다 사이버네이션cybernation[1]은 새로운 '현상'입니다. 이는 과거의 산업 혁명과 구별되어야 합니다. 산업 혁명은 두뇌의 힘이 아닌 근육의 힘을 대체함으로써 이루어졌습니다. 오늘날 기계는 우리가 늘 '인간의' 정신 활동으로 인식해온 일정 정도의 활동을 떠맡을 수 있습니다. 제 의견으로는 이것이 정신 활동에 대한 재평가를 요구합니다. 지적 활동 자체가 무엇인지를 물어야 합니다.

지적 활동에 대한 이러한 재평가 자체는 그리 새롭지 않습니다. 예를 들어 제 유년 시절에는 체스를 잘 두려면 많은 지성이 필요하다는

---

1   "사이버네이션"은 더 보편적인 "사이버네틱스cybernetics"에서 파생된 단어이며 컴퓨터로 작업하는 사람들을 나머지 노동 계층과 구분해 가리키는 말이다. (편집자)

것이 일반적인 견해였습니다. 오늘날 기계들이 체스 경기를 상당히 잘할 수 있음을 안다면, 제 생각에 우리는 인간의 존엄을 위해 체스를 두는 지성은 분명히 여타 종류의 지성 또는 여타 종류의 사유와 같은 위상을 지니지 않는다고 말해야 합니다. 다른 말로 표현하자면, 체스를 두는 지성은 우리가 아주 정확히 "두뇌의 힘"이라고 부르는 것에 내재합니다. 근육의 힘이 개인마다 같지 않듯이 두뇌의 힘도 사람마다 같지 않습니다. 근육의 힘이든 두뇌의 힘이든 모든 사람이 균등한 몫을 가지고 있지 않기 때문입니다. 하지만 이는 인간이 기능하는 수준이나 인간으로서의 특별한 자격과 관련해서는 아무런 의미도 없습니다.

다른 예를 들어보겠습니다. 퍼크Perk 씨는 우리가 컴퓨터에서 기억을 아주 손쉽게 지울 수 있다는 운 좋은 사실에 대해 이야기했습니다. 하지만 이는 그 과정을 세뇌라 부르는 인간에게는 그렇게 쉽게 이루어지지 않습니다. 한 가지 점을 두고 저는 퍼크 씨와 논쟁하게 될 듯합니다. 공연 행위performance에 대해 말하자면, 인간의 기억 역시 아주 쉽게 지워집니다. 자기 자신과 아주 가까운 누군가를 잃은 적이 있는 거의 모든 사람이 알고 있듯이 사람은 상황에 적응할 수 있고, 대개 그렇게 합니다. 사람은 제 기능을 못 할 정도로 계속해서 상실감을 느끼지는 않습니다. 사실상 이는 기억에서 그 사건을 지우는 것입니다. 인간의 기억이 컴퓨터의 삭제 가능한 메모리처럼 우리가 기능하는 것을 돕거나 방해하는 것일 뿐이라면, 이는 아주 슬픈 상황이 될 겁니다.

물론 우리는 기억memory의 단순한 기술적 역량과 별개로 추억remembrance은 기억이 수행하거나 그렇지 않을 기능과 무관하게 우리 곁에 머무르리라는 사실을 알고 있습니다. 추억을 상실하는 일은 사실 우리에게서 인간 삶의 모든 차원, 즉 과거의 차원을 앗아가는 것입니다. 마찬가지로 우리는 추억을 기억의 기술적 기능과 구별하듯이 사유를 재평가하고 이를 두뇌의 기술적 기능과 구별해야 합니다.

생애 주기

사이버네이션은 또한 많은 조정이 필요하게 될 또 다른 현상을 불러왔습니다. 산업 혁명이 생활과 어떤 종류의 작업을 더 쉽게 만들었지만, 그것이 작업 일수를 줄이지는 않았습니다(오히려 작업 일수가 늘어났습니다). 가령 작업이나 노동과 같은 많은 활동이 더 쉬워졌을지 모르지만 이는 여전히 개인의 삶에서 적어도 같은 양의 시간을 사용했습니다. 심지어 산업 혁명 이후에도 인간의 삶은 여전히 노동 기간과 노동에서 회복되는 기간으로 나뉘었기에 우리 작업과 노동의 결과는 실제로 아주 많이 바뀌었지만 기본적으로 인간의 조건은 아무것도 바뀌지 않았습니다.

달리 말하면 산업 혁명의 결과로 작업의 성격은 변했지만, 생애 주기 자체는 중단되지 않았습니다. 인간은 일을 마치고 집으로 돌아와서 휴식을 취하고 다음 날 일에 필요한 에너지를 회복합니다. 이는 삶과 노동, 소진과 회복의 주기입니다. 이 주기에는 자체의 보상이 있습니다. 구약성서에 따르면 인간은 일용할 양식을 위해 노동하고 이를 자기 가족을 위해 집으로 가져오며, 일용할 양식을 다시 얻을 수 있도록 힘을 회복해야 합니다. 이는 인간의 생애 주기로 간주되며, 구약성서에서 저주로 여겨지지는 않습니다. 구약성서는 노동, 휴식, 노동의 자연적 주기에 담긴 더없는 행복을 이야기합니다.

물론 그리스인은 살기 위해 노동하고, 노동하기 위해 사는 것만으로는 충분하지 않다고 믿었습니다. 우리 중 많은 사람도 그렇게 믿고 있습니다. 하지만 우리가 그리스인을 아무리 높이 평가하더라도 (사실 저는 그들을 아주 높이 평가합니다) 인류 대다수는 자기 자식이, 그다음 자기 손자가 성숙해가는 것을 보는 보상으로 만족감을 제공한 생애 주기 안에서 살아왔습니다. 간단한 일들로 돌아가는 생애 주기에서 대부분 인간은 자신의 보상을 얻고 목적을 보았습니다.

이제 갑자기 우리는 이러한 생애 주기를 박탈당할 듯합니다. 항상 생존 이상의 야망을 추구하던 소수가 아니라, 만족하며 자기 과업에서 어떤 위엄을 발견하던 사람들은 그 위엄을 박탈당할 것입니다.

역피라미드

항상 그래왔듯이 다수가 소수를 위해 일하는 것이 아니라 이제 소수가 다수를 위해 일하는 역피라미드가 발생한다고 합니다. 이 역피라미드와 함께 "사회적 지위"의 전도가 발생합니다. 지금까지는 더 적게 일한 인간이 더 열심히 일한 인간보다 더 높은 사회적 지위를 가졌습니다. 하지만 이는 급속히 변화하고 있습니다. 경영자의 지위에 있는 사람들은 예컨대 산업 혁명 초기와 같은 역사상 최악의 시기에 노예들이 그랬듯이 힘들게 일합니다.

최근에 저는 친구들에게 간단히 여론 조사를 했습니다. 하루에 몇 시간이나 일하는지를 물었죠. 저는 이들이 하루에 열네 시간에서 열다섯 시간 일하면서 일주일에 고작 하루를 쉬고 있음을 발견했습니다. 이는 자주 논의되지 않았던 근본적 혁명이자 결정적 변화입니다. 인간은 일이 덜 중요할수록 더 많은 "자유" 시간을 누리는 듯합니다.

저는 여가라는 단어가 적절하지 않다고 생각하기에 이처럼 일이 없는 시간을 "여가"라고 부르고 싶지는 않습니다. 게으름과 여가에 대한 앨리스 메리 힐턴Alice Mary Hilton의 구분을 이전 강연자 중 그 누구도 다루지 않았습니다만, 이를 숙고해야 할 때입니다. 게으름은 "보기 흉합니다." 이는 우리를 조금 놀라게 합니다. 그래야만 합니다. "자유" 시간이 있을 때 마치 문화가 그냥 발생할 수 있듯이 문명이 단순히 저절로 번영하리라 생각해서는 안 됩니다. 우리가 지금까지 논의해온 "자유" 시간의 대부분은 힐턴이 정의했듯이 빈 시간, 즉 놀고 지냄입니다. 놀고 지냄이나 빈 시간은 비극적입니다. 힐턴의 말처럼 시민이 여가를 가졌던 그리스 문화가 떠오릅니다. 그리스어로 여가를 뜻하는 '스콜레'는 그 밖의 무엇인가에서 벗어나 있음을 뜻합니다. "스쿨school"이라는 단어가 여기에서 파생되었습니다. 여가를 갖는다는 것은 다른 활동을 위해 자유롭도록 특정 활동에서 벗어나는 것을 의미했습니다. 그래서 힐튼의 지적처럼 여가는 바로 놀고 지냄의 반대죠.

고대 그리스에서는 심지어 화가나 조각가 같은 예술가조차 너무 바빴기에 온전한 시민으로 인정받지 못했습니다. 한편으로 시민의 자유는 아테네 문화의 화려한 전성기를 창출하는 것이 아니라 정치 활동에 참여하는 것이었습니다. 다른 한편, 아테네 시민(그리고 로마 공화정의 전성기 로마 시민)은 정치적 과업과 의무를 수행하느라 너무 바빠서 빈 시간이나 놀고 지내는 시간이 없었습니다.

한가한 시간

한가한 시간, 즉 놀고 지냄의 문제는 로마 제국 쇠퇴기에 있었던 유일한 역사적 전례를 가지고 있습니다. 로마의 서민plebs은 빈 시간을 가졌습니다. 우리가 알고 있듯이 로마 서민의 빈 시간은 수 세기 동안 지속

됐음에도 문화의 전성기를 가져오지 않았죠. 로마 서민의 한가한 시간은 로마 제국이 벌인 끝없는 전쟁으로 종종 "줄어들었습니다." 제가 옳다면, 저는 옳기를 바라는데, 우리는 다시는 그런 "위안"을 갖지 못할 것입니다. 적어도 외교 정책 도구로서의 전통적인 전투는 어쩌면 사라져가고 있다고 생각합니다.

우리가 대면한 혁명은 의미심장합니다. 노동에서 자유로운 특정 계층 부류는 항상 존재했지만, 이 계층은 늘 사회의 최상층부에 있었습니다. 이제 우리의 바람은 모두가 그러한 상층부에서 살아가는 일입니다. 사실 인간 사회의 무노동 계층, 관례적인 이름으로 귀족이라고 부르는 계층은 대부분 전쟁에 참여했고 종종 다소 스파르타적인 규율을 발전시켰습니다. 이들은 노동과 작업에서 완전한 자유가 악화되는 것을 두려워해 극도로 완고했습니다.

우리는 적응할 수 있는가?

어떤 사회가 일련의 완전히 새로운 환경에 자체의 의지로 신속하게 적응할 수 있는지에 대한 의문이 제기되어왔습니다. 저는 인간이 정의상 조건 지어진 존재들일지라도 이들이 실로 자발적이고 신속하게 적응할 수 있다고 강력하게 말하고 싶습니다. 인간은 단순히 자신의 환경으로 조건 지어지지 않습니다. 인간은 환경을 조건 지으며, 환경은 차례로 인간을 조건 짓습니다. 이제 "환류feedback"라고 불리는 이 특수한 주기는 인류의 역사를 거쳐오며 아주 분명해졌습니다. 인간은 항상 스스로 행할 수 있다고 생각한 것보다 더 신속하게 새로운 조건에 적응해왔습니다. 환경이 실제로 변할 때 우리는 조건 지어집니다. 비록 우리가 조건 지어짐을 모를지라도, 비록 우리를 만들어왔던 조건에 관해 거의 모를지라도 말입니다.

저와 유사한 조건을 가졌고, 제가 본 것과 같은 변화 시기를 겪으며 살아온 사람들은 우리가 얼마나 적응을 잘하는지 알 것입니다. 제가 어렸을 적 거리에는 여전히 말이 끄는 마차들이 있었죠. 자동차는 일반적인 운송 수단이 되었습니다. 그런 다음 비행기가 발명되고 완벽해졌습니다. 저는 이러한 색다른 조건들에 한평생 거의 어떤 마찰도 없이 아주 잘 적응해왔습니다. 수백 만의 다른 인간도 그래왔죠. 새로운 운송 수단으로 야기된 변화와 정치적 격변이 불러온 추가적 변화를 고려할 때 제 적응력이 아주 놀랍습니다.

그러나 한가한 시간의 삶에서 변화는 다른 문제를 제시할 수 있습니다. 인류가 항상 적응해오긴 했지만, 한가한 시간에는 잘 적응하지 못할 수도 있습니다. 한가한 시간이 아무것도 조건 짓지 않기 때문입니다. 한가한 시간은 없음nothingness입니다.

사이버 문화 혁명의 결과로 우리의 경제 문제들은 비교적 쉽게 해결될 것입니다. 우리가 성공하기까지 많은 어려움이 있겠지만, 우리의 경제 문제들은 해결 가능합니다. 하지만 한가한 시간의 문제는 일부 매우 심오한 도덕적 계명, 즉 유대-기독교 전통만큼이나 오래된 계명에 도전합니다. "일하지 않는 자 먹지도 말라"는 격언은 "생육하고 번성하라"는 계명만큼이나 시대에 뒤떨어지고 이의를 제기할 여지가 있습니다. 둘 다 인구가 부족한 농업 사회에 놀랍도록 적절합니다. 양자는 인구의 폭발과 풍요에 시달리는 사이버 문화 사회에서는 위험합니다. 확신하건대 우리는 새로운 신용카드로 사고파는 데뿐만 아니라 모든 여타 경제적, 사회적 변화에도 아름답게 적응할 것입니다. 위험한 점은 한가한 시간의 문제입니다. 우리의 격언은 다만 "일하지 않는 자 먹지도 말라"에서 "기력을 쓰지 않는 자는 잠을 이루지 못한다"로 바뀔 뿐일까요? 사실 이는 완전히 별개의 사안입니다. 변화는 정말로 근본적입니다.

그리스 모델

우리가 그리스인을 모델로 삼고자 한다면 문화의 전성기에 관해 이야기하기 전에 그리스인의 정치 제도를 고려해야 합니다. 그리스 폴리스를 보고 우리가 폴리스의 제도를 채택하고자 하는지, 우리가 이를 채택할 수 있는지, 심지어 모든 그리스인이 같은 방식으로 채택하지도 않았던 이 정치 조직의 원래 모델을 우리가 뒤바꿀 수 있는지를 생각해보죠. 모든 폴리스는 다른 폴리스와 완전히 분리된 채로 고립된 유기체였기 때문입니다.

우리, 즉 20세기 미국인은 그리스의 자유 시민을 위해 폴리스가 수행했던 기능을 수행할 우리의 정치적 삶에 적합한 자유주의적 제도를 고안할 수 있을까요? 우리는 정치 활동 가운데에서 삶을 소비하고 우리의 한가한 시간을 공적 서비스로 채우는 일을 학습할 수 있을까요? 이러한 것들은 오늘 토론에서 우리가 제기한 근본적인 질문들입니다. 이 질문들에 대해서 우리는 반드시 적절한 답을 찾아야 합니다.

(1966)

근대 사회 위기의 특징

　　신사 숙녀 여러분, 이 심포지엄 초대는 여러 특수한 위기에 대처한 경험이 있는 개인들인 우리에게 인간이 노력을 기울이는 거의 모든 분야에서 수많은 위기 저변에 있는 어떤 위기 상태, 즉 정치 분야에서 이에 대한 분석을 통해 어떤 기준 및 행위 지침을 제시해야 하는 지속적인 혁명 상황이 분명히 존재함을 인정하라고 요청합니다. 또한 우리가 베트남에서 무엇을 해야 하는지, 유엔에 어떻게 대응하는지, 인종 불안의 의미 등의 질문에 답하기를 요구합니다.

　　저는 분명 이러한 희망들을 공유하기는 하지만 이것이 실제로 성과가 될지 너무 확신하지 않을뿐더러, 성과가 없다고 해서 학회가 실패하리라고도 전혀 확신하지도 않습니다. 특수한 질문들은 특수한 답변들을 받아야 할 것입니다. 금세기 초부터 우리가 겪어온 일련의 위기들이 우리에게 조금이라도 뭔가를 가르칠 수 있다면 우리의 판단을 확실하게 재단하는 일반 표준, 즉 어느 정도의 확신을 가지고서 특수한 사례들을 포괄하는 일반 규칙들은 존재하지 않는다는 단순한 사실이라고 생각합니다.

　　흔히 위기는 이들 규칙 및 표준의 와해로 자주 정의되어왔습니다. 이는 우리가 갑자기 사악해져서 이전 시대에서 영원한 진리라고 믿었던 것을 더는 인정하지 않아서가 아니라, 반대로 이러한 전통적 진리들이 더는 적용되지 않는 듯 보이기 때문입니다. 토크빌이 지적했듯이, 과거가 미래에 빛을 비추길 멈출 때 인간의 정신은 어둠 속에서 방황하게 됩니다.

물론 이는 과거가 더는 존재하지 않고 적절하지 않다는 것이 아니라, 자체의 확고한 타당성을 상실했음을 의미합니다. 인간의 정신이 어둠과 무명 가운데에서 방황하지 않으면 안 된다는 사실이 매우 의심스럽기는 해도 같은 이유로 미래가 끊임없이 불확실한 예측 가능성을 다분히 상실했음을 인정해야 합니다. 근대 예술과 근대 학문이 제1차 세계대전 훨씬 전에, 혹은 정치 영역에서 극적인 뭔가가 일어나기도 전에 자체의 놀라운 이력을 개시했다는 단순하지만 의미 있는 사실은 좋든 나쁘든 제게 이러한 전통 단절, 즉 일반 표준이나 규정의 상실을 원상태로 되돌릴 수 없음을 입증하는 듯 보입니다.

제 생각에 그 누구도 이러한 단절이 그 조건에서 살아가는 인간의 마음에 미친 영향을 윈스턴 처칠보다 더 구체적이면서 정교하게 표현하지 못했습니다. 그는 30여 년 전, 아우슈비츠와 히로시마, 수소 폭탄 등이 나오기 이전에 다음과 같이 적었습니다. "내가 자라면서 항구적이고 중요하다고 믿었던 물질적으로 확립된 어떤 것은 거의 지속되지 않았다. 내가 불가능하다고 확신했거나 그렇게 배웠던 모든 일이 일어났다." [1]

물론 이론적으로는 타당성을 상실한 일반 규칙과 기준을 먼저 정의하고, 이들에 무엇이 잘못되었는지를 분석한 다음, 우리가 더 잘되기를 바라는 다른 기준들을 생각해내는 것이 엄청나게 변화하고 매일 변하는 우리 세계의 실재에 더 적합할 수 있습니다. 현실적으로 말하면, 이것이

---

1 〈도덕 철학에 관한 몇 가지 질문〉《책임과 판단》(필로소픽, 2019), p. 128을 참조하라. (편집자)

실행 가능하다고 생각하지 않습니다.

　　반대로 우리가 이를 행할 때, 아주 명쾌하지 않게 될 가능성이 가장 커도 이를 끊임없이 행할 때면 언제나 우리 스스로 심각한 문제에 빠질 가능성이 있습니다. 분명히 특수한 사례들을 포괄하려는 관행과 일반적인 행동 규칙에 따른 이들에 대한 적정한 인간 반응은 한때 유효했던 낡은 규정들보다 훨씬 더 천천히 사라질 것입니다. 오늘날 일반 규칙은 1930년대 경험에서 온 것입니다. 오늘 아침에 현재와 뮌헨 협정(1938) 시기 또는 스탈린 체제하 냉전 시기 간의 유추를 거의 만장일치로 거부하는 것을 듣고 아주 만족스럽기는 했지만, 이 사안의 진실은 우리의 현행 베트남 정책이 전체적으로는 여전히 이 유추로 너무 자주 정당화된다는 점입니다.

　　전체주의, 공산주의, 유화 정책은 최소한 절대적인 것으로 받아들일 수 있는 일종의 부정적인 행동 기준이 되어왔습니다. 이 기준은 우리에게 무엇에 반대해야 하는지를 말해줍니다. 이것이 의미하는 바는 역사적 사건들이 우리가 처음으로 전례 없는 발전에 직면했던 수십 년 전에 폐기됐어야 할 정치 규정의 대체물이 될 위험에 처해 있다는 점입니다. 우리는 과거를 고려하지 않는 것이 아니라, 이른바 역사 교훈의 타당성을 신뢰하지 않으면서 생각하고 판단하며 행동하려 해야 합니다. 이는 어렵고 불편하지만 또한 큰 도전과 어쩌면 약속까지도 포함하고 있습니다.

　　그러나 이러한 것들은 나쁜 선례라고 여러분 중 일부는 대답할 것입니다. 《기독교와 위기 *Christianity and Crisis*》의 편집진이 마음에 두었던 행위 지침은 훨씬 더 고상하고 일반적인 성격을 띠고 있습니다. 여기서 우리가 논의하려는 것은 도덕 원리입니다. 글쎄요, 우리가 비슷한 난국에 처하게 될까 봐 걱정됩니다.

　　도덕적 진리는 철학에서 비롯되었든, 종교에서 비롯되었든 과학

명제의 불가항력적 타당성보다는 동의에 입각한 타당성에 더 가깝습니다. 이러한 동의는 궁극적으로 자명한 자체의 행동 기준을 가진 관례, 도덕, 관습이 될 때 모든 행위를 결정하게 됩니다. 우리는 모든 인간이 평등하게 태어났고, 이는 자명하다고 말할 수 있을 때까지 몇 세기가 걸렸는지 잘 알고 있습니다. 이 또한 사실은 하나의 동의입니다. 제퍼슨은 이것이 진리라고 '우리는 주장한다'라고 말했고, 합의(동의)를 더 설득력 있게 만들고자 하는 바람으로 "우리는 주장한다"라는 자명한 단어를 추가했습니다.

저는 개인적으로 선례, 즉 전통과 권위의 도움 없이 실재와 직면하는 혼란에서 마침내 새로운 행동 강령이 발생하리라는 점을 의심하지 않습니다. 우리가 예술과 학문 분야에서 매우 유망한 발전, 즉 전통의 파괴가 필수 불가결한 조건이 될 수밖에 없는 발전을 신뢰한다면, 인류가 전적으로 생존한다는 가정하에 너무 비관적일 이유가 없을 듯합니다. 이러한 생존은 "승리를 위한 대안은 없다"와 같은 구호가 더는 통하지 않으리라는 통찰에 상당 부분 의거합니다. 이 구호가 이전 시대의 전투에서는 전적으로 옳은 것이었을지라도 그러한 구호들은 최종적으로 폐기되어야 합니다.[2]

이 학회가 제공하는 것과 같은 의견 교환 없이는 이 방향으로 거의 나아갈 수 없습니다. 이는 항상 이해할 수 없는 일들에 대해 그래왔듯이 오늘날에도 곤혹스러운 질문들인 게 사실입니다. 아우구스티누스는 이해할 수 없는 사실들을 너무 연구해서 그것들이 얼마나 이해 불가능한

---

2 아렌트에 따르면, 히로시마 이후 전쟁 범죄에 반대하는 투쟁은 전쟁 자체에 반대하는 투쟁이 되었다. 이것이 함의하는 바는 근대의 전투 수단 자체가 범죄라는 것이다. (편집자)

지를 알았을 때 아무것도 발견하지 못했다고 생각해서는 안 된다고 말한 적이 있습니다. 이런 질문을 하는 사람은 질문을 점점 더 잘하게 될 것이기 때문입니다. 아주 흥미롭게도 이는 소크라테스의 의견이기도 했습니다. 즉, 우리가 선함이나 아름다움, 정의나 경건함을 정의할 수는 없으며 이에 대해 사람들을 설득하기 어려울지라도, 이들 주제를 생각하고 논의함으로써 더욱더 정의롭고 경건해진다는 것입니다.

결국 전례 없는 것들에 대해 논의하고 우리가 내린 결정들이 언젠가 전적으로 부적절하다고 입증될지라도, 우리가 해야 할 결정을 내림으로써 우리가 위기를 정의할 수는 없겠으나 그 저변에 깔린 위기에 더 적절하게 대처할 수 있고 궁극적으로 지구상의 국가 간은 물론이고 우리 자신 간에 새로운 동의를 위한 초석을 놓으리라 믿습니다. 그런 다음에 이 동의는 관습, 규칙, 기준이 될 것이고 그것은 다시 이른바 도덕성으로 고정될 것입니다. (제가 진보라는 말을 아주 좋아하지는 않아도) 이 사안들에서 진보를 위한 유일한 조건은 우리의 문제에 전례가 없고 우리가 확실히 위기 상황에 살고 있음을 자각하는 것입니다.

(1966)

혁명과 자유에 관한 강연

1

다음에 보게 될 성찰들은 미국의 공적 현안, 실은 세계 전반의 공적 현안이 바로 지금 처해 있는 곤혹스러운 문제 상황을 여러분에게 상기시킬 것입니다. 저는 이 현안들에 부여한 제목으로 결론을 예견할 수 있게 할 생각입니다. 혁명과 자유, 이 두 단어는 제게 아주 어둡고도 위협적인 미래 전망 속에서 우리가 볼 수 있는 불확실하게 깜박거리는 희망의 빛을 모두 요약해서 보여주는 듯하기 때문입니다.

희망의 불확실성에 주목하기에 앞서서 이보다 결코 덜 불확실하지 않음을 유념하면서 정당한 두려움의 전망에 잠시 머무르고 싶습니다. 제2차 세계대전이 종결되자 곧바로 "냉전cold war"이라 부르는 시기가 이어졌습니다. 저는 이 명칭이 부정확하다고 생각합니다. 우리 이후 15년은 불편한 "냉전 중 소강상태cold peace"였습니다. 이 상태에서 두 강대국은 다소간 성공적으로 자기 영향력 범위를 규정하고, 혼란에 빠진 세계의 급변하는 권력 구조에서 유리한 고지를 점하기 위해 다투고자 했지요. 하지만 실제로 "냉전 중 소강상태"를 우리가 "냉전"이라고 불러왔다는 사실 자체가 전쟁 공포에 대한 우리의 심각한 집착을 증명해줍니다. 우리가 다른 어떤 쟁점보다도 이 공포에 훨씬 더 집착했음은 같은 기간에 일어난 각각의 주요 위기, 가령 한국 전쟁, 수에즈 사태, 헝가리 혁명, 쿠바 혁명에서 분명해졌습니다. 이 각각의 사례에서 우리의 행동은 핵전쟁으로 비화할지 모를 큰 전쟁에 대한 공포를 통해 주로 결정되었습니다.

다른 한편, 최근에 일시적으로 재개된 핵 실험은 희망하건대 우리에게 냉전이 실제로 어떻게 될지에 대해 암시해줄 수도 있습니다. 이 실험들은 앞서 벌어진 실험들과 달리 평화 시 새로운 종류의 책동이라는 불길한 양상을 띠고 있기 때문입니다. 여기서 책동은 훈련에서 일반적인 부대작전 행동의 가상 적들이 아닌 적어도 잠재적으로는 실제 적들인 양측과 연관이 있습니다. 핵무기 경쟁은 적대 권력들이 서로에게 자신들이 보유한 무기의 파괴력을 과시하는 일종의 잠정적이고 가상적인 전투로 바뀌었습니다. 혹여라도 이 치명적인 게임이 갑자기 실제 사건으로 바뀌는 일은 항상 가능하겠지만, 어느 날 승리와 패배가 결코 현실에서 발발하지 않은 전쟁을 종결지을 수 있다는 것이 상상 불가능한 일은 아닙니다.

많은 사람이 히로시마에 실제로 원자 폭탄을 투하하기보다 무인도에서 새 원자 폭탄을 일본인에게 시연해 보이는 일이 훨씬 더 현명하며 인도적이리라 생각한 제2차 세계대전 말에도 잠재적으로 우리는 가상의 전투에 직면했습니다. 시연 그 자체만으로도 적군이 무조건 항복했을 것입니다. 명백히 가설에 의한 이러한 놀이는 거의 모든 위험을 계산할 수 있는 기술 발전의 단계를 전제로 해서 우연의 여지가 없습니다. 이는 또한 게임에 임하는 당사자 간의 지식과 노하우가 평등함을 전제합니다. 그래서 같은 경험을 가진 두 선수 간의 체스 게임은 둘 중 하나가 패배를 인정하거나 쌍방이 체크메이트 또는 교착 상태로 이어지는 모든 움직임이 실제로 이루어지기 훨씬 전에 교착 상태에 동의할 때 끝이 날 것입니다. 전쟁과 체스라는 이 낡아빠진 비교를 원용한 이유는 과거에는 그것이 사실이었다고 믿기 때문이 아니라 우리가 기술적인 폭력 수단을 완전히 숙달하는 방향으로 나아가고 있는 듯이 보이기 때문입니다. 이러한 측면에서 낡은 비유로 뜻밖에도 진리의 척도를 확보할 수도 있습니다.

그렇다면 냉전은 사실 가상 전쟁입니다. 냉전 중 소강상태처럼 가상 전쟁은 실제 전쟁에 대한 우리의 충분한 공포를 통해 결정됩니다. 때로는 우리의 유일한 희망이 마치 실제 전쟁을 가상 전쟁으로 대체하는 데 있는 듯 보입니다. 이는 최소한 우리가 모든 정책의 최후 보루로서 폭력 수단의 사용을 배제하는 국제 정세에 도달할 때까지는 그렇습니다. 확실히 이러한 진전은 여전히 먼 미래에 있습니다. 하지만 지금도 우리가 실은 이러한 도정에 있을지 모른다는 징후가 존재합니다. 이 징후는 전쟁이 더는 합리적 이유나 권력 정치에 근거해서 정당화될 수 없다는 다소 명백하나 종종 등한시되는 사실에 있습니다. 물론 이것이 전쟁의 발발을 불가능하게 하지는 않지만, 전부는 아니더라도 대부분의 오래된 정당화를 배제합니다. "노예보다 나은 죽음"이라는 고대의 지혜도, "여타 수단을 동원한 전쟁의 지속"이라는 19세기 전쟁의 정의도 우리가 대면할 수 있는 일종의 대규모 파괴에 적용할 수 없습니다. 더욱이 전자는 승자가 패배한 적을 본국에 데려와 노예로 팔곤 했던 고대 전투의 포로 상황에 그 기원이 있습니다. 모든 시민이 노예 상태로 분산되기보다는 몰살의 위험을 감수하는 편이 낫다고 개별적으로 동의한다면, 비록 이 결정이 전체 공동체를 포함하더라도 "노예보다 나은 죽음"을 개별적 결정으로 여겼습니다. 하지만 이 결정은 노예가 되는 것이 인간이기를 멈추는 것을 의미한다는 고대의 신념에 입각했습니다. 자유로움과 인간다움은 한때 같은 개념이었습니다. 육체적으로나 정신적으로 자신의 모든 역량을 발휘할 수 없는 인간은 더는 인간으로 여기지 않았습니다. 가난 및 질병 같은 일종의 불가피한 일이나 전쟁 및 노예 제도 같은 인간이 초래한 폭력이 그에게서 그 역량을 박탈했는지에 관계없이 말입니다.

오늘날 고대의 공식을 반복하는 사람들이 여전히 자유와 인간성의 일치를 믿을까요? "빨갱이가 되느니 죽는 게 낫다"라는 구호를 들을 때 사람들은 실제로 자유를 생각할까요? 이들은 오히려 풍요의 결과물이며 자유를 박탈당한 상태에서도 누릴 수 있는 삶의 방식과 생활 수준을 마음에 두고 있지 않을까요? 마지막으로 같은 목적을 위해 인류의 존재 자체를 위험에 빠뜨리는 것과 조국 및 후손의 삶과 자유를 위해 자신의 목숨을 거는 일은 아주 다른 것이라는 점이 분명하지 않습니까? 전쟁에 대한 클라우제비츠의 유명한 정의는 우리의 현재 상황에 적합하지 않습니다. 그의 정의는 19세기 전쟁의 현실에서 비롯되어 완전한 절멸의 가능성을 고려하지 않았기 때문입니다. 전쟁은 게임 규칙에 따라 행동하는 일종의 제한된 무력 경쟁에서만 다른 수단을 이용하는 정치의 지속입니다. 우리는 이 게임 규칙을 우리 역사의 비교적 짧은 기간 동안에만 알고 있었습니다. 제한적인 전투는 아마도 작은 국가 간의 갈등에서 여전히 존속할 수 있을지도 모르지만, 저는 이마저도 의심스럽습니다. 확실히 이는 강대국 간의 전쟁에서는 상상할 수 없는 일입니다.

정치의 본성에 대한 근대의 다른 혼란에서와 마찬가지로 우리는 질적으로나 양적으로 완전히 새로운 문제들을 새로운 사유의 관점에서 다룰 만큼 잘 준비되어 있지 않은 듯 보입니다. 절망적이기는 하지만 최후의 수단으로서 핵전쟁을 받아들일 준비가 된 사람들은 본질상 아무것도 변하지 않았고 낡은 방식의 정당화가 여전히 유효한 듯 가장하며, 일부 사람들이 예견하는 것만큼 손실이 크지 않을 것이다"라는 희망으로 자신들을 안심시키려고 합니다. 그러나 우리는 아마도 상상력의 빈곤이라 할 이 낙관론, 즉 상정할 수 없는 것에 직면하지 못하는 무능에 당연히 경각심을 가져야 할 것입니다. 이에 반해서 원칙적으로 핵전쟁에 반대한 사람들이 "죽느니 빨갱이가 되는 게 낫다"라는 오래된 정당화를 뒤집는 것보다 '자신들의' 정당화에 더 좋은 그 무엇도 제시하지 못한 것이 사실입니다. 그러므로 진부한 대안의 폐쇄된 영역에서 움직이는 전쟁 질문에 관한 전체적인 논의는 거의 항상 울타리의 양쪽에서 정신적 유보 상태로 진행됩니다. 빨갱이가 되느니 죽는 게 낫다고 말하는 사람들은 실제로 손실이 그렇게 크지 않을 것이며 우리 문명은 존속하리라 생각합니다. 반면에 죽느니 빨갱이가 되는 게 낫다고 말하는 사람들은 실제로 노예 제도가 그렇게 나쁘지 않을 것이고, 인간은 본성을 바꾸지 않을 것이며, 자유가 지구에서 영원히 사라지지 않으리라고 생각합니다.

핵전쟁의 위협이 우리가 처한 정치적 곤경 중 가장 크고 위험하다는 점을 의심하는 사람은 이제 없습니다. 하지만 저는 이러한 곤경을 여기서 논의할 준비가 되어 있지 않습니다. 제가 논의할 준비가 되어 있다 해도 기여할 부분이 별로 없을 듯해서 염려됩니다. 전쟁 질문이 아마도 수년간 여러분 마음속에 있었듯이 제 마음속에도 있었지만 말입니다. 그것이 무엇이든 우리의 일상적인 근심의 어두운 배경을 비춰주는 희망의 빛은 이제 거의 모든 관계자가 전쟁 자체가 정당화될 필요가 있다는 점과 그것의 유일한 정당화 가능성이 자유라는 점에 동의했다는 사실인 것 같습니다. 그래서 자유 개념은 오랫동안 정부의 목적이 자유가 아니라 인민의 복지, 즉 최대 다수의 최대 행복이라는 생각에 찬성하며 정치적 논의에서 사라졌는데, 이 개념이 다소 완곡한 형태이긴 해도 이제 국정 운영의 중심으로 돌아왔습니다. 자유는 정의, 권력, 평등과 같은 정치 영역의 많은 현상 중 하나일 뿐만이 아닙니다. 자유는 위기의 시대, 즉 전쟁 또는 혁명의 시대에만 정치 행위의 직접적인 목표가 될 수 있겠지만 실제로 인간이 애초에 정치 조직체 내에서 함께 사는 이유이기도 합니다. 정치의 존재 이유는 자유이며, 자유 없는 정치적 삶은 무의미합니다.

이렇듯 자유 개념이 전쟁 및 폭력 수단의 정당한 사용에 대한 논의에 들어오게 된 것은 비교적 최근 일입니다. 확실히 이론적 수준에서조차 전쟁의 정당화는 상당히 오래되었지만 당연히 조직적인 전쟁만큼 오래되지는 않았습니다. 이러한 정당화의 분명한 전제 조건은 정치적 관계가 정상적인 과정에서 폭력의 지배를 받지 않는다는 확신이며, 우리는 이 확신을 고대 그리스에서 처음으로 발견합니다. 도시 국가의 구성인 그리스의 폴리스가 명시적으로 폭력이 아닌 설득에만 토대한 삶의 방식으로 정의된다는 점에서 말입니다. 이러한 관계들이 자기기만에서 나온 공허한 말이 아니라는 점은 사형 선고를 받은 사람들을 햄록hemlock의 독배를 마시고 자살하도록 "설득"함으로써 아테네 시민들이 어떤 상황에서도 신체적 모독의 수모를 겪지 않도록 한 아테네 관습에서 보입니다. 하지만 그리스인에게 정의상 정치적 삶은 폴리스의 벽을 넘지 않았기에 폭력의 사용은 그들에게 오늘날 우리가 외교 문제 또는 국제 관계라고 부르는 영역 내에서 정당화의 필요성을 뛰어넘는 듯 보였습니다. 모든 헬라스Hellas[1]를 통일한 페르시아 전쟁을 제외하면 이들의 외교 문제는 그리스 도시 간의 관계를 벗어나지 않았지만 말입니다. 폴리스의 벽 외부, 즉 그리스적 의미의 정치 영역 외부에서는 투키디데스가 말했듯이 "강자는 자신이 할 수 있는 일을 했고, 약자는 자신이 겪어야 할 고통을 겪었습니다." 이야말로 그리스 초기 몰락의 원인을 제공했습니다. 이들의 폴리스 조직이 폴리스 간의 관계, 즉 도시 국가 간의 관계로 비폭력적 정치 수단을 도입하는 방식을 발견하지 못했다는 바로 그 점입니다.

문명의 역사적 틀 내에서 우리는 고대 로마에 정의로운 전쟁과 부정의의 전쟁이 존재한다는 첫 번째 관념으로 전쟁의 첫 번째 정당화를 발

---

1   그리스의 옛 이름이다. (옮긴이)

건합니다. 그런데 아주 흥미로운 점은 이러한 구분과 정당화가 자유와 관련이 없으며 공격적인 전투와 방어적인 전투 사이에 어떤 선도 긋지 않는다는 사실입니다. 티투스 리비우스는 "전쟁은 그것이 필요한 사람에게는 정의이고 무기 외에는 어떤 희망도 존재하지 않는 곳에서 무기는 신성하다"라고 말했습니다. 필요성은 리비우스 당대부터 수 세기에 걸쳐 오늘날 우리가 정의로운 전쟁보다는 정의롭지 못한 전쟁이라 별명을 붙이기에 아주 충분하다고 할 많은 사안을 뜻했습니다. 팽창, 정복, 기득권 방어, 새롭고 위협적인 권력 발흥을 고려한 권력의 보존, 주어진 권력 균형의 지지 등 이 모든 잘 알려진 권력 정치의 현실은 어쩌면 국민의 자유와 조금도 관계가 없습니다. 하지만 이 현실은 사실상 역사에서 대부분 전쟁의 발발 원인이었을 뿐만 아니라 필요성, 즉 무력 사용 결정을 불러오는 정당한 동기로서 인정되기도 했습니다. 침략은 범죄이며, 전쟁은 침략을 피하거나 막을 때에만 정당화될 수 있다는 생각은 제1차 세계대전이 근대 기술의 조건하에서 끔찍하게 파괴적인 전쟁의 잠재성을 보여준 후에야 이의 실천적 중요성과 심지어 이론적 중요성을 획득했습니다.

그러나 자유가 사실상 결정적인 역할을 하는 전쟁 문제의 또 다른 측면이 있습니다. 태곳적부터 인간은 외부의 침략자에 대항해왔습니다. 이러한 용맹한 봉기가 이론상으로나 실천상으로 유일하게 정당한 전쟁으로 인정되지는 않았으나 항상 신성하게 여겨졌습니다. 우리 세기의 전쟁이 조금이라도 정당한 행위라면 그 옹호자가 호소할 수 있는 유일한 전례는 그러한 반란과 해방의 전쟁들일 것입니다. 이는 이론적인 쟁점일 뿐만 아니라 최근 기록된 사실의 문제이기도 합니다. 이에 대한 모든 더 중요한 측면에서 볼 때 제2차 세계대전은 더는 오래된 의미의 권력 정치 때문에 발생한 게 아닙니다. 여러분은 상당한 여론이 제2차 세계대전을 전 세계적으로 맹위를 떨친 일종의 내전으로 간주했다는 사실을 기억할 겁니다. 이러한 이해에서 옳은 부분은 스페인 내전이 실은 뒤이어 일어난 세계대전의 일종의 서막이었다는 정도입니다. 확실히 쟁점들은 혼란스럽습니다. 전체주의 러시아는 공화주의 스페인 편에 서서 스페인 혁명을 공화국과 함께 파멸로 이끌었습니다. 2년 후 같은 체제는 독일의 전체주의 편에 섰습니다. 러시아가 결국 해방 전쟁을 치르고 자유를 위해 싸우기보다는 노예 제도보다 더 나쁜 것들에 맞서 싸운 사람들의 편에 서야 했던 것은 확실히 스탈린 때문이 아니라 히틀러 때문입니다.

그런데 실제 사실이 아무리 혼란스럽고 혼란을 불러일으켜도 하나는 부인할 수 없습니다. 전쟁과 혁명이 긴밀하게 상호 연결되어 있다는 점입니다. 좋든 싫든 이 관계는 오늘날 더욱 강력해졌습니다. 우리에게 거의 200년 동안 알려진 혁명은 어떤 여타 정치 현상이나 사건보다 자유와 더 긴밀하게 동일시되었습니다. 콩도르세Nicolas de Condorcet[2]가 18세기 프랑스에서 누구나 알고 있던 것을 요약했듯이 "'혁명적'이라는 말은 그 목표가 자유인 혁명에만 적용될 수 있습니다." 우리 시대의 슬픈 정치 기록을 본다면 레닌이 근 50년 전에 우리 세기의 지형이 전쟁과 혁명으로 결정되리라고 예언했을 때 그가 얼마나 옳았는지 숙고해보면 적어도 어떤 식으로든, 진심으로든 위선적으로든 핵심은 항상 자유였다는 점이 우리에게 위안이 될 것입니다. 심지어 오늘날 독재자조차 자유에 대해서 말해야 합니다.

우리는 이들 성찰에서 몇 발짝 더 나아갈 수 있습니다. 전쟁과 혁명이 서로 연계되어 있다는 점은 새로운 현상이 아닙니다. 사실 이러한 상호 연관성은 혁명 자체만큼이나 오래되었습니다. 혁명은 미국 혁명에서처

2 18세기 프랑스의 수학자, 철학자, 정치학자다. 당대 계몽주의자들과 교류했고 프랑스 혁명 시기에 반대파였던 자코뱅의 탄압을 받아 옥중에서 자살했다. (옮긴이)

럼 해방 전쟁에 선행하고 이를 수반하거나 프랑스 혁명에서처럼 방어와 공격의 전쟁으로 치달았습니다. 그런데 이들 18세기 사례에서 전쟁의 발단은 혁명이었지만, 우리 세기에는 종종 그 반대였습니다. 제1차 세계대전이 끝난 이후 우리가 어떤 정부도, 어떤 국가나 정부 형태도 전쟁의 패배를 견뎌낼 정도로 강력하지 않으리라고 거의 자동적으로 기대한다는 사실은 거의 관심을 받지 못했지만 상당히 주목할 만합니다(이것이 전혀 전례가 없는 경우는 아닙니다. 1870년의 보불 전쟁과 1905년의 러일 전쟁은 모두 패전국에서 단기간의 반란이 뒤따랐습니다. 프랑스에서는 심지어 제2제국에서 제3공화국으로 정부 형태가 바뀌었지만, 여전히 이들 전쟁은 전조에 불과했습니다). 제1차 세계대전 이후처럼 인민 스스로 주도하거나, 제2차 세계대전 이후처럼 무조건적 항복 및 전쟁 재판소 설립 요구와 함께 승전국에 의해 외부에서 강요된 정부의 혁명적 변화는 완전한 전멸을 제외하고는 오늘날 패배의 가장 확실한 결과입니다. 이러한 상황이 정부 자체의 결정적인 약화, 즉 존재하는 권력의 권위 상실 때문인지, 또는 시민에 의해 아무리 잘 수립되고 신뢰받는 국가라도 근대 전쟁이 전 국민에게 불러일으킨 비할 데 없는 폭력의 공포를 견딜 수 없기 때문인지는 미해결의 질문입니다. 우리의 맥락에서 보면 심지어 핵전쟁의 공포 이전에도 전쟁은 아직 생물학적으로는 아니지만 정치적으로 생사의 문제가 되었다는 부정할 수 없는 사실을 기억하기에 충분할 것입니다. 달리 표현하면 근대 전투의 조건하에서, 즉 제1차 세계대전 이래 모든 정부는 빌린 시간으로 살아왔습니다.

　　전쟁과 혁명의 긴밀한 상호 연관성은 더 확장될 수 있습니다. 비록 혁명에 관한 숙고에서 자유에 대한 답을 기대하는 것이 어리석을지라도, 이 짧은 논평은 우리의 현재 주제인 혁명과 자유가 아직은 답할 수 없는 전쟁 질문과 어떻게든 연관될 수 있음을 암시합니다. 우리는 기술적 발전의 지점에 이르렀습니다. 최근에 케네디 씨가 말했듯이 이 지점에서 인간에게 남겨진 유일한 선택은 전쟁이 인류를 폐기하기 전에 전쟁을 폐기해야 할 듯합니다. 그것이 이 현안의 마지막 말이 되리라고는 결코 확신할 수 없지만요. 기술 발전의 다음 단계가 우리를 일종의 전쟁으로 되돌려놓을 수 있다는 점을 충분히 상상할 수 있습니다. 그 전쟁은 아마도 지난 전쟁들보다 더 끔찍할 테지만 자멸적이지는 않을 것이고, 어쩌면 패배자들에게 완전한 생물학적 절멸을 초래하지도 않을 것입니다. 하지만 상상조차 할 수 없는 부분은 전쟁이 비교적 온건하면서도 제한된 군비 경쟁이 될 것이며, 그 결과로 패배자들의 영토는 몰라도 정치는 본래 모습 그대로 남겨두기에 혁명적이지 않으리라는 것입니다.

　달리 말하면 우리의 현재 곤경의 결과가 무엇이든 우리가 완전히 멸망하지 않는다면 (저는 반대되는 모든 증거에도 어쨌든 그럴 가능성은 적다고 생각합니다) 혁명 문제는 최소한 가까운 미래까지는 우리와 함께 있을 듯합니다. 우리가 더는 전쟁의 세기가 아닌 지점까지 이 세기의 지형을 바꾸는 데 성공하더라도 이 세기는 틀림없이 혁명의 세기로 남을 것입니다. 그리고 이제 혁명이 세계의 구석구석까지 퍼졌기에 강대국 사이의 평화적이고 비폭력적인 경쟁은 무엇이 혁명과 관련 있고 혁명에서 무엇이 중요한지를 어떤 권력이 더 잘 이해하고 있는지에 대한 간단한 질문으로 결정될 수 있습니다.

2

　인류의 기록된 기억만큼이나 오래된 전쟁과 대조적으로 혁명은 비교적 새로운 현상입니다. 18세기 말 위대한 혁명들 이전에는 정치 이론의 어휘에 바로 이 용어가 부재했습니다. 더욱이 이는 아마도 훨씬 더 관련성이 더 클 텐데, 혁명이라는 단어는 두 혁명의 과정 동안에만 근대적, 혁명적 의미를 얻었습니다. 최초의 혁명을 일으킨 사람들은 자신들의 기획에 관한 단어나 성격에 대한 사전 개념이 없었습니다. 이들은 존 애덤스의 말에 따르면 "기대 없이 부름을 받았고, 이전의 경향성 없이 강요당했습니다." 미국에서 사실인 것은 똑같이 프랑스에서도 사실이었습니다. 토크빌의 표현을 빌리자면 프랑스에서는 "다가오는 혁명의 목표가 구체제의 전복이 아니라 그 복원이라고 믿었을 수도 있습니다."

사실 우리가 혁명의 반대와 연관 짓는 복원restoration은 혁명이라는 단어의 본래 의미에 훨씬 더 가까울 것입니다. 천문학 용어인 혁명은 코페르니쿠스Nicolaus Copernicus의 《천구의 회전에 관하여De revolutionibus orbium coelestium, libri VI》에서 과학적 언어로 도입되었습니다. 이 단어가 지구상에서 유한한 인간들 사이에 일어난 일들을 은유적으로 서술하기 위해 천체에서 최초로 내려왔을 때, 우연한 움직임 속에서 영속적이고 저항할 수 없으며 계속 반복되는 운동인 인간 운명의 부침에 대한 생각을 담고 있었습니다. 인간 운명의 부침은 태곳적부터 태양, 달, 별들이 뜨고 지는 것에 비유돼왔습니다. 사실 우리는 17세기에 이미 혁명이라는 말을 정치적 용어로서 발견했습니다. 그러나 이 단어는 엄격한 은유적 의미에서 어떤 미리 정해진 지점으로 되돌아가는 운동을 묘사하기 위해 사용되었고, 따라서 정치적으로 어떤 미리 정해진 질서로 되돌아가는 운동을 나타내기 위해 사용되었습니다. 그래서 혁명이라는 단어는 우리가 혁명이라고 부르는 일이 영국에서 발발해 크롬웰Oliver Cromwell이 일종의 혁명적 독재 정권을 일으켰을 때가 아니라, 반대로 1660년 잔부 의회殘部議會, Rump Parliament[3]

---

3 영국의 청교도 혁명 때인 1648년 12월 장로파 의원을 추방한 후 독립파 의원만으로 이루어졌던 의회다. (옮긴이)

가 전복되고 군주제가 복원되었을 때 처음 사용되었습니다. 오히려 역설적으로 이 용어가 정치적, 역사적 언어 안에서 분명한 위치를 찾은 사건인 명예혁명Glorious Revolution조차도 전혀 혁명으로 여기지 않았고, 반대로 군주 권력이 이전의 정의와 영광을 회복한 것으로 간주했습니다.

　　"혁명"이라는 단어가 원래 복원을 의미했다는 사실은 의미론의 단순 특이성 그 이상입니다. 최초의 혁명이 복원을 목표로 발발했다는 사실을 깨닫지 못하면 혁명의 의미를 이해할 수 없습니다. 18세기의 두 혁명 과정에서 그 무엇도 행위자와 관망자를 통해 거듭 반복된 새로움에 대한 강조보다 더 두드러지고 뚜렷한 것은 없기에 우리는 이 역설적인 사실을 간과하기 쉽습니다. 그들의 주장은 그 의미와 위상에서 비교할 만한 일이 이전에 일어난 적이 없으며 완전히 새로운 이야기가 곧 펼쳐지리라는 것입니다. 그런데 두 혁명 과정에서 기존의 권력이 방해하고 침해한 구질서를 바로 복원하겠다고 굳게 확신했던 사람들이 대서양 양측에서 완전히 새로운 이야기를 시작했습니다. 이들은 세계가 마땅히 그래야 하는 대로였던 구시대로 돌아가고 싶다고 진심으로 간청했습니다. 새로움 자체가 바람직할 수 있다는 현재의 확신이나 새로운 것에 대한 열망보다 이들의 정신에 더 생소한 것은 없었을 겁니다. 새로운 시대, 즉 모든 달러 지폐에 지금도 새겨져 있는 새로운 정치 질서novus ordo seclorum에 대한 엄청난 파토스는 행위자들이 자기 의지에 크게 반해서 되돌아올 수 없는 지점까지 도달한 연후에야 전면에 나타났습니다.

　　이처럼 기묘한 의미 변화의 중요성을 확인하기에 앞서, 그리고 이를 불러온 원인을 더 깊이 조사하기에 앞서 우리는 혁명의 또 다른 양태에 잠시 주목해야 합니다. 이 양태는 혁명이 가진 예전의 천문학적 의미와 여전히 일치하며 근대적 사용으로 폐기되지 않았다는 점입니다. 짐작하건대 실제 혁명 과정 동안의 체험이 예전의 천문학적 의미와 모순되지 않았기 때문일 것입니다. 이미 지적했듯이 혁명의 원래 은유적 의미는 물론 천문학 용어는 저항 불가능성 개념, 다시 말해서 별들의 순환 운동이 인간 권한의 모든 영향에서 제거되어 미리 운명 지어진 길을 따른다는 사실을 아주 강력히 암시하고 있습니다. 혁명이라는 단어가 언제 최초로 저항 불가능성에 대한 '배타적' 강조 및 퇴행적 순환 운동의 함의 없이 사용되었는지 그 정확한 날짜를 우리는 알고 있거나 알고 있다고 믿습니다. 이러한 강조가 혁명의 역사적 이해에 아주 중요해 보였기 때문에 퇴행적 순환 운동에서 천문학 용어의 새로운 정치적 중요성의 날짜를 정하는 것은 일반적인 관행이 되었습니다.

1789년 7월 14일 파리의 밤이었습니다. 루이 16세는 리앙쿠르 Liancourt 공작[4]에게서 바스티유가 함락되었고 소수의 죄수가 해방되었으며 밀집한 군중 앞에서 황실 부대가 변절했다는 소식을 전해 들었습니다. 왕과 전령 사이에 이루어진 유명한 대화는 아주 간결하면서도 의미심장합니다. 우리에게 전해지기로는 왕이 소리쳤습니다. "이것은 반동이다 C'est une révolte." 리앙쿠르가 왕의 말을 바로잡았습니다. "아닙니다, 폐하, 이는 혁명입니다Non, Sire, c'est une révolution!" 천체에서 지구로 혁명의 의미를 전하는 오래된 은유의 의미에서 우리는 그 단어를 여전히 듣고 있고, 정치적으로는 마지막으로 듣습니다. 하지만 여기서 최초로 이 강조는 회전하는 순환 운동의 적법성에서 저항 불가능성으로 바뀌었습니다. 그 운동은 여전히 별들의 운동 이미지에 보입니다만, 여기서 강조되는 부분은 그것을 막는 것은 인간의 힘을 넘어서는 일이며 그것 자체로 하나의 법칙이라는 점입니다. 왕은 바스티유 습격이 반동이라고 선언했을 때 권위에 대한 음모와 도발에 대응하기 위해 자신이 마음대로 행사할 수 있는 여러

---

4   라로슈푸코 리앙쿠르La Rochefoucauld-Liancourt 공작을 의미한다. (편집자)

수단과 권한을 주장했습니다. 리앙쿠르는 거기서 일어난 사태를 돌이킬수 없으며 왕의 권한을 넘어섰다고 대답했습니다. 이는 저항이 불가능한것이었습니다.

우리가 알고 있듯이 바스티유의 습격은 시작에 불과했습니다. 19세기에 곧 역사적 필연성으로 개념화될 저항 불가능한 운동 개념이 프랑스 혁명의 첫 페이지부터 끝 페이지까지 울려 퍼지고 있습니다. 갑자기전혀 새로운 이미지가 낡은 은유 주위로 모여들기 시작합니다. 우리가 혁명을 생각할 때면 거의 자동적으로 프랑스 혁명 시절에 태동한 이미지에서 생각하기 시작합니다. 당시에 카미유 데물랭Camille Desmoulins[5]은 프랑스혁명에서 위대한 "혁명적 격류"를 보았습니다. 이 격류의 분출적 파고 위에서 행위자들이 태동했고, 이들은 그 역류가 표면에서 자신들을 삼켜 자신의 적들인 반혁명의 대리인들과 함께 사라질 때까지 휩쓸려 갔습니다. 그때 로베스피에르는 한편으로는 폭압의 범죄에서, 다른 한편으로는 자유의 진보에서 자양분을 받아 끊임없이 급격하고 맹렬하게 증대된 격동과 강력한 시대 흐름에 대해 말할 수 있었고, 심지어 관망자들은 "아무것도 예외로 하지 않고 누구도 막을 수 없는 장엄한 용암의 흐름", 즉 사투르누스Saturnus[6]의 징후인 "자신의 아이들을 집어삼키는 혁명"에 떨어진 광경을 목도하고 있다고 믿었습니다.

제가 방금 인용한 문구는 그 운명적인 시기에 일어난 일에 대한후일의 역사적 또는 반성적 설명에서 따온 것이 아닙니다. 이 문구들은행위자 자신들이 한 말이며, 그들이 의도적으로 행하거나 착수한 일들이

---

5 프랑스 혁명가로 자코뱅당의 논객이었다. 공포 정치에 반대하다가 당통 등과 함께 1794년에 처형되었다. (옮긴이)

6 고대 로마의 농경의 신으로 그리스 신화의 크로노스에 해당한다. (옮긴이)

아니라 직접 보고 듣고 목격한 일을 증언하고 있습니다. 확실히 이 문구는 이제 선동적인 성향을 띤 혁명 연설의 매우 진부한 재고품으로 변질했습니다. 하지만 이 문구들은 변질한 상태에서조차 실제적인 무엇, 즉 프랑스 혁명 이전에는 아예 일어나지 않았으나 이후에는 일정한 간격으로 일어났으며, 처음에는 유럽에서만 그리고 지금은 전 지구의 거의 모든 곳에서 발생한 무엇을 가리킵니다. 따라서 리앙쿠르가 가장 처음 얼핏 보았던 것이 무엇인지를 우리 자신에게 물어볼 가치가 있습니다. 혁명의 행위자와 목격자가 보고 들은 것은 무엇인지, 사유가 저항할 수 없고 돌이킬 수 없다는 것은 무엇인지에 대해서 말입니다.

먼저, 그 대답은 간단해 보입니다. 전혀 새로운 이미지로 표현된 이들 문구 배후에서 우리는 행진 중인 군중, 즉 이들 군중이 어떻게 파리 거리로 쏟아져 나왔는지를 여전히 보고 들을 수 있습니다. 당시 파리는 프랑스의 수도였을 뿐만 아니라 전체 문명 세계의 수도였습니다. 밝은 대낮에 처음으로 나타난 이 군중은 사실상 가난하고 짓밟힌 자들의 군중이었습니다. 이들은 혁명 이전의 모든 세기에 어둠과 부끄러움 속에 숨어 있었습니다. 그때부터 돌이킬 수 없었던 사태와 혁명의 행위자 및 관망자가 직접 그렇게 인정한 점은 지금부터는 공적 영역이 자유롭지 않으나 일상의 필요에 따라 움직이는 어마어마한 다수에게 그 공간과 빛을 제공해야 한다는 사실입니다. 이 공적 영역은 기억이 도달할 수 있는 한에서 '자유로웠고', 즉 삶의 필연성 및 신체적 필요와 관련된 근심거리에서 자유로웠던 사람들에게 지정된 공간입니다. 인류는 항상 두 양태의 자유가 존재한다는 사실을 알고 있었습니다. 하나는 소극적인 자유, 즉 타인들을 통한 제약에서 자유로운 것입니다. 다른 하나는 적극적인 자유, 즉 행위에서 자유로운 것이며, 다시 말해서 '나는-하겠다'보다는 '나는-할 수 있다'를 실현하는 자유입니다. 또한 항상 다소간 이해되어온 사안은 이 두 자유가 상호 연계되어 있으며, 제약에서 자유롭지 못한 사람은 그 누구도 행하는 데 자유로울 수 없다는 점입니다. 따라서 여전히 고대의 지혜를 가진 혁명가에게 자유로 가는 길은 두 단계로 나뉘어 있는 듯 보입니다. 제약(또는 폭압, 또는 어떤 문구가 사용되었든)에서의 해방이라는 소극적인 단계는 자유를 수립하거나 오히려 자유가 자유로운 인간의 말과 행위로 나타날 수 있는 공간을 형성하는 적극적인 단계로 이어질 수 있습니다. 첫 번째 단계의 특징은 폭력입니다. 해방의 폭력은 폭압의 폭력, 즉 인권과 잠재력의 침해에 맞서 싸워야 했습니다. 하지만 두 번째 단계에는 폭력이 없어야 했습니다. 심지어 고대 특권의 회복이 이들 특권을 합헌적 자유로 변형해야만 보장될 수 있고 따라서 완전히 새로운 이야기를 시작할 수밖에 없다는 점이 드러날 때조차 새로운 정부의 수립은 폭력의 사안이라기보다는 숙의의 사안, 즉 지혜와 신중의 적용에 대한 사안인 듯했습니다.

그러나 이처럼 비교적 간단한 혁명적 사건들의 구도(거칠게 요약하자면 미국 혁명 과정과 일치합니다)는 프랑스 혁명이 역사적 현장에 등장한 순간 전혀 적용할 수 없는 것으로 밝혀졌습니다. 이는 공적 영역에서 전혀 인정받지 못한 사람들의 존재를 고려하지 않았습니다. 이들은 고대에는 노예였고, 중세 시대 내내 농노 상태로 있었으며, 근대의 첫 몇 세기까지는 이들에게 "노동하는 빈민"이라는 매우 불확실한 위상만이 주어졌습니다. 결국 자유가 항상 특권, 즉 소수의 특권이었음이 이제야 드러나고 있습니다. 시민권을 지닌 공적 영역에서뿐만 아니라 소극적 측면에서조차 자유는 특권이었습니다. 소수만이 자유롭게 자유로울 수 있었습니다. 이것이 결정적인데요, 자유-liberty의 소극적 의미는 이제 타인들의 제약에서 자유로운 것 이상의 훨씬 더 많은 요소로 구성되는 듯했습니다. 현재 우리의 용어를 사용하자면, 연관된 공포에서의 자유뿐만 아니라 가장 특징적이고 심지어는 우선적으로 결핍에서의 자유였습니다.

공포에서의 자유는 소수조차도 역사상 상대적으로 짧은 기간에만 향유하던 특권입니다. 하지만 결핍에서의 자유는 극히 작은 비율의 인간을 수 세기에 걸쳐 구별 지어온 엄청난 특권이었습니다. 아마 누군가는 결핍에서의 자유를 아는 자만이 공포에서의 자유가 의미하는 바를 충분히 인지할 수 있는 위치에 있다고 덧붙이고 싶어 할 것입니다. 프랑스혁명 이후 돌이킬 수 없을 것처럼 보인 사안은 자유에 헌신하던 사람들이 결핍에서의 자유가 소수의 특권이던 상황을 다시는 받아들일 수 없다는 점이었습니다. 고대의 특권과 자유를 되찾고자 한 사람들은 어느 날 갑자기 그러한 특권과 자유를 한 번도 가져본 적이 없는 인민들을 해방하는 막중한 임무에 직면했습니다. 다른 말로 하자면 자유는 적어도 원칙적으로는 18세기 혁명 이래 완전한 평등과 동일시되었습니다. 비록 고대의 정치 이론과 실천이 자신과 동등한 사람들과 함께 지내지 않는 자는 누구도 자유로울 수 없다는 사실을 아주 잘 알고 있었지만, 이전에는 결코 평등을 향한 이러한 열망을 어떤 국가의 전체 인구를 대상으로 이해한 적이 없었다는 점은 지극히 사실입니다. 이는 혁명의 첫 번째 결과였으며 아마도 지금까지 혁명의 가장 위대하고 가장 광범위한 결과물일 것입니다. 이러한 사실은 혁명이 위대한 것의 사소함과 인간의 위엄을 맞붙게 했다고 로베스피에르가 말했을 때 의미한 바였습니다. 아니면 해밀턴Alexander Hamilton[7]이 미국 혁명은 인류 명예의 정당성을 입증했다고 이야기할 때 마음에 두었던 것입니다. 혹은 칸트가 루소와 프랑스 혁명의 가르침을 받아 마침내 새로운 "인간의 존엄"으로 이해한 것입니다.

그러나 제가 앞서 말씀드렸듯이 프랑스 혁명의 행위자와 관망자는 (어쩌면 그것이 첫 번째는 아니었겠으나) 이들이 빈민 대중에게 문호를

---

7   미국 건국 선조 중 한 명으로 미국 초대 재무부 장관을 역임했다. (옮긴이)

열어주었을 때 행해진 일을 돌이킬 수 없다는 데 깊은 인상을 받았을 뿐만 아니라, 운동 자체의 저항 불가능성, 즉 혁명적 폭풍이 인간에 의해 촉발되었을지라도 인간의 힘으로 막을 수 없다는 감각에서도 깊은 인상을 받았습니다. 이것이 왕과 전령이 받은 인상이었음은 그리 놀랍지 않을 수도 있습니다. 이들은 분명히 이러한 사건들을 불러오는 데 아무런 역할도 하지 않았기 때문입니다. 당연히 이는 제가 방금 인용한 혁명에 참여했던 사람들의 즉각적인 반응 및 생생한 이미지와는 다릅니다. 그들은 자신들이 그 결과와 내재된 힘을 예측할 수 없고 통제할 수도 없는 무언가를 시작했다는 사실을 알고 있었습니다. 이들의 행위가 자유를 목표로 하지는 않았으나 불가항력적으로 자신들이 전에는 알지 못했고 보지 못했던 무언가를 해방했습니다. '인민le peuple'이라는 말이 혁명적 함의를 얻어 혁명의 핵심어가 된 것은 파리 인민이 거리로 쏟아져 나온 순간이었습니다. 왕과 전령과는 반대로 인민이 불가항력적이라고 본 사태는 이전에 그 누구도 가장 중요한 정치 요인으로 생각하지 못한 "불행"의 절박한 긴급함뿐만 아니라 거대함이었습니다.

혁명 주체와 거리 군중 간의 이 관계를 설명하기 위해서 프랑스 혁명의 전환점 중 하나였던 유명한 여성들의 베르사유 행군에 대한 액턴 경John Dalberg-Acton [8]의 해석적 묘사를 인용하고 싶습니다. 시위대는 "어머니들의 진정한 역할을 떠맡았습니다. 이들의 아이는 불결한 집에서 굶어 죽어가고 있었으며, 그래서 그들은 그 무엇도 견딜 수 없는 다이아몬드바늘의 도움을 공유하지도, 이해하지도 않았던 동기를 제공했습니다." 군중이 공유하지도, 이해하지도 못한 동기는 본래 "인민"보다는 오히려 "국민"을 대표하기 위해 파리에 도착해 모인 대표자들의 동기였습니다. 이

---

8   19세기 영국의 자유주의적 역사가, 도덕가다. (옮긴이)

들의 이름이 미라보Victor Mirabeau든 로베스피에르든 당통Georges Danton이든 생쥐스트Louis Saint-Just든 그들이 관심을 가진 것은 정부, 즉 군주제의 개혁 또는 어느 정도 후에는 공화국의 설립이었습니다. 또 다른 방식으로 표현하자면 이들의 원래 목적은 고대 자유의 회복 형식이든 '자유의 확립constitutio libertatis' 형식이든 자유였습니다. 하지만 놀랍게도 파리가 이들에게 그 이후로 인류가 절대 잊지 않았던 자유의 조건과 선결 요건에 관한 교훈을 주었습니다. 교훈은 그것이 지닌 기본적인 단순함에도 새롭고 기대 이상이었습니다. 이 교훈은 다음과 같이 말합니다. "공화국을 세우기 위해서는 인민을 타락시키는 빈곤에서 끌어올려야 한다. 자긍심 없이는 그 어떤 정치적 덕도 존재하지 않는다. 비탄에 잠긴 자긍심은 존재하지 않는다"(생쥐스트). 자유, 심지어는 제약에서의 자유조차 빈곤에서 해방되지 않은 사람들에게는 단지 공허한 단어일 뿐입니다. 따라서 반드시 자유에 선행해야 하는 해방liberation은 단순히 전제적 군주나 전제적 정부 형태에서의 해방이 아니라 결핍에서의 해방을 의미했습니다. 인민을 매우 사랑한 제퍼슨조차 "대도시의 하층민"이라고 불렀던 자들의 끔찍한 고통에 대해 인민이 고찰해야 하고, 공적으로 고찰하게 되면 무엇보다 해방이 "옷과 음식 및 인간 종의 재생산"을 의미한다는 사실이 명백해졌습니다. 이는 마치 '상퀼로트sans-culotte'[9]가 자신들의 권리를 "인권과 시민권"의 선언을 담은 고상한 언어에서 구분하기 시작한 것과 같습니다. 해방은 생필품의 공급, 즉 당시에 "불행"이라 불렸던 사안의 폐지, 요컨대 사회적 문제의 해결을 의미했습니다. 이러한 요구의 긴박성과 비교할 때 최상의 정부 형태에 관한 모든 숙고는 부적절하고 무용해 보였습니다. "공화국?"

9　프랑스 혁명 때 혁명군 중에서 남루한 옷차림새에 장비도 허술했던 의용군을 가리킨다. (옮긴이)

로베스피에르는 이내 "군주제? 나는 사회적 질문만을 알 뿐이다"라고 외쳤습니다. 생쥐스트는 자신의 짧았던 생애 말년에 "공화주의적 제도"와 공적 자유에 대한 이전의 열정을 모두 잊은 것처럼 다음과 같이 결론을 내렸습니다. "인민의 자유는 자신의 사적 삶 속에 있다. 정부는 다만 강제력 자체로부터 이러한 단순한 상태를 보호하는 강제력일 뿐이어야 한다."

"불행unhappiness"이라는 용어로 잠시 돌아가보겠습니다. 미국 혁명에 대한 전혀 다른 체험 때문에 이 용어는 프랑스어 단어인 '불행le malheur, 불행한 사람들les malheureux'과 동일한 함의와 무게를 지니지 않습니다. 'les malheureux'라는 단어는 프랑스 혁명 과정에서 예전에는 아예 존재하지 않았던 사안이 되었습니다. 이 단어는 인민을 말하는 'le peuple'과 동의어가 되었습니다. "인민, 불행한 사람들이 내게 갈채를 보낸다Le peuple, les malheureux m'applaudissent." 이 말은 혁명 연설에서는 거의 관용구였습니다. 그래서 문제의 핵심은 그것이 정확히 이러한 'le malheur', 즉 저항할 수 없다고 느껴지는 이러한 고통과 불행, "그 무엇도 견딜 수 없는 다이아몬드 바늘"이라는 점입니다. 여기서 나타나고 저항할 수 없는 것으로 밝혀진 사안은 필연성, 즉 모든 인간이 신체의 일상적인 필요와 충동에 예속되어 있기에 얽매여 있는 필연성이었습니다. 따라서 이는 근대 이전에는 가정의 상대적 안전과 가족의 사적 삶 내에서 공적 영역과 그 자유에서 항상 숨겨지고 보호받아온 필연성이었습니다. 일단 이러한 필연성이 공적으로 나타나고 막대한 다수 인구의 고통으로 구체화되면 지구상에는 이보다 더 큰 힘이 존재할 수 없음이 밝혀졌습니다. 따라서 프랑스 혁명의 말로 "불행한 인민은 지구의 권력les malheureux sont la puissance de la terre"입니다.

3

프랑스 혁명의 페이지들에서 끌어낸 이 교훈에 꽤 오래 머물렀습니다. 같은 사실과 경험이 거의 모든 혁명에서 나타났기 때문입니다. 세계의 중심에 우뚝 선 것은 미국 혁명이 아닌 프랑스 혁명이었습니다. 따라서 "혁명"이라는 단어의 현행 사용이 이 나라를 포함한 어디에서나 그 고유의 함의를 갖게 된 것은 미국에서 일어난 사건들의 과정이나 건국 선조의 행동이 아닌 프랑스 혁명의 과정에서입니다. 하지만 우리가 혁명에 내포된 바를 이해하고자 한다면 가난에 도전하며 필연성에 정치적으로 대응한 이 첫 번째 싸움에서 패배했고, 이와 함께 혁명의 원래 목표인 자유의 수립과 확립에도 실패했음을 반드시 기억해야만 합니다.

프랑스 혁명의 경과가 최종적으로 확고히 한 점은 빈곤의 정복이 자유의 초석을 위한 선결 요건이라는 것이었습니다. 하지만 우리가 이 혁명에서 또한 배울 수 있는 부분은 가난과 필연성이 폭력, 즉 권리 및 자유의 침해와 같은 방식으로 다루어질 수는 없다는 점입니다. 분명히 프랑스 혁명가의 비극적 실수는 폭력으로 필연성에 대항한 점이었습니다. 하지만 이들 혁명가는 독재에 대한 투쟁에서 필연성, 즉 결핍, 고통, 빈곤이라는 강력한 힘을 사용하고 남용한 연후에야 이처럼 운명 지어진 길에 들어섰습니다. 다시 말해 자신들이 저항할 수 없게 만드는 그 "다이아몬드바늘"을 자신들의 노력에 덧붙이기를 바랐을 때였습니다. 그때 이 "다이아몬드바늘"은 그들이 몰락시킨 구체제와 똑같은 방식으로 그들이 무너질 때까지 그들에게서 등을 돌렸습니다. 이론적으로 말해서 폭력과 다투는 폭력이 내전이든 외전이든 전쟁을 불러일으킨다면, 필연성과 다투는 폭력은 항상 공포를 불러왔기 때문입니다. 단순 폭력보다 오히려 테러, 또는 구체제가 패퇴하고 신체제가 수립된 이후에 고삐가 풀린 공포는 혁명을 파멸로 이끌기 때문입니다. 파멸의 첫 번째 징후는 새롭게 권력을 잡은 사람들이 혁명의 유일한 목적과 목표가 자유라는 점을 망각하기 시작할 때 나타납니다. 따라서 프랑스 혁명의 종식은 모든 참여자가 인민의 비참함에 마음이 움직여 갑자기 "혁명의 끝은 인민의 행복이다Le but de la Révolution est le Bonheur du Peuple"라는 말에 동의하면서 시작되었습니다.

저는 이러한 사실과 경험이 거의 모든 혁명에서 나타났고 제가 마음에 둔 중요한 예외는 당연히 미국 혁명이라고 말했습니다. 다른 모든 혁명이 실패한 곳에서 미국 혁명은 성공했다고 말하는 점은 과도한 단순화일 수 있습니다. 그런데 역사의 이 과도한 단순화는 우리가 사유와 기억의 측면에서 이해하고자 할 때 정당화될 뿐만 아니라 필요하기도 합니다. 하지만 혁명가들이 미국 공화국의 건국 선조가 되었기에 미국 혁명이 성공했다고 말할 수 있다면, 이 성공은 거의 전적으로 혁명 이전의 미국 모습에서 빈곤, 고통, 불행이라는 요인들, 따라서 필연성이 부재했기 때문이라는 점을 곧바로 덧붙여야 합니다. 당시에 필연성의 문제는 거의 어디에나 있었고 오늘날에도 세계 대부분 지역에서 여전히 결정적인 요인들입니다. 저는 여기서 18세기 내내 그리고 17세기로 거슬러 올라가는 수많은 미국 여행 보고서에 남아 있는 증거를 인용하는 일은 삼가야 하리라 봅니다. 더욱이 우리에게는 유럽에 간 미국 여행객(아시다시피 그들 중에는 건국 선조도 몇 있었습니다)에 대한 공포에 휩싸인 이야기도 있습니다. 이 이야기들은 이 나라의 사회적 조건과 해외의 사회적 조건들을 분리하는 진정한 심연을 증언해주었습니다. 미국은 오래전부터 풍요와 번영의 나라였으며 이제 전 세계인의 눈으로 볼 때 자유의 땅이 되었습니다. 오늘날 우리 중 일부는 미국의 풍요와 번영이 자유로운 기업 체제와 정치적 자유 제도 덕택이라고 믿지만 당연하게도 대개는 완전히 자연적인 원인, 즉 대륙의 광활함과 엄청나게 풍부한 자원 덕택이었습니다.

따라서 다른 모든 나라가 실패한 곳에서 미국 혁명이 성공했다고 할 때 저는 이 혁명이 사회적 문제를 해결하는 데 성공했다고, 즉 이 혁명이 빈곤의 저주에서 한 나라를 구원할 수 있는 정치적 방안과 수단을 발견했다고 말하는 것이 아닙니다. 이는 신세계의 번영이 구세계의 희망과 사건에 미치는 막대하고 엄청나게 혁명적인 영향을 부인하려는 것이 아닙니다. 반대로 사람들이 처음으로 고통과 결핍이 반드시 인간 조건의 핵심은 아님을 보고 믿게 되었다는 점은 전적으로 사실입니다. 존 애덤스는 "항상 미국의 정착을 전 세계 인류 중 노예근성 부분의 해방과 무지한 사람들의 계몽에 필요한 섭리의 원대한 계획 및 설계의 서막으로 생각합니다"라고 말했습니다. 하지만 그는 혁명이 발발하기 10년 전 혁명 가능성을 전혀 모르는 상태에서 이 글을 썼습니다. 다른 말로 표현하면 사회적 문제는 미국에서 혁명을 통해 아주 잘 해결될 수 없었던 거죠. 그 순간에 어떤 해결책도 요구하지 않았다는 단순한 이유 때문이었습니다. 우리가 여기서 그래야 하듯이 혹인 노예제의 난국과 이것이 제기하는 완전히 다른 문제를 전혀 감안하지 않는다는 조건에서 그렇습니다. 따라서 어떤 외부 요인에 방해를 받지 않는 혁명은 본래 목표인 만인을 위한 자유를 보장하는 제도의 수립 및 군주제와 반대되는 이른바 공화국이라는 새로운 공적 영역의 토대를 이룰 수 있습니다. 제퍼슨의 표현으로 공화국은 만인이 "정부의 참여자"가 될 수 있는 곳입니다.

지금까지의 논의를 요약하고 몇 가지 결론을 내리기 전에 '자유의 확립'과 관련된 몇 가지 사안을 가능한 한 간결하게 말씀드리고자 합니다. 무엇보다도 먼저 이는 입헌 군주제의 수립을 통해서 확보될 수 있었던 시민권과 자유가 아니라 정치적 자유의 문제였습니다. 이는 시민이 공적 업무에 참여하도록 허용하지 않았을 것이기에 검토되고 나서 정반대로 결정된 가능성입니다. 18세기에 계몽된 절대주의의 통치하에서 자유의 부재는 개인적 자유의 부인이라기보다는 토크빌의 표현처럼 왕의 측근 외의 누구에게도 "공적 현안의 세계는 거의 알려지지 않았을 뿐만 아니라 비가시적이었기" 때문입니다. 혁명을 일으킨 사람들이 빈민들과 공유한 것은 이들 빈민이 떠맡을 역할과 아주 별개로, 또한 그 역할에 앞선 어둠obscurity이었습니다. 다시 말해서 이들에게 공적 영역이 비가시적이었다는 것, 같은 이유로 그들 자신이 가시화되고 의미를 지닐 수 있는 공적 공간이 없었다는 점입니다. 따라서 대서양 양쪽의 혁명가들에게 자유에 대한 사랑은 구별, 경쟁, 의미, '행위에서 보이는 존재spectemur agendo'에 대한 이러한 열정을 포함했습니다. 존 애덤스는 자기의 거의 모든 정치적 저술을 통해 행위에서 보이는 존재의 심리학적 중요성이 아닌 정치적 중요성을 발견하고 분석했습니다. 그러면서 그는 자신의 열정을 한 문장으로 정리합니다. "우리가 자기 자신의 즐거움을 발견하는 곳은 휴식이 아니라 행위에서다." 이러한 열정은 19세기와 20세기에 혁명가가 된 인물들에게 결정적이었지만 불행히도 간과된 동기 중 하나였습니다. 정치적 현실로서 자유를 요구하는 것은 바로 행위와 사유를 위해서입니다. 이러한 정치적 자유는 모든 입헌 국가에서 정부의 권한을 억제하고 정당한 사적, 사회적 추구에서 개인을 보호하는 시민권 및 자유와 구별됩니다. 그러한 권리와 자유는 정치체를 통해 보장됩니다. 따라서 정치적 영역의 관점에서 본 시민권과 자유는 소극적 자유이며, 정부의 한계뿐만 아니라 공적 영역 자체의 한계도 상세히 밝혀주고 있습니다. 주요한 정치적 자유 또는 주요한 적극적 자유는 언론의 자유와 집회의 자유입니다. 저는 여기서 언론의 자유를 제가 말하는 것을 엿듣는 정부 없이 사적으로 자유롭게 말할 수 있는 권리(알다시피 현재 공산주의 지배하에 있는 모든 국가의 규칙입니다)만으로 이해하지는 않습니다. 이러한 권리는 공권력으로부터 적절히 보호받는 소극적 자유 중 하나입니다. 언론의 자유는 공적으로 말하고 들을 수 있는 권리를 의미합니다. 인간의 이성이 틀릴 수 있다는 점에서 이 자유는 사상의 자유를 위한 선결 요건으로 남아 있습니다. 언론의 자유 없는 사상의 자유는 환상입니다. 더욱이 집회의 자유는 인간이 홀로 행위할 수 없다는 점에서 행위의 자유를 위한 선결 요건입니다.

이러한 숙고를 하기에 앞서 저는 오늘날 세계를 분열시키는 갈등이 (만약 그 갈등이 폭력 수단으로 결정되지 않고 총체적 절멸로 종결되지 않는다면) 혁명에서 중요한 사안을 우리가 이해하는 정도에 따라 결정될 수 있다고 말했습니다. 요약하자면 주로 두 가지 사안이 관련되어 있습니다. 빈민과 피억압자의 해방으로서 사회적 문제의 해결과 식민주의의 폐지 '그리고' 자유의 토대로서 새로운 정치체의 수립입니다. 제가 보기에 미국은 해방을 아주 잘 이해하지 못하고 있으며 이 나라의 정치인들은 이를 다룰 준비가 제대로 되어 있지 않습니다. 그들은 경험이 부족합니다. 저는 혁명 이전의 미국 모습에서 빈곤의 부재를 언급했습니다. 독립 전쟁이 훗날의 제국주의적 의미에서 식민지 권력에 저항해 싸운 것이 아님을 덧붙이고 싶습니다. 자유의 토대, 새로운 정치적 실체 구성에도 그것은 전혀 다릅니다. 이런 점에서 미국은 전체 세계, 특히 연달아 국민의 신분으로 떠오르는 새로운 인종 집단과 인민에게 본보기를 보일 수 있어야 합니다. 유감스럽게도 이 점에서도 우리가 부족하다는 사실이 드러났습니다. 우리가 실패한 이유는 당연히 우리 자신의 국가에서조차 해결할 수 없었던 인종 문제를 여기서 다루는 데 있습니다. 정치적, 시민적 평등을 위해 현재 흑인 동포 시민들이 펼치고 있는 비폭력 투쟁은 우리에게 이러한 혁명 양상에 관한 몇 가지 기본적인 교훈을 줄 수 있고, 따라서 미래에 우리 외교 정책의 가장 큰 책임이 아니라 우리의 가장 중요한 자산 중 하나가 될 것입니다.

모든 혁명은 그것이 무엇이든 두 단계, 즉 가난 또는 외국의 지배로부터의 해방 단계와 자유 토대의 단계를 거쳐서 진행되어야 한다는 점을 잊지 맙시다. 정치 과정의 측면에서 이 두 단계는 함께 갑니다. 그렇지만 정치 현상으로서 이 둘은 전혀 다르며 구별되어야 합니다. 우리가 이해해야만 하는 바는 단순히 해방이 자유를 위한 선결 조건이라는 이론적 공리가 아니라 필연성에서의 해방 그 긴박성 때문에 항상 자유의 구축보다 우선한다는 실질적 진리입니다. 더욱 중요한 점은 가난은 정치적 수단으로 극복할 수 없으며, 과거 혁명의 전체 기록은 (다만 우리가 이를 어떻게 읽을지 안다면) 의심할 나위 없이 정치적 수단으로서 사회적 문제를 해결하려는 모든 시도가 공포를 유발한다는 점을 결정하며, 공포가 혁명을 파멸로 치닫게 하리라는 것입니다. 우리가 결핍과 풍요라는 전적으로 자연 현상인 조건에서 여전히 살아가고 있다면 혁명이 세계 전반에서 성공할 수 있으리라는 희망은 사실상 없을 것입니다. 미국 공화국이 입각하고 있는 건국에 대한 미국의 위대하고 독창적인 경험은 오랫동안 존재해온 것, 즉 지역적 중요성과 거의 다를 바 없는 우연한 사건과 철칙에서의 예외로 남아 있을 것입니다. 하지만 이는 이제 더는 문제가 아닙니다. 대중 빈곤의 곤경을 해결하는 데 방해가 되는 어려움이 여전히 극심할지라도 자연과학의 발전이 그리 머지않은 미래에 모든 정치적 고려와 무관한 기술적 근거에 입각해 경제 현안에 대처할 가능성을 열어주리라는 아주 정당한 희망이 오늘날 존재합니다. 확실히 기술만이 제공하게 될 사회문제에 대한 해법은 궁극적인 자유의 확립을 절대로 보장하지 못하며, 다만 가장 뚜렷한 장애물을 제거할 뿐입니다. 그러나 그 해법의 단순한 전망조차도 최종적으로는 자유를 도입할 목적으로 필연성이라는 끔찍하고도 위험천만한 "다이아몬드바늘"의 사용을 배제해야 합니다. 빈곤과의 투쟁에서 기술 수단은 완전한 정치적 중립을 유지하며 취급될 수 있기 때문입니다. 그 수단들은 어떤 식으로든 정치적 발전을 방해할 필요가 없습니다. 로베스피에르가 "자유의 폭정"을 도입한 이래 우리가 자주 목격한 필연성이라는 암초에 자유가 좌초되는 일이 더는 피할 수 없는 것이 아닙니다.

결론적으로 마지막 두 주요 혁명인 헝가리 혁명과 쿠바 혁명에 주목하고자 합니다. 헝가리 혁명은 외국의 지배로 아주 빠르고 잔인하게 짓밟혔고, 쿠바 혁명은 아직 그 결말에 이르지 않았습니다. 헝가리 혁명은 미국 혁명 이후 제가 알고 있는 유일한 혁명이었습니다. 이 혁명에서는 빵, 빈곤, 사회 질서에 대한 질문이 아무런 역할도 하지 않았습니다. 이는 전적으로 정치적 혁명이었습니다. 인민은 자유, 즉 사상과 행동의 자유 및 언론과 집회의 자유를 위해 싸웠고, 이들의 주요 관심사가 자신들의 새 정부가 취해야 할 형태였다는 점에서 그렇습니다. 따라서 참여자(이들은 사실상 전체 인구에 해당합니다) 중 그 누구도 공산주의 체제가 국가에 끼친 심각한 사회적 변화를 되돌릴 생각을 전혀 하지 않았음을 상기하는 일이 중요합니다. 이는 정확히 그들이 당연시했던 사회적 조건들이었습니다. 이는 마치 전혀 다른 정황에서 미국 혁명가들이 인민의 사회적, 경제적 조건들을 당연시했던 것과 같습니다. 불행히도 쿠바 혁명은 매우 분명한 이유들로 그 반대 사례를 제공합니다. 지금까지 쿠바 혁명은 프랑스 혁명의 경로를 충실히 밟아왔습니다. 옳든 그르든 헝가리의 위기 시에 미국의 태도는 그 혁명과 관련된 것을 이해하지 못한 결과가 아니었지만, 다만 지정학적으로 미국의 이해와 관심 영역에 너무도 가까이 있는 쿠바 혁명에 관해 똑같이 말할 수는 없다고 생각합니다. 헝가리 혁명의 실패는 권력 정치에서 비롯되었다고 볼 수 있습니다. 그런데 쿠바 혁명 실패는 너무도 오랜 기간 부패가 만연한 후진국의 가난에 찌든 인민이 농장과 가옥의 어둠에서 갑자기 풀려나, 이전에는 전혀 보지도 못한 수도의 거리로 뛰쳐나가 "이 모든 것은 여러분의 것이고 이들은 여러분의 거리, 여러분의 건물, 여러분의 자산이므로 여러분은 긍지를 가져야 합니다!"라는 말을 들었을 때 이것이 무엇을 의미하는지 이해하지 못한 데서 비롯합니다. 이들 인민은 자유롭게 행동한다는 것이 무엇을 의미하는지 아직 알지 못하면서도 존엄하게 걷기를 열망하기에 자신들이 속아서 자유가 아닌 폭정을 초래하는 길로 내몰렸는지도 모른다는 사실을 깨닫는 데 이른바 전문가들(아무것도 상상할 수 없어 자신들이 모든 것을 안다고 생각하는 부류)에게 걸리는 시간보다 상당히 더 긴 시간이 소요될 것입니다.

자신들의 큰 공로 없이도 당당하게 걸으며 자유롭게 행동할 수 있는 조건에서 살아가는 특권을 누리는 자들은 이들 조건이 아주 거친 바다에 있는 섬의 조건이라는 사실을 기억하는 게 좋을 것입니다. 이 자유를 위한 토대가 혁명에서 수립되었으며, 이 혁명은 자신의 사적 안녕과 시민권을 소중히 여기는 그 이상은 아니더라도 최소한 '공적' 행복과 '공적' 자유를 소중히 여겼던 사람들이 이루어낸 것임을 기억하는 일이 궁극적으로 더욱 중요할 수 있습니다.

(1961)

미국은 본래 폭력적인 사회인가?

    과연 우리가 자연의 미덕과 사회의 악덕을 알 수 있을지 상당히 의문스럽지만 다양한 인종 집단이 거주하는 국가는 자연의 특질, 즉 국민성에 가장 가까운 등가물을 지니고 있다고 말할 수조차 없어 보인다. "유유상종"처럼 "같은 것은 같은 것을 끌어당긴다"가 인간 사회에서 자연스럽다면 미국 사회는 "본래" '인위적'이라고 말할 수도 있을 듯하다. 여전히 미국은 역사적, 사회적, 정치적 이유로 대부분의 다른 문명국가보다 폭력을 분출할 가능성이 더 높아 보인다. 하지만 준법정신이 아주 깊숙이 뿌리내리고 시민이 철저히 법을 지키는 국가는 좀처럼 보이지 않는다. 이는 미국 혁명 당시에 이미 명백했다. 그리고 그 핵심 사건이 폭력으로 기억되지 않기에 폭력은 이 나라에서 다른 나라에서와 같은 혁명적 색채를 띠지 않으며, 정확히 이 이유로 더욱 쉽게 폭력이 용납된다.

    보아하니 이 역설의 이유를 어쩌면 미국의 과거, 즉 식민지 국가의 무법성에 저항하는 법규 수립의 경험에서 찾아야 할 것 같다. 이런 경험은 새로운 정치체의 토대 및 1776년의 혁명에 이은 새로운 토지법과 함께 정점에 이르렀지만 끝나지 않은 체험이다. 이는 지난 세기에 있었던 많은 이민 물결의 통합에서처럼 아메리카 대륙의 식민지화에도 작동한 유사한 체험이었다. 매번 법은 박탈당한 모든 국민에게 내재한 무법성에 대항해 새롭게 확인되어야 했다. 미국인은 법이 정하는 막대한 평등권에 대해 어느 정도 알고 있으며 범죄적 폭력의 초기 단계에 대해 충분히 알고 있었다. 여기서 범죄적 폭력이란 당연히 단독적인 개인들이 상대적으로 손쉽게 동화되는 게 아니라 새로운 소외 집단의 통합이 항상 선행된다.

나는 미국 사회의 두 번째 특징이 현 상황에 더 적절하다고 생각한다. 집회의 자유는 미국 시민에게 가장 중요하고 가장 소중한 동시에 어쩌면 가장 위험한 권리다. 즉석에서 조직된 자의적 결사체의 개수는 토크빌이 처음으로 이들 조직을 묘사할 때 그랬듯이 여전히 우리 사회의 특징이다. 이들의 작업은 보통 법의 테두리 안에서 이행된다. 사회적, 정치적, 경제적 목표에 대한 이들의 추구는 일반적으로 정부 기득권에 대한 압력 단체를 통해 전달된다. 하지만 반드시 그렇지만은 않다. 워싱턴이 아주 많은 시민의 주장을 수용할 수 없을 때면 폭력의 위험성이 높아진다. 법을 자기 수중에 넣는 폭력은 아마도 다른 나라들에서보다 미국에서 좌절된 권력의 결과가 될 가능성이 높을 듯하다. 우리는 피비린내 나는 제국주의적 모험에 대한 반대가 메아리 없이 남아 있을 뿐만 아니라 행정부가 공개적으로 경멸하던 시대를 살아왔다. 이 제국주의적 모험에 대한 반대는 주로 도덕적 근거에 따라 캠퍼스에서 처음으로 목소리를 냈으며, 국가 전체에서 높은 수준의 의견을 거의 만장일치로 판결해 지지했다. 1960년대 초반에 강력하고도 비폭력적인 시민권 운동을 벌이던 학교에서 배운 반대파가 가두시위에 나섰으며 "체제" 자체에 울분을 터뜨렸다. 미몽에서 깨어나 전체 세대의 불만에 내재한 폭력의 위험은 매카시 상원의원[1]이 거리와 상원의 반대 세력 사이의 연결 고리를 직접 제공했다. 그

---

1 아렌트는 친구에게 베트남에서 미국의 모험을 극렬히 반대한 미네소타주 시인

는 자신이 "체제를 실험"하고 싶었다고 말했으며, 그 결과는 아직 결론이 나지는 않았지만 몇 가지 중요한 측면에서 재확인해준다. 대중의 압력은 정책에서 최소한 일시적인 변화를 강요했을 뿐만 아니라 젊은 세대가 체제를 폐지하지 않고 다시 작동하게 하는 이 첫 번째 기회에 뛰어들면서 얼마나 빨리 소외될 수 있는지도 입증했다. 이는 공화국이 한편으로는 대통령 권력의 비대칭적 성장을 통해, 다른 한편으로는 "비가시적 정부"의 훨씬 더 놀랄 만한 확대, 즉 적법한 비밀 정보 수집 기관이 그게 무엇이 되었든 정당성이 전혀 없는 비밀 정책 결정체로 변모하면서 여전히 위협을 받고 있다는 위험에 처한 사실을 부정하는 게 아니다. 쿠클럭스클랜Ku Klux Klan[2]과 존버치협회John Birch Society[3] 역시 자발적 집단이라는 사실을 잊지 말아야 한다. 이러한 집단이 폭력의 발발을 돕고 부추긴다는 사실을 누가 부인하겠는가? 집회의 자유를 없애지 않고 어떻게 이러한 위험을 없앨 수 있을지 알기 어렵다. 정치적 자유를 위해서 너무 큰 대가를 치러야 하는 것 아닌가?

　　세 번째 요소인 인종주의는 미국 사회에 너무 깊이 뿌리내려 "자연스럽게" 보이는 폭력의 압박에 대해 말할 수 있는 유일한 요소다. 탁월한 《시민 무질서에 대한 위원회 리포트Report of the Commission on Civil Disorders》에서 표현되었듯이 "인종적 폭력은 미국적 체험으로 초창기부터 상존했다." 이 나라는 민족 국가가 전혀 아니었기에 민족주의와 광신적 애국주

이자 정치인인 유진 매카시Eugene McCarthy 상원 의원을 언급했다. 그는 1968년에 민주당 대통령 후보로 지명된 린든 존슨Lyndon Johnson에게 도전한 첫 번째 인물이다. (편집자)

　　2　백인우월주의를 내세우는 미국의 극우 비밀 결사, KKK단이라고도 부른다. (옮긴이)

　　3　공산주의에 맞서 싸우기 위해 설립된 미국의 극우 단체다. (옮긴이)

의라는 악의 영향을 거의 받지 않았다. 다국적 사회체에 내재한 국내 폭력의 위험성을 토지법과 민족적 기원이 아닌 시민권의 초석을 고수함으로써, 사회에서 상당한 정도의 상호 차별을 용인함으로써 아주 성공적으로 대처했다. 하지만 민족주의와 인종주의는 같지 않다. 민족주의의 분출적 힘과 관련해 작동하던 부분이 후자인 인종주의의 파괴적 힘과 관련해서는 작동하지 않았다. 오늘날 우리는 종종 자신이 노예제, 즉 미국 과거의 가장 큰 범죄에 대한 대가를 치러야 한다는 말을 자주 듣곤 한다. 그렇지만 위태로운 역사적 시기는 지난 100년에 앞서 거의 250년 동안의 노예 제도보다 지난 100년의 '통합 없는 흑인 해방'이다. 남부에서나 북부에서도, 해방 이전이나 해방 이후에도 여태 흑인은 평등한 대우를 받지 못했다. 시민권 운동은 남부에서 법으로 인종 차별을 종식하는 데 놀랄 정도로 성공적이었고 다시 한번 조직화된 비폭력 행위에서 엄청난 권력 잠재력을 과시했다. 이보다 훨씬 중요한 사실은 이 운동이 개별 흑인과 관련해 국가 분위기에 급진적인 변화를 가져왔다는 점이다. 개인으로서 흑인은 처음으로 다른 인종 집단의 개인이 이전에 동화되었던 것과 거의 같은 방식으로 동화되었다. "형식주의tokenism"는 사실상 일보 진전했다. 개인에게 "예외"의 기회를 열어주었을 뿐만 아니라 최소한 사회의 교육받은 사회 층위가 더는 인종주의자가 아님을 보여주었기 때문이다. 하지만 이 같은 소수의 동화는 다수의 통합을 끌어내지도 수반하지도 않았다.

남부에서보다 사태가 더 첨예해 보이는 북부에서 우리는 최근 이민을 통해 뿌리가 뽑힌 집단을 분석하는데, 이들은 초기 단계의 다른 이민자 집단만큼이나 무법적인 집단이다. 이들은 지난 수십 년간 대거 도착했는데, 미숙련 노동력에 대한 수요가 급격히 감소하고 있을 무렵에 도착해 대도시의 심각한 분열을 재촉했다. 우리는 모두 그 결과를 알고 있으며 오늘날 도시 인구 중 인종 차별적 정서가 전례 없이 높아진 점은 비밀

이 아니다. 국민을 비난하기는 쉽다. 지금 일이 처리되면서 가장 잃을 것이 많고 지금까지 가장 큰 비용을 치르리라 예상되는 사람들은 바로 "이비용을 치렀으며" 최소한 그럴 여유가 있던 집단이라는 사실을 인정하기란 더 쉽지 않다. 무능이 폭력을 낳고 백인들이 무력감을 느끼면 느낄수록 폭력의 위험은 더 커진다. 통상적으로 영토의 제약을 받는, 따라서 적어도 원칙상 개인 각자에게 평등한 위상을 부여하는 "민족이라는 가족 family of nations"의 존재를 인정하는 민족주의와 달리 인종주의는 늘 타인을 상대로 절대적 우위를 주장한다. 결국 인종주의는 "타고난 성향으로" 굴욕감을 주며 이 굴욕감은 순수한 무력보다 훨씬 더 많은 폭력을 낳는다. 30년 전 앙드레 말로André Malraux는 《인간의 조건La Condition humaine》에서 "깊은 굴욕이 세계에 대한 폭력적 부정성을 불러일으킨다. 마약, 노이로제, 지속적으로 흘린 피만이 그 고독을 자양할 수 있다"라고 썼다. 민족주의는 도처에서 부상하고 있으며 그 위험성은 온갖 이유로 세계 도처에서 민족주의가 인종주의로 오염되었다는 점이다. 장기간 미국 사회에 내재한 인종주의가 실로 "혁명적"인 것이 되려면 미국 내 흑인을 노골적으로 무시하는 흑인 반발이 극단주의자들의 영향력 아래에 들어가야 한다. 이들 극단주의자는 흑인 반발을 세계 혁명, 즉 유색 인종의 세계 폭동 측면에서 생각한다.

우리가 지금 목격하는 흑인 폭력은 그런 종류의 폭력이 전혀 아니다. 정당화된 불만을 극화하고 조직된 권력의 불행한 대체물이 되기를 바라는 것은 다소 정치적이다. "그러한 폭력은 풍요로운 사회에서 저소득층의 폭력적 분노를 표출한다는 점에서 훨씬 큰 범위로 사회적이다." 즉, 풍요 사회에서 박탈감은 더는 다수의 부담이 아니며 따라서 소수만이 면제받는 저주로 더는 느끼지 않는다.[4] (위스키, 컬러텔레비전, 피아노를 취하려는 폭동 및 약탈과 구별되는) 극단주의자들이 설파한 폭력을 위한 폭력은 전혀 혁명적이지 않다. 이는 목적에 따른 수단이 아니기 때문이다. 그 누구도 권력을 쟁취할 수 있으리라 꿈꾸지 않는다. 그것이 폭력의 경합이라면 누가 이길지 아무도 의심하지 않는다.

실제 위험은 폭력이 아니라 정규 정부의 영역에 침투할 수 있는 정도에서 백인의 반발 가능성이다. 투표에서 그러한 승리만이 현재의 통합 정책을 중단시킬 수 있다. 그 결과는 끊이지 않는 재앙이 될 것이며 아마도 국가의 종말은 아니지만 확실히 미국 공화국의 종말이 될 것이다.

(1965)

---

4 존 갤브레이스John K. Galbraith,《풍요로운 사회 *The Affluent Society*》(1958)를 참조하라. 이 영향력 있는 저서는 제2차 세계대전 이후 미국의 부가 공적 부문에서보다 사적 부문에서 증대했다는 사실을 보여주었다. 오늘날 부의 분배 불평등에 대한 강조는 예언적으로 보인다. (편집자)

도스토옙스키의 《악령》에 대하여

모든 대작은 여러 단계로 읽을 수 있지만 모든 올이 잘 정돈되어 각각의 단계마다 일관된 전체를 형성해야 비로소 대작이다. 《악령*The Possessed*》(1869)이라는 소설은 가장 낮은 단계지만 필수적인 단계에서 모든 사건과 모든 사람을 검증할 수 있는 실화 소설roman-à-clef이라 할 수 있다. 줄거리는 실제 이야기가 중심으로 등장인물은 당시의 여러 신문에서 끌어왔다. 표트르 베르호벤스키[1]가 세르게이 네차에프Sergey Nechayev[2]이며, 그의 아버지 스테판 트로피모비치[3]는 티모페이 그라놉스키Timofey Granovsky[4]와 네스토르 쿠콜니크Nestor Kukolnik[5]의 혼합체이고, 샤토프[6]는 도스토옙스

---

1 《악령》의 주요 등장인물로 비밀 결사의 리더로 혁명 사상에 심취했으며 동지들과 방화, 살인 등의 여러 범죄를 저지른다. (옮긴이)

2 19세기 러시아의 혁명가로 극단적인 혁명 운동을 주장했다. 동지를 살해하고 망명했으나, 뒤에 체포되어 옥사했다. (옮긴이)

3 《악령》의 주요 등장인물로 뛰어난 지식인이나 구세대의 사상을 견지하는 인물로 젊은 사상가들과 마찰을 빚는다. (옮긴이)

4 19세기 러시아의 중세 연구 창시자다. (옮긴이)

5 19세기 러시아의 극작가다. (옮긴이)

6 《악령》의 주요 등장인물로 스타브로긴에 순종하며 표트르 베르호벤스키와 반목하다가 결국 비극적인 최후를 맞는다. (옮긴이)

키 자신이며, 나머지도 다 그런 식이다. 네차예프는 자신이 경찰과 협력해 어떤 음모 활동을 벌인 이후 스위스에 머물다가 귀국해 늘 양측을 위해 일했다. 스위스에서 그는 온 러시아를 포괄하는 "5인조"라는, 완전히 허구인 모임의 수장인 체했다. 거기서 그는 바쿠닌Mikhail Bakunin을 만났다. 바쿠닌은 네차예프에게 완전히 빠져들었고, 이들이 협력한 결과물이 《혁명가의 교리문답*The Revolutionary Catechism*》이다. 이 문답에 들어간 발상 대부분은 필시 네차예프의 것이다. 이 책은 자신의 이해관계, 심지어 이름조차 들어 있지 않은 불운한 인간의 유언이다. 그런 뒤에 그는 러시아로 돌아와서는 "해외에서 파견된 특사"인 체했다. 네차예프는 구성원들을 범죄를 통해 결속하려고 실제 "5인조"를 결성해 학생인 이바노프 살인을 실행에 옮겼다. 다섯 요원 모두가 체포되었지만 네차예프만 해외로 도피했다. 바로 이 무렵에 도스토옙스키는 《악령》을 집필했다. 네차예프는 이 작품이 출간된 해인 1872년에 스위스에서 송환되어 1882년 옥사했다. 또한 네차예프와 합쳐져 가상 인물 표트르 베르호벤스키를 탄생시킨 인물로는 여성들에게 대단한 매력을 발산한 "젊은 러시아"의 구성원 표트르 자이츠넵스키Pyotr Zaichnevsky[7]와 표트르 트카체프Pyotr Tkachev[8]였다. 그런데 러시아를 재건하고자 25세 이상의 모든 사람을 살해하자고 제안한 것을 볼 때 어쩌면 트카체프가 다분히 시갈로프[9]의 원형일 수도 있다. 공교롭게도 트카체프는 이 작품의 서평을 썼고, 등장인물 모두 혁명가가 아닌 정신이상자라 선언했다. 이 작품은 도스토옙스키의 허구가 당시의 실제 사건과 얼마나 밀접히 연결되어 있는지를 보여준다.

---

7 19세기 러시아의 혁명가다. (옮긴이)

8 19세기 러시아의 작가, 비평가, 혁명가다. (옮긴이)

9 《악령》의 주요 등장인물로 혁명 그룹의 지식인이자 사회 이론가다. (옮긴이)

지방 정부, 렘브케,[10] 시피굴린 노동자들에 대한 도스토옙스키의 묘사 역시 매우 사실적이다. 렘브케는 "나는 업무가 너무 과중해서 그 중 어느 하나도 해낼 수가 없어. 다른 한편으로는 내가 여기서 할 일이 아무것도 없다고 진심으로 말할 수 있어"라고 했다. 렘브케의 이 말은 외견상 러시아 전체를 통틀어 관료제의 믿기지 않을 정도의 무능을 아주 정교하게 묘사했다. 또한 아무도 관여하지 않았지만 노동자들이 정당한 이유로 파업을 진행한 시피굴린 사건도 있다. 도스토옙스키의 묘사는 완벽하게 사실적이다. 상트페테르부르크, 당시의 페트로그라드에서 1896년에 일어난 파업은 전부 다 어떠한 외부 개입도 없었다. 제도는 있어도 아무 짝에도 쓸모없었다. 그 결과는 "마치 땅이 발아래에서 푹 꺼지는 듯했다." 사회의 총체적 부패에서 노동자만은 예외다. 이러한 상황은 아둔함, 복잡성, 비효율성의 순전한 억압의 무게가 사회에 저항하며 뚫고 나가지 못하게 만드는 것처럼 보였기 때문에 한동안 어떤 성과도 없이 그대로 유지되었다. 하지만 누군가 레닌에게 "당신은 벽에 부딪혔습니다"라고 말하자 레닌은 "네, 그런데 벽이 썩었네요"라고 대꾸했다.

　　일반적으로 받아들여지고 있는 두 번째 단계에서 《악령》은 실제로 일어난 일에 대한 설명이거나 예언이다. 제정 러시아 체제는 무신론 때문에 몰락할 수밖에 없었다. 무신론은 "신의 은총으로" 권위를 부여받은 정부를 약화시켰고 인간이 더는 신을 믿지 않게 되자 정당성을 상실했다. 샤토프는 "러시아에서 봉기가 일어난다면 우리는 무신론에서 시작해야 한다"라고 선언한다. 이와 똑같은 생각이, "만약에 신이 존재하지 않는다면 어떻게 내가 선장이 될 수 있었겠어요?"라고 외치는 신들린 선장을

10　《악령》의 등장인물로 주의 주지사이자 사회 붕괴를 추구하는 표트르 베르호벤스키의 주요 표적 중 하나다. (옮긴이)

통해 더 간명하게 표현된다. 더욱이 무신론은 서구 사상과 연관성이 있다. 서구는 이미 부패했으며 마르크스주의 형태로 러시아를 부패시키고 있다. 유일한 저항은 슬라브족 숭배 Slavophil에서 나오며 여기서 러시아가 유일한 희망이다. 비록 러시아 지식인들은 믿지 않더라도 러시아 국민은 여전히 러시아를 희망으로 믿는다. 도스토옙스키는 이러한 묘사에 공감하면서도 "민중"을 사랑하는 부류가 실제로 민중을 위해, 특히나 러시아 민중에게 보인 경멸을 굉장히 사실적으로 묘사한다.

　　　니콜라이 베르댜예프 Nikolay Berdyayev[11]의 《러시아 공산주의의 기원과 의미 Sources and Meaning of Russian Communism》는 이러한 해석을 대변한다. 혁명은 내부에서 최초로 발생했으며 이는 외부의 혁명이 진행 중임을 나타낸다. 이때부터 도스토옙스키는 "악마에 가까운 예찰 재능"을 보였다. 최소한 여기에는 일말의 진리가 있다. 다시 말해 무신론은 지옥의 공포를 없애고 지옥의 공포는 수백 년 동안 인간의 악행을 막는 가장 강력한 요소였다. 하지만 도스토옙스키의 요지는 신에 대한 믿음이 없다면 모든 것이 '용인된다'로 뭔가 다르다. 여전히 표트르 베르호벤스키-네차예프는 실제로 스탈린과 기묘한 유사성을 보여준다. 그는 "결코 공격을 잊어본 적이 없으며" 시갈로프 체제의 "무제한 전제정"인 5인조 안에서 서로가 "서로를 감시하는 것"을 장려한다. 5인조 구성원은 모두 잠재적 정보원이다. 가령 리푸틴[12]은 "경찰 업무에 대한 특기할 만한 성향"이 있으며 레뱌드킨,[13] 특히 표트르 베르호벤스키 자신도 그렇다. 스탈린에 대해 말하자면, 그 유사성이 특기할 만하고 심지어 섬뜩하기조차 하다. 이는 마치 스탈린

11　19~20세기에 활동한 러시아의 종교 및 정치 철학자다. (옮긴이)

12　《악령》의 등장인물로 무신론자, 자유주의자다. (옮긴이)

13　《악령》의 등장인물로 마리야 레뱌드킨 대위의 오빠다. (옮긴이)

이 확실히 알고서 네차예프의《혁명가의 교리문답》을 자신의 모델로 삼은 것처럼 말이다.

분명 도스토옙스키 자신의 사안인 세 번째 단계에서 우리는 무신론에 대한 동일한 질문에 다가가는데 여기서는 훨씬 진지하게 접근한다. 그의 모든 소설에서 중심 질문은 신이 존재하는가가 '아니라' 인간이 신에 대한 믿음 없이 살아갈 수 있는가다. 우리가 이를 논의하기에 앞서 이 질문은 (과학은 이 질문을 제기하거나 대답하지 않는다고 답하는) 과학에서처럼 외부가 아닌 내부에서 믿음에 의심을 품는다는 점에 유의해야 한다. 내가 믿지 '않음'을 견딜 수 없어서 믿는다면 나는 분명히 믿지 않는 것이다. 도스토옙스키는 자신의 위대함이라 할 수 있는 이 사실을 알았다. 그는 자신이나 샤토프가 러시아나 인류에게 구원을 가져다줄 수 있으리라고 믿지 않았다. 이런 생각을 전혀 해본 적 없는 사람들, '단순히' 믿는 사람들, 즉 백치 마리야 레뱌드킨[14]이나 심신 미약자들만이 이를 행할 수 있다. 도스토옙스키에게 심신이 미약하지 않은 유일한 신앙인은 알료샤인데 그는 이 소설을 완성하지 못한다.[15]

습작 노트[16]에서 가장 긴박하고 중요한 질문은 우리가 문명화된다면, 다시 말해 우리가 유럽인이라면 신앙을 가질 수 있느냐 하는 것이다. 여기서 신앙은 최고 존재에 관한 어떤 모호한 개념이 아니라 그리스도의 신성을 의미하기 때문이다. 이는 사실상 분명하지만 도스토옙스키에게서 전적으로 그렇지만은 않은 두 가지 사실을 의미한다. 첫째, 도덕

---

14 《악령》의 등장인물로 레뱌드킨 대위의 여동생이며 지적 장애가 있다. (옮긴이)

15 도스토옙스키의 마지막 소설이자 미완성 소설인《카라마조프가의 형제들》을 가리킨다. (옮긴이)

16 아렌트는《악령》의 습작 노트를 참고한다. (편집자)

성은 계시에 입각해 정당성을 얻는다. 계시의 어느 한 부분이 무너지면 기독교와 기독교 도덕성 전체가 무너질 것이다. 믿음이 불가능하다면 전체적인 파괴를 요구한다고 해도 절대로 용서할 수 없는 일은 아니다. 반대로 죽음으로 마감하는 오랜 고통이 짧은 고통과 죽음에 대립해서 설정된다면 후자가 더 인간적일 것이다. 여기서 인류는 신앙 없이 생존할 수 없다는 추론이 가능하다. 둘째, 말씀이 그리스도 안에서 육화되었다. 이것이 곧 현현incarnation이다. 지구상에서 신성의 가능성은 이 사건에 입각하고 있다. 도스토옙스키에 따르면 현현은 절망 속에 존재하는 유일한 구원이다. 참된 비신앙의 대표자는 스타브로긴[17]이다. 그는 "선과 악의 감각도 없고 지식도 지니지 않은" 영웅이다. 그가 실패한 원인은 바로 "삶이 그를 기절할 정도로 따분하게 했다"라는 무심함이다. 동시에 그는 완전한 자유의 감각을 지니고 있다. 하지만 도스토옙스키는 도덕성을 인간이 스스로 예속되는 주인의 강령으로 이해한다. 주인이 신이며 그 전범은 그리스도다. 인간은 초월적이며 자신을 뛰어넘는 (무엇이 아닌) 누군가에 속한다.

《악령》은 다른 어떤 질문보다 바로 이 질문과 한층 명시적으로 연관이 있다. 다시 말해서 이 작품은 신앙의 상실이 가져올 비참한 결과를 입증하고자 한다. 이는 소극적인 주장이다. 하지만 이 작품은 소설이기에 어떤 논점도 없고 작품의 플롯과 등장인물의 진실성만으로도 상당한 영향력이 있다. 한 논점으로 정식화하면 이 작품은 다음과 같이 말할 수 있다. 인간이 순종해야 할 대상인 신을 제거해도 그는 여전히 종으로 남아 있다. 인간은 오직 신을 섬기는 대신 이제 관념을 섬긴다. 신이 더는 인간을 소유하지 않으며 인간은 사탄처럼 행동하는 관념에 '홀려 있

---

17 《악령》의 주인공으로 뛰어난 외모와 압도적 카리스마를 겸비했으며 주변 인물과 사건에 큰 영향을 끼친다. (옮긴이)

다possessed.' 당신이 관념을 갖는 것이 아니라 관념이 당신을 소유한다. 스테판 트로피모비치의 머릿속에는 온통 고상하고 귀족적인 관념이 가득하다. 스테판은 범죄 의도가 있는 아들을 낳았을 뿐만 아니라 자식에 대한 태만, 사기, 범죄자인 농노 페드카를 노름빚 때문에 팔아넘기는 등 자신의 완전한 무사유도 범죄에 가깝다. 그는 악한 게 아니라 자신의 머릿속에서 관념들이 보통의 사려 깊음을 쫓아냈을 따름이다. 사람들은 합법적인 주인의 하인이 되는 대신 자기 관념의 하인이 된다. "사상의 하인 근성"은 샤토프를 통해 몇 번 언급된다. 이는 "유령의 지배"다. 유령의 배후에 어떤 실제도 존재하지 않아서다. 심지어 유령의 지배는 관념 중에서도 가장 고귀한 것, 즉 자살로 입증되는 절대적 자유의 관념에도 적용된다. 공교롭게도 관념의 하인이 아닌 베르호벤스키가 키릴로프[18]에게 "당신은 관념을 통달하지 않았다. 하지만 관념이 당신을 통달했다"라고 말했다. 이 기이한 홀림은 우리가 관념을 단순히 머리로만 생각하지 않기에 발생한다. 어떤 관념은 "느껴지고" "실제로 이행된다."

이처럼 인간을 사로잡는 관념들 가운데 가장 강력하고 매력적인 것은 총체적 파괴 관념이다. 이 관념이야말로 진공상태에서 직접 발생하고 창조의 가장 강력한 '전도'이기 때문이다. 이러한 진공상태는 단순히 신에 대한 신앙의 부재가 아니라 계시에 대한 신앙이기도 하기에 말이 육화된다. 또한 이 관념은 살아 있는 인간들 안에서 그 계시를 발견한다. "인간을 붙들고 있는 관념은 총체적으로 그 자신을 지배하지만 그 생각을 병합의 수단으로 사용하는 것만큼 자기 생각을 지배하지 않는다. 일단 '육화되면' 그 관념은 행위로 즉각 전환해야 한다. "자신의 신념을 바꾸는 것

---

18 《악령》의 주요 등장인물로 자신의 자아 의지를 주장할 방법으로 자살을 계획한다. 표트르 베르호벤스키 대신 샤토프 살해죄를 뒤집어쓰고 자살한다. (옮긴이)

은 바로 그 사람의 인생 전체를 즉각적으로 바꾸는 것이기” 때문이다(《악령》의 습작 노트). 이런 현상, 즉 하나의 관념이 인격화되어 실행된다는 현상은 극도로 진지하게 받아들여진다. 도스토옙스키에 따르면 이로써 러시아식 이데올로기를 이에 대한 서구의 동업자들과 구분한다. 인간은 '걸어 다니는 관념'이다. 이러한 관념은 그것이 요구하는 바를 수행하며 이 '논리'를 실행에 옮긴다. 이들에게는 참된 신앙이 있기에 이를 상실할 때 훨씬 더 위험해진다. 다른 한편, 관념의 계시는 그 생산자가 '우상'이 될 수 있음을 의미한다. 이러한 계시가 바로 베르호벤스키가 스타브로긴에게 “당신이 없다면 나는 한 마리의 파리, 그러니까 병 속에 갇힌 관념입니다. 미국 없는 콜럼버스죠”라고 한 것과 같다. 여기서 우상이 의미하는 바는 신이 인간이 되는 대신에 인간이 신이 되려는 것이다. 진보를 믿지 않는 베르호벤스키는 자기기만에 사로잡힌 다른 사람들처럼 관념의 지배를 받지 않는다. 스타브로긴은 “그 정도로 관념에 관심을 기울이도록 이성을 결코 상실할 수 없으므로” 어떠한 관념의 지배도 받지 않는다. 그런데 바로 이러한 무능 탓에 그는 베르호벤스키에게 우상이 될 수 있었다. 선에 대한 참된 반대는 악이나 범죄도 아니고 페드카도 아니며, 단지 무관심한 스타브로긴이다. 새로운 신은 순전한 무관심이 될 것이다

이 작품의 강점은 논점에 있지 않고 등장인물과 플롯의 구체적인 제시에 있다. 하지만 가장 설득력 있는 요소는 근대적 관념들의 피상성과 대조되는, 신앙의 내용에 대한 넘볼 수 없는 위엄이다. 인간은 자기 생각대로 된다면 비록 그리스도 개념이 진리가 아닐지라도 이 개념을 고수하는 편이 더 낫지 않겠는가? 샤토프가 이러한 생각(무신론자의 생각!)을 품고 있던 스타브로긴에게 말한다. “그러나 진리가 그리스도를 배제한다는 사실이 수학적으로 증명된다면 진리보다 그리스도를 고수하는 편이 좋을 것이오.”(도스토옙스키가 그리스도 이전이나 다른 비기독교 국가에서 사람들

이 어떻게 살았는지를 자문하지 않았는지 의아하다. 민족은 저마다 고유한 신이 있고 그 신을 고수해야 한다고 그는 믿은 듯하다. 이민자들은 자기 민족뿐민 아니라 자기 신도 잃어버린다. 당연히 이는 순전히 무신론적 사유다.)

　우리는 일종의 논플롯nonplot인 완전히 다른 이야기, 스타브로긴과 키릴로프가 영웅인 이야기라는 점을 전혀 고려하지 않았다. 여기서 무신론이 고상한 성품을 사로잡을 때 무슨 일이 일어나는가 하는 질문이 제기될 수 있다. 행위의 기제에 입각한 결과는 악트 그라튀acte gratuit, 즉 동기가 전혀 없는 행위다. 악트 그라튀는 마리야 레뱌드킨의 결혼을 쥐고 흔든 것으로서 "이에 대한 부끄러움과 무감각이 천재의 경지에 도달했다." (방화와 살인은 "무감각한 행위"라고도 하지만 스타브로긴과 타협하려는 목적도 있다.) 마지막으로 키릴로프의 자살은 "어떤 원인도 없이 단순히 자기 의지만으로" 한 자살이다. 이러한 사람들은 신이 되고자 하는 자들이다. 아우구스티누스는 이들이 신을 섬기지 않고 닮고자 한다고 정의하는데, 이는 교만 또는 자만의 죄다! 이것이 바로 순수 자기 의지, 즉 자기 자신 말고는 전혀 동기화되지 않고 오직 그 스스로 긍정하는 의지다. 이 의지만이 자유다. 다른 모든 행위는 그 외부에 있는 무언가가 동기를 부여하기 때문에 거기에 영향을 받는다.

　이러한 무신론에서 "신이 존재하지 않음을 인정하고 동시에 자신을 신으로 인정하지 않는 것은 부조리다"라는 생각이 도출되는데, 이는 우리에게 '신'이라는 개념이 있다는 단순한 이유 때문이다. 이 개념은 삶에 내재한다. 즉, "인간은 삶을 영위하기 위해 신을 발명했을 뿐이고 신을 죽이지는 않았다." 이렇듯 주인을 발명했고, 자유는 그 주인에게서 벗어나는 것을 의미한다. 일단 이것이 실현되면 "인간은 주권자가 되며, ⋯⋯ 위대한 영광 속에 살아갈 것이다." 여기에 단 하나의 장애물이 있다. 이러한 영광스러운 존재도 죽어야 한다는 사실이다. 그의 죽음은 확실히 자기 의지가 아니지만 일단 자신이 죽겠다고 의지를 낼 수 있다면 그는 자유롭다. 결국 키릴로프는 인류의 구원자로서 스스로 죽는다. 그는 여전히 "내 의지에 반하는 신"이고 "자기 의지를 '주장해야 하기에bound'" 여전히 불행하다. 일단 자신의 의지를 내세우면 "인간의 육체적 본성은 변할 것이며" 더는 신이 필요하지 않다. 하지만 ○○○을 '위해' 스스로 죽는다고 말할 수는 없다. 어떤 특정한 동기를 위해서가 아니라 단지 자기 의지를 주장할 뿐이다. 절대적 자유는 절대적 파괴다. 자신에게 영향을 미치고 구속할 수 있는 모든 것을 파괴해야 하기에 그렇다. 당신을 '구속하는' 최상의 선은 삶 자체다. 따라서 자유는 자기 파괴다.

이처럼 악트 그라튀는 정확히 스타브로긴의 무관심과 연결된다. 만약 선과 악이라는 두 가지 대안 사이에서 선택하는 능력을 자유라고 여긴다면 우리는 자유롭다고 전혀 확신할 수가 없다. 우리가 결정하는 대안은 그게 무엇이든 의지에 매력적인 힘을 행사하기에 의지가 더는 자유롭지 않다. 따라서 우리는 스타브로긴처럼 완전한 무관심을 통해 자유를 보여주고 권태와 자만에서 벗어나고자 자살한다. 모든 이해관계는 우리를 구속하고 우리는 그 하인이 되어 권태에서 벗어나거나 원동력인 삶 자체를 부인함으로써 자유로워진다. 골칫거리는, 일단 '자유로우면' 더는 우리가 '존재하지' 않는다는 점이다. 그러므로 어쩌면 이 고귀한 행위는 인간이 이성을 상실했음을 의미한다. 두 번째 골칫거리는 인간의 다원성에 있다. 각각의 인간이 자신을 신으로 인지하면 이 관념은 이미 부조리에 빠지고 만다. 모든 인간이 신이라고 말하거나 어떤 인간도 신이 아니라고 말하는 것은 다음과 같은 물음에 이른다. 신이 어떻게 자신과 같은 인간에게 복종할 수 있겠는가? 절대적 주권을 성취할 수 있는가? 스타브로긴은 이 부조리를 의식한다. 그는 이 차원에서 유일한 대안이 '무관심'임을 안다. 심지어 키릴로프처럼 신이 되고 싶어 하지도 않는다. 스타브로긴은 키릴로프를 찬양하면서부터 처음으로 자살을 원하지 않게 된다. 자살은 자유 개념에 내재한 부조리를 해결하는 일과는 거리가 멀기 때문에 다만 거창한 제스처일 뿐이어서다. 이러한 자살의 위엄은 공포의 극복일 수 있지만 스타브로긴은 공포를 알지 못한다. 당시 그는 더는 고민하지 않고 스스로 목숨을 끊는다. 그는 목을 맸고 어떤 유서도, 유언도, 신앙 고백도 남기지 않았다. 그는 자신이 패배했음을 인정했다.

도스토옙스키가 우리를 떠나는 지점은 바로 거기다. 나는 여러분에게 이 문제에 대한 해법을 제시하려 하지 않겠다. 우리는 의지에 관한 질문을 제기해야 한다. 자유에 의지의 속성이 있는가? 그리스인은 자유는 알았지만 이른바 의지라는 어휘는 가지고 있지 않았다. 그 대신, 도스토옙스키의 여러 소설에 등장하는 독특한 대화 형식을 자각해보자. 이는 마치 벌거벗은 영혼이 벌거벗은 영혼에 텔레파시로 접근하는 친밀감, 말하자면 전혀 거리감이 없는 상태에서 말하는 것과 같다. 누군가가 말을 하면 스타브로긴이 샤토프에게 했듯이 "나는 이해하고 또 이해하니 당신의 말을 아끼시오"라는 식으로 대답이 이루어진다. 또다시 우리는 "내가 그것을 안다"라는 대답을 본다(누군가 예기치 않게 다가오면 항상 예기치 않은 것을 기대한 사람이 있다). 이때 강도, 즉 친밀감 내의 순수한 정념의 정도가 존재한다. 그에 비하면 서구 문명사회는 위선, 다시 말해 거짓말로 가득하다. 여기서 모든 현상은 즉시 영혼의 내면으로 이어진다. 현상에 결코 '파사드facade, 정면'만 있지는 않다. 그런데 가장 중요하게 하나의 객관 자료로서 세계는 존재하지 않는다. 세계에 대한 어떤 서술도 존재하지 않는다. 세계는 대화의 소재가 아니다. 따라서 발자크에게서처럼 당신이 세계를 볼 수 있는 다층적 시각은 존재하지 않는다. 위상topos은 세계가 아니라 어떤 궁극적 관심사다.

이러한 친밀성은 인간 자신의 민중 안에서만 실현될 수 있다. 이는 우리가 일상적으로 아주 가까운 가족 관계에서만 발견할 수 있는 지식으로 이뤄진다. 따라서 도스토옙스키는 당신이 가족의 이미지에 보이는 자기 민족을 상실할 때 당신 자신도 상실하며, 당신이 그 이미지를 떠날 때 신을 상실한다고 주장한다. 민중에게서 분리되는 것은 전 세계에서 분리되는 것, 즉 "권태와 나태 성향"에 따른 선악 구분의 상실을 의미한다.

(1967)

"자유롭기 위한 자유"
혁명의 조건과 의미

오늘 제가 다룰 주제가 매우 곤혹스럽게도 원론적이지는 않을지 우려됩니다. 제국주의가 청산되고 나서 혁명은 일상이 되었습니다. 수많은 사람이 "자연법과 자연을 관장하는 신의 법이 자신들에게 부여한 독립적이고 동등한 지위를 지상의 권력 사이에서 취하기 위해" 일어났기 때문입니다. 가장 오래 지속된 제국주의 팽창의 결과는 민족 국가 개념을 지구 전체로 수출한 것입니다. 그래서 민족주의의 압력으로 제국주의가 종식되면서 혁명 이념이 지구 곳곳으로 전파되었습니다.

이 모든 혁명은 그 비유가 아무리 격렬히 반서구적이라 할지라도 전통적인 서구 혁명의 흔적 아래에 있습니다. 사태의 현 상황을 보면 유럽 자체에서 제1차 세계대전 이후에 일련의 혁명이 선행되었습니다. 그때부터, 아니 더욱 분명하게는 제2차 세계대전 이후에 남아 있는 강대국 사이의 전쟁에서 패배한 후, 요컨대 완전히 섬멸된 후에 정권 교체와는 구별되는 정부 형태의 혁명적인 변화가 있을 테고 이는 확실할 듯합니다. 하지만 기술 발전이 강대국 간 전쟁을 말 그대로 생사를 건, 결국 자멸의 투쟁으로 이어지기 전부터, 전쟁은 정치적으로 말해 이미 생과 사의 문제였다는 점에 주목해야 합니다. 이는 절대 당연한 사안이 아니며, 국가 간 전쟁의 주역들이 내전에 개입한 듯 행동하기 시작했음을 의미합니다. 지난 20년 사이에 한국, 알제리, 베트남에서 벌어진 소규모 전쟁은 분명히 열강들이 개입한 내전이었습니다. 혁명이 자신들의 지배를 위협했거나 위험한 권력의 공백을 빚었기 때문입니다. 이 사례들에서 혁명을 촉발한 것은 더는 전쟁이 아니었습니다. 주도권은 전쟁에서 혁명으로 넘어갔고 어떤 경우에는 군사 개입으로 이어졌지만 모든 경우가 그런 것은 결코 아니었습니다. 마치 미국 혁명에 이어 영국을 상대로 한 전쟁이 이어지고, 프랑스 혁명이 유럽의 연합 왕권에 맞서 전쟁을 벌이던 18세기로 되돌아간 듯합니다.

그리고 다시 말하지만, 판이한 (기술적 및 기타) 정황에도 그런 현상에 직면했을 때 군사적 개입은 상대적으로 무력해 보입니다. 지난 200년 동안의 여러 혁명이 불행한 운명을 맞았지만, 상대적으로 극소수 혁명은 폭력 수단의 사용에서 우위를 점하면서 사그라지지 않았습니다. 반대로 군사 개입은 성공적이었더라도 안정을 되찾고 권력 공백을 메우는 데 극히 비효율적이라는 사실이 자주 입증되었습니다. 승리했을 때조차도 혼란 대신 안정을, 부패 대신 정의를, 쇠퇴와 분열 대신 정부에 대한 권위와 신뢰를 이룰 수 없는 듯합니다. 중단된 혁명의 결과물인 복원restoration은 보통 너무 자명하게도 일시적 보상 이상을 제공하지 않으며 그 속에서 붕괴가 걷잡을 수 없이 이어집니다.[1] 하지만 다른 한편, 의도적으로 형성된 새 정치체들에 미래 안정이라는 거대한 잠재력이 내재합니다. 그 대표적인 사례가 미국 공화국이죠. 물론 핵심 문제는 성공한 혁명이 매우 드물다는 사실입니다. 여전히 좋든 싫든 가장 중요하고도 흔한 사건 (이는 앞으로도 수십 년간 지속될 가능성이 농후합니다)이었던 세계의 현재 지형에서 우리가 지구상에서 가장 강력한 힘을 지녔다고 자랑하는 대신

---

1 '아랍의 봄'과 관련해 얼마나 예지력이 있는 논의인가! (편집자)

우리는 공화국의 수립 이래로 놀라운 안정을 누려왔고 이 안정은 혁명의 직접적 결과물이라고 하는 게 더 현명하고도 적절할 듯합니다. 혁명이 더는 전쟁으로 결정되지 않기에 열강의 주장은 결국 혁명이 무엇이고 혁명에서 무엇이 중요한지를 어느 쪽이 더 잘 이해하느냐에 따라 결정해야 하기 때문입니다.

저는 최소한 피그스만 사건 이후로 미국의 외교 정책이 혁명적 상황을 판단하거나 혁명 운동의 탄력성을 이해하는 데 거의 전문적이지 않거나 심지어 지식조차 없다는 점을 공공연한 비밀로 믿습니다. 피그스만 사건은 잘못된 정보와 제대로 기능하지 못하는 비밀공작으로 종종 비난받지만 실제로 실패는 이보다 훨씬 더 깊은 데 있습니다. 여기서 실패란 부패가 한계점에 달하고 가난에 찌든 후진국 국민이 가난이 아닌 무명에서 갑자기 해방되어 자신의 비참함을 이해할 수 없게 되자 이것이 무엇을 의미하는지를 오해한 데 있었습니다. 국민의 상황이 공개적으로 논의되는 것을 처음으로 듣고 그 논의에 참여하도록 초대받은 것이 무엇을 의미하는지, 마찬가지로 이전에 가본 적 없던 수도로 데려와 이 거리, 건물, 광장 모든 것이 여러분의 소유이며 따라서 여러분의 자긍심이라고 이야기해줄 때 그것이 무엇을 의미하는지 이해하지 못한 데서 실패가 비롯되었습니다. 이 같은 일, 혹은 비슷한 일이 프랑스 혁명 당시에 일어났습니다. 흥미롭게도 이러한 사실을 즉각 이해한 사람은 고향인 쾨니히스베르크를 한 번도 떠난 적이 없었던 동프로이센의 노신사 이마누엘 칸트입니다. 그는 반체제 사유와 관련해서는 거의 알려지지 않은 자유 애호가이자 철학자였습니다. 칸트는 "인간의 역사에서 이러한 현상은 결코 잊히지 않을 것이다"라고 말했습니다. 실제로 이는 잊히지 않았고 오히려 그것이 발생한 이래 지금까지 세계사에서 중요한 역할을 해왔습니다. 많은 혁명이 전제정으로 끝났지만 콩도르세의 표현대로, "'혁명적'이라는 말은 오직 자유가 목적인 혁명에만 적용할 수 있다"라는 점을 항상 기억해왔습니다.

다른 정치 용어와 마찬가지로 혁명 역시 단어의 기원이나 용어가 특정 정치 현상에 처음 적용된 시간적 순간을 고려하지 않고서도 포괄적 의미로 원용할 수 있습니다. 이렇게 원용될 수 있는 전제 조건은 용어 자체가 언제, 왜 나타났는지와 무관하게 그것이 가리키는 현상이 인간의 기억과 동시대에 나타났다는 겁니다. 이 용어를 포괄적으로 사용하려는 유혹은 우리가 "전쟁과 혁명"을 함께 논의할 때 특히 강렬해집니다. 사실 전쟁이란 인류의 기록된 역사만큼이나 오래되었기 때문입니다. 전쟁이라는 용어는 포괄적인 의미 이외의 다른 의미로 사용하기 어려운 면이 있습니다. 전쟁이라는 용어의 첫 등장이 시간상 연대를 추정할 수도 없고 공간상 장소를 특정할 수도 없기 때문입니다. 하지만 혁명이라는 용어의 무분별한 사용에서 이러한 변명은 있을 수 없습니다. 18세기 말 두 차례의 대혁명과 이 용어가 획득한 특정 의미 이전에 혁명이라는 단어는 정치사상이나 정치적 실천의 어휘로는 거의 돋보이지 않았습니다. 예를 들어, 이 용어가 등장한 17세기에 혁명이라는 단어를 천체의 영속적이면서 거역할 수 없고 계속 반복되는 운동이라는 본래의 천문학적 의미로만 엄격하게 사용했습니다. 이 용어를 정치적으로 사용한 것은 은유적 표현이었고, 이전에 수립된 어떤 지점으로 되돌아가는 움직임, 따라서 미리 정해진 운명적 질서로 되돌아가는 움직임을 묘사했습니다. 이 용어는 우리가 흔히 말하는 혁명이 영국에서 일어나고 크롬웰이 일종의 독재자로 등극했을 때가 아니라 오히려 1660년에 잔부 의회를 전복한 후 군주제를 재수립하면서 처음 사용됐습니다. 하지만 역설적으로 역사적, 정치적 언어로 제자리를 찾은 사건인 명예혁명조차 혁명이 아니라 왕권이 이전의 정의와 영광을 회복한 것으로 여겼습니다. 18세기 후반에 나타난 사건 이전에 혁명의 실제적 의미는 아마도 1651년에 영국 국새에 새겨진 명문銘文에 가장 잘 드러납니다. 군주제에서 공화제로 최초로 이뤄진 전환은 "신의 은총으로 '복원한 자유'"를 의미했습니다.

혁명이라는 용어는 원래 복원을 의미했습니다. 이는 의미론상 단순히 특이함 이상입니다. 18세기에 들어와서 혁명은 복원을 목적으로 처음 발발했고 그 복원의 내용이 자유라는 사실을 깨닫지 못하고서는 이해할 수 없습니다. 존 애덤스의 표현에 따르면 미국에서 혁명을 일으킨 인간은 "기대 없이 불려왔고 이전의 성향 없이 강요당했습니다." 같은 일이 프랑스에서도 들어맞습니다. 토크빌의 표현에 따르면 "도래하는 혁명의 목적은 구체제의 전도이기보다는 이의 복원"이었음을 사람들은 믿을 수 있었습니다. 두 혁명의 과정에서 행위자들은 이전으로 돌아가는 대신 전적으로 새로운 시도에 착수하고 있음을 깨달았을 때, 결국에는 "혁명"이라는 말이 새로운 의미를 획득하게 되었을 때 지난 시대의 정신에 충실한 채 미국 혁명과 프랑스 혁명을 "반혁명"이라고 부를 것을 누구보다도 먼저 진지하게 제안한 사람은 토머스 페인Thomas Paine[2]입니다. 그는 매우 새로운 시작이 이루어졌다는 의심, 즉 이런 사건이 필연적으로 연결될 수밖에 없는 폭력의 오명에서 그 특별한 사건을 구해내고자 했습니다.

우리는 전적으로 새로운 시작에 앞선 이 첫 혁명가들의 사고방식이 나타난 거의 본능적인 공포를 간과하기 쉽습니다. 이렇게 된 데에는 우리가 "이전에 본 적 없던 사태와 전혀 생각해본 적 없던 사유"에 대한 근대 철학자와 과학자의 열망에 굉장히 익숙해져 있기 때문입니다.[3]

그리고 어느 정도는 이러한 혁명의 과정에서 새로움에 대한 확고

---

2   영국 태생의 미국 정치평론가다. 미국 독립의 정당성을 주장하고 프랑스 혁명을 지지했으며 자연법에 따른 인권을 주장했다. (옮긴이)

3   한나 아렌트,《인간의 조건》, p. 348. (편집자)

한 강조만큼 두드러지고 충격적인 것은 없기 때문입니다. 혁명의 행위자와 관찰자 모두 새로움을 거듭 반복하고 그 중요성과 장엄함의 측면에서 이전에 비교 가능한 어떤 일도 일어난 적이 없다고 주장합니다. 중요하고도 어려운 점은 우리의 달러 지폐에 여전히 새겨져 있는 '노부스 오르도 세클로룸 novus ordo seclorum', 즉 새로운 시대를 향한 거대한 파토스는 행위자들이 자신의 의지에 반해 돌이킬 수 없는 지점에 이른 후에야 전면에 드러났다는 사실입니다.

따라서 18세기 말에 실제로 일어난 사건은 낡은 권리와 특권의 복고 및 회복의 시도가 정확히 정반대의 결과를 낳았다는 점입니다. 즉, 순환 운동이나 회전 운동의 측면에서 행위하거나 사유하려는 모든 추가 시도에 저항하며 발전이 진행되고 미래의 문이 열렸습니다. "혁명"이라는 용어가 혁명 과정에서 철저히 변형되는 동안, 이와 유사하지만 뭔가 한없이 더 복잡한 무엇이 "자유"라는 단어에 일어났습니다. 자유라는 단어가 혁명을 거치면서 "신의 은총으로 '복원한'" 것 이상을 의미하지 않는다는 점에서 이는 오늘날 우리가 합헌 정부와 연계 짓는 권리와 자유의 사안으로 남아 있습니다. 그 권리와 자유는 시민권으로 적절히 불립니다. 여기에 포함되지 않은 것은 공무에 참여하는 정치적 권리였습니다. 조세 목적을 위한 대의권을 포함한 다른 권리들도 이론적으로나 실질적으로 혁명의 결과는 아니었습니다. "생명, 자유, 소유권"이 아니라 인간이 어디에 살든 어떤 종류의 정부하에 살든 모든 인간의 양도 불가능한 권리라는 주장은 혁명적이었습니다. 이처럼 모든 인류에게 새롭고 혁명적인 확장에서조차 자유는 정당하지 못한 제약, 다시 말해서 본질적으로 부정적인 것에서 벗어난 자유를 의미했습니다. 시민권이라는 의미에서 자유는 해방의 결과이지 결코 자유의 실제 내용이 아니며 그 본질은 공적 영역의 인정이자 공무에 대한 참여입니다. 혁명이 단지 시민권의 보장만을 겨냥

했다면, 권력을 남용하고 확립된 권리를 침해하는 정권에서 해방되는 것으로 충분했을 것입니다. 18세기의 혁명이 예전의 권리를 다시 주장하면서 시작된 것은 사실입니다. 혁명이 해방 및 자유 모두와 관련될 때 복잡한 특징들이 나타나며, 자유가 결코 해방의 필연적 결과물은 아니지만 해방은 실제로 자유의 조건이므로 억압에서 벗어나고자 하는 해방의 갈망이 어디에서 끝나고 정치적 삶을 살고자 하는 자유의 갈망이 어디서 시작되는지 보고 말하기는 어렵습니다. 관건은 억압에서 벗어난 해방이 전제적이지는 않더라도 군주정에서 아주 잘 이행될 수 있는 반면에, 정치적 생활 양식의 자유는 새롭거나 오히려 재발견한 새로운 정부 형태가 필요하다는 점입니다. 이러한 자유를 위해 공화제 헌법이 필요합니다. "그날의 논쟁은 공화정 지지자들과 왕정 지지자들이 원칙을 두고 벌인 논쟁"이라는 제퍼슨의 회고적 주장보다 더 명쾌하게 사실로 입증되는 것은 아마도 없을 듯합니다. 공화정과 자유의 동일시, 군주제가 노예에게나 적합한 범죄 정부라는 확신(혁명이 시작되자마자 거의 일반화되었지만)은 혁명가들의 정신 속에 아예 존재한 적이 없습니다. 이것이 바로 혁명가들이 목표한 새로운 자유였지만 이들에게 사전에 공화정 개념이 없었다고 주장하기는 여전히 어렵습니다. 오히려 그 반대로 공화정은 새로운 정치적 자유에 대한 갈망이었습니다. 그 형태가 비록 자신들이 무엇을 하고 있는지 온전히 알지 못하면서도 혁명을 일으키도록 영감을 주고 혁명을 준비하게 해준 공화주의 정부와 동일하지 않을지라도 말입니다.

대중과 박해받는 사람들(프랑스 혁명의 위대한 수사학에서는 우리가 알고 있듯이 불행한 사람들, 비참한 사람들 les misérables, 대지의 저주받은 사람들 les damnés de la terre에게 문호를 아무리 활짝 열어놓아도 이들이 혁명을 시작한 적은 없었습니다. 그리고 어떤 혁명도 음모, 비밀 결사 또는 공개적으로 혁명적인 정당들의 결과물은 아니었습니다. 일반적으로 말해서 혁명은 정치체의 권위가 전혀 손상되지 않은 곳에서는 불가능합니다. 이는 근대적인 조건에서 군대가 민간 당국에 복종한다고 믿을 수 있는 곳을 의미합니다. 혁명은 체제 이양에 대한 가능한 해법이지 불가피한 것은 아니며, 정치적 권위를 몰락시킨 원인이 아니라 그 결과입니다. 이러한 와해의 과정이 보통 오랜 시간 제지되지 않고 나타나는 곳 어디에서나 혁명은 '일어날 수' 있습니다. 단, 혁명은 체제 붕괴를 준비하고 권력을 기꺼이 받아들일 역량이 충분한 대중이 존재한다는 조건에서 발생할 수 있습니다. 혁명은 늘 초기 단계에서는 매우 쉽게 성공하는 듯 보입니다. 어쩌면 혁명을 "일으키는" 당사자들이 "권력을 장악하는 것"이 아니라 거리에 있는 권력을 찾아오는 상황이기 때문인 듯합니다.

미국 혁명과 프랑스 혁명 당사자들이 자신의 삶을 결정하면서 신념을 형성하고, 마침내 두 혁명의 당사자들을 갈라놓는 사건이 일어나기 전에 일말의 공통점이 있다면, 아마도 공무에 참여하려는 열렬한 갈망과 그에 못지않게 "좋은 사회"의 위선과 치기에 대한 열정적인 혐오일 것입니다. 이 혐오에는 단순히 사적 업무의 하찮음에 노심초사와 노골적인 경멸을 더해야 할 듯합니다. 이처럼 매우 특수한 정신 상태가 형성된다는 의미에서 존 애덤스가 "혁명은 전쟁이 시작되기 전에 일어났다"라고 한 말은 전적으로 옳았습니다. 특별히 혁명 정신이나 반동 정신 때문이 아니라 식민지 거주자들이 "법에 따라 공회당 회합을 열며 …… 그곳에서 공무를 숙의할 수 있는 권한으로 자치 운영 위원회나 정치체를 이루었기" 때문입니다. 이런 곳에서 공적인 일을 숙의한 이유는 바로 "이처럼 마을이나 구역의 집회에서 인민의 감정이 최초로 형성되기" 때문입니다. 확실히 프랑스에는 식민지의 정치 제도와 견줄 만한 것이 없었지만 사고방식은 여전히 같았습니다. 토크빌이 프랑스에서 "열정"과 "취미"라 부른 것은 미국에서 초기 식민지 시대부터, 사실 메이플라워 서약Mayflower

Compact[4]이 공적 정신과 공적 자유의 진정한 가르침이 된 이래로 분명히 나타난 경험이었습니다. 혁명 이전 대서양의 양쪽에 살던 사람들은 '문필가hommes de lettres, 옴므드레트르'라고 불렸으며, 여가를 "고대의 문서고를 뒤지면서", 다시 말해 로마사를 찾아내면서 보내는 게 특징이었습니다. 그들이 과거를 낭만적으로 보고 사랑해서라기보다는 엄격한 기독교 전통의 시대 동안 상실했거나 반쯤 잊힌 제도적, 정치적 교훈뿐만 아니라 영적 교훈을 회복하려는 목적 때문이었습니다. 생쥐스트는 "로마 시대 이후의 세계는 점차 공허해졌으며 이제 자유에 대한 유일한 예언인 로마인들의 기억으로만 가득하다"라고 외쳤습니다. 그에 앞서 "아테네가 미세한 그림 속에 있다면, 미국은 거대한 그림 속에 놓일 것이다"라고 토머스 페인이 예측했듯이 말입니다.

혁명사에서 고대의 역할을 이해하려면 제임스 해링턴James Harrington[5]과 존 밀턴John Milton[6]이 크롬웰의 독재를 환영했던 "고대의 신중함"에 대한 열망과 18세기에 몽테스키외의 《로마인의 흥망성쇠 원인론Considérations sur les causes de la grandeur des Romains et de leur décadence》이 이를 어떻게 복원했는지를 상기해야 할 것입니다. 인간의 행복을 위해 정치가 무엇인지, 공무 참여가 무엇을 의미할 수 있는지를 보여주는 고전적 사례가 없었다면 혁명가 중 누구도 전례 없는 행위로 보일 일에 용기를 내지 못했을 것입니다. 역사적으로 말해볼 때, 마치 르네상스의 고대 부활은 갑자기 더

---

4 1620년 11월 11일 메이플라워호에서 필그림 파더스Pilgrim Fathers가 북아메리카 플리머스 식민지에 정착하기 전에 체결한 서약서다. (옮긴이)

5 17세기 영국의 정치사상가로 항구적이며 안정적인 공평한 공화국을 영국에 실질적으로 적용하고자 했다. (옮긴이)

6 17세기 영국의 시인이자 청교도 사상가로 크롬웰의 외교 비서관을 지냈다. (옮긴이)

행복하게 살 기회를 부여한 듯했고, 국민 국가의 도래와 더불어 나타나게 될 단명한 이탈리아 도시 국가들의 공화정 열망은 마치 잠복 상태에 있는 것처럼 보였습니다. 말하자면 유럽 국가들에 절대 군주와 계몽 군주의 보호 아래 성장할 시간을 주기 위해서 말입니다.

이러한 공적 자유 개념과 상응하는 정치 철학의 첫 번째 요소는 존 애덤스의 저작에 잘 드러나 있습니다. 그의 출발점은 "남자, 여자, 아이들이 있는 곳이면 어디든지, 그들이 늙든 젊든, 부자든 가난하든, 지위가 높든 낮든 …… 무지하든 학식이 있든 가리지 않고 모든 개인이 자신과 관련되고 자신의 지식 안에 있는 사람들에게 보여주고, 들려주고, 말하고, 인정받고, 존경받고자 하는 욕구를 품고서 강력히 행동하게 되는 듯하다"라는 관찰입니다. 애덤스는 "남보다 뛰어나려는 욕구"에서 이의 미덕을 보았고 "영예의 수단으로서 권력을 목표로 하는" "야심ambition"을 이의 악덕이라 불렀습니다. 이 두 가지가 사실은 정치적 인간의 주요 미덕과 악덕에 속합니다. (권력이 수단이 아닌 목적인) 영예에 대한 열망과 무관하게, 권력을 향한 의지 자체는 독재자와 같은 특징이 있으므로 더는 정치적 악덕이라고도 할 수 없기 때문입니다. 이 의지는 도리어 정치적 삶을 파멸시키려는 성향의 자질이며 정치적 삶의 미덕이기보다는 악덕입니다. 독재자는 남보다 뛰어나려는 욕구도 없고 영예에 대한 열망도 부족하기에 지배하는 것이 즐겁다고 생각하고, 그렇게 함으로써 다른 사람들과의 교류에서 자신을 제외합니다. 반대로 사람들이 동료들의 집단을 사랑하게 하고 그들을 공적 영역으로 나아갈 수 있게 하는 것은 뛰어나고자 하는 욕구입니다. 이렇듯 공적 자유는 다른 사람들이 보고, 듣고, 알고, 기억할 수 있도록 함께 즐기며 형성되는 지각 가능한 실재입니다. 이러한 유형의 자유는 평등이 전제되어야 하며 동료가 존재해야만 가능할 듯합니다. 제도적 측면에서 볼 때 신하도, 엄밀히 말하면 지배자도 없는 공화정에서만 가능한 일입니다. 이것이 바로 나중에 등장하는 이데올로기들과 극명하게 대비되는 정부 형태 논의가 최초 혁명가들의 사유와 저작에서 그토록 막중한 역할을 떠맡은 이유입니다.

틀림없이 자유 자체를 위한 열망은 유한 계층, 즉 문필가들 안에서 깨어났고 이들이 자양한 게 분명한데 이것이 크나큰 결과를 불러왔습니다. 문필가들에게는 주인이 없었고 생계를 꾸리느라 바쁘지도 않았습니다. 달리 표현하면 이들은 고대 자유인처럼 여러 국가 현안에 참여하지 않고서도 아테네 시민과 로마 시민이 누린 것과 같은 특권을 누렸습니다. 더할 나위 없이 참으로 비참한 조건에서 살아가는 사람들이 사는 곳에서는 자유에 대한 이러한 열망을 알지 못합니다. 식민지에 이러한 조건이 없다는 추가적인 입증, 즉 제퍼슨이 말했듯이 미국에서 "가장 눈에 띄게 비참한 개인"이 2,000만 프랑스인 중 1,900만 명보다 더 잘 사는 미국의 "멋진 평등lovely equality"의 입증이 필요하다면, 우리는 존 애덤스가 이 자유에 대한 사랑을 "부자와 가난한 사람, 지위가 높은 사람과 낮은 사람, 무지한 사람과 학식 있는 사람" 덕분이라고 보았다는 사실을 상기할 필요가 있습니다. 첫 번째 혁명을 일으킨 사람들에게 영감을 불어넣은 원칙들이 미국에서는 확실히 승리하고 프랑스에서는 비극적으로 실패한 가장 중요한 이유, 어쩌면 유일한 이유가 바로 여기에 있습니다. 미국인이 볼 때 프랑스의 공화정은 마치 "베르사유에 있는 왕립 동물원의 코끼리, 사자, 호랑이, 판다, 늑대, 곰처럼 부자연스럽고 비합리적이며 비실용적"(존 애덤스)이었습니다. 그런데도 이 같은 시도를 한 이유는 이런 일을 벌인 사람들인 문필가들이 미국의 동료들과 크게 다르지 않아서입니다. 자신들이 근본적으로 다른 정황에서 행동하고 있다는 사실을 알게 된 건 프랑스 혁명 과정에서였습니다.

정황은 사회적 측면뿐만 아니라 정치적 측면에서도 달랐습니다.

영국에서 왕과 의회의 통치조차 프랑스 절대주의에 비교하면 "온건한 정부"였습니다. 영국은 그러한 정부의 후원으로 복잡하지만 잘 기능하는 자치 정부 체제를 발전시켰고 공화국의 존재를 확실히 하는 공화국의 명시적 기반만 있으면 됐습니다. 여전히 이러한 정치적 차이는 아주 중요하지만 유럽의 사회 조건에 내재한 자유의 확립을 막는 가공할 장애물과 비교하면서 무시할 수 있습니다. 첫 번째 혁명을 이끈 사람들은 해방이 자유에 선행해야 함을 잘 알았을지라도 그러한 해방이 절대적이고 전제적인 권력에서 정치적 해방 이상을 의미한다는 사실을 여전히 깨닫지 못했습니다. 자유를 위해 자유로워진다는 것은 무엇보다도 공포뿐만 아니라 결핍에서도 자유로워지는 것을 의미했습니다. 인민대중은 파리 거리로 몰려 나와서 처음 공개적으로 터트렸고 이들의 극빈 상태는 정치적 수단으로 극복할 수 없었습니다. 이들이 난항을 겪은 막강한 강제력은 왕권이 그랬듯이 혁명의 공격 앞에서 무너지지 않았습니다. 미국 혁명은 이와 같은 자유의 장애물에 직면할 필요가 없었다는 점에서 행운이었습니다. 사실 혁명 성공의 상당 부분은 자유인 중에 절박한 빈곤이 없었고 신세계 식민지에서 노예가 보이지 않는 덕분이었습니다. 확실히 미국에도 유럽의 "노동자 빈곤층"의 조건에 필적하는 빈곤과 비참함이 존재했습니다. 윌리엄 펜William Penn[7]의 표현에 따르자면 "미국은 선량하면서도 가난한 사람들의 국가"였고, 20세기 초반까지 유럽의 빈곤층에게 약속의 땅이라는 꿈으로 남아 있었다면 이러한 선량함이 다분히 흑인의 비참함에 의존했다는 것은 정말로 맞는 말입니다. 18세기 중반에 미국에는 얼추 백인 185만 명과 흑인 40만 명이 살고 있었는데, 신뢰할 만한 통계 자료가 없기는 하지만 당시 극빈율이 (19세기에 상당히 더 높았겠지만) 구세계 국

---

7 17세기 영국의 정치가로 미국 펜실베이니아 식민지를 건설했다. (옮긴이)

가들보다 더 높았다고 의심할 만합니다. 이때 차이점은 (노예 제도와 노예가 다른 "인종"에 속한다는 신념 때문에) 미국 혁명이 비참한 사람들의 존재, 따라서 정치적 억압보다는 삶의 순전한 필연성으로 제약을 받던 사람들을 해방시키는 만만찮은 임무를 못 본 체했다는 것입니다. 프랑스 혁명 과정에서는 자신들을 인민과 동일시한 '불행한 사람들'이 지대한 역할을 했는데, 미국에서는 이런 부류가 존재하지 않았거나 완전히 어둠 속에 남아 있었습니다.

프랑스 혁명이 낳은 주요한 결과 중 하나는 역사상 처음으로 '인민'을 거리로 끌어내고 이들을 가시화한 점입니다. 이러한 일이 발생했을 때, 그저 자유가 아니라 자유롭기 위한 자유는 언제나 소수자의 특권이었다는 사실이 판명되었습니다. 하지만 같은 이유로 미국 혁명은 혁명의 역사적 이해에 큰 영향을 미치지 못했습니다. 반면에 철저히 실패로 끝난 프랑스 혁명은 지금 우리가 혁명의 전통이라 불렀고, 여전히 그렇게 부르고 있습니다.

그렇다면 1789년에 파리에서는 무슨 일이 벌어졌던 걸까요? 첫째, 공포에서 벗어난 자유는 역사상 비교적 짧은 기간 동안 극소수만이 유일하게 누린 특권이었지만 결핍에서 벗어난 자유는 여러 세기를 거치는 동안 아주 작은 비율의 인류만이 두드러지게 누린 대단한 특권이었습니다. 우리가 기록된 인류사라고 부르는 것은 대부분 소수 특권층의 역사입니다.[8] 결핍에서 벗어난 자유를 아는 사람만이 공포에서 벗어난 자유가 뜻하는 바를 온전히 이해할 수 있으며, 결핍과 공포에서 자유로운 사람만이 공적 자유를 향한 열망을 상정할 위치, 즉 자유를 위한 취미goût 또는 taste

---

8　프랑스 아날학파와 그들이 출간한 저작인 《경제 사회사 연대기*Annales d'histoire économique et sociale*》는 이를 바로잡고자 한다. (편집자)

와 자유가 그 안에 담고 있는 평등이나 평등을 위한 특수한 취미를 그 자체 내에서 발전시킬 위치에 있습니다.[9]

도식적으로 말하자면 각각의 혁명은 자유에 도달하기에 앞서 먼저 해방의 단계를 거치고 두 번째로 새로운 형태의 정부와 새로운 정치체를 구축하는 결정적인 단계를 거칩니다. 미국 혁명 과정에서 해방의 단계는 전제정이나 군주정 또는 사용하는 단어가 무엇이든 정치적 구속에서 해방되는 것을 의미합니다. 첫 번째 단계는 폭력이 그 특징으로 나타나지만 두 번째 단계는 숙의, 토론, 설득의 문제로, 요컨대 건국자들이 이해한 대로 "정치학"을 적용하는 문제였습니다. 하지만 프랑스에서는 확연히 다른 일이 일어났습니다. 프랑스에서는 혁명의 첫 번째 단계가 폭력보다는 와해로 나타났습니다. 두 번째 단계에 이르러 국민공회가 프랑스를 공화국으로 선언했을 때 권력은 이미 거리로 이동했습니다. '인민'보다 '국민la nation'을 대표하기 위해 파리에 사람들이 집결했고 이름이 미라보든, 로베스피에르든, 당통이든 생쥐스트든 이들의 주요 관심 사안은 정부, 군주제 개혁, 나중에는 공화국 건설이었습니다. 그런데 갑자기 해방이라는 또 다른 과제, 즉 '인민' 전체를 비참함에서 해방하는 일, 다시 말해 자유롭게 하는 일에 직면하게 되었습니다. 이것은 마르크스와 토크빌이 1848년 혁명의 완전히 새로운 특징으로 보려 한 현상은 아니었습니다. 이 혁명은 정부 형태를 바꾸는 것에서 계급 투쟁을 통해 사회 질서를 바꾸려는 시도로 전환했다고는 아직 볼 수 없었습니다. 1848년 2월 이후, 즉 "사회를 분열시키는 두 계급 간의 …… 첫 대투쟁" 이후에야 마르크스는 혁명이 이제 "부르주아 사회의 전복을 의미하지만 이전의 혁명은 국가

9   아렌트는 'liberty'와 'freedom' 둘 다를 의미하는 프랑스어 어휘 'liberté'를 가지고 놀고 있다. (편집자)

형태의 전복을 의미한다"는 점에 주목했습니다. 1789년의 프랑스 혁명은 이러한 진복의 서막이었습니다. 비록 음울한 실패로 끝났을지라도 이 혁명은 이후 모든 혁명에 결정적 영향을 미쳤습니다. 이는 모든 인간은 평등하게 태어났다는 새로운 정식이 실질적으로 무엇을 의미하는지 보여주었습니다. 로베스피에르가 혁명은 위대한 사람의 사소함pettiness에 맞서 인간의 존엄을 겨루는 거라고 말했을 때 그가 염두에 둔 것은 바로 평등이었습니다. 알렉산더 해밀턴이 인류의 영예를 옹호한 혁명에 대해 말할 때 그 역시 마음에 두었던 것도 평등이었습니다. 루소와 프랑스 혁명을 통해 가르침을 받은 칸트 역시 인간의 새로운 존엄을 상정했을 때 이와 같았습니다. 프랑스 혁명이 이룬 것과 이루지 못한 것이 무엇이든(이 혁명은 인류의 평등을 이루지는 못했다) 가난한 사람들을 어둠, 즉 비가시성에서 해방했습니다. 그 이후로 돌이킬 수 없어 보였던 것은 자유에 헌신한 사람들이 결핍에서 벗어난 자유, 즉 '자유롭기 위한 자유'가 소수의 특권인 상황과 조화롭게 남아 있을 수 있다는 점입니다.

원래의 혁명가 집단과 어쩌다 공개적인 장소로 데려온 가난한 대중에 대해 말하면, 프랑스 혁명의 확실한 전환점 중 하나인 여성의 베르사유 행진에 대해 액턴 경이 내놓은 해석적 서술을 인용하고 싶습니다. 행진에 동참한 사람들은 "불결한 집에서 굶주린 아이들을 둔 어머니들이 진정한 역할을 했습니다. 그리하여 그 무엇도 견뎌낼 수 없는 다이아몬드 바늘의 도움을 이들이 공유하지도, 이해하지도(즉, 정부와 관련 있는) 못하는 동기를 부여했습니다"라고 말했습니다. 프랑스인들이 이해한 대로 '인민'이 혁명으로 끌어온 사안은 미국의 사건 과정에서는 전혀 없었고, 더는 인간의 권력이 통제할 수 없는 불가항력적인 움직임이었습니다. (마치 별의 운동처럼 저항할 수 없는) 불가항력에 대한 이 기본 체험은 오늘날에도 여전히 우리가 혁명적 사건을 생각할 때 거의 자동으로 연관 지어

떠올리는 완전히 새로운 이미지를 낳았습니다. 생쥐스트가 자신의 눈앞에서 마주친 사태에 대한 충격으로 "불행한 사람들이 지상의 권위다"라고 외쳤을 때 의미한 바는 위대한 "혁명의 급류"(데물랭)였습니다. 이 급류가 들이미는 파고는 그 밑바닥의 역류가 수면 위의 행위자들을 빨아들이고 그들의 적, 즉 반혁명의 대리인과 더불어 사라질 때까지 행위자들은 떠밀리고 휩쓸려 갔습니다. 한편으로는 전제정의 범죄를 통해, 다른 한편으로는 자유의 진보를 통해 자양된 로베스피에르의 격동과 강력한 흐름은 계속 그 속도와 폭력성을 증가시켰습니다. 관망자들이 "그 무엇도 모면할 수 없고 그 누구도 붙들 수 없는 장엄한 용암의 흐름"이라고 보고한 사안은 사투르누스의 신호를 받은 광경이자 "자기 자식을 집어삼키는 혁명"(피에르 베르니오Pierre Vergniaud)[10]이었습니다. 여기서 제가 인용한 말은 모두 프랑스 혁명에 깊숙이 관여한 사람들이 한 말이며, 이들이 직접 목격한 부분을 증언한 것이지 의도적으로 행하거나 제시한 사태들이 아닙니다. 이것들은 실제로 일어난 일입니다. 프랑스 혁명은 희망으로나 공포로나 결코 잊을 수 없는 교훈을 남겼습니다. 새롭고도 예기치 못한 만큼 단순한 이 교훈을 생쥐스트는 이렇게 표현했습니다. "여러분이 공화국을 수립하고자 한다면 무엇보다 먼저 인민을 타락시키는 비참한 상황에서 그들을 끌어내야 합니다. 자긍심 없이는 어떤 정치적 미덕도 존재하지 않으며, 비참한 상태에 놓인 누구도 자긍심을 가질 수 없습니다."

빈곤에서 벗어난 해방에 바탕을 둔 새로운 자유freedom 개념은 혁명의 경로와 목표 둘 다를 바꿔놓았습니다. 마치 상퀼로트가 자기 권리를 인권 및 시민권 선언이라는 고상하면서 무의미한 언어로 의식적으로 구분하려 했듯이, 이제 자유liberty는 제일 먼저 "의복, 식량, 종의 재생산"을

---

10   프랑스 혁명의 지도자로 로베스피에르의 공포 정치 때 처형당했다. (옮긴이)

의미하게 되었습니다. 이 같은 요청의 긴박성과 비교할 때 최상의 정부 형태에 관한 숙의는 갑자기 부적절하고 쓸모없게 보였습니다. "공화국? 군주제? 나는 사회적인 문제는 모른다La République? La Monarchie? Je ne connais que la question sociale"라고 로베스피에르는 말했습니다. "공화정 제도"를 향한 최고로 강렬한 열망으로 시작한 생쥐스트는 "인민의 자유는 사적 삶에 있다. 정부만이 강제력 그 자체에 맞서 이 단순성 상태를 보호하는 유일한 힘이 되게 하라"라고 덧붙였습니다. 그가 이 제도를 몰랐을 수도 있으나 이는 정확히 계몽 전제 군주들의 신조였습니다. 이들은 영국의 찰스 1세가 교수대에서 남긴 연설을 두고 다음과 같이 주장했습니다. 인민의 "리버티와 프리덤은 자신의 생명과 재화가 자기 소유가 될 수 있는 법의 정부를 가지는 데 있다. 이는 아무것도 인민에게 속하지 않는 정부에 참여하기 위한 것이 아니다." 인민의 고통 때문에 들고일어난 모든 참여자가 일시에 동의하듯이 '프랑스 혁명의 목표가 인민의 행복le but de la Révolution est le bonheur du peuple'이라는 것이 사실이라면, 공화국보다는 오히려 충분히 계몽된 전제 정부가 그것을 제공할 수 있습니다.

프랑스 혁명은 재앙으로 마감되었고 세계사의 전환점이 되었습니다. 미국 혁명은 큰 승리를 거두며 성공했고 지엽적인 사안으로 남았습니다. 이는 어느 정도는 전체 세계의 사회적 조건이 프랑스의 사회적 조건과 상당히 유사했기 때문이고, 또 어느 정도는 더 많은 갈채를 받은 앵글로색슨족의 실용주의 전통이 차후 미국 세대가 자신들의 혁명에 대해 '생각하고thinking' 이 경험을 적절하게 개념화하는 것을 막았기 때문입니다. 따라서 전제정이나 실제로 프랑스 혁명 과정에서 분명히 선언한 계몽적 절대주의 시대로의 회귀는 거의 모든 후속 혁명의 규칙이 되거나 최소한 이전 상태의 회복으로 끝나지 않고 혁명 이론에서 지배적인 혁명의 규칙이 되었습니다. 제가 군이 이러한 발전을 자세히 이어서 설명할 필요는 없겠습니다. 충분히 잘 알려진 사실이니까요. 특히 볼셰비키 정당과 러시아 혁명의 역사에서 잘 알려졌습니다. 더욱이 예측 가능한 일이기도 합니다. (소비에트 헌법의 공포 후에 레닌 암살 기도로 촉발된 첫 번째 공포의 물결 이전인) 1918년 늦여름에 로자 룩셈부르크는 후일 출간된 사적인 편지 (지금은 유명해진 편지)에서 다음과 같이 말했습니다.

> 이 나라 전체에서 정치적 삶의 억압으로 …… 삶은 모든 공적 제도에서 사라져 관료제만이 능동적 요소로 남게 되는 허울뿐인 삶으로 변모합니다. 공적 삶은 점점 잠을 자게 됩니다. 지칠 줄 모르는 에너지와 경계가 없는 경험을 가진 수십 명의 정당 지도자가 지도하며 통치하는 거죠. 이들 중 빼어난 12명 정도의 기관장이 통치하며 노동 계급 엘리트는 그 구성원이 지도자들의 연설에 박수나 보내고 제안된 결의안을 만장일치로 승인하는 회의에 종종 초대받을 뿐입니다. …… 확실히 이는 독재정이죠. 하지만 프롤레타리아의 독재가 아니라 한 줌 정치인의 독재입니다.

레닌이나 혁명 전통에 책임을 따지기 어려운 스탈린의 전체주의 통치를 제외하고 그 누구도 이것이 독재가 드러나는 방식임을 부인하지 못할 것입니다. 그런데 아마 덜 명확한 요소는 단 몇 마디만 바꿔도 혁명 이전의 절대주의 병폐를 그대로 묘사할 수 있다는 점입니다.

시작은 굉장히 유사한데 그 끝은 너무도 다른 두 개의 첫 번째 혁명을 비교하면, 빈곤 타파가 자유 수립을 위한 선결 요건일 뿐 아니라 빈곤에서 벗어난 해방을 정치적 억압에서 벗어난 해방과 같은 방식으로 다룰 수 없다는 생각이 분명히 드러납니다. 폭력에 대항하는 폭력이 내전이든 타국과의 전쟁이든 전쟁을 유발한다면 사회적 조건에 대항하는 폭력은 항상 공포를 불러일으켰기 때문입니다. 단순한 폭력보다 오히려 공포,

그러니까 구체제가 해체되고 신체제가 수립된 이후에 자의적으로 이루어지는 공포는 혁명을 파멸로 이끌거나 결정적으로 변형시켜서 전제정과 폭력 정치로 빠지게 합니다.

나는 이전에 혁명의 본래 목적이 자유라고 말한 적이 있습니다. 그 자유는 개인적 통치를 종식하고 모든 이에게 공통적인 현안 관리에 참여하도록 하며 공적 영역에 속하는 모든 것을 인정하는 의미의 자유입니다. 통치권 자체의 가장 합법적인 원천은 권력 쟁취의 욕구가 아니라 인류를 삶의 필연성에서 해방하려는 인간의 소망에 있습니다. 이러한 소망을 이루려면 폭력이 필요했고 최소한 일부라도 자유로울 수 있도록 다수가 소수의 짐을 지게 하는 수단이 필요했습니다. 적어도 고대에는 부의 축적이 아니라 이것이 노예제의 핵심이었습니다. 적어도 세계의 일부 지역에서 이러한 인간의 조건이 바뀐 것은 혁명 이념을 포함한 근대 정치 개념이 등장해서가 아니라 오직 근대 기술의 발전 때문입니다. 미국이 큰 행운으로 성취한 것을 오늘날에는 모든 국가는 아닐지라도 많은 국가가 치밀한 계획에 따라 이뤄진 노력 덕분에 성취할 수 있지 않았나 생각합니다. 이런 사실이 우리 희망의 척도입니다. 이로써 우리는 기형적인 혁명의 교훈을 설명할 수 있으며, 부인할 수 없는 혁명의 위엄뿐만 아니라 그 안에 담긴 고유한 약속을 여전히 굳게 유지할 수 있습니다.

결론으로 가기 위해 혁명 시기에 전면에 등장한 자유의 또 다른 양상을 지적하고 싶습니다. 혁명가들도 이에 대해서는 가장 준비가 덜 되어 있었습니다. 자유의 이념과 역사의 지속성에서 새로운 시작을 만들어가는 실제적 경험이 일치해야 한다는 점입니다. 다시 한번 여러분에게 시대의 새로운 질서novus ordo saeclorum를 상기시켜주고 싶습니다. 이 놀라운 구절은 베르길리우스가 네 번째 전원시에서 아우구스투스Augustus 치세의 "새롭게 태동한 시기의 위대한 주기magnus ab integro saeclorum nascitur ordo"를 논하는 데서 가져왔습니다. 베르길리우스는 '새로운novus' 질서가 아닌 '위대한magnus' 질서에 대해 말하는데 수 세기 동안 많이 인용된 시행의 이러한 변화는 바로 근대적 경험의 특징입니다. 베르길리우스에게 이는 (이제 17세기의 언어로) 로마를 "새롭게" 건국하는 문제였지, "새로운 로마"를 건국하는 문제는 아니었습니다. 이런 식으로 그는 전형적인 로마의 방식, 즉 로마의 전통을 깨트리는 데서 오는 공격의 가공할 위험에서 벗어났습니다. 로마의 전통은 새로운 시작을 제안함으로써 전승되는traditio 영원한 도시를 건국하는 것입니다. 이제 당연히 우리는 새로운 시작, 즉 첫 번째 혁명의 관망자들이 지켜봤다고 생각한 것이 아주 오래된 무엇의 재탄생일 뿐이라고 주장할 수 있습니다. 여기서 재탄생은 최종적으로 기독교, 봉건주의, 절대주의에서 발생하는 세속적인 정치 영역의 부활입니다. 하지만 이것이 탄생의 질문이든 재탄생의 질문이든 상관없이, 베르길리우스의 시행에서 결정적 지점은 신의 아이의 탄생을 예언하는 게 아니라 '탄생 그 자체'를 찬양하는 성탄 찬송가에서 따왔다는 사실입니다. 여기에서는 새로운 세대의 도래와 인류를 몇 번이고 구원할 "기적" 또는 대 구원을 찬양합니다. 다른 말로 하자면 이 시행은 탄생의 신성에 대한 승인이며, 세계의 잠재적 구원은 인류 스스로 끊임없이 영속적으로 재생한다는 바로 그 사실에 있다는 믿음입니다.

　　인간의 박식博識과는 아주 거리가 먼 혁명가들을 이 특별한 고대 시로 되돌아가게 한 것은 선혁명적 자유 '관념'뿐만 아니라 자유로움을 체험하는 일이 새로운 무엇을 시작하는 것, 비유적으로 말하면 새 시대의 탄생과 일치하거나 오히려 밀접하게 얽혀 있다고 제안하고 싶습니다. 자유롭다는 것과 새로운 무엇을 시작한다는 것은 같은 의미로 느껴집니다. 이처럼 명백히 인간의 신비한 재능, 즉 뭔가를 새롭게 시작할 수 있는 능력은 우리가 탄생을 통해 이 세계에 새로 온 사람이라는 사실과 관련 있습니다. 달리 말하면 우리는 '처음이고' 따라서 초보자라서 무언가를 시작할 수 있습니다. 행동하고 말하는 능력(말하기는 단지 행동의 또 다른 양식입니다)이 우리를 정치적 존재로 만드는 한, 행위는 항상 전에 존재하지 않던 뭔가를 작동시키는 것을 의미합니다. 그러므로 탄생 또는 인간의 유한성과 일치하는 인간의 탄생은 모든 정치의 존재론적 필수 조건입니다. 이 탄생은 명시적인 방법으로는 아니나 그리스 고대와 로마 고대에 알려졌습니다. 이는 혁명의 경험 속에서 전면에 드러났고 다소 모호하기는 하지만 다시금 혁명 정신이라고 부를 수 있는 것에 영향을 미쳤습니다. 좋든 싫든 우리가 살아가는 세계의 특징이 된 일련의 혁명은 어쨌거나 매번 시간적, 역사적 지속성 내에서 새로운 시작의 분출을 드러냈습니다. 우리는 혁명과 혁명의 결과물인 완전히 새로운 정치체의 토대 덕분에 위엄 있게 걷고 자유롭게 행동할 수 있으므로 국민의 삶에서 혁명이 무엇을 의미하는지 기억하는 것이 현명할 듯합니다. 혁명이 자유의 공적 공간을 확립하면서 성공으로 끝나든, 자신의 성향과 기대에 반해 위험을 감수하며 혁명에 참여한 사람들에게 재앙으로 끝나든, 혁명의 의미는 가장 위대하고 가장 기본적인 인간 잠재력 중 하나, 즉 '자유롭게being free' 새로운 시작을 할 수 있는 유일무이한 체험을 실현합니다. 이러한 체험에서 '시대의 새로운 질서'에 세계를 열었다는 자부심이 나옵니다.

요약하겠습니다. "혁명의 아버지"라고 부를 만한 니콜로 마키아벨리는 이탈리아의 새로운 질서를 가장 열렬히 바랐으나 이런 여러 사안에 대해 많은 체험을 거론하며 논의하기는 아직 어려웠습니다. 결과적으로 그는 "혁신가", 즉 혁명가가 권력을 잡을 때 처음에 가장 큰 어려움에 직면하고, 이후 그 권력을 유지하기가 훨씬 더 쉽다는 것을 알게 될 거라고 여전히 믿었습니다. 우리는 거의 모든 혁명을 통해 사실상 그 반대, 즉 상대적으로 권력을 잡기는 쉬워도 유지하기는 훨씬 더 어렵다는 것을 압니다. 이 사안에서 나쁜 증인이 아닌 레닌도 한번 같은 말을 했습니다. 마키아벨리는 여전히 "무언가 새로운 질서를 시작하는 일보다 수행하기가 더 어렵고, 성공하기도 대단히 어려우며 이를 다루는 일도 위험하다"라고 말할 정도로 충분히 알고 있었습니다. 이 인용문으로 20세기 이야기를 조금이라도 이해한 사람은 누구도 다투지 않으리라 저는 추정합니다. 더욱이 마키아벨리가 일어나리라 예상한 위험은 우리 시대에서도 상당히 실제적인 것으로 입증되었습니다. 그가 근대 혁명에서 가장 큰 위험, 즉 빈곤에서 비롯하는 위험을 아직 자각하지 못했는데도 말입니다. 그는 프랑스 혁명 이후 "구질서에서 이득을 얻는 사람들"로 대표되는 이들을 반혁명 세력으로 부르는 것과 "인류의 불신, 즉 경험하기 전까지는 어떤 새로운 것도 진정으로 믿지 않는 사람들의 불신" 때문에 새로운 질서에서 이익을 얻을 수 있는 사람들의 "미온적인 태도"를 언급합니다. 하지만 관건은 마키아벨리가 새 질서를 수립하려는 시도가 실패할 때, 그러니까 그러한 시도가 이루어진 국가가 순전히 약화될 때만 그 위험을 보았다는 것입니다. 이러한 국가의 약점, 즉 제가 전에 언급한 권력의 공백이 정복자를 유혹할 수 있기에 이것 역시 사실임이 입증되었습니다. 어떤 결정적 사건이 발생할 때까지, 그러니까 권위의 붕괴와 어떤 혁명이 모두가 보고 알 만한 공개적 장소에서 극적인 외침으로 분명히 드러날 때, 이러한 권력 공백이 이전에 존재하지는 않았지만 바로 그 공백이 수년간 감춰진 채로 남아 있을 수 있었습니다. 게다가 우리는 자유의 제도를 수립하려다가 무산된 시도에서 자유와 모든 리버티의 가장 철저한 폐지가 자라날 수 있다는 최고 위험을 목격했습니다.

혁명은 정치적 자유의 문제를 가장 참되고 급진적인 형태, 즉 공무에 참여할 자유, 행위의 자유에 두었기에 혁명이 실패하면 시민적 자유와 정치적 자유를 비롯한 다른 모든 자유가 위태로워집니다. 레닌이 주도한 러시아의 10월 혁명처럼 기형적 혁명이나 제1차 세계대전 이후 유럽 열강에서 일어난 다양한 격변처럼 무산된 혁명은 우리가 지금 알고 있듯이 순전한 공포 속에서 거의 전례가 없는 결과를 초래할 수 있습니다. 혁명은 거의 되돌릴 수 없으며 일단 일어난 혁명은 잊힐 수 없다는 점이 핵심입니다. 공포가 프랑스를 지배하던 무렵, 칸트가 프랑스 혁명을 언급하며 지적했듯이 말입니다. 이는 결코 혁명을 막는 것이 최선이라는 의미가 아닙니다. 혁명이 음모적인 분파로 조직되든 당으로 조직되든 간에 혁명가들의 "산물"이 아니라 완전히 붕괴한 정권의 결과라면, 혁명을 막는다는 것은 정부 형태를 바꾸는 것을 의미하기 때문입니다. 정부 형태를 바꾸는 것 자체는 수반되는 모든 위험과 위태로움이 있는 혁명에 영향을 끼치는 것을 의미합니다. 신문 구독자뿐만 아니라 어떤 현안을 지켜보는 모든 비밀 요원과 전문가에게도 일반적으로 느닷없이 찾아오는 권위와 권력의 붕괴는, 권력을 취하고자 하는 의지가 있고 능력을 지닌 사람들, 달리 말해 권력의 공백으로 들어가 파고드는 사람들이 존재할 때만 온전한 의미에서 혁명이 됩니다. 그런 다음 일어난 사건은 여러 정황, 특히 혁명적 실천의 불가역성에 대한 외국 권력들의 통찰 정도에 따라 달라집니다. 하지만 무엇보다도 이 사건에 기꺼이 책임질 의지가 있는 사람들의 주관적 자질과 도덕적, 정치적 성패에 달려 있습니다. 우리는 그리 머지않은 미래에 그러한 사람들이 미국의 건국자가 된 미국 혁명가의 실천적, 이론적 지혜에 필적할 거라고 기대할 이유가 거의 없습니다. 정치적 의미로 우리가 가진 자유는 그것을 가지기까지 수 세기가 걸렸다는 사실을 신이 알고 있기에 지상에서 다시는 사라지지 않을 것입니다. 하지만 저는 이 작은 희망이 우리가 가진 유일한 희망이 아닐까 두렵습니다.

(1966~1967)

상상력[1]

1

칸트는 부재하는 것을 현전하게 하는 재현re-presentation 능력을 상상력이라고 말한다. "상상력이란 현전하지 않은 대상을 스스로 '직관

---

1 론 베이너Ron Beiner가 편집한 아렌트의《칸트의 정치 철학 강의Lectures on Kant's Political Philosophy》(Chicago: University of Chicago Press, 1982)는 다음과 같은 논평과 함께 실려서 출간되었다. "상상력 노트는 1970년에 칸트 강의와 같은 학기에 행한 …… 세미나에서 유래한다. …… 이 노트는 예시적 타당성 개념과 …… 도식론이 판단을 위한 예시뿐만 아니라 인식을 위한 도식을 제공하며 양자에 근본적인 상상력의 역할을 통해 …… 연결된다"(viii). 이는 바로 〈상상력〉(79) 바로 앞에 나온 주에서 변경하지 않고 확장했다.

그렇다면 이러한 '세미나 노트'를 재출간하는 이유는 무엇인가? 첫째, 이는 세미나 노트가 아니다. 첫 세미나 모임(12명 남짓한 대학원생 중에는 강의 과정생인 몇몇 상급 학생이 있었고 나머지는 수년간 아렌트의 사유를 추종해왔으나 강의를 듣지는 않은 대학 원생들이었음)에서 아렌트는 매주 세미나 수강생 한 명이 칸트의《판단력 비판》의 기나긴 1부의 한 장에 관한 논문을 발표할 것이라고 알렸다. 나아가 그녀는 다음 주에 첫 번째 논문을 발표함으로써 자신이 기대하는 바를 보여주고자 할 것이라고 덧붙였다. 〈상상력〉이 바로 그 논문이다.

《칸트의 정치 철학 강의》의 부록으로 출간된 〈상상력〉은 사실상 외면당했다(예외가 하나 있기는 하다). 칸트의 제3비판에 아렌트가 매료된 것은 이 논문이 집필되기 몇

---

intuition'을 통해 재현하는 능력이다."[2] "상상력facultas imaginandi은 대상이 부재할 때의 '지각' 능력이다."[3] 그래서 부재하는 것을 현전하게 하는 능력에 "상상력"이라는 명칭을 부여한 점은 아주 자연스럽다. 나는 부재하는 것을 재현할 때면 내 마음에 어떤 '이미지image(이하 심상心像)'를 떠올린다. 이는 과거에 내가 보았던 것이면서 지금 재생한 무엇의 심상이다. 칸트는《판단력 비판》에서 때로는 이 능력이 "재생적"이라고 말한다. 이 능력은 전혀 본 적이 없던 무엇을 낳는 예술 역량인 "생산" 능력과 구분된다. 하지만 생산적 상상력(천재성)도 완전히 생산적이지만은 않다. 예를 들어 상상력이야말로 주어진 것, 즉 말과 인간에서 반인반수centaur를 만들어낸

년 전으로 거슬러 올라간다. 1957년 8~9월에 아렌트는 야스퍼스와 주고받은 서신에서 칸트의 공통감에 대한 숙고가 "너무 자주 멸시받는다"라고 쓴다. 여기서 "취미 현상은 기본적인 판단 현상으로 진지하게 다루어진다." 그녀와 야스퍼스는 "세계의 세계성die Weltlichkeit der Welt의 핵심"으로서 아름다움에 대한 칸트의 이해를 두고서 "지금 당장" 세미나를 하자는 생각을 한다.

마지막으로 다음은 하나의 추측, 즉 일부 경험에 바탕을 둔 추측인데 이 몇 페이지는 많은 사변을 일으켰던 아렌트의《정신의 삶》3권인《판단》이 어떤 모습이었을지에 대한 유일한 증거는 아닐지라도 최상의 증거를 제공한다. 아렌트는 이를 집필하기 시작하자마자 서거했다. 서거 몇 주 전 그녀는 이 원고의 복사본을 잘못 둬서 내 복사본을 달라고 했는데 바로 그다음 날 찾았다고 했다.《판단》이 이 원고로 시작할 거라 암시하는 것은 아니다. 아렌트는 판단에 관한 고전적인 준거인 파르메니데스Parmenides와 아낙사고라스Anaxagoras를 훨씬 더 상세하게 논급하며 시작했을 가능성이 높다. 과거에 대한 새로운 고찰로 시작하는 일이《정신의 삶》내내 아렌트의 작업 방식이었다. 여기에 고도로 집약된 칸트의 상상력의 역할이 가장 중요하다. 1970년 당시 그녀는 "칸트의 비판 철학을 통한 학문 전체 저작물에서 놓치고 있는 것이 있는데 이는 상상의 생산적인 측면과 재생적인 측면에 관한 지속적인 연구"라고 언급했다. (편집자)

2 Kant, *Critique of Pure Reason*, B151 (italics added), trans. N. K. Smith (New York: St. Martin's Press, 1963). 작은따옴표 안 글자는 아렌트가 강조한 것이다.

3 Kant, *Anthropology from a Pragmatic Point of View*, §28, trans. Mary J. Gregor (The Hague: Nijhoff, 1974). 작은따옴표는 아렌트가 강조한 것이다.

다. 이는 우리가 마치 기억을 다루고 있는 것처럼 들린다. 하지만 칸트에게 상상력은 기억의 조건이자 훨씬 더 포괄적인 능력이다. 칸트는 《실용적 관점에서의 인간학Anthropologie in pragmatischer Hinsicht》에서 "'과거'를 현재화하는 능력"인 기억을 '미래'를 현재화하는 "예견 능력"으로 표현한다. 이 둘은 모두 "연상association" 능력, 즉 "더는 존재하지 않는 것"과 "아직 존재하지 않는 것"을 현재와 연계하는 능력이다. "비록 이 두 연상 능력 자체가 지각은 아닐지라도 이는 여러 지각을 시간적으로 연계시키는 기능을 한다."[4] 상상력이 시간의 연상에 끌려갈 필요는 없다. 상상력은 스스로 선택한 무엇이건 의지에 따라 어떤 것으로 현전할 수 있다.

칸트가 상상력이라고 부르는 것은 감각적 지각 안에 존재하지 않는 것을 마음속에 있게 하는 것인데, 이는 기억보다는 철학의 시초부터 회자된 또 다른 능력과 연관성이 있다. 파르메니데스는 이를 '누스nous, 지성'라고 불렀다. 그가 이를 통해 말하고자 하는 참된 '존재'는 현존하지 않고 감각에 자신의 존재를 드러내지도 않는다. 파르메니데스가 볼 때 사물의 지각 중 현존하지 않는 것은 '존재' 그것이다. 그럼에도 '존재'는 감각에는 없어도 마음에는 현존한다. 또 아낙사고라스Anaxagoras는 "볼 수 없는 것의 일견을 나타냄, 즉 현상opsis tōn adēlōn ta phainomena이다"[5]라고 했다. 달리 표현하면, 칸트의 경우 직관에 주어진 현상을 봄으로써 우리는 드러나지 않는 무엇을 언뜻 보며 의식한다. 여기서 이 무엇이 '존재being' 자체다. 따라서 물리적 실재 너머에 존재하는 것, 여전히 신비로운 방식으로 현상 속의 비현상으로서 정신에 주어짐을 다루는 학문인 형이상학은 존재론, 즉

---

4   Kant, 앞의 책, §34.

5   Hermann Diels and Walther Kranz, *Die Fragmente der Vorsokratiker*, 5th ed. (Berlin), B21a.

존재의 학문이 된다.

2

우리의 인식 능력에 작용하는 상상의 역할은 어쩌면 칸트가 《순수 이성 비판》에서 보여준 가장 위대한 발견일지 모른다. 우리의 목적을 위해서는 "순수 지성 개념의 도식론"[6]에 주목하는 일이 최상이다. 예견하자면, 인식에 도식을 제공하는 동일한 능력인 상상이 판단에서도 '예시들'을 제공할 것이다. 여러분은 칸트에게는 경험과 지식의 두 근원인 직관(감성)과 개념(지성)이 있음을 기억할 것이다. 직관은 항상 우리에게 특수자를 '부여한다.' 개념은 이 특수자를 우리가 '인식하도록' 한다. 내가 "이 탁자"라고 말할 때, 마치 직관이 "이"라고 말하고 지성이 "탁자"를 더하는 것과 같다. "이"는 특정한 항목에만 관계하며 "탁자"는 그것을 확인하고 그 대상을 소통 가능하게 한다.

두 가지 질문이 제기될 수 있다. 첫째, 이 두 가지 능력은 어떻게 연계되는가? 확실히 지성 개념은 마음이 감각의 다양성에 질서를 부여할 수 있도록 한다. 그런데 두 능력의 통합인 종합은 어디에서 발생하는가? 둘째, "탁자"라는 개념은 전적으로 개념일 뿐일까? 혹시 이 또한 일종의 심상이 아닐까? 그래서 그런 종류의 상상력은 지성 내에서도 작동하는가? 그 대답은 이렇다. "다양성의 종합은 …… 최초로 지식이 발생하도록 함이다. …… [이는] 지식을 위한 여러 요소를 취합해 그것들을 어떤 내용으로 통합한다." 이 종합은 "상상이라는 능력의 단순한 결과물이자 영혼

6 Kant, *Critique of Pure Reason*, B176ff.

의 맹목적이면서도 필수 불가결한 기능이다. 이 기능이 없으면 우리는 '무엇이 되었든' 이에 대한 인식을 갖지 말아야 하지만 그 사실을 거의 의식하지 못한다."[7] 상상력이 종합을 도출하는 방식은 "어떤 개념을 위한 심상'을 제공함으로써" 이루어진다.[8] 이러한 심상을 "도식"이라고 부른다.

> 두 개의 극단인 감성과 지성은 상상력으로 …… 서로 연계되어야 한다. 그렇지 않으면 감성이 비록 현상appearances을 낳을지라도 경험적 지식의 어떤 대상도 제공하지 못하며, 따라서 어떤 경험도 제공하지 못하기 때문이다.[9]

여기서 칸트는 이 두 능력을 연계하기 위해 상상력을 끌어들인다. 그는 《순수 이성 비판》 1판에서 상상력을 "종합 일반의 능력"으로 본다. 우리의 지성과 관련된 "도식론"을 직접 언급한 다른 곳에서 그는 상상력을 "영혼 깊숙이 감춰진 기예"[10]라고 부른다(즉, 우리는 '전혀' 현전하지 않는 무엇에 대한 일종의 "직관"을 지니고 있다). 이는 상상력이 실제로 다른 인식 능력들의 공통 근원임을 시사한다. 이는 감성과 지성의 "공통적이면서도 우리에게 알려지지 않은 근원"[11]이다. 칸트는 《순수 이성 비판》 서론에서 이 근원을 논의하며, 마지막 장에서는 그 능력을 언급하지 않은 채 다시 논의한다.[12]

---

7 Kant, 앞의 책, B103. 작은따옴표는 아렌트가 강조한 것이다.
8 Kant, 앞의 책, B180. 작은따옴표는 아렌트가 강조한 것이다.
9 Kant, 앞의 책, A124.
10 Kant, 앞의 책, B180.
11 Kant, 앞의 책, B29.
12 Kant, 앞의 책, B863.

3

문제의 요지는 "도식" 없이는 그 무엇도 결코 알아차릴 수 없다는 점이다. "이 탁자"라고 말할 때, 우리는 탁자의 일반적 "심상"이 우리의 마음속에 나타나 "이것"이 탁자임을 알아차린다. 우리는 "이 탁자"가 개별적이고 특수하더라도 다른 많은 탁자와 그 특징을 공유하는 무엇임을 알아차린다. 만약 내가 어떤 집을 알아차린다면, 이렇게 지각된 집에는 보편적으로 집이 어떤 모습인지도 들어 있다. 이것이 플라톤이 집의 '형상_{eidos}', 즉 일반 형식이라 일컬은 것이다. 여기서 집은 자연 감각에는 전혀 주어지지 않으며 오로지 마음의 눈에만 주어진다. 엄격히 말해서, 이는 "마음의 눈"에조차 주어지지 않으므로 "심상" 또는 더 정확히 말해서 "도식"과 '같은' 무엇이다. 어떤 사람이 집을 그리거나 지을 때면 언제나 항상 집 자체가 아닌 특정한 집을 그리거나 짓는다. 하지만 우리는 마음의 눈에 선행하는 이 도식이나 플라톤의 형상 없이 어떻게 이를 그리거나 지을 수는 없는 걸까? 칸트는 이렇게 말한다. "어떠한 심상도 삼각형 일반의 개념에는 적합할 수 없다. 정삼각형, 둔각 삼각형 또는 예각 삼각형이든 간에 모든 삼각형에 타당하게 들어맞는 삼각형이라는 개념의 보편성을 결코 얻지 못할 것이다. …… 삼각형 도식은 생각 외에는 그 어디에도 존재할 수 없다."[13] 그런데 이 도식이 사고에만 존재한다고 하더라도 이는 일종의 "심상"이다. 이는 사고의 산물도 아니고 감성에 주어진 것도 아니다. 최소한 이 도식은 감각을 통해 주어진 자료_{data}에서 추상화된 산물이다. 도식은 사고와 감각 너머에 있거나 양자 사이에 존재한다. 외적으로 볼 수 없다는 점에서는 사고에 속하며, 이미지와 '같은' 무엇이라는 점

13 Kant, 앞의 책, B180.

에서는 감각에 속한다. 따라서 칸트는 상상력을 종종 "모든 경험의 ……
본래적 근원 중 하나"라고 하며, 이는 "마음의 이떤 다른 능력에서도 도출
될"[14] 수 없다고 말한다.

예를 하나 더 들어보자. "'개'라는 개념은 경험처럼 단일한 규정적
인 모습이나 어떤 가능한 심상에 국한되지 않고 내 상상력으로 네 발 달
린 동물의 모습을 보편적으로 묘사할 수 있는 규칙을 의미한다. 혹은 이
개념은 개의 모습을 종이 위에 그리자마자 다시금 특수한 동물이 될지라
도 내가 '구체적으로' 재현할 수 있고 현실적으로 나타낼 수 있는 모든 심
상을 의미한다!" 이는 "영혼 깊숙이 감춰진 기예다. 자연은 이 기법의 실
제적 활동 양식들을 우리가 발견하고 우리의 시선이 열리도록 거의 용인
하지 않을 듯하다."[15] 칸트는 심상, 예를 들면 조지 워싱턴 다리[16]를 "재생
적 상상의 경험적 능력"의 산물이라고 했다. "(다리) 도식은 …… 심상들
자체가 처음으로 가능하게 되는 …… 선험적 순수 상상력의 …… 산물이
다."[17] 달리 표현하면, 나는 "도식화" 능력 없이는 심상을 가질 수 없다.

4

우리는 다음과 같은 점에서 주요 성과를 얻게 될 것이다.

1) 이 개별 탁자를 지각하는 가운데 "탁자" 그 자체가 포함된다.
따라서 상상력 없이는 어떤 지각도 가능하지 않다. 칸트는 "지금까지 심리

---

14 Kant, 앞의 책, A94.
15 Kant, 앞의 책, B180~181.
16 미국 뉴욕시와 뉴저지를 잇는 다리다. (옮긴이)
17 Kant, 앞의 책, B181.

학자들이 상상력이 지각 자체의 필수 요소임을 깨닫는 데 실패했다"[18]라고 언급한다.

2) "탁자"라는 도식은 모든 개별 탁자에 타당하다. 도식이 없다면 우리는 "이러저러한 것"이라고만 해야 하는 다양한 대상으로 둘러싸이게 된다. 지식뿐만 아니라 (그것이 무엇이든) "내게 탁자를 가져오시오"와 같은 소통도 가능하지 않게 된다.

3) 따라서 "탁자"라고 말할 수 있는 능력이 없다면 우리는 전혀 소통할 수 없다. 우리 모두 "다리"임을 알기에 조지 워싱턴 다리를 묘사할 수 있다. "다리"를 모르는 사람과 함께 가면서 내가 손으로 가리키며 말해 줄 다리가 존재하지 않는다고 추정해보라. 그렇다면 나는 예를 들어 "다리 한쪽에서 다른 쪽으로 건너감"처럼 그가 알고 있는 어떤 도식을 그에게 상기시켜주기 위해 다리의 도식 심상을 그려야 할 것이다. 물론 이 심상은 특정 다리다.

다르게 표현하자면, 특수자들을 '소통 가능하게' 하는 것은 첫째, 어떤 특수자를 지각하며 우리의 마음 배후(즉, "우리 영혼 깊은 곳")에 많은 특수자의 특징이 되는 "형태"의 "도식"을 가지고 있으며 둘째, 이 도식 형태가 여러 다른 타인의 마음 배후에 있다는 점이다. 비록 "어떤 도식을 늘 어떤 심상으로 모두 끌어들일 수 없다고 해도"[19] 이 도식 형태는 상상력의 산물이다. 모든 단일한 일치 또는 불일치는 우리가 같은 것에 대해 말하고 있음을 전제한다. 이는 다수인 우리가 모두 같은 무엇에 동의하고 합치되어 있음을 의미한다.

4) 《판단력 비판》은 규정적 판단과는 다른 반성적 판단을 분석

---

18 Kant, 앞의 책, A120(주).
19 Kant, 앞의 책, B181.

한다. 규정적 판단은 특수자를 일반 규칙에 포괄한다. 반대로 반성적 판단은 특수자로부터 규칙을 "도출"한다. 도식에서 우리는 실제로 특수자로부터 어떤 "보편"을 지각한다. 말하자면 탁자를 탁자로 인지하면서 "탁자"라는 도식을 본다. 칸트는《순수 이성 비판》에서 "개념에 포괄하는 것"과 "개념으로 가져오는 것"을 구별함으로써 규정적 판단과 반성적 판단의 구분을 암시한다.[20]

5) 마지막으로, 우리의 감성은 인식 도우미로서뿐만 아니라 다양성 내에서 같음을 알아채기 위해서도 상상력이 필요하다. 상상력은 그 자체로 모든 인식의 조건이다. "통각apperception에 선행하는 상상력의 종합 작용은 모든 인식의 가능성, 특히 경험 가능성의 근거다."[21] 상상력은 그 자체로 "감각을 선험적으로 규정한다. 상상력은 모든 감각 작용에 내재한다. 상상력이 없다면 우리가 인식할 수 있는 세계의 객관성은 물론이고 이에 관해 말할 어떤 소통 가능성도 존재하지 않을 것이다.

5

우리의 목적을 위해 도식이 중요하다는 것은 상상력을 통해 도식을 생성할 때 감성과 지성이 만나기 때문이다.《순수 이성 비판》에서 상상력은 지성을 돕는다.《판단력 비판》에서는 지성이 "상상력을 돕는다."[22]

《판단력 비판》에서 우리는 "도식"의 유비, 즉 "예시"를 발견한

---

20 Kant, 앞의 책, B104.

21 Kant, 앞의 책, A118.

22 Kant, *Critique of Judgment*의 §22에 대한 일반 주, trans. J. H. Bernard (New York: Hafner, 1951).

다.[23] 칸트는 도식이라 불리는 직관이 경험과 인식을 위해 하는 동일한 역할을 판단에서는 예시라고 하는 데 동의한다. 우리가 특수자들과 관계할 때면 언제나 예시는 반성적 판단과 규정적 판단 양자에서 모두 어떤 역할을 수행한다.《순수 이성 비판》에서 우리는 칸트가 "판단을 가르칠 수는 없고 다만 연습할 수 있는 특이한 재능이며" "이 재능이 결핍되면 어떤 학교도 개선할 수 없다"[24]라고 한 점을 안다. 여기서 예시는 "판단력을 위한 보행기"[25]라 불린다. 특수자를 개념하에 포괄하지 않는 반성적 판단을 분석한《판단력 비판》에서 도식이 탁자를 탁자로 알아차리도록 돕는 것과 같은 방식으로 예시는 우리를 돕는다. 예시는 우리를 안내하고 인도한다. 결론적으로 판단은 "예시적 타당성"을 습득한다.[26]

　　예시는 개념 또는 일반 규칙을 스스로 포함하거나 포함해야 하는 특수자다. 예를 들면 어떻게 당신은 어떤 행위가 용기 있다고 판단하고 평가할 수 있는가? 우리는 판단을 내릴 때 일반 규칙들에서 뭔가를 도출하지 않고 자연발생적으로 "이 사람은 용기가 있다"라고 말한다. 만약 우리가 그리스인이라면 "우리 마음의 깊은 곳에" 아킬레우스라는 예시가 있을 것이다. 다시금 상상력이 필수적이다. 아킬레우스가 부재해도 그를 현전화할 필요가 있어서다. 누군가를 좋은 사람이라고 말할 때 우리 마음 배후에 성 프란체스코나 나사렛 예수라는 예시를 두고 있을 것이다. 판단은 예시가 올바로 선택되는 만큼의 예시적 타당성을 갖는다. 또 다른 예로, 프랑스 역사 상황에서 나는 나폴레옹 보나파르트를 특수한 인간이라 말할 수 있다. 하지만 내가 보나파르트주의를 말하는 순간 나는 그를 하

23　Kant, 앞의 책, §59.

24　Kant, *Critique of Pure Reason*, B172.

25　Kant, 앞의 책, B173~174.

26　Kant, *Critique of Judgment*, §22.

나의 예시로 본다. 이러한 예시적 타당성은 나폴레옹을 특정한 역사 전통의 상속인처럼 그와 동시대인은 아닐지라도 그의 '경험'을 가진 인간들에 국한될 것이다. 역사학과 정치학 분야의 대다수 개념은 이러한 제한적 특성을 보인다. 이들은 특정한 역사적 사건에 기원을 두며, 그 후 우리는 이를 "예시적인 것"으로 발전시켜나가며 특수자에서 한 가지 사례 이상의 타당한 면을 본다.

(1970)

그는 철저히 드와이트다

　나는 《정치*Politics*》 재출간본의 짤막한 서문을 써달라는 청탁을 받고서 "옛날 옛적에"라는 꽤나 유쾌한 우울에 굴복해 모든 회상에 적합한 분위기라 할 향수 어린 관조에 탐닉하고픈 유혹을 받았다. 이제 나는 1944년부터 1949년까지 발행된 과월호 42편을 주의 깊게(20년도 전에 읽은 것보다 더 주의 깊게 읽었다고 자부한다) 다시 읽었고, 그러한 회상 분위기는 《정치》에 실린 수많은 기사, 논평, 사건 보도가 어제오늘이나 거의 한 해 전에 집필된 듯이 읽힌다는 단 하나의 이유로 사라졌다. 최대 발행 부수가 5,000부도 채 안 되는 이 작은 간행물에 대한 우려와 당혹감이 대량 부수를 자랑하는 여러 신문과 정기 간행물의 일용할 양식이 된다는 점을 제외하면 말이다. 시대에 전혀 뒤떨어지지 않은 과월호에 실린 문제들은 해결되기는커녕 우리 일상 세계의 거대한 변화로 긴박감만 더해졌기 때문이다.

　이는 징병 영장의 소각, 블랙 파워(나중에 "니그로이즘*Negroism*"으로 불림), 대중문화에도 들어맞는다. "폭격에 의한 대학살"이 군사적으로나 정치적으로 무용한데도 군산 복합체("영구적 전시 경제"는 전시 생산국의 수장 찰스 윌슨Charles E. Wilson이 1944년 1월 제안했으며, 원자 폭탄은 해리 트루먼이 "전체 역사에서 과학, 산업, 노동, 군사가 결합한 노력의 최고 업적"

이라고 칭송했다)와 민주 국가(영국과 미국)에서 민주적 과정의 와해에도 들어맞는다. 당연히 냉전에도 들어맞는다. 하지만 초창기의 냉전은 "유럽에서 러시아 기록에 대한 진짜 공포를 반영한 것이지"(조지 우드콕 George Woodcock)[1] 단순히 강대국 정치의 결과물은 아니었다. (훨씬 뒤인 1950년대 말에야 예루살렘의 아이히만 재판에서 절정에 달한 일련의 새로운 전범 재판과 함께 전면에 드러난) 나치 죽음의 수용소의 공포에 대한 책임 문제 또는 나치 점령에서 해방된 후 유럽에서 현상 유지의 회복 같은 오랫동안 잠자고 있던 쟁점들에도 특히 들어맞는다. 1945년 1월에 시작해 그해 계속 실린 그리스 기사 연재물은 여전히 1967년에 그 나라에서 발생한 사태에 대한 훌륭한 소개다. 파시즘과 나치즘에 저항한 유럽의 모든 지하 운동의 전멸에 대한 응분의 대가를 이제야 온전히 치르기 시작하는 걸로 보이기 때문이다. 연합군이 진심으로 동조한 현안 중 하나라는 점에서 이 지하 운동의 전멸은 성공적이었다.

《정치》라는 간행물은 두 달 동안 폴란드 저항군이 독일 국방군에 맞서 봉기했지만 붉은 군대에 배신당하고 결국 나치에게 학살당한, 반쯤 잊힌 바르샤바의 비극을 면밀하면서도 감동적으로 관심을 가지고 추적했다. 이 에피소드는 동유럽에서 소비에트 통치의 조건이었다. 이는 서방에서 파산한 정치 체제로 시간을 되돌리는 기능을 한 프랑스, 이탈리아, 그리스 지하 운동의 패배와 아주 동일한 방식으로 이루어졌다. 가장 유력한 원인은 어쩌면 히틀러의 등장이 아니라 확실히 그의 유럽 정복이었다. 니콜로 투치 Niccolò Tucci[2]가 1944년 11월에 말했듯이, 승자의 "업무는 뒤바꾸

---

1   영국의 노동 운동 지도자다. (옮긴이)
2   소설가로 1938년 무솔리니의 언론부 장관직을 사임하고 미국으로 이민을 갔다. 영어와 이탈리아어로 글을 썼다. (옮긴이)

는 일 …… 공포와 희망의 장소를 공포와 희망이 부재한 장소로 뒤바꾸는 일이다."

　　나는 현행 정치 현안을 두고 이 간행물에서 나온 놀랄 정도로 적절한 예시를 거의 무작위로 선정했다. 사실 과월호들을 추적하지 않고도 오늘날에도 아주 중요한 것을 꼽는다면 대도시의 신속한 해체와 "보이지 않는 정부"의 깜짝 놀랄 만한 발생을 다룬 두 권뿐이다. 《대중Masses》(1911~1917)은 30년 전에 《정치》와 유사한 기능을 수행한 내가 아는 유일한 잡지로 "이전에 전혀 발생하지 않은 우주적 사건을 예견하면서 축복처럼 일어난 사건을 의식하지 못한 채 집필되었던 듯하다"라고 회자되었다. 하지만 이것이 "[《대중》 편집자의] 준거 틀을 파괴하며 이들 관심사의 대상을 공상적이고 비현실적으로 보이게 한 역사"든 아니든 간에 관건은 그 정확한 반대가 《정치》에 해당한다는 점이다.

　　당연히 이 현안에 자체의 장악력을 가질 수 있었던 역사를 제외하고 1인 간행물의 편집자, 즉 의미 있는 사실과 의미 있는 생각에 대한 그의 탁월한 안목에 전적으로 찬사를 보낸다. 기고자들을 선정하는 데 그의 안목이 뒷받침되었다. "상대적으로 알려지지 않은 젊은 미국 지식인 부류", 나아가 훨씬 덜 알려진 "좌파 난민"의 글을 실어 발표하는 것도 해야할 일 중 하나다. 또 다른 사안은 20년 후에 널리 알려질 인사들을 발굴하는 일이다. 드와이트 맥도널드Dwight Macdonald[3]가 시몬 베유Simone Weil를 발굴한 일이 가장 돋보이는 사례다. 그런데 당시 누가 빅토르 세르주Victor Serge, 찰스 라이트 밀스Charles Wright Mills, 니콜로 투치, 니콜라 키아로몬테Nicola Chiaromonte, 알베르 카뮈Albert Camus나 부르노 베텔하임Bruno Bettelheim

---

3　미국의 작가이자 편집자, 철학가, 평론가다. 《파르티잔 리뷰》의 편집자였고 여러 잡지에 글을 기고했다. (옮긴이)

같은 이름들을 알았겠는가? 이게 1인 간행물이라고 해도 이는 결코 한 사람만의 의견을 담은 간행물이 아니었다. 이들의 말이 담긴 많은 목소리와 관점을 가능하게 해준 관대와 자비 때문만이 아니라, 더 중요한 것은 편집자 자신이 전혀 한 의견을 가진 사람이 아니거나 아마도 자신만의 간행물이 필요하다고 느꼈을 때 의견 내는 것을 멈췄기 때문이다.

맥도널드가 "계속해서 심경에 변화가 있다"(제임스 패럴James Farrell)는 점은 익히 알려져 있다. 하지만 어쩌면 덜 인정된 부분은 이것이 그의 덕목 중에 있다는 점이다. 당연히 이성과 현실에 기꺼이 귀를 기울이는 사람이라면 자신의 마음을 바꾸지 않을 수가 없지만, 우리 대부분은 의식하지 못한 채 그렇게 하고 있고 자신의 그런 변화를 거의 인식하지 못한다. 반면에 맥도널드는 지적 정직성과 도덕적 정의에 대한 참된 분노 속에서 아주 미미할지언정 기록, 즉 자신의 초기 논문들을 스스로 논박하는 주석을 다는 방식을 바꾸지 않고 자신이 범한 여러 "실수"를 추적해간다. 신은 이것이 "유연성"보다 훨씬 더 고귀한 무엇임을 알 것이다.

《정치》는 (청년 마르크스의 논평에 따라) 급진적radical이라는 데 항상 자부심을 품고 있는데, 이 말은 "뿌리까지 사태를 파악하기"라는 뜻이다. 첫 호에서 언급된 이 목표에 따라 편집자는 온갖 공식에서 스스로 자유로워졌고 나중에 나온 표현에 따르면, "아무것도 갖지 않는 것이 나의 '공식'"이었다. 더 구체적으로 말하면 '역사'와 '진보'에 대한 믿음을 가지고서 마르크스주의 공식에 대해서도 자유로워졌다. 이러한 해방 과정이 완성될 때 간행물 창간 2년 차 말에 발생한 히로시마 폭격 이후 그는, 한편으로는 윌리엄 고드윈William Godwin, 프루동Pierre-Joseph Proudhon, 바쿠닌, 알렉산더 헤르젠Aleksandr Herzen, 톨스토이Lev Tolstoy 등과 같은 새로운 "선조", 다른 한편으로는 "정치의 새로운 길"에 입각한 이론 영역에서 새로운 뿌리의 발굴을 시도했다. 새로운 후기 마르크스주의의 분위기(모든 기고자가 그전에는 마르크스주의자였다)는 대단히 무정부주의적이고 평화주의적이었다. 이 시기에 가장 중요한 기고문은 맥도널드가 집필한 일련의 논문인데, 이 글들은 나중에 《뿌리가 인간이다 *The Root Is Man*》로 출간되었다. 상황이 이러하다면 새로운 신조는 인간이 단순히 뿌리, 즉 모든 정치적 쟁점의 기원일 뿐만 아니라 모든 정치의 궁극적 목표이자 모든 정치적 사안에 적용할 수 있는 판단의 유일하게 타당한 기준이기도 한 급진적 인문주의로 이루어졌다.

이처럼 새로운 정치 이론에 이르려는 시도가 논평과 보고서보다 나는 개인적으로 덜 진부하다고 생각한다. 하지만 20년 전 좌파에서 사라진 몇몇 작가의 분위기가 데이비드 배절런David Bazelon[4]이 "새로운 길New Roads" 작가들의 사회주의를 두고 비판적으로 논평했듯이 "모든 진정한 문제는 본질적으로 도덕적이다"라고 말과 행동으로 군건히 믿은 것이 전체 세대의 지배적 분위기가 되었다는 이유로 이들을 공격할 수는 없었다. 급진적 '휴머니즘'은 분명 급진적이라는 점, 즉 사태를 뿌리까지 파악하는 데서 나오는 게 아니다. 모든 주의ism가 그렇듯이, 급진적 '휴머니즘'은 급진적이 되는 것을 오히려 방해할 수도 있다. 모든 사안이 스스로 드러나듯이 이러한 휴머니즘은 이들 사안에서 뿌리를 찾는 작업을 방해할 수 있다. 몇 년간 경험한 끝에 맥도널드는 자신의 프로그램을 재조정했고 이제는 "엄청난 양의 일상적 현상에서 장기적 추세를 좇으려는" 것 이상으로 나아가고 싶어 하지 않았다. 이 맥락에서 급진적이라는 단어는 다른 의미를 띤다. 이는 두려움이 없는 상태, 즉 미래 발전의 뿌리를 비롯해 일상 현안의 사실을 편견 없이 연구하는 것을 가리킨다. 이 같은 관점에서 《정치》

---

4 미국 연방 항소 법원의 미국 순회 판사, 대법원장 등을 지냈다. (옮긴이)

의 급진적 기록은 감동적이다. 사실 그 기록은 실제로 미래에 너무 가까워서 전체적인 시도가 종종 섣부른 총연습처럼 보였다.

오해를 피하고자, 특히 정치적 지성을 예지력과 동일시하는 마르크스주의자의 오해를 피하고자 나는 맥도널드의 단기간 예상 적중률이 썩 높지 않았음을 서둘러 인정해야겠다(그는 1858년경 혁명이 발발하기 전에 《자본론》을 끝마칠 수 없을까 봐 걱정한 마르크스와 실패를 공유했다). 그가 범한 이 같은 "실수" 대부분은 적절하지 않았다. 예컨대 영국 제국의 해체가 "멀었다"라고 본 맥도널드의 1944년 확신을 들 수 있다. 더 심각한 다른 실수들도 있는데, 특히 미국 좌파들과 마찬가지로 단순히 "제국주의" 전쟁으로서 제2차 세계대전의 복잡한 성격을 이해하는 데 실패했다. 하지만 이러한 추정은 그의 선급진적, 이데올로기적 좌파 시기에만 해당한다. 그가 마르크스주의와 결별한 후에도 이런 주장을 수정하지 않은 결정적 이유는 평화주의로 전환했기 때문이다. 또한 그는 "소비에트 체제가 나치즘보다 내가 믿는 것에 대해 훨씬 더 위협적이라고" 확신했다. 이러한 확신은 매우 논쟁적인 주장이다. 소비에트 체제와 볼셰비즘(레닌의 일당 독재)을 동일시하고, 볼셰비즘을 스탈린주의와 동일시한 주장이니 말이다. 맥도널드는 히로시마에 원자 폭탄이 투하되기 3개월 전에 이렇게 썼다. "문명이 또 다른 전쟁을 견뎌낼 수 없으리라는 점은 자명한 사실이다. 따라서 문제는 문명이 이 전쟁을 견뎌낼 수 있는가다." 그러나 이 말은 확실히 틀렸다.

독일의 "경제 기적", 일본의 빠른 복구, 스탈린 사후 러시아의 재건은 한 국가의 인구가 아주 "현대적"이라는 점, 생산 과정이 전체주의 독재의 왜곡된 권력 존중으로 방해받지 않는다면 근대적 파괴 수단이 일종의 백지상태를 처음으로 만들어냈던 곳보다 더 나을 바 없는 데서 근대적 생산 수단이 '어느 정도' 작동한다는 점을 보여주었다(오늘날 영국은 독일에 비해 전쟁이 가져온 파괴의 영향을 거의 받지 않지만 균형 유지를 운명으로 삼는 이 나라는 낡은 생활 방식을 바꿀 의지가 거의 없어 보인다). 계속 이어지는 사건들은 맥도널드가 히로시마의 직접적인 영향으로 "우리 미국인은 이전에 독일인들에게만 허용된 강도로 심각한 증오를 받게 될 것이다"라고 생각했을 때 그가 여전히 옳지 않았음을 입증해주었다. 나는 비록 맥도널드가 한때 "이 전쟁에서 독일인의 잔혹성은 적어도 근대사에서 독특한 현상이었다"라고 언급했을지라도 나치 죽음의 공장이 부추긴 격분뿐만 아니라 공포 전체를 과소평가했다고 말하는 것이 온당하다고 생각한다.

돌이켜보면 이 모든 일에서 아주 놀라운 점은 실수가 아니라 그 반대로 맥도널드가 실수를 범하면서도, 심지어 종종 그런 실수로 인해 "장기적 추세"를 발견하는 일이 섬뜩할 정도로 옳았을 수 있다는 것이다. (종교적 근거들이 비정치적이라는 이유로 항상 타당하다는 근거를 제외하고) 제2차 세계대전에 반대하는 것은 실수였을 수도 있다. 하지만 전쟁의 종말, 즉 히로시마와 나가사키의 원자 폭탄 투하가 그 실수에 어떤 정당성을 부여했는가? 핵무기의 발달로 문명뿐만 아니라 인류의 종말을 위협하는 현대전이 실제로 시작되지 않았는가? 미국인이 독일인처럼 미움을 살 것이라고 두려워하는 일이 1945년에는 분명히 너무 앞선 일일지 모르지만, 이는 어떤 동물이 실제로 존재하리라고 믿기에는 너무 멀리 떨어져 있을 때 누군가가 "늑대다!"라고 외치는 것과 같다. 하지만 22년이 지나 그 동물이 도래해서 맥도널드는 전적으로 정당하게 글을 쓸 수 있었고 항상 그랬듯이 진정한 애국자에게 어울릴 법한 말로 "지난 2년 사이에, 내 생애 처음으로 나는 미국인인 것이 부끄럽다"라고 했을 때, 우리는 다만 이 공화국 시민이 지닌 정치적 본능을 찬양할 수 있을 뿐이다. 이 시민은 비록 자신의 정치적 본능을 온전히 자각할 수는 없었을지라도 트루먼 씨가 원자 폭탄으로 유별난 승리감에 빠져 있을 때, 말하자면 바로 이 공화국의 토대가 된 "인류의 의견에 대한 품위 있는 존중"에서 결정적으로 이탈했음을 감지했다.

당시 많은 비非미국계를 기고자로 선정했던 《정치》는 모든 곳에 있는 급진적인 전통의 뿌리에 속하는 것뿐만 아니라 미국 전통의 뿌리에 속하는 많은 것을 되돌리고 되살린다는 의미에서 급진적이었다. 여기서 급진적 전통은 부정과 독립의 전통, 실제 정치의 유혹에 대면했을 때 나타나는 유쾌한 "소극주의negativism" 전통, 자신의 판단에 대한 자부심과 믿음이라는 자신감의 전통을 의미한다. 이 같은 특징들은 사태의 뿌리를 추적하는 과정에서 실재에 항상 참으로 남아 있는 급진주의자와 자신이 바로 지금 지지할 수 있는 어떤 "원인"의 논리를 한결같이 따르는 극단주의를 구분한다.

《정치》에서 실재에 대한 이러한 근접성은 이 간행물이 종전 무렵 해방된 국가들에 음식물과 옷가지 꾸러미를 보내려는 프로젝트에 착수하기로 했을 때 단순하면서도 극적으로 입증되었다. 여기서 편집자는 "이 간행물의 '소극주의'를 비판한 인사들이 인정해야 할 긍정적이고 건설적인 것"이라고 썼다. 나는 그 편집자가 자신이 문자 그대로 얼마나 옳았는지 의식하지 못한 채 미소를 머금으면서 이 문장을 썼으리라 추정한다. 좌파의 치열한 정치 투쟁 이후에 맥도널드가 호소한 "국제적 형제애"와 같은 것이 존재한다고 당시 유럽에서 누가 믿었겠는가? (조금이라도 도움을 받으려면 어떤 당파나 최소한 정치적 분파에 속해야 한다.) 그런데 이곳에 소규모 독립 간행물이 있었다. 독자들에게 호소력이 있어 대성공이었고, "종종 《정치》가 그 자체로 간행물이기보다는 차라리 꾸러미 프로젝트를 위한 사보로 보이곤 한다." 이 간행물은 고통을 겪는 사람들과의 연대였다. 그것 말고 다른 것은 없었다.

이러한 급진적인 사유 방식은 애석하게도 옳든 그르든 결국은 부적절한 이론이나 예언보다 《정치》의 지면에 생생하게 남아 있다. 어떤 예측도 예상할 수 없으며 어떤 이론도 일단 사건이 발생하면 어떻게 될지를 놓고 볼 때 적합하지 않다. 이러한 태도는 《정치》의 거의 모든 지면에서 검증할 수 있다. 좌파의 준거 틀에서 어떤 위상도 갖지 않는 현상이 제시되고 분석되는 곳에서 특히 이러한 태도를 검증할 수 있다.

그래서 맥도널드는 "전쟁을 통해 산업의 생산 에너지가 소유와 이익의 결합에서 해방되듯이 평화로운 사회에서는 거의 출구도 없는 인간 본성의 일부 좋은 특징들을 표현할 수 있다"라고 이해한다. 그는 트로츠키주의자들을 떠난 후에도 "월별 발전을 측정하기 위한" "기본 가치들의 척도"(그가 마르크스주의와 결별한 후 남겨두었던 모든 것)를 신뢰한 반면, 이내 이 척도가 좌파의 진리성, 즉 "우리의 윤리 강령을 더는 '체험하지' 못하고 단순히 가정되어 있어 단순 상투어의 집합이 된다는" 사실 못지않게 의심스럽다는 점을 인정할 만큼 두려움이 없었다.

맥도널드가 현재 우리가 당면한 정치적 곤경 앞에 던져진 "도덕적 질문", 즉 "우리는 어떻게 선과 악을 분별할 수 있는가?"라는 질문을 매우 이른 시기에 제기할 수 있었던 것은 장기적 쟁점들, 즉 "엄청난 분량의 일상 현상" 속 핵심 쟁점들에 이처럼 민감했기 때문이다. 복잡다단한 현상에 감추어진 결정적 통찰은 늘 간단하며, 일단 발견되면 고통스러울 정도로 명료하다. 그런데 이를 생각해내는 능력보다 더 귀하고 드문 것은 아무것도 없다. 이 사안들에서 《정치》의 정확도는 단순히 작가, 편집자, 기고자뿐만 아니라 독자 사이에서도 매우 높다. "근대 전쟁에는 범인이 아닌 범죄만 있다. 근대 사회에는 악은 있지만 악마는 없다"라고 말한 독자는 1945년 독일 주둔군 하사였다. 간디가 암살된 후, 우리 시대의 정치적 살인에 관해 메리 매카시가 내놓은 다음의 논평보다 핵심부에 더 직접 나아갈 수 있는 글이 있을까? "스탈린이 암살자의 총탄에 해를 입지 않고 살아 있는 반면, 살해될 수 있는 사람들, 즉 '삶이 올바르고 악에 물들지 않은 사람들integri vitae scelerisque puri'[5]은 간디, 트로츠키 또는 카를로 트레스카Carlo Tresca[6]다." 아마도 같은 시기에 참된 평등의 애호가들 심장에 확실히 새길 수 있는 간디의 가장 적절한 묘비명은 동일 사건에 대해 드와이트 맥도널드가 한 이 말일 것이다. "그는 환경미화원뿐만 아니라 자본가를 사회적으로 평등한 사람으로 여겼던 듯하다."

《정치》는 지난 6년 동안 한 달에 세 번씩, 두 달에 한 번씩, 석 달에 두 번씩 지속해서 간행되었다. 이 잡지는 1949년 "평화의 회색빛 새벽" "공포와 희망이 없는" 시대에 폐간되었다. 그러고 나서 등장한 것은 1950년대의 정치적 냉담, 즉 "침묵의 세대"의 도래다. 이 침묵 세대의 절박감은 맥도널드가 "진부하고 피곤하며 무심해지고, 당신이 좋아할 만한 용어로 말하자면 탈도덕화한다고 느끼기" 시작할 때인 1948년 초에 이미 느꼈음이 분명하다. 《정치》의 마지막 호는 다분히 비극적 색채를 띤다. 간행물의 이름을 지을 때 고대의 존엄성을 복원하고자 의도적으로 "가장 인기 없는 용어"인 "정치"를 선택한 그 사람이 《정치》보다는 정치에 대한 절망으로 포기했다. 침묵 세대는 머지않아 시민권 운동으로 바뀌었으나 기만적 침묵의 시기는 마침내 케네디의 암살을 거치며 명시적으로 종말을 고했다. 거의 5년이 지난 지금 《정치》는 《램파트Ramparts》를 제외하고는 어떤 계승자도 발견하지 못했다.

존속하는 동안 《정치》는 1인 간행물이라기보다 더는 어떤 당이나 집단에 들어맞지 않는 많은 사람에게 초점을 제공하는 1인 제도였다. 독

5 Horace, *Ode* 1.22: "whole of life and void of vice." (편집자)
6 이탈리아계 미국인 신문 편집자이자 연설가, 노동 조직가다. (옮긴이)

지들 사이의 동료애에는 이 간행물을 둘러싼 당혹스러울 정도로 사적인 뭔가가 있었다. 이러한 동료애는 어떤 의견들의 올바름보다는 여기에 기고한 필자들의 신뢰성에 자신감을 불어넣었던 바로 그 개별적인 메모였다. 이 분위기의 일부는 여전히 편집자에게 보내는 광범위한 독자란에 여전히 살아 있다. 독자란의 글 중 다수는 공격적이고 이 모두에 신중한 답변이 달렸다. 가끔 상당히 긴 답변이 달리기도 했다. 이 간행물을 하나의 제도로 만든 여러 요소 중 내가 유일하게 생각하는 요소는 맥도널드가 독자들을 정신적으로 자신과 동등한 사람들로 여겼다는 것이다. 맥도널드가 독자란의 글을 그대로 실었다는 것은 이러한 사실을 보여준다.

(1968)

에머슨-소로 메달 강연[1]

대통령 각하, 트릴링Lionel Trilling[2] 선생님, 학술원 회원 여러분,

신사 숙녀 여러분,

고맙습니다. 제가 인정을 받아서 기쁩니다. 오늘날 거의 유례없는 조합인 저명한 예술과학아카데미 회원의 위상은 동료들에게서 나오기에 인정의 의미는 각별합니다. 영예의 수여는 어쩌면 다시는 올 수 없는 것일 텐데 여기에는 뭔가 다른 의미가 있습니다. 우리는 인정받을 자격이 있다고 생각할 수 있습니다. 반드시 그럴 자격이 있는 것은 아니지만 우리는 이렇게 인정을 받습니다. 하지만 우리는 결코 상이나 영예를 받을 자격이 없습니다. 이러한 것은 거저 주어진 재능이고 최소한 제게는 이들의 의미가 인정이라기보다는 환영입니다. 인정받을 수 있어 기쁘다면 환영받게 돼서 더 기쁠 것입니다. 이는 바로 우리가 얻거나 받을 수도 없는 무엇이기 때문입니다.

그러나 에머슨-소로 메달 수여는 제게 또 다른 의미도 있습니다.

---

1 에머슨-소로 메달은 미국 예술과학아카데미가 특정 작품이 아닌 광범위한 문학 분야에서 총체적인 문학적 성취를 이룬 사람에게 수여하는 문학상이다. (옮긴이)

2 미국의 문학 비평가이자 작가, 교사로 20세기 미국의 주요 비평가 중 한 사람이다. (옮긴이)

헤르만 그림Herman Grimm[3]이 한번은 에머슨 Ralph Emerson[4]에게 보내는 편지에 "미국을 생각할 때면 저는 당신을 떠올립니다. 제게 미국은 세계에서 제일가는 나라로 보입니다"라고 썼습니다. 19세기뿐만 아니라 20세기 1/3분기에도 여전히 에머슨은 유럽에서 성장하고 교육받은, 우리가 이 나라에 오기 전부터 자세히 알려진 몇 안 되는 미국 저자였습니다. 저는 그를 일종의 미국인 몽테뉴로 읽었습니다. 아주 기쁘게도 저는 최근에야 에머슨이 자신을 몽테뉴와 얼마나 가깝게 느꼈는지 발견했습니다. 에머슨이 번역본으로 몽테뉴를 처음 읽었을 때 "[몽테뉴는] 마치 전생에 직접 쓴 것처럼 진심으로 내 생각과 경험을 이야기하는 것"으로 보였습니다(1843년 3월의 일기).

에머슨과 몽테뉴의 가장 분명한 공통점은 둘 다 철학자라기보다는 인문주의자이며 따라서 통일성을 갖춘 글보다는 수상록을, 책보다는 아포리즘을 남겼다는 사실입니다(공교롭게도 이 점은 철학자들 사이의 '검은 양black sheep, 말썽꾼'인 니체가 에머슨을 그리도 좋아한 이유입니다). 둘 다 주로 인간 문제를 독보적으로 생각했고 사유의 삶을 살았습니다. "인생은 한 인간이 온종일 생각한 것으로 구성된다." 에머슨의 말입니다. 이러한 종류의 사유는 삶 그 자체가 직업이 될 수 없으며, 따라서 이는 사유를 전문 직업으로 만든 철학자의 삶의 방식, 즉 '관조적 삶'이 아닙니다. 대체로 철학자는 다소 진지한 동물입니다. 반면에 에머슨과 몽테뉴 이 둘에게서 아주 인상적인 것은 이들의 '평정심serenity', 순응하거나 만족하는 법이 없는 평정심입니다. 고요하고 조화로운 우울이 스며든 유쾌함cheerfulness을

---

3 19세기 독일의 학자이자 작가다. (옮긴이)

4 19세기 미국의 사상가이자 시인으로 청교도주의와 독일 이상주의를 고취해 미국의 사상계에 영향을 끼쳤다. (옮긴이)

지닌 에머슨은 이렇게 말합니다. "나는 '예스'라고 말하는 사람보다는 '노'라고 말하는 사람을 좋아한다." "모든 사람이 원하지만 많이 원하는 사람은 없다." 이 순수한 유쾌함은 몽테뉴보다는 에머슨이 더 순수한데, 아마도 이러한 순수함이 오늘날 우리에게 가장 심각한 난제일 것입니다. 에머슨의 최고 시 한 편을 낭독해볼까요. "공정한 모든 것에서, 부패한 모든 것에서 / 유쾌한 노래를 크게 부른다. …… 하지만 가장 어둡고 천박한 사물들 안에서 / 늘 무엇이 노래한다. …… 하지만 사물들이 진흙탕과 쓰레기 안에서 / 늘 무엇이 노래한다." 우리가 동류의식보다는 향수를 더 느낀다고 확신합니다. 그가 "진정한 설교자"에 대해 언급한 적 있듯이, 에머슨이 다룬 것은 "사유의 불을 통과하는 삶"이며 사유의 불이 삶에 어떤 영향을 미쳤든 삶 자체는 여전히 우리의 삶과 비교할 때 문제가 되지 않으며, 더욱 구체적으로 말하자면 나쁜 사유 때문에 문제가 되지 않습니다.

결론적으로 말해, 우리는 에머슨에게서 이전 시대 사람들이 지혜라고 부르던 것을 발견합니다. 이는 풍요 속에 전혀 존재하지 않았거나 강한 요구 속에 존재하지 않았던 무엇입니다. 이러한 지혜에는 우리가 해로운 것과 관련해 상실한 심오한 통찰과 관찰이 들어 있으며 인문학이 무엇인지 다시 생각해야 할 때 다시금 찾아내라는 권유를 받고 있습니다. 이 위대한 인문주의자에게 인문학은 단지 (언어학이 아닌) 언어를 다루는 분야입니다. 언어에 관한 사유의 중심에서 그는 시인, 즉 "이름을 지어주는 사람 또는 언어 창조자"를 발견했습니다. 제게 진정한 인문주의자의 결론이자 여전히 타당한 고백으로 들리는 문장들을 몇 개 읽어드리는 것으로 제 결론을 대신할까 합니다. 그는 이렇게 썼습니다. 시인은 "종종 사물들의 나타남 이후에 종종 이들의 이름을 지어주고, 이들의 본질 이후에 종종 이들에게 자체의 이름을 지어준다. 모든 것에 그 자체의 이름을 부여하지 또 다른 이름을 부여하지 않으며, 그렇게 함으로써 분리나 경계를 즐기는 지성을 기뻐한다. 시인이 모든 단어를 만들었고 따라서 언어는 '역사 기록 보관소'이며 꼭 말해야 한다면 이는 뮤즈를 위한 일종의 무덤이다. 우리가 가진 단어 대다수의 기원이 잊혔을지라도 각각의 단어는 모두 처음에는 천재의 필치였다. 이 단어는 그 순간 첫 번째 화자와 청자에게 세계를 상징화했기에 통용될 수 있었다. 어원학자는 그 즉시 비범한 영상이 된 가장 좋은 단어를 발견한다. 언어는 화석이 된 시fossil poetry다."[5]

(1969. 04. 09.)

5 Emerson, *Essays: Second Series* (1844), 작은따옴표는 아렌트가 강조한 것이다. (편집자)

아르키메데스의 점

저는 대학 일반, 특히 공대와 기술 연구소에서 인문학의 역할을 두고 벌이는 현재의 논쟁에서 약간이라도 적절한 논점을 토론하는 데 초점을 맞추기 위해 어쩌면 조금 놀라울 만한 제목을 선정했습니다. 하지만 여기서 저는 공대에 더 많은 교양 과목을 요청하는 인문학자로서 이야기하지는 않을 것입니다.

무엇보다 저는 학문적 탐구의 영역으로서 인문학의 위기를 충분히 자각하고 있습니다. 인문학은 어떻게 정의하고자 하든 과거를 다룰 것입니다. 금세기 들어와 과거와 전통에 대한 우리의 태도가 상당히 타협적이었다는 사실은 공공연한 비밀이라고 생각합니다. 더욱이 대븐포트 William H. Davenport 와 프랑켈 Jacob P. Frankel 은 《응용 인문학 *The Applied Humanities*》에 수록된 논문에서 이렇게 주장합니다.

> 다수의 비전문가는 고삐 풀린 경쟁에서 기술력을 보호하는 일이 인문학에 달렸다고 생각한다. 인문학자는 공학자가 스스로 [인문학을] 적용하려고 시도하지 않도록 난국에 잘 대처할 수 있을 것이다.

여기서 인용한 "다수의 비전문가 laymen"가 저는 틀렸다고 믿으며,

공학자들이 비전문가가 제안하는 대로 하려고 한다면 이러한 전체 기획이 실제로 얼마나 무망한지 이내 발견하리라 믿습니다.

　　우리를 자기 자신의 발명품의 노예로 만드는 것에 반대하는 논리적 단절은 과학자와 공학자들이 과학자, 공학자여서라기보다는 그들 역시 인간이고 시민이며, 그들의 동료 시민(이른바 비전문가)과 공동 세계를 공유하고 추가로 필요한 정보를 소유하거나 혹은 그러기를 희망하기 때문입니다. 그러므로 저는 여기서 비전문가로서 이야기하렵니다. 이는 과학 문제에 제가 심히 무지해서만은 아닙니다. 이른바 두 문화의 구성원이 공유하고 앞으로도 항상 공유할 것은 우리가 대부분의 삶을 보내는 일상 세계, 즉 공통감의 공동 세계입니다. 우리가 실제로 움직이고 서로가 이야기를 나누는 이 공동 세계와 비교할 때, 실험실이나 순수 수학 및 응용 수학 분야에 소속된 사람들은 자신들과 연관된 "상아탑" 속의 냉담한 인문학자라기보다는 마치 "수도원과 비슷한 거처"에, 아니 어쩌면 수도원보다 더 수도원 같은 곳에 살 것입니다. 자연과학 대학과 공과 대학의 부재로 오히려 더욱 눈에 띄는 지금의 학생 저항 운동은 냉담한 핵물리학자보다는 냉담한 인문학자를 운동가로 만드는 게 여전히 더 쉽다는 사실을 보여주는 경향이 있습니다. 이러한 현상에는 아마도 여러 가지 이유가 있겠지만, 사태의 핵심은 운동가가 실험실에서 나오든 고문서 보관소와 도서관에서 나오든 우선 다른 시민을 설득하려는 시민이라는 점입니다. 그리고 어떤 전문 분야에서 바라보면 시민은 당연히 정의상 비전문가입니다. 심리학자와 사회 공학 신봉자들은 자신감을 내보이지만, 사람들이 말하듯 좋은 시민을 "만들어내는" 일이 가능한지는 여전히 결론짓기 힘든 문제입니다. 이게 가능하다고 가정한다면, 이러한 기획에서 과학적 노력의 어떤 영역이 가장 좋은 결과를 제공할지 누가 알겠습니까? 결국 저는 한 명의 시민으로서, 한 명의 비전문가로서, 또는 단지 한 인간으로서 논의를 전개하렵니다.

먼저 제가 더 일반적인 방식으로 아르키메데스Archimedes의 점을 원용하기에 앞서 그 기원을 상기해봅시다. 아르키메데스는 기원전 3세기 시칠리아 출신의 그리스 수학자이자 과학자였는데, 1차 포에니 전쟁 기간에 로마 집정관 마르켈루스Marcellus에게 살해되었습니다. 지렛대 이론을 수립한 아르키메데스는 "세울 수 있는 장소만 제공해주면 나는 지구를 움직이겠노라"라는 말로 명성을 날렸습니다. 명백한 것에 방점을 찍고자 합니다. 이는 사물에 대한 우리 힘이 사물과 우리의 거리에 비례해 증대한다는 의미입니다. 이러한 주장은 모든 인식 활동에 어느 정도 유효합니다. 우리는 항상 연구하고자 하는 명확한 대상에서 자기 자신을 지워야 합니다. 다시 말해 그 대상에서 물러나야 합니다. 투키디데스는 펠로폰네소스 전쟁사를 집필하며 사건 자체에 개입하지 않으려고 아주 의식적으로 거리를 두었습니다. 그는 아테네에서 20년간 망명 생활을 하며 역사서를 집필했는데, 이런 점이 자신의 기획에서 유리한 상황을 제공했다고 말했습니다. 투키디데스가 "이는 지금까지의 역사에서 알려진 가장 위대한 운동이었다"라고 한 것과 같은 판단은 이러한 물러남 없이는 불가능했을 듯합니다. 하지만 인식 활동에 필요한 물러남은 아르키메데스가 분명히 이미 사물에 대한 힘(지구를 움직이겠다!)을 사유하며 염두에 두었던 것보다 훨씬 더 제한되었습니다. 지식을 관조적이거나 실험적인 것으로 생각하고 과학은 관찰된 현상의 질서 정립, 해석, 설명으로 이해하는 한, 아르키메데스는 (지구 밖에 있는 대망의 점뿐만 아니라 수학과 역학에 대한 초기 결합에서도) 잊혔습니다.

근대 과학(17, 18세기부터 20세기 초까지, 대략 갈릴레이Galileo Galilei부터 아인슈타인Albert Einstein까지 이어진 과학의 새로운 태동)은 이미 16세기에 우리가 발견한 용어인 "신과학scienza nuova"뿐만 아니라 "능동적이며 작용하는 학문scienza activa et operativa"으로도 불렸습니다. 그리고 이 과학은 과학사가들이 '아르키메데스로의 진정한 귀환véritable retour à l'Archiméd'으로 부른 것을 통해 나타났습니다. (아마도 여러분이 알고 있을 법한, 여러분 사이에 있는 과학자인) 알렉상드르 쿠아레Alexandre Koyré는 이렇게 말했습니다.

근대 과학은 혼재된 공통감의 세계를 실재로 만든 아르키메데스의 기하학 세계, 즉 "측정과 정확성의 세계"로 대체했습니다.

쿠아레의 이 명제에 우리는 근대 과학이 "공간성의 족쇄", 즉 이 명칭에서 알 수 있듯이 여전히 토지의 측량과 척도에 의존하고, 따라서 지구에 매인 경험에 의존하는 기하학에서 자유로워진 이후에 최고의 승리를 구가했다고 덧붙일 수 있습니다. 지구의 사물들에 힘을 제공할 수 있을 만큼 충분히 멀리 떨어져 있는 지점, 그리고 어쩌면 지구를 움직이게 할 수 있는 아르키메데스의 점은 적어도 이론적으로는 기하학이 대수학의 분석에 예속되고 새로운 비공간적 언어가 고안되었을 때 만들어졌습니다. 이제 우리는 이것이 이론 문제로 남지 않았거나 최소한 20세기에 머무르지 않음을 알고 있습니다. 그리고 저는 무엇보다 이것이 힘에 대한 의지will-to-power의 문제도 아니라는 의견을 제시하고자 합니다.

지구에 중심을 두지 않는 코페르니쿠스의 우주 개념은 순수한 상상력에서 유래했습니다. 상상력의 힘으로 그는 자신을 들어 올려 지구에서 행성을 내려다보는 태양으로 들어갑니다. 갈릴레이의 망원경 사용은 고대에는 아르키메데스와 동시대 인물인 사모스의 아리스타르코스Aristarchos of Samos, 르네상스 시대에는 조르다노 브루노Giordano Bruno와 같은 일부 철학자들이 모호하고 사변적으로 의심하던 부분을 확인했을 뿐입니다. 실로 아인슈타인은 태양처럼 어떤 정해진 점에서가 아니라 "우주 안에서 자유로이 자리를 취하고 있는 관찰자"를 도입하면서 이러한 초기 발견들을 일반화했습니다. 과학자의 가장 강력한 지적 동기는 동일한 등식이 별의 운동과 지상의 사물 운동을 포괄하는 뉴턴의 중력 법칙과 같은 일반화를 추구한 아인슈타인의 노력이었다는 점이 명백해 보입니다. 과학자들이 전적으로 힘에 호소한다면, 이는 사물과 인간에 대한 힘이 아니라 추상과 상상이 지닌 가공할 힘일 듯합니다.

　　지구도 태양도 지구의 중심이라고 주장할 수 없는 발견의 중요성은 처음부터 언급되었지만, 신과학이 초래한 힘의 막대한 증대에 대해서는 논평이 거의 없었습니다. 이처럼 논의가 부재했던 이유는 아마도 이러한 힘의 증대가 결코 의도한 일이 아니었기 때문인 듯합니다. 어쨌든 천체물리학자의 새로운 세계가 문자 그대로 지상으로 내려오기까지 수백 년이 걸렸고, 그 결과 우리가 사는 세계는 수천 년 동안 변한 것보다 지난 수십 년 동안 더 많이 변했습니다. 게다가 궁극적으로 근대 인간의 막대한 힘의 증대를 증명한 엄청난 기술의 결과는 그 누구도, 즉 과학자들 자신과 역사가들조차 예측하지 못했습니다. 오늘날에도 여전히 공학도들을 단순한 배관공 정도로 간주하는 경향이 있다고 합니다(유일한 예측은 19세기에 쥘 베른Jules Verne 같은 과학소설의 선구자들에게서 나왔습니다). 하지만 그 밖의 누군가가 그러한 결과들을 예측하고 내다볼 수 있어야 했다면 인간 권력의 증대는 인간의 위상과 자존의 증대에 수반한다고 그가 결론 내렸을 것 같지 않은가요? 그러나 당시의 현실은 그렇지 않았습니다.

　　이전에 결코 보지 못했던 사태들, 이전에 결코 생각할 수 없었던 사고들, 17세기 모든 학습 영역의 특징이었던 새로움에 대한 낯선 정념pathos에 관해 초기 근대의 과학자들과 인문학자들의 득의양양한 분위기는 코페르니쿠스 혁명의 결과에 대한 전혀 다른 논평으로 이어졌고, 그 논평은 당시 인문학자의 상투어가 되었습니다. 저는 이 시기의 초반부와 종반부에서 인용문을 각각 하나씩 제시하고자 합니다. 그리고 모든 것이 동일하게 귀결되니 중간 내용은 잊어버리길 바랍니다. 몽테스키외는 다음과 같이 말합니다.

> 인간이 원자 위를 기어 다니는 것을 본다고 할 때, 그 의미는 우주의 작은 점에 불과한 지구를 말한다. 그리고 인간이 자신을 신의 섭리를 드러낸 모델로 제시하는 것을 볼 때, 이처럼 터무니없는 생각과 미미함을 어떻게 조화시켜야 할지 모르겠다.

이 인용문은 우리가 사는 일상 세계의 실질적 변화에서 새로운 세계관이 나타나기 수백 년 전에 쓰였습니다. 하지만 이러한 변화는 대략 160년 후인 1880년대(19세기 말)에 니체가 여전히 기본적으로 같은 맥락에서 집필했을 때 일어났고, 이는 단지 몇십 년 동안에 걸친 문제에 불과했습니다.

> 코페르니쿠스 이래 자기 자신을 약화하려는 인간의 의지는 거역할 수 없을 정도로 증대하지 않았는가? 그때 이후 인간은 내리막길로 치닫지는 않았을지라도 중심에서 더욱더 빨리 빠져나오고 있지 않은가?

(그는 아직 예이츠를 읽지 않았습니다!)

> 인간은 어디로 가고 있는가? 무無로 가는가? 무無가 되는 살을 에는 느낌으로? 하지만 이는 어쩌면 과학의 '해묵은' 이상으로 되돌아가는 지름길일 것이다. 천문학만이 아니라 모든 과학은 "그것이 내가 중요함을 지운

다"라는 칸트의 놀라운 고백이 보여준 이 굴욕적인 결과와 관련해서 예전의 자존감에서 인간을 이야기할 때 내재되어 있다. 마치 이 자존감이 다만 기이한 가정이었던 듯 말이다.

먼저 여러분에게 니체가 이것을 "과학의 '낡은' 이상으로 되돌아가는 가장 낯선 길"로 생각했다는 점을 상기시키고 그의 이 말이 무엇을 의미하는지 설명하고 싶습니다. 니체도 잘 알고 있듯이, 지금까지 그리스 시대 이후 과학의 영예는 진리와 지식 추구가 가져올 수 있는 결과에 대한 과학의 객관성, 무관여성, 공정성이었습니다. 근대 과학은 실로 여러 가지 의미에서 해묵은 이상으로의 귀환을 뜻합니다. 과학의 정직성은 공리주의적 숙고뿐만 아니라 인간의 위상에 대한 반성에서도 판단 정지 상태로 남아 있기를 요구합니다. 오늘날 냉담한 인문주의자들이 실용적인 질문들에 무관심하다는 비난을 받고, 기술 문제를 둘러싼 근대 세계의 요구에 인문학을 어떻게 적용해야 하는지 알지 못하는 현상에 아이러니가 없지는 않습니다. 과학의 실용주의적 이상, 즉 적용 가능성의 이상은 본래 인문주의자들의 이상, 아니 오히려 그들의 선조, 즉 우리가 '후마니타스'라는 용어를 빚진 로마인의 이상이었습니다. 그리스인은 이 용어를 거의 몰랐고 그에 상응하는 단어도 없었습니다. '후마니타스'에 관심 있었던 로마인은 과학적 발견을 기술적으로 적용하는 데 그리스인을 능가했습니다. 하지만 로마인은 유용성의 척도, 즉 모든 면에서 인간에게 유익함의 척도로 지금 우리가 "순수 연구"라고 부르는 것을 평가한 결과 과학 발전의 싹을 잘라버렸습니다(로마인이 아르키메데스를 살해했다는 사실에 그럴싸한 상징적 의미가 있습니다).

교회, 특히 로마 교회가 갈릴레이에게 제기한 반대 의견은 여전히 로마 전통에 있습니다. 엄격히 말해서 이러한 반대는 실용적입니다. "지금 당신이 하는 일의 결과가 어떻게 될까요? 인간은 당신이 이룩한 세계와 더불어 어떻게 살아갈 수 있을까요?"라고 교회는 물었습니다. 막스 플랑크Max Planck가 말한 적 있듯이, "모든 인간학적 요소를 배제해버린 것"이 오늘날 근대 과학(즉, 천체물리학)의 위대함이라면 다음과 같은 의문이 제기됩니다. "어떻게 인간은 모든 인간학적 요소를 거의 고려하지 않는 세계관을 가지고 살아갈 수 있을까? 그 세계관은 인간의 감각 경험과 그에 따른 공통감에 모순된다. 나아가 어떻게 인간은 최상의 정보를 가진 비전문가의 일상적 이해를 넘어서는 기술력을 통해 수립되고 지속하는 세계에서 살아갈 수 있을까? 이들 비전문가는 우리 감각 세계의 언어로 다시 옮겨지는 것을 완강히 거부하는 수학적 과정을 통해 얻은 결과에 어느 정도 기반을 두고 있다." 이는 그러한 기술력이 우리에게 뭔가 유익하려면 여전히 절대적으로 필요하다고 제가 인용한 플랑크가 생각한 것입니다. 플랑크는 이렇게 예언합니다.

그와 달리 새로운 이론들은 한 줌의 바람만으로도 터지려고 하는 거품보다 나을 것이 없다.

플랑크가 이 문장을 쓴 후 60여 년이 지난 오늘날 우리는 더 잘 알고 있습니다. 새로운 과학이 실용적인 관심에 그리스의 숭고한 냉담함이라는 옛 이상으로 되돌아갔지만 새로운 정신으로 진행됩니다. 오히려 이 과학은 더는 관조적이지 않아서 철학자와 과학자만의 관심사로만 머물지 않고 활동적이고 영향력도 있습니다. 결국 새로운 과학은 마침내 우리에게 더할 나위 없이 유용하게 되었으며, 새로운 세계관의 탄탄함을 확인하고 새로운 발견에 영감을 준 것은 바로 새로운 과학의 유용성, 즉 적용 가능성이었습니다.

만약 자연과학 분야 및 기술 연구소 종사자들이 자기 연구의 적용 가능성에 자부심을 품고 대학의 교양 학부에도 이와 비슷한 실용적 견해를 요청한다면, 그들에게 이게 본래 과학이 아니라 그 반대로 교양 분야였다는 사실을 상기하도록 요구한다고 해서 전혀 잘못은 아닐 성싶습니다. 교양 분야는 이 분야의 종사자들이 인간인 한에서, 즉 단순 유기 생명체와 구분되는 인간인 한에서 유용해야 합니다. 달리 말해 (키케로를 인용하자면) 'ad hominem utilitatem'이어야 합니다. 과학적 연구의 가치 기준으로서 유용함도 오히려 최근에 생겨났다는 점을 상기해야 합니다. 우리 문명의 일상생활에서 확실히 필수 불가결한 도구 중 하나인 손목시계나 벽시계처럼 정교한 기기는 그 당시(이른바 17세기)에 실제로 무용한 목적을 위해 발명되었음을 잊지 말아야 합니다. 즉, 낙하하는 물체들의 속도를 정밀하게 측정하기 위한 것이었지요.

그래서 근대 과학 발전의 역설은 이 발전이 인간의 힘을 눈부시게 향상시킨 동시에 인간 존엄의 결정적 쇠퇴라는 결과를 초래한 점으로 보입니다. 지식과 진리를 탐구하며 순수한 추상적 힘을 얻은 근대인은 처음으로 인간의 감각 경험보다 정신적 힘을 더 신뢰하면서 우주의 한 지점에서 지구와 자연 과정을 바라봤습니다. 결국 근대인은 지구에 매인 피조물이 아니라는 듯이 자연을 다루는 능력을 얻었습니다. 근대인은 우주 진화의 시험관 과정을 필두로 자연계에서는 알려지지 않은 에너지를 생산하고 통제하는 기기를 만드는 것과 같은, 보통 태양에서만 이루어지는 그런 에너지 과정을 공개하기 시작했습니다. 그런데 이제 지구에서 일어나는 일, 그리고 자신을 포함한 인간의 다양한 활동을 그런 지점에서 내려다볼 때, 이런 활동이 마치 쥐나 원숭이의 객관적 행동을 연구하는 데 활용한 것과 똑같은 방식으로 연구될 수 있으며 행태주의자들이 "밖으로 나타난 객관적 행동 overt behavior"이라 부르는 것처럼 보일 수밖에 없게 되었습니다. 우리가 이동하고 직접 제작했다고 믿는 자동차를 충분한 거리를 두고 바라보면, 하이젠베르크Werner Heisenberg가 언젠가 표현했듯이 "달팽이 몸과 그 껍질처럼 피할 수 없는 우리의 일부로" 보여야 할 듯합니다. 우리가 '할 수 있는' 것에 대한 자부심은 우리가 실제로 일종의 인류 변화를 다루고 기술 전체가 "인간의 물질적 힘을 확장하려는 인간의 의식적 노력의 결과물이 아니라 오히려 대규모의 생물학적 과정"이라는 사실을 발견할 때 반드시 사라질 것입니다. 마찬가지로 인구 폭발과 핵무기 발명은 먼발치에서 볼 때 자연계에서 일어나는 현상이나 불균형 상태에 빠진 지구의 생명을 보호하려는 "거대한 생물학적 과정"으로서 상응하는 것처럼 보일 수 있습니다.

"새로운 과학"에서는 인간의 위상과 관련한 역설이 골칫거리입니다. 인간이 과학자로서 지식과 권력을 더 많이 얻을수록 원래 비전문가가 발견한 이 모든 것을 성취한 자신을 점점 덜 존중하게 됩니다. 그런데 과학과 기술의 실질적 승리에 압도된 비전문가는 기술 혁명이 발생하기 이전보다 요즘 이런 질문을 덜 제기하는 경향을 보입니다. 오늘날 비전문가들은 시름에 빠지고 때로는 더 실제적인 또 다른 이유로 반항적인 분위기에 휩싸입니다. 예를 들어 현대 무기의 엄청난 잠재적 파괴력, 빈곤 퇴치와 같은 일에 쓰면 더 좋을 만한 막대한 자금이 우주 정복에 필요한 비용으로 쓰이는 일 때문에 그렇습니다. 불편한 지점이 바뀌었습니다.

이제 과학자들은 자신의 작업에 내재한 어떤 곤혹스러움을 우려하고 있습니다. 첫째, 조화와 필연성이라는 오랜 이상이 위험에 처했다는 사실을 깨달은 기성세대의 충격이었습니다. 아인슈타인이 플랑크 양자 이론의 요구대로 인과성의 원리를 희생하는 것을 극도로 꺼렸다는 사실은 잘 알려졌습니다. 그가 반대한 주요 요지는 그의 양자 이론으로는 법칙성이 우주에서 벗어난다는 점이었습니다. 이는 마치 신이 주사위를 던

짐으로써 우주를 지배하는 것과 같은 일입니다. 둘째, 플랑크가 요구한 대로 수학적 과정으로 얻은 결과물을 언어, 즉 우리 일상 세계의 언어뿐만 아니라 일종의 개념적 용어로도 다시 번역하는 일이 불가능하다고 입증된, 매우 불편한 현실이 존재합니다. 새로운 비인간 중심, 비지구 중심, 비태양 중심의 과학이 직면한 이론적 당혹감이 충분히 알려져 있습니다. 이런 과학의 데이터는 인간 두뇌의 자연스러운 정신 범주 그 어느 것으로도 정렬되는 것을 거부하기 때문입니다. 슈뢰딩거Erwin Schrödinger의 표현을 빌리면 이런 것입니다.

새로운 우주는 생각할 수 없다. 우리가 어떻게 생각하든, 이는 잘못된 것이다. 아마도 삼각형의 원처럼 무의미하며 날개 달린 사자보다 훨씬 무의미할 것이다.

법칙성, 필연성, 조화는 해묵은 이상에 속하고, 닐스 보어Niels Bohr가 한때 구상했듯이 모든 난제는 원자의 현상에서 "그림을 보는 듯한 결정론적인 서술을 거부하는 새로운 종류의" 규칙성에는 준비가 안 되어 있는 "반드시 편견이 있는 우리의 개념 틀"을 통해 야기된다고 확실히 말할 수 있습니다. 하지만 골칫거리는 인간 정신의 선입견 측면에서 서술할 수 없는 것은 상상할 수 있는 모든 인간의 언어 방식으로도 서술할 수 없다는 점입니다. 인간 정신은 이제 전혀 서술할 수 없으며, 수학적 기호로 표현할 수는 있지만 서술은 할 수 없습니다. 보어는 여전히 "명백한 부조화"를 제거할 광범위한 "개념 틀"의 궁극적인 출현을 희망했습니다. 그런데 이러한 희망은 결국 이뤄지지 않았으며 여전히 그럴 가능성은 희박해 보입니다. 인간 이성의 범주 및 관념은 인간의 감각 경험에 궁극적인 근원을 두고 있으며, 수많은 개념 언어는 물론이고 우리의 정신적 능력을 묘사하는 모든 용어와 많은 개념적 언어는 감각 세계에서 파생한 다음에 은유의 방식으로 원용됩니다. 더욱이 우리의 사유를 담당한다고 추정되는 두뇌도 여타 신체 부위와 마찬가지로 지상을 떠날 수는 없습니다. 현대 과학이 가장 명예로우면서도 동시에 가장 당황스러운 업적에 도달한 것은 정확히 이 세계의 조건들을 추상화함으로써 가능했습니다.

또 다른 방식으로 표현하자면, "진정한 실재"를 추구하면서 과학자들은 "단순한" 나타남appearance의 세계, 즉 나타남이 저절로 드러나는 현상phenomena에 대한 자신감을 상실했습니다. 과학자들은 감각의 조야함을 단순히 정교하게 만들 목적에서 설계한 도구의 발명으로 시작해 우리의 일상 세계에서, 나아가 실험실에서조차 전혀 "나타나지" 않는 데이터를 분석하는 도구로 끝냈습니다. 과학자들은 어떤 식으로든 우리의 측정 도구에 영향을 미친다는 이유만으로 유명해지고 이것이 "진정한 실재"라는' 점을 여전히 의심하지 않는 듯이 보입니다. "새로운 과학"의 건전성은 현대 기술의 발전을 거치면서 의심할 여지 없이 명백해졌습니다. 유일한 골칫거리는 단순한 현상 배후에 있는 "진정한 실재"를 발견한 사람이 현상 세계에 매인다는 것입니다. 그는 자신이 이제 "진정한 실재"라고 상정한 것을 '생각할' 수 없고 "진정한 실재"에 대해 언어로 소통할 수 없습니다. 그 자신의 삶은 논증을 통해 "진정한 실재"에 속하지 않는 시간 개념에 구속되지만 ("시계 역설"에 입각한 아인슈타인의 유명한 "쌍둥이 역설"이 수립했듯이) 그 외양은 단순합니다.

이처럼 현대 과학의 굴욕적인 양상은 아마도 하이젠베르크가 불확정성의 원리를 발견하고 거기서 내린 결론에서 가장 잘 드러날 것입니다. 주지하다시피, 이 원리는 다음과 같이 주장합니다.

한 입자의 위치와 속도처럼 특정한 쌍의 수량이 존재하며, 이들 중 한 쌍의 정밀도를 높여서 결정하는 것은 필연적으로 다른 한 쌍의 정확도를 낮춰서 결정하는 방식으로 관계를 맺는다.

하이젠베르크는 이러한 사실에서 다음과 같이 결론을 내립니다.

우리는 자연의 어떤 측면을 결정하고 어떤 측면을 모호하게 할지를 위해 사용할 관찰 유형을 선택함으로써 결정한다.

그는 또 이렇게 썼습니다.

핵물리학에서 도출된 가장 중요한 새로운 결과는 굉장히 다른 유형의 자연법칙을 하나의 동일한 물리적 사건에 모순 없이 적용할 수 있는 가능성을 인정한 것이다. 이는 근본적인 특정 관념에 기초한 법체계 내에서 특정한 질문 제기 방식만 의미 있다는 사실 덕분에 가능하다. 그래서 이 체계는 다른 질문들이 나올 수 있게 하는 다른 체계들과 분리된다.

(그런데 저는 여러분이 위 인용문과 물리학자의 맥락에서 이 말들이 제기한 난제를 받아들이면 곧바로 역사학의 난제들을 인지하리라는 사실을 지적하고 싶습니다. 거의 문자 그대로 하이젠베르크가 말한 것은 역사기록학 historiography과 역사학의 개론 과목에서 논의될 만한 내용입니다. 우리가 어떤 한 가지 사안에 집중하노라면 다른 모든 것은 흐릿해집니다. 우리는 특정 질문을 하기에 특정 답변만 얻을 수 있습니다. 이는 정확히 같은 일입니다! 결국에는 정말 우리를 약간 미심쩍게 합니다.)

하이젠베르크는 "진정한 실재"에 대한 현대적 탐색이 우리가 자연 세계의 객관성 자체를 상실하게 하는 상황으로 이끌었다고 결론 내렸습니다. 인간은 상상에서나 실제에서나 어디를 가든 그가 "자신만을 대면한다"는 사실을 발견합니다. 이는 "과학에서 모든 인간학적 요소를 배제하는" 데 명확한 한계가 있다는 의미가 아닐까요? 하이젠베르크의 결론은 (당연히 훨씬 더 복잡한 차원이긴 하지만) 인간의 진리 수용 능력에 관한 현대 초창기의 의심에 아주 가깝지 않은가요? 저는 다시금 몽테스키외를 인용하렵니다. 철학자를 의도적으로 제외하고 싶어서요(몽테스키외 자신은 스피노자를 인용하면서도 그렇다고 말하지는 않습니다. 그는 "사람들은 말했다"라고 합니다. 글쎄요, 그렇게 말한 사람은 거의 없었죠. 스피노자뿐이었습니다. 하지만 알다시피 이것이 저자들의 작업 방식이죠). 음, 몽테스키외는 "우리는 자신에게로 비밀리에 돌아가지 않고서는 결코 사태를 판단할 수 없다"라고 했습니다. 그런데 이 문장은 정말로 흥미롭습니다. 전혀 해롭지도 않고 눈에 띄지도 않는 말입니다. 이 문장이 의미하는 바를 실제로 발견한 사람은 바로《판단력 비판》의 저자 칸트였죠. 이처럼 자기 자신으로의 복귀를 통해서만 여러분은 판단할 수 있다는 말입니다. 그러므로 칸트에 따르면 이러한 종류의 판단은 반성적입니다. 몽테스키외는 계속해서 말합니다. 이 인용문들은 모두《법의 정신》이 아닌《페르시아인의 편지Lettres Persanes》에 실린 것입니다. 하지만 이 소설에서 그는 여러분이 이런 것을 판단이라 부르고 싶어 하리라고 썼습니다.

> 나는 흑인들이 악마를 눈부신 흰색으로 칠하고 자신의 신을 석탄처럼 까맣게 칠하는 게 놀랍지 않다. 그래서 어떤 사람들은 "삼각형이 신을 창조한다면 그에게 세 변을 줄 것"이라고 당연하게 말할 것이다.

(여기서 스피노자가 등장합니다.)
과학의 위엄은 늘 과학이 인간의 이해에 주목하지 않았다는 데 있었습니다. 과학의 지침은 다음과 같았습니다. 우리가 '발견할 수' 있는 것이 무엇이든 우리는 '발견할 것입니다.' 우리가 '만들 수' 있는 부분이 무엇이든 우리는 '만듭니다.' 하지만 오늘날 우리가 보듯이, 그 결과는 인간이 자신의 한계를 상기하는 지점으로 돌이킬 수 없게 이끕니다. 말하자면 자신의 위치로 되돌려놓는 겁니다. 가장 확고한 선입견과 함께 인간의 감각 장치의 한계를 극복하는 데 과학과 기술의 승리가 제아무리 위대하다 해도, (아리스토텔레스를 인용하자면) "인간에게 존재와 현상은 같으며" 무無는 나타나지 않음으로 '존재하며' 그 역도 마찬가지입니다. 과학자 자신은 한 인간으로 남으며 정확히 이러한 "선입견"에 예속됩니다. 이른바 인문주의자 또는 비전문가들의 만용 어린 외침은 주제넘습니다. 그리고 겸손에 대한 설교는 무모할 것입니다. 통제에서 벗어나 위협적인 기술력에 자신들이 하는 연구의 난제를 바라보는 방식으로 제동을 걸 수 있는 사람은 과학자 자신과 여기에 입각한 기술자뿐입니다. 그들 또한 비전문가이자 시민이며 결국 우리 모두 같은 배에 타고 있기에 유일하게 제동을 걸 수 있습니다.

그러나 우리 자신을 속이지는 맙시다. 관건은 과학의 에토스, 즉 윤리입니다. 우리가 '발견할 수' 있는 것이 무엇이든 우리는 '할 것이고', 우리가 '할 수' 있는 것이 무엇이든 해야 합니다. 더한 관건은 현재 진보에 대한 우리의 믿음입니다. 아마 진보가 영속적 현상은 아닐 것입니다. 어느 날 진보의 종말이 이러저러한 방식으로 있을 것입니다. 우리가 '발견하고 만들어야 하며 무엇을 하지 않는 것이 좋을지'의 질문과는 완전히 별개로, 언젠가는 우리가 '발견하고 만들 수 있는' 것의 한계가 분명히 나타날 겁니다. 바꾸어 말하면, 제가 여기서 하는 탄원은 사실상 인간에게 존재하는 한계에 대한 새로운 깨달음입니다. 확실히 어떤 지점까지는 이런 한계를 초월할 수 있습니다. 인간은 항상 상상, 철학적 사색, 종교적 믿음, 마지막으로 과학적 발견에서 한계를 뛰어넘었습니다. 더욱이 한계를 뛰어넘어야만 우리는 한계를 자각할 수 있습니다.

제가 옳다고 너무 확신하지 않으며, 여기서 주장하려는 점은 이러한 한계가 세계의 기술화와 우리의 과학 활동에서 감지되기 시작했다는 사실입니다. 오늘날 지구 행성 또는 최소한 이곳의 모든 생명체를 파괴할 인류 종말의 장치를 고안할 수 있다는 사실은 인간의 힘에 대한 절대적 한계를 제시하는 듯합니다. 우리 인간이 존재하지 않는다면 지구 자연에서 절대 발생하지 않을 과정에 대처하는 노하우는, 되돌릴 수 없는 과정을 우리에게 맡겨버리는 위험에도 마찬가지로 적용됩니다. 우리는 결코 멈출 수 없는 것을 내버려 둘 수도 있습니다.

이제 한계가 내장된 현행 우주 시대 프로그램을 보죠. 우리가 할 수 있는 일은 단지 우리와 가까운 우주 주변 환경을 탐험하는 것인데, 이 환경은 한없이 작습니다. 인류는 빛의 속도로 여행할 수 있게 되더라도 우주의 더 많은 곳에 도달할 수는 없을 듯합니다. 여기서 한계로 작용하는 부분은 인간 수명일 텐데, 우리가 평균 수명을 두 배로 늘리는 데 성공해도 이 한계는 그리 크게 바뀌지 않을 것입니다. 더욱이 인간이 실제로 모든 것을 알고 모든 일을 행할 수 있게 하는 아르키메데스의 점에는 결코 도달할 수 없습니다. 우리가 발견할 수 있는 것은 오로지 지구와 관련된 아르키메데스의 점일 뿐입니다. 일단 그 점에 도달하면 우리는 분명 새로운 아르키메데스의 점이 필요할 테고 이는 무한대로 이어질 것입니다. 다른 말로 표현하면 다만 인간은 우주의 광대무변함에서 길을 잃을 수 있습니다. 참되고 유일한 아르키메데스의 점은 그 배후에 있는 절대적 공백입니다.

이른바 오늘날의 "우주 정복"은 고작해야 우리 태양계에서 몇 가지 발견과 영토의 확장을 가져올 것입니다. 이를테면 지구상의 다른 모든 생명체와 달리 인간은 집에 머무를 수 있는데 그것마저도 의문입니다. 하지만 이런 한계에 이른다면 여기서 자라날 새로운 세계관은 지구가 우주의 중심이고 인간이 우주에서 최상의 존재라는 해묵은 의미에서는 아니지만, 다시 한번 지구 중심적이고 신인동형神人同形이 될 가능성이 높습니다. 우주가 아닌 지구가 유한한 인간의 중심이자 주거지라는 의미에서 지구 중심적이라는 말입니다. 인간은 자신의 과학적 노력, 진리 탐구 및 기술 활동, 자신만의 세계 구축이 전적으로 가능하다는 기본 조건 중 자기 필멸성을 중요시하는 의미에서 신인동형적일 것입니다. 감사합니다.

(1969)

80세를 맞은 하이데거

    마르틴 하이데거의 80회 생일은 그가 공적 생애를 살아온 지 50주년을 기념하는 해이기도 하다. 당시 그는 이미 둔스 스코투스Duns Scotus에 관한 저작을 출간했으면서도 자신의 공적 생애를 저술가가 아닌 교육자로 시작했다. 하이데거는 흥미롭고 탄탄하나 다소 관행적인 첫 연구를 마치고 겨우 3~4년 만에 당시의 그 저자와는 너무도 달라져서 학생들은 이 연구의 존재 자체를 거의 의식하지 못할 정도였다. 플라톤이 언젠가 "시작도 신이다. 신이 사람들 사이에 거주하는 한, 신은 모든 것을 구원한다"(《법률》775e)라고 한 말이 정확하다면, 하이데거에게 시작은 고향과 생년월일(메스키르히, 1889년 9월 26일)이나 첫 저작의 출간이 아니라 1919년 프라이부르크대학교에서 일개 사강사Privatdozent이자 후설Edmund Husserl의 조교 자격으로 담당한 첫 강좌와 세미나다. 하이데거의 "명성"은《존재와 시간Sein und Zeit》이 출간된 1927년보다 8년 정도 앞섰던 셈이다.《존재와 시간》은 학계 안팎에 끼친 직접적인 영향뿐만 아니라 금세기 저작 중 견줄 수 있는 게 극소수일 정도로 대단한 영향을 계속 미쳤는데, 이 저작의 특별한 성공이 학생들에게 스승의 명성이 선행하지 않았더라면 과연 가능했을까 하는 물음은 남는다. 나는《존재와 시간》의 성공이 여러 해 동안 학생들이 알고 있던 것을 다만 확인해주었을 따름이라고 생각한다.

이처럼 하이데거의 초기 명성에는 뭔가 이상한 구석이 있었다. 심지어 1920년대 초반의 카프카가 누린 명성보다도, 그보다 10년 앞서는 조르주 브라크George Braque와 파블로 피카소Pablo Picasso의 명성보다 더 이상했다. 이들 또한 보통의 공적 인물로 받아들여지는 것에 대해 알지 못했지만 그럼에도 특별한 영향력을 행사했다. 하이데거의 경우 학생들끼리 손에서 손으로 돌려보던 그의 강의 노트를 제외하고는 명성을 뒷받침할 만한 것이 전혀 없었고, 그의 강의에서는 일반적으로 익숙한 철학 교재를 다루었다. 여기에는 학습하고 재생해서 건네줄 교리 같은 것도 들어 있지 않았다. 이름 말고는 거의 아무것도 없었는데도 그 이름은 숨겨진 왕의 소문처럼 독일 전역에 퍼졌다. 이는 "마이스터master"가 중심이 되어 주도한 "서클"(가령 슈테판 게오르게Stefan George의 서클)[1]과는 아주 다른 무엇이었다. 이런 서클은 대중에게는 잘 알려진 데 반해 서클 구성원에게만 허용되는 비밀스러운 아우라arcana imperii로 계속해서 베돌았으리라 추정한다. 하지만 하이데거 주위에는 어떤 비밀도 구성원 자격도 없었다. 소문을 들은 젊은이들이 모두 학생이었던지라 분명 서로 잘 알고 지냈고 그들 간에는 간헐적으로 우정도 존재했다. 훗날 이런저런 모임이 여기저기서 생겨났다. 하지만 서클 같은 것은 없었으며 그를 추종하는 식의 비의적祕儀的 요소도 일절 없었다.

누가 그 소문을 들었고 그 소문의 내용은 무엇이었을까? 제1차 세계대전 이후 당시 독일 대학들에는 교육과 학습의 학술 활동에 대한 반감이라기보다는 광범위한 불만이 깔려 있었다. 이 불만은 직업 전문학교 이상의 학부에서는 공부가 생계를 준비하는 것 이상을 의미해야 한다는 생

---

1 독일 상징주의를 대표하는 시인이다. (옮긴이)

각이 학생들 사이에 팽배해지면서 생긴 동요였다. 철학은 생계를 걱정하는 학생들의 공부가 아니라 그보다 훨씬 더 많은 것을 요구하는 바로 그 이유 때문에 결의에 찬 굶주린 학생들의 공부였다. 이들은 결코 삶의 지혜나 세계의 지혜에 마음을 두지 않았으며 난제 해결에 관심 있는 사람이라면 누구나 세계관 및 동지를 두고 다양한 선택의 여지가 있었다. 다양한 세계관과 동지를 택하는 데 철학까지 공부할 필요는 없었다.

그러나 학생들은 스스로 원하는 바를 잘 몰랐다. 일반적으로 대학은 이들에게 어떤 학파, 예를 들어 신칸트주의자, 신헤겔주의자, 신플라톤주의자 등의 학파를 제시하거나 철학을 인식론, 미학, 윤리학, 논리학 같은 전문 영역으로 촘촘히 나눈 낡은 학문 분과들을 제공했고, 소통하기보다는 권태의 늪에서 허우적거리고 있었다. 하이데거가 나타나기 전에도 안이하고 나름대로 꽤 확고한 학술 활동에 반대하는 저항적인 철학자가 몇 있었다. 시기별로 볼 때 후설과 "사태 자체로!"라는 외침이 있었다. 여타 학문 분과와 나란히 자신의 위상을 받아들일 엄밀한 학문으로서 철학의 확립을 위해 "이론이나 책과 거리 두기"가 필요했다. 이는 여전히 소박하면서도 무저항적인 외침이었다. 하지만 이는 처음에는 막스 셸러Max Scheler가, 그 이후에는 하이데거가 호소할 수 있었던 무엇이었다. 더욱이 하이델베르크에는 의식적으로 저항적이고 철학 분야와는 다른 전통에서 온 카를 야스퍼스가 있었다. 알려졌다시피, 그는 하이데거와 오랫동안 교분을 가져왔다. 이는 정확히 말해서 하이데거의 기획 안에 있는 저항 요소가 철학에 '관한' 학술 논의의 중심에서 독창적이면서 근본적으로 철학적인 뭔가로 야스퍼스에게 호소했기 때문이다.

이들 소수 철학자가 공유했던 바는, 하이데거의 표현에 따르면 이들이 "학문 대상과 사유 현안 사이를" 구분할 수 있었고(《사유의 경험으로부터Aus der Erfahrung des Denkens》, 1947)[2] 학문 대상에 매우 무심했다는 점이다.

그 무렵 전통의 붕괴와 이미 시작된 "어두운 시대"(브레히트)에 대해 다소 확실히 알고 있던 학생들에게 하이데거의 가르침에 대한 소문이 들려왔다. 이들은 다만 "사유 현안 matter of thought" 또는 오늘날에도 하이데거가 말하곤 하는 "사유의 현안 thinking's matter"만을 우려했기에 학술 분야에 순응할 준비가 되어 있었다(《사유의 사태로 Zur Sache des Denkens》, 1969). 프라이부르크와 거기서 가르친 사강사를 두고 학생들이 귀 기울인 소문은 후일 이들이 마르부르크의 젊은 교수에게 끌렸듯이 후설이 선언한 "사태"에 실제로 도달한 인물이 있다는 것이었다. 이 인물은 이 사태가 학계 문제가 아니라 사유하는 인간의 관심사, 즉 비단 어제와 오늘이 아니라 아득한 옛날부터의 관심사였음을 알고 있었고, 전통의 실마리가 단절되었음을 알았다는 바로 그 이유로 과거를 새롭게 발견하는 중이었다. 예를 들어 플라톤이 이에 '관해' 언급하지 않고 자신의 관념론을 설명한 점은 기술적으로 매우 중요했다. 직접적이고 긴급하게 관련성이 있는 일련의 문제들에 대한 여지를 만들기 위해 유구한 학설이 사라질 때까지 오히려 한 학기 내내 단일한 대화를 추구하고 단계별로 의문을 제기했다. 오늘날 이 방식은 아주 친숙하게 들린다. 요즘 수많은 사람이 이렇게 진행해서 그렇다. 하지만 누구도 하이데거 이전에는 그렇게 하지 않았다. 하이데거에 관한 소문을 아주 간단히 표현하자면, 사유가 되살아났다. 죽은 줄로만 알았던 과거의 문화적 보물이 말하게 되고, 이 과정에서 문화적 보물이 말하고자 상정한 친숙하면서도 낡아빠진 자잘한 문제들과는 확연히 다른 사안들을 제시하고 있음이 입증되었다. 여기 한 스승이 있다. 우리는 아마도 그에게서 사유하는 법을 배울 수 있으리라.

2   "The Thinker as Poet", *Poetry, Language, Thought*, trans. A. Hofstadter (New York, 1975).

그러니 사유의 왕국에서는 숨은 왕이 다스렸다. 이 왕국은 철저히 세계와 관련이 있을지라도 그곳에 은폐되어 있어서 그 누구도 사유가 존재하는지조차 확신할 수 없다. 여전히 그곳 주민들은 일반적으로 생각하는 것보다 다수여야 했다. 그게 아니라면 어떻게 하이데거의 사상과 그의 사려 깊은 독해가 학생들과 제자들의 서클 너머로, 철학이 일반적으로 이해하는 영역 너머로 확장될 수 있겠는가? 종종 언더그라운드에까지 발휘하는 전례 없는 영향력을 어떻게 설명할 수 있겠는가?

금세기의 정신적 지형에 이처럼 결정적 영향력을 미친 것은 (장 보프레Jean Beaufret가 그랬듯이) 우리가 정당하게 의문을 제기할 수 있는 하이데거의 실존 철학이 아니라 그의 사유다. 이러한 사유에는 특이하면서도 철저히 궁구하는 특징이 있다. 언어 형식으로 표현하자면, "사유하다"라는 동사의 타동사적 활용에 그러한 특징이 들어 있다. 하이데거는 결코 무엇에 "관해서가" 아니라 무엇을 사유한다. 이처럼 그는 완전히 비관조적 방식으로 심연에 파고들지만, 아직 발견되지 못한 궁극적이고 확고한 토대를 조명하는 일은 고사하고 발견하지도 않았다. 오히려 길을 내고 "이정표들"을 고정하기 위해 언더그라운드에 계속 남아 있다(이 제목으로 된 책인《이정표Wegmarken》는 1929년부터 1962년까지 집필한 글 모음집이다). 사유는 스스로 과제를 설정할 수 있고, "문제들"을 다루며, 자연스럽게, 따라서 늘 사유가 특별히 몰두할 구체적인 뭔가를 가지고 있다. 더 정확히 말하면, 사유는 특별히 사로잡혀 있는 구체적인 뭔가를 가지고 있다. 그럼에도 우리는 사유에 어떤 목적이 있다고 말할 수는 없다. 사유는 늘 활동적이며 길을 내는 일조차 미리 내다보고 목표에 이르기보다는 새로운 사유 차원을 여는 데 이바지한다. 이 길은 '숲길wood-path'(1935년부터 1946년까지 집필한 논문 모음집인《숲길Holzwege》에서 따온 이름)이라고 불러도 무방하다. 숲길은 숲 밖 어디로도 인도하지 않으며 "갑자기 사람이 밟지 않은 길 위에서 멈출" 수 있다는 바로 그 점 때문에 하이데거는 이 길을 전적으로 받아들인다. 그는 철학 전문 분야 연구자와 사상을 연구하는 역사가들의 연구가 바쁘게 이뤄지는 우리의 문제점들이 신중하게 놓여 있는 거리보다는 숲을 사랑하고 숲에서 편안함을 느낀다. "숲길"이라는 은유는 본질적인 뭔가를 떠오르게 한다. 이는 우리가 언뜻 생각할 수 있듯이, 누군가가 막다른 골목에 들어섰음이 아니라 오히려 직업상 숲에 있는 벌목꾼처럼 스스로 낸 길을 밟아가는 일이다. 길을 닦는 일은 나무를 베는 일 못지않게 벌목꾼의 업무에 속한다.

　　　말하자면 자신의 사유에 따라 파헤치고 열어가는 이 심오한 평면에 입각해 하이데거는 사유를 통해 난 길들의 광대한 망을 수립해갔다. 이해하기 쉽게 설명하고 때로는 모방하기도 하는 즉각적인 단일 결과물은 그가 장구한 시간에 걸쳐서 그 누구도 아주 쉽다고 느끼지 않던 전통 형이상학의 체계를 무너뜨리는 계기를 제공했다. 이는 지하 터널과 파괴적인 굴착 작업이 탄탄하지 않은 토대 위 구조물의 붕괴를 초래하는 것과 같은 이치다. 이는 역사적인 문제, 어쩌면 최우선 순위의 문제일 수도 있지만 역사적 길드를 포함한 모든 길드의 외부에 서 있는 우리에게는 문제가 되지 않는다. 칸트가 특정한 시각에서 정당하게 "모든 것을 파괴하는 자"라고 불리는 것은 그가 (역사적 역할과는 별개로) 어떤 사람이었는지와는 거의 상관없다. 어쨌든 임박한 형이상학의 붕괴를 두고 하이데거가 우리에게 공유해준 것과 관련해 우리가 그에게 빚진 부분, 유독 그에게 빚진 부분은 이 붕괴가 이전에 일어난 일에 의미 있는 방식으로 일어났다는 점이다. 다시 말해 형이상학은 자체 목적을 위해 '사유의 도정을 밟아왔고' 말하자면 단순히 뒤따르는 것에 압도되지는 않았다는 점이다. 하이데거가 《사유의 사태로》에서 말했듯이, "철학의 종말"은 철학과 이 전통에 아주 심각하게 매인 한 인간이 준비한, 철학의 영예와 존중에 대한 종말이다. 하이데거는 한평생 다른 철학자들의 저작을 바탕으로 세미나와 강의를 했고 노년에 들어서야 감히 자신의 저작을 바탕으로 세미나를 열었다. 《사유의 사태로》에는 이 저작의 1부를 구성하는 '시간과 존재' 강의를 위한 세미나 초안이 수록되어 있다.

사람들이 사유를 배우고자 하이데거에 관한 소문을 따랐다고 한다. 경험한 것은 순수 활동으로서의 사유가 다른 모든 역량과 재능을 지배하고 억압하기보다는 이들에게 질서를 부여하고 이들을 통해 지배하는 정념passion이 될 수 있다는 것이다(이때 순수 활동으로서 사유는 지식을 향한 갈망이나 인식의 충동으로 압박받지 않는다는 의미다). 이성 대 정념, 정신 대 생명의 낡은 대립에 너무도 익숙해진 나머지, 사유와 살아 있음이 하나가 된다는 '정념적' 사유 a passionate thinking의 관념이 우리를 다소 당혹스럽게 한다. 하이데거 자신도 아리스토텔레스에 관한 강좌 서두에서 통상적인 생애를 소개하는 대신 "아리스토텔레스는 태어나서 연구하다 죽었다"라고 말하면서 이러한 일원화(잘 기록된 일화로서)를 단 한 문장으로 표현했다. 하이데거의 정념적 사유와 같은 무엇이 존재한다는 사실은 우리가 나중에 인지하게 되듯이, 어떤 철학이 거기에 전적으로 존재할 가능성의 조건이다. 하지만 우리가 하이데거의 사상적 실존과는 별개로 (특히 우리 세기에) 이를 발견할 수 있었을지는 의문 그 이상이다. 세계에-태어난-존재라는 단순한 사실에서 비롯되고 이제 "존재하는 모든 것을 지배하는 의미를 회상과 응답을 통해 생각하는" 이러한 정념적 사유(《내맡김 Gelassenheit》, 1959, p. 15)[3]는 궁극적 목적, 즉 인식이나 지식보다는 삶 그 자체를 가질 수 있다. 삶의 종말은 죽음이지만 인간은 죽음을 위해 살지는

---

3 *Discourse on Thinking*, trans. J. M. Anderson and E. H. Freund (Harper & Row, 1966), p. 46.

않는다. 인간은 살아 있는 존재이기 때문이다. 그 무엇이 되었든, 인간은 어떤 결과를 바라고 사유하지는 않는다. 인간은 "사유하는 존재, 즉 감각적 존재"이기 때문이다(같은 책).

　이것이 낳은 결과 중 하나는 사유가 자기 자신의 결과를 두고 특이하게 파괴적이거나 비판적인 방식으로 작동한다는 점이다. 확실히 고대의 철학 학파들 이후 철학자들은 체계를 형성하고자 하는 골치 아픈 성향을 보여주었다. 우리는 이 철학자들이 실제로 생각한 바를 발견하고자 할 때 그들이 세워놓은 구조를 해체하는 데 자주 어려움을 겪곤 한다. 이러한 성향은 사유 자체보다는 완전히 다른 필요성을 철저히 정당화하려는 데서 비롯된다. 우리가 직접적, 정념적 생동성 안에서 그 결과로 사유를 측정하고자 소망한다면, 페넬로페의 베 짜기처럼 잘 대처할 것이다. 낮에 짠 것을 잔인하게도 밤에는 다시 풀어 다음 날 그 작업을 새롭게 시작할 수 있다.[4] 하이데거 저술들은 앞서 출간한 저작을 간헐적으로 언급하긴 해도 어쩌다 가끔 자신이 이미 주조한 언어(이러한 언어에서 개념들은 새로운 사유 과정의 방향을 정하는 단순한 "흔적 표시"다)를 이어받아서 처음부터 시작하듯이 읽는다. 하이데거는 "사유 사안이 무엇인지에 대한 '비판적' 질문은 항상 필연적으로 사유에 속한다"라고 강조할 때, 종종 니체의 준거를 대면서 여태 "새롭게 시작하는 '사유'의 무모함"에 대해 논의할 때, 사유에는 "역행retrogression이라는 특징이 있다"라고 할 때 사유의 이러한 특수성을 논의한다. 그가 《존재와 시간》을 "긴박한 비판"에 예속시키거나, 플라톤적 진리에 대한 자신의 초기 해석을 "유지할 수 없다"라고

　4　페넬로페는 그리스 신화에 나오는 오디세우스의 아내다. 구혼자들을 물리치기 위해 낮에는 옷을 짜고 밤에는 풀어버리는 식으로 3년을 버텼다. '페넬로페의 베 짜기'는 쉴 새 없이 해도 끝나지 않는 일을 가리킨다. (옮긴이)

입증하거나, 자신의 작업에 대한 사상가의 "되돌아보기"를 이야기할 때 이러한 역행을 실행한다. 되돌아보기는 "항상 '다시 생각하기retractatio'가 되는데, 이는 실제로 자기주장의 철회라기보다 이미 생각해온 것을 다시 생각하기다(《사유의 사태로》, pp. 61, 20, 78).

어떤 사상가든 아주 오래 살게 된다면 자기 사유의 결과물로 나타난 부분을 풀려고 노력해야 한다. 그는 그 결과들을 다시 생각함으로써 단순히 이를 행한다(그는 야스퍼스와 함께 "이제 당신이 정말로 출발하고자 할 때 떠나야 한다"라고 말할 것이다). 사유하는 "나I"는 나이를 먹지 않으며, 사상가가 실제 나이가 들지 않고서 늙는다는 사실은 이들 사유 안에만 존재한다는 점에서 이들의 저주이자 축복이다. 다른 정념들처럼 사유의 정념 역시 개인person을 포착한다. 즉, 의지로 명령이 내려질 때 그 합이 우리가 보통 "성격"이라고 부르는 것에 해당하는 개인의 특질을 포착한다. 사유의 정념은 그 개인을 소유하며, 말하자면 이러한 맹비난에 맞서서 자기 자신의 것을 지킬 수 없는 자신의 "특성들"을 말살한다. 하이데거가 말했듯이 분노하는 폭풍우 "안에 서 있으며" 문자 그대로 시간이 그대로 서 있는 사유하는 "나"는 바로 나이가 없다. 그리고 항상 구체적으로 다른 것일지라도 특질들이 없다. 사유하는 "나"는 의식하는 자기 자신을 제외한 모든 것이다.

더욱이 사유는 1807년에 헤겔이 질만Dolf Zillmann에게 보낸 편지에서 철학에 대해 언급했듯이 "고독한 무엇"이다. 플라톤이 "자기 자신과의 침묵의 대화"(《소피스테스Sophist》, 263e)라고 말한 것은 사유자가 혼자라서만이 아니라 이 대화에는 "말로 담을 수 없는unutterable" 무언가가 항상 울려 퍼지기 때문이다. 이는 언어를 통해 온전하게 소리로 전달될 수 없거나 말로 표현할 수 없으며, 따라서 다른 사람들 또는 사유자 자신과도 소통할 수 없다. 《제7의 서신Seventh Letter》에서 아마도 플라톤이 말한 이 "말로 담을 수 없음"이야말로 사유를 이처럼 외로운 일로 만들며, 사유가 샘솟고 계속해서 새롭게 되는 분리된 원천을 형성한다. 하이데거에게는 거의 해당하지 않지만 우리는 사유의 정념이 불현듯 인간 중 가장 사교적인 사람을 괴롭힐 수 있으며, 사유의 정념이 요구하는 고독의 결과로 그를 망가뜨릴 수 있다는 사실을 충분히 상상할 수 있다.

내가 알기로는 사유를 정념pathos으로, 인내를 가지고 견뎌낼 수 있는 무엇으로 계속 논의한 첫 사상가이자 유일한 사상가는 플라톤이다. 《테아이테토스Theaetetus》(155d)에서 그는 경이가 철학의 시작이라고 말한다. 이 말은 확실히 단순한 놀람surprise이나 낯선 뭔가를 대면할 때 우리를 엄습하는 경악astonishment을 의미하지 않는다. 놀람이나 경악이 과학의 시작이 될 수 있듯이, 사유의 시작인 경이wonder는 일상적이고 당연한 일, 즉 우리에게 완전히 익숙하고 친숙한 것에 적용된다. 어떤 지식으로도 마음이 차분해질 수 없는 이유가 여기에 있다. 하이데거는 전적으로 플라톤의 관점에서 "단순함에 대한 경이의 능력"을 논의한 적이 있으면서도 플라톤과 달리 여기에 "이러한 경이를 자신의 거주지로 삼고 받아들이는"(《강연과 논문Vorträge und Aufsätze》, 3부 p. 259) 것을 덧붙인다. 내 생각에 이렇게 덧붙이는 모습이 바로 마르틴 하이데거가 누구인지를 성찰하는 데 결정적으로 중요해 보인다. 많은 사람은 혹은 우리도 그렇게 되기를 희망하는데 사유 및 이와 밀접한 관계가 있는 고독에 익숙하다. 하지만 분명히 이들은 사유와 고독 속에서 살지는 않는다. 단순함에 대한 경이가 이들을 압도하고 이에 굴복하면서 사유에 몰두할 때, 이들은 인간 현안이 발생하는 업무의 연속선상에서 자신들의 관행적인 장소, 즉 조금 이따가 자신들이 되돌아갈 장소에서 떨어져 나와 있음을 알게 된다. 그러므로 하이데거가 논의하는 장소는 은유적 의미에서 인간의 거주지 외부에 있다. (크세노폰Xenophon에 따르면) 소크라테스가 아마도 처음으로 언급했을 "사유의 바람"이 실로 강해질 수 있다 해도 여전히 이들 폭풍우는 "시간의 폭풍"이라는 은유보다 훨씬 더 은유적이다. 세계의 다른 장소들과 비교할 때 인간 현안의 거주지이자 사상가의 거주지는 "고요의 장소場"(《사유의 사태로》, p. 75)이다.

본래 고요를 낳고 퍼트리는 것은 경이 그 자체다. 고요 덕택에 모든 소리, 심지어 자신의 목소리라는 소리로부터 보호받게 되는 것이야말로 사유가 경이에서 진화하게 되는 필수 불가결한 조건이 된다. 고요에 둘러싸여 있으며 특이한 변신, 즉 하이데거식 의미의 사유 차원에 들어오는 모든 것에 영향을 미치는 특이한 변신이 일어난다. 세계와 본질적으로 격리된 사유는 항상 오직 부재한 것들, 물질들, 사실들 또는 직접적인 지각에서 물러난 사건들과 관계있다. 당신이 어떤 사람과 얼굴을 마주하고 서 있다면, 그 사람을 당연히 신체적 현전 안에서 지각할 테지만 그를 '생각하지'는 않는다. 그 사람이 현전하는 동안 그에 관해 생각하려면, 당신은 직접적인 대면에서 조용히 물러나야 할 것이다. 사유할 때 어떤 사물 또는 어떤 인간에게 가까이 다가가려면 직접적인 지각을 위해 거리를 두어야만 한다. 사유는 "멀리 있는 것에 가까워짐coming-into-nearness to the distant"(《내맡김》, p. 45)이라고 하이데거는 말한다.

우리는 친숙한 경험을 통해 이 점을 훨씬 쉽게 이해할 수 있다. 우리는 멀리 떨어진 장소에 있는 사물들을 보기 위해 여행을 떠난다. 이 과정에서 우리가 본 사물들이 더는 직접적인 인상impression의 세력권에 있지 않을 때, 오직 되돌아봄이나 회상에서만 우리에게 가까이 다가오는 일이 종종 발생한다. 이들 사물이 더는 현전하지 않을 때만 그 의미를 드러내는 것과 같다. 관계의 이 같은 반전, 즉 가까이 있는 것에서 물러나고 멀리 있는 것을 가까이 끌어옴으로써 가까이 있는 것을 제거하는 사유의 반전은 사유하는 동안에 우리는 어디에 있는가 하는 질문에 대한 답을 발견하고자 할 때 결정적이다. 사유 속에서 기억이 되는 회상은 사유에 관한 정신사에서 정신 역량으로서 두드러진 역할을 해왔다. 회상은 우리에게 가까움과 멀리 있음이 감각 지각에서 주어지듯이 실제로 그러한 전도에 민감하다는 것을 보증하기 때문이다.

하이데거는 자신이 집에 있음을 느끼는 "거주지abode", 즉 사유의 거주지에 관해 간헐적으로, 또 대부분은 부정적으로 표현했다. 그가 사유의 질문하기는 "일상 세계의 부분"이 아니라고 말할 때, 이는 "어떤 긴박하거나 지배적인 필요도 충족시키지 않는다. 질문 자체가 '잘못된 것'이다"(《형이상학 입문*An Introduction to Metaphysics*》, pp. 10~11). 하지만 사유에서 가까움과 멂의 관계 그리고 이의 전도는 모든 것이 조정되는 열쇠처럼 하이데거의 전체 저작에 배어 있다. 현전과 부재, 감춤과 드러냄, 가까움과 멂, 즉 이들 사이를 지배하는 연결 조직과 연계성은 부재를 경험하지 않는 한 현전이 존재할 수 없고 멂이 없이 가까움이 존재할 수 없다고 자명한 진술을 하는 것과 진배없다. 사유의 거주지의 시각에서 보면, "존재의 철회" 또는 "존재의 망각"은 사유자의 거주지를 둘러싼 일상 세계, 즉 "일상 세계의…… 친숙한 영역"을 지배한다. 이는 곧 본래 부재에 매인 사유가 관여하는 부분의 상실이다. 다른 한편, 이러한 "철회"의 지양Aufhebung은 항상 인간 현안의 세계에서의 철회로 보상을 받는다. 이 멀리 있음은 사유가 정확히 이러한 사안들을 숙고할ponder 때 이것들을 자체의 격리된 고요로 단련시키는 것보다 결단코 더 명백하지 않다. 그래서 아리스토텔레스는 여전히 생생해 보이는 플라톤의 위대한 사례를 가지고서 인간 현안의 영역ta ton anthropon prgamata을 지배할 철인왕을 꿈꾸지 말라고 이미 강력히 경고했다.

최소한 간헐적으로나마 "단순함에 대한 경이의 능력"은 아마도 모든 인간에게 내재할 테니, 과거와 현재에 우리에게 잘 알려진 사상가들은 이러한 경이에서 각 사례에 적합한 사유 훈련을 펼치고 사유할 수 있는 능력을 개발했다는 점에서 구별되어야 한다. 하지만 "자신의 영속적인 거주지로서 이러한 경이로움을 취할" 수 있는 능력은 다른 문제다. 이것은 매우 드물고 우리는 플라톤에서만 어느 정도 확실하게 문서로 기록되어 있음을 발견한다. 그는 《테아이테토스》(173d~176)에서 이 같은 거주지의 위험성을 가장 극적으로 표현한 바 있다. 여기서 또한 최초로 탈레스Thales of Miletus와 트라키아 하녀의 이야기를 분명히 언급한다. 하녀는 한 "현인"이 별을 관찰하려고 위쪽을 쳐다보다가 우물에 빠진 모습을 지켜보고는 하늘을 알려고 하는 사람이 자기 발밑에 무엇이 있는지에 무지하다며 비웃었다. 아리스토텔레스에 따르면 탈레스는 호되게 공격을 받았다. "이웃 주민들이 탈레스의 가난을 비웃곤 했을 때 더 호되게 공격을 받자 지혜로운 사람들은 마음만 먹으면 부자 되기가 쉬운 일임을 올리브유를 짜는 기름틀을 매점매석해 입증했다"(《정치학》, 1259a ff.). 누구나 알고 있듯이 하녀들은 책을 집필하지 않으니, 조롱했던 트라키아 하녀는 더 고상한 것들에 전혀 감이 없다고 헤겔이 그녀를 두고 한 말을 계속해서 따르지 않을 수 없었다. 《국가》에서 시詩에 종언을 내리고자 했을 뿐만 아니라 최소한 수호자 계급에 웃음을 금한 플라톤은 철학자의 절대 진리 주장에 반대 의견을 견지하는 사람들이 내보일 적대감보다 동료 시민의 비웃음을 더 두려워했다. 아마도 외부에서 본 사상가의 주거지가 아리스토파네스Aristophanes의 몽상 세계처럼 보일 가능성이 얼마나 큰지 알고 있는 사람은 플라톤 자신이었을 것이다. 어쨌든 그는 철학자가 겪는 곤경이 무엇인지 알았다. 철학자가 자기 생각을 시장으로 들고 가면 그는 공적으로 웃음거리가 된다. 무엇보다도 이러한 공적인 웃음거리 때문에 플라톤은 노년에 시칠리아를 세 번이나 방문해 시라쿠사의 참주에게 철학의 필수 입문인 수학을 가르쳐 철인왕으로서 통치하는 기술을 전수해줌으로써 그가 올바로 이끌도록 했다. 하녀의 시각에서 바라볼 때, 그는 이러한 환상적인 시도가 탈레스의 실수보다 더 우스꽝스러워 보이리라는 점을 알아채지 못했다. 그가 알아채지 못한 것은 어느 정도는 당연했다. 내가 아는 바로는 어떤 철학도도 감히 웃으려 하지 않았으며 이 일화를 기록한 어떤 작가도 웃지 않았다. 분명 사람들은 웃음이 왜 좋은지를 아직 발견하지 못했다. 어쩌면 이러한 관점에서 사상가들은 실망했고 그래서 늘 웃음에 우호적이지 않았을 것이다. 사상가 중 몇몇이 무엇이 우리를 웃게 만드는지의 질문을 두고 머리를 쥐어짜 냈더라도 말이다.

하이데거도 (그때 말했듯이) 자신의 "주거"를 바꾸고 현안 세계에 "개입하려는" 유혹에 한 번 굴복했음을 이제 우리 모두 알고 있다. 세계가 계속 돌아가는 한, 이는 참주와 그의 희생자들이 바다 건너가 아닌 자국에 자리 잡고 있기에 플라톤보다는 하이데거가 훨씬 더 거북해했다.[5] 하

---

5   격분은 식고 무엇보다도 수많은 유언비어는 다소 바로잡혀 오늘날 보통 "오류"라 부르는 이 일화에 여러 측면이 있다. 그중 바이마르 공화국이 있는데, 장밋빛 속에서 살았던 사람들에게는 그 모습을 전혀 드러내지 않았으며 그 이후에 발생한 사태들의 공포에 비춰볼 때야 오늘날 종종 볼 수 있다.

더욱이 하이데거의 "오류" 내용은 당시에 성행하던 오류와는 상당히 달랐다. 나치 독일의 한가운데에서 "이 운동의…… 내면적 진리"가 "전 세계의 기술과 현대인의 조우"(《형이상학 입문》, p. 166)에 있다고 누가 과연 생각할 수 있겠는가? 이는 물론 히틀러의 《나의 투쟁》 대신에 국가사회주의와는 아주 다르며, 실제로 파시즘과 일부 연관이 있는 이탈리아 미래파의 저작을 읽은 누군가를 제외하고 방대한 나치 문학이 전적으로 침묵한 무엇이기도 하다.

확실한 점은 미래파가 훨씬 더 흥미로운 독본을 만들어내고 있다는 사실인데, 나치든 반나치든 당대의 수많은 다른 독일 지식인처럼 하이데거가 《나의 투쟁》을 전혀 읽지 않았다는 것이다. 당연히 그 저작이 어떠했는가에 대한 이러한 오해는 훨씬 더 결정적 "오류"와 비교할 때 중요하지 않다. 결정적인 오류란 가장 적합한 "문헌"을 무시했을 뿐만 아니라 초기 집단 수용소의 비밀경찰 취조실과 고문실의 실재에서 겉보기에 더 심각한 영역으로 회피한 데 있다. (다소간 하이네의 전통을 따르는) 독일 민속 시인이자 대중음악

이데거 자신과 관련해서는 나는 사안이 다르다고 믿는다. 37년 전의 그는 10개월 남짓의 정신없이 분망하던 시기 이후에 자기 자신을 거주지로 되돌아오게 몰아세운 충돌의 충격에서 터득하고, 체험한 바를 자신의 사유에 뿌리를 내리게 할 수 있을 만큼 여전히 젊었다. 여기서 드러난 사실은 그가 "의지에 대한 의지"로서, 그래서 "권력에 대한 의지"로서의 의지를 발견한 것이다. 근래에, 특히 현대에 와서 의지에 관한 많은 분석이 있었다. 하지만 칸트에게서도, 심지어 니체에게서도 의지의 본질과 관련해 그다지 많은 것이 발견되지 않았다. 하이데거 이전에는 그 누구도 의지가 본질상 어떻게 사유와 대립하며 사유에 파괴적으로 영향을 미치는지를 보지 못했다. "내맡김", 즉 안전, 평정, 해방, 이완 상태, 한마디로 "있는 그대로"의 성향은 사유에 속한다. 의지의 시각에서 보고자 하는 사상가라면 "나는 의지하지 않는 것을 의지할 것I will non-willing"을 분명히 역설적으로 논의해

작사가인 로베르트 길베르트Robert Gilbert는 심지어 운문 4연으로 그 당시 잊을 수 없는 1933년 봄에 실제로 발생한 사건을 다음과 같이 묘사했다.

누구도 문을 두드릴 일이 없다,
도끼로 모든 문을 쳐부쉈으니.
이제 국가는 터뜨려졌다,
마치 상처 난 종기처럼.

이처럼 현실에서의 도피는 결국 그러한 초기 몇 년의 전반적인 '내맡김'보다(아렌트는 1930년대 나치를 통한 "조정" 또는 "배치"를 가리킨다. ― 편집자) 훨씬 독특하고 훨씬 더 오래 지속되었다(하이데거는 이후에 자신을 판단하는 자리에 앉은 수많은 사람보다 훨씬 신속하고 급진적으로 자기 "오류"를 바로잡았다. 그 시기에 그는 독일 문단과 대학 생활에서 통상적인 것보다 훨씬 더 많은 위험을 감수했다). 우리는 항구적 인구 감소 정책으로 히틀러, 아우슈비츠, 대학살, "절멸"을 언급하는 대신에 밑바닥에서 발생한 무시무시한 현상을 위장하고자 인문학과 사상사 언어로 자신들의 영감과 취미에 따라 플라톤, 루터, 헤겔, 니체, 하이데거, 윙거, 슈테판 게오르게를 언급하는 독일 내 지식인과 이른

야 한다. 오직 "이를 통해서" "우리 자신을 의지에서 떼어내야"만 우리는 "의지가 아닌 사유의 모색적인 본성 내에서 우리 자신을 해방할" 수 있을 것이다(《사유의 사태로》, p. 32f ; 영문 번역서 《*Discourse on Thinking*》, pp. 59~60).

사상가들을 영예롭게 하고자 하는 우리에게 비록 자기 거주지가 세계의 한복판에 있을지라도 플라톤과 하이데거가 인간 현안에 관여할 때 전제 군주나 독재자로 변했다는 점은 충격적이며 아마 거의 격분하지 않을 수 없다. 이는 단순히 그들의 시대적 상황 탓도, 더더욱 공연 행위를 행한 등장인물 탓도 아니며 차라리 프랑스어로 이른바 '왜곡된 직업관' 탓으로 돌려야 할 것이다. 폭군적인 것에 대한 유혹은 (칸트를 제외한) 다수의 위대한 사상가에게서 이론적으로 증명될 수 있어서다. 이런 경향이 자기가 행한 부분 내에서 증명될 수 없다면, 그 유일한 이유는 이들 중 극소수만 "단순함을 경이로워할 수 있는 역량"을 뛰어넘고 "이 경이를 자신들의 거주지로 받아들일" 준비가 되어 있었기 때문이다.

이 소수의 사람에게는 자기 세기의 폭풍우가 자신들을 어디로 몰아갔는지는 결국 중요하지 않았다. 플라톤의 저작에서 나온 바람이 몇천 년이 지난 후에도 여전히 우리를 휩쓰는 것처럼 하이데거의 사유에 붙어

바 학자들에게 여전히 에워싸여 있다.

실재에서의 도피가 이력저력하는 사이에 직업이 되었고 이러한 일이 히틀러와 스탈린 시기의 문헌에 있다고 우리는 확실히 말할 수 있다. 후자에서 스탈린 범죄가 러시아의 산업화(이 "산업화"가 아주 명백히 거대한 실패였음에도)에 필수적이었다는 의견을 발견한다. 전자에서 우리는 여전히 괴이하게 과장되고 복잡한 이론들을 확인하게 되는데, 그 시궁창은 이들 이론의 고상함과는 전혀 상관이 없다. 우리는 이미지들과 "관념들"의 유령 영역 내에 있는 그곳에서 움직인다. 유령 영역은 지금까지 단순 "추상"으로 경험했거나 경험할 수 있는 무엇, 즉 모든 사유, 각각의 사유, 심지어 가장 위대한 사상가들의 사유가 견고성을 잃어버려 구름이 형성되듯이 서로가 흐려지고 뒤섞이는 무엇에서 아주 멀리 벗어났다.

닥친 바람은 그가 우연히 살았던 세기에 기인하지 않는다. 그 바람은 태고에서 기인한다. 그 바람이 남긴 부분은 완벽한 무엇, 즉 완벽한 모든 것처럼 그 바람이 기인한 곳으로 되돌아간다.

(1971)

마르틴 하이데거에게[1]

"…… 시간의 극심한 소용돌이 또한

내 머리를 심각하게 짓누르고

유한자 중에서 결핍과 변덕이 내 유한한 삶을 동요하게 하면,

그때 '그대의' 심오함 안에서 '침묵'으로 나를 기리도록 하시오!"[2]

_횔덜린, 〈에게해 군도Der Archipelagus〉에서

하이데거의 80회 생일을 맞아 동시대인은 거장, 스승, 일부 인사에게는 확실히 친구인 그에게 경의를 표한다. 우리는 잠시 이 거장의 삶이 우리, 세계, 우리 시대에 무엇을 의미하는지를 설명하고자 한다. 그 삶은 충만함 속에서 다만 이제야 '현재 온전히 드러나는 것'으로 보인다. 나는 온전한 드러남이야말로 노년의 축복이라고 생각한다. 각각의 개인은 저마다 눈앞에 닥친 질문에 다른 답을 가지고 있다. 각자의 답변이 업적으로 입증되는 삶의 완수를 위한 열정을 적어도 어느 정도는 제대로 평가

---

1 독일어로 된 글을 번역한 이 텍스트는 아렌트가 마르틴 하이데거를 위해 작성했으며, 그가 서거한 후에 《하이데거 추모: 1976년 5월 26일Dem Andenken Martin Heideggers: Zum 26 Mai 1976》(Klostermann, 1977), p. 9에 실려 출간되었다. (편집자)

2 작은따옴표는 아렌트가 넣었다. (편집자)

해주기를 바란다.

내가 보기에 이와 같은 삶과 업적은 우리에게 '사유'가 무엇인지를 가르쳐주었고, 그의 저술은 사유의 전범이자, 전인미답의 광대한 곳으로 감히 모험을 떠나는 용기, 아직 사유되지 않은 것에 전적으로 자신을 열어놓는 용기의 전범으로 남을 것이다. 이는 전적으로 사유와 놀랄 만한 사유의 심오함에 자신을 몰두시킬 수 있는 사람만이 가질 수 있는 용기다.

후대인이 우리의 세기와 그 시대의 사람들을 기억하고 우리와의 신의를 지키고자 한다면, 저마다의 방식으로 모두를 휩쓸고 지나간 지극히 파괴적인 모래폭풍을 잊지 말기 바란다. 그런 폭풍 속에서도 이런 사람이 존재할 수 있고 그가 했던 것과 같은 작업은 여전히 가능하다.

(1977)

전쟁 범죄와 미국의 양심

　　내가 알기로 베트남에서 하는 전쟁은 선전 포고도 없이 이루어진 첫 전쟁도 마지막 전쟁도 아니다. 하지만 내 생각에 이 부분에서 중요한 측면을 간과할 가능성이 있다. 어떤 국가가 선전 포고를 하면 이는 규정에 따라 게임을 진행할 준비가 되었음을 함의한다. 금세기 초부터 전쟁에 필요한 법을 제정하려는 시도가 몇 차례 있었다. 선전 포고를 하지 않음으로써, 국가는 심지어 이러한 미미한 제약들조차 어떻게 해서든 모면하고자 한다.

(1970)

《뉴욕 리뷰 오브 북스》
편집진에게 보낸 편지
구분

1969년 11월 6일자 (《과거와 미래 사이*Between Past and Future*》와 《어두운 시대의 사람들*Men in Dark Times*》에 대한) 카메론Cameron 씨의 서평은 (검토 중인 책들을 거의 동일한 강도로 좋아하기도 하고 싫어하기도 한다는 점에서 선한 의도가 있어 보이면서도 이상하기도 한데) 그가 성심껏 명료화하고자 했다고 읽힙니다. 제가 착오를 일으키지 않기를 바라면서 그의 서평을 좇아가고자 합니다.

카메론 씨에 따르면 "칸트의 작업에서 명료하다"라고도 할 수 있는 "스타일의 불명료성"과 "사유의 어둠"의 문제가 있습니다. 이러한 언급은 당연히 명료화하려는 시도를 심각하게 좌절시키는 면이 있습니다. 이러한 설명에 대해서 카메론 씨를 만족시키는 데 칸트가 실패한다면 누가 만족시킬 수 있을까요? 《순수 이성 비판》이 매우 위대한 저작일 뿐만 아니라 지금까지 쓰인 철학서 중 아주 명료한 저작인 점은 내게 "분명해" 보이지만, 우리에게 텍스트를 검토하는 데 1년의 대부분을 보낼 기회가 없다면 카메론 씨에게 어떻게 이를 설득할 수 있을까요? 당연히 이 작업은 어려울 것이기 때문입니다. 여기서는 칸트가 이 어려운 문제들을 해명하는 수고를 하기 전에 매우 모호한 사안들을 다룹니다. 칸트의 산문은 완벽할 정도로 적합합니다. 카메론 씨가 반쯤 칭송하고 반쯤은 불만을 보인 "장기간의 모호성"은 주제 때문이거나 칸트의 논평자와 독자의 덜 명료하지만 강력한 정신 때문입니다.

카메론 씨에게 여러 난제가 있고 이 모두를 정리하는 데는 훨씬 더 많은 지면이 필요합니다. 이 중 두 가지 난제를 선정하겠습니다. 두 사안이 제게는 꽤 대표성을 띠고 있어서입니다. 카메론 씨는 "특정 전통들에 쏠리지 않는 눈으로 과거를 바라보는 일"을 제안하는 식으로 저를 올바로 인용합니다. 그러면서 그는 "당연히" 저 스스로 "이 제안에 거의 주목하지 않으며" "사유와 담론의 바로 그 특징" 때문에 제가 원한다면 주목하지 않을 수도 있다고 주장합니다. 사유와 담론이 언어적 측면에서 이루어지고 "우리의 언어는 인간 과거의 본질을 우리에게 부여"합니다. 카메론 씨가 "본질"을 배제했다면 이 주장은 옳을 것입니다. 어떤 과거는 반드시 이의 본질은 아니라 하더라도 실제로 살아 있고 모든 형태의 말로 존재합니다. 하지만 문제의 핵심은 과거가 아니라 전통이며, 이들 간의 '구분'입니다. 전통은 과거에 순서를 부여하며 이를 전승하고tradere 해석하며 이미 수립된 신념 체계에 따라서 생략하고 선택하며 강조합니다. 전통은 정신적 구성물이므로 항상 비판적 검토의 대상이 됩니다. 어떤 전통도 오늘날 타당성을 제기할 수 없다고 말한다면 과거가 죽었다는 뜻이 아니라 우리에게 더는 신뢰할 만한 지침이 없다는 뜻이며, 이로 미루어 전통 그 자체는 과거의 일부가 되었음을 말해줍니다. 과거가 많은 전통과 연루되어 있기에 이치에 맞는 한 예시를 들어보겠습니다. 저는 아퀴나스의 저작을 가톨릭교회의 아퀴나스 사상 전통에 따르지 않고도 그가 해야 할 말에 동의하거나 동의하지 않는 방식으로 독해할 수 있습니다. 또한 이러한 전통을 과거의 일부로 추적할 수 있습니다. 그 결과는 아퀴나스의 재발견이기도 하고, 그의 사상 전통의 파괴일 수도 있습니다. 모든 것은 전통과 과거의 '구분distinction'에 달려 있습니다.

카메론 씨가 다음과 같은 제 말이 "의미하는 것을 이해"할 수 없을 때 매우 유사한 무엇, 즉 텍스트 내에서 어떤 구분을 무시하는 일이 발생하게 됩니다. 지금 지구상에서 진행할 수 있는 핵 처리 과정은 우리가 더는 자연을 "모방하지" 않고 "만들게 되었다는" 말입니다(덧붙여 말하자면 카메론 씨는 다소 정확하지 않게 인용한 듯합니다. "자연을 만들다make nature"라는 말은 텍스트에서 인용 부호로 표시됩니다. 이 말은 비코의 유명한 말, "우리는 수학적 문제들을 증명할 수 있다. 우리 자신이 이들 문제를 만들 수 있기 때문이다. 물리적인 것, 즉 자연을 증명하기 위해서 우리는 이를 만들어야 할 것이다si physica demonstrare possesmus, faceremus"에서 따왔기 때문입니다). 다시금 논점은 구분에 달려 있습니다. 여기서 구분이란 한편으로는 자연이라는 가계에서 발생하는 지구 및 지구에 예속되는 과정들과 다른 한편으로는 태양을 포함한 우주 및 지구 밖에서 진행되는 과정들의 구분입니다. 이는 물리학을 포함한 근대 이전의 자연과학과 천체물리학 사이의 구분입니다. 천체물리학은 코페르니쿠스가 "자신이 태양에 서서…… 행성들을 내려다보고 있다고 상상하고" "같은 등식이 천체 운동과 지구상의 사물 운동을 포괄하는 뉴턴의 중력 법칙과 함께 이의 고전적 표현에 이르렀을" 때 시작했습니다. 그리고 아인슈타인의 "일반화를 향한 노력"이 "태양처럼 어떤 특정한 지점에만 있지 않고 공간 어디에나 자유로이 자리를 잡는 관찰자"를 소개하는 데 성공할 때까지 진행됩니다. 핵 변화 과정은 지구를 둘러싼 우주 내부의 지구 밖에 자리를 잡고 있습니다. 적절하게 표현하자면 핵 과정은 "보편적" 과정입니다. 이를 지구 자체의 자연으로 도입한 과학은 "그 시작부터 '자연적'이 아니라 보편적 과학이었고, 물리학이 아니라 우주의 한 지점에서 지구를 바라보는 천체물리학"이었습니다. 이렇듯 인공적 과정은 이제 우리 가운데에서 발생한다는 점에서 지구에서 진행되는 일의 일부가 되었고, 마치 우리가 지금 "자연을 만드는" 것과 같습니다. 우리 인간은 여전히 지상에 매인 피조물로서 자연이라는 가계에서 움직이고 있습니다. 이 사안은 야생 동물을 길들이고 "가꾸며" "기르는 것", 간단히 말해서 농업 활동과 전혀 다릅니다. 농업 활동을 통해 우리는 자연의 징후를 따르며 자연을 "모방함"으로써 인간이 사용할 수 있도록 지구를 예비합니다. 인간이 개입하지 않고서 태양 안에서만 진행될 여러 과정의 도입과 비교해볼 때 이러한 농업 활동은 개미나 꿀벌의 활동 못지않게 "자연적"입니다. 이들의 활동도 자연과의 신진대사를 촉진하기 위해 지구를 "변모시킵니다." 지구에 매인 모든 살아 있는 유기체는 이러한 신진대사에 예속됩니다. 따라서 우리가 현대 천체물리학에서 (그리스어 'physein'에서 파생된) "물리physics"라는 단어를 사용하거나 근대의 보편 학문에서 (그리스어 'physein'의 정확한 번역어인 라틴어 'nasci'에서 파생된) "자연과학natural science"이라는 단어를 사용할 때 언어가 더는 우리에게 "과거의 본질"을 제공하지 않습니다. 오히려 이는 우리를 잘못 인도해 과거가 평탄하게 현재로 발전하는 단절 없는 시간의 연속성 속에서 계속 살아간다고 믿게 합니다.

유감스럽게도 "현학적인 질문들"의 훈련은 그것들이 대응해야 할 현안과 쟁점에 따라 용어들을 구분 짓거나 비판적으로 검토하기 위한 최상의 준비는 아닙니다. 카메론 씨가 칸트 또는 저처럼 덜 유명한 사람들에게서 이 질문들을 대면할 때 논쟁에서 자신의 역할을 자각하지 못하고 난제에 빠지게 되는데, 그런 다음 그는 그것이 스타일의 불투명성과 사유의 어둠 때문이라고 생각합니다. 물론 카메론 씨가 구분 짓기와 여기에서 발전된 논점들에 반대하고 싶어 하는 것은 전적으로 가능한 일입니다. (왜 그는 전통을 고수하고 싶어 하지 않고, 예를 들어 전통 없이, 즉 과거를 통해서 우리를 안전하게 인도할 정리 지침 없이는 우리가 자신의 과거도 상실하리라고 주장하고 싶어 하지 않을까요? 지구는 우주의 핵심이며, 따라서 "자연적" 과정과 "보편적" 과정 간의 제 구분이 유효하지 않다고 왜 말하지 않을까요?) 그가 논쟁이 시작할 수 있는 장소에 도착하지 않았다는 점이 문제입니다.

가장 낮은 수준에서 이러한 종류의 오독이 카메론 씨의 서평 끝부분에 나타납니다. 카메론 씨는 무엇이 실제로 사실적 묘사이며 바람직한 묘사를 의미할지를 하나의 "딜레마"로 이해하면서 결론 짓습니다. 전통과 권위가 무너졌기에 저는, 우리는 "자명한 행위 기준의 보호 없이 …… 인간이 함께 사는 것의 기본적인 문제들을 …… 새롭게 대면한다"라고 말하겠습니다. 그에게 이는 "딜레마"를 만들고 제게 이는 심각한 사안이기는 하지만 하나의 도전에 지나지 않기에 그는 연상 작용을 통해 다른 딜레마, 엄격히 말해서 신학적 딜레마에 도달합니다. 그는 신학적 딜레마가 "사악한 사탄들이 세계를 지배하고 있음을 함축한다"라고 믿습니다. 저는 이들을 믿지 않는다고 그에게 바로 확인시켜주고 싶군요.

한나 아렌트

(1970)

현대 사회의 가치들[1]

놀즈 다수의 재단 이사진이 감지해왔고 우리 모두 지금도 제기하는 문제는 우리가 국가 차원과 국제 차원에서 작업 중인 도덕적, 윤리적 틀에 관한 것입니다.

아렌트 씨는 《전체주의의 기원》의 초판 서문에서 이렇게 말했어요.

이 저작은 무모한 낙관주의에도, 분별없는 절망의 배후에도 반대해서 집필되었다. 여기서 진보와 파멸은 동전의 양면이며, 신앙적인 요소라기보다는 미신적인 신조라 주장할 것이다. 이 책은 정치적, 정신적 세계의 모든 전통 요소가 하나의 복합체로 녹아들어간 숨겨진 메커니즘을 발견할 수 있어야 한다는 조건에서 쓰였다. 이 복합체에서 모든 것은 특정한 가

---

1 1972년 7월 13일 록펠러재단의 부이사장인 톰슨Kenneth W. Thompson은 한나 아렌트, 폴 프로인트Paul Freund, 어빙 크리스톨Irving Kristol, 한스 모건소Hans Morgenthau를 현대 사회의 가치를 논의하는 자리에 초대했다. 의학 박사 존 놀즈John H. Knowles가 이 재단 이사장 자리를 수락하고 나서 겨우 닷새 지난 시점이었다. 주요 신호는 의도된 것이었다. "등가equivalence"를 함축하고 있는 "가치"라는 단어는 아렌트의 어휘에서 두드러지지 않는다. 다음 대화는 그 이유를 보여주고 있으며, 또한 왜 그 전말을 이야기하는 것이 그에게 아주 중요한지 보여준다.

치를 상실한 듯하고, 사람의 이해로는 인지 불가능하게 되었으며 사람의 목적에도 활용할 수 없게 되었다. 단순한 와해 과정에 승복하는 것이 저항할 수 없는 유혹이 되었다. 이는 "역사적 필연성"의 거짓 위세를 떨쳤기 때문만이 아니라 그 외의 모든 것이 활력 없고 피도 눈물도 없으며, 무의미하고 비현실적인 것으로 보이기 시작했기 때문이다.

아렌트 씨는 계속해서 "(……예전보다 훨씬 더 강력해진) 근대인의 실제 권력과 근대인 자신의 힘으로 이룩한 세계 안에서 살면서 그 세계의 의미를 이해하고자 하는 이들의 무력감 사이에 짜증스러운 양립 불가능성"에 대해 논의합니다. 그러고 나서 이 저작 새 판본의 마지막 장에서 고립 및 무력감 그리고 이 두 요소가 어떻게 항상 독재의 특징이 되어왔는지를 이야기합니다.

저는 고립과 무력감을 점점 더 많은 사람이 느끼고 있다고 봅니다. 따라서 누군가는 이것이 폭정의 모태라고 결론 내릴 수도 있습니다.

아렌트 거의 25년 전에 이 모두를 집필했지요. 당시에 《전체주의의 기원》은 미국의 분위기와 맞지 않았습니다. 불편하게도 오늘날의 사태들이 이 나라의 분위기와 가깝다고 생각해요.

놀즈 그렇군요. 그다음에 아렌트 씨는 초판 서문에서 다음과 같이 결론을 내립니다.

과거의 훌륭한 것을 받아들여 우리의 유산이라 부르고, 나쁜 것은 폐기 처분해서 그저 시간이 흐르며 저절로 잊힐 외부 중압감에 지나지 않는다고 생각할 정도의 여유가 우리에게 더는 없다. 서구 역사의 저류低流가 마침내 수면 위로 올라와 전통의 위엄을 앗아갔다. 이것이 우리가 살아가는 현실이다. 암울한 현재에서 탈출해 여전히 온전한 과거에 대한 향수에 젖어 들거나 아니면 더 나은 미래에 대한 예견된 망각으로 빠져들려는 노력이 모두 헛된 까닭도 바로 여기에 있다.

크리스톨 우리가 이른바 "가치의 위기"를 겪고 있는 이유 중 하나는 이전 세대들이 알고 있던 많은 것을 우리가 망각했다는 점입니다.

아렌트 가치란 정신처럼 개인적personal이죠. 가치는 조종되거나 조작될 수 없어요. 제 생각에 재단이 시대의 기본적인 문제들을 해결할 수 있다고 믿는 것은 큰 착오가 될 듯합니다. 우리 중 누구도 그렇게 할 수 없어요.

하지만 개인이 할 수 있는 일이 있고, 이와 같은 재단이 할 수 있는 일이 있습니다. 이는 현안들이 논의되는 어떤 분위기를 예비하는 것입니다. 문제는 여러분이 어느 정도나 논의를 신뢰하는가입니다. 여러분이 플라톤의 초기 대화를 읽어보면, 모든 대화는 한 문제의 시적 표현이지만 그 어떤 대화도 결론을 제시하지는 않죠. 논의들은 항상 제자리를 맴돌다가 논의가 끝날 무렵에 여러분은 자신이 시작했던 곳에 있어요. 그때 소크라테스가 아주 유쾌하게 말해요. "모든 것을 다시 시작합시다." 이 말은 그가 이제 어떤 해결책을 발견하리라는 의미는 아닙니다.

소크라테스는 분명히 정의에 관해 이야기하는 일이 사람을 더 정의롭게 하리라고 믿었습니다. 플라톤도 이를 믿었는지 저는 확신할 수 없어요. 설령 여러분이 용기가 무엇인지에 대해 훌륭한 정의를 찾지 못하더라도 이를 논의하면서 사람들이 용기를 내야 할 특정한 순간에 그들에게 영감을 줄 수 있을 거예요. 그렇게 함으로써 우리는 최소한 문제들을 대면하고 이 문제들이 발생할 때 이해할 가망이 있는 분위기를 형성해갑니다.

바로 지금 우리는 과학을 아주 불신하는 시대에 살고 있어요. 과학을 가르치고 있는 사람은 누구나 이 사실을 알고 있죠. 우리가 행하는 모든 것은 좋아야 할 뿐만 아니라 반드시 더 나아야 한다는 진보의 신화가 존재합니다. 이는 미국 문명의 가장 위대한 신화 중 하나입니다. 이제 더 낫다는 것은 선을 배제하고 있어요. 이것이 함의한 바는 선과 같은 것은 존재하지 않는다는 점입니다.

16세기와 17세기보다 더 오래되지 않았을 이러한 진보 개념은 지배적인 이념으로서는 아마도 사장될 듯해요. 무엇보다 과학 분야에 한계점들이 있음이 발견될 것이고, 그다음에는 원론적으로 인간의 지식에 한계점들이 있음이 발견될 것입니다. 우리는 유전자 실험 및 달과 화성 탐사에 대한 생각을 다르게 볼 것입니다. 필시 우리는 화성에 갈 수 있을 테지만, 훨씬 더 멀리는 갈 수 없습니다. 우주의 광대함에 견주어볼 때 그것은 한계죠.

그러나 이러한 문제들이 독특하다고 말하는 것은 정말로 잘못되었어요. 우리는 전대미문의 시대에 놓여 있고 실제로 역사상 거의 모든 사건은 그 사건이 발생했을 때는 새로웠죠. 예를 들어, 기독교에서 그 당시에 신의 이름으로 나사렛 예수의 도래를 나타낸 것은 무엇입니까? 서구 역사에서 예수의 도래보다 훨씬 중대한 바울의 도래를 나타낸 것은 무엇입니까? 우리의 현재 문제들을 해결할 유사점을 발견하고자 과거를 고려하는 일은 제 의견으로는 신화적 오류죠. 여러분이 사랑과 순수한 동기를 가지고서 이러한 고전 서적들을 읽어낼 수 없다면, 단지 여러분이 영적인 삶, 즉 정신적인 삶을 좋아한다고 해서 여러분에게나 학생들에게 도움이 되지는 않을 것입니다.

전례 없는 요소들이 진행되고 있는 한 특정 서적을 읽는 일이 인간의 미래 정신에 빛을 비추어주리라고는 단 한 순간도 생각하지 않아요. 결국 우리는 특정한 전통 및 특정한 종교적, 철학적 신념에 토대를 두었던 시대에서 벗어납니다. 이들 신념의 그 어떤 것도 더는 적실하거나 필수적이지는 않죠. 우리가 이 신념이 얼마나 위대했고 의미 있었다고 생각하든 이것들이 더는 필수적이지 않아요.

사람들이 더는 지옥을 믿지 않는다는 단순한 사실은 확실히 20세기의 가장 결정적인 변화 중 하나죠. 근대 초기부터 일부 사람들은 지옥을 믿지 않았습니다만, 이제 거의 아무도 이를 믿지 않는 지점에 도달했어요. 이는 전혀 다른 명제예요. 더는 궁극적인 무엇을 가지고서 사람들을 위협할 수 없게 되었어요. 사형은 어차피 우리에게 다가올 일을 재촉할 뿐이죠…….

톰슨 다른 측면은 어떨까요? 위협할 수 없다는 점 이외에 우리는 부유하면서도 행복한 생활을 약속할 수도 없고, 덕이 있으면 성공이 따르리라는 점을 입증할 수도 없어요.

아렌트 네, 성공이 사후세계를 포함한다는 신념도 약속할 수 없죠. 짓밟힌 자들이 결국 그 땅을 차지하리라는 신념도요. 이제 이 모든 것도 믿을 수 없어요.

톰슨 우리는 자신의 현재 위상이 신이 당신을 선택했다는 증거라는 프로테스탄트 윤리의 붕괴에 직면해 있습니다.

아렌트 이 모든 것이 무너지고 말았어요. 저는 우리가 모세나 함무라비처럼 새로운 십계명, 새로운 법률 목록을 가지고서 여기에 오리라는 환상에 빠져서는 안 된다고 생각해요. 우리가 실제 가능성을 과대평가하면 위험하리라 생각하지만, 다른 한편 어떤 제도가 논의를 북돋고 장려하는 일은 아주 가치 있으리라 생각합니다. 가령 근본적인 사안을 논의해봅시다. 각기 특정한 영역, 예를 들어 인간을 대상으로 한 실험 등에 적용되는 기본 원리들에 대해 논의해봅시다. 이러한 사안들은 도움이 됩니다. 이것들을 두고 정기적으로 논의하는 일은 우리가 궁극적으로 의제로 삼을 특정한 무엇을 가지고 있지 않더라도 그 작업이 행해지는 전체 분위기를 바꾸어놓을 수 있다고 생각해요.

톰슨 어디에서 논의하겠습니까? 우리가 지금 테이블에 둘러앉아서 하는 논의를 말씀하십니까? 국가 차원의 포럼을 의미하는지요? 텔레비전 프로그램을 말씀하시는지요?

아렌트 아니요, 아닙니다! 텔레비전이 아닙니다! 직접 관련된 사람들만 말입니다. 기자 회견도 아니에요. 그 반대라고 할 수 있어요. 여러분이 청중을 위해 말하는 순간 모든 것은 변합니다. 여러분은 테이블 주위의 동료들에게 이야기하는 거죠.

크리스톨 한 지도교수가 운이 좋다면 생애에 여섯 명의 진지한 사상가를 배출할 수 있어요. 이는 많은 숫자입니다. 다섯 명의 지도교수는 서른 명의 사상가를 배출해낼 수 있을 것입니다. 우리는 이를 선을 위한 것이라고 가정해야 합니다. 그래서 어떤 재단이 할 수 있는 일이나 국립인문재단National Endowment for the Humanities과 같은 기관이 할 수 있는 일은 이러한 핵심 인물들을 찾아 나서는 일입니다. 그렇게 많은 인물이 있지 않습니다만, 미국에는 몇십 명의 이러한 분이 계십니다. 이들은 진정한 신앙인이고, 그렇기에 참으로 훌륭한 지도교수죠.

아렌트 저는 실제로 노력이 이루어져야 하고 이 재단이 도울 수 있는 문제는 정작 좋은 선생들이 학술계에서 높이 평가받지 못하는 점이라 생각해요. "출판할 것인가, 도태될 것인가publish or perish"라는 이러한 비즈니스는 재앙이 되었어요. 사람들은 결코 집필해서는 안 되고 절대 인쇄하지 말아야 할 것을 집필하고 있어요. 아무도 관심이 없는 데도요. 하지만 이들이 자기 직업을 유지하고 적절히 승진하기 위해서는 이러한 비즈니스를 해야만 했습니다. 이는 지적인 삶 전체의 위신을 떨어뜨리는 일이죠. 저는 일정 수준에 있는 대학원생이라면 저와 별개로 자신만의 참고 문헌을 선택하고 구축할 수 있을 정도로 저에게서 독립해야 한다는 원칙을 고수해왔습니다. 오늘날 이러한 일은 절대적으로 불가능합니다. 학생들에게 검토해보라고 요청할 수 없을 정도의 난센스적인 문헌들이 부지기수로 시장에 나와 있어서입니다. 그 학생은 자신의 분야에서 정말 중요한 몇 권의 서적을 찾는 데 도서관에서 몇 년을 허비해야 할걸요.

크리스톨　정말 그래요, 너무 문제가 많아요.

아렌트　실제로 손해를 입는 사람은 정신의 문제들에 열정 어린 관심을 보이는 사람이죠. 탁월한 독자이면서 자기 학생들과 관계를 수립해 그들에게 자기 주제가 중요하다는 점을 납득시킬 수 있지만 집필하지는 않아요. 혹시라도 그 사람이 강요를 받는다면 집필을 잘하지 못할 것입니다. "출판할 것인가, 도태될 것인가" 때문에 강요받는 일을 함으로써 학자는 더 왜소한 인물이 되겠죠. 저는 제가 가르치던 곳에서 이러한 일이 벌어지고 있음을 봐왔어요.

　　우리는 메달이나 상을 수여할 수 있을 듯해요. 저는 댄포스재단 Danforth Foundation이 이런 일을 한다고 알고 있습니다. 큰 도움이 되지는 않겠지만 통상적으로 완전한 실패인 이른바 카리스마 넘치는 선생이 아니라 참으로 헌신적인 선생의 위상을 높이는 무언가를 할 수 있어요. 그런 분이 그리 많지 않아요. 이는 아주 드문 재능, 아주 기량이 뛰어난 재능이죠.

(1972)

한나 아렌트에 대한 한나 아렌트

캐나다의 요크대학교와 예술 위원회의 후원으로 토론토 사회정 치사상연구회가 주관한 "한나 아렌트의 저술"에 관한 학술회의가 1972년 11월에 열렸다. 아렌트는 주빈으로서 학술회의에 참관하라는 초대를 받았 음에도 참석자로서 초대받고 싶다는 답장을 보냈다. 다음은 아렌트와 다양 한 참여자가 나눈 일련의 대화와 그녀의 더 긴 답변에서 발췌한 내용이다.[1]

아렌트 우리가 가진 사유 능력인 이성 그 자체는 스스로 실현될 필요가 있어요. 철학자와 형이상학자가 이 능력을 독점해왔지요. 이러한

1 　당시에 C. B. 맥퍼슨C. B. Macpherson은 토론토대학교 정치경제학과 명예교 수였고 크리스천 베이Christian Bey는 토론토대학교 정치학과 교수였다. 마이클 거스틴 Michael Gerstein은 노바 스코티, 핼리팩스의 사회 서비스 자문관이었다. 한스 요나스는 뉴스쿨New School for Social Research 사회과학대학원 철학과 교수이자 한나 아렌트의 오랜 친구였다. 당시에 F. M. 버나드F.M. Bernard는 온타리오 런던시에 있는 웨스턴온 타리오대학교의 정치학과 교수였다. 메리 매카시는 20세기의 위대한 작가이자 아렌트의 가장 가까운 친구였다. 리처드 J. 번스틴Richard J. Bernstein은 뉴스쿨 사회과학대학원 철학과 베라 리스트 교수다. 당시에 알브레히트 벨머Alberecht Wellmer는 독일 콘스탄츠 대학교 사회학과 교수였다. 한스 모건소는 뉴스쿨 사회과학대학원 정치학과 교수였다. 당 시에 에드 바이스만Ed Weissman은 토론토 요크대학교 정치학과 부교수였다.

독점은 아주 위대한 일들로 이어졌어요. 반대로 그 역량이 유쾌하지 않은 일들로 이어지기도 했지요. '모든' 인간이 사유해야 한다는 점을 우리는 망각해왔죠. 추상적으로 사유하거나 신, 불멸, 자유라는 궁극적인 질문들에 답하는 것이 아니라, 살아가는 동안 사유할 뿐이라는 점을 망각해왔어요. 인간은 끊임없이 사유하죠.

30분 전 거리에서 자신에게 일어난 일을 들려주려는 사람은 누구나 이 이야기의 틀을 잡아야 해요. 이처럼 이야기 틀을 잡아가는 일이 곧 사유의 양식입니다.

이러한 관점에서 칸트가 언젠가 아주 반어적으로 불렀던 "전문 직업 사상가Denker von Gewerbe"의 독점적 지위 상실은 좋은 일일지도 모릅니다. 우리는 행위라는 활동에 사유가 어떤 의미가 있는지에 관한 걱정을 시작할 수 있어요. 이제 한 가지 인정해야 해요. 당연히 제가 주로 이해理解에 관심이 있음을 인정하겠습니다. 전적으로 맞는 말이죠. 그리고 주로 무언가를 하는 데 관심이 있는 다른 사람들이 있다는 점을 인정하겠습니다. 저는 아니지만요. 저는 아무 일을 안 하고도 아주 잘 살아갈 수 있어요. 하지만 무슨 일이 벌어지든 최소한 이를 이해하려 하지 않고서는 살아갈 수 없지요.

바로 이 점이 우리가 헤겔에게서 이해하는 부분과 같은 의미죠. 여기서 핵심 역할은 화해, 다시 말해서 사유하는 존재이자 이성적인 존재로서 인간의 화해라고 생각해요. 이는 실제로 세계에서 벌어지는 일입니다.

* * *

저는 사유 말고 다른 어떤 화해도 알지 못합니다. 당연히 이 필요성은 행위와 사유를 통합해야만 하는 정치 이론가들에게보다는 제게 훨씬 더 강력합니다. 아시다시피, 그들은 행위를 하고 싶어 하기 때문이죠. 저는 이를 바로 외부에서 관찰했기에 행위의 대상을 정확하게 이해했다고 생각해요.

저는 참다못해 몇 차례 행위를 한 적이 있어요. 하지만 이것이 저의 주된 행위 동인impulse은 아닙니다. 저는 여러분이 이러한 강조에서 끌어낼 모든 빈틈을 스스럼없이 인정하겠습니다. 빈틈이 존재할 개연성이 아주 높다고 생각하기 때문이죠.

맥퍼슨 아렌트 선생님은 정말로 비판 이론가가 되는 일과 현장에 참여하는 일이 양립할 수 없다고 말씀하시는 건지요? 당연히 아니겠죠!

아렌트 아니죠. 그런데 사유와 행위가 같지 않다는 건 맞는 말이에요. 저 자신이 세계에서 물러나야 한다고 생각하고 싶을 정도로요.

맥퍼슨 그러나 정치 이론가, 교사, 정치 이론 저술가에게 가르침이나 이론 작업은 행위죠.

아렌트 가르침은 뭔가 다른 활동이고 글쓰기도 그렇습니다. 하지만 실제 순수성 내에서의 사유는 이들 행위와 다른데, 이 점에서 아리스토텔레스가 옳았어요. 아시다시피, 모든 근대 철학자의 저작 어딘가에는 "사유도 행위다"라는 다소 변명조인 문장이 있죠. 맙소사, 그렇지 않아요! 그렇게 말하는 것은 오히려 정의롭지 않습니다. 현실을 받아들이자는 거죠. 이는 같지 않지요! 반대로, 저는 참여와 개입을 상당 부분 자제해야해요.

사람들이 올림피아 경기에 가던 시절 피타고라스와 관련된 옛이야기가 있어요. 그는 "어떤 이는 명예를 위해서 거기에 가고, 다른 이는 교역을 위해서 그곳에 간다. 하지만 최고의 사람들은 그저 구경하려고 올림피아의 원형 극장 자리에 앉는다"라고 했다죠. 올림픽 경기를 '관람하는'

부류는 마침내 거기에서 핵심을 파악하게 되죠. 다른 게 아니라면 정직이라는 이름으로 이 구별이 유지되어야 해요.

* * *

아렌트 저는 사유가 행위에 어느 정도 영향을 미친다고 믿어요. 하지만 그 영향은 행위자에게 미치는 거죠. 사유하는 자아와 행위하는 자아가 같은 자아이기 때문이죠. 하지만 이론 영역에서는 그렇지 않아요. 이론은 의식 개혁으로 행위에 영향을 줄 수 있을 뿐이죠. 여러분은 의식을 개혁해야 할 사람이 얼마나 많을지 생각해본 적 있나요?

여러분이 이러한 구체적인 용어들로 이를 사유하지 않는다면 인류라는 실제로 존재하지 않는 어떤 명사, 즉 개념에 대해 사유하게 됩니다. 이 명사는 그것이 인류든 마르크스의 유적 존재든 세계정신 또는 그무엇이든 간에 항상 단일 인간의 이미지로 해석됩니다.

다원성이 지구를 다스린다는 사실을 실제로 믿는다면(저는 우리가 이러한 믿음을 공유한다고 생각합니다), 이론과 실천의 통일에 관한 이 의견을 수정해야 한다고 생각해요. 전에 이를 시도했던 사람들이 알아볼 수 없을 정도로요. 사실 저는 여러분이 함께 행동할 때만 행동할 수 있다고 믿고, 혼자 생각할 때만 생각할 수 있다고 믿어요. 행위와 사유는 전혀다른 (여러분이 그렇게 부르고 싶다면) 실존적 위상을 띠고 있죠. 이론이 단지 사유물, 즉 생각된 무엇인 한 이론이 행위에 어떤 직접적인 영향을 미친다고 믿는데, 실제로는 그렇지 않고 앞으로도 결코 그럴 수 없다고 생각해요.

아렌트 《인간의 조건》에 큰 실수와 약점이 있어요. '관조적 삶'이 실제로 무엇인지에 대해서는 말하지 않고 전통적으로 '활동적 삶'이라고 부르는 것을 '관조적 삶'의 관점에서 계속 고찰해왔다는 점이죠.

이제 저는 관조적 삶에서 활동적 삶을 바라보는 일이 이미 첫 번째 오류라고 봐요. 사유하는 자아의 근본적인 경험은 제가 그 책의 끝부분에서 인용한 대 카토의 말 "인간은 아무 일도 하지 않을 때 가장 활동적이며 홀로 있을 때 가장 외롭지 않다"에 담겨 있기 때문이죠(대 카토가 이 말을 했다는 사실이 매우 흥미롭습니다!).[2] 이는 어떤 물리적 또는 신체적 방해를 받지 않는 순수한 활동의 경험이죠. 하지만 행동을 개시하는 순간 여러분은 세계와 상대하게 되고, 말하자면 끊임없이 자신의 발에 걸려 넘어지게 돼요. 그런 다음 여러분은 자기 몸을 짊어지게 됩니다. 플라톤이 말했듯이 "몸은 항상 보살핌을 받으면서 이에 진절머리내기를 원합니다."

이 모두는 사유의 경험에서 나온 겁니다. 이제 저는 이에 관해 집필하려고 합니다. 그러면서 저는 대 카토의 이러한 업무에서 벗어날 겁니다. 하지만 저는 여러분에게 이에 관해서 말할 준비가 되어 있지 않습니다. 제가 성공할 거라고 결코 확신하지 못합니다. 형이상학적 오류에 관한 논의는 아주 쉽지만 이 오류들(실제로 오류입니다) 각각은 경험에 그 진정한 뿌리를 두고 있기 때문이죠. 즉, 우리가 독단이라 하며 이 오류들을 창문 밖으로 내던질 때조차도 이들이 어디서 기인하는지를 알아야 합니다. 즉, 사유하고 의지를 발휘하며 판단하는 이 자아의 경험들이 무엇

---

2   대 카토는 활동적인 인간이었다! (편집자)

인지 알아야 해요. 이 자아는 달리 표현하면 순수한 정신 활동으로 바쁜 자아죠. 지금 여러분이 자아에 본격적으로 달려들면 이는 정말 말로는 어려워요. 저는 이에 관해서 여러분께 할 말이 많지 않아요.

* * *

아렌트 "사유가 무엇에 좋은가?"라는 이 질문에 실용적인 의제가 있다는 막연한 생각을 하고 있어요. 이 질문은 제게 "도대체 당신은 왜 이 모든 것을 하고 있습니까?" 또는 "글쓰기나 가르치는 일과 별개로 사유가 무엇에 좋습니까?"라는 의미죠. 이에 대한 대답은 매우 어렵고 분명 다른 많은 사람보다 저 자신에게 더 어렵습니다.

정치 사안과 관련해 제게 강점이 있어요. 저는 본래 행위자가 아닙니다. 제가 사회주의자나 공산주의자가 아니었다고 여러분께 말씀드리면 (우리 세대 전체에게 너무도 당연해서 전혀 이쪽이나 저쪽이 아니었던 사람을 거의 알지 못하는데) 여러분은 제가 저 자신을 헌신할 필요를 전혀 느끼지 않았음을 알게 될 겁니다. "마침내 누군가가 망치로 내 머리를 내려쳤고, 이로 인해 현실을 깨쳤다"라고 말할 수 있기 전까지는요. 하지만 여전히 저는 외부에서 현실을 바라볼 수 있는 장점이 있어요. 심지어는 외부에서 저 자신을 들여다볼 수 있는 장점도 있죠.

그러나 사유로 그렇게 할 수는 없어요. 이 지점에서 저는 바로 사유 속에 있습니다. 그러니 사유를 얻게 될지 그렇지 않을지 확신이 없죠. 하지만 그나저나《인간의 조건》의 2권이 필요하다고 느끼고 현재 작업 중입니다.

* * *

베이   저는 정치 이론가의 소명에 관해 아렌트 당신과 전혀 다르게 생각합니다. 당신의 저작을 즐겁게 읽긴 하지만, 미학적 즐거움의 측면에서 읽는다고 말해야겠어요. 당신은 철학자의 철학자입니다. 당신의 글을 따라가며 역사의 통일성을 느끼고, 오늘날에도 여전히 잘 들어맞는 그리스인의 모든 위대한 말을 떠올리는 일은 아름답습니다. 그럼에도 제 관점으로 볼 때 당신 작업의 많은 부분에서 근대의 문제에 대한 진지함이 결여되어 있다고 생각해요.

아마도 아렌트 선생의 저작 중 가장 진지한 저작은 《예루살렘의 아이히만》이리라 생각합니다. 당신은 어떻게 아이히만이 우리 각자 안에 내재하는지를 야무지게 지적합니다. 이 저작은 정치 교육에 시사하는 바가 크다고 생각합니다. 결국 정치 교육이란 우리와 정치의 연관성에 대한 고대 플라톤의 주제죠. 그럼에도 저는 당신의 다른 저작들에서 이 주제가 부족하다고 생각합니다. 어쩌면 분권화하고 인간화하는 우리의 역량은 우리 자신 내부의 아이히만에 대항하고 그와 싸우며, 또한 그를 능가하는 방식들을 찾아내고 시민이 되는 정도에 달려 있을 겁니다. 시민이라는 용어의 관습적 사용과는 아주 근본적으로 다른 의미에서 말이죠.

저는 권력과 폭력이 어떻게 다른지에 관한 장황하고 추상적인 논의가 매우 안타까워요. 우리 모두가 부정의를 혐오하는 세계에서 무엇이 정의인지뿐만 아니라 정치 이론가가 어떻게 우리가 정의를 위해, 그리고 이와 관련해 가장 중요한 문제라 할 인간의 생존을 위해 투쟁하는 데 더 헌신적이고 효과적일 수 있는지 알고 싶습니다.

아렌트 선생께서 자신의 열망은 결코 주입하는 일이 아니라고 말했을 때 저는 혼란스러웠습니다. '이러한 주입'이 정치 이론가의 최고 소명이라고 생각하는데요. 물론 다원주의적 활동 영역universe에서 주입을 시도하는 일 말입니다. 우리가 정의, 생존과 같은 문제들에 대해 진지하다면 첫 번째 과업은 사실상 한 의견이 다른 의견만큼 정당성을 갖는 자유주의와 관용의 바다를 건너는 일이라고 봅니다. 특정 의견들에 열성적으로 관심을 기울이지 않으면 사건들이 계속해서 자신들의 길을 가도록 용인된다는 점에서 우리는 모두 길을 잃게 되리라 생각합니다. 여기서 권력은 훨씬 더 비대칭적으로 분배되는 경향을 보입니다. 이에 반해서 자유주의 제도들은 경제 전문가들이 우리 나머지 사람들의 빈곤뿐만 아니라 지식, 정보, 이해에 대한 우리의 접근을 희생하면서 그들 자신을 계속 풍요롭게 하도록 허용합니다.

저와 같은 부류의 정치 이론가들이 무엇보다도 우리가 대면한 긴박한 실존 문제들을 해결하는 방식과 관련해 우리 자신과 서로를 교육하는 데 헌신하는 정치학도들이 되길 바랍니다. 아울러 이에 관한 마지막 의견이 있어요. 한 세기 전에는 존 스튜어트 밀John Stuart Mill과 함께 장기적으로 이념들의 자유 시장에서 진실이 우세하리라고 말할 수 있었죠. 하지만 첫째, 우리에게는 시간이 많지 않고 둘째, 이념들의 자유 시장은 존재하지 않죠.

아렌트 선생, 정치 이론가인 우리는 종종 참과 거짓의 답이 있는 쟁점들이 더 많은 동료 시민에게 절실하게 느껴지도록 해서 이들이 고대 그리스의 의미에서 시민이 되도록 하기 위해 무엇을 할 수 있습니까?

아렌트 유감스럽게도 의견 차이가 극심해서 이 질문을 가볍게 짚고 넘어가겠습니다.

첫째, 당신은 제 저작《예루살렘의 아이히만》을 좋아하고 제가 우리 각자 안에 아이히만이 존재한다는 점을 말한다고 했는데요. 전혀 그렇지 않습니다! 당신과 제 안에는 아무도 없습니다! 그렇다고 아이히만들이 많지 않다는 의미는 아닙니다. 하지만 그들은 실제로 아주 다릅니다. 저는 항상 "우리 각자 안에 있는 아이히만"이라는 이 표현이 싫었습니다. 그야말로 이는 사실이 아니죠. 이는 그 반대, 즉 아이히만이 누구에게도 없다는 말만큼이나 사실이 아닙니다. 제가 사물을 보는 방식에서 그 표현은 제가 자주 빠져드는 가장 추상적인 것들보다 훨씬 더 추상적입니다. 추상적이라 함이 경험을 통한 사유가 아니라는 점에서 말입니다.

우리가 하는 사유의 주제는 무엇일까요? 경험입니다! 그것 말고는 없어요! 경험의 토대를 잃으면 우리는 온갖 종류의 이론으로 빠져들죠. 정치 이론가가 자기 체계를 구축하기 시작할 때 보통 추상적인 요소들을 다루지요.

이러한 의미에서 우리에게 많은 영향력이 있다거나 그럴 수 있다고 믿지 않습니다. 저는 당신이 헌신을 통해 더는 사유하지 않는 지점으로 쉽게 이동할 수 있으리라 생각합니다. 당신이 행동해야만 하는 극단적인 상황들이 존재합니다. 하지만 이들 상황은 '극단적입니다.' 그러면 누가 실제로 믿을 만한지, 즉 헌신적인지, 누가 정말로 기꺼이 위험을 무릅쓰려고 하는지가 드러날 겁니다.

그러나 지난 몇 년 동안의 발전에서 당신이 볼 수 있는 이 다른 사태들은 다소간 대중 정서에 관한 사안이죠. 이러한 정서는 제가 좋아하는 것일 수도 있고, 싫어하는 것일 수도 있어요. 하지만 이러한 호불호를 제가 그 분위기를 좋아할 때 이를 북돋우거나 그 정서를 싫어할 때 방어벽 barricade 을 치는 것이 '저의' 특별한 과제라고 생각하지 않습니다.

실제로 사유하며 이론가인 사람들이 이 점을 인정하지 않으려 하고 사유가 가치 있음을 믿지 않으려 하며, 헌신과 참여만이 가치 있다고 믿는 것이 이 학문 전체가 늘 양호한 상태에 있지 않은 이유 중 하나일 겁니다. 사람들은 자신들이 행하는 일을 믿지 않는 것 같아요.

　　저는 학생들 속에 뭔가를 주입하는 것이 아니라, 일깨우거나 각성시키기 위해 시도하는 이러한 종류의 사유가 실제 정치에 어떤 결과를 가져왔는지 말씀드릴 수 없고, 그렇게 하려고 하지도 않을 것입니다. 어떤 사람이 공화주의자가 되고 또 다른 사람은 자유주의자가 되며 세 번째 사람이 무엇이 될지는 신만이 알고 있음을 충분히 상상할 수 있지요. 그렇지만 제가 바라는 한 가지가 있어요. 어떤 극단적인 일들이 무사유의 실제 결과, 즉 제가 어쩌면 과도하게 하는 그 일을 하고 싶지 않다고, 아예 사유하고 싶지 않다고 정말로 결정했던 사람의 실제 결과라는 점입니다. 무사유의 이런 결과들은 일어날 수 없습니다. 다시 말해서, 막상 어떤 일이 닥쳤을 때 문제는 그들이 어떻게 행동할 것이냐입니다. 그다음 제가 제 가설을 검토하고 (프랑크푸르트학파 때문에 이 단어를 사용하기는 싫지만) "비판적으로" 사유하며 저 스스로 대중 정서의 클리셰를 반복함으로써 교묘히 빠져나가지는 '않겠다는' 이런 생각이 중요하죠. 이러한 현안에 대한 존중을 잃은 사회는 그다지 좋은 상태가 아니라고 말하고 싶습니다.

　　거스틴　정치 행위자로서 또는 자기 자신을 정치 행위자로 생각하는 사람으로서 당신은 저를 어떻게 가르칠지 궁금합니다. 아니면 전혀 가르치지 않으실 겁니까?

　　아렌트　아니요, 저는 당신을 가르치지 않을 겁니다. 제게 주제넘는 일이라 생각해서요. 제 생각에 당신은 동료들과 테이블에 앉아 의견을 교환할 때 가르침을 받아야 합니다. 그런 다음 여기에서 교훈이 나옵니다. 당신 개인을 위해서가 아니라 집단이 어떻게 행동할지에 대한 교훈 말이죠.

　　학생들에게 무엇을 생각하고 어떻게 행동해야 하는지를 말해주는 이론가의 모든 다른 길은…… 하느님 맙소사! 이들도 성인입니다! 우리는 유치원에 있지 않아요! 실제 정치 행위는 집단 행위로 발생하죠. 당신은 그 집단에 참여하거나 참여하지 않습니다. 당신은 스스로 무엇을 하든 행위자로서가 아니라 무정부주의자로서 행동해요.

* * *

베어드 《인간의 조건》에서 제가 깨달은 점 중 하나는 제가 이해하기에 부분적으로 마키아벨리에게서 유래한 주장이었어요. 선함이 아닌 명예가 정치 행위의 적정한 기준이라는 점 말입니다. 실제로 아렌트 선생은《인간의 조건》에서 선함이 정치 영역을 급진적으로 전복할 수 있다는 점을 심지어 입증할 수 있다고 주장하죠.

이제 정치 행위자들의 동기에 대한 일종의 극적인 도전이 그 모든 것에 함축되어 있는 듯합니다. 제가 세계에서 그들을 전형적으로 이해해 온 것처럼 말이죠. 다른 한편 아렌트 선생은 로자 룩셈부르크에 관한 논문에서, 제가 생각하기로는 부정의에 대한 룩셈부르크의 감각이 '그녀'가 정치 영역에 진입하는 데 발판이 되었다고 말하며 칭송했습니다.

아렌트 선생이 (근대 세계에서 대단히 거칠고 시의적이지도 않은 입장인) 적정한 기준으로서 선함보다는 오히려 명예라는 근엄한 감성과 룩셈부르크에 대한 칭송 사이의 관계를 명료화하려고 한다면 정치적 행위에 대한 지침을 요구하는 이 모든 탄원에 대한 논의를 명료화할 수 있습니다. 어딘가에 이러한 구분을 유지하면서도 그 상황을 명료화하는 관계성이 존재할 겁니다.

아렌트 선함에 대한 이 사안은 제가 아니라 마키아벨리가 제기한 겁니다. 이는 공적 영역과 사적 영역 사이의 구분과 관련이 있죠. 하지만 저는 이를 다르게 표현할 수 있습니다. 선해지고 싶다는 생각은 실제로 저 자신에 대한 관심이라고 말씀드리고 싶습니다. 제가 정치적으로 행동하는 순간 저는 저 자신이 아닌 세계에 관심이 있습니다. 이것이 바로 '주요한' 차이죠.

로자 룩셈부르크는 세계에 '매우' 관심이 많았고 자기 자신에게는 전혀 관심을 보이지 않았죠. 그녀가 자신에게 관심이 있었다면 박사 학위를 받은 후 취리히에 머물러 어떤 특정한 지적 관심사를 추구했을걸요. 하지만 그녀는 '세계 내의' 부정의를 견딜 수 없었죠.

그 기준이 현상의 공간에서 반짝이는 명예가 될지 또는 정의일지는 결정적인 사안이 아닙니다. 관건은 여러분 자신의 동기가 명확한지 여부입니다. 세계를 위한 것인지 아니면 여러분 자신, 즉 여러분의 영혼을 위한 것인지입니다. 이는 마키아벨리가 "나는 나의 영원한 구원보다 내 조국 피렌체를 더 많이 사랑한다"라고 말했을 때 표현한 방식입니다. 그렇다고 마키아벨리가 내세를 믿지 않았다는 뜻은 아닙니다. 그에게는 오히려 세계 자체가 자기 자신, 즉 육체적 자신과 자기 영혼보다 더 큰 관심사였음을 의미합니다.

당신은 근대 공화국에서 종교가 사적 사안이 되었음을 알고 있습니다. 실제로 마키아벨리는 종교가 사적'이다'라고 주장했죠. "이러한 사람들을 정치에 참여시키지 마라! 이들은 세계를 충분히 보살피지 않는다! 세계가 유한하며 그들 자신은 무한하다고 믿는 사람들은 매우 위험한 인물들이다. 우리가 원하는 것은 '이' 세계의 안정과 훌륭한 질서이기 때문이다."

* * *

요나스 우리의 모든 존재와 행위 저변에 세계를 타인들과 공유하고자 하는 욕망이 있다는 점은 논쟁의 여지가 없습니다. 하지만 우리는 특정 세계를 특정인들과 공유하고 싶어 하죠. 정치의 과제가 세계를 인간에게 적합한 공간 a fitting home 으로 만드는 일이라면, "무엇이 인간에게 적합한 공간인가?"라는 질문이 제기됩니다.

그것은 우리가 인간이 무엇인지 또는 인간은 무엇이어야 하는지에 대한 어떤 관념을 형성해야만 결정될 수 있어요. 또한 우리가 이런 종류의 판단과 구체적인 상황에서 나타나는 정치적 취향에서 비롯하는 판단을 입증할 인간에 대한 일말의 진실에 호소할 수 없다면, 자의적인 경우를 제외하고는 결정될 수 없습니다. 특히 미래 세계가 어떠해야 하는지를 결정하는 질문이라면 정치적 취향에서 비롯하는 판단은 사태의 총체적 제도에 영향을 미치는 기술적 사업을 다룰 때 우리가 항상 해야 하는 일입니다.

칸트가 단지 판단에 호소했다는 것은 사실이 아니죠. 그는 또한 선의 개념에도 호소했죠. 우리가 선의 개념을 어떻게 정의하든 최고선과 같은 관념이 존재하죠. 아마도 이 개념은 정의하기 어려울 겁니다. 이는 전적으로 공허한 개념일 수 없고 인간이 무엇인지에 대한 우리의 개념과 관련이 있죠. 바꿔 말하면, 여기서 만장일치로 죽었고 시효를 다했다고 선언된 분야인 형이상학은 우리에게 마지막 지침을 제공하기 위해 어떤 장소에 소환되어야 할 겁니다.

우리의 결정력은 즉각적인 상황과 단기적인 미래를 다루는 일 훨씬 너머까지 도달하죠. 우리의 이행 능력이나 행위 능력은 실제로 어떤 궁극에 관한 판단이나 통찰, 신앙(저는 그것을 열어두렵니다)과 관련된 문제들 너머로 확장됩니다. 20세기까지 이해되어온 일상 정치에서 우리는 마지막에서 두 번째로 할 수 있기 때문입니다. 공화주의의 조건이 진실로 궁극적인 가치나 표준으로 결정되어야 한다는 것은 사실이 아니죠. 근대 기술의 조건에서처럼 우리가 지구상에서 사태의 총체적 조건 및 인간의 미래 조건에 영향을 주는 과정을 막무가내로 진행해나가는 것이 문제라면 저는 우리가 단순히 손을 씻고 서구 형이상학이 우리를 곤경에 빠뜨렸으며 우리는 이에 파산을 선고하고 이제 공유 가능한 판단에 호소한다고 말할 수 있다고 생각하지 않아요. 여기서 말하는 공유 가능한 판단이란 우리가 다수와 판단을 공유하거나 특정 집단과 판단을 공유하는 것이 아닙니다. 우리는 자신의 파멸에 관한 판단을 다수와 공유할 수 있지만 그 영역을 뛰어넘어서 호소해야 합니다.

아렌트   유감스럽게도 제가 답해야 할 것 같군요. 칸트의《판단력 비판》에 대한 질문은 자세히 논의하지 않겠습니다. 사실 선에 관한 질문과 진리에 관한 질문은 거기서 발생하지 않죠. 그 책 전체는 실제로 특수한 명제들에 대한 가능한 타당성과 관련이 있어요.

요나스   그러나 이는 정치적이지 않습니다.

아렌트   아니요, 그러나 저는 타당성에 대해서 말했어요. 우리가 이 저작을 정치 영역으로 끌어올 수 있는지 아닌지도 매우 흥미롭지만, 현재 이 순간에는 부차적인 쟁점 중 하나죠. 당연히 저는 이 쟁점을 다룬 바가 있고 정치에 대한 칸트의 후기 저작을 간단히 숙고함으로써 이를 다룬 바 있어요. 여기서 주요 사안 중 하나는 프랑스 혁명에 관한 칸트의 입장이죠. 하지만 저는 이를 구체적으로 논의하지 않을 계획인데, 이 주제가 우리를 궁극에 대한 이 질문에서 너무 멀어지게 할 거라서요.

이제 우리의 미래가 당신의 말, 즉 우리를 위해 하향식으로 결정할 궁극적인 것을 얻게 되리라는 말에 달려 있다면, (그럼 다음 질문은 당연히 이 궁극을 누가 인지하게 되며 무엇이 이 궁극을 인지하기 위한 규칙이 될 것이냐죠. 당신은 여기서 정말로 무한 회귀를 겪고 있지만 어쨌든) 저는 전적으로 비관적입니다. 상황이 이렇다면 우리로서는 낭패죠. 사실 이야말로 새로운 신이 나타나기를 요청하기 때문이죠.

신이라는 단어는 기독교 어휘죠. 중세 기독교 시대에는 아주 깊은 회의론을 용인했지만, 단순히 그것이 신이었기에 궁극적인 경우에 회의론을 취했습니다. 하지만 신이 사라졌을 때 서구 인류는 복음으로 구원받거나 구조되기 전의 상황으로 돌아갔습니다. 인류는 이제 복음을 믿지 않기 때문이죠. 이는 실제 상황이었어요. 이런 상황 때문에 18세기 혁명가들은 앞다투어 고대로 돌아가려고 애썼습니다. 그들이 저처럼 그리스의 시나 노래를 사랑해서가 아니죠. 그건 그들의 동기가 아니었어요.

즉, 인류는 인간이 다원적으로 존재한다는 사실과 대면해 벌거벗은 상태에 있어요. 어떤 인간도 단수형의 인간MAN이 무엇인지 알지 못합니다. 우리는 남자와 여자가 그를 '인류'로 창조했다는 사실만을 알고 있죠. 다시 말해서 태초부터 이 다원성이 엄청난 문제를 제기합니다.

예를 들어 사람들이 여전히 신을 믿거나 차라리 지옥을 믿었다면, 다시 말해서 여전히 궁극이 존재한다면 이 모든 전체주의적 파국은 발생하지 않았으리라고 저는 확신합니다. 전체주의 지배에는 궁극이 존재하지 않았죠. 당신도 저만큼 잘 아실 겁니다. 우리가 타당하게, 그리고 타당성을 가지고서 호소할 수 있는 궁극은 존재하지 않았죠. 우리는 어떤 것이나 어떤 사람에게 호소할 수 없었습니다.

여러분이 전체주의 지배와 같은 상황을 겪는다면 가장 먼저 알게 될 사실은 누군가가 어떻게 행동할지 전혀 알지 못한다는 점입니다. 여러분은 삶의 놀라움을 경험하게 됩니다. 이는 사회의 모든 계층에 걸쳐 있으며 인간 간의 다양한 구분에 걸쳐 있어요. 여러분이 일반화하고자 한다면 이른바 낡은 가치들을 확신하던 사람들이 일련의 새로운 가치가 부여됐을 때 가장 먼저 낡은 가치를 새것으로 바꿀 준비가 되어 있는 사람들이라고 말할 수 있죠. 저는 이를 우려합니다. 여러분이 누군가에게 일련의 새로운 가치를 제공하는 순간 여러분이 즉시 이것도 교환할 수 있다고 생각하기 때문이죠. 그리고 그 사람이 익숙해지는 유일한 사안은 그게 무엇이든 상관없이 일련의 가치를 가진다는 점입니다. 저는 17세기 이후 우리가 처해 있던 상황을 어떤 최종적인 방법으로 안정화할 수 있다고 믿지 않습니다.

버나드 그렇다면 볼테르Voltaire에 동의하시나요? 당신은 신에 대한 이러한 질문과 어느 정도는 형이상학으로서 우리가 의문을 제기할 수 있지만, 사회적으로 매우 유용하다고 간주할 수 있는 형이상학에 대한 질문을 제기했군요.

아렌트 전적으로 동의합니다. 형이상학과 이 전체적인 가치 비즈니스가 붕괴하지 않았다면 우리는 이 전체 비즈니스를 걱정할 필요가 없었겠죠. 우리는 '여러 사건' 때문에 문제를 제기하기 시작합니다.

* * *

요나스 우리가 지식, 확신 또는 신앙으로서의 어떤 궁극을 소유하고 있지 않다는 입장을 아렌트 선생과 공유합니다. 저는 또한 우리가 이를 중대한 공연 행위command performance로 가질 수 없다고 믿습니다. "우리는 이 행위를 몹시도 간절히 원하기에 이를 가져야만 하기" 때문입니다.

　　그러나 지혜의 일부분은 무지에 대한 지식입니다. 소크라테스적인 태도는 우리가 모른다는 점을 아는 일이죠. 이처럼 우리의 무지를 깨닫는 일이 판단력의 행사에서 실천적으로 매우 중요할 수 있어요. 판단력이란 결국 정치 영역에서의 행위와 미래 행위 그리고 훨씬 더 광범위한 행위와 관련이 있어요.

　　우리의 시도에는 그 내부에 종말론적 경향, 즉 궁극적 해결을 지향하는 내장된 유토피아주의가 있어요. 궁극적 가치들에 대한 지식, 또는 궁극적으로 바람직한 것이 무엇인지, 또는 세계가 자신에게 적합한 공간이 될 수 있도록 하는 인간은 무엇인지에 대한 지식이 부족하므로 우리는 적어도 종말론적 상황이 발생하는 것을 용인하지 말아야 해요. 이것만이 우리가 궁극에 대한 어떤 개념이 있어야만 어떤 일들을 시작할 자격을 갖는다는 통찰에서 끌어낼 수 있는 매우 중요한 실천적 명령이죠. 그래서 제가 제기한 관점이 최소한 제지력으로서 어느 정도 적합할 수 있어요.

　　아렌트　이 말씀에 저도 동의해요.

＊ ＊ ＊

　　매카시　오랫동안 마음에 품고 있던 질문을 드리고 싶군요. 아렌트 선생이 정치적인 것과 사회적인 것을 아주 엄격히 구분하는 점에 관한 질문입니다. 이는 선생의 저작 《혁명론 *On Revolution* 》에서 특히 눈에 띕니다. 이 책에서 당신은 러시아 혁명과 프랑스 혁명의 실패는 양자가 사회적인 것 및 고통과 관련이 있다는 사실에 근거한다는 점을 보여주고 있죠. 아니, 보여주고자 합니다. 고통 속에서 연민의 감정이 큰 역할을 했습니다. 이에 반해서 미국 혁명은 정치적이었고, 무언가의 토대가 되는 데 그쳤습니다.

자, 저는 저 자신에게 항상 다음과 같이 물었어요. "누군가가 사회적인 것에 관심이 없다면 그는 공적 무대, 즉 공적 공간에서 무엇을 행해야만 합니까? 즉 무엇이 남아 있나요?"

일단 헌법이 있고 토대가 있으며 법의 틀이 있다면 정치적 행위를 위한 장면이 마련되는 것 같군요. 정치적 인간이 행할 수 있도록 남겨진 유일한 일은 그리스인이 했던 것, 즉 전쟁하는 것뿐입니다! 이제 이는 맞지 않아요! 다른 한편 경제, 복지, 운송 수단, 사회적 영역과 관련된 무엇에 대한 모든 질문이 정치 현장에서 배제된다면 저는 당혹스러울 겁니다. 제게 전쟁과 말speech이 남아 있군요. 하지만 이 말은 단순한 말이 될 수 없습니다. 이 말들은 무엇에 관한 말이어야 합니다.

아렌트 당신이 절대적으로 옳습니다. 그리고 저는 스스로 이런 질문을 던져볼 수 있어요. 첫째, 그리스인은 전쟁을 일으켰을 뿐만 아니라 펠로폰네소스 전쟁 이전에도 아테네는 존재했죠. 아테네의 진정한 꽃은 페르시아 전쟁과 펠로폰네소스 전쟁 사이에 만개했습니다. 그때 그들은 무엇을 했나요?

우리의 삶은 끊임없이 변화하고, 이야기되고 싶은 것들은 항상 존재하죠. 함께 살아가는 사람들은 언제나 공적 영역에 속하는 현안들을 갖게 되죠. 여기서 현안이란 "공적으로 논의될 가치가 있는 것입니다." 역사의 특정 순간에 이러한 사안들이 무엇일지는 아마도 완전히 다를 듯합니다. 예를 들어 대성당은 인간이 신을 함께 '숭배했던' 중세 시대의 공적 공간이었죠. 그 이후에 공회당이 나왔죠. 거기서 그들은 관심이 없지 않은 현안, 가령 신에 관한 질문을 두고 논의했죠. 특정 시기마다 공적인 사안은 완전히 달랐던 듯합니다. 역사 연구를 통해서 이를 따라가보는 일은 아주 흥미로울 것 같군요. 제 생각에 우리는 그 일을 해낼 수 있어요. 거기에는 항상 갈등이 있기 마련이죠. 우리에게 전쟁은 필요하지 않아요.

번스틴 당신 작업에서 지속되는 논제의 '부정적인' 측면을 인정합시다. 사람들이 사회적인 것과 정치적인 것을 혼동할 때 이론과 실천 면에서 끔찍한 결과가 나올 수 있어요.

아렌트 그래요!

번스틴 그러나 당신은 최소한 지금 우리가 이 구분을 일관되게 할 수 없음을 너무도 잘 알고 계실 거예요! 우리가 이러한 구분을 인식할 수는 있을지라도 이 두 영역은 불가분의 관계에 있어요. 우리가 상이한 시대에 공적 영역에서 무엇이 나타나는지 정확히 봐야 한다고 말함으로써 매카시 선생의 질문에 답하는 것만으로 충분하지 않습니다. 이는 당신이 현재 사회적인 것과 정치적인 것을 일관되게 분리하거나 분리해서 생각할 수 있는지의 질문입니다.

아렌트 그건 확실하다고 생각해요. 올바른 대책을 강구할 사안들이 있습니다. 이 사안들은 실제로 관리될 수 있으며 공적 논의의 대상이 되지 않죠. 공적 논의는 부정적으로 표현하자면 확실히 이해할 수 없는 현안들만을 다룰 수 있어요. 그게 아니라 우리가 이를 확실히 이해할 수 있다면 왜 우리 모두가 함께 모여야 합니까?

공회당 회합에 관해 얘기해보죠. 예를 들어 어디에 다리를 놓아야 할지에 대한 현안이 있습니다. 이 현안은 하향식으로 결정될 수도 있고 토론을 통해서 결정될 수도 있죠. 다리를 어디에 놓을지에 대한 열린 질문이 실제로 있을 경우 하향식 결정보다는 토론을 통해서 더 잘 결정될 수 있지요. 언젠가 저는 뉴햄프셔주에서 공회당 회합을 도운 적이 있는데 그곳 사람들의 감성 수준이 매우 인상 깊었습니다.

다른 한편 말, 토론, 논의 또는 불행히도 자리를 차지하고 있는 것, 즉 아무것도 하지 않는 데 대한 변명인 위원회가 아무리 많아도 대도시가 우리에게 제기하는 매우 중대한 사회적 문제를 풀 수 없으리라는 점도 아주 분명해 보입니다.

또 다른 예를 들지요. 배심원제는 공화국의 마지막 남은 적극적인 시민 참여 제도입니다. 저는 큰 기쁨과 열정을 가지고 배심원으로 참여했습니다. 여기서 다시금 제기된 질문들은 논쟁의 여지가 있었죠. 배심원은 극도로 책임이 무거웠지만 재판의 양 측면에서 그 사안을 바라볼 수 있는 '상이한 관점들'이 있다는 점도 알고 있었어요. 제게 이는 '공중의 공통 관심사'에 관한 사안임이 분명해 보입니다.

다른 한편, 엥겔스가 사물의 관리administration of things라고 부른 것에서 이해할 수 있는 모든 것, 즉 이들 현안은 일반적으로 사회적 사안들이죠. 이 사안들이 논쟁의 대상이 되어야 한다는 점이 제게는 겉치레이자 일종의 돌림병으로 보입니다.

맥퍼슨 배심원이나 공회당 회합이 다룰 수 있는 사안은 정치적이고 그 밖의 모든 것은 사회적이라고 말씀하시는 겁니까?

아렌트 아뇨, 그렇게 말하지 않았어요. 저는 이러한 사례들을 일상생활에서 사회적이지 '않으면서' 실제로 공적 영역에 '속하는' 현안들이 발생하는 곳의 예시로 들었을 뿐입니다. 저는 공회당 회합과 배심원제를 가식적이지 않은 대중이 여전히 존재하는 극소수 장소의 예시로 제시했어요.

벨머 우리 시대에 정치적 문제가 아닌 사회적 문제의 한 예시를 들어주시면 좋겠습니다. 무엇이든 좋습니다. 가령 교육, 건강, 도시 문제, 심지어 생활 수준에 대한 간단한 문제 등 말입니다. 제가 보기에는 우리 사회의 사회적 문제조차도 불가피하게 정치적 문제인 듯합니다. 하지만 이것이 사실이라면 그다음 당연히 우리 사회에서 사회적인 것과 정치적인 것을 구분하는 일이 불가능하다는 점도 사실일 겁니다.

      아렌트   주택 문제를 살펴봅시다. 적절한 주택이 바로 사회적 문제입니다. 하지만 이 적절한 주택이 완성integration을 의미하는지 아닌지 묻는 질문은 '확실히' 정치적 질문입니다. 이러한 모든 질문에는 양면성이 있죠. 이 양면 중 하나가 논쟁의 대상이 되어서는 안 됩니다. 모든 사람이 제대로 된 주택을 가져야 한다는 문제에 관해 어떤 논쟁도 있어서는 안 됩니다.

      베어드   관리의 관점에서 볼 때 영국 정부는 실제로 그곳에 사는 거주민 다수에게 어떤 의미도 없는 방식으로 영국 주택 공급의 상당한 비율이 부적절하다고 기술했죠.

      아렌트   제가 아주 구체적인 방식으로 언급한 양면성을 보여주는 데 방금 말씀하신 사례가 도움이 된다고 생각합니다. 정치적 쟁점은 이 사람들이 자기 이웃을 사랑하고, 심지어 당신이 욕실을 하나 더 지어준다고 해도 이사 가길 원하지 않는다는 점이죠. 이 사안은 전적으로 논쟁의 여지가 있는 질문이자 공적인 쟁점이며 하향식이 아니라 공적으로 결정되어야 합니다. 하지만 품위 있는 삶을 살고 숨 쉴 수 있기 위해서 몇 평방피트가 필요한지에 대한 질문이라면, 이는 우리가 실제로 산정할 수 있는 문제입니다.

* * *

      거스틴   제게는 우리가 정치적으로 행동하고 구체적 상황과 문제들을 다루도록 강요받는 듯 보입니다. 우리가 이러한 종류의 결정을 하도록 강요받는 한 계급 질문, 재산권 질문, 사회 미래에 관한 질문은 매우 구체적인 문제이며 더는 관료제나 집권화처럼 추상적인 측면에서만 다룰 수 없죠. 제게 이 사안은 당신 작업의 기본적으로 탈정치화된 성격을 드러내는 듯 보입니다. 제가 당신의 저작을 읽으며 매우 불편했던 부분이 바로 이러한 탈정치화된 성격입니다. 오늘 여기서 당신 이야기를 들으니 더욱더 불편하군요. 다행인지 불행인지 모르겠지만 우리는 세계에서 행동하기를 강요받고 있으며 이 세계가 어떤 모습인지 알아야 할 것이기 때문입니다.

아렌트 이러한 사안들이 이른바 대중 사회의 문제죠. 저는 이른바 대중 사회라고 말하지만 불행히도 이는 사실입니다. 이제 저는 여러분이 계급과 소유 같은 용어들이 관료제와 행정 또는 제가 사용하는 용어들보다 덜 추상적이라고 믿는 이유를 알고 싶어요. 이 단어들은 정확히 같습니다. 이 모든 용어는 동일 범주의 어휘에 속합니다. 문제는 다만 여러분이 이 단어들로 실제적인 무엇을 가리킬 수 있느냐죠. 이 단어들은 계시적 특성이 있거나 없습니다.

인치나 법치가 아닌 부서bureau 통치를 의미하는 관료제에 그 어떤 계시적 특징도 없다고 생각한다면 저는 여러분이 실제로 이 세계에서 충분히 오래 살지 않았다고 믿습니다. 하지만 관료제는 오늘날 계급보다 훨씬 더 현실적입니다. 바꾸어 말하면 여러분은 한때, 그러니까 19세기에 계시적이었던 많은 추상 명사를 사용하고 있어요. 여러분은 단어들이 여전히 유효한지 또는 바뀌어야 하는지 등을 비판적으로 검토하려고 애쓰지 않습니다.

소유권은 또 다른 질문입니다. 실제로 소유권은 매우 중요하지만, 여러분이 생각하는 것과는 다른 의미에서 중요합니다. 우리가 어디에서

나 장려해야 하는 것은 소유권입니다. 물론 생산 수단의 소유권이 아니라 엄밀히 말하면 사적 재산입니다. 그리고 정말로, 이러한 소유권은 대단히 위험합니다. 이 위험성은 인민을 착취하는 또 다른 방법일 뿐인 인플레이션이나 역시 착취 방법인 과도한 세금 때문이죠. 인민을 약탈하고 살해하는 대신 착취하는 것이 더 달콤한 방법입니다. 이러한 착취 과정은 어디에서나 볼 수 있어요. 모든 인간이 이용할 수 있는 적정한 양의 재산(착취가 아닌 재산의 확산)을 이루면 심지어 근대적 생산의 다소 비인간적인 조건하에서조차 자유를 위한 어떤 가능성이 있을 겁니다.

* * *

매카시 실제로 일부 동유럽 국가(소비에트 연방에 관해 이야기하는 게 아닙니다)에서 생산 수단의 소유권이 없다는, 정확히 말씀하신 것과 같은 의미에서 사유 재산의 경향이 보입니다. 제가 예견할 수 있는 한에서 사회주의는 유일한 보수conservation 세력을 대변하며, 사실은 근대 세계에서 보수적 세력을 대변하는 듯합니다.

아렌트 저는 생산 수단이 한 사람의 손안에 놓여서는 안 된다고 했죠. 하지만 그렇다면 누가 이 생산 수단을 소유합니까? 정부죠.

몇 년 전 독일에서 좌파가 우파 출판사인 슈프링어출판사의 국유화를 요구했어요. 슈프링어Axel Springer 선생은 한 인간일 뿐입니다. 당연히 그는 자신의 출판물을 통해서 여론에 일정한 권한을 행사합니다. 하지만 그에게는 정부가 가진 축적된 권력과 폭력 수단이 없어요. 그래서 좌파는 슈프링어 선생의 모든 권력을 자기 정부에 양도하기를 바랐고, 이는 당연히 훨씬 더 큰 권력, 즉 정부 주도의 출판사가 되었을 겁니다. 제 말씀은 슈프링어 선생이 경쟁 때문에 허용해야 할 자유, 즉 자신이 말하고 싶어 하지 않는 것을 말하는 여타 신문사들이 있기에 허용해야 할 이러한 종류의 자유도 사라졌을 거라는 뜻입니다.

그래서 생산 수단의 소유권에 대해 논의한다면 가장 먼저 이를 물려받는 곳은 바로 정부죠. 이제 정부는 당연히 어떤 단일 자본가보다 훨씬 더 강력합니다. 노동자 문제에 대해서는 이들이 단일 자본가에 대항해 파업할 수 있다는 점이 드러났습니다. 물론 파업권은 아주 귀중한 권리입니다. 하지만 이들은 정부를 상대로 파업할 수는 없었어요. 그래서 노동자들은 노동 운동이 19세기 중반부터 장기간 투쟁을 거쳐 실제로 획득한 몇 안 되는 권리를 즉시 빼앗겼습니다.

매카시 미국의 언론 상황을 생각해보지요. 지난 대선(1972) 전에 어떤 방식의 여론 조사가 이루어졌는데, 저는 이 조사에서 미국 언론의 90퍼센트 정도가 닉슨을 지지했다고 생각해요. 그래서 여러분은 언론과 정부의 결합체, 아니면 적어도 공화당이라는 형태의 현행 미국 정부를 보유하고 있어요. 제가 보기에 독일에서 좌파가 슈프링어를 몰수했더라면 일어났을 결과가 현재 미국에서도 나타난 듯합니다.

아렌트 만약 여러분이 언론을 몰수한다면 90퍼센트가 아니라 100퍼센트로 정부를 지지하게 될 겁니다.

매카시 반드시 그렇지는 않아요. 예컨대, 네덜란드에서 텔레비전은 국영입니다(저는 이러한 일이 아마도 작은 나라들에서만 작동하리라 생각해요). 네덜란드에는 아주 넓은 범위의 정당들이 존재합니다. 각 정당은 자체의 텔레비전 채널 또는 채널의 일부를 가지고 있죠. 이렇게 기능하는 것을 국민이 받아들이고 있어요.

아렌트 그렇군요. 그러나 거기에는 이러한 착취, 즉 이 축적 과정의 분권화를 강제하는 법이 있죠. 네덜란드의 다당제는 이러한 완화 요인으로 작용하며 현재 일부 동유럽 국가에서도 이를 도입하려 하죠. 대체로 '우리가' 해야 할 일은 실험입니다.

매카시 힘내세요.

* * *

맥퍼슨 사실, 아렌트 선생이 오늘 아침 권력에 대해 내세운 주장 중 두 가지는 제게 대단히 충격적으로 보입니다. 하나는 마르크스가 권력을 이해하지 못했다는 점이었어요. 다른 하나는 권력이 관료제 안에 있지 않다는 점이었죠.

권력을 아주 특이한 방식으로 정의하는 경우에만 마르크스가 권력을 이해하지 못했다고 주장할 수 있다고 봐요. 이것이 아렌트 선생의 사유 패턴의 일환이라는 생각이 듭니다. 아렌트 선생은 자신만의 고유한 방식으로 핵심어들을 정의해요. 알다시피 사회적인 것 대 정치적인 것 ("사회적"이라는 단어에 대한 다소 특별한 의미), 강제력 대 폭력("강제력"이라는 단어에 대한 아주 특별한 의미) 등입니다.

아렌트 그렇지 않아요. 권력 대 폭력입니다. 죄송합니다.

맥퍼슨 죄송합니다, 권력 대 폭력. 행위("행위"에 대한 특이한 정의)도 있군요. 이 지적 실천은 모든 종류의 논쟁을 시작하거나 시작해야 하기에 큰 활력을 주며, 여전히 흥미롭기까지 합니다. 일상적 이해에서 아마 한 가지 이상의 의미가 있을 단어를 받아들여 이에 특별한 의미를 부여한 다음 거기서 놀랍고 역설적인 결론으로까지 나아가는군요.

글쎄요, 당신은 마르크스가 권력을 이해하지 못했다고 말씀하시는데, 확실히 그가 이해한 바는 어떤 사회에서나 권력은 생산 수단, 생활 수단, 노동 수단에 대한 접근을 통제하는 사람들이 행사한다는 점입니다. 그의 용어로 이는 계급이었죠. 아렌트 선생은 관료제가 특정 권력을 갖는 유일한 이유에 동의하십니까? 저는 관료제가 아렌트 선생이 말씀하신 권력과 같은 무엇을 가지고 있다는 데 동의하지 않습니다. 관료제가 마르크스적 의미에서의 계급, 즉 생산 수단에 대한 접근을 통제한 인민의 계급이 되었던 국가들에서만, 그 국가들 때문에 그리고 그 국가들에 한해서만 관료제가 권력과 같은 무엇을 가지게 될 겁니다.

아렌트   저는 그 주장에 동의하지 않아요. 당신은 제가 개념들을 특이하게 사용한다고 생각하는데, 이는 당연히 그 이상을 의미한다고 봅니다. 우리는 모두 성장하면서 특정 어휘를 물려받죠. 그렇다면 우리는 이 어휘를 검토해야 해요. 단지 이 어휘가 보통 어떻게 사용되는지를 찾아냄으로써 이러한 검토가 이뤄지지는 않죠. 그런 연후에 여러 방식의 사용이 발생하게 됩니다. 이 어휘들의 사용은 그런 다음에 말하자면 정당성을 얻습니다. 제 의견에 따르면 하나의 단어는 당신과 저 사이에서 사용되는 방식보다 그 단어가 지시하거나 그것이 무엇인지와 훨씬 더 밀접한 관련이 있습니다. 즉, 당신은 다만 그 단어의 소통적 가치에만 주목합니다. 저는 그 단어의 계시적 특성에 주목하죠. 이 계시적 특징에는 말할 것도 없이 어떤 역사적 배경이 있기 마련이죠.

맥퍼슨   저 또한 계시적 성격을 고려하고 있습니다. 마르크스가 사용한 계급, 권력 등의 어휘들이 계시적 개념이었다고 제가 말하는 이유입니다.

아렌트   저는 계급에 관해 똑같이 말하지 않았습니다. 물론 제가 의미하는 바는 이른바 상부 구조입니다. 마르크스가 의미하는 권력은 실제로 트렌드나 발전이라는 권력이죠. 그런 다음 그는 이 권력이 정부라는 상부 구조에서 (그것이 전적으로 비물질적인데도) 물질화한다고 믿습니다. 결국 상부 구조로서 정부의 법칙은 사회의 트렌드를 반영하는 거울일 뿐입니다.

마르크스는 통치rule에 관한 질문을 이해하지 못했어요. 그는 권력 자체를 위해서 권력을 원하는 사람이 있다는 사실을 믿지 않았기에 이 질문은 다분히 그에게 유리한 면이 있습니다. 이 질문은 마르크스 안에 존재하지 않죠. 그는 어떤 사람이 또 다른 사람을 지배하고 싶어 하고 이를 방지하기 위해 법이 필요하다는 원색적인 의미의 권력을 이해하지 못했습니다.

알다시피 어떤 점에서 마르크스는 복수의 인간을 그대로 내버려둬서(사회는 인간을 타락하게 한다) 사회가 변한다면 개별 인간이 다시 나타나리라고 계속 믿었어요. 개별 인간은 다시 나타날 겁니다. 신이 우리를 사회에서 보호해주기 때문이죠. 이러한 낙관주의가 역사를 관통하고 있어요. 잘 알려져 있듯이 레닌은 왜 형법이 존재해야 하는지를 이해할 수 없다고 말한 적이 있죠. 일단 우리가 상황을 바꾸어놓으면 모든 사람이 다른 사람의 범법 행위를 막을 거니까요. 당연히 모든 사람이 곤경에 처한 여성을 서로 도와주려 하는 것처럼요. 저 또한 레닌의 이 예시가 다분히 19세기적이라고 생각했어요. 우리는 더 이상 이 모든 것을 믿지 않죠.

맥퍼슨 그러나 확실히 마르크스는 제임스 밀James Mill이 말했듯이 인간이 타인들에 대한 권력을 원하는 것은 그 권력에서 자기 자신을 위한 혜택을 끌어내기 위해서라는 점을 명확하게 알고 있었죠. 이는 권력 그 자체를 위한 권력이 아니라 혜택을 끌어내려는 권력입니다.

아렌트 맞습니다. 그러나 당신은 혜택을 위한 혜택을 끌어내는 이 권력을 아실걸요…….

맥퍼슨 반드시 그러한 이익, 즉 어떤 혜택을 위한 것은 아닙니다.

아렌트 그러나 인구 중 몇 퍼센트가 이에 관한 생각 없이 다만 재미로 권력을 행사할지 우리는 모릅니다. 다시 말해서 마르크스는 우리가 인간적 동기 유발로 보는 것이 실제로는 트렌드의 동기 유발이라고 늘 생각했죠. 당연히 트렌드는 '추상'이죠. 저는 트렌드가 그 자체로 존재하는지 의심스러워요. 흰 벽이라는 트렌드는 누군가 나타나서 다시 칠하지 않는다면 시간이 지나면서 더러워지게 됩니다.

맥퍼슨 마르크스가 트렌드에 관심이 있었고, 사회의 운동 법칙 등에 관심이 있었던 점은 확실히 맞습니다. 하지만 저는 당신이 그린 그림 속의 마르크스를 인정하지 않아요. 그 그림 속의 마르크스는 트렌드를 그 자체로 일종의 실제적인 강제력으로 바꾸어놓고 이를 다시 읽었어요.

아렌트 글쎄요, 우리는 지금 여기에 앉아서 마르크스를 읽을 수 없어요! 하지만 내게 이 사실은 아주 명백해 보이고, 이는 당연히 헤겔에서 유래했어요. 헤겔의 세계정신이 마르크스에게서는 유적 존재類的 存在로서의 인간으로 다시 나타납니다. 각 사례에서 당신은 인간의 다원적인 측면을 삭제하거나 배제했습니다. 함께 행동하고 서로 반목하면서 마침내 역사를 이루어내는 사람들은 많지 않아요. 하지만 하나의 거대한 명사가 존재하는데, 이 명사는 단독자 안에 있고 지금 당신은 모든 것을 이 명사에 귀속시키고 있습니다. 제 생각에는 이것이야말로 추상이죠.

모건소 마르크스가 권력을 기본적으로 오해한 점에 대해서 한마디 하죠. 그는 권력에 대한 욕망과 사회의 계급 분열을 유기적으로 연계했어요. 무계급 사회에서 계급 분열이 사라지면 권력 투쟁, 즉 권력욕은 저절로 사라질 거라고 믿었죠. 이것이 바로《공산당 선언The Communist Manifesto》의 예언입니다. 인간에 의한 인간의 지배가 사물의 관리로 대체되는 시기가 올 거라고 말입니다. 하지만 이 예언은 인간의 본성, 사회의 본성, 권력의 본성에 대한 루소식 오해입니다. 제게 특히 흥미로운 점은 권력에 대한 이러한 오해로 볼 때 19세기 마르크스주의와 19세기 자유주의를 한 꺼풀 벗겨보면 형제라는 사실이죠. 두 사조는 같은 대상을 믿었습니다.

* * *

벨머 당신의 저작에서 특정 구분들의 중요성과 관련해 또 다른 질문이 있습니다. 이는 매카시 선생이 당신의 사유에서 "중세적 요소"라고 불렀던 사안이죠. 이들 구분 중 다수가 이데올로기적 고착화를 비판하는 것과 관련해서 분명 대단히 유익했어요. 특히 지배적인 19세기 전통을 대변하는 고착화를 비판하는 것과 관련해서 말이죠. 예를 들어 마르크스의 이론에서 그러합니다.

다른 한편, 이들 구분에 있는 특정한 종류의 추상성이 이해가 안 됩니다. 저는 항상 그러한 구분이 현실의 무엇과도 실제로 일치하지 않는 제한적인 사례들limiting cases을 가리킨다는 느낌을 받습니다. 제한적인 사례들을 가리키는 이러한 구성이나 이념형 또는 개념들의 본질이 궁금합니다.

제가 말하고 싶은 부분은 당신의 사유에 모종의 헤겔적 요소가 빠져 있을지도 모른다는 점입니다.

아렌트 확실히 그렇습니다!

벨머 저는 당신이 제작과 노동, 정치적인 것과 사회적인 것, 권력과 폭력을 구분하는 방식에 대해 잠정적 해석을 제공하고 싶어요. 이 대안들은 인류의 영속적인 가능성(최소한 가장 우위에 두지 않을 가능성)이 아니라 인간의 역사가 확장되는 사이에서의 극단적 한계, 다시 말해서 동물과 유토피아로서의 인간을 가리키는 것이 아닐까 해요. 그래서 가령, 모든 노동이 제작이 된다면, 사회적인 것이 '당신의' 의미로 공적 또는 정치적 주제가 된다면, 다시금 '당신의' 의미로 권력을 위해 폭력이 포기된다면, 명백히 이러한 구분은 유토피아의 실현이 되겠죠.

저는 당신의 사유에서 유토피아적 요소를 꽤 의식하지 않는다는 그 사실이 당신이 비판적, 사회주의적 또는 무정부적 사유 전통에 그렇게 기이하게 관련되는 이유를 설명해주는지 궁금합니다. 저는 이것이 바로 당신이 이러한 전통이나 비판 이론과 같은 무엇, 그리고 당신 이론과 이러한 전통의 관계에 대해서 결코 적절한 설명을 제공할 수 없는 이유라고 생각합니다.

아렌트 저는 유토피아적 요소를 의식하지 않을 수 있어요. 이는 충분히 가능한 일 중 하나라는 생각이 듭니다. "예"라고 말하지는 않겠어요. 충분히 가능하다고 말할 뿐입니다. 하지만 제가 이를 의식하지 못했다면 의식하지 못한 '것이겠지요'. 프랑크푸르트학파의 어떤 정신 분석도 도움이 되지 않아요. 사실 지금 당장 당신에게 대답할 입장이 아니네요. 이에 대해서 생각해봐야겠어요.

최소한 당신은 저 또한 의문스럽게 여기는 한 가지 사안을 보고 있군요. 다시 말해서 제가 이러저러한 이론을 믿지 않는다면 왜 저는 이에 대해 논박하지 않을까요? 저는 어떤 강압이 있을 때만 그렇게 할 겁니다. 그게 저의 소통 부족이죠. 이것이 추상성과 관련이 있다고 생각하지는 않아요.

벨머 제 질문이 사라졌군요. 질문을 다르게 표현해봐도 될까요? 당신은 한 대안이 동물성이라는 제한적인 사례를 지칭하며 다른 제한적인 사례는 인간성의 온전한 실현을 지칭하는 당신의 구분에 관한 해석에 대해 뭐라고 말하겠습니까?

아렌트   저는 당신이 그런 화려한 방식으로 이들 구분을 지워버리고 헤겔적인 속임수를 이미 적용했다고 말하고 싶어요. 헤겔적인 속임수에서 어떤 개념은 그 자체로 '부정적인 것'으로 발전하기 시작하죠. 아니요, 그렇지 않아요! '선'은 '악'으로 발전하지 않고 악은 '선'으로 발전하지 않죠. 저는 '단호하게' 말하겠습니다.

아시다시피 저는 헤겔을 깊이 존중합니다. 이것이 쟁점은 아니죠. 제가 마르크스를 깊이 존중하듯이 말입니다. 당연히 저는 결국 제가 읽은 다른 사상가들에게도 영향을 받았어요.[3] 그러니 저를 오해하지 말아주세요. 하지만 제 생각에 이는 제가 정말로 빠지고 싶지 않은 함정일 겁니다.

* * *

모건소   집권화에 관한 질문이 제기되었군요. 집권화를 훨씬 더 밀어붙이면 민주주의에서 정확히 역행하게 됩니다.

아렌트   이 질문은 대단히 복잡하다고 생각합니다. 첫 번째 단계에서는 이 세계 거의 어디에서나 거대함에 대한 반동이 있다고 말하고 싶어요. 이는 건전한 반응이라고 생각합니다. 저도 이를 공유합니다. 특히 이 거대함과 집권화가 관료제를 요구하기 때문입니다. 사실상 관료제는

---

3   여기서 아렌트는 분명히 위르겐 하버마스Jürgen Habermas는 물론이고 하이데거와 야스퍼스를 마음에 두고 있었다. (편집자)

익명에 의한 지배죠. 이 익명은 자애로운 익명이 아닙니다. 일어나는 일에 대해 누구에게도 책임을 물을 수 없어요. 사실 행동과 사건의 저자가 존재하지 않기 때문이며 그게 무서운 점이죠. 그래서 저는 이에 크게 공감합니다. 당연히 이는 분권화를 의미합니다. 또한 저는 미국이든 어떤 나라든 권력의 원천이 많아야만 강력함을 유지하거나 더 강해질 수 있다고 생각합니다. 이는 건국자들이 생각했듯이, 그리고 그에 앞서 아주 명확하지는 않지만 몽테스키외가 생각했듯이 권력이 분할될 때만 가능합니다.

그러나 이 모든 것이 거론된다면(저는 이 점에 공감합니다), 아시다시피 저는 결코 시행된 적 없는 평의회 체제에 이처럼 낭만적으로 공감하는데, 다시 말해서 국민에게서 다져진 무엇, 그래서 당신이 실제로 권력은 하향식이 아니라 '상향식으로 발생한다potestas in populo'라고 말할 수 있는데, 이 모두가 거론된다면 다음과 같이 귀결됩니다. 우리가 사는 세계는 유지되어야 해요. 세계가 조각나는 것을 용인할 수 없어요. 이는 엥겔스가 놀라운 아이디어라고 생각했지만 실제로는 끔찍한 아이디어인 "사물의 관리"가 여전히 필요함을 의미하죠. 여기서 관리는 다소 집권적인 방식으로만 이루어질 수 있어요. 다른 한편, 집권화 자체는 위험하죠. 그 구조가 매우 취약해서입니다. 집권화 없이 어떻게 "사물의 관리"를 유지할 수 있겠습니까? 하지만 이에 따르는 취약성도 심각하죠.

* * *

바이스만 우리는 방금 중요한 점에서 이론가와 행위자 간에 집권화와 분권화의 구분이 이뤄져야 한다고 들었는데요. 행위자와 이론가 간의 기본적인 대립이 존재한다고도 들었어요…….

아렌트　아니죠. 인간들 사이가 아니라 활동들 사이입니다.

바이스만　그렇군요. 당신이 말한 모든 것에는 미국 헌법과 미국의 경험이 지닌 일종의 이상적인 그림에 대한 기본적인 지적 헌신이 내포되어 있어요. 저에게는 이것이 당신이 명시적으로 언급할 필요가 없을 정도로 당신이 말하는 것의 많은 부분에 기본이 되는 가장 확고한 종류의 헌신이라고 생각됩니다.

미국 헌법에 대해 말하면서 당신은 몇 가지 가정을 하고 있는 듯한데, 이에 대해 묻고 싶어요. 어떤 면에서 당신은 몽테스키외가 영국 헌법을 오해한 것과 정확히 똑같은 방식으로 미국 헌법을 잘못 해석하고 있다는 생각이 듭니다. 이는 동일한 종류의 지적 이동이기도 합니다. 기본적으로 그가 영국 헌법에서 본 것은 사실 실제적인 권력 분립이 전혀 아니고 단순히 구사회와 신사회 간의 일시적 교착 상태였죠. 이 교착 상태에 제도적 반영이 있었죠. 이제 당신은 이러한 권력 분립의 개념을 취해서 미국 공화국에 이를 적용하고 있습니다.

그러나 일단 당신이 구사회와 신사회 간의 교착 상태를 없애면 제도들이 단순한 이해관계를 대변하는 영국 군주제 상황을 처음부터 다시 겪게 될 겁니다. 당신이 현행 미국 행정부(1972)로 귀결되는 것도 우연이 아닙니다. 당신이 선출된 왕인 닉슨, 당연히 용어의 낡은 의미에서 왕의 전형적인 장관이 된 키신저Henry Kissinger로 귀결되는 것은 불가피한 일이었어요.

아렌트　당연히 저는 몽테스키외가 영국 헌법에 대해 했듯이 미국 헌법에서 어떤 이념형을 분석했어요. 역사적 사실을 가지고서 몽테스키외보다는 조금 더 나은 지지를 보내고자 했지요. 제가 귀족이 아니고 몽테스키외 저작의 주요 특징인 이 축복받은 게으름을 누리지 않는다는 단순한 이유로 말입니다. 이게 지금 용인될 수 있을지는 또 다른 질문이며, 이 질문은 우리를 너무 먼 데로 인도하게 될 듯합니다.

실제로 우리 모두 이를 행하고 있어요. 또한 어떻게든 막스 베버가 "이념형"이라고 불렀던 것을 제시하죠. 다시 말해서 우리는 일련의 역사적 사실과 말 등이 어떤 유형의 일관된 규칙이 될 때까지 이들을 철저히 숙고합니다. 몽테스키외의 게으름으로 이러한 숙고는 그에게 특히 어렵죠. 건국 선조들은 매우 열심히 일했기에 그들에게 이는 훨씬 더 쉽죠. 그들은 당신이 원하는 모든 것을 당신에게 줍니다.

미국 혁명에서 키신저 박사까지 우리를 인도하고 있는 이 불가피성이라는 당신의 결론을 믿지 않습니다. 저는 필연성, 트렌드, 역사 법칙의 불가피성에 대해 교육받은 당신조차도 이것이 조금 난해하다는 점을 이해해야 한다고 생각해요.

* * *

맥퍼슨 저는 여러 전통과 관련한 아렌트 선생의 입장에 관심이 있었어요. 아렌트 선생이 홉스와 루소의 전통을 거부하며 몽테스키외와 연방주의자의 전통을 받아들였다고 생각합니다. 이를 이해할 수는 있습니다만, 홉스 전통과 연방주의자 전통에 아주 중요한 공통점이 있기에 어려운 문제가 제기됩니다. 그들은 인간을 자기 이해관계를 극대화하고자 하는 계산적인 개인으로 모델화했죠. 부르주아지 인간이 그 모델입니다. 사회의 모델은 모든 인간의 이해관계가 자연스럽게 그 밖의 다른 사람의 이해관계와 갈등을 일으킨다는 추가적 가정을 할 때 추론됩니다. 이제 질문은 아렌트 선생이 어떤 전통을 거부하고 다른 전통을 수용할 경우, 이 두 전통의 공통점에 대해 무엇을 할 것인가입니다. 그가 부르주아지 인간의 모델을 받아들이는가, 거부하는가입니다.

아렌트 저는 두 전통에서 인간의 모델이 같다고 믿지 않아요. 당신이 설명한 인간의 모델이 부르주아지라는 데 동의하고 이 부르주아지가 실재라는 데 동의합니다.

그러나 제가 할 수 있다면 이러한 다른 전통에 있는 인간 모델에 관해 이야기하고 싶어요. 당신이 언급한 몽테스키외 전통은 사실 마키아벨리, 몽테뉴 등으로 거슬러 올라갈 수 있죠. 이들은 정확히 인간의 다른 모델을 찾기 위해서 고대의 문서고를 뒤졌어요. 이러한 인간은 부르주아지가 아니라 시민입니다. 시민과 부르주아지 사이의 구분은 18세기 내내 유행했죠. 이 구분은 프랑스 혁명 중에 사안들을 논의하고 사유하는 중심적인 방법이 되었고 1848년까지 지속되었죠.

이를 조금 다른 방식으로 표현할 수 있을 듯해요. 절대 군주제가 아주 절대적이어서 교회 권력을 포함한 모든 여타 봉건 권력에서 해방될 수 있었던 연후에 실제로 큰 위기가 발생했다고 말할 수 있죠. 그다음에 찾아온 위기는 고대에서처럼 현실 정치의 재등장이었어요. 이는 제가 이해하는 바로는 혁명입니다.

알다시피 저는 그리스 고대와 로마 고대로 반쯤만 되돌아갔죠. 고대를 아주 좋아해서죠. 그런데 로마 고대보다 그리스 고대를 훨씬 더 좋아합니다. 그럼에도 저는 단순히 이 고대인들이 읽었던 것과 같은 책들을 읽고 싶을 뿐이라는 점을 알았기에 되돌아갔어요. 스스로 말했듯이 이들은 자신들이 불러오고 싶었고 공화국이라 불렀던 새로운 정치 영역을 위한 모델을 발견하려고 그 책들을 읽었죠.

이 공화국의 인간 모델은 어느 정도 아테네 폴리스의 시민이었죠.

결국 우리는 그때의 단어들을 여전히 가지고 있고, 이것들은 수 세기를 거치면서 울려 퍼지고 있습니다. 다른 한편, 이 모델은 로마의 '레스 푸블리카res puplica', 즉 공적 사안이었죠. 로마인의 영향은 이들 인간의 정신에 대한 직접성에서 더 강력했어요. 우리는 몽테스키외가 《법의 정신》을 집필했을 뿐만 아니라 로마의 '장엄la grandeur'과 '비참la misère'에 관해서도 집필했음을 알고 있죠. 이들 독자는 절대적으로 빠져들었어요. 존 애덤스는 무엇을 했습니까? 그는 다른 사람들이 우표를 수집하듯이 헌법을 끌어모았어요. 그의 이른바 수집품 대부분은 발췌본일 뿐, 큰 관심을 끌지 못합니다.

그들은 스스로 새로운 과학을 배웠고, 그것을 새로운 과학이라고 불렀죠. 토크빌은 계속해서 이를 논의한 최후의 인물입니다. 그는 이 근대에는 새로운 과학이 필요하다고 말합니다. 그가 의미한 것은 이전 세대, 즉 비코의 '신과학'이 아니라 정치의 신과학이었어요. 제가 실제로 염두에 둔 사안이 바로 이것입니다. 저와 같은 사람들이 하는 일에서 아주 실체적인 무언가가 나온다고 생각하지 않습니다. 하지만 제가 추구하는 것은 바로 이 사안들에 관해 숙고하는 일입니다. 단지 고대의 영역에서뿐만 아니라 18세기의 위대한 혁명가들이 느꼈던 고대에 대한 필요를 똑같이 느끼기 때문입니다.

* * *

버나드 건국 선조들의 민주주의 비전에서 이해관계와 의견 사이에 이러한 구분이 존재한다고 말씀하시는 근거가 무엇인지 정말로 알고 싶습니다.

아렌트   항상 거기에 있는 집단의 이해관계라는 개념과 저 스스로 결정해야 하는 의견 사이에 그 구분이 있어요. 이 구분은 명료하죠. 헌법 자체에도 그러한 구분이 있어. 입법부는 거주민의 이해관계를 대변해야 합니다. 반대로 상원은 이 이해관계를 걸러서 공공의 복지와 관련된 불편부당한 의견에 이르러야 합니다.

이러한 제도 간의 구분은 물론 아주 오래되었죠. 여기에서 "권력은 인민에게 있고 권위는 원로원에 있어야 한다potestas in populo, auctoritas in senatu"가 추론됩니다. 로마의 원로원은 권력을 박탈당했죠. 로마 원로는 단지 자신의 의견을 제시하기 위해 거기에 있었어요. 하지만 이 의견은 인민의 '힘potestas'에 의해 영감받지 않는 한에서 권위를 가졌죠. 이들은 '조상maiores'이라 불렸어요. 이러한 의미에서 그들은 로마의 헌법을 대변했고, 그것을 다시 묶거나 로마의 과거와 연결됐어요. 그래서 원로는 로마 공화국에서 대중과는 전혀 다른 기능을 가졌죠.

바로 이 점이 로마 공화국을 아주 잘 알았던 건국 선조들이 가진 생각의 배후가 되었어요. 이는 또한 그들이 상원Senate을 갖는 데 극도로 관심을 보인 이유 중 하나이기도 합니다. 그들은 어떤 유럽 사상가보다도 이에 훨씬 더 관심이 있었죠. 건국 선조들은 이해관계자들에게서 직접 제기되는 의견을 직접적인 영향력에서 한두 단계 떨어진 기관을 통해 걸러낼 필요가 있다고 느꼈어요.

* * *

아렌트   이제 폭력과 권력의 관계에 관해 잠시 말씀드리고 싶어요. 이를테면 제가 권력에 관해서 말할 때 제 비유는 "1인에 맞서는 모두"입니다. 즉, 권력의 극한은 1인에 반대하는 모두입니다. 그다음에는 1인을 제압하는 데 어떤 폭력도 필요하지 않게 되죠. 폭력의 극단은 그 반대인 모두에 반대하는 1인이죠. 모든 사람을 완벽하게 복종시킨 기관총 사수에게는 그래서 어떤 의견도, 어떤 설득도 더는 필요하지 않죠.

의심할 나위 없이 폭력은 권력을 파괴할 수 있어요. 당신의 명령을 기꺼이 수행할 최소 인원이 당신에게 있다면 폭력은 권력을 완전히 무력화할 수 있습니다. 우리는 이를 수없이 목도했죠.

폭력으로 결코 할 수 없는 일이 권력의 생성입니다. 즉, 일단 폭력이 권력 구조를 파괴하면 새로운 권력 구조가 생겨나지 않습니다. 몽테스키외가 전제정은 그 자체 내에 자기 파멸의 씨앗을 지닌 유일한 정부 형태라고 말했을 때 의미한 바가 이것입니다. 전제정으로 왕국 내 모든 사람을 무력화한 후에는 새로운 권력 구조가 전제정이 계속되는 데 충분한 토대로서 작동할 가능성이 더는 존재하지 않아요. 물론 전체 정부 형태가 변하지 않는다면 말이죠.

강요당한다는 주관적 측면에서 폭력 없는 권력을 고찰하면 1인에 대항하는 모두의 상황은 모두에 대항하는 1인의 상황보다 심리적으로 훨씬 더 강력할 겁니다. 예를 들어 누군가가 제 목에 칼을 들이밀고 "돈 내놔. 안 그러면 너를 찌를 테다"라고 말하는 상황에서 저는 그 즉시 복종할 듯해요. 하지만 권력에 관해서는 제가 비록 복종할지라도 동의하지 않기에 저는 예전 그대로 남아 있게 되죠. 그런데 1인에 대항하는 모두의 상황은 너무 압도적이라서 여러분은 실제로 그 사람을 공격할 수 있어요. 비록 폭력에서 권력을 낳지는 않더라도 그는 이제 권력을 유지할 수 없어요. 그래서 법으로 제한되지 않는다면 이는 제한받지 않는 다수결 원칙이 되겠죠.

여러분이 알고 있듯이 건국 선조들은 다수결 원칙을 두려워했어요. 이들은 결코 민주주의를 위하지 않았죠. 그리고 그들은 권력이 오직 한 가지를 통해서 견제될 수 있음을 알게 되었는데 이는 권력, 즉 대항 권력입니다. 권력을 견제하는 권력 균형은 몽테스키외의 통찰이죠. 헌법 설계자들은 그의 통찰을 크게 염두에 두었죠.

* * *

모건소　당신은 어떤 유형인가요? 보수주의자입니까? 자유주의자입니까? 현대의 가능성 안에서 당신의 입장은 어디에 있죠?

아렌트　모릅니다. 정말 몰라요. 전에도 전혀 알지 못했습니다. 저는 그 어떤 입장도 가진 적이 없다고 생각합니다. 알다시피 좌파는 저를 보수주의자라고 생각하고, 보수주의자들은 종종 저를 좌파나 독불장군, 혹은 다른 무언가라고 생각하죠. 저는 그다지 개의치 않는다고 말해야겠어요. 이번 세기의 진정한 문제들이 이런 종류의 사안으로 어떤 조명을 받으리라 생각하지 않습니다.

저는 어떤 정파에도 속하지 않습니다. 제가 속했던 유일한 집단은 시온주의자라는 사실을 여러분은 알고 있습니다. 1933년부터 1943년까지 시온주의자였어요. 그 이후에 저는 탈퇴했습니다. 당연히 이는 히틀러 때문이었어요. 유일한 가능성은 한 인간으로서가 아니라 '한 유대인으로서' 맞서 싸우는 것이었죠. 이를 큰 실수라고 생각했죠. 유대인으로서 공격을 받으면 유대인으로서 싸워야 하기에 "죄송합니다. 저는 유대인이 아니고 인간입니다"라고 말할 수 없어서죠. 어리석었어요. 저는 이러한 종류의 어리석음에 둘러싸여 있었어요. 다른 가능성이 존재하지 않아서, 저는 실제로 정치가 아니라 유대인 정치에 개입했죠. 저는 사회사업에 뛰어들었고 어떻게든 정치와 '연관되기도' 했어요.

저는 사회주의자인 적이 없었어요. 공산주의자인 적도 없었고요. 제 출신 배경은 사회주의입니다. 제 부모님은 사회주의자였어요. 하지만 저 자신은 결코 아닙니다. 저는 그런 종류의 무엇을 전혀 원하지 않았죠. 그래서 그 질문에 대답할 수 없어요.

저는 자유주의자인 적도 없었어요. 제가 아니었던 것을 말하며 이를 깜빡했군요. 결코 자유주의를 믿지 않았죠. 이 나라에 건너와서 더듬거리는 영어로 카프카에 대한 논문을 썼는데, 그들은 이 논문을《파르티잔 리뷰*Partisan Review*》에 싣기 위해서 "영어화"했죠. 제가 그들에게 영어화에 관해 이야기하러 가서 그 논문을 읽었는데 모든 것 중에서 "진보"라는 단어가 눈에 띄었어요. 저는 "이 단어가 무엇을 의미합니까? 저는 이 단어를 전혀 사용한 적이 없습니다"라고 말했죠. 그때 편집자 중 한 분이 거기에 저를 남겨두고 또 다른 방에 있는 다른 분에게 가서 절망스러운 어조로 "그녀는 심지어 진보도 믿지 않는다"라고 말하는 것을 우연히 들었어요.

* * *

매카시 자본주의에 대한 당신의 입장은 무엇이지요?

아렌트 자본주의에 관한 마르크스의 위대한 열망을 공유하지 않습니다. 여러분이《공산당 선언》의 첫 몇 페이지를 읽어보면 그 문건이 지금껏 보았던 자본주의에 대한 최대의 찬사임을 알 겁니다. 이러한 찬사는 자본주의가 이미, 특히 이른바 우파에게서 신랄한 공격을 받고 있을 무렵에 이뤄졌죠. 보수주의자들은 이 많은 비판을 처음으로 제기했어요. 후일이 비판은 좌파에게 인계되었고, 당연히 마르크스에게도 인계되었죠.

어떤 의미에서 마르크스는 전적으로 옳았어요. 자본주의의 논리적 발전이 사회주의죠. 이유는 아주 간단해요. 자본주의는 착취와 함께 시작되었으니까요. 이는 자본주의 발전을 결정한 법칙이죠. 사회주의는 어떤 중도적 영향력 없이 그 논리적 종말로 착취를 이끌고 있어요. 오늘날 인도적 사회주의라 부르는 것은 자본주의와 더불어 시작해서 사회주의와 더불어 계속된 이러한 잔인한 착취가 법에 의해 그럭저럭 완화되었음을 의미할 뿐입니다.

근대의 모든 생산 과정은 실제로 점진적 착취 과정입니다. 그러므로 저는 자본주의와 사회주의를 구분하는 것을 항상 거부합니다. 제게 이는 사실 동일한 운동이죠. 이런 의미에서 마르크스는 전적으로 옳았어요. 그는 17세기, 18세기, 19세기에 유럽에서 서서히 등장한 새로운 생산 과정을 용기 있게 숙고하고자 한 유일한 인물이었죠. 그리고 지금까지 그는 전적으로 옳습니다. 다만 이는 지옥입니다. 최종적으로 여기에서 발전되어 나오는 것은 천국이 아닙니다.

마르크스가 이해하지 못한 것은 실제로 권력이 무엇이냐였죠. 그는 엄밀히 말해 이 정치적 사안을 이해하지 못했어요. 하지만 그는 한 가지 사안을 보았죠. 다시 말해서 그 자체의 장치에 남겨진 자본주의가 자신의 잔인한 진보를 방해하는 모든 법을 파괴하는 경향이 있음을 보았어요.

또한 17세기, 18세기, 19세기 자본주의의 잔인성은 당연히 압도적이었죠. 여러분이 자본주의에 대한 마르크스의 위대한 찬사를 읽는다면 바로 이 점을 기억해야 해요. 그는 이 자본주의 체계의 가장 끔찍한 결과물로 둘러싸여 있었음에도 자본주의가 위대하다고 생각했죠. 당연히 그 역시 헤겔주의자였고, 부정적인 것의 권력을 믿었어요. 글쎄요, 자본주의가 다른 사람들의 끔찍한 불행을 수반한다면 저는 부정적인 것의 권력, 부정의 권력을 믿지 '않습니다.'

그래서 여러분은 제 입장을 묻습니다. 저는 어떤 입장도 아니며, 실제로 현행 정치사상이나 그 외 다른 정치사상의 주류에도 속하지 않아요. 하지만 제가 너무 독창적이고 싶어 해서가 아니라 공교롭게도 제가 그 어디에도 들어맞지 않아요. 예를 들어 자본주의와 사회주의 사이의 이런 사안은 세계에서 가장 명백한 사안으로 보입니다. 말하자면 아무도 제가 무엇에 관해 이야기하는지 이해조차 못 합니다.

제가 오해를 받고 있다는 말은 아닙니다. 반대로 저는 아주 잘 이해되고 있어요. 하지만 여러분은 이러한 사안을 제시해 사람들에게서 그들의 난간, 즉 안전한 안내선을 제거하면(이들은 전통의 붕괴에 관해서 말하지만 그것이 무엇을 의미하는지 결코 깨닫지 못했어요! 이는 여러분이 실제로 추운 곳에 버려졌다는 것을 의미합니다!), 그때 당연히 반응은 여러분이 단순히 무시된다는 것인데, 저도 이런 경우가 종종 있었어요. 저는 이에 마음 쓰지 않습니다. 때때로 여러분은 공격받습니다. 하지만 보통은 무시되죠. 심지어 유익한 논쟁조차 제 방식대로 진행될 수 없기 때문입니다. 여러분은 이것이 제 잘못이라고 말할지도 모르죠.

여러분은 제가 공유하고 싶어 한다고 아주 친절하게 이야기해주었죠. 네, 이는 사실입니다. 공유하고 싶어요. 저는 세뇌하고 싶지 않습니다. 이 또한 사실입니다. 저는 누군가가 제 생각이 무엇이든 다 받아들이기를 원치 않아요. 하지만 다른 한편 제 분야의 주요 문헌을 이렇게 무시하는 일은 언젠가 제게 불리하게 작용할 겁니다. 글쎄요, 여러분이 아시다시피 저는 제가 하는 일에 관해서 그다지 성찰하지 않습니다. 그건 시간 낭비라고 봐요. 어떤 식으로도 여러분은 자기 자신을 결코 알지 못합니다. 그래서 자신을 알려고 하는 일은 아주 무용하죠. 하지만 이런 무시는 단순한 결함이 아니라 진짜 잘못이라고 생각해요. 누군가가 제게 동료들의 책을 읽으라고 말하거나 왜 좀처럼 읽지 않느냐고 묻는다면 훨씬 더 깊이 파고들 겁니다.

* * *

아렌트 스탠 드라에노스Stan S. Draenos[4]가 제시한 다른 사안이 있어요. 여러분은 "근거 없는 사유"라고 말했지요. 저는 그렇게 잔인하지 않은 은유를 하나 갖고 있는데, 출간한 적은 없지만 저 혼자만 간직하고 있는 겁니다. 저는 이를 난간 없이 사유하기라고 부릅니다. 독일어로 "덴켄 오네 겔랜더Denken ohne Geländer"입니다. 즉, 여러분은 계단을 오르내릴 때 넘어지지 않도록 항상 난간을 붙잡을 수 있습니다. 하지만 우리는 이 난간을 잃어버렸습니다. 이건 제가 저 자신에게 이 난간을 말하는 방식이죠. 그리고 이것이 실제로 제가 하려는 일입니다.

전통이 붕괴되고 아리아드네Ariadne의 실[5]이 끊긴 사안입니다. 글

---

4 정치평론가로 1972년 요크대학교에서 강의했다. 그의 에세이 〈Thinking Without a Ground〉(1979)는 오늘날에도 읽을 만한 가치가 있다. (편집자)

5 그리스 신화에 나오는 크레타섬의 왕 미노스의 딸로, 테세우스가 미궁에서 길을 잃지 않도록 실타래를 건네주었다. 주로 너무 어려워서 해결할 방법이 없는 일을 해결해주는 물건(혹은 방법)을 뜻한다. (옮긴이)

쎄요, 이 사안은 제가 생각한 것만큼 새롭지는 않습니다. "과거가 미래에 빛을 던지는 것을 멈췄을 때 인간의 마음은 어둠 속에서 방황한다"라고 말한 이는 결국 토크빌이었죠. 이는 19세기 중반 이래의 상황이고, 토크빌의 관점에서 보면 전적으로 사실입니다. 저는 항상 이전에 아무도 사유하지 않은 것처럼 사유를 시작해야 하며, 그런 다음 다른 모든 사람에게서 배우기 시작해야 한다고 생각했습니다.

* * *

매카시 아렌트 선생이 자신의 작업에서 창조한 이 공간은 아치를 통과해 정의가 대부분을 차지하는 해방된 영역으로 걸어 들어가는 듯한 느낌을 주네요. 아렌트 사유의 뿌리에 아주 근접한 것이 구분distinguo입니다. "나는 이것과 저것을 구분한다. 나는 노동과 제작을 구분한다. 나는 명성과 평판을 구분한다" 등입니다. 이는 실제로 중세식 사유 관행이죠.

아렌트 아리스토텔레스식 구분이죠.

매카시 대부분의 담론을 둘러싼 일종의 언어적 모호성이 존재하는 근대 세계에서 이러한 구분의 관행은 인기가 없죠. 아렌트 선생께서 적의를 불러일으킨다면 그 이유 중 하나는 일반 독자에게는 구분의 가능성이 주어지지 않기 때문이죠. 하지만 구분 자체로 돌아가자면, 저는 이처럼 해방된 영역 내에서, 즉 이러한 자유 공간 내에서 각각의 구분이 작은 집과 같다고 말하고 싶어요. 건축 구조를 가진 이 작은 집에 명예가 살고 있고, 또 다른 집에는 평판이 살고 있다고 합시다. 그래서 아렌트 선생이 창조한 이 모든 공간에는 실제로 가구가 비치되어 있어요.

모건소　저소득 임대 주택 단지처럼 들리는군요!

아렌트　그러나 그 어떤 연방 정부 보조금도 없는 저소득 임대 주택 단지로군요!

매카시　활력과 산소 공급의 기회가 안정감과 안전감이라는 어떤 감각과 결합한다고 생각해요. 이는 정교화 과정, 즉 굳이 말하자면 정의 definitions의 놀라운 전개를 통해서 이루어지죠. 각각의 아렌트 저작은 정의들의 전개죠. 당연히 이들 정의는 주제와 관련되며 하나의 구분이 또 다른 구분으로 전개되면서 더욱더 그 주제를 조명합니다. 하지만 명예는 저택 또는 작은 집에 살고, 노동은 자기 집에, 제작은 또 다른 집에 살며, 정치적인 것은 그 집 안에서 사회적인 것과 엄격히 분리된다는 안정성도 있어요.

아렌트　여러분이 여러 구분에 관해 말한 것은 완벽하게 사실입니다. 저는 항상 어떤 것을 시작할 때 "A와 B는 같지 않다"라고 말하면서 시작하죠(제가 하는 일을 너무 잘 아는 것을 좋아하지 않습니다). 당연히 이는 아리스토텔레스에게서 유래한 것입니다. 같은 것을 한 아퀴나스에게서도 유래하죠.

* * *

아렌트　제가 한 모든 일과 제가 집필한 모든 것, 이 모두는 잠정적이라고 말씀드리고 싶습니다. 모든 사유, 즉 제가 어쩌면 조금 지나칠 정도로 사치스럽게 탐닉해온 방식에는 잠정적이라는 특징이 있다고 생각해요. 제가 야스퍼스와 나눈 대화에서 아주 대단한 점은 어떤 결과를 목표로 하지 않고도 잠정적이라 할 노력을 몇 주 동안 지속할 수 있다는 거였죠.

제가 도착해서(거기에 몇 주 동안 머물곤 했습니다) 첫째 날에 어떤 주제를 생각해내는 일이 우리에게 우연히 일어났어요. 제가 기억하는 그런 주제 중 하나는 "훌륭한 시행은 훌륭한 시행이다 ein guter Vers ist ein guter Vers"라는 제 말입니다. 훌륭한 시행에는 그 자체로 설득력이 있다는 뜻이죠. 야스퍼스는 이 말을 그다지 믿지 않았어요. 제 목적은 브레히트가 위대한 시인이라고 그를 설득하는 일이었죠. 이 한 문장으로 2주간 매일 두 번씩 만나서 이야기를 나누기에 충분했어요. 우리는 몇 번이고 이 주제로 다시 돌아왔으니까요.

서로 간의 의견 차이는 결코 완전히 해소되지 않았죠. 하지만 그러한 사안에 관한 사유 자체는 그가 말했듯이 "어떤 거리낌도 없이", 즉 아무것도 숨기지 않는 이러한 대화를 통해서 엄청나게 풍요로워졌죠. "오, 그 말을 하지 말았어야 했는데, 그것이 그에게 상처를 줄까?"라고 생각하지 않죠. 우애에 대한 믿음이 너무도 커서 아무것도 상처를 줄 수 없다는 점을 알고 있습니다.

(1972)

발언[1]

신사 여러분, 숙녀분도 계시나요? 그렇군요. 여러분은 이미 제 견해를 꽤 많이 접했으리라 생각합니다. 그래서 제가 이야기해온 내용에 많이 더하지는 않겠습니다. 저는 앨런 앤더슨Alan Anderson 이 "위기의 과격성 radicality of the crisis"이라고 부른 것을 정교화하고 싶습니다. 이는 어느 정도 두 논문 모두에 적용되리라는 점을 보여드리고자 합니다.

먼저 에버렛William Everett 씨의 논문 이후에 아마도 더는 명확하지 않을 한 가지 사안을 말하고 싶습니다. 저는 내밀한 침례교도도 내밀한 기독교도도 아닙니다! 출신상 저는 유대인이고 종교에 관한 한, 어떤 교회나 유대인 회당 또는 교파에 소속되어 있지 않습니다. 당연히 여러분은 무엇인가를 집필해 세상에 내보내고 그 저술이 공론화될 때마다 분명히 모든 사람은 자신이 원하는 대로 그것을 할 자유가 있으며 마땅히 그래야만 합니다. 이 사안을 두고 어떤 논쟁도 벌이지 않겠습니다. 여러분은 스스로 생각해온 것에 무슨 일이 발생하든 이를 통제하려 하지 말아야 합니

---

1 다음 발언은 1973년 1월 21일 버지니아주 리치먼드에서 개최된 기독교 윤리사회 제14차 연례회의에서 철학자 및 종교 사상가 앨런 앤더슨, 윌리엄 에버렛, 롤런드 델라트르Roland Delattre의 아렌트 저작에 대한 논문과 토론에 아렌트가 응답한 것이다.

다. 오히려 여러분은 타인들이 그것으로 무엇을 하는지를 배우려 해야 합니다.

주요 질문은 당연히 종교와 정치의 관계일 것입니다. 저는 어떤 사유나 고려 사항과 관계없이 이 두 영역이 상호 연관되어 있다고 믿기에는 너무 구식이 아닐까 걱정인데요. 에버렛 씨가 지적했듯이 미국 교회의 조직 구조가 이 나라의 정치 구조와 많이 닮았다는 점은 분명합니다. 성약covenant이라는 개념 자체가 기원상 왠지 성서적이라는 점도 확실하죠. 성약을 마무리한 첫 번째 인물은 아브라함이었습니다. 신은 그에게 다른 여러 나라로 가라고, 해외로 가라고 말씀하셨고 어디를 가든 성약을 맺으려 노력하라고 했습니다. 그래서 아브라함은 최초로 성약을 맺은 사람이었습니다. 하지만 미국 독립 혁명 이전에 "성약"이 이해된 방식은 신과 백성 사이의 성약이었어요. 이는 물론 상호 서약에 따른 성약과 전혀 다르죠. 이 성약에서 우리는 "우리의 삶, 우리의 재산, 우리의 신성한 명예"를 상호 서약합니다. 이러한 상호성의 성약, 즉 오직 '상호성'에 의존하는 성약은 결코 한 당사자가 신인 성약들에 비교할 수 없습니다. 우리는 자신의 존재를 신에게 빚지고, 신은 우리를 창조했으며 우리에게 법을 제공했습니다. 다른 한편 우리는 단지 자신의 '복종'을 서약할 뿐입니다.

상호 약속에 의거한 성약과 관련해서 이러한 변화는 주로 존 로크의 이론에서 찾을 수 있습니다. 성서적 개념은 왕과 신하 간의 성약으로 대체되었죠. 그래서 왕은 헌법을 제시하고 말하자면 자기 자신을 특정 조건에 매이도록 했습니다. 하지만 다시금 국민은 그에게 충성을 서약한 사람에 불과했어요. 이는 미국 독립 혁명의 성약과는 전혀 다르다고 생각합니다. 저는 혁명 정신의 상실이 미국 헌법의 탓이라고 생각하지 않습니다. 헌정주의와 혁명 정신 간의 구별에 대해 저는 완전히 동의하지는 않습니다. 제 생각에 헌법은 실제로 이 국가의 초석이지만 성문 자료의 의미(나중에 이 주제로 다시 돌아오죠)에서가 아니라 헌법의 '제정', 즉 정치적 '사건'이 이 국가를 수립했다는 의미에서죠.

여러분도 알다시피 이 헌법은 매일매일 어디에서나 논의되었고 가장 중요하게는 당연히 《페더럴리스트 페이퍼》에서 논의되었는데요. 이 헌법이 갑자기 신성시되었습니다. 헌법 제정은 사건, 다시 말해서 정치적 사건이죠. 이제 이 사건이 잊히고 있습니다. 이런 일이 발생하면 미국이 혁명 전통 이상의 것을 상실할까 두렵습니다.

이제 이 질문과 아주 유사한 것은 제가 보기에 나사렛 예수와 그리스도 사이의 뚜렷한 구분입니다. 종교로서, 이 세계 내의 제도로서 기독교는 예수가 창시하지 않았습니다. 예수를 그리스도로 믿은 사람들이 기독교를 창시했어요. 다시 말해서 사도 바울이 기독교를 창시했지요. 기독교의 창시자는 바울입니다. 이 종교가 그 즉시 극단적으로 로마적이 되었다고 제가 말씀드릴 때 의미하는 바는 바울이 한 사건, 즉 죽음과 부활 위에 기독교를 창시했다는 점입니다. 이는 여러분이 알고 있듯이 여러 세기 동안, 심지어 오늘날에도 어떤 사람들은 이 사건을 신적인 것이 순전히 세계적이고 세속적인 인간 현안들에 파고든 역사적 사실로 믿고 있습니다.

세 가지 사안, 즉 권위, 종교, 전통이 함께 묶여 있다고 말할 때 저는 로마식 삼위일체를 언급했습니다. 잠시 이 삼위일체를 이야기하고 싶습니다. 로마인에게 로마 건국은 결정적인 사건이었고, 이후 계속된 전체 로마 역사를 거치면서 확대되었습니다. 베르길리우스가 묘사하듯이 이 사건은 실제로 아이네이아스와 로마인 간의 전투 또는 오히려 로마인보다는 이탈리아인 간의 전투였습니다. 이 전투에서는 트로이에서 일어났던 일이 전복되었습니다. 다시금 여성 때문이었지만, 이번에는 간통을 범한 여성이 아니라 처녀였어요. 그리고 이번에는 아킬레우스에 관한 것도

발언　　　　　　　　　　　　　　　　　　　　　677

아니었고, 피정복자를 살해하거나 노예로 삼는 것으로 모든 일이 끝나지도 않았으며, 동맹으로 결말이 났죠. 이 전투는 아이네이아스와 그의 전사들이 이탈리아인과 동맹을 맺으면서 끝났어요. 베르길리우스가 우리에게 말하기를, 우리는 다시 기운을 돋우어 트로이와 다시 전쟁을 치르길 원합니다. 우리는 트로이에서 일어났던 일을 원래대로 되돌리고자 하며 패배자들이 살해당하거나 노예가 되지 않고 전쟁을 종식하고자 합니다. 평화 조약이나 정전뿐만 아니라 동맹을 원합니다. 이 동맹이 로마법lex의 본래 개념이었어요. 로마법의 첫 번째 의미는 인간이 동맹을 맺을 때마다 두 당사자를 결속시키는 것입니다. 동맹을 맺은 사람들은 로마 역사에서 소키에테스societes(동맹을 의미하는 'societas'에서 유래)라 불렸죠. 이제 이 본래적 사건은 전통적으로 전해 내려온 것입니다. 로마적 의미에서 종교, 어원상 미심쩍긴 한데 결국 키케로가 발견한 종교는 당신 자신을 다시-묶기re-ligare, to bind yourself back를 의미했어요. 여러분은 스스로 이 본래적 사건에 다시 묶여 있음을 발견합니다.

앨런 앤더슨이 대략 정리한 제 주장 중 하나는 이러한 의미의 권위가 무너졌다는 것입니다. 기독교 종교는 로마의 것이 되었고 로마화되었습니다. 기독교는 역사에서 한 전환점을 또 다른 전환점으로 대체했죠. 그리스도 전후로 시간을 산정하게 된 일을 생각해보길 바랍니다. 로마인은 다시금 묶이게 되었어요. 이번에는 죽음과 부활에 다시 묶이게 되었죠. 이제 나사렛 예수는 그리스도와 아주 다르다고 생각해요. 시작, 기적, 용서라는 개념들은 정치 현안에서 매우 중요한데, 바울에게는 거의 어떤 역할도 하지 않습니다. 하지만 이는 당시 기독교 종교와 이 기독교의 조건입니다. 비록 이것이 시작에 다시 묶이기는 하지만 어떻게든 강조점이 바뀌었어요. (로마 공화국이 실제로 존속하던 동안, 그러니까 제국이 쇠락하는 세기 전까지) 로마에서는 그 강조점이 과거에 있었습니다. 미래를 대가로 치르면서 이처럼 과거를 강조하던 측면이 이제 전도되었습니다. 지금 이러한 강조가 중세 시대의 여러 세기를 거쳐오면서 결정적이었기 때문이라 생각해요. 우리는 그것을 그냥 내던질 수는 없습니다. 그 사람은 이 지상에서 순례자에 불과했고, 그가 실제로 기대한 것은 죽음 이후의 삶이었어요.

만약 여러분이 고대의 관점에서 이러한 강조를 들여다본다면 복음은 이것이었다고 말할 수 있습니다. 여러분은 스스로 유한하다고 생각했고 세계의 불멸을 믿었을 테니까요. 지금은 이 세계가 약해지고 쇠퇴하고 있음이 밝혀졌습니다. 고대인이 가진 유일한 안정성이었던 세계가 유한하다는 관념은 이 시대에 대단히 강력했습니다. 복음은 말하기를, '여러분'은 불멸이며 세계는 필멸입니다. 여러분 자신은 불멸이며, 따라서 지상에서 순례자이고 결국 여러분의 현재 삶은 미래 삶에 대한 시험과 같다는 등등이죠.

이제 여러분이 이 전체 교의 구조를 염두에 둔다면 정치의 진정한 존엄 가능성은 존재하지 않죠. 그 안에서 정치는 미래 삶을 위해 영혼을 구하는 범위 안에서만 존엄을 얻습니다. 다시 말해서 여러분은 기독교의 종말론적 양태를 외면할 수 없어요. 물론 오늘날 이것이 배제되는 일이 매우 전형적이지만, 우리가 역사를 통해서 알게 된 종류의 권위는 최근에 가장 기독교적이거나 가장 그리스도적 교황인 안젤로 주세페 론칼리Angelo Giuseppe Roncalli[2]의 도래로 확실히 붕괴했다고 생각해요.

당연하게도 론칼리는 자신이 그런 사람이었기 때문에 자신이 무

---

2 안젤로 주세페 론칼리는 1958년부터 서거 때인 1963년까지 요한 23세 교황이었다. 한나 아렌트, 홍원표 옮김, 〈안젤로 주세페 론칼리: 1958~1963년의 교황 A Christian on St. Peter's Chair〉《어두운 시대의 사람들 Men in Dark Times》(한길사, 2019), pp. 139~156을 참조하라. (편집자)

엇을 하고 있는지 몰랐고, 대여섯 살 무렵 다른 아이들이 "나는 카이사르가 되고 싶어"라고 말하는 것을 들었다고 합니다. 론칼리도 "나는 예수님처럼 되고 싶어"라고 스스로 말했는데, 예수가 자기 영웅이었기 때문이고 물론 실제로 그렇게 했습니다! 그렇게 함으로써 그는 제도화된 로마 기독교가 아니라 오직 예수에게서 비롯한 종교가 정치적으로 얼마나 위험한지를 보여줍니다.

어쨌든 다년간 저는 학생들에게 권위가 무엇인지 말할 때(학생들은 이 용어를 이해하는 데 큰 어려움이 있었죠) 항상 로마 교회를 예시로 들었습니다. 알다시피 이는 끝났습니다! 그것은 옛 로마의 권위 개념에 크게 의존한 유일한 기관이었습니다. 그리고 기독교가 어떤 방식으로든 지상에서 지배하거나 적어도 직접적으로 권력을 갖거나 폭력을 사용하지 않고 사람들을 통제할 수 있는 또 다른 사안이 있었는데, 이는 물론 지옥과 천국이었습니다. 지옥과 천국은 영생에서 일어날 일에 대한 실제적 설명입니다. 이제 이 믿음이 실제로 무너졌습니다. 심지어 매우 신앙심이 깊은 많은 기독교인도 이런 조야한 방식으로 이를 공유하지 않았지만, 일반 대중이 공유했습니다. 이제 우리는 다른 사람에게 할 수 있는 최악의 일이 그를 죽이는 것인 세계에서 처음으로 살고 있습니다. 키케로가 이미 말했듯이 어쨌든 죽음은 인간에게 일어날 일입니다. 여러분은 다만 이 과정을 서두르고 있습니다! 하지만 영속적인 고통은 이것이 아닙니다. 우리는 강제 수용소에서 진정한 의미의 지옥 이미지를 찾으려고 했습니다. 수용소에는 지옥의 중세적 묘사에 가장 가까운, 오래 걸리는 죽음이 있습니다.

하지만 이제 고대 이후 처음으로, 우리는 한편으로는 상호 약속의 순수한 힘에 입각해서, 다른 한편으로 이른바 양심에 입각해서 살아야 하고 함께 살아야 합니다. 후자, 즉 양심에 입각한 삶은 대단히 의심스러운 일business입니다. 여러분의 양심이 자신에게 말하는 것은 최악이며, 다른 누군가의 양심이 그 자신에게 말하는 것은 최선이기 때문입니다. 이는 무원리의anarchic 개념입니다. 이러한 관점에서 우리는 기독교의 태동 이래 대면한 적이 없는 상황에 대면하고 있습니다. 그리고 이는 한 엘리트, 즉 어떤 자유로운 사유와 개념들을 스스로 허용하는 소수를 위한 것이 아닙니다. 심지어 토마스 아퀴나스는 축복받은 자의 기쁨은 다른 동료들이 아주 힘들어하는 것을 보기 위해서 지옥을 내려다보는 것을 포함한다고 말합니다. 이는 우리의 도덕적 취미를 거스릅니다. 우리는 그런 식으로 생각하지 않습니다. 하지만 저는 여러분에게 아퀴나스의 예를 들고 있습니다. 매우 중요한 사람이었기 때문입니다. 그리고 그는 이것에 관해 그렇게 말했습니다! 우리가 여기에서 어떻게 빠져나올지 저는 모릅니다.

이제 자세히 설명해보죠. 저는 이 임무를, 행위함to act은 시작함to beign임을 믿습니다. 저는 또한 그 어려움을 강조하고 싶습니다. 즉, 논문을 써본 사람이라면 다들 알다시피 모든 시작은 전적인 자의성의 요소를 가지고 있다는 점입니다. 여러분은 우리 각자가 첫 문장을 써야 할 때 겪는 어려움을 알고 있습니다. 이 자의성의 요소를 절대 잊어서는 안 됩니다. 하지만 동시에 이 자의성은 탄생성의 사실을 어느 정도 비추고 있습니다. 알다시피 이들 용어로 여러분 자신의 탄생에 관해서 생각하고자 한다면 유의미한 것은 무엇이든 필요합니다. 이는 철학의 낡은 개념입니다. 존재하지 '않을' 수 없는 것만이 유의미합니다. 그런데 우리가 살아가는 데 있는 모든 것, 즉 모든 단일하고 특수한 것 또한 존재하지 않을 수도 있습니다. 그래서 유일한 영원성은 바로 모두, 즉 전체입니다.

여러분이 자신의 탄생에 관해 생각해보면 어머니가 아버지를 만난 것은 우연임을 알게 됩니다. 더 거슬러 올라가면 조부모님이 만난 우연이 있습니다. 여러분이 아무리 멀리 거슬러 올라가도 결코 절대적이고 설득력 있는 원인을 찾지 못할 것입니다. 아우구스티누스는 "시작이 있었고, 인간은 창조되었다"라고 말했습니다. 그는 이 시작이 "태초에 bereshith 신이 하늘과 땅을 창조했다"와 같은 것을 의미하지 않는다고 했습니다. 창세기의 첫 문장에서 그는 라틴어 '프린키피움principium'이라는 단어를 사용했습니다. 하지만 '인간'이 존재했던 시작에서 그는 "이니셔티브initiative"의 어원인 '이니티움initium'이라는 말을 채택했습니다.

아우구스티누스가 한 말은 이 모두가 우리의 자유로움을 위해 치러야 하는 대가라는 점입니다. 이제 우리는 무서울 정도로 정말 자유롭습니다. 그리고 우리가 자신에게 던질 수 있는 질문은 "내가 그 대가를 기꺼이 치를 만큼 살아 있음과 인간임을 좋아하는가?"입니다. 우리가 어떻게든 이러한 질문을 회피할 수 있다고 믿는 일이 제게는 다소 의심스러워 보입니다. 실제로 위기가 매우 심각하다고 생각합니다.

'사유'는 이 위기에 대면하는 한 가지 방식입니다. 사유가 위기를 제거하기 때문이 아니라 오직 사유가 일상생활에서 우리가 대면하는 것이 무엇이든 대면할 수 있도록 항상 우리를 새롭게 준비해주기 때문입니다. 그래서 제가 과거에 썼고 지금도 쓰고 있는 이 "사유", 즉 소크라테스적 의미의 사유는 산파적 기능, 즉 산파술이라고 생각합니다. 다시 말해서 여러분은 자신의 의견, 편견, 여러분이 가진 것을 모두 꺼내놓습니다. 여러분은 소크라테스가 이 산파술을 사용하며 어떤 대화에서도 무정란이 아닌 아이를 발견한 적이 없음을 알고 있습니다. 여러분이 사유 후에 어느 정도 비어 있는 것은 사실입니다. 이는 제가 위험한 사유는 존재하지 않으며 사유하는 것 자체가 아주 위험하다고 말할 때 의미하는 바이기도 합니다. 다른 한편 이 사유의 기획이 제가 여러분께 알리고 싶었던 우리가 직면한 위기의 과격성에 상응하는 유일한 기획이라고 말씀드리고 싶습니다. 일단 여러분이 비어 있으면 (말하기 어려운 방식으로) 여러분은 판단할 준비가 된 것입니다. 다시 말해서 여러분이 특수한 사례를 포괄할 규칙의 교재 없이도 "이것이 좋다", "이것이 나쁘다", "이것이 옳다", "이것이 그르다", "이것이 아름답다", "이것이 추하다"라고 말해야 합니다. 제가 칸트의 《판단력 비판》을 아주 신뢰하는 이유는 미학에 관심이 있어서라기보다 우리가 "이것이 옳다, 이것이 그르다"라고 말하는 방식이 "이것이 아름답다, 이것이 추하다"라고 말하는 방식과 크게 다르지 않다고 믿기 때문입니다. 다시 말해서 우리는 이제 어떤 미리 고안된 체제 없이, 말하자면 정면으로 그 현상에 맞설 준비가 되어 있습니다. (여러분이 제 탓으로 돌릴 수 있는 무엇인가를 포함하시길 바랍니다!)

제가 매우 흥미롭다고 여긴 델라트르DeLattre 씨의 논문에 주목하고 싶습니다. 두 논문 다 매우 흥미로웠고 배울 점이 있었습니다. 하지만 한 가지 오해가 있습니다. "타당성 그 자체"라는 용어에 오해가 있어 보입니다. 저는 이 용어로 의미하고자 한 바가 다른데, 어쩌면 제가 아주 분명히 하지 않았던 것 같습니다. 알다시피 아리스토텔레스는 매우 위대한 발견을 했습니다. 한마디로 이 발견은 '에네르게이아'라는 말, 즉 그 자체에 목적이 있는 활동에 있습니다. 그래서 아리스토텔레스는《니코마코스 윤리학Ethika Nikomacheia》에서 플루트 연주에 관해 이야기하죠. 플루트 연주는 '오직' 그 자체에 목적이 있는 활동입니다. 플루트 연주는 그 활동 너머의 최종 산출물을 남기지 않습니다. 아리스토텔레스에 따르면 이러한 활동이 최상의 활동입니다. 수단과 목적 범주가 적용되지 않는 유일한 활동이기 때문입니다. 목적이 있고 그 밖의 모든 것이 수단으로 여겨지는 곳에서 목적은 자체의 지위를 상실합니다.

누군가 예술에 관해 이야기한다면 그는 항상 공연 예술과 제작 예술을 구분해야 합니다. 제작 예술은 전적으로 세계와 관련이 있습니다. 다시 말해서 제작 예술은 우리의 거주지, 즉 우리 세계의 핵심이 됩니다. 우리는 여전히 연극을 보러 가서 감상하고 연극은 우리에게 말을 거는데, 이는 정말로 기적입니다. 이 기적이 어떻게 일어날까요? 왜 우리는 이를 이해합니까? 왜 우리는 이것이 아름답다고 여전히 생각할 수 있을까요? 안정성, 즉 이 예술 작품의 불멸성은 엄청납니다. 하지만 이에 반해서 공연 예술에는 불안정성이 있습니다. 음악회가 끝나면 여러분은 집에 갑니다. 우리 중 정말 음악적인 일부 동호인은 여전히 그 음악을 듣습니다. 하지만 공연 그 자체는 이미 사라졌고, 그 자체로만, 즉 그 안에 '에르곤 ergon'을 지닌 '에네르게이아'로만 정당화될 수 있습니다.

이제 저는 우리가 정치 활동, 즉 에네르게이아로서 정치 활동을 고찰한다면 모든 목표 설정에도 제작 예술보다는 공연 예술과 더 관계가 있다고 말하고 싶습니다. 저는 "우리는 자신이 무엇을 하는지 모른다"라고 자주 말해왔습니다. 당연히 그 이유는 우리가 다만 조화롭게 행위할 수 있기 때문입니다. 우리가 다만 함께 행위할 수 있기에 동료 행위자의 목표에 의존합니다. 그래서 실제로 우리가 원하던 것은 결코 본래 마음에 두었던 것처럼 나오지 않습니다. 이에 관해서 흥미로운 점은 비록 이 무계획적인 우연한 조건이 모든 행동에 지배적일지라도 여러분은 후일 하나의 이야기를 할 수 있다는 것입니다. 이야기는 잘 들어맞습니다. 이는 모든 역사 철학의 주요 문제 중 하나입니다. 그 조건이 아무리 혼란스러워도, 행위자의 의도가 서로 얼마나 모순적일지라도 일단 이들 행위자가 행위를 하면 갑자기 뭔가가 일어난 것이며, 이는 하나의 이야기로 말할 수 있어요. 이런 일이 어떻게 가능할까요? 이야기는 의미가 통하게 합니다. 이야기에는 의미meaning가 있습니다. 하지만 행위가 종결되었을 때만 의미가 있습니다. 종결되기 전에는 항상 상황이 다소 절망적으로 보입니다.

그러나 이제 여러분이 이러한 행위의 기준을 고찰한다면, 그리고 제가 이 기준이 공연 활동의 미덕이라고 말한다면, 정치의 기준은 미덕이라기보다는 오히려 탁월한 기량일 것입니다. 그렇다면 행위가 진행되는 동안 다른 무언가에 조명이 들어오듯이 '보이는지 아닌지'와 '어떻게' 그것이 가능한가를 묻게 됩니다. 다시 말해서 우리가 결코 결과라고 여길 수 없는 영감을 불러일으키는 원칙은 빛을 볼 기회를 맞게 되죠. 그래서 훗날 하나의 예시, 즉 본보기가 됩니다. 이는 아킬레우스의 용기가 후세에 본보기가 되는 방식입니다. 이는 여러분이 이러한 덕목에 관해서 학습하는 방식입니다. 당연히 정치사의 다른 모든 위대한 본보기들도 마찬가지입니다.

그러나 다시 말하지만 이런 사안들은 최소한 제가 이해한 바로는 종교와 매우 동떨어져 있습니다. 이제 여러분은 말하자면 그리스도가 없는 종교를 가지고 있고, 바울은 창문으로 떠났습니다.[3] 저는 개인적으로 그다지…… 기독교인이 아니라고 말씀드렸지요. 저는 그리스도에게 어떤 충성심을 느끼지 않습니다. 예수에 대한 충성심은 느낄 수 있을 듯합니다. 예수가 했던 일, 예수의 전 생애, 예수의 '말 logoi', 모든 이야기는 실제로 예시적인 것이 되었기 때문입니다. 누군가가 "무엇을 해야 하는가?"라고 물을 때 그는 "나에게 와서 나를 따르라"라고 말했습니다. 하지만 여러분이 그렇게 하면 예수는 어떤 '행동'이 더 좋은지 누구보다 잘 알았지만 '제도'가 무엇인지는 몰랐습니다. 루터는 예수의 말이 여전히 세계를 흔들고 있다고 말한 적이 있습니다. 저는 이러한 흔들림을 론칼리가 교황이었을 때 아주 직접적으로 느꼈습니다.

---

3   신약성서 《고린도후서》 11장에 나오는 일화다. "다마스쿠스에서 아레다 왕의 총독이 나를 붙잡으려고 다마스쿠스 사람의 도시를 지키고 있었지만 나는 고리 광주리에 담긴 채 창문을 통해 성벽을 내려와 그의 손에서 도망쳤습니다." 32~33절을 참조하라. (옮긴이)

그래서 이는 종교가 어떻게 존재할 수 있느냐입니다. 하지만 신이 없는 종교는 존재하지 않는다는 점을 잊지 마시기 바랍니다. 이는 정치적이지 않은 인간 삶의 모든 차원입니다. 이는 사적이지도 공적이지도 않습니다. 사실상 종교는 그 너머beyond에 있습니다. 우리가 어떤 교파를 다루든 간에 이 차원은 여전히 규정할 수 있고, 여전히 이 차원에서 십계명과 같은 행동 강령을 끌어올 수 있다고 주장하는 것은 순전한 어리석음입니다. 저는 이를 의심합니다. 십계명을 의심해서가 아니라 사람들이 더는 믿지 않기 때문이죠(저는 반대로 십계명이 아주 좋다고 생각합니다!). 알다시피 설교는 도움이 되지 않을 것입니다. 가장 효과적인 설교는 항상 지옥 불에 관한 것이었어요. 지금 위기에 처한 기독교 교회의 이 아주 훌륭한 관념론 안에서 이를 망각하는 일은 너무도 쉽습니다. 여러분 자신의 삶을 너무 쉽게 만들지 마십시오! 대단히 감사합니다.

(1973)

프린스턴대학교의 철학 자문 위원회 연설

그레고리 블라스토스Gregory Vlastos[1] 씨는 제게 이번 행사에서 이른바 "철학에 대한 나의 비전"을 간략하게 보여주고 가능하다면 "철학과 오늘날 세계 상황의 관계"에 대해 강연해달라고 요청했습니다. 지금 제가이 사안을 간략히 말씀드리는 것이 여러분을 실망시키고 지나치게 부정적으로 들리지는 않을까 자못 걱정됩니다. 플라톤이 말했듯이 철학을 하는 일이 나와 나 자신 간의 조용한 대화에 참여하는 일을 의미한다면 철학은 실로 헤겔이 지적했듯이 본질상 외로운 과업입니다. 이는 '나'가 아닌 '우리'가 항상 관여되는 행위에 대해 본래적으로 반대하는 입장에 서있습니다. 달리 말하면 사유와 세계의 관계는 그 세계가 오늘날 있는 그대로의 세계건 우리가 바라는 내일의 세계건 항상 큰 문젯거리입니다. 저는 베르그송Henri Bergson이 말했듯이 번개의 섬광이 천둥소리에 선행하는 것처럼 블라스토스 씨가 "참된 철학자"라고 부르는 것에 대한 사유가 행위에 선행한다고 믿지 않습니다. 또는 비유를 바꾸어서 일단 사유가 세상에 알려지고 관념이 대중을 사로잡으면 실재는 관념의 맹공격에 저항

1　고전학자이자 철학자인 그레고리 블라스토스는 플라톤의 대화들 안에서 소크라테스적인 사유 방식을 발전시켰다. 그와 아렌트는 친구였다. (편집자)

할 수 없다고 믿지 않습니다. 헤겔은 이것이 프랑스 혁명의 사례였다고 믿었습니다. 저는 오히려 외견상 모순적으로 보이는 헤겔의 또 다른 말에 동의합니다. 즉, 철학은 세계가 어떠해야 하는지를 우리에게 말해주기에는 항상 너무 늦게 도착한다는 것입니다. 이는 미네르바의 부엉이가 해질 녘에 날개를 펼치기 때문이 아닙니다. 뒤늦은 사유afterthought가 되는 것이 사유의 본성이기 때문입니다. 우리는 이야기 자체가 그 결말에 도달하고 완결되기 전까지는 한 역사적 시대의 의미를 인지할 수 없기에 그렇습니다.

철학에 반대하는 핵심 주장은 항상 사랑에 빠져 있는 '소피아'가 유한자들이 이루기에는 어렵거나 불가능하다는 것뿐 아니라 철학 자체의 무용성이었습니다. 인간 현안의 정상적인 과정에서 철학은 "아무런 효용이 없습니다." 우리가 이 해묵은 주장을 진지하게 고려하지 않는다면 철학이 무엇인지에 대한 질문과 결코 씨름하지 못하리라 믿습니다. 의심의 여지 없이 어떤 종류의 사유는 모든 종류의 활동, 즉 과학 활동, 예술 활동, 마지막이지만 중요한 정치 활동과 결부됩니다. 더욱이 "올바르게 사유하는" 법, 논쟁에 답하는 법, 텍스트를 읽는 법, 어떤 명제를 분석하는 법 등을 가르치고 배우기 위한 많은 영역이 있습니다. 이러한 종류의 사유를 가리키는 올바른 어휘는 '숙의deliberation'입니다. 숙의는 목적을 위한 수단과 관계가 있습니다. 일단 이 목적이 달성되면 사유 과정은 종결됩니다. 반대로 철학은 이른바 목적에 관해 질문들을 제기합니다. 예를 들어 철학은 행복에 이르기 위한 수단이 무엇인가 대신 행복이 무엇인가를 묻습니다. 이 철학적 질문이 궁극적인 답을 발견할 수 있다는 점은 극히 의심스럽습니다. 하지만 잠시 어떤 철학자가 그러한 질문에 궁극적인 답을 발견했다고 믿는다고 가정해봅시다. 그것이 그 자신이나 그가 설득하기를 바란 모든 사람에게서 이에 관해 사유하려는 욕구를 멈추겠습니까? 그리고 우리가 무엇이 정의인지 '알게 돼서' 이에 관한 사유를 멈춘다면 우리는 이를테면 더 나아지고 더 좋은 사람이 될까요? 사유가 "인간 이성의 필요need of human reason"에 부합한다고 믿었던 칸트는 어쨌든 다른 의견을 가지고 있습니다. 그는 한때 자신의 노트에 이렇게 쓴 적이 있습니다. "내가 순수 이성의 사용이 무엇인가를 증명했다면 이 결과가 마치 확고한 공리인 듯이 나중에 더는 의심해서는 안 된다는 규칙에 찬성하지 않는다……. 순수 철학에서 이는 불가능하다. 우리의 정신에는 이에 대한 자연스러운 반감이 있다." 여기에서 추론할 수 있는 점은 지식에 대한 갈증이 무지가 사라지면 해소될 수 있지만 사유하려는 욕구는 자신의 통찰 및 이른바 "현자"의 확실한 통찰로도 누그러질 수 없다는 것입니다. 이성의 필요는 사유를 통해서만 충족됩니다. 제가 어제 한 사유는 이를 새롭게 사유할 수 있는 범위에서만 오늘 이 필요를 충족할 것입니다.

이것이 함의하는 바는 사유 활동이 생산과 무관한 공연 행위 활동에 속한다는 점입니다. 이들 활동은 그 자체에 목적이 있고 순수한 에네르게이아입니다. 여기에서 나오는 결과가 무엇이든 사유하는 자아의 관점에서 볼 때 단지 부산물일 뿐이며, 내일 의심을 받고 다시 사유 과정에 예속되기 쉽습니다. 따라서 다수의 철학자가 결과를 확정하는 일을 꺼립니다. 그리고 사유 과정이 지속되는 한 그들이 지각한 "진리"는 말로 표현하거나 문자와 같이 유연하지 못한 매체로 기록할 수 없다는 불편한 주장을 합니다. 베르그송이 이따금 제기한 논평에는 확실히 옳은 부분이 있습니다. 제 몫을 다하는 뭇 철학자에게는 자신이 말할 수 없는 단 한 가지 사유가 있으며 이것이 바로 철학자가 평소에 그렇게 장황하게 말할 수밖에 없는 이유라고 했습니다.

철학의 이러한 측면, 또는 오히려 순수 활동으로서 철학하기의 양상과 밀접한 관련이 있는 것은 철학자들이 자신의 결과나 심지어 흥미로운 기획의 주제에 대해서도 서로 간에 거의 의견이 일치하지 않는다는 사실입니다. 그런데 이들은 자기 활동의 한 양태에 대해서는 전적으로 동의합니다. 하지만 이 활동을 명시적으로 언급하는 경우는 거의 없습니다. 한 가지 예외 말고는 제가 아는 한 자신들의 직업을 추천하는 논거로 이 활동을 전혀 사용하지 않습니다. 이는 철학자들이 이 활동에서 얻는 큰 즐거움입니다. 예외인 아리스토텔레스는 다른 어떤 즐거움보다 큰 사유의 "달콤함"에 대해서 말하고 '관조적 삶'을 추천합니다. 여기에 종사하는 데는 어떤 도구나 특별한 장소도 필요 없기 때문입니다. 니체는 이를 일종의 도취라고 말합니다. 칸트는 극복해야 할 저항이 없는, 심지어 말의 경우에서처럼 입술, 치아, 혀의 물질성조차 극복할 필요가 없는 사유의 '신속성Hurtigkeit'에 주목했습니다(호메로스는 "사유처럼 재빠른"이라고 노래했지요). 심지어 라이프니츠Gottfried Leibniz는 사유의 '볼룹타스voluptas'[2]를 언급합니다("새로움과 진보 없이는 코기타티오cogitatio도 있을 수 없고, 따라서 기쁨도 없다"). 우리가 여기서 "전문 직업 사상가(칸트의 Denker von Gewerbe)"의 변모를 다루고 있다고 의심하지 않도록 대 카토를 여러분에게 상기시켜드리겠습니다. 확실히 그는 철학자가 아니라 그저 로마인이었고, 일상의 정치 업무에서 물러나 종종 사유에 빠지곤 했습니다. 카토는 다음과 같이 말했습니다. "나는 아무것도 하지 않을 때 가장 활동적이며, 혼자 있을 때 가장 외롭지 않다." 이 역시 전문 철학자가 아닌 소크라테스의 정신에서 말하는 것입니다. 소크라테스는 질문에 답하지 않고 질문을 제기하는 일을 사랑했고, 가르칠 이론이 없었으며, 자기 자신과 조용히 대화하면서 또는 시장에서 타인들과 함께 순수한 사유를 통해 사안들을 연구하는 일이 단순히 "삶의 방식"이 아니라 유일한 존재 방식이거

---

2   고대 로마의 쾌락의 여신이다. (옮긴이)

나 살아 있음을 느끼는 유일한 방식이라고 믿었습니다.

철학자가 전문가가 되는 이러한 종류의 사유는 어떤 결과도 낳지 않습니다. 심지어는 모든 결과, 의견, 관행, 규칙에 위험하기까지 합니다. 위험한 사유가 존재한다는 말은 사유 자체가 모든 신조, 신념, 의견에 위험하다는 간단한 이유로 잘못된 표현입니다. 사유는 결과에 관한 한 무익한 시도이며, 사유가 제기하고 최종적으로 결코 답하지 못하는 질문들은 플라톤의 "찬양할 만한 경이"에서 발생합니다. 아리스토텔레스에게서도 이 경이는 무지에서 발생하지 않고 지식과 함께 사라지지도 않습니다. 확실히 이 경이는 과학과 철학의 알고자 하는 욕구와 사유할 필요, 이 양자의 뿌리에 있습니다. 하지만 이 둘이 같다는 말은 아닙니다.

지식은 진리를 추구하며, 오늘날 과학의 위기는 적어도 부분적으로는 근대가 시작된 이래로 과학자들이 내일 도전을 받게 될 잠정적 진리에 만족해야 했다는 사실에 기인합니다. 철학은 모든 것이 있는 그대로임이 무엇을 의미하는지 또는 왜 거기에 아무것도 없는 것이 아니라 무엇이 존재하는지에 대한 대답이 불가능한 질문들을 제기합니다. 이러한 질문들은 다양하게 변형될 수 있습니다. 사유와 인식을 구분함으로써 저는 의미에 대한 사유의 탐구와 진리에 대한 과학의 탐구가 상호 연결되어 있음을 부인하고 싶지는 않습니다. 의미에 대한 대답 불가능한 질문을 제기함으로써 인간은 자신을 질문하는 존재로 설정합니다. 인간이 대답을 발견하는 모든 인지적 질문 뒤에는 전적으로 게을러 보이고 항상 그렇게 비난받아온 대답 불가능한 질문들이 숨어 있습니다. 저는 인간이 경이로워하는 능력을 상실하고 따라서 대답 불가능한 질문을 제기하기를 멈춘다면, 모든 문명의 토대가 되는 대답 가능한 질문들을 제기할 능력 또한 상실하리라 믿습니다. 이러한 의미에서 이성의 필요는 지성과 인식의 선험적 조건입니다. 그것은 생명의 숨결이며 그 현존, 즉 정신과 같은 존재는 이제

존재하지 않는 문명의 폐기된 동체인 자신의 자연적 거처를 떠난 후에야
주목받습니다.

(1973)

로저 에레라와의 인터뷰[1]

다음은 1973년 10월 뉴욕에서 촬영한 한나 아렌트와의 인터뷰 텍스트다. 아렌트는 집에서 촬영하기를 완강히 거부했다.

정치적으로 말해서 인터뷰 시점은 전혀 순탄한 시기가 아니었다. 중동에서 막 10월 전쟁[2]이 발발했다. 미국에서는 워터게이트 사건이 시작되었다. 이는 1974년 8월 탄핵 위기에 처한 닉슨 대통령의 사임으로 이어졌다. 우리는 인터뷰 도중에 아치볼드 콕스Archibald Cox 당시 특별검사의 해임과 엘리엇 리처드슨Elliot Richardson 당시 법무부 장관의 사임을 알게 되었다.

인터뷰에 이들 사건의 반향 그 이상이 있다. 인터뷰 내내 아렌트는 극도로 정중하고 세심했으며 때때로 (인용에 필요한) 메모 몇 개를 참조할 때면 아주 조심스러웠다. 내가 보기에 아렌트는 필요할 때마다 즉시 수정하면서 자신이 말하고자 의도한 바를 정확하게 말한 것 같다. 그 어떤 개인적 일화나 한담도 없었다. 아렌트는 자신에게 친숙하거나 느긋해

1　이 인터뷰 판본은 본래 녹취록, 프랑스 방송 판본, 이의 독일어 번역본, 미흡한 영어 번역본까지 참작했다. (편집자)

2　10월 전쟁은 욤 키푸르 전쟁을 가리킨다. 이 전쟁은 1973년 10월 6일 이집트와 시리아가 이스라엘을 공격하면서 시작했다. (옮긴이)

할 수도 없는 촬영을 시종 우아하게 받아들였다.

로저 에레라Roger Errera

아렌트 가능하다면 물 한 잔 마시고 싶군요.

에레라 1941년에 미국에 도착했더군요. 유럽에서 건너와 이곳에 32년째 사는 거로군요. 유럽에서 건너왔을 때의 두드러진 인상은 무엇이었나요?

아렌트 '내 두드러진 인상 Ma impression dominante'이라. 음, 당신도 알다시피 이 나라는 민족 국가가 아닙니다. 미국은 민족 국가가 아니지요. 어쨌든 유럽인은 이론적으로 알아야 할 이 간단한 사실을 이해하는 데 무척 애를 먹습니다. 이 나라는 유산, 기억, 대지, 언어, 출신지, 그 어떤 요인으로도 통합되지 않습니다. 여기에 원주민은 존재하지 않아요. 아메리칸 인디언이 원주민이었지요. 이들 말고는 모두 시민일 뿐이며 이들 시민은 단 한 가지 사실로 통합됩니다. 대단한 일이지요. 즉, 미국 헌법에 동의함으로써 미국 시민이 되는 겁니다. 독일이나 프랑스에서 헌법은 일반적인 여론으로 볼 때 종잇조각에 불과해서 시민이 바꿀 수 있어요. 여기서는 어림도 없습니다. 헌법은 신성한 문서니까요. 헌법은 신성한 행위, 즉 건국 행위에 대한 변함없는 기억이지요. 건국은 완전히 이질적인 여러 소수 민족과 종교 간에 통합을 이루는 것입니다. 그런데 (1) 통합을 유지하면서도, (2) 이들 간의 차이를 동화시키거나 하향 평준화하지는 않습니다. 외국인으로서 이 모든 상황을 이해하기 매우 어려워요. 외국인들이 정말 이해하기 힘든 부분입니다. 이야말로 인치人治가 아닌 법치法治라 할 수 있어요. 이게 진리이고 진리여야 하는 한에서 그 국가, 미합중국이자 공화국의 안녕은 법치에 달려 있습니다.

조금 더 들여다보죠. 이 나라에서 출생한 모든 사람이 저처럼 최근에 도착한 사람들에 비해 결정적인 특권을 지니지 않았다고 말하고 싶습니다. 프랑스에 살 때 한 프랑스인 친구에게 프랑스인이 되는 데 얼마나 걸리는지 물었던 기억이 납니다.

에레라 귀화하는 데 말인가요?

아렌트 아니, 귀화 말고요. 제가 알기로 이는……

에레라 동화되는 데요?

아렌트 정말로 프랑스인으로 인정받는다는 의미에서 동화라 할 수 있겠네요. 제 친구(좋은 친구였고 저에게 악의는 전혀 없었지요)는 "흠, 한나, 3세대 정도는 걸리리라 생각해"라고 말하더군요. 이 나라에서는 5년, 아니 그보다 적게 걸립니다. 동화될 필요 없어요. 이전 여권을 포기하지 않는 사람들에게는 투표권이 주어지지 않는데,[3] 이게 전부죠. 귀화 수속을 밟고 미국 시민이 된 사람들은 미국 대통령이 될 자격 말고는 모든 권리를 가져요. 제가 보기에 이 정도는 그다지 심각하지 않은 제약으로 보입니다. 제일 먼저 여기서 우리는 민족nation을 상대하지 않습니다. 같은 이유로 이는 미국에서 법이 다른 어떤 나라에서보다도 훨씬 더 중요함을 뜻하지요.

에레라 지난 10년 이상 미국은 대통령과 동생 암살, 베트남 전쟁, 워터게이트 사건으로 점철된 정치적 폭력의 파고를 겪었어요. 유럽에서 정권 교체나 심지어 대단히 심각한 국내 소요를 불러왔던 여러 위기를 미국은 무엇으로 극복할 수 있을까요?

아렌트 이제 조금 다르게 답변해보죠. 전체 사정의 분수령은 사실상 케네디 대통령의 암살이었다고 생각해요. 이를 어떻게 설명하건, 이를 알았든 몰랐든 상관없이 확실한 점은 기나긴 시간 동안 처음으로 직

---

3 이중 국적 제도가 생기기 전이었다. (편집자)

접적인 범죄가 미국의 정치 과정을 방해했다는 사실입니다. 이 사건이 정치 과정을 어떻게 해서든 바꾸어놓았어요. 알다시피 바비 케네디Bobby Kennedy,[4] 마틴 루터 킹Martin Luther King 등의 다른 암살이 뒤따랐죠. 마지막으로 같은 계통인 조지 월리스George Wallace에 대한 공격이 있었지요.[5]

에레라 오늘날[1973년] 미국의 정치 사회는 1963년 이래로 심각하게 바뀌었죠?

아렌트 아직은 모르겠어요. 우리는 상하 양원의 정치적 책임이 어느 정도 복원되기를 바라요. 그렇지 않다면 이전과 같은 사태들이 계속되겠죠. 알다시피 어떤 사안들을 견제하지 않고 그대로 놔두면 정치에서 자동적으로 발생하는 사태들이 있기 마련이지요. 언론의 자유가 있는 한 일어날 수 있는 사태들에는 한계가 있습니다. 언론이 더는 자유롭지 않거나 정보원을 밝히도록 강요받을 때 (알다시피 지금 법원에 계류 중인 사안이지요) 어떤 일이라도 벌어질 수 있어요. 전체주의 지배나 다른 어떤 종류의 독재가 실제로 가능해지는 경우는 국민에게 정보가 제공되지 않을 때죠. 정보를 제공받지 않은 사람이 어떻게 의견을 가질 수 있을까요? 다른 한편 모두가 당신에게 줄곧 거짓말을 한다면, 그 결과는 당신이 거짓말을 믿게 되는 것이 아니라 누구도 더는 그 무엇도 믿지 않게 되는 거죠. 마땅히 그럴 것이 거짓말은 바로 본래 변하게 되어 있고, 말하자면 "다시 거짓말을 해야 할" 것이기 때문이에요. 그래서 다른 시기마다 다른 목적을 추구하는 거짓말 정부는 끊임없이 자신의 역사를 다시 써야 해요. 이는 국민이 자신의 행위 역량은 물론 사유와 판단의 역량마저 박탈당함을 의미

---

4 존 F. 케네디의 동생인 로버트의 애칭이다. (옮긴이)

5 이는 1972년 5월 15일에 있었던 앨라배마 주지사 조지 월리스에 대한 암살 기도를 가리킨다. 당시 그는 민주당의 대통령 예비 경선에서 강력한 후보였다. (편집자)

합니다. 그런 다음 이들 국민을 데리고서 자기 입맛에 맞는 일을 할 수 있겠죠.

더욱이 워터게이트 사건은 어쩌면 이 나라 역사상 가장 심각한 헌정 위기를 드러냈다고 생각해요(여기서 워터게이트 사건은 당연히 민주당 본부에서 일어난 특정 과실만이 아닌 이와 관련된 모든 것입니다). 제가 헌정 위기라고 말한다면, 이는 제가 프랑스에서 '헌정 위기une crise constitutionnelle'라고 말할 때보다 당연히 훨씬 더 중대한 문제입니다. 프랑스 혁명 이후로 얼마나 많은 헌법이 있었는지 모르겠습니다. 제 기억으로는 제1차 세계대전 무렵까지 열네 차례의 헌법이 있었어요. 그 후로도 헌법이 몇 차례 더 있었지요? 이 문제로 씨름하고 싶지는 않아요. 여러분 중 누구라도 저보다 더 잘할 수 있으니 말입니다. 하지만 미국에는 하나의 헌법이 존재해요. 현재 이 헌법은 아직 200년도 채 안 되었지요. 프랑스와는 이야기가 다릅니다. 여기에서 실제로 성패가 걸린 부분은 정부의 전체 구조입니다.

미국 역사에서 처음인 이 헌정 위기는 입법부와 행정부 간의 그대로의 충돌에 있습니다. 헌법 자체에 뭔가 잘못이 있는 거죠. 이에 관해 잠깐 언급하고 싶군요. 건국 선조는 행정 관료의 독재가 발생하리라고는 추호도 믿지 않았습니다. 행정 관료를 입법부가 결정한 사안들의 집행인 정도로만 봤기 때문입니다. 오늘날 우리는 독재의 가장 큰 위험이 행정부에서 기인함을 알고 있습니다. 그런데 (우리가 헌법 정신을 받아들인다면) 건국 선조는 무슨 생각을 했을까요? 이들은 다수결의 원칙을 우려할 필요가 없다고 생각한 거죠. 따라서 우리가 여기서 보유한 것이 민주주의라고 믿는다면 크나큰 실수입니다. 다수의 미국인이 범하는 실수죠. 이 나라 국민이 가진 제도는 공화제입니다. 그래서 건국 선조는 소수 유권자 권리의 보호에 가장 관심이 많았던 거죠. 건전한 정치체는 의견의 다원성에 달려 있다는 점을 알았기 때문입니다. 건국 선조는 프랑스인의 이른바 "신성한 단결l'union sacrée"[6]이 바로 우리에게 있어서는 안 될 요소임을 알았습니다. 이는 이미 일종의 독재거나 독재의 결과물이며 독재나 독재자는 다수파일 공산이 다분했으니 말입니다. 따라서 정부 전체는 심지어 다수파의 승리 이후에도 항상 반대 세력이 존재하는 방식으로 이해되죠. 반대 세력이 필요한 이유는 하나 또는 그 이상의 소수파가 가진 정당한 의견들을 대변하기 때문이지요. 아시다시피 19세기 중반 무렵 미국에는 꽤 신생 제도인 정당 조직이 생겨났습니다. 이 조직의 장점을 두고 충분히 다른 의견을 가질 수 있겠죠. 당시의 공통된 이해는 첫째로 정부가 있고 둘째로 야당이 있는데 단 하나의 야당 세력만 존재할 수 있다는 점이었습니다. 오늘날 위기는 부분적으로 우리 정부에 '어떤' 조직화된 야당 세력이 없다는 데 있습니다.

국가 안보는 미국 어휘 중 신조어로 이를 꼭 숙지해야 한다고 생각해요. 제가 조금 해석해본 바로는 국가 안보는 사실상 "국가 이성"의 번역어죠. 그런데 국가 이성이라는 총체적 개념이 이 나라에서는 아무런 역할을 하지 않았어요. 이 용어야말로 새로운 수입품이지요. 국가 안보가 이제 모든 사안을 포괄해요. 얼리크먼John D. Ehrlichman 씨의 심문[7]에서 알 수 있듯이, 이는 온갖 범죄를 포괄합니다. 예를 들어 "대통령에게 권리가 있다"가 이제 "왕은 잘못을 저지를 수 없다"라는 관점에서 읽혀요. 말하자

---

6 제1차 세계대전 발발 이후 프랑스인은 자국민의 범민족적인 연대를 위해 "신성한 단결"을 제창했다. 신성한 단결은 "민족 방어를 위한 공동의 의지와 모든 프랑스인의 일치단결"을 의미했다. 그러므로 전쟁 기간에 결성된 "신성한 단결"은 어떤 의미에서 프랑스 민족 정체성의 구현체였다고 할 수 있다. (옮긴이)

7 아렌트가 언급하고 있는 내용은 닉슨 대통령의 국내 문제 고문이었던 얼리크먼이 상원 워터게이트 위원회에서 한 증언이다. (편집자)

면, 대통령은 공화국의 군주와 같습니다. 그는 법 위에 군림합니다. 그의 명분은 항상 자신이 집행하는 모든 일을 국가의 안녕을 위혜 하고 있다는 거예요.

에레라　당신이 범죄의 정치 영역으로의 침범이라고 부르는 '레종데타(국가 이성)'의 함의는 어떤 식으로 우리 시대에 특정된다고 생각하시나요? 이건 정말로 우리 시대에만 국한되나요?

아렌트　'우리 시대의 독특성propre à notre époque'이라 할 수 있죠. 정말로 그렇게 생각해요. 무국적 문제가 '우리 시대의 독특성'이며, 이는 다른 양상들로 다른 나라와 다른 인종에서도 계속해서 되풀이됩니다. 그런데 우리가 이러한 일반적인 질문에 이르게 되면 범죄 행위가 정치 과정을 심각하게 침범하는 일 역시 '우리 시대의 독특성'이지요. 이게 의미하는 바는 옳건 그르건 항상 국가 이성으로 정당화되는 범죄들을 훨씬 뛰어넘는 무엇인가가 있다는 거죠. 이들 범죄는 늘 규칙의 예외니까요. 그런데 이 나라에서 우리는 졸지에 그 자체로 범죄인 정치 스타일에 직면하게 됩니다.

미국에서 이는 결코 규칙의 예외가 아닙니다. 그들은 우리가 아주 특별한 비상시국에 처해 있으니 대통령 자신을 포함한 누구라도 도청해야만 한다고 말하지 않습니다. 하지만 그들은 도청이 정상적 정치 과정이라고 생각하는 거죠. 마찬가지로 이들은 도둑질을 한 번 하고 정신과 의사 진료실에 한 번 침입하고는[8] 다시는 그러지 않겠다는 식으로 절대 말하지 않아요. 이들은 이 침입이 전적으로 적법한 일이라고 말하죠. 얼리

8　아렌트는 일명 "배관공들"이라는 백악관 비밀 특별 조사단이 정신과 의사 루이스 필딩Lewis Fielding 박사의 진료실에 침입한 사건을 가리킨다. 이들은 펜타곤 문서를 유출한 전직 군사 분석가 대니얼 엘스버그Daniel Ellsberg의 평판을 떨어뜨릴 물적 증거를 찾고자 했다. (편집자)

크먼은 "당신은 어느 선을 경계로 합니까? 살인은 어떻게 할 건데요?"라는 질문을 받았을 때 그에 관해 생각해보겠노라고 했어요. 국가 안보의 전체 사안이 바로 국가 이성에서 비롯합니다. 이는 유럽에서 직접 수입해 온 거죠. 물론 독일인, 프랑스인, 이탈리아인은 그걸 아주 정당한 것으로 인지하고 있어요. 그들은 늘 그런 상황에서 살아왔으니까요. 그러나 국가 이성은 바로 미국의 독립 혁명이 깨부수고자 한 유럽의 유산이었죠.

　　에레라　펜타곤 문서에 관한 글[9]에서 당신은 당시 미국 정부의 고문이었던 사람들, 당신이 "전문 직업 해결사"라고 부르는 사람들의 심리를 이렇게 기술하더군요. "그들은 해결사라는 점에서 탁월하다. …… 따라서 그들은 단순히 지성적일 뿐만 아니라 스스로 '합리적'이라고 자부했다. 그들은 오히려 소스라칠 정도로 '감상벽' 그 이상이었고 '이론', 즉 순수한 정신 활동의 세계에 탐닉해 있었다."

　　아렌트　잠깐 끼어들어도 될까요? 저는 이걸로 충분하다고 생각해요. 바로 펜타곤 문서에서 나온, 최종적으로 다른 모든 통찰을 압도하는 과학적 사고방식에 대한 아주 좋은 예시가 있기 때문이죠. 당신도 "도미노 이론"을 알 거예요. 1950년부터 펜타곤 문서가 공개된 직후인 1969년까지의 냉전 기간 내내 공식적인 이론이었죠. 사실 펜타곤 문서를 작성한 매우 수준 높은 지식인 중 그 이론을 믿은 사람은 극소수였습니다. 제 생각에 행정부 고위층 인사 중에서는 두세 명뿐이었는데, 정확히 말해서 최고 지식인들은 아니었어요. 로스토Walt Whitman Rostow 씨와 테일

9　한나 아렌트, 〈정치에서의 거짓말Lying in Politics: Reflections on the Pentagon Papers〉《뉴욕 리뷰 오브 북스》, 1971. 11. 18. pp. 30~39. 이 글은 후일 아렌트의 《공화국의 위기》에 수록되었다(한나 아렌트, 《공화국의 위기》, pp. 31~85). (편집자)

러Maxwell D. Taylor 장군[10]이 이를 믿었죠. 이들은 실제로 도미노 이론을 믿지는 않았지만 무슨 일을 하건 이를 전제로 활동했어요. 그들이 거짓말쟁이라서 또는 상관들을 기쁘게 해주고 싶어서 그런 것은 아니었지요. 그런 점에서는 사실 괜찮은 사람들이에요. 도미노 이론은 로스토 씨와 테일러 장군이 활동하는 데 필요한 틀을 제공했어요. 그들은 도미노 이론의 가정들이 사실상 틀렸다는 것을 알고 있었는데도, 모든 정보 보고서와 사실 분석이 아침마다 그들에게 이 이론이 틀렸음을 입증했는데도 이 틀을 채택했어요. 그들은 어떤 다른 틀을 갖고 있지 않았기에 이를 채택했지요.[11]

잘나갔던 헤겔은 모든 철학적 관조가 우연성을 제거하는 데 도움이 된다고 말했죠. 간단한 사실은 최상의 목격자가 아닌 목격자에게 보여야 한다는 거죠. 의심할 여지가 없는 사실은 없기 때문입니다. 그런데 2 더하기 2는 4라는 점은 의심할 여지가 없어요. 펜타곤에서 만들어진 이론들은 실제로 일어난 사실보다 훨씬 더 그럴듯했던 거죠.

에레라　우리 세기는 역사 결정론에 바탕을 둔 고착된 사고방식의 지배를 받는 듯해요.

아렌트　맞아요. 이렇듯 역사의 필연성을 신봉하는 데는 아주 그럴 만한 이유가 있다고 생각해요. 사실상 미해결의 문제인 이 골칫거리는 우리가 미래를 모르고, 그런데도 모두가 미래를 향해 행동하며, 그것이 진행 중인 미래이므로 아무도 자신이 하는 일을 모른다는 점이죠. 행위

10　1966년부터 1969년까지 린든 존슨 행정부에서 국가 안보 담당 특별 보좌관으로 복무한 월트 휘트먼 로스토와 1962년부터 1964년까지 케네디 행정부와 존슨 행정부의 합동참모본부장으로 복무하고 그 후 1년간 남부 베트남 대사로 일한 맥스웰 D. 테일러 장군을 가리킨다. (편집자)

11　아렌트가 이해한 "틀framework"은 하이데거의 '게슈텔Gestell'에서 기인한다. 그는 이를 기술의 본질로 본다. (편집자)

는 "나"가 아닌 "우리"입니다. 나 혼자만 존재한다면 내가 하는 일에서 앞으로 무슨 일이 일어날지 예견할 수 있죠. 이런 점이 실제로 세계에서 일어나는 일들을 전적으로 우연으로 보이게 하지요. 정말로 우연은 모든 역사에서 가장 큰 결정 요소죠. 엄청나게 많은 변수, 즉 '아자르hasard'[12]에 따라 많은 것이 좌우되기 때문에 앞으로 무슨 일이 일어날지는 아무도 알 수 없어요. 다른 한편 역사를 회고의 시선으로 돌아본다면, 당신은 (비록 이 모든 일이 우연적이라 해도) 일리 있는 이야기를 할 수 있어요. 그게 어떻게 가능할까요? 바로 그것이 모든 역사 철학에서는 '진짜' 문제인 거죠. 돌이켜보면 항상 어떤 일들이 마치 달리 일어날 수 없었던 것처럼 보이는 게 어떻게 가능할까요? 여러 변수가 사라졌고 현실이 이토록 우리에게 압도적인 영향을 주기에 우리가 실제로 무한히 다양한 가능성을 무시하는 거죠.

에레라 그런데 이처럼 역사가 논박하는데도 우리 동시대인이 결정론적 사고방식을 확실히 고수한다면 그건 인간이 예견되지 않는 사태를 두려워하기 때문일까요?

아렌트 '네Ja.' 확실해요. 딱 맞는 말이에요. 다만 인간은 이를 말하지 않을 뿐이죠. 그들이 이에 대해 말을 꺼낸다면 즉각적으로 논쟁이 달아오를 수 있어요. 그들이 두렵다고 말하기만 한다면요. 하지만 이들은 두려워하는 것을 두려워해요. 그게 개인적인 주요 동기 중 하나입니다. 인간은 자유를 두려워하죠.

에레라 자신이 추진하던 정책이 실패하기 직전임을 알아챈 유럽의 한 부처 장관이 정부 외부의 전문가들로 팀을 꾸리는 일을 상상할 수 있겠습니까? 그 정책을 바로잡을 연구를 의뢰하려고 말이에요…….

---

12 프랑스어로 '우연'이라는 뜻이다. (옮긴이)

아렌트 그건 '행정 외부 extérieur de l'administration'에 있는 전문가들이 아니었어요. 이들은 모든 분야에서 소집되었을 뿐만 아니라…….

에레라 맞아요, 하지만 정부 외부의 인사들도 관여했죠. 그렇다면 당신은 똑같은 상황에 놓인 유럽 장관이 어떻게 그런 일이 일어났는지 알아보려고 그러한 종류의 연구를 의뢰하는 일을 상상할 수 있겠어요?

아렌트 물론 아니죠.

에레라 왜 상상이 안 됩니까?

아렌트 국가 이성 때문이죠. 당신도 이를 알 겁니다. 장관은 즉시 사태를 은폐하는 작업에 착수할 거예요. 다른 한편, 맥나마라Robert S. McNamara[13]의 태도를 보세요. 그를 인용해보죠. "그 이익에 대해 뜨겁게 논쟁 중인 사안을 두고서 일개 후진국을 굴복시키려 애쓰며 일주일에 1,000명에 달하는 민간인 살상을 자행하는 세계 최강국의 모습은 결코 보기 좋지 않다." 이게 미국적 태도죠. 이는 그들이 비록 잘못된 길로 들어섰더라도 당시 상황이 아직은 괜찮았다는 점을 보여줘요. 한데 사태를 알고 싶어 했던 맥나마라가 여전히 건재했기에 아직은 괜찮았어요. 그는 통계 전문가에게 무슨 일이 있었는지 알아보고, 왜 모든 사안이 잘못되고 있는지 알아내라고 지시했어요. 그제야 모든 혼란이 밝혀졌지요.

에레라 당신은 현재 다른 상황들에 직면한 미국 지도자들이 여전히 알고 싶어 한다고 생각하나요?

아렌트 아뇨, 저는 단 한 명의 지도자도 남아 있지 않다고 생각해요. 모르겠어요. 제 말을 철회할게요. 그런데 저는 맥나마라가 닉슨의 정

---

13 당시 국방장관인 로버트 S. 맥나마라는 1967년 베트남 연구 대책 위원회에 〈펜타곤 문서〉(공식 명칭은 〈1945~1967년 미국, 베트남 관계: 국방부 연구 문서〉)를 작성할 권한을 부여했다. 다음 인용문을 아렌트는 자신의 논문 〈정치에서의 거짓말〉의 제사로 선정했다. (편집자)

적政敵 명단에 있다고 생각해요. 제가 착각한 게 아니라면 오늘 자《뉴욕 타임스》에서 그걸 읽었어요. 사실이라면, 이미 이런 태도가 최고위층 수준의 미국 정치에서 실종되었음을 보여주는 거죠. 그 층위에는 이런 태도가 더는 존재하지 않는 거죠. 최고위층 부류는 이미 이미지 메이킹을 믿고 있어요. 그것도 아주 맹신적으로 믿어요. "우리는 왜 이미지 메이킹에 성공하지 '못했을까?'" 알다시피 누군가는 그게 이미지일 뿐이라고 말할 수도 있어요. 하지만 이제 그들은 모두가 자신들의 이미지를 믿길 바라고, 그 누구도 이미지 너머까지 가지 않길 바라죠. 이는 물론 아주 다른 정치적 현실이죠.

에레라 풀브라이트 J. W. Fulbright 상원 의원이 "권력의 오만"[14]이라 부르는 것 이후에, 우리가 "지식의 오만"이라고 부를 수 있는 것 이후에 순수하고 단순한 오만이라는 세 번째 단계가 존재할까요?

아렌트 있죠. 이게 '순전히 오만 l'arrogance tout court'일지 아닐지는 모르겠어요. 사실상 이는 지배욕이죠. 그렇지만 지금까지는 성공을 거두지 못했어요. 제가 여전히 당신과 이 테이블에 앉아 꽤 자유롭게 이야기를 나눌 수 있으니까요. 그래서 그들이 아직은 저를 지배하지 못한 거죠. 어쨌든 전 두렵지 않아요. 어쩌면 착각일 수도 있지만 이 나라에서 저는 완전히 자유롭다고 느낍니다. 그러니 그들은 성공하지 못한 셈이죠. 닉슨이 벌인 이 사태의 전모를 "유산된 혁명 abortive revolution"이라고 한 분이 제 생각에 한스 모건소[15]였어요. 그게 유산인지 아닌지는 아직 몰라요(그가

---

14   에레라는 아칸소주 상원 의원 J. 윌리엄 풀브라이트가 1966년 저서《권력의 오만 *The Arrogance of Power*》에서 제시한 개념을 언급하고 있다. 이 저작에서 그는 베트남 전쟁을 벌인 미국 정부의 정당성에 관해 정부를 맹렬히 비난했다. (편집자)

15   한스 모건소는 국제 관계와 외교 정책 분야의 영향력 있는 학자로《국가 간의 정치 *Politics Among Nations*》의 저자이며 아렌트의 가까운 친구였다. (편집자)

그런 말을 했을 때는 사태 초기였으니까요). 하지만 우리가 한 가지는 '말할 수' 있어요. 이 또한 성공적이지 않았다는 점이죠.

에레라   그런데 요즘 큰 위협은 정치의 목표가 막막하다는 점 아닐까요? 결국 자유주의란 정치의 목표에 경계가 있다는 점을 전제합니다. 요즘 가장 큰 위협은 막막한 목표들을 설정하고 있는 부류 및 운동의 발생에서 비롯하지 않나요?

아렌트   제가 스스로 자유주의자인지 전혀 확신하지 못한다고 말해도 당신이 놀라지 않았으면 좋겠네요. 그러니까, 저는 전혀 확신하지 못해요. 이런 의미에서 제겐 어떠한 정치적 신조도, '주의'라고 부를 만한 명확한 정치 철학도 없어요.

에레라   당연히 그렇겠죠. 하지만 그럼에도 당신의 철학적 성찰은 고대에서 빌려 온 자유주의 사상의 토대 안에 있습니다.

아렌트   몽테스키외가 자유주의자인가요? 제가 중요하다고 생각하는 모든 사상가가 자유주의자라고 말할 건가요? 제 말은 "나는 내가 할 수 있는 일을 한다moi je mesers où je peux", 저는 제가 받아들일 수 있고 제게 적합한 것은 무엇이든 받아들입니다. 우리 시대의 위대한 장점은 르네 샤르가 말한 "우리가 물려받은 유산을 보장하는 유서는 존재하지 않았다Notre héritage n'est garanti d'aucun testament"라고 생각합니다.

에레라   …… 우리의 유산은 유서 없이 우리에게 남겨졌다notre héritage n'est précédé d'aucun testament.

아렌트   …… 어떤 유서도 존재하지 않았죠n'est précédé d'aucun testament. 이건 우리가 가능한 모든 곳에서 과거의 경험과 사유로부터 우리 자신을 돕는 데 전적으로 자유롭다는 뜻이죠.

에레라   그런데 이 극단적 자유가 이미 나온 어떤 이론, 즉 어떤 이데올로기를 찾아낸 후 적용하길 좋아하는 많은 동시대인을 놀라게 할 위험이 있지 않을까요?

아렌트 확실히 그래요. 의심할 여지가 없어요. 정말 그래요Certainement. Aucun doute. Aucun doute.

에레라 이러한 자유가 소수의 사람들, 즉 새로운 사유 방식을 만들어낼 만큼 강한 사람들의 자유가 될 위험이 있지 않을까요?

아렌트 아뇨, 아니에요Non. Non. 그 자유는 모든 사람이 사유하는 존재이고 제가 하듯이 성찰할 수 있으며, 따라서 원한다면 스스로 판단할 수 있다는 확신에 의거합니다. 그 사람의 내면에서 어떻게 이런 소망이나 욕구가 일어나도록 하는지는 저도 모릅니다. 우리에게 도움을 줄 수 있는 유일한 방안은 '기억하고 돌이켜 사유하는 일réfléchir'이라고 생각해요. 이러한 의미에서 사유는 무슨 생각이든 비판적 검토에 부치는 작용이죠. 실제로 사유는 엄격한 규정, 일반적인 의견 등에 속할 만한 무엇이든 그 기반을 무너뜨리는 작용입니다. 다시 말해서, 사유 자체가 그토록 위험한 일이라는 단순한 이유로 위험한 사유가 존재하지는 않아요. 하지만 저는 무사유, 즉 생각이 없는 편이 훨씬 더 위험하다고 믿습니다. 사유가 위험하다는 점을 부인하지는 않습니다만 저는 '무사유가 훨씬 더 위험하다ne pas réfléchir c'est plus dangereux encore'라고 말하고 싶어요.

에레라 르네 샤르가 한 말로 돌아가보죠. "우리의 유산은 유서 없이 우리에게 남겨졌다." 당신은 20세기가 물려줄 유산이 무엇이라고 생각하나요?

아렌트 알다시피 우리는 여전히 20세기에 살고 있죠(당신은 젊고 저는 늙었어요). 하지만 우리 두 사람은 그들에게 뭔가를 물려주기 위해 여전히 여기 있어요.

에레라 우리는 21세기에 무엇을 물려주게 될까요? 이미 20세기의 4분의 3이 지났는데요…….

아렌트　모르겠어요. 현재는 다소 낮은 수준으로 가라앉은 근대 예술이지만, 20세기의 치음 40년 동안 특히나 프랑스에서 우리가 그 어마어마한 창조성을 가졌던 점을 고려하면 이는 자연스러운 결과라고 확신합니다. 어느 정도 창조성이 바닥나기 시작한 거죠. 그래서 우리는 무엇을 남겨줄 수 있을까요? 역사에서는 이전 시대, 20세기 전체를 위대한 세기로 인식할 수 있을지 몰라도 정치에서는 아니라고 봐요.

에레라　미국은요?

아렌트　아니, 아니, 아니에요…….

에레라　왜죠?

아렌트　있잖아요, 이 나라에는 일말의 전통도 존재하지 않아요.

에레라　미국적 예술 전통이 존재하지 않는다는 건가요?

아렌트　네. 위대한 전통이 없어요. 아마 시, 소설, 글에는 위대한 전통이 있을걸요. 그런데 당신이 언급할 만한 분야로 건축이 있군요. 석조 건물은 마치 돌이 얼어붙은 유목민 텐트 같아요.

에레라　미국발 혁신에 유럽이 그토록 녹아든 이유가 어디에 있을까요?

아렌트　이들 혁신의 기발함 때문이죠. 그것이 진보라면 모든 새로운 것은 과거의 것보다 더 나아야 하죠. 그런데 알다시피 당신이 더 나은 뭔가를 계속해서 원한다면 선 그 자체를 잃어버려요. 선이 더는 측정될 수 없으니까요.

에레라　결국 우리 현대인은 회귀regression의 감성을 가지고 있지 않은 거로군요…….

아렌트　'네', 회귀가 없어요. 왜 회귀일까요? 당신이 역사에 관한 거시 용어들로 사유하며 어떤 역사 법칙을 발견하고자 한다면 세 가지 가능성만이 있습니다. 첫째, 황금기죠. 이후 모든 것이 악화되기만 합니다. 썩 훌륭하지 않죠. 둘째, 정체입니다. 이는 지루하고 전혀 훌륭하지 않아요. 셋째, 진보입니다. 이게 우리의 역사 법칙이죠.

에레라 당신은 저작을 통해 유대인과 반유대주의의 현대사를 자주 논의해왔습니다. 당신은 반유대주의에 대한 저서의 끝부분에서 19세기 말 시오니즘 운동의 탄생은 유대인이 반유대주의에 대해 찾아낸 유일한 정치적 대응이었다고 말했죠. 이스라엘이라는 국가의 존재가 유대인이 세계에서 살아가는 정치적, 심리적 맥락을 어떤 방식으로 바꿔놓았을까요?

아렌트 이스라엘이라는 존재가 모든 걸 바꿔놓았다고 생각해요. 오늘날 유대인은 이스라엘을 중심으로 단결해요.[16] 유대인은 아일랜드인, 영국인, 프랑스인 등과 같은 방식으로 자신들에게도 국가, 즉 정치적 대표성이 있다고 느껴요. 이들에게는 고국뿐만 아니라 민족 국가도 있어요. 아랍인에 대한 유대인의 전반적 태도는 중부 유럽계 유대인이 어떤 생각이나 성찰 없이 거의 본능적으로 만든 이러한 동일시identification에 다분히 의존하죠. 즉, 국가는 모름지기 민족 국가여야만 한다는 거죠.

자, 이스라엘 또는 예전에 팔레스타인이었던 지역과 디아스포라 간의 관계는 전반적으로 바뀌었어요. 이스라엘은 이제 폴란드 지역의 약자들을 위한 피난처가 아니니까요. 폴란드에서 시온주의자는 가난한 유대인을 위해 부유한 유대인에게서 돈을 얻어내려고 애썼던 부류였어요. 오늘날 시온주의자는 세계 전역에 있는 유대인을 위한 유대 대표자들이

---

16 이 발언은 당시 일어난 사건, 즉 욤 키푸르 전쟁을 배경으로 이해해야 마땅하다. (편집자)

죠. 우리가 그걸 좋아하느냐 싫어하느냐 여부는 별개 문제죠. 그렇다고 해서 디아스포라 유대인이 이스라엘 정부와 항상 의견이 일치해야 한다는 뜻은 아니에요. 그건 정부가 아닌 '국가'에 관한 질문입니다. 국가가 존속하는 한 이 국가는 전 세계의 눈으로 볼 때 우리를 대표하고 있죠.

  에레라 10년 전, 프랑스 저자 조르주 프리드만Georges Friedmann은 《유대 민족의 종말Fin du peuple juif ?》[17]이라는 책을 집필했습니다. 여기서 그는 미래에 한편으로 신생 국가 이스라엘이 존재할 테고, 다른 한편으로 디아스포라의 땅에서 동화돼 차츰 자신의 유대인 정체성을 잃어갈 유대인이 존재할 거라고 결론 내렸죠. 이 가설을 어떻게 생각하는지요?

  아렌트 '이 가설Cette hypothèse'은 아주 그럴듯하게 들리지만 전혀 옳지 않다고 생각해요. 고대에 유대 국가가 여전히 존재하는 동안에도 이미 유대인 디아스포라가 있었음을 보세요. 여러 다른 형태의 정부와 국가가 있었던 수 세기를 거치면서, 실제로 수천 년의 세월을 견디며 살아남은 유일한 고대 민족인 유대인은 전혀 동화되지 않았어요. 유대인이 동화될 수 있었다면 이미 오래전에 동화되었겠죠. 로마 시대와 스페인 시대에도 그럴 기회가 있었고, 당연히 18세기와 19세기에도 동화될 기회가 있었죠. 한 민족, 한 집단은 스스로 목숨을 끊지 않아요. 프리드만 씨가 틀린 거죠. 그는 국적을 바꾸고 다른 문화를 흡수할 수 있는 지식인 부류가 전체 민족과 일치하지 않는다는 점을 이해하지 못했어요. 특히나 이들 지식인은 우리 모두가 알고 있는 법을 통해 이루어진 민족과 일치하지 않죠.

  유대인의 일부가 가진 "재능giftedness"은 역사적인 문제이며, 일부 역사가에게는 최우선 순위의 문제입니다. 사변적 설명의 위험을 감수하고 말하자면 우리는 고대에서부터 거의 원래 그대로 존속해온 유일한 민

---

17   Georges Friedmann, *Fin du peuple juif?*(Paris: Gallimard, 1965). (편집자)

족이자 유일한 유럽 민족입니다. 우리는 문맹을 전혀 몰랐던 유일한 종족이지요. 문해 능력 없이는 유대인이 될 수 없기에 우리는 항상 읽고 쓸 수 있었던 거죠. 여성은 남성보다 문해 능력 면에서 뒤처지긴 했지만 이들도 유대인이 아닌 여성들보다 훨씬 더 높은 문해 능력이 있었습니다. 엘리트들뿐 아니라 모든 유대인(계급, "재능", 지성과 관계없이 모든 사람)은 읽을 줄 알아야 했지요. 이는 우리가 유대인으로서의 정체성을 유지해왔음을 의미해요.

　　　에레라　유대인이 미국 사회에 동화된다는 것은 무슨 의미인가요?

　　　아렌트　글쎄요, 우리가 동화된 유대인에 관해 말할 때 그건 주위를 에워싼 문화에 동화되는 것을 뜻하는데 그런 건 존재하지 않아요. 이 나라에 있는 유대인이 누구에게 동화되어야 하는지 친절하게 설명 좀 해주시겠어요? 아일랜드인? 독일인? 프랑스인에게? 이 나라에 온 모든 사람에게?

　　　에레라　사람들이 미국의 유대인은 대단히 미국화됐다고 말할 때, 그러니까 그냥 미국인들이라고 하지 않고, '미국화된' 사람들이라고 말할 때 그들이 말하고자 하는 바는 무엇일까요?

　　　아렌트　이는 그들에게 생활 양식을 의미할 겁니다. 이들 유대인은 모두 대단히 훌륭한 미국 시민이에요. 이 말이 뜻하는 바는 그들의 사생활도, 사회생활도 아닌, 공적인 생활이에요. 그래서 오늘날 그들의 사생활과 사회생활은 전보다 더 유대적이죠. 엄청나게 많은 젊은 세대가 히브리어를 배워요. 히브리어를 전혀 모르는 부모에게서 태어났더라도요. 하지만 관건은 사실상 이스라엘입니다. 가장 중요한 질문은 당신은 이스라엘에 찬성하느냐 반대하느냐입니다.

　　　이 나라에 온 저희 세대에 속하는 독일계 유대인을 예로 들어보죠. 그들은 미국에 오자마자 아주 민족주의적인 유대인이 됐어요. 이전까지만 해도 저는 시온주의자였고 그들은 아니었는데도 저보다 훨씬 더 민족주의적인 인간이 됐죠. 저는 제 자신을 독일인이라고 말한 적이 단 한 번도 없어요. 저는 늘 제가 유대인이라고 말했어요. 그들은 이제 동화되었어요. 어디에요? 유대 공동체에요. 그들은 동화되는 데 익숙한 자들이니까요. 그들은 미국의 유대 공동체에 동화됐는데, 이건 그들이 새로운 개종자가 품는 열정을 품고서, 특히 민족주의적이면서 친이스라엘 성향이 강한 사람으로 변했음을 뜻해요.

에레라　역사를 통틀어 유대 민족의 생존을 보장해준 것은 주로 종교적인 종류의 결속이었습니다. 우리는 종교가 전체적으로 위기를 겪고 있는 시대에 살고 있으며, 사람들이 종교라는 족쇄를 풀려고 애쓰는 세계에 살고 있습니다. 이런 상황에서 현재 시기에 전 세계에 유대 민족의 단합을 이뤄낸 요소는 무엇인가요?

아렌트　이 주장과 관련해서 당신이 조금 틀렸다고 생각해요. 당신은 종교를 말하며 당연히 교리와 믿음의 종교인 기독교를 떠올리죠. 그런데 기독교의 그런 성격이 유대교에 오롯이 적용되지 않아요. 유대교는 민족과 종교가 일치하는 민족 종교예요. 예를 들어 유대인은 알다시피 세례를 인정하지 않으며, 이들에게 세례는 마치 일어나지 않았던 듯해요. 유대인은 유대인의 율법을 따르는 유대인으로 존재하길 절대로 멈추지 않아요. 누군가가 유대계 어머니에게서 태어나는 한(부계 혈통을 따르는 것은 금지되어 있습니다la recherche de la paternité est interdite) 그는 유대인이죠. 그래서 종교가 무엇인지에 대한 관념은 기독교라는 구체적이고 특수한 의미에서의 종교와 판이하며, 이는 종교라기보다는 생활 양식에 더 가깝죠. 가령 저는 유대식 가르침, 종교적 가르침을 받은 기억이 남아 있어요. 열네 살쯤에 저는 물론 선생님께 대들고 싶었고 그에게 뭔가 충격적인 말을 하고 싶었죠. 자리에서 일어나 "전 신을 믿지 않아요"라고 말했더니 선생님이 이러더군요. "누가 너한테 믿으라고 요구하던?"

에레라 1951년에 출간된 첫 저서의 제목은 《전체주의의 기원》이었습니다. 이 책에서 당신은 단순히 특정 현상을 묘사하는 데 그치지 않고 그 현상을 해명하려고 애썼어요. 그래서 이렇게 묻고 싶어요. 당신이 보기에 전체주의란 무엇인가요?

아렌트 '맞아요, 결국Oui, enfin' 다른 사람들은 동의하지 않을 특정한 구분 짓기로 시작하죠. 무엇보다 먼저 전체주의 독재 정권은 단순한 독재정도, 단순한 전제정도 아니죠. 전체주의는 우리가 가진 것에 대한 경멸에서 시작하죠. 2단계는 "어떻게 하든 사태는 변해야 한다"라는 생각입니다. 그 무엇도 지금 우리가 가진 것보다는 낮다는 거죠. 전체주의 운동은 이러한 종류의 대중 정서를 조직화하고 이를 조직화함으로써 표출하며, 이를 표출함으로써 대중이 그걸 바라게 합니다. 이것이 바로 많이 논의된 획일화Gleichschaltung라는 조정 과정이죠. 당신은 존재하는 권력이 아닌 이웃, 즉 다수의 대중과 함께 조정되는 거죠. 하지만 당신은 타인들과 소통하는 대신 이제 그들에 열광하게 되죠. 당연히 경이를 느끼겠죠. 한때 당신은 살인하지 말라는 말을 들었습니다. 이제 당신은 듣습니다. 살인하라고 말입니다. 살인하는 일이 지극히 어렵다고 생각하겠지만 당신은 살인을 자행합니다. 이제 그것이 당신의 행동 강령이 되었으니까요. 당신은 누구를 살해할지, 어떻게 살해할지, 이를 어떻게 함께 도모할지를 학습하게 돼요. 전체주의는 완전히 고립된 채 서로를 두려워하며 살아온 대중의 지극히 위험한 정서적 필요에 호소하죠.

저는 전체주의 정부를 분석할 때 이전에는 전혀 알려지지 않은 새로운 정부 형태로 분석하고자 했어요. 그래서 그런 정부의 주요 특징들을 열거하고자 했죠. 이들 특징 중 어제건 오늘이건 모든 전제정에 전혀 존재하지 않는 특징 한 가지를 상기시키고 싶군요. 바로 무고한 사람, 무고한 희생자의 역할입니다. 스탈린 치하에서 당신은 강제로 추방당하거나 살해당하는 데 그 어떤 일도 할 필요가 없었지요. 역사의 역동성에 따라 당신에게 어떤 역할이 부여되고, 그러면 당신이 무슨 일을 하든 말든 상관없이 이 역할을 담당하게 됩니다. 저는 이 점과 관련해서 이전의 어떤 정부도 "네"라고 했다고 해서 인민을 살해하지는 않는다고 말했어요. 보통 어떤 정부나 폭군들은 "아니오"라고 할 때 대중을 살해합니다. 수 세기 전에 중국에도 이와 대단히 유사한 말이 있었다는 이야기를 친구에게 들었어요. 즉, 주제넘게 찬동한 사람이 반대하는 사람보다 나을 게 없다는 말이었어요. 이는 당연히 전체주의의 전형적인 징후, 즉 인간에 의한 인간의 전체주의 지배입니다. 오늘날 이런 의미의 전체주의는 존재하지 않아요. 심지어 지금까지 알려진 최악의 전제 정치 국가인 러시아에서도 그래요. 러시아에서조차 추방당하거나 강제 노동 수용소a forced labor camp 에 구금되거나 정신병동에 강제 입원당하려면 무슨 일인가를 저질러야 해요.

대다수의 유럽 정부가 독재 정권 아래 있을 때 전체주의 체제가 탄생했다는 점에 주목하는 것은 흥미로울 수 있습니다. 독재라는 개념을 본래의 의미로 받아들인다면 이는 전제정이 아닙니다. 독재 정권에서는 보통 전시거나 내전 중이거나 이와 비슷한 비상사태의 경우에만 일시적으로 법을 중지시킵니다. 독재 정권이 시간의 제약하에 만들어졌다면 전제정은 그렇지 않습니다.

아렌트   제가《예루살렘의 아이히만》을 집필했을 때는 "악마가 기어 나온 자궁은 여전히 비옥하다Der Schoss ist fruchtbar noch, aus dem das kroch"

라는 브레히트의 구절을 몰랐지만, 제 주된 목적 중 하나는 악의 위대함과 악마의 힘에 대한 전설을 파괴해 인간이 리처드 3세나 맥베스 등과 같은 위대한 악역들에 품었던 경탄을 덜어주는 것이었죠. 저는 브레히트에게서 이 문장을 찾아냈어요. "거물 정치범들을 폭로해야 한다. 특히 폭소 앞에 폭로해야 한다. 이들은 거물 정치범이 아니라 거대한 정치 범죄를 저지른 자들로, 이 둘은 전혀 다르다. 히틀러가 벌인 일의 실패가 그가 백치였음을 가리키지는 않는다." 보다시피 히틀러가 백치라는 건 물론 자신이 정권을 장악하기 전에 반대파 전체가 가진 선입견이었죠. 따라서 수많은 책이 히틀러를 옹호하며 그를 위대한 인물로 만들려고 애썼죠. 그래서 브레히트는 "히틀러가 실패했음이 그가 백치임을 가리키지도 않았고, 그가 벌인 일의 정도가 그를 위대한 인물로 만들어주지도 않는다"라고 말했죠. 다시 말해서, 그는 백치도 위인도 아니었던 거죠. 어리석음과 위대함에 대한 이 분류는 적용되지 않아요. 브레히트는 말하죠. "조무래기 사기꾼이 위대한 사기꾼이 되는 것을 지배 계급이 용인한다면, 그는 우리의 역사적 관점에서 볼 때 특권적 위치에 설 자격이 없다. 다시 말해서, 그가 위대한 사기꾼이 됐다는 사실과 그가 한 일이 엄청난 결과를 낳았다는 사실이 그의 위상을 높이지는 않는다." 일반적으로 말해서 브레히트는 이처럼 상당히 무모한 발언에 다음과 같은 논평을 덧붙입니다. "비극은 인류가 겪는 고통을 희극보다 덜 진지한 방식으로 다룬다고 할 수 있다."

물론 이는 충격적인 주장이죠. 동시에 전적으로 맞는 말이라 생각해요. 정말로 필요한 부분은 제가 이러한 상황에서도 진실성을 견지하고자 한다면 그러한 사안을 살피던 제 오랜 방식을 기억하고 다음과 같이 말할 때에만 그렇게 할 수 있다는 거죠. '그가 무슨 일을 하건, 설령 1,000만 명을 죽였더라도 그는 여전히 어릿광대입니다.'

에레라 아이히만 재판에 관한 저술이 출간되자 아주 격렬한 반응이 일어났죠. 왜 그런 반응이 있었을까요?

아렌트 글쎄요, 앞서 말했듯 이 논란은 부분적으로는 제가 관료제를 공격했다는 사실에서 야기됐어요. 만약 당신이 관료제를 공격한다면, 이 관료제가 자기를 방어하고 당신에게 반격하리라는 점에 대비하는게 좋습니다. 관료제가 당신을 공격할 것이며, 당신을 참을 수 없는 사람처럼 보이게 만들 것이며, 그에 수반되는 다른 모든 일을 시도할 겁니다. 그건 다소 더러운 정치적 업무예요. 자, 저는 이 문제를 가지고서 어떤 논쟁도 하지 않았어요. 하지만 그들이 논쟁하지 않았고 이런 캠페인을 조직하지 않았다고 추정해보세요. 그렇더라도 이 책에 대한 반대는 여전히 격렬했을걸요. 유대인들이 불쾌감을 느꼈기 때문이에요. 지금 저는 제가 정말로 존중하는 인사들을 말하고 있어요. 따라서 저는 이들의 반대를 이해할 수 있어요. 그들은 브레히트가 거론한 것, 즉 폭소 때문에 불쾌감을 느꼈어요. 당시 제 폭소는 일종의 순수한 폭소였지요. 저는 제 폭소에 대해 반성하지 않습니다. 제가 본 것은 어릿광대였거든요.

아이히만은 자신이 유대인 전체에게 저지른 그 어떤 일에 대해서도 괴로워하지 않았어요. 하지만 그런 그도 한 가지 사소한 사건에는 괴로워했어요. 빈에서 유대 공동체 의장을 심문하다가 그 사람 뺨을 갈긴 일이었죠. 뺨을 맞는 일보다 훨씬 더 나쁜 많은 일이 유대인에게 일어나고 있었다는 걸 신은 다 아는데요. 하지만 그는 뺨을 때린 자기 자신을 절대 묵과하지 않았고, 그걸 대단히 그릇된 일이라고 생각했어요. 말하자면 그는 침착성을 잃었던 거죠.

에레라 나치즘과 관련해, 예를 들어 소설적 방식으로 종종 나치 지도자들과 그들이 저지른 범행을 기술하며 이들을 인간화하려 하고, 그럼으로써 간접적으로 이들을 정당화하려는 문학 작품이 등장하는데 왜 그렇다고 생각하십니까? 이런 종류의 출판물이 순전히 상업적이라고 생각하나요, 아니면 그보다 더 깊은 의미가 있다고 생각하나요?

아렌트 이러한 문학에 '시니피카시옹-signification'[18]이 있다고 생각해요. 그런 작품은 한번 일어난 일이 재발할 수 있음을 보여줍니다. 저는 이게 전적으로 옳다고 믿어요. 보세요, 참주정은 인류 역사의 아주 이른 시기에 발견되었고, 그 시기에 정치적 삶에 해롭다고 확인되었어요. 그런데 참주정은 어떤 참주가 참주가 되는 것을 전혀 막지 못했어요. 네로Nero도, 칼리굴라Caligula도 막지 못했어요. 그리고 네로와 칼리굴라의 사례는 정치 과정에 대한 범죄의 대규모 침입이 '인간적' 삶에 무엇을 의미하는지에 대한 훨씬 더 가까이 있는 사례들을 막지 못했지요.

(1973)

---

18 '의미 작용'이라는 뜻이다. (옮긴이)

공적 권리와 사적 이익
찰스 프랭클에 대한 답변

찰스 프랭클Charles Frankel[1]과 나 사이에 일치하는 부분이 많다. 그래서 내가 제기할 질문들은 거의 보편적 합의가 존재하는 현안들에 관한 일반적 성격이 될 것이다. 내가 도전하고 싶은 지점은 이 합의다.

첫 번째 질문은 이 부문 논문들의 제목과 관련이 있는데, 이는 프랭클의 논문 〈사적 권리와 공적 선Private Rights and the Public Good〉에서 빌려온 제목이다. 이 논문은 공적 영역에 권리가 존재하지 않았듯이 우리의 권리는 사적이고, 우리의 의무는 공적이라 가정한다. 이는 여러 세기 동안, 심지어 우리 시대에도 서구에서 표준적인 수사학이었다고 할 수 있는데, 나는 그 가정에 도전해야겠다. 내 생각에 우리가 개인으로서 지닌 '사적' 권리와 시민으로서 지닌 '공적' 권리를 구분할 필요가 있기 때문이다. 가족이라는 사생활을 가진 모든 개인은 삶의 필연성에 종속되며 자신의 사적 이해를 추구할 때 보호받을 권리가 있다. 하지만 시민권 덕분에 그는 사적 삶에 더해서 일종의 제2의 삶을 얻는다. 사적인 것과 공적인 것, 이 두 부문은 각 경우의 목표와 주요 관심사가 다르기에 분리해서 고려해야

---

1 사회 철학자이자 린든 존슨 내각의 국무성 차관이었고 국립인문학센터 창립소장이었다. (편집자)

한다.

인간은 평생 두 가지 다른 실존 질서 내에서 끊임없이 움직인다. 그는 자기 '자신'의 영역 내에서 움직이며, 또한 자신과 동료 인간들에게 '공통된' 영역 내에서 움직인다. 시민의 관심사인 "공공선public good"은 사실 공동선common good이다. 공공선은 우리가 세계를 '소유하지 않고서' 공유하고 있는 바로 '이 세계'에 국한되어 있기 때문이다. 꽤 자주 이는 우리의 사적 존재에서 그 자체를 선으로 생각할 수 있는 모든 것과 대립될 것이다. 공적, 정치적 영역에서 사적 이익을 무모하게 추구하는 일은 공공선에 해롭다. 이는 마치 시민의 사적 삶을 규제하려는 정부의 오만한 시도가 사적 행복에 해로운 것과 같다.

18세기에 공동 세계에서 이러한 제2의 삶은 "공적 행복"을 제공할 수 있는 것으로 특징지어졌다. 공적 행복이란 자신의 사적 행복과 별도로 공적으로만 이룰 수 있는 행복이다. 근대의 삶에서 "공적 행복"을 누릴 가능성이 줄어든 것은 지난 두 세기 동안 공적 영역이 축소되었기 때문이다. 기표소는 한 사람만을 수용하기에 이는 거의 '공적' 공간이라고 부를 수 없다. 사실 오늘날 시민이 여전히 시민으로서 기능할 수 있는 유일한 방법은 배심원 역할을 하는 것뿐이다.

따라서 내 첫 질문은 다음과 같이 표현할 수 있다. 사적 개인과 시민이 같지 않다고 가정할 때 우리는 여전히 자신의 공적 권리를 행사하는가? 헌법은 수정 헌법 제1조에서 그러한 권리를 규정하고 있다. 이는 "평화롭게 집회할 국민의 권리", 즉 언론 자유의 권리와 관련된 것으로 간주되며 똑같이 기본적인 권리다. 이 권리는 "자발적 결사"에 여전히 존속한다. 1960년대의 시민 불복종 단체가 자발적 결사의 탁월한 예시였지만 이러한 결사는 로비 활동, 즉 공적·정치적 영향력을 위한 '사적' 이해 집단 조직으로 전락하기도 했다.

사적인 것과 공적인 것 사이에서 내가 한 구분은 인간이 이동하는 장소성locality에 좌우됨이 분명하다. 예를 들어 의사가 한편으로는 병원에서, 다른 한편으로는 저녁 사교 모임에서 서로 다른 권리, 의무, 자유, 제약을 지닌다는 것은 누구도 의심하지 않는다. 또는 배심원의 사례를 들어보자. 일단 배심원단의 구성원이 되면 갑자기 한 개인은 불편부당하고 모든 이해에서 거리를 두어야 한다. 우리는 모든 개인이 배경, 교육, 사적 이해와 무관하게 이러한 불편부당성impartiality을 견지할 수 있다고 가정한다. 배심원단을 구성하기 위해 많은 개개인은 '평등해져야' 한다. 인민은 평등하게 태어나지 않았고 사적 삶에서도 평등하지 않기 때문이다. 평등은 항상 차이의 평등화를 의미한다. 예를 들어, 사회에서 우리는 종종 법을 위대한 평형자equalizer라고 말한다. 법 앞에서 우리는 평등하다. 종교에서 우리는 그 앞에서 모두가 평등한 신에 대해 말한다. 또는 죽음 앞에서 우리가 평등하다거나 일반적으로 인간의 조건이 우리를 평등하게 한다고 말한다. 평등에 관해 이야기할 때 우리는 항상 무엇이 우리를 평등하게 하는지를 물어야 한다.

배심원들은 임무와 장소에 의해 평등해진다. 아주 다른 배경과 사회적 계층에서 선출되었어도 배심원의 임무를 통해 정당원이나 친구가 아닌 동료로서 행동하게 된다. 이들은 자신에게 전혀 사적 이해가 없는 사안을 다룬다. 사적 개인으로서 이들은 이해관계가 없는 것에 대해 관심을 가진다. 배심원들은 자신들 앞에 놓인 사건, 자신들 밖의 무엇에 대한 관심을 공유한다. 배심원들에게 공통적인 점은 주관적이지 않은 무엇이다. 나는 이 사실이 매우 중요하다고 생각한다.

내 두 번째 질문은 첫 번째 질문과 관련이 있다. 이 두 번째 시리즈 논평집의 작업 전제는 사회의 지속적인 도전이 개별 시민의 권리를 침해하지 않고서 공공선을 돌보는 것이며 다행히도 이 두 이해가 종종 일치한다는 점이었다. 이 일치는 사실 "이해 조화"의 기본 전제다. 여기서 가정은 "계몽된 이기심enlightened self-interest"이 반대되는 사적 이해를 자동으로 조정한다는 점이다.

우리가 "계몽된 이기심"을 "공동선에 대한 관심"으로 이해한다면 그런 것은 존재하지 않는다고 나는 주장할 것이다. 이를 공유하는 개개인의 다원성과 관련한 공동선의 주요 특징은 어떤 한 개인의 삶보다 훨씬 더 오래 지속된다는 점이다. 개별 필멸자의 이익과 그들이 살고 있는 공동 세계의 이익 사이에는 본질적인 갈등이 존재한다. 이 갈등의 근원은 개별적 이익의 압도적인 '긴급성'에 있다. 공동선을 인식하고 포용하려면 계몽된 이기심이 아니라 '불편부당성'이 필요하다. 하지만 불편부당성은 매 순간 이기심의 저항을 받는다. 이기심은 항상 공동선보다 더 긴급해 보이기 때문이다. 그 이유는 아주 간단하다. 이러한 긴급성이 가장 사적인 것, 즉 삶의 과정 자체의 이익을 보호하기 때문이다. 개인들로서 우리에게는 우리 삶의 사적 요소, 즉 삶 자체가 최상의 선이며 이것만이 최상의 선이 될 수 있다.

아주 최근까지 삶의 필요성에 속하는 부분은 모두 사생활의 어둠 속에 감춰져 있었다. 하지만 우리는 최근에 모든 사안이 공적이어야 한다고 결정한 듯 보이는데 나는 이것이 얼마나 현명한 일인지 확신이 안 선다. 하지만 삶의 과정, 특히 아이를 양육하는 과정에는 일말의 어둠이 요구된다. 공적 공간은 이것이 어떤 이점이 있든 우리 중 그 누구도 항상 견딜 수 없는 방식으로 개인을 무자비하게 노출한다. 우리에게는 무엇보다도 숨을 수 있는 적절한 사적 공간이 필요하다. 모든 사적 사안, 우리의 가족과 친구를 위해 그러한 공간이 필요하다. 우리는 18세기 이후 신성불가침으로 여기는 거대한 친밀감의 공간을 획득했다. 마땅히 그럴 만했다. 그러나 우리가 시민으로서 행동할 때 희생하기를 요구받는 것이 바로 이 공간이다.

공공의 이익은 삶의 필연성과 필멸자에게 주어진 제한된 시간으로 결정되는 개인적 이익의 희생을 항상 요구한다. 공동 복지를 위한 개인 이익의 필수적인 희생(가장 극단적인 경우 생명의 희생)은 공적 행복, 즉 인간이 공적 영역에서만 경험할 수 있는 종류의 행복으로 보상받는다.[2]

그렇다면 내 두 번째 질문은 다음과 같다. 시민인 개개인의 사적 권리는 어떠한가? 한 개인의 사적 이익과 권리는 우리가 시민으로서 요구할 권리가 있는 것과 어떻게 조화될 수 있는가? 매우 중요한 사적 권리 중 하나는 "혼자 있을 권리"(브랜다이스Brandeis)다. 이는 절대 당연한 권리가 아니다. 그 기원은 기독교도다. "그러므로 카이사르의 것은 카이사르에게, 하나님의 것은 하나님께 돌려드리십시오"(《마태복음》 22장 21절). "공공의 것res publica 보다 더 생소한 것은 없다"(테르툴리아누스). 또는 간단히 말해 "당신 일에나 신경 쓰시오." 기독교인들은 자기 일에 신경을 썼던 사람들이기 때문이다. 확실히 그들의 이유는 이제 우리의 이유가 아니다. 기독교인들의 이유는 자신의 영혼을 구하는 일에 할애할 수 있는 모든 시간이 필요했기에 이들에게 정치는 사치였다는 점이었다. 사실 자유, 정치

---

2   아렌트는 이전 논문에서 공적 영역과 "진리의 시각"을 구분한다. 이는 마치 그가 여기서 "공적 권리"와 "사적 이해"를 구분하는 듯하다. 두 경우에서 그는 공적 삶에 대한 인간의 중력을 밝히는 일을 의도적으로 생략한다. 이전 논문에서 아렌트는 여기서 반복될 소지가 있는 자신의 생략에 주목한다. "나는 …… 정치 영역 외부의 관점에서 정치를 다루었기에 정치 영역 내부에서 진행되는 것의 위대성과 존엄을 …… 언급하는 데 실패했다. …… 이러한 시각에서 정치적 삶의 실제 내용, 즉 우리 동료들과 함께 있음, 함께 행위하며 공중에 나타남, 말과 행동으로 우리 자신을 세계에 끼워 넣어 결국은 우리의 사적 정체성을 확보하고 유지하며 전혀 새로운 뭔가를 시작하는 것에서 유래하는 즐거움과 감사를 자각하지 못하게 된다"(한나 아렌트, 《과거와 미래 사이》, pp. 352~353에서 인용). (편집자)

적 삶, 시민의 삶, 즉 내가 말해온 "공적 행복"은 '사치다.' 공적 행복이란 우리가 삶의 과정의 요구 조건이 충족된 후에야 이룰 수 있는 '부가적' 행복이다.

그래서 우리가 평등에 대해 논의한다면 질문은 항상 다음과 같다. 우리가 가난한 사람들의 사적 삶을 얼마나 바꿔야 하는가? 다른 말로, 가난한 사람들이 공적 행복을 누릴 수 있도록 하기 위해 얼마나 많은 돈을 그들에게 제공해야 하는가? 교육은 아주 훌륭하지만 실제적인 것은 돈이다. 이들은 공적 삶을 누릴 수 있을 때야 공적 선을 위해서 기꺼이 희생할 수 있다. 아직 시민이 아닌 개인에게 희생을 요구하는 일은 삶의 과정의 긴급성을 고려할 때 그들이 가지고 있지도 않고 가질 수도 없는 이상주의를 요구하는 것이다. 가난한 사람들에게 이상주의를 요구하기 전에 먼저 그들을 시민이 되게 해야 한다. 이는 그들이 공적 삶을 누릴 수 있도록 그들의 사적 삶의 환경을 바꾸어놓는 것을 포함한다.

그러나 자기 영혼의 구원에 관심이 있는 사람만이 아니라 오늘날 많은 사람이 혼자 남아 있기를 요구한다. 사실 이는 요구되고 있는 새로운 자유, 즉 공적 삶에 의무적으로 참여하지 않을 권리다. 이 권리는 배심원으로서 봉사할 의무나 투표할 의무처럼 매우 기본적인 무엇이다. 우리가 그림을 그리는 데 시간 쓰기를 소망하고 전체 공동체가 부패하도록 내버려둔다면 우리는 이러한 자유를 지녔다고 느낀다. 그러나 다시 말하지만, 이 자유가 절대 당연하지는 않다. 아마도 우리가 정부의 상대적 자유를 판단할 수 있는 사안도 아닐 것이다. 예를 들어, 알렉산드르 솔제니친 Aleksandr Solzhenitsyn[3]의 사례를 생각해보라. 솔제니친은 남의 일에 신경을 썼

---

3   러시아 작가로 《이반 데니소비치의 하루 *One Day in the Life of Ivan Denisovich*》 (1962)와 이후 작품은 아렌트에게 매우 중요하다. (편집자)

고 그 이유로 정부와 갈등을 빚었다. 바꾸어 말하면 소비에트 연방은 더는 스탈린주의가 아니다. 스탈린 치하에서는 사람들이 남의 일에 신경 쓰지 않으면 마치 정부에 반대한 것처럼 노동 수용소(실제로는 절멸 수용소였다)에 보내졌다. 사실 스탈린주의 공포는 모든 정치적 반대파가 숙청된 후에야 최대의 추진력을 얻었다. 하지만 오늘날 소비에트 연방에서 남의 일에 신경 쓰지 않는 사적 개인은 정부와 아무런 갈등 없이 살아갈 수 있다. 정부는 전제적이어서 정치적 삶을 허용하지 않는다. 하지만 이 정부는 이제 전체주의적이지 않다. 즉, 사적 삶의 전체 영역을 제거하지 않았다. 솔제니친의 곤경은 그가 사적 권리가 아닌 '정치적' 권리를 요구할 때 발생했다.

사적 권리가 신성불가침이라는 개념은 로마에 그 기원을 두고 있다. 그리스는 이디온idion과 코이논koinon, 자기 자신의 것과 공통적인 것을 구분했다. 전자의 용어가 그리스어를 포함한 모든 언어에서 이디오시idiocy라는 단어의 뿌리가 되었다는 점은 흥미롭다. 바보idiot는 자기 집에서만 살면서 자기 자신의 삶과 필수품에만 관심이 있는 사람이다. 그다음 참으로 자유로운 국가, 즉 특정한 자유를 존중할 뿐만 아니라 진정으로 자유로운 국가는 이러한 의미에서 누구도 바보가 아닌 국가다. 다시 말해, 모든 사람이 공통적인 사안에 이러저러한 방식으로 참여하는 국가다.

그러나 로마인은 자신의 재산을 구획 짓는 높은 담장을 통해서 사적 영역의 신성함을 최초로 주장했다. 사적 권리가 신성하다는 개념은 집과 가정에 대한 로마인의 관심, 즉 가정과 집에 대한 사적 숭배는 공적 숭배만큼 신성하다는 그들의 주장에서 유래했다. 실제로 자기 집을 가진 사람만이 공적 삶에 관여할 수 있다고 간주되었다. 다시 말해서 사적 소유는 공적 사안에 참여하기 위한 필수 조건이었다. 이는 두 가지 사실을 함축하고 있다. 첫째, 삶의 필연적 요소는 사적이며 공개적으로 보이기에 적합하지 않다. 둘째, 삶은 신성불가침이다. 이러한 삶의 주요 특징은 바로 공적 영역의 눈부신 빛에서 보호받는다는 것이다. 공적인 것의 주요 특징이 조명이라면 이는 모든 것을 사방에 드러내는 빛과 같아서, 예를 들어 어떤 문제의 모든 측면을 선명히 드러내 보인다. 공적인 것은 사적 삶의 어둠과 반대편에 놓여 있다. 이 두 가지 특징은 모두 좋은 사회의 기본인 반면에, 어둠은 삶 자체의 필수 조건이다. 근대에 들어 공적 영역이 축소되면서 사적 영역은 매우 크게 확장되었고, 이 확장을 가리키는 단어는 앞에서 언급했듯이 '친밀성intimacy'이다. 오늘날 사적 삶의 전반이 다시금 크게 위협받고 있으며, 위협은 정부보다는 사회에서 발생하는 것으로 보인다. 하지만 정부가 우리의 공적 권리, 즉 공적 행복에 대한 우리의 권리를 위협하는 반면에 근대 생산의 필수 요소를 고려할 때 우리의 사적 이익과 권리는 아주 잘 조직화되어 공적 영역에 효과적으로 영향력을 행사한다. 사적 삶을 위한 제1조건은 소유property와 다른 소유권ownership이다. 자본주의 체제도 사회주의 체제도 더는 소유권을 존중하지 않지만, 두 체제 모두 다른 방식으로 획득을 존중한다. 화폐의 인플레이션과 평가절하는 자본주의적 착취 양식이다. 따라서 우리의 문제 중 하나는 근대 생산의 조건에서 사적 개인들의 소유권을 회복하는 방법을 찾는 일이다.

자유에 필수적인 요소는 부가 아니다. 필수적인 요소는 안전과 공적인 것의 요구에서 보호받는 자기만의 장소다. 공적 영역의 필수적인 요소는 가장 야만적이고 공격적인 형태로 그 영역에 침범해온 사적 이익에서 보호받는 것이다.

(1974)

《정신의 삶》머리말 [1]

제가 이번 가을 학기에 제안한 연속 강좌는 원래 "철학자"로서 이야기해주길 요청받은 또 다른 강의를 위해 준비했는데, 일부는 이미 그곳에서 진행했습니다.[2] 그러니까 저는 사유하기를 선호하면서도 메를로퐁티Maurice Merleau-Ponty가 표현했듯이 "자신이 아무것도 모른다는 사실을 아는"(〈철학의 예찬In Praise of Philosophy〉 p. 17) 사람으로서, 즉 소크라테스처럼 가르칠 게 아무것도 없는 사람으로서 이야기해야 했습니다. 모든 의미에서 비학술적인 이러한 시도에 대해 몇 말씀 드려야 할 게 있습니다. 이 시도가 아마도 뭔가를 배우고자 여기에 왔을 여러분과 분명히 가르쳐야 하는 저 사이의 관계 그 자체를 건드리고 있어서입니다.

실로 철학을 가르치고 배울 수 있는 정당한 방식이 상당히 많이 있고 이런 목적을 위한 학교는 고대부터 존재해왔지요. 중세에 대학이 태동하고 번창한 이후 학교 교육은 주로 신학자, 철학자처럼 위대한 사상가

---

1   이 글은 아렌트가 뉴스쿨 사회과학대학원에서 1974년 가을 학기 개설 강좌인 '사유Thinking'에 등록한 수강생과 청강생에게 강의한 미출간 머리말의 편집본이다. 아렌트가 "교수자"의 입장에서 진행 중인 자신의 작업을 아주 사적으로 음미한 글은 아마 그 어디에도 없을 것이다. (편집자)

2   스코틀랜드의 에든버러에서 열린 기포드 강의를 가리킨다. (편집자)

들의 해석이나 우리 시대의 분석학파가 마지막 또는 가장 최근의 계승자인 논리 연습으로 이루어졌습니다. 사실 이들 분야에는 가르쳐야 할 것도 많고 배워야 할 것도 많습니다. "자신이 아무것도 모른다는 사실을 아는" 사람은 이러한 학교 교육에 매이지 않습니다. 그럼에도 철학은 심지어 이정당한 탐구 방식들에서조차 흥미로운 주제로 남아 있습니다. 사람들이 여러 세기에 걸쳐 그 텍스트를 가르치고 학습해온 모든 철학자 중 분명 최고인 플라톤은 다음과 같이 말했습니다. "우리 모두는 꿈에서 사물을 보고 이를 완벽히 안다고 생각하다가 깨어나서 자신이 아무것도 모름을 깨닫는 사람과 같다"(《정치가Statesman》 277d). 저는 제 요지를 문서로 증명할 수 있을 만큼 박식하지는 않지만, 위대한 사상가 중에서 자기 생애 말년에 그 밖의 다른 많은 것에 대해서처럼 이 말에 대해 플라톤에 동의하지 않았을 사람은 없으리라고 추측합니다(결국에는 교육받은 추측입니다).

요컨대, 여러분 중 여기서 뭔가 가르침을 받고 공부하기 위해서 온 분들은 실망할 것입니다. 참고 문헌에 현혹되지 마시길 바랍니다.[3] 한 학기 동안 이 책들을 모두 읽기를 기대하는 건 순전히 미친 짓입니다. 저는 단지 이러한 시도에 특별히 도움이 될 책들을 보여주기 위해서 이 목록을 작성했을 뿐입니다. 여러분이 이들 문헌의 다수에 이미 친숙해져 있기를 바랍니다. 저는 연대 순서가 아닌 알파벳 순서로 그 책들을 나열했습니다. 이는 세대를 통해서 전승되어온 관념들이 고유의 본래 성격에 따라 발전한다고 가정하는 철학사가들의 의심에 주목하지 않고 우리가 수세기를 자유롭게 뛰어넘을 것임을 보여줍니다.

---

3 여기에 참고 문헌을 싣는 대신에 이에 관심 있는 분은 바드칼리지의 스티븐슨도서관에 잘 비치된 아렌트의 개인 도서관을 방문하기를 제안한다. 그녀는 사망 전 몇 해에 걸쳐 수백 권의 책을 기증하면서 장서들을 정리했다. 아렌트는 소장하고 있던 도서를 바탕으로 이 강좌 참고 문헌을 구성하고 확대했다. (편집자)

우리의 도약을 염두에 두는 범위에서 관념의 역사보다는 '사건들' 의 역사에서 우리의 방향을 설정하겠습니다. 이 서양 문명의 정치사는 세계의 갑작스러운 변화, 제국, 국가, 문화의 흥망성쇠로 발생한 단절들로 가득합니다. 고전 고대에서 서력기원의 처음 몇 세기까지, 로마의 쇠퇴에서 바바리아족의 침공 및 비잔틴의 흥기까지, 로마의 몰락에서 진정한 암흑시대까지, 이로부터 중세와 르네상스의 긴 세기에 이르는 이야기는 갑작스럽게 근대로 이어집니다. 그리고 근대는 우리 시대에 들어 갑자기 종결되었습니다. 글쎄요, 헤겔과 마르크스라 할지라도 이 이야기는 마치 불변의 필연성을 지닌 획일적인 역사 법칙에 따라 이루어진 것처럼 단숨에 말할 수 없습니다. 여전히 이 이야기는 다수의 불일치와 순전한 우연에 둘러싸였을지라도 확실히 연속성이 아예 없지는 않습니다. 이 연속성은 이론적 가정이 아니라 사실인 한에서 '전통'이라고 부릅니다. 이 전통은 기원상 로마, 즉 로마 공화국 말기의 신중한 정신적 산물입니다. 로마의 복원력은 월등하다고 판명되었으며, 고대 학습의 거듭된 복원으로 시대 간의 단절을 이을 자양분을 제공했습니다. 교과서에서 "르네상스"라고 불리는 것은 마지막 에피소드일 뿐이며, 스콜라 철학이라고 불린 이전의 유사한 부활과 함께 종결되고 여전히 긴밀하게 관련되어 있습니다. 이 철학은 암흑시대 이후 카롤링거 르네상스에서 발전했습니다. 다른 말로 표현하면 역사에서 연속성에 대한 유일한 보장은 전통이며 이는 무엇보다도 학문적인 문제입니다. 전통은 '학습'에 의존합니다.

여러분은 지금까지 제가 헤겔주의자도 마르크스주의자도 아니며 어떤 역사 법칙도 믿지 않는다는 사실을 짐작했으리라 봅니다. 여기서 우리의 목적상 더욱 중요한 점은 제가 전통, 즉 서구 역사의 정신적 연속성이 무너졌으며 좋든 싫든 그 가닥의 단절이 재생 불능하다고 생각한다는 사실입니다. 확실히 여기에는 여러 불리한 측면이 있습니다. 우리의 지적 분위기는 점차 엄청난 양의 끔찍한 난센스로 채워지고 있습니다. 인간 생명의 유한성 때문만이 아니라 옳고 그름을 판별할 공인된 기준이 없기 때문에 이 난센스를 부인하는 것은 어리석습니다. 다른 한편, 우리의 세기(20세기)만큼 예술 분야와 과학 분야에서 풍요롭고 비옥한 세기는 거의 없습니다. 적어도 20세기의 처음 50년 동안 예술가와 과학자들은 갑자기 자신들의 수많은 전통적 개념을 버리기 시작했지요. 이와 아주 흡사한 것이 철학에서도 시작되었는데, 이에 대해서는 첫 번째 입문 강의에서 간략히 논의할 것입니다.

강의 서두에서 한 가지만 강조하고자 합니다. 즉, 이 강좌는 '사유'의 본질 및 경험에 관한 질문으로 구성된다는 점입니다. 대 카토의 말("인간은 아무것도 하지 않을 때 가장 활동적이며 혼자 있을 때 가장 외롭지 않다")[4]에서 힌트를 얻어 제가 제기하는 질문은 다음과 같이 간단합니다. 우리가 '사유할' 때, 즉 우리가 어떤 것도 '행함'이 없이 '활동적'일 때 우리는 무엇을 하고 있습니까? 우리가 외롭지 않게 홀로 있을 때 우리는 어디에 있습니까? 이러한 질문을 제기하려면 전통적인 답을 모두 버려야 할지 모릅니다. 물론 카토 자신은 철학자가 아니라 정치가였습니다. 그렇다고 해도 칸트가 "전문 직업 사상가"라 부른 사람들의 자문을 구하지 않고 자신의 경험에만 의존하는 일은 무모합니다. 하지만 여러분은 자문을 구하는 데서 훨씬 더 나아간다는 사실을 알게 될 겁니다. 저는 완전히 자유롭다고 느꼈고, 전통 및 연대기적 질서에서 자유롭다고 느꼈으며, 또한 이른바 전문 영역에서 해방되었다고 느꼈습니다. 철학자뿐만 아니라 시인 및 과학자의 자문도 구했습니다. 방법을 따르지 않는 접근에서 제기될 수 있

---

4 "numquam se plus agere quam nihil cum ageret, numquam minus solum esse quam cum solus esset."

는 심각한 반대, 즉 제가 이 사안들에 대해 제 경험을 확증하는 것만을 활용한다는 점을 충분히 자각하고 있습니다. 이 반대가 타당하다고 생각하지 않는 이유는 제가 말해야 하는 것에 대해 일반적인 타당성을 주장하지 않아서입니다. 제 명제들이 검증 가능한 과학적 진술은 아닙니다.

　　끝으로 저는 여러분보다 훨씬 연장자이기에 당연히 더 많은 책을 읽었습니다. 저는 여러분과 기꺼이, 아니 열렬하게 제 텍스트를 두고 논의할 준비가 되어 있습니다. 여러분 중에 저를 아는 분은 알겠지만 이는 제가 한 번도 해본 적 없는 일입니다. 여러분은 여기서 조그마한 무엇, 즉 약간의 지식을 배울 수 있고 아마도 몇 가지 정보를 얻을 수 있을 겁니다. 하지만 이는 우리가 하고자 하는 사안과 관련해 부수적이고 미미할 것입니다.[5]

(1974)

5　이 강의 머리말은 몇 개의 "세부 지침"으로 끝난다. 이는 예상 학생의 참여, (이전의 학생 및 나이와 직업을 불문하고 관심 있는 수강생들, 항상 아렌트 강좌를 청강했던 대다수를 포함한) 청강생이 아닌 등록한 수강생에게 주어진 특전, 무료 프로 세미나의 이용 가능성, 강좌에 참여하는 학생들의 학점 취득에 필요한 요건을 포함하고 있다. 이 학생들에게는 저자별로, 세기별로 확인해야 하는 다양한 인용문으로 짜인 시험이 주어진다 (전통에 대한 이해가 전통의 종결을 깨닫는 필수 요건임을 이해한 아렌트 본연의 시험이다). 또 다른 시험 형태는 이들 인용문 중 하나나 그 이상에 관해 서술하는 에세이다. 이 머리말에 있는 세 번째 주에서 언급한 참고 문헌과 시험 문제는 워싱턴 D. C.에 있는 의회도서관의 원고 분과에 비치된 아렌트의 자료에서 찾아볼 수 있다. (편집자)

전환[1]

    이 저작의 다음 편에서는 다른 두 가지 기본적 정신 활동인 의지와 판단을 다룬다. 시간 분석의 관점에서 볼 때 의지와 판단은 아직 존재하지 않거나no yet 더는 존재하지 않기no more에 비존재의 사안들이라 하는 것과 관련이 있다. 하지만 모든 경험에서 비가시성 및 보편자를 다루는 사유 활동과 대조되는 의지와 판단은 항상 특수자들을 다루며, 이 점에서 현상의 세계에 훨씬 더 가까이 있다. 우리가 목적성을 띠지 않은 의미 탐구, 즉 분명 "비사물無, nothing에 좋은" 활동을 추구하는 이성의 필요성을 통해 결정적으로 상처받은 우리의 공통감을 진정시키고자 한다면, 사유는 존재하게 될 것을 결정하고 더는 존재하지 않는 것을 평가하기 위

---

1   아렌트의 유작《정신의 삶》의 1권인《사유 *Thinking*》의 원고는 "전환"이라 불리는 절로 끝난다. 이 절은 이유는 알 수 없지만 1978년 출간된 판본에서 "후기Postscriptum"로 변경되었고 10쪽 분량에서 4쪽 분량으로 축약되었다. 여기서 단순히 삭제된 페이지만 출간하고 싶은 유혹이 있었으나 아렌트가 집필한 대로 전 분량의 "전환"을 출간하는 편이 바람직하다고 판단했다. 이전에 출간된 4쪽 분량의 자료는 전체 원고에 흩어져 있다. 이렇게 한 주요 이유는 (초기 편집 작업에 대한 가능한 이유 때문이기도 한데) 아렌트의 죽음으로《판단》을 집필하지 못한 데 대한 관심이 높아졌기 때문이다.《판단》은 아마도《정신의 삶》의 3권이 되었을 법하다. 다음의 "전환"에서는 이전에 출간된 "후기"보다 사유와 의지의 활동과 관련해서 판단의 활동에 대해 확실히 더 많이 논의하고 있다. (편집자)

한 불가피한 예비 단계이며 따라서 우리의 판단에 따른다는 사실만을 근거로 사유의 필요성을 정당화하는 일은 참으로 유혹적일 것이다. 그럼으로써 판단은 순서상 의지에 대한 예비 단계일 뿐이다. 이러한 사유는 실제로 어떤 관점이며, 어느 한도 내에서는, 인간이 행위하는 존재인 한 인간의 정당한 관점이다.

그러나 사유 활동이 실질적으로 무용하다는 비난에 맞서 사유 활동을 옹호하려는 이 최후의 시도는 썩 효력이 없다. 의지를 거쳐 도달하는 결정은 결코 욕망 기제나 결정에 선행할 지성the intellect의 숙고에서 도출될 수 없다. 의지는 그것을 구속하는 모든 인과적 동기의 고리를 차단하는 자유로운 자발성의 기관이거나 환영일 뿐이다. 한편으로 의지는 욕망과 관련해서, 다른 한편으로는 이성과 관련해 베르그송이 말했듯이 "일종의 쿠데타"처럼 작용한다. 물론 이는 "자유로운 행위가 아주 예외적"이며 "비록 우리가 기꺼이 자기 자신에게로 되돌아가려 할 때마다 언제나 자유롭다고 해도, 기꺼이 그렇게 하는 일은 좀처럼 발생하지 않는다"[2]는 점을 함축한다. 달리 표현하자면, 자유 문제를 언급하지 않고서 의지 활동을 다룰 수는 없다. 엘레아학파의 역설이[3] 고대인에게 그랬듯이 이 문제가 근대인에게도 해당한다는 사실은 전적으로 옳다.[4]

모든 난제를 떨쳐낼 가장 분명하고도 설득력 있는 방안은 다른 정신 역량과 구별되는 의지가 의식의 한낱 환영, 즉 "인공적 개념"이며, 지금까지 존재해온 어떤 것과도 일치하지 않고 형이상학의 수많은 오류처

---

2   Bergson, *Time and Free Will*, pp. 142, 167, 169, 240.

3   엘레아학파의 역설은 엘레아학파의 창시자인 제논이 일자一者가 아니라 구별 가능한 성질과 운동이 가능한 사물들을 일컫는 다자多者를 믿는 것이 논리적으로 자기모순에 빠지게 된다고 주장한 데서 비롯되었다. (옮긴이)

4   Bergson, 앞의 책.

럼 무용한 수수께끼들을 만들어낸다고 선언하는 일이다. 이는 길버트 라일Gilbert Ryle[5]이 깊이 숙고한 견해이기도 하다. 그는 자신이 "의지will라는 능력이······ 존재하며, 따라서 이 능력을 통해 결의決意, volition로 묘사되는 것에 일치하는 과정들이나 작용들이 발생한다는 교의"를 논박했다고 믿는다. 그는 자기 논점을 옹호하면서 "플라톤과 아리스토텔레스가 영혼의 본성과 행위의 근원에 대해 자주 그리고 치밀하게 논의하면서도 [결의]에 관해서는 한마디도 언급하지 않았다는 사실"로 확실히 우리의 관심을 끌어들였다. 이들은 "[후대]의 특수한 가설"에 여전히 익숙하지 않았기 때문인데, "이 가설의 수용은 (기계 속의 유령의) 발견이 아니라 그런 유령의 [어떤] 추진력의 가정에 달려 있다."[6]

고대 철학에서는 거의 자취도 찾아볼 수 없었던 자유와 의지 같은 대단히 중요한 개념들이 환영에 불과하다는 이 의심이야말로 근대 철학보다 훨씬 더 오래되었다. 홉스는 물론 스피노자도 자유와 의지가 일종의 시각적 기만, 의식의 사실이 우리에게 행한 속임수, 실제로 우리를 움직이는 원인들에 관한 우리의 무지 때문이라고 믿었다. 그래서 "외부 원인들의 자극에서 일정량의 운동"을 받았고 본래적인 외부 원인을 감지할 수 없는 돌은 움직이는 것에 "무심하지" 않을 때만 "스스로 완전히 자유롭다고 믿고 오로지 자신의 소망 덕분에 계속 움직이고 있다고 믿을 것이다."[7] 홉스도 거의 같은 용어들로 "소년들이 팽이채로 치는 나무 팽이"를 언급한다. "스스로 움직임을 감지한다면······ [이 나무 팽이는] 팽이채가 자기

---

5 영국의 철학자로 '옥스퍼드 철학' 혹은 '일상 언어' 운동의 지도적 인물이다. (옮긴이)

6 길버트 라일, 《마음의 개념*Concept of the Mind*》, 이한우 옮김, 문예출판사, 1994, p. 82ff.

7 Spinoza, Letter LXII.

를 치고 있음을 느끼지 못한다면 자신의 의지에 따라 나아간다고 생각할 것이다."[8] 존 스튜어트 밀의 표현대로 "우리의 내부 의식은 우리에게 어떤 힘이 있다고 말하는데, 인류의 전체 외부 경험은 우리가 이 힘을 전혀 사용하지 않는다고 말한다."[9] 같은 맥락에서 칸트도 이성이 결코 증명하거나 논박할 수 없는 "자유의 사실fact of freedom"에 대해 논의한다.

나는 이 내적 증거, 즉 "의식의 직접적인 자료"(베르그송의 용어)를 진지하게 받아들이라고 제안한다. 그리고 이 자료 및 이와 관련된 모든 문제가 고대 그리스에 알려지지 않았다는 라일과 다른 여러 철학자의 의견에 동의하기에 그가 거부한 것, 즉 이 역량이 실제로 "발견되었으며" 우리는 역사적으로 이 발견 연대를 추정할 수 있다는 사실을 받아들여야 한다. 그럼으로써 우리는 그 발견이 우리 삶의 특정 영역인 "내면성"의 발견과 일치함을 알게 된다. 요컨대, 나는 의지라는 능력을 그것의 역사적 측면에서 분석할 것이며 여기에는 그 자체로 어려운 점들이 있다.

인간 삶의 여러 조건 및 상황과는 별개로 인간의 역량들은 (이전에 내가 인간의 역량과 사유의 필요성을 주장했듯이) 지구상에 인류가 출현하기 시작한 시기와 같지 않은가? 확실히 "관념들의 역사"와 같은 것이 존재한다. 자유라는 관념을 역사적으로 추적해나가면, 즉 어떻게 자유가 노예 아닌 자유 시민의 정치적 위상과 정신이 그의 몸을 지배하고 마비된 데가 없는 건강한 사람의 신체적 현실을 가리키는 단어에서 인간이 실제로 노예이거나 사지를 움직일 수 없을 때 자유롭다고 "느낄" 수 있는 내적 성향을 가리키는 것으로 변화했는지를 추적한다면 우리의 과제는 더 용

---

8   Thomas Hobbes, "The Questions Concerning Liberty, Necessity, and Chance", *English Works*, London, 1841, vol. V.

9   "An Examination of Sir William Hamilton's Philosophy."

이해질 것이다. 관념들은 정신의 인공물이며 그 역사는 제작자로서 인간의 변치 않는 정체성을 전제로 한다. 정신의 산물과 구별되는 정신 역량의 역사가 존재한다고 가정하는 것은 새로운 도구들과 심지어는 도구의 완전한 대체물로 기능할 수 있는 수단의 발명으로 도구 제작자이자 도구 사용자의 신체인 인간의 몸 또한 변할 수밖에 없다고 가정하는 것과 같다. 그럼에도 기독교가 태동하기 전에는 그 어디에서도 자유 "관념"과 일치하는 정신 역량 개념을 찾아볼 수 없다. 여기서 자유 "관념"은 진리에 상응하는 지성 능력이자 인간의 지식 너머의 사물들에 대한 이성 능력 또는 우리가 말했듯이 의미에 대한 이성 능력을 말한다.

우리는 일찍이 사도 바울이 "나는 내가 원하는 것이 아닌 바로 싫어하는 것을 행한다…… 나는 옳은 일을 바랄 수 있지만 그것을 할 수는 없다"[10]라고 하며 의지의 무력함을 발견한 데서 비롯한 역설적이고 자기모순적인 능력(모든 자유 의지는 명령으로 자기 자신에게 말하기에 그 자신의 대항-자유 의지를 낳는다)에 대해 사람들이 겪은 경험들을 중세를 관통하며 따라갈 예정이다. 우선 여기에서 "전쟁 상태"에 있는 것은 정신과 육체가 아니라 의지 그 자체로서의 정신, 즉 인간의 "가장 내면적인 자기" 그 자체로서의 정신이라는 아우구스티누스의 통찰로 시작할 것이다. 그 다음에 진보 개념의 등장과 더불어 다른 시제에 대한 현재의 오래된 철학적 우위를 미래의 우위로 대체한 근대로 나아갈 것이다. 미래는 헤겔의 표현대로 "지금the now이 저항할 수 없는" 힘이라서 사유는 "본질적으로 거기에 있음에 대한 부정"으로 이해된다.[11] 또는 셸링Friedrich Schelling의 표

---

10 《로마서》15장 ~19절.

11 "in der Tat ist das Denken wesentlich die Negation eines unmittelbar Vorhandenen", *Jenenser Realphilosophie*, Philosophy of Nature, I A, "The Concept of Motion."

현대로 "가장 훌륭한 최종 심급審級에 '의지' 말고 다른 '존재'는 없다."[12] 이는 니체의 "권력에의 의지"에서 마지막 정점이자 자기 패배적인 목적을 발견한 태도다.

동시에 우리는 의지의 역사에서 또 다른 유사한 발전을 따라갈 것이다. 이 역사를 따르자면 의지는 인간 스스로 "누구"가 되고자 하는지, 즉 어떠한 형태로 현상의 세계에서 자신들을 보여주고자 하는지에 대해 결정하는 내면의 능력이다. 달리 표현하면 의지의 주제는 '대상들ob-jects' 이 아닌 '기투'이며, 어떤 의미에서 의지는 칭찬받거나 비난받을 수 있고, 어떻게든 자신의 행위들뿐만 아니라 전체 "존재", 즉 '품성'에 대해서도 책임이 있는 '인간'을 창조한다. "의지는 그 자체로 인성의 의식이거나 개인으로서 모든 인간의 의식이다."[13] 20세기 사상에서 아주 중요한 역할을 맡았으며, 인간이 자기 자신의 생산자이자 제작자인 것처럼 가장 마르크스주의 및 실존주의 개념들은 내가 확실히 "나 자신을 수립하거나" 내 실존을 "낳지" 않았다는 사실에도 바로 이러한 경험들에 의지한다. 내 생각에 이는 사유의 대체물로서 의지를 강조한 근대와 상응하는 최후의 형이상학적 오류다.

나는 이 두 번째 강좌 시리즈를 판단 역량에 대한 분석으로 마무리할 것이다. 여기서 우리의 주된 어려움은 우리에게 권위 있는 전거를 제공할 수 있는 자료가 기이할 정도로 드물다는 점에서 완전히 다른 종류가 될 것이다. 칸트의 《판단력 비판》(1790) 이전까지만 해도 판단 역량은 주요 사상가들의 핵심 주제가 되지 못했다. 내가 이 역량을 선정할 때 주

---

12 Schelling, *Of Human Freedom* (1809), translation by James Gutmann (Chicago, 1936), p. 8.

13 Hegel, *Phenomenology of Mind*, Baillie edition, p. 601.

요 가정은 연역이나 귀납을 통해 판단에 이를 수 없다는 점이다. 간단히 말해서, "모든 인간은 죽는다. 소크라테스도 인간이다. 따라서 소크라테스는 죽는다"라고 말할 때와 같이 논리 작용과 판단 사이에는 그 어떤 공통점도 없다. 내가 알기로 이 별난 역량을 자각한 최초의 사상가는 키케로였다. 그는 "무지한 군중"이 어떻게 웅변가의 대단히 정교한 수사 장치들을 곧잘 받아들여 설득될 수 있는지를 의아해하며 다음과 같이 말했다.

> 모든 사람은 예술과 비율에 관한 지식도 없이 '침묵의 감각 silent sense'으로 예술과 비율의 문제에서 옳고 그름을 '분별dijudicare'한다. …… 그리고 [사람들]은 판단을 할 때 이 [분별]을 훨씬 더 많이 드러낸다. …… 그림과 조각의 경우에, 즉 자연이 여타 작품의 이해에 필요한 장치를 더 적게 제공한 경우에도 이렇게 할 수 있는 한편, 모든 사람이 단어의 리듬과 발음을 판단할 때 이 분별은 훨씬 더 잘 드러난다. 이 단어들이 '공통감'에 '뿌리를 두고infixa' 있기 때문이며, 그러한 것들에 대해 누구도 이들을 완전히 감지하고 경험할expertus 수 없으리라는 점을 자연이 원치 않았기 때문이다. …… 유식한 사람과 무지한 사람 사이에 판단의 차이가 거의 없는 반면, 만드는 데는 가장 큰 차이가 있다는 것은 놀라운 일이다.[14] (작은따옴표는 나의 강조)

우리는 이 "침묵의 감각"을 탐구할 것이다. 침묵의 감각은 그것이 조금이라도 다루어졌다면 심지어 칸트의 경우에도 "취미", 따라서 미학의 영역에 속한다고 생각했다. 실천적, 도덕적 문제에서 그것은 "양심"이라 불렸으며, 양심은 판단하지 않는다. 양심은 신이나 이성의 신성한 목

14　키케로,《웅변론*De Oratore*》, III, pp. 195~197.

소리로서 무엇을 행할지, 무엇을 행하지 않을지, 무엇을 회개할지를 알려준다. 양심의 목소리가 무엇이든 이는 "침묵하는 것"이라고 말할 수 없으며, 그 정당성은 단순히 인간의 모든 법칙과 규칙을 넘어서는 권위에 전적으로 의존한다.

칸트는 젊은 시절 취미 현상에 관심이 있었다. 그는 "비판의 사안"인 "이성의 추문scandal of reason"을 탐구하고자 하는 열망이 일어 10년 이상을 바쁘게 지내는 바람에 이 관심사를 정교화하지 못했다. 초기 관심사로 되돌아왔을 때 그는 젊은 시절의 프로젝트를 변경해 취미 비판이 아닌 《판단력 비판》을 집필했다. 그가 가진 초기 관심사의 원천은 인간이 지닌 "사회성", 즉 인간이 뭔가를 타인들과 공유할 수 없다면 그 어떤 것도 의미가 없어지는 사회적 존재라는 점이었다. 칸트가 젊은 시절의 프로젝트를 변경하게 된 까닭은 《순수 이성 비판》으로 바쁘게 지내는 동안 "일반 논리는 규칙들을 포함하지 않는다"라는 이 특수한 능력을 발견했기 때문일 것이다. 당시에 그는 심지어 이 능력을 지성 및 이성과 더불어 "더 높은 층위의 정신 역량들"로 인정했다.[15] 《순수 이성 비판》의 맥락에서 판단은 특수자를 일반 규칙에 따라 명명하는 기능을 맡는다. 이번 과제에서 칸트는 "무엇인가가 그 규칙들의 범주에 들어가게 되는지 아닌지를" 정신에게 지시하는 규칙들은 존재하지 않는다는 점을 발견했다. 심지어 규칙들이 존재한다고 하더라도, [그것들이 규칙이라는] 바로 그 이유로 다시금 판단에 지침을 요구할 것이다.[16] 결국에 판단은 "가르침을 받을 수는 없어도 연습은 할 수는 있는 특이한 재능"으로 나타난다.

판단은 특수자들을 다룬다. 일반성의 영역에서 작동하는 사유가

---

15 Kant, *Critique of Pure Reason*, B169, B171.

16 Kant, 앞의 책, B172.

여기에서 물러 나와 발현되며 특수한 현상들의 세계로 되돌아올 때 정신은 이들 현상을 다루기 위해 새로운 "재능gift"이 필요하다. 그래서 칸트는 다음과 같이 덧붙인다. 이 재능의 "결여"를 일상적으로 "우둔하다고 일컫는다. 이러한 실패를 구제할 방도가 없다. 둔하거나 편협한 사람은 …… 배움을 통해서 충분히 보강될 수 있고, 심지어는 박식에 이를 수도 있다. 하지만 그런 사람들은 대부분 여전히 판단력이 부족하기 때문에, 대단한 학자들이 자기 학식을 적용할 때 결코 개선될 수 없는 판단력의 결여가 자주 눈에 띄는 것은 유별난 일이 아니다."[17] 정신의 이 특수한 재능을 "예리하게 하는 데" 유일하게 도움을 줄 수 있는 것은 "예시", "판단력을 위한 보행기", 그리고 당연히 다시금 우리에게 필요한 올바른 예시를 발견하게 해줄 판단이다. 이는 칸트가 거의 할 말이 없는 규정에 따른 판단이라 부르는 경우다. 그런 다음에 《판단력 비판》은 《순수 이성 비판》의 한 각주에만 등장하는 "반성적 판단"을 다룬다.[18] 아름다움의 사안들에서 판단은 "규칙들의 옳음을 가리는 적절한 시금석"이라고 언급된다. 이 시금석은

---

17   Kant, 앞의 책, B173.

18   칸트의 《순수 이성 비판》 중 "초월론적 감성학"에 달린 각주(B35~36)는 다음과 같다. "현재 독일인은 타인들이 취미 비판이라고 일컫는 것을 지칭하기 위해 '미학'이라는 말을 사용하는 유일한 민족이다. 그 저변에는 탁월한 분석가인 바움가르텐이 품었던 실망스러운 희망이 깔려 있다. 그는 미[적인 것]에 대한 비판적 판정을 이성 원리들 아래에 세우고, 그 판정의 규칙들을 학문으로 드높이려 했다. 하지만 이 노력은 헛수고였다. 여기서 생각된 규칙들 또는 기준들은 그 주된 원천으로 볼 때 경험적이고, 따라서 우리의 취미 판단이 그에 준거해야만 할 일정한 선험적 법칙으로 쓰일 수가 없고 오히려 취미 판단이 저 규칙이나 기준의 옳음을 가리는 적절한 시금석이 되니 말이다. 이 때문에 권장할 만한 일은 이 명칭의 사용을 다시 중지하고 이를 진정한 학문이 되는 이론을 위해 아껴두거나, 이렇게 함으로써 인식을 감성적인 것과 지성적인 것으로 분류해서 유명했던 고대인들의 언어와 의미에 더 가까이 접근하는 것이다. 또는 이 명칭을 사변 철학과 나누어 가져 감성학[미학]을 때로는 철학적 의미로, 때로는 심리학적 뜻으로 사용하는 일이다." (편집자)

다만 최종 심급에서 특수자가 결정하고 이를테면 일반자의 타당성에 대해 판단한다고 말하는 또 다른 방식일 뿐이다.

이는 논리적으로 불가능해 보인다. 판단, 즉 "특수자를 '숙고할' 능력"은 "일반자가 발견될 수 있는" 다른 특수자들 외에 의존할 것이 없다면 이 능력에는 판단의 근거가 되는 모든 기준이나 범주가 결핍되어 있다.[19] 이 기준은 경험에서 빌려 올 수 없으며 외부에서 비롯될 수도 없다. 나는 어떤 특수자를 또 다른 특수자로 판단할 수는 없다. 그 가치나 진가를 결정하는 데 두 가지의 특수자와 관련이 있지만 둘 모두와 구별되는 비교의 제3자tertium comparationis가 필요하다. 칸트 자신의 경우 "규제적 관념들"과 함께하는 이성이야말로 판단 역량에 도움이 되지만 이 능력이 다른 정신 역량들과 분리된다면 우리는 그 원인을 그 자체의 진행 방식modus operandi 탓으로 돌려야 한다.

이는 근대 사상의 골칫거리였던 일련의 문제들, 특히 이론과 실천의 문제, 부분적으로 설득력 있는 윤리 이론에 도달하려는 모든 시도와 어느 정도 관련이 있다. 헤겔과 마르크스 이래 이들 질문은 '역사적' 시각에서, 그리고 인류의 '진보'와 같은 것이 존재한다는 가정하에 다루어졌다. 마지막으로 우리는 이 문제들에 대한 유일한 대안을 떠맡게 될 것이다. 그 대안을 헤겔과 더불어 "세계의 역사는 세계에 관한 판단이므로" 성공에 궁극적 판단을 맡긴다고 말할 수 있거나, 아니면 칸트와 더불어 인간 정신의 자율성과 있는 그대로의 사물들 또는 존재하게 된 사물들에 대한 인간 정신의 가능한 독립성을 주장할 수 있다. 이 경우 우리는 여전히 역사의 개념에 관심을 가져야 한다. 그런 다음에야 비로소 우리는 이 용어의 가장 오래된 의미를 성찰할 수 있다. 정치 및 철학 언어 내 다수의 다

---

19   Kant, *Critique of Judgment*, 서론 4절.

른 용어처럼 역사라는 단어는 그리스어에 기원을 둔다. 이는 조사하는 것을 의미하는 '히스토레인historein', 헤로도토스의 경우에는 무엇이 존재하는지를 말하는 것을 의미하는 '레게인 타 에온타legein ta eonta'에서 유래했다. 하지만 '히스토레인'이라는 동사의 기원은 호메로스의 《일리아드*Iliad*》(23권)에서 찾아볼 수 있다. 여기에서 '히스토르histor'라는 명사, 말하자면 '역사가'라는 용어가 등장하는데, 호메로스적 의미에서 역사가는 '심판관judge'이다.[20] 판단이 과거를 다루는 우리의 능력이라면, 역사가는 현재를 말함으로써 과거를 판단하는 사람이다. 이 경우 우리는 '역사'라고 불리는 이른바 근대의 사이비-신성神性에서 인간 존엄성을 되찾고 이를 복원할 수 있다. 이때 우리는 역사의 중요성을 부정하는 것이 아니라 역사가 궁극적인 심판관이 될 권리를 부정하는 것이다. 나는 이 강좌를 대 카토의 경구 "인간은 아무것도 하지 않을 때 가장 활동적이며, 혼자 있을 때 가장 외롭지 않다"와 함께 시작했다. 카토는 이 작업에 내포된 정치 원리를 적절하게 요약한 흥미로운 문구를 우리에게 남겼다. "승리의 대의명분은 신들을 기쁘게 하지만 실패한 대의명분은 카토를 기쁘게 한다."[21]

(1974)

---

20 《일리아드》 23장에서 장례식 즈음에 행해지는 경기인 전차 경주, 복싱, 도보 경주, 던지기, 양궁은 공정하게 상을 수여하고 부정행위가 의심되는 참가자의 자격을 박탈하는 '히스토르'가 판정한다. (편집자)

21 "Victrix causa deis placuit sed victa Catoni." 사실 여기서 가도는 앞에서 인용한 "대 카토"가 아니라 시인 루카누스Marcus Lucanus가 자기 서사시 《파르살리아*Pharsalia*》, I, 128에서 모방한 증손자 소 카토(기원전 95~46)다. 아렌트는 1930년대부터 이러한 착오를 범해왔다. 고전 시가의 운율을 맞출 정도로 능란한 아렌트에게 흥미로운 착오다. 아마도 예외가 있다는 것은 곧 규칙이 있다는 증거일 것이다. (편집자)

위스턴 오든 추모사

1973년 9월 28일 밤 서거

오든과 나는 생애 늘그막에 만났다. 다시 말해 젊은 시절에 형성된 우정의 쉬우면서도 두루 아는 친밀감을 더는 얻을 수 없는 나이였는데, 다른 사람과 공유할 여생이 얼마 남지 않았거나 그렇게 예상되었기 때문이다. 따라서 우리는 아주 좋은 친구였지만 친밀한 친구는 아니었다. 게다가 그에게는 친밀감을 가로막는 조심스러움이 있었는데, 나는 이를 시험해본 적은 없다. 오히려 그 조심스러움을 위대한 시인의 필연적인 비밀스러움으로 흔쾌히 존중했다. 그는 시의 응집된 집중의 형태로 훨씬 더 만족스럽게 말할 수 있는 것을 산문조로 느슨하고 임의로 말하지 않는 법을 일찍이 스스로 체득했을 것이다. 과묵함은 시인의 '왜곡된 직업관'일 수 있다. 오든의 경우에 이는 더욱더 그런 듯하다. 완벽한 단순성을 특징으로 하는 그의 저작 대부분은 구어, 즉 일상 언어의 관용구에서 생겨났기 때문이다. 예를 들어 "사랑하는 이여, 편안히 주무세요, 인간의 믿음으로, 믿음 약한 제 팔을 베고"와 같은 시구가 그렇다. 이러한 종류의 완벽성은 아주 진귀하다. 우리는 괴테의 가장 위대한 시 중 몇 편에서 이런 완벽성을 발견하며, 이는 푸시킨Aleksandr Pushkin의 작품 대부분에도 분명히 존재한다. 그들의 시는 번역 불가능한 점이 특징이기 때문이다. 이러한 종류의 시는 본래의 장소에서 추방되는 순간 평범성의 구름 속으로 사라진다. 여기서 모든 것은 "사실을 산문적인 것에서 시적인 것으로 끌어올리는" "능란한 표현"에 좌우된다(비평가 클라이브 제임스Clive James가 1973년 12월 《논평Commentary》에 게재한 오든에 관한 논문에서 강조한 요지다). 이러한 능란함으로 이루어진 시에서 우리는 모든 일상 언어가 잠재적으로 시적임을 마법에 걸린 듯 확신하며, 시인들의 가르침을 받아 진정한 언어의 신비에 귀가 열린다. 오든의 시 중 한 편을 번역할 수 없다는 점이 여러 해 전 내가 그의 위대함을 확신하게 된 계기였다. 세 명의 독일 번역가는 자신들의 운을 시험했으나 내가 좋아하는 시 중 하나인 "내가 알기만 하면"(《짧은 시 모음집 1927~1957 Collected Shorter Poems 1927-1957》)을 무참하게 망가뜨렸다. 이 시는 두 개의 구어체 관용구인 "시간은 말해요Time will tell"와 "내가 그랬죠I told you so"에서 자연스럽게 생겨났다.

　　　시간은 아무것도 말해주지 않아요, 내가 그랬죠
　　　시간만이 우리가 치를 대가를 알죠
　　　알기만 하면 당신에게 알려주련만.

　　　광대들의 쇼에 우리가 눈물 흘리고
　　　음악가의 연주에 우리가 비틀거려도
　　　시간은 아무것도 말해주지 않아요, 내가 그랬죠.

　　　……

　　　바람은 어딘가에서 불어와야겠죠
　　　나뭇잎이 죽어가는 이유도 있어야겠죠
　　　시간은 아무것도 말해주지 않아요, 내가 그랬죠.

......

사자들이 모두 일어나 떠나고
시냇물과 군인 모두 달아난다 해도
시간이 정말 내 말대로 아무 말 안 할까요
알기만 하면 당신에게 알려주련만.

나는 1958년 가을 오든을 만났다. 그런데 1940년대 말 어느 출판사 파티에서 이미 본 적이 있었다. 그때 우리는 한마디 말도 나누지 않았지만 나는 그를 선명히 기억했다. 당시 그는 잘생겼고 옷을 아주 잘 갖춰 입었으며, 그야말로 영국 신사로 다정하고 여유로웠다. 10년 후 나는 오든을 알아볼 수 없었다. 삶 자체가 "보이지 않는 마음의 분노"를 드러내는 일종의 얼굴 풍경을 묘사라도 하듯이 이제 그의 얼굴에는 깊게 팬 그 유명한 주름 자국들이 있었기 때문이다. 여러분이 그의 말에 귀 기울였다면 이런 외모보다 더 믿기지 않을 부분은 없었을 듯하다. 다시 말하자면 이렇다. 어느 모로 보나 그가 더는 대처할 수 없을 때, 즉 그의 빈민가 아파트가 너무도 추워 배관 시설이 고장 난 터라 모퉁이에 있는 주류 판매점의 화장실을 이용해야 했을 때, 그의 양복(남자는 적어도 양복을 두 벌은 갖고 있어야 한 벌을 세탁소에 보낼 수 있으며, 구두 두 켤레는 갖고 있어야 한 켤레를 수선할 수 있다는 점에 대해 아무도 그를 설복할 수 없었다. 몇 년 동안 우리 사이에 끝없이 계속돼온 논쟁 주제다)은 지저분한 얼룩투성이였고 옷은 닳고 닳아 바지가 위에서 아래로 갑자기 찢어졌을 때, 간단히 말해 끔찍한 일이 우리 눈앞에 갑자기 닥칠 때마다 그는 "자신이 누리는 좋은 것들에 감사하라Count your blessings"는 투의 아주 특이한 견해를 다소간 뇌까렸다. 그는 결코 허튼소리를 하지 않았고 명백하게 어리석은 말을 하지 않았으므로, 그리고 나는 이것이 매우 위대한 시인의 목소리임을 늘 의식했으므로 그의 경우 기만적인 부분은 외모가 아니며 내가 본 그의 삶의 방식을 전형적인 영국 신사의 무해한 기벽으로 돌리는 일이 치명적으로 잘못되었음을 깨닫는 데 몇 년이나 걸렸다.

나는 마침내 가난을 목격했고 오든이 "자신이 누리는 좋은 것들에 감사하라"라는 장황한 설명 이면에 가난을 숨겨야 했던 절박한 필요성을 어렴풋이 깨달았다. 하지만 그가 왜 그토록 비참했는지, 일상의 삶을 너무도 견딜 수 없게 한 터무니없는 상황에 대해 아무것도 할 수 없었는지를 온전히 이해하기는 힘들었다. 확실히 이는 인정을 받지 못해서가 아니다. 오든은 꽤나 유명했고 그러고 싶은 야심은 그 자신에게 별로 중요하지 않았다. 그는 내가 지금까지 만난 모든 작가 중 가장 허영심이 없는 인물이었기 때문이다. 그는 일반적인 허영심의 많은 취약점에서 완전히 해방된 사람이었다. 그가 겸손했던 건 아니다. 자신감이 있어 아첨하지 않았으며, 그 자신감은 인정과 명성, 또는 성취 이전에 존재했다. 제프리 그리그슨 Geoffrey Grigson은 《타임 문학 비평 Times Literary Supplement》에 옥스퍼드 대학교 시절 젊은 오든과 그의 지도 교수가 나눈 다음과 같은 대화를 게재했다. "교수: 오든 군, 자네는 대학을 졸업하면 무엇을 하려는가? 오든: 저는 시인이 되고자 합니다. 교수: 그래, 그렇다면 자네는 영문학을 공부했다는 게 매우 유용하다는 점을 알게 될 걸세. 오든: 교수님은 이해 못 하시는군요. 저는 위대한 시인이 되고자 합니다."

오든은 단 한 번도 자신감을 잃은 적이 없었다. 그의 자신감은 타인과 비교하거나 경쟁에서 승리해 얻은 것이 아니었기 때문이다. 그 자신감은 타고난 것이었다. 이는 언어를 다루고 원하는 건 무엇이든 재빨리 해내는 그의 엄청난 능력과 관련이 있으나 꼭 그렇지는 않다. 친구들이 다음 날 저녁 6시까지 생일 축하 시를 지어달라고 그에게 부탁했을 때 친구들은 시를 얻으리라 확신할 수 있었다. 이는 분명 자기 의심이 없을 때만 가능하다. 하지만 그는 그렇다고 우쭐하지 않았다. 그는 궁극적인 완벽함을 주장하지 않았고 어쩌면 열망조차 하지 않았기 때문이다. 오든은 "시는 절대로 완성되지 않고 유기될 뿐"이라는 발레리Paul Valéry의 의견에 동의하며 자신의 시를 끊임없이 수정했다. 달리 말하면 그는 다른 사람들의 호평과 찬사가 필요하지 않으며 자기 의심의 덫에 빠지지 않은 채 자기비판과 자기 검토도 견뎌낼 수 있는 보기 드문 자신감의 축복을 받았다. 이는 오만과는 무관하지만 오해받기 쉽다. 오든은 무례한 언동에 화가 났을 때 말고는 절대 오만하지 않았다. 따라서 그는 영국인의 지적인 삶에 특징적으로 나타나는 다소 퉁명스러운 무례함으로 자신을 보호했다.

오든을 아주 잘 아는 친구 스티븐 스펜더Stephen Spender는 "[오든] 시의 전반적 전개 과정을 관통하는 주제는 사랑이었음"을 강조했다(오든은 인간을 "나는 사랑받는다. 고로 나는 존재한다"라고 말하는 "거품 같은 두뇌를 가진 피조물bubble-brained creature"로 정의함으로써 데카르트의 "나는 생각한다. 고로 존재한다"를 바꾸지 않았던가?). 스펜더는 옥스퍼드대학교의 크라이스트처치칼리지에서 고인이 된 친구를 추모하는 연설 끝부분에 오든이 미국에서 한 낭송에 관해 그에게 물은 이야기를 들려주었다. "그의 얼굴은 주름선들을 바꾸는 웃음으로 빛났고 '그들은 나를 사랑했다네!'라고 말했습니다." 그들은 그를 찬양하지 않았고 그를 '사랑'했다. 내 생각에 그의 비범한 불행과 그의 시가 지닌 비범한 위대성(강렬함 intensity)을 이해하는 열쇠는 여기에 있다. 이제 나는 추억의 슬픈 지혜로 그가 무한히 다양한 형태로 나타나는 짝사랑의 명수였으며, 그중에서도 사랑이 존경으로 바뀌는 정말 화나는 일은 확실히 피할 수 없었으리라는 걸 안다. 이러한 정서의 이면에는 이성이나 믿음으로 극복할 수 없는 어떤 동물적 '비탄 tristesse'이 처음부터 있었음이 분명하다.

마음의 욕망은 코르크 마개 뽑이같이 삐뚤어져 있고,

태어나지 않음이 인간에게 최선이고

차선책은 형식적 순서이며,

춤의 형태, 할 수 있을 때 춤춰라.

그래서 오든은 《짧은 시 모음집》에 수록된 〈죽음의 메아리Death's Echo〉에서 썼다. 내가 그를 알았을 때 그는 더는 최선을 언급하려고 하지 않고 차선책, "형식적 순서"를 아주 확고하게 선택했다. 그 결과는 체스터 칼만Chester Kallman이 "모든 규율주의자 중 가장 흐트러진 아이"라고 아주 적절하게 명명한 것이었다. 나는 오든이 '현재를 즐겨라carpe diem'가 다양한 변주로 실천되던 1920년대 베를린에 그렇게 큰 매력과 편안함을 느낀 것은 이러한 비탄과 "할 수 있을 때 춤을"이라는 말 때문이었다고 생각한다. 그는 한때 자신의 초기 "독일어 사용에 대한 중독"을 "질병"이라고 언급했으나 이보다 훨씬 더 두드러지고 쉽게 벗어날 수 없던 것은 베르톨트 브레히트의 명백한 영향이었다. 내 생각에 오든은 자신이 인정할 준비가 되어 있는 것보다 브레히트와의 공통점이 훨씬 더 많았다. 1950년대 후반 그는 칼만과 공동으로 브레히트의 《마하고니 시의 흥망Aufstieg und Fall der Stadt Mahagonny》을 번역했다. 이 번역본은 아마도 저작권 문제로 출판되지 못했을 것이다. 나는 지금까지도 브레히트 작품을 영어로 제대로 번역한 다른 번역본을 알지 못한다.

단지 문학적 관점에서 오든의 담시ballad들에서 브레히트의 영향을 쉽게 찾아볼 수 있다. 예컨대, 나이가 들어 경건해진 곡예사가 성모 마리아를 위해 곡예를 함으로써 성모 마리아를 영광스럽게 한 이야기, 즉 경탄할 만한 후기 시인 〈바너비의 발라드Ballad of Barnaby〉와 "미스 이디스 지Miss Edith Gee에 대한 짤막한 이야기 하나 해드리지요. 그녀는 클리브든 테라스 83번지에 살았답니다"라는 시행으로 시작하는 초기 시인 〈미스 지 Miss Gee〉를 들 수 있다. 이러한 영향이 가능했던 것은 두 사람 모두 제1차 세계대전 이후 세대에 속했기 때문이다. 이 세대는 신기하게도 좌절과 삶의 환희를 함께 지녔고, 관습적인 행동 규범을 경멸했으며, "냉정하게 대처하기"를 좋아했다. 냉정하게 대처하는 것에 대한 애호는 영국에서는 속물의 가면을 쓰는 것으로 표현되었고, 독일에서는 브레히트의《서푼짜리 오페라 Die Dreigroschenoper》와 비슷한 맥락에서 전반적으로 사악함을 가장하는 것으로 발현되었다고 생각한다. 베를린에서 사람들은 모든 것에 대해 농담하듯이 이러한 유행하는 전도된 위선에 대해 농담을 했다. "그는 쿠르퓌르스텐담에서 악을 행한다 Er geht böse über den Kurfürstendamm"는 "그것은 아마도 그가 행할 수 있는 모든 사악함일 것이다"를 의미한다. 내 생각에 1933년 이후 더는 그 누구도 사악함에 대해 농담하지 않았다.

브레히트의 사례에서도 그렇듯이 오든의 경우에도 전도된 위선은 선해지고 선행을 하고자 하는 저지할 수 없는 성향(두 사람 모두 선언하는 것은 차치하더라도 인정하기를 부끄러워한 것)을 숨기는 역할을 했다. 오든의 경우 이는 설득력이 있다. 그는 결국 기독교인이 되었기 때문이다. 하지만 브레히트와 관련해 이를 듣는다는 것은 처음에는 충격일 수도 있다. 그럼에도 그의 시와 희곡을 면밀히 읽으면 이것이 거의 증명되는 듯하다. 희곡《사천의 선인 Der gute Mensch von Sezuan》과《도살장의 성 요한나 Die heilige Johanna der Schlachthöfe》가 있을 뿐만 아니라 아마도 더 설득력이 있을《서푼짜리 오페라》의 냉소 한가운데에 이러한 대사들이 있다.

착한 사람이 되어라! 누가 마다해?
빈민에게 재산을 왜 안 나눠줘?
모두 착하면 천국이 멀지 않은데

누가 하나님 빛 가운데 앉기 싫을까?[22]

　　이처럼 지극히 탈정치적 시인들을 우리 세기의 혼란스러운 정치적 장면으로 끌어들인 것은 '공적' 행복에 대한 행위의 필요성이나 세계를 변화시키려는 어떠한 욕구와 구별되는 로베스피에르의 "불행한 사람들"에 대한 "강한 열망zèle compatissant"이었다.

　　브레히트보다 (결코 더 똑똑하지는 않았지만) 훨씬 더 현명한 오든은 일찍이 "시는 어떠한 변화도 일으킬 수 없다"라는 것을 알았다. 그는 시인이 특별한 특권을 주장하거나 우리가 순수한 고마움에서 아주 기꺼이 허락하는 관용을 요구하는 것을 완전히 터무니없다고 생각했다. 오든의 경우에 자신의 온전한 정신과 온전한 정신에 대한 확고한 신념만큼 존경스러운 것은 없었다. 그가 "무례해, 무례해"라고 말하곤 했듯이 온갖 종류의 광기는 자기 눈에 규율의 결여로 보였다. 중요한 것은 환상을 갖지 않은 것이고, 현실을 보지 못하게 하는 생각(이론 체계)을 수용하지 않는 것이었다. 그는 초기의 좌파 신념에 등을 돌렸다. 여러 사건(모스크바 재판, 히틀러-스탈린 비밀 협정, 스페인 내전 동안의 경험)으로 좌파 신념의 "부정직함"이 증명되었기 때문이다. 그가《짧은 시 모음집》서문에서 다음과 같이 자신이 한때 썼던 것을 어떻게 버렸는지를 이야기하며 언급했듯이 "부끄럽게도" 말이다.

　　패배자에게 역사는

　　'아!'라고 말할 수는 있어도 도울 수도 용서할 수도 없네.

22　한나 아렌트,《어두운 시대의 사람들》, p. 390.

그는 이렇게 말하는 것이 "자비와 성공을 동일시하는 것"이라고 지적했다. 그는 자신이 "이러한 사악한 교의"(내가 의심하는 진술)를 전혀 믿지 않았다고 단언했다. 시행들이 "수사학적으로 효과적이기" 위해 쓰였다고 하기에는 너무 훌륭하고 정확할 뿐만 아니라, 이는 1920년대와 1930년대에 모든 사람이 믿었던 교의였기 때문이다. 이후 이런 시대가 왔다.

> 어두운 악몽 속에서
> 유럽의 모든 개가 짖었고……

> 모든 인간의 얼굴 속에서
> 모욕당한 지성이 노려보고—

마치 최악의 사태가 벌어질 수 있고 순수한 악이 성공이 될 수 있는 것처럼 꽤 오랫동안 보였던 시대가 왔다. 히틀러-스탈린 비밀 협정은 좌파에게 전환점이었다. 이제 사람들은 인간사의 궁극적 판관으로서 역사에 대한 모든 신념을 포기해야 했다.

1940년대에는 자신들의 오랜 신념에 등을 돌린 인사들이 많았다. 하지만 그런 신념에서 무엇이 잘못되었는지를 알았던 인사는 소수였다. 그들은 역사와 성공에 대한 자신의 신념을 포기하지 않은 채 열차만 갈아 탔을 뿐이다. 사회주의와 공산주의의 열차는 잘못되었으며, 그들은 자본주의나 프로이트주의 또는 약간 세련된 마르크스주의의 열차, 아니면 이 세 가지를 정교하게 혼합한 열차로 갈아탔다. 대신 오든은 기독교도가 되었다. 그는 역사라는 열차를 완전히 떠났다. "기도는 자신의 가장 깊은 내면의 필요에 부응한다"라고 주장한 스펜더가 옳은지는 모르겠다. 나는 오든의 가장 깊은 내면의 필요가 단지 시를 쓰는 것이었다고 생각한다. 하지만 그의 모든 산문 저작(에세이와 서평)을 빛나게 한 분별력, 즉 위대한 양식良識이 어느 정도 정통성이라는 보호막에서 기인했다고 상당히 확신한다. 이성으로 입증하거나 반증할 수 없었던, 오든의 저술이 지닌 유서 깊으며 한결같은 의미성은 자신의 표현대로 "쓰레기"의 쇄도에 맞서서 지적으로 만족스러우며 정서적으로도 꽤 안락한 도피처를 길버트 체스터턴Gilbert Chesterton에게 제공했듯이 자신에게도 제공했다. 이는 시대의 무한한 시사 풍자극이다.

오든의 시를 시간 순서대로 다시 읽고 신성한 선물이나 축복받은 재능을 조금도 건드리지 않고는 가난과 불행을 점점 더 견딜 수 없게 되었던 생애 마지막 몇 년 동안의 그를 기억하면서 나는 그가 예이츠보다 훨씬 더 많이 "상처를 입어 시를 쓰게" 되었다("아일랜드의 광기에 상처를 입어 시를 쓰다")는 점을 확신하게 되었다. 동정에 대한 오든의 감수성에도 공적인 정치 정황은 그가 상처를 입어 시를 쓰게 되는 데 필요하지 않았다. 그를 시인으로 만든 것은 말을 구사하는 비범한 능력과 말에 대한 사랑이었지만, 그를 위대한 시인으로 만든 것은 저항하지 않으려는 기꺼운 마음willingness이었다. 그는 이 마음으로 인간 실존의 모든 차원에서 "인간적 '좌절한' 성공unsuccess"에 대한 취약성, 즉 욕망의 뒤틀림, 마음의 불성실, 세계의 부정의에 대한 취약성의 "저주"에 굴복했다.

따르라, 시인, 제대로 따라서
밤의 밑바닥까지 오라,
그대의 거침없는 목소리로
우리가 계속 기뻐하도록 설득하라.

시를 농사지어

저주의 포도원으로 만들고,

인간의 실패를 노래하라

고통의 환희에 휩싸여

마음의 사막에서

치유의 샘물이 나오게 하라,

그가 살던 시대의 감옥에서

자유인에게 찬미하는 법을 가르치라.

찬미는 이 시행들의 핵심어이며, 마치 하나님의 창조를 정당화하
는 것이 시인(또는 철학자)에게 마치 달려 있기라도 한 듯이 "가능한 모든
세계에서 가장 좋은 것"에 대한 찬미가 아니라, 이 지구상 인간의 조건에
서 가장 불만족스러운 모든 것에 맞서 자신을 던지고 상처에서 그 자체의
힘을 빨아들이는 찬미다. 고대 그리스 음유시인들이 그랬듯이, 신은 인간
이 이야기하고 노래를 부를 수 있도록 인간에게 불행과 악을 퍼뜨린다고
왠지 확신하는 찬미다.

나는 할 수 있었다(너는 할 수 없는 것을)

이유를 충분히 빨리 발견해

하늘을 마주하고 포효하기 위해

분노와 좌절에

진행되고 있는 것에 대해

그것이 명명하기를 요구하며

책임 있는 누구에게나
하늘은 다만 기다리고
나의 모든 숨이 다할 때까지
그리고 나서 반복한다
마치 내가 거기 없는 듯이
그 단 하나의 명령을
나는 이해하지 못하네,
'축복하라, 존재를 위해 있는 것',
복종해야 하는 것
나는 다른 무엇을 위해 만들어졌는데,
동의하든 반대하든

아울러 사인私人의 승리란 위대한 시인의 목소리가 순수하고 건전한 공통감을 알리는 조용하면서도 마음속을 파고드는 소리를 결코 잠재우지 못했다는 것이다. 이런 공통감의 상실은 너무 자주 신성한 재능을 위해 지불해야 하는 대가였다. 오든은 자신의 정신을 상실하는 것, 즉 정신에서 발생한 "환희rapture" 속에서 고통을 상실하는 것을 용납하지 않았다.

기억하라 어떠한 은유도 표현할 수 없으니
실질적인 역사의 불행을
우리를 즐겁게 한다면 당신의 눈물은 가치가 있고
'오 행복한 비탄!'은 슬픈 시가 말할 수 있는 모든 것이다.

물론 젊은 오든은 '위대한' 시인이 되겠다고 마음먹었을 때 자신이 치러야 할 대가를 알았을 가능성은 거의 없었던 듯하다. 나는 결국에, 그의 감정의 강도도 아니고 그 감정들을 찬사로 바꿔놓는 재능도 아니며, 그 감정들을 견디며 그것들과 함께 살려는 마음의 순수한 체력이 점차 소진해갈 때, 그가 그 대가를 너무 비싸게 치렀다고 생각했을 가능성이 농후하다고 생각한다. 어쨌든 우리, 즉 그의 청중, 독자, 청취자들은 그가 영어의 영원한 영광을 위해 마지막 한 푼까지 대가를 치렀다는 사실에 감사할 수밖에 없다. 아울러 그의 친구들은 저승에서 그가 던지는 아름다운 농담에서 약간의 위안을 찾을 수 있다(한 가지 이상의 이유로, 스펜더가 언급했듯이 "그의 현명한 무의식적 자아는 죽기에 좋은 날을 택했다"). "살 때와 죽을 때"를 아는 지혜는 인간에게 주어지지 않았으나 사람들은 오든이 그 지혜를 잔인한 시의 신들이 자신들의 가장 충실한 하인에게 부여한 최상의 보상으로 받았다고 생각하길 좋아한다.

(1975)

감사의 말

　　여기저기 흩어져 있는 한나 아렌트의 미간행 저작물을 출간한 이전 책들(이 글과 마찬가지로 대니얼 프랭크Daniel Frank가 출판한 책들)에서 감사를 표한 여러 친구, 멘토, 조력자들에게 다시금 고마움을 전하는 대신 여기서는 몇몇 새로운 이름만 언급하겠다. 그렇다고 이전 책에서 언급한 분들에 대한 고마움이 줄었다는 말은 전혀 아니다. 반대로 내 고마움은 더 커져만 갔다. 그때 이후 우리가 공유한 세계를 떠나간 몇몇 분에게 특히 그렇다.

　　바드칼리지에 있는 정치학과 인문학을 위한 한나 아렌트 센터는 지칠 줄 모르는 로저 버코위츠Roger Berkowitz의 지도하에 있는, 관대하면서도 열린 마음을 가진 역동적인 기관이다. 이 센터는 세계 각지의 학자와 학생을 매혹해 오늘날의 문제와 난제를 다양한 관점에서 논의하고 해석하는 일종의 국제적인 공동 구역을 창출했다. 센터의 활동들은 통상 아렌트가 40년 전에 집필하고 경고한 것에 바탕을 두고 있다.

　　독일 북부의 카를 야스퍼스 학회는 야스퍼스의 고향인 올덴부르크에 자리 잡고 있다. 멋들어진 야스퍼스 하우스의 책임자인 마티아스 보르무트Matthias Bormuth는 야스퍼스가 그랬듯이 심리학자이자 철학자다. 그는 야스퍼스와 아렌트 사이의 깊은 이해를 담은 글을 쓰고 강연을 했다.

그리고 이를 통해 그 어느 때보다 더욱더 집과 땅을 잃은 수백 수천만의 세계 실향민과 관련해서 특별히 귀감을 보여준 우정의 의미를 음미했다. 우리 모두는 그에게 빚을 지고 있다.

한나 아렌트는 학자뿐 아니라 세계 무대에서 더 적극적으로 활동하는 사람 모두를 매혹하는 목소리로 강연하고 집필했다. 당연히 아렌트보다 더 잘 알 수는 없었기에 이들은 완전히 차별화된 두 집단이 아니었다. 나는 아렌트에게 영감을 받은 두 집단의 사람들을 만나왔고 내게는 멋진 행운이었다. 이들 중 토머스 와일드Thomas Wild는 내게 주로 학식을 대표하고, 프레드 듀이Fred Dewey는 실천을 대변한다. 토머스 와일드는 내가 오랜 기간 만나온 이들 중 가장 섬세한 아렌트의 독자다. 와일드의 가르침과 저작은 아렌트의 저술과 구술적 표현에 새로운 빛을 밝혀주고 있다. 이 빛은 아렌트가 사유하는 세계와 아렌트의 사유 방식에 관한 예기치 않은 관계를 드러낸다. 미국의 최고 철학자의 손자인 프레드 듀이는 아렌트에게 전념하고 있다. 이는 보기 드문 일이다. 그는 아렌트의 사상을 실천에 옮기는 것이 마음에 그리는 어떤 미래 때문이 아니라 지금 우리가 사는 세계의 불확실성과 불안정 때문에 긴요하다고 본다. 이 목적을 위해서 듀이는 미국과 유럽에서 도시 국가의 시민으로 간주하고 또 그렇게 부르는 청중들에게 아렌트의 사상을 소개해왔다. 이를 수행하는 일은 간단하지 않다. 깊은 감사를 드리며 이 책을 토머스 와일드와 프레드 듀이에게 바친다.

수록 에세이 출간 정보

수록 에세이의 출간 정보와 출간되지 않은 자료의 근거 목록이다.

Karl Marx and the Tradition of Western Political Thought

    Social Research, 69(2) (Summer 2002)에 처음 실렸다.

The Great Tradition

    1. "Law and Power" *Social Research*, 74(3) (Fall 2007)에 처음 실렸다.

    2. "Ruling and Being Ruled" *Social Research*, 74(4) (Winter 2007)에 처음 실렸다.

Authority in the Twentieth Century

    1955년 9월, 이탈리아의 밀라노에서 '자유의 미래'라는 주제로 열린 학술회의에 제출한 아렌트의 기고문이었다. 이 학술회의는 암암리에 미국 CIA의 재정 지원을 받았으며 세계문화자유회의Congress for Cultural Freedom가 후원했다.

Letter to Robert M. Hutchins

    이 편지는 워싱턴 D. C. 의회도서관 원고 분과에 보관된 한나 아렌트의 논문들에서 볼 수 있다.

The Hungarian Revolution and Totalitarian Imperialism

    The Origin of Totalitarianism (Cleveland: Meridian, 1958, 2판)에 조금 다른 형태로 처음 실렸다.

Totalitarianism

The Meridian (Fall 1958)에 처음 실렸다.

Culture and Politics

워싱턴 D. C. 의회도서관 원고 분과에 보관된 한나 아렌트의 논문들에서 볼 수 있다.

Challenges to Traditional Ethics: A Response to Michael Polanyi

워싱턴 D. C. 의회도서관 원고 분과에 보관된 한나 아렌트의 논문들에서 볼 수 있다. 아렌트는 1960년 '과학: 민주적 생활 방식과 관련된 철학과 종교'라는 주제의 제16차 학술회의에 소개된 마이클 폴라니의 '허무주의 너머'에 대한 답변으로 이 글을 소개했다.

Reflections on the 1960 National Conventions: Kennedy vs. Nixon

워싱턴 D. C. 의회도서관 원고 분과에 보관된 한나 아렌트의 논문들에서 볼 수 있다.

Action and the "Pursuit of Happiness"

Commentary (Fall 1960)에 처음 실렸다.

Freedom and Politics, A Lecture

Chicago Review, 14(1) (Spring 1961)에 조금 다른 형식으로 처음 실렸다.

The Cold War and the West

Partisan Review (Winter 1962)에 처음 실렸다.

Nation-State and Democracy

워싱턴 D. C. 의회도서관 원고 분과에 보관된 한나 아렌트의 논문들에서 볼 수 있다.

Kennedy and After

The New York Review of Books (December 26, 1963)에 처음 실렸다.

Nathalie Sarraute

The New York Review of Books (March 5, 1964)에 처음 실렸다.

"As if Speaking to a Brick Wall": *A Conversation with Joachim Fest*

The Last Interview and Other Conversation by Hannah Arendt (New York: Melville House, 2013)에 처음 실렸다.

Labor, Work, Action

Amor Mundi, ed. J. W. Bernauer (Dordrecht, Nethelands: Martinus Nijhoff Publishers, 1987)에 영어로 처음 실렸다.

Politics and Crime: *An Exchange of Letters*

워싱턴 D. C. 의회도서관 원고 분과에 보관된 한나 아렌트의 논문들에서 볼 수 있다.

Introduction to *The Warriors* **by J. Glenn Gray**

The Warriors (New York: Harper&Row, 1967)의 토치북스Torchbooks 판본에 처음 실렸다.

On the Human Condition

The Evolving Society: First Annual Conference on the Cybercultural Revolution, ed. Alice Mary Hilton (New York: Institute of Cybercultural Research, 1966)에 처음 실렸다.

The Crisis Character of Modern Society

Christianity and Crisis, 26(9) (May 30, 1966)에 처음 실렸다.

Revolution and Freedom, a Lecture

워싱턴 D. C. 의회도서관 원고 분과에 보관된 한나 아렌트의 논문들에서 볼 수 있다.

Is America by Nature a Violent Society?

The New York Times Magazine (1965)에 "Lawlessness Is Inherent in the Uprooted"로 처음 실렸다.

The Possessed

워싱턴 D. C. 의회도서관 원고 분과에 보관된 한나 아렌트의 논문들에서 볼 수 있다.

"The Freedom to Be Free": *The Condition and Meaning of Revolution*

워싱턴 D. C. 의회도서관 원고 분과에 보관된 한나 아렌트의 논문들에서 볼 수 있다.

Imagination

Lectures on Kant's Political Philosophy, ed. Ronald Beiner (Chicago: University of Chicago Press, 1989)에 처음 실렸다.

He's All Dwight

The New York Review of Books (August 1, 1968)에 처음 실렸다.

Emerson-Thoreau Medal Address

1969년 4월 9일 미국학술원에서 행해졌으며 워싱턴 D. C. 의회도서관 원고 분과에 보관된 한나 아렌트의 논문들에서 볼 수 있다.

The Archimedean Point

Ingenor 6, College of Engineering (University of Michigan: Spring 1969)에 처음 실렸다.

Heidegger at Eighty

The New York Review of Books (October 1971)에 영어로 실렸다. 원래 이 글은 마르틴 하이데거의 80 번째 생일을 기념해 1969년 독일어로 집필해 실었는데 *Letters, 1925-1975, Hannah Arendt and Martin Heidegger*, ed. Ursula Ludz, trans. Andrew Shields (Orlando: Harcourt, 2004)에도 실렸다.

For Martin Heidegger

워싱턴 D. C. 의회도서관 원고 분과에 보관된 한나 아렌트의 논문들에서 볼 수 있다.

War Crimes and the American Conscience

War Crimes and the American Conscience, ed. Erwin Knoll and Judith Nies McFadden (New York: Holt, Rinehart, Winston, 1970)에 처음 실렸다.

Letters to the Editor of *The New York Review of Books*

*Between Past and Future*와 *Men in Dark Times*에 대한 J. M. 캐머런의 서평에 대한 응답으로 *The New York Review of Books* (November 6, 1970)에 처음 실렸다.

Values in Contemporary Society

1972년 7월 13일 워싱턴 D. C. 의회도서관 원고 분과에 보관된 한나 아렌트의 논문들에서 볼 수 있다.

Hannah Arendt on Hannah Arendt

The Recovery of the Public World, ed. Melyvn A. Hill (New York: St. Martin's Press, 1979)에 처음 실렸다.

Remarks

워싱턴 D. C. 의회도서관 원고 분과에 보관된 한나 아렌트의 논문들에서 볼 수 있다.

Address to the Advisory Council on Philosophy at Princeton University

워싱턴 D. C. 의회도서관 원고 분과에 보관된 한나 아렌트의 논문들에서 볼 수 있다.

Interview with Roger Errera

한 판본이 1973년 *The Last Interview and Other Conversation* by Hannah Arendt (New York: Melville House, 2013)에 실렸다.

Public Rights and Private Interests: A *Response to Charles Frankel*

Small Comforts for Hard Times: Humanists on Public Policy, ed. M. Mooney and F. Stuber (New York: Columbia University Press, 1977)

Preliminary Remarks About the Life of the Mind

워싱턴 D. C. 의회도서관 원고 분과에 보관된 한나 아렌트의 논문들에서 볼 수 있다.

Transition

워싱턴 D. C. 의회도서관 원고 분과에 보관된 한나 아렌트의 논문들에서 볼 수 있다.

Remembering Wystan H. Auden, Who Died in the Night of the Twenty-eighth of September, 1973

The New Yorker (January 20, 1975)에 처음 실렸다.

옮긴이 해제 및 후기

1 들어가는 말

한나 아렌트의 조교 출신 제롬 콘이 엮은 《난간 없이 사유하기》는
아렌트가 46세(1953) 때부터 서거 직전인 69세(1975) 때까지 남긴 글, 강
연, 서평, 대담 등으로 이루어졌다. 이 책에는 총 42편의 작품이 담겼는데
한 문단 분량의 〈전쟁 범죄와 미국의 양심〉(1970)에서 길게는 64쪽 분량
의 긴 논문 〈헝가리 혁명과 전체주의적 제국주의〉(1958)도 실려 있다. 이
중 절반이 넘는 26편은 이미 다양한 지면에 실려 출간되었고 16편은 처
음 출간되었다(앞의 수록 에세이 출간 정보 참조). 《난간 없이 사유하기》의
자매 편으로는 제롬 콘이 2005년에 41편의 작품을 모아 출간한 《이해의
에세이 1930~1954》가 있다. 이 두 저작에 있는 모든 글은 집필 순서대
로 배치돼 있어 시기별 아렌트의 연구 추이를 한눈에 살펴볼 수 있다.[1] 아

---

1 아렌트 연구자는 위 두 권의 저서와 함께 《사유 일기 *Denktagebuch*》(Piper,
2002)를 함께 읽어나가면 좋을 듯하다. 아렌트는 나치 정부를 피해 미국으로 망명한
1950년 독일을 방문해 하이데거를 만나고 온 직후인 1950년 6월부터 사유 일기를 쓰기
시작해 1973년 6월까지 계속 일기를 남겼다. 이 일기에서 그녀는 자신이 논의하고자 하

렌트는《난간 없이 사유하기》에 실린 글들을 집필하던 시기에《인간의 조건》,《과거와 미래 사이》,《어두운 시대의 사람들》,《혁명론》,《예루살렘의 아이히만》,《공화국의 위기》,《폭력론》을 출간했다.

제롬 콘은《난간 없이 사유하기》의 편집자 서문에서 아렌트의 정치적 사유를 바탕으로 미국 공화국의 쇠퇴 원인, 여기서 가장 많이 논의된 혁명과 평의회 체제, 전체주의 출현 및 최근 다시 불거지고 있는 아돌프 아이히만을 어떻게 수용할지를 심도 있게 분석했다. 따라서 옮긴이 해제에서는 그가 다루지 않은 아렌트의 핵심 주제인 정치, 다원성, 판단의 문제를 세계성worldliness의 측면에서 다루고자 한다. 아렌트의 정치사상에서 세계는 모든 행위를 가능하게 하는 정치의 준거점이다. 세계와의 조화 없이는 어떤 이해도 일어나지 않는다. 그녀의 분석틀에서 볼 때 이해는 모든 행위의 선험적 조건이다.

옮긴이 해제에서는 독자가 이 저작에 실린 아렌트의 여러 층위의 글을 읽어나가는 데 조그마한 실마리를 제공하기 위해 먼저 정치적 공간으로서의 '세계' 개념을 제시하고자 한다. 아렌트에게 세계는 한마디로 나타남, 즉 현상의 세계다. 그런데 인간의 정신은 나타남의 세계에서 물러나 있어야 안식을 취할 수 있다는 점에서 세계와 정신의 관계는 근본적으로 역설적이다. 첫째, 아렌트의 정치사상의 전모를 파악하는 데 이른바 '나타남'과 '물러남'의 역설을 이해하는 일이 중요하므로 이 둘을 살펴볼 것이다. 둘째, 아렌트가 말하는 "정치를 위한 공간"으로서 세계를 분석할 것이다. 셋째, 세계성의 측면에서 아렌트가 말한 정치적 사유와 정치적 판단의 관계를 논의할 것이다. 마지막으로 다시 세계 개념으로 돌아가 결

는 저자들을 얼마나 철저히 읽었는지를 보여주고, 이전에 공개되지 않은 원전들을 기록하며 자신의 사유가 역동적으로 진화하는 과정을 낱낱이 보여주고 있다.

국 정치적 근대의 가능성을 세계 사랑과 세계 소외의 역설적 관계를 통해 살펴보고자 한다.

2 나타남과 물러남의 역설

아렌트의 정치사상은 주로 "활동적 삶vita activa"을 중심으로 전개된다. 독일의 저명한 사회 철학자인 하버마스가 20세기 모든 정치 이론의 교과서로 삼아야 한다고 극찬한《인간의 조건》²에서 아렌트는 인간의 활동적 삶을 노동, 작업, 행위로 나눈다. 첫째, 생물학적 과정에 상응하는 활동인 노동에 바탕을 둔 인간의 조건은 '생명' 그 자체다. 노동을 통한 신체의 자연 발생적 성장, 신진대사, 최종 쇠퇴는 생존 과정에 투입되는 유기체적 필수 요소의 제약을 받는다. 둘째, 인간 존재의 인위성에 상응하는 활동인 작업 또는 제작을 위한 인간의 조건은 '세계성'이다. 작업은 모든 자연환경과 아주 다른 '인위적' 사물의 세계를 제공한다. 각 개인은 인공물로 이루어진 세계 내의 자기 삶을 영위한다. 물론 이 세계 자체는 모든

---

2 당시 독일에서《인간의 조건》의 시대적 함의를 간파한 철학자는 위르겐 하버마스(1929~)다. 얼마 전 하버마스는 아렌트가 분석한 "그리스 공론장의 모델"이 1961년 마르부르크대학교에 제출한 자신의 교수 자격 논문인《공공 영역의 구조적 변형》에 결정적인 영향을 미쳤다고 술회했다. 그는 모든 정치 이론의 교과 과정은《인간의 조건》으로 시작해야 한다고 했을 정도다. 소장 철학자 하버마스뿐만 아니라 1960년대 독일 연방 공화국의 학생 운동에서도 아렌트의 정치사상은 광범위한 지지를 받았다. 흥미롭게도 아렌트는 학생 운동에서 다양한 스펙트럼의 좌파 이념적 성향보다는 운동 자체의 양식, 즉 말과 행위의 주체를 통한 정치의 가능성에 주목했다. Jürgen Habermas, *The Lure of Technology*, trans. Ciaran Cronin, Cambidge: The Polity Press, 2015, pp. 115~116을 참조하라.

자연환경보다 오래 지속되어야 하며 자연환경을 뛰어넘는다. 셋째, 사물이나 물질의 중간 매개 없이 인간 사이에 직접 이루어지는 유일한 활동인 행위의 조건은 '다원성plurality'이다. 즉 보편적 인간이 아닌 '다원성'의 인간이 지구에 살며 세계에 거주한다. 인간 조건의 모든 측면이 어느 정도는 정치와 연관되는 반면에, 다원성은 특별히 서로 다른 인간들과의 공존 및 결사를 목표로 하는 모든 정치적 삶의 필요조건이자 충분조건이다(본문 pp. 463~470 참조).[3]

그런데 1958년에 시작한 '인간의 조건' 또는 활동적 삶에 관한 프로젝트는 사유, 의지, 판단 3부작으로 기획된《정신의 삶》(1975)으로 계속된다. 아렌트는 미완성으로 끝난 이 프로젝트를《인간의 조건》의 2권(본문 p. 634 참조)으로 생각했다. 그녀가 자신의 프로젝트에서 줄곧 제기한 질문은 "우리는 어떤 계기로 사유하게 되는가?"와 "우리는 사유할 때 어디에 있는가?"였다. 아렌트는 한시도 우리의 활동적 삶이 가장 고차원적인 순수 정신 활동인 사유, 의지, 판단임을 잊은 적이 없었다. 이들 세 활동 사이에 공통점이 없지는 않으나 어떤 공통분모로 환원될 수 없다는 점에서 확실히 자율적이다. 그런데 사유하고 의지하며 판단하는 정신의 주체가 항상 같은 인물이기에 이들 활동의 자율적 성격은 큰 어려움을 불러일으키기 마련이다.

아렌트는 자신의 정치적 사유를 형이상학에서 시작하는 것을 경계했다. 한마디로 모든 다리가 끊겼어도 "개념의 무지개다리"(《정신의 삶》, p. 532)를 건너지 말아야 한다는 것이 아렌트의 확고한 입장이었다. 어떤 방안을 강구해야 하는가? 아렌트는 "멈춰서 생각해보라"라는 영국의 관용구에서 그 가능성을 보았다. 하던 일을 멈추지 않는 한 누구도 생

---

3   Jürgen Habermas, 앞의 책, pp. 73~75를 참조하라.

각에 침잠할 수 없다. 여기에 정신의 활동적 삶이 안고 있는 근원적 역설이 있다. "개념의 무지개다리"를 건너기에 앞서 "나는 현상의 세계로부터 물러날 채비를 갖춘 인간의 정신이 안락하게 계속 있을 수 있거나 계속 있어야만 할 세계를 믿지 않는다. 그 세계가 과거의 세계든 미래의 세계든 나는 이를 믿지 않는다"(《정신의 삶》, p. 532).

정신의 삶이 단순히 내면성이 아니라면 도대체 인간의 사유는 언제, 어떻게 시작하는가? 소크라테스의 관행에 따라 사유하자면, 우리는 별안간 "자기 마음mind을 자신에게로 돌리고" 아울러 모든 친구와도 단절한 채, 어디든 자신이 우연히 있게 된 데서 자기 입장을 간직함으로써 시작한다. 이전에 자신이 맡아온 모든 일을 계속하라는 애원에 귀를 닫아야 사유의 문에 들어설 수 있다. 한마디로 사유는 모습을 드러내는 모든 것에서 물러남으로써 시작한다. 무릇 사유 활동은 나타남의 세계, 감각 기관을 통해 주어진 무엇, 공통감에 기반을 둔 실재성의 감각에서 물러남으로 시작한다. 이 "물러남"이야말로 우리가 일상에서도 늘 실행하고 정치인은 물론 철학자가 모든 감각을 판단 중지epoche 하는 사유의 관문이다.

이렇게 볼 때 아렌트에게 사유는 한마디로 "궤도 이탈"이다. 사유에 빠져 일상의 모든 활동을 중단하게 되며, 사유 활동으로 일상의 삶이 중단된다. 이에 반해 살아감이란 단순한 나타남mere appearances이 아니라, "자기 스스로 나타내려는 점에 답하는 자기표현 충동urge에 사로잡혀 있는 상태"다. 그래서 우리는 무대 위의 배우처럼 각자 자신을 나타내 보인다. 우리 각자는 공히 마련된 무대 위의 플루트 연주자처럼 끊임없이 공연 활동에 몰입한다. 좋은 공연과 대화를 위해서는 일말의 규칙과 일관성이 요구될 것이다.

그런데 '나타남appearing'은 항상 타인들에게 보이는 것이므로 이른바 '보임seeming', 즉 '내게-보임dokei moi; it-seems-to-me'은 관찰자의 입장과 시각에 따라 다양하다. 하이데거의 표현으로 '드러난 것'인 알레테이아 a-lêtheia로서 진리 역시 또 다른 나타남 appearance, 즉 현상 phenomenon이다. 이 러한 맥락에서 현상은 원래 은폐되어 있으나 더 높은 차원의 질서에 속한 다고 할 수 있다. 그래서 사유, 의지, 판단을 관장하는 정신 기관은 현재의 무수한 나타남으로부터 물러날 수는 있지만 그렇다고 해서 존재being로서 의 현상 appearance에서 벗어나 있지는 않다.

아렌트에게 사유를 위한 물러남의 과정은 우리가 어떠한 형태로 든 무심코 사유에 몰입해 있는 사람에게서 볼 수 있는 정신 나간 상태처럼 너무도 당연한 것이라서 가르침이나 학습이 필요 없는 사안이다. 예를 들 어, 무엇을 골똘히 사유할 때 우리는 조용히 주변 사람들에게서 물러남으 로써 주위 감각이 없어져 마치 그 자리에 있지 않은 듯이 행동하게 된다. 모든 사유는 나타남의 세계에서 의도적으로 물러나지 않고서는 존재할 수 없다. 그런데 의도적인 물러남이 세계로부터의 완전한 물러남이라기보다 는 다만 감각들에 현전하는 세계로부터의 물러남이다. 그렇다면 모든 사 유는 '공동 나타남common appearing'으로부터의 물러남이다. 사유는 어떤 현 안에 구속될 수밖에 없지만, 사유의 방향성은 세계에서 찾아야 할 것이다.

나타남과 물러남의 역설은 사유와 판단의 관계에서도 발생한다. 일반적으로 우리의 판단은 가시적인 공통성의 영역에 속한다. 반면에 사 유는 비가시적인 영역에 속한다. 이의 극명한 대비가 반성적 미감 판단의 주요 근거인 취미taste와 하나 안의 둘two-in-one로 존재하는 양심의 작동 방 식이다. 나타남이 탈자적 망아 상태에서 자신을 벗어나고자 하는 성향이 라면 물러남은 나와 동료들의 대화가 어떤 이유로든 중단되는 순간 나 자 신으로 되돌아오는 성향을 가지고 있다. 사유하는 개인이 현상의 영역에 속하면서 동시에 이 영역에서 물러나야 한다는 데서 역설이 발생한다. 모 든 정신 활동은 일정 정도의 차이가 있을지는 몰라도 나타남이 있자마자 세계로부터의 물러남, 즉 '공동 나타남'의 세계로부터의 물러남과 사유하는 자아 자신을 향한 뒤젖힘bending-back을 동시에 수행한다(《정신의 삶》, p. 70, 107). 요컨대, 사유는 잠시 현상계로부터 물러나 있기에 이는 곧 실재성 감각의 상실을 의미한다.

그런데 우리가 놓치지 말아야 할 점은 사유와 언어의 독특한 관계다. 아렌트에 따르면 영혼의 삶은 눈짓, 소리, 몸짓에서 훨씬 더 적절히 표현된다. 반면에, 정신의 삶은 소통도 되기 전에 말로 착상된다. 아렌트에게 말이 없는 사유는 상상할 수조차 없다. 사유와 언어는 서로를 예견할 정도다. 이 둘은 계속해서 서로의 존재를 인정한다. 사유와 언어는 서로를 당연시한다. 나아가 언어는 세계를 비추는 거울이 아니라 우리가 세계에 접근할 수 있게 한다. 그렇게 함으로써 언어는 세계에 대한 우리의 견해를 특수한 방식으로 형성해준다. 바로 이러한 맥락에서 아렌트의 정치사상은 소통을 통해 접근할 수 있는 세계성에서 시작해야 한다. 모든 정신 활동은 현상의 세계에서 물러나 있지만, 그렇다고 해서 물러남이 자기 자신이나 영혼의 내면을 향하지도 않는다는 데 세계성의 비밀이 있다.

3   정치를 위한 공간으로서의 '세계'

아렌트는 정치의 본령이 인간이 아닌 세계의 존속에 있음을 분명히 한다. 아렌트는《인간의 조건》을 구상 중일 무렵인 1955년 야스퍼스에게 보낸 편지에서 자신의 첫 정치사상서를 "세계 사랑amor mundi"이라 부르고 싶다고 할 정도였다.[4] 《인간의 조건》이 정치적인 성향에 침잠할

---

4   *Hannah Arendt Karl Jaspers Correspondence 1926-1969*, eds. Lotte Kohler &

수록 아렌트는 전체주의, 고립loneliness, 세계 소외, 익명의 통제로서의 관료제, 사회적인 것의 부상과 정치적인 것의 위축과 같은 문제를 가지고서 고심했다. 그녀가 파악한 근대의 특징은 마르크스가 생각한 자기 소외가 아니라 '세계 소외'였다. 스승인 후설 및 하이데거의 세계 개념과 달리 아렌트 자신의 세계와 세계성 개념은 노동이 아닌 작업이 이루어지는 곳에서 발전한다. 작업 또는 제작에 바탕을 둔 "문화는 대상과 관련이 있으며 세계의 현상"인 반면에, 노동이라는 인간 신체의 생명 과정에 상응하는 활동인 "쾌락은 사람과 관련이 있으며 생명 현상"(본문 p. 249 참조)이다.

도대체 아렌트의 사유 체계에서 세계라는 범주는 무엇인가? 인간이 함께 모이는 곳마다 그들 사이에는 세계가 나타나기 마련이며, 인간의 모든 현안이 일어나는 장소는 바로 이 사이-공간 in-between space이다. 인간 사이의 공간으로서 세계는 우리의 문화, 전통, 조상에 대한 기억, 역사, 언어 등을 포괄하는 사람과 사람 간의 모든 상호 주관적 접촉이라 할 수 있다. 다시 말해서 세계는 인간관계에 기반을 둔다. 따라서 세계는 개인의 강점이나 에너지가 아니라 오히려 다수에서 발생한다. 사람들이 함께 행위할 때 이들 사이에 권력이 발생하며 이들이 다시 흩어지면 그 즉시 사라진다. 관계의 세계야말로 다수와 함께-있음being together으로써 권력이 발생하는 장이다. 개인의 가장 위대한 강점조차도 무력하게 하는 것이 바로 아렌트가 말하는 권력이다. 이렇듯 그녀에게 권력은 폭력이나 강제가 없는 소통 과정에서 형성된 공동 의지의 잠재력이다. 그래서 권력은 폭력과 대립한다. 권력은 단순히 행동하거나 그 무엇을 하는 것이 아니라 타인과 단합하고 조화를 이루어 행위하는 인간의 능력에서 나오기 때문이

Hans Saner & trans. Robert & Rita Kimber, NY: Harcourt Brace Jovanovich, 1992, p. 264.

다. 관건은 세계가 결코 강제력으로부터 발생하지도 않지만 이에 내재되어 있는 운명이 강제력에 괴멸되지도 않는다는 점이다.

아렌트가 생각하는 정치적 근대는 주권이 아닌 권력의 재개념화에 달려 있다. 인간이 함께 모이는 곳에 권력의 잠재력이 있기 마련이며 이로써 하나의 정치 공동체는 구속력을 가진다. 말과 행위의 계시적 성격에서 발생하는 권력은 "인간들이 타인을 위해서나 타인에게 대항해서가 아니라 타인과 '함께' 존재하는 곳"(《인간의 조건》, p. 268)에서 나타난다. 말과 행위로 자신을 드러낼 때 그가 누구인지 아무도 모른다 해도, 그는 자신을 드러내는 모험을 감수해야 한다. 따라서 정치 공동체의 몰락은 권력의 상실이며 최종적으로는 무기력이다. 하지만 이 과정 자체는 파악될 수 없다. 폭력 수단은 비축해두었다가도 필요할 때 어떤 손상 없이 사용할 수 있는 데 반해서 일반적으로 권력 잠재력은 실현되는 정도만큼만 존재하기 때문이다. 결국 말이 공허하지 않으며 행위가 잔혹하지 않은 곳에서 비로소 권력은 실현된다.

지금까지 아렌트가 그리는 세계에는 대체로 두 가지 특징이 있다. 첫째, 세계는 그것이 나타나기에 세계다. 그런데 나타남, 즉 현상의 공간이 당연히 주어지는 것은 아니다. 거기에는 사람들이 함께 행위하고 말함으로써 생겨나는 참된 공간이 필요하다. 가령 노예, 외국인, 야만인, 상인 등은 현상의 공간을 갖지 못한다. 동등하게 말하고 행동할 권리isonomia를 가진 주체들이 공적으로 드러나는 공간이 곧 현상의 공간이기 때문이다. 가장 넓은 의미에서 현상의 공간은 "다른 사람들이 나에게 나타나듯이 내가 다른 사람들에게 나타나는 공간," 즉 "사람들이 여타 유기물이나 무기물처럼 존재하지 않고 자신의 나타남을 분명히 하는 공간"(《인간의 조건》, p. 290)이다. 이렇듯 세계는 만인이 볼 수 있고 그 세계를 두고 말할 수도 있어야 한다. 여러 인간이 함께 모이는 곳에 세계가 출현한다는 점에서 모든 사건이 일어나는 곳은 바로 이 사이-공간으로서의 "정치 영역"이다. 결국 우리는 각자 사적 삶의 체험 및 가족 관계에서 벗어남으로써만 진정한 정치 영역인 공공 세계로 들어갈 수 있다.

둘째, 세계는 인간 없이 존재할 수 없다. 아렌트는 인간이 없는 우주나 인간이 없는 자연과 대조적으로 인간 없는 세계라는 말 자체가 모순이라고 본다. 예나 지금이나 그 누구도 자기 혼자만으로는 객관 세계를 온전한 실재實在로 적절히 파악할 수 없다. 세계는 항상 한 사람에게 하나의 시선으로만 자신을 보여주고 드러내기 때문이다. 이 시선은 세계 내의 자기 입장과 일치함과 동시에 그 입장으로 결정된다. 만일 누군가가 세계를 실제로 있는 그대로 보고 경험하기를 원한다면, 그는 세계를 많은 사람과 공유해야 하며, 이들 사이에 있는 '무엇'을 분리함과 동시에 연계함으로써만 있는 그대로 보고 경험할 수 있다. 이 '무엇'은 각자에게 다르게 보이며, 많은 사람이 여기에 대해 말할 수 있다. 따라서 서로가 맞서거나 함께 의견과 시각을 교환할 수 있는 정도에서만 이해할 수 있다. 오직 우리가 서로 평등하게 말할 수 있는 자유 안에서 세계는 모든 측면에서 볼 수 있도록 나타난다.

아렌트는 나타남에 항상 관찰자들이 따르기 마련이라는 점에 주목한다. 이는 우리 자신의 실재와 세계의 실재를 이해하는 데 광범위한 영향을 미친다. 그래서 나타남은 인간이 세계에 태어났다는 점에서 자신의 단독적 성향의 말이나 행위를 통해 다른 사람들에게 드러난다. 나타남이 다른 사람들에게 말을 하고 어떤 응답을 요청하는 것이라면 여기서 발생하는 세계는 '공적' 세계여야 한다. 아렌트에 따르면, 나타남은 본래 생물학적인 기능을 통해서 드러내는 것 또는 눈앞에 있는 것의 영역임에도 주로 공공성의 영역이라 할 수 있다. 따라서 나타남의 세계는 공적 세계일 뿐만 아니라 인간의 정치적 상호 교류의 영역이기도 하다. 모든 것은 항상 공적 공간, 즉 다른 사람들 앞에서만 생성될 수 있는 빛 아래에서 자신의 모습을 드러낸다. 요컨대, 세계는 자연이나 지구와 동일하지 않다. 인간의 직접적인 공동 행위를 통해 형성되는 현상의 공간은 이른바 모든 형식적 공론 영역, 다양한 정부 형태, 조직적인 공론 영역에 선행한다.

궁극적으로 아렌트가 주창하는 세계는 세계-내-인간 조건의 핵심이 사회적인 것과 구별되는 '정치적인 것'의 세계라는 사실을 알 수 있다. 아렌트의 의미로 정치적인 것은 세계에 대한 응답이다. 정치적인 측면과 관련해 세계의 중요성을 최초로 발견한 사상가는 "우리가 함께 판단하는 기준은 자아가 아니라 세계가 되어야 한다"[5]라고 한 마키아벨리다. 이 기준은 전적으로 정치적이다. 사실 마키아벨리는 자기 영혼의 구원보다 조국 피렌체에 더 관심을 두었다. 세계보다 영혼의 구원에 더 관심 있는 사람은 정치에 발을 들여놓지 말아야 한다고까지 했다. 마키아벨리 못지않게 아렌트의 정치사상도 '세계 사랑'에 뿌리를 두고 있다. 무릇 이들에게 세계 사랑은 새가 잔가지를 물어와서 보금자리를 짓듯 제작 활동이 아닌 행위로써 공공성의 세계를 안전하게 유지하는 일이다.

이러한 이유로 아렌트는 모래폭풍을 동반한 "사막"에서도 지켜내고자 하는 "관조적 삶"보다 세계에 뿌리를 둔 자유인의 "정치적 삶"을 더 우위에 두었다. 여기서 세계는 모두에게 나타나는 우리-공동체임과 동시에 모두에게 나타나는 개인이다. 아렌트에게 공동 세계로서의 공론장이야말로 우리가 함께 연대하도록 하는 동시에 갑자기 무너지는 것을 예방하기도 한다. 요컨대, 모으고 분화하는 공론장은 현상의 공간이자 말과 행위를 매개로 각 개인이 등장하는 안전한 공간이다. 여기서 행위는 인간의 본래적 다원성과 맞물려 있으며, 세계를 구성하는 주체는 유적類的 존

---

5   한나 아렌트, 《책임과 판단》, p. 173.

재로서 인간이 아니라 그 무엇으로도 환원될 수 없는 고유한 주체다. 아렌트가 살았던 20세기 초반, 인간성에 대한 최대의 위협은 인간 고유의 개체성을 말살하고 각자 인간의 1인칭 경험을 완전히 피상적 경험으로 변모시키며 모든 자발성과 다원성을 말살하는 전체주의 지배였다.

　　그러기에 아렌트는 우리 인간이 세계 관계와 별도로 직접 인간적인 관계로 존재할 수 있는 경우는 실제로 사랑할 때뿐이라는 점을 분명히 한다. 한마디로 말해서 사랑을 협상 테이블에 올릴 수는 없기 때문이다. 아렌트는 "이것이 비정치적이며, 무세계적worldless"이라고 본다. 다시금 이러한 의미에서 세계는 "정치를 위한 공간"이다. 세계를 정치가 발생하는 공간으로 정의할 수 있다면, 이는 "어떤 현안이 공적일 수 있는 공간", 즉 "사람들이 살아가면서 자신들을 제시할 수 있는 공간"이어야 한다. 궁극적으로 "인간이 행하는 세계 사랑의 산물"[6]인 세계를 지향하는 체험이 이렇듯 중요한데도 현실은 "평균적 삶의 경험적 지평으로부터 점점 더 뒷걸음치고 있다."[7]

　　세계의 나타남으로부터 정신의 물러남의 역설로 되돌아갈 시간이다. 아렌트가 노년에《정신의 삶》을 집필하게 된 계기는 '멈추어 서서' 사유할 짬을 좀처럼 내기 어려운 일상생활에서 너무도 일상이 된 사유의 부재에 있었다. 아렌트는 무사유의 인간을 몽유병자로 취급했다. 사유에 특정한 목적이 있지는 않다. 하지만 우리 삶의 목표에 일말의 실수라도 발생하게 되면 이 실수의 원인은 무지해서라기보다는 생각이 없었거나 생각이 짧아서라고 흔히 말한다. 무지가 지식의 부정이라면 사유의 부

---

6 한나 아렌트, 김선욱 옮김,《정치의 약속》(푸른숲, 2007),, p. 249.
7 한나 아렌트, 홍원표 외 옮김,〈'무엇이 남는가? 언어가 남는다': 귄터 가우스와의 대담〉,《이해의 에세이 1930~1954》(텍스트, 2012), pp. 45~80.

재는 의미의 부정이라는 점에서 그렇다. 다시 말해서 사유가 의미에 관여하는 반면에, 인식은 진리를 추구한다. 진리가 강제력을 지닌 데 반해서, 의미의 추구에는 강제력이 없다. 인과적 설명이 이유 없이 살아 있음과 대립하듯이 진리와 지식은 의미 및 사유와 대립한다. 이러한 이유에서 아렌트는 사유 그 자체를 자기 도구로 사용하려는 인지 활동과는 전혀 다른 차원에서 이해한다.

아렌트에게 사유는 인간의 조건에 필수적이다. 사유는 인간이 단지 자기 필요나 보살핌에서뿐만 아니라 사회를 떠나서는 기능할 수 없는 정신이다. 이어서 사유가 세계와 독립적으로 작동할 수 있는지를 정치적 사유와 정치적 판단의 관계를 중심으로 살펴보고자 한다.

4 정치적 사유와 정치적 판단의 관계

아렌트 정치사상의 궁극적 관심은 정치적 사유보다는 정치적 판단에 있다. 양자의 차이점은 사유가 부재의 영역인 비가시적인 것들을 다루고 있는 데 반해서, 판단은 항상 특수한 것들에 관심이 있다는 사실이다. 사유의 시제는 현재이며 "앞에 던지는 것ob-ject"인 반면에, 판단의 시제는 과거이며 "뒤를 비추는 일re-flect"이다. 아렌트에 따르면, 의지를 발견한 철학자가 아우구스티누스라면 판단을 발견한 철학자는 칸트였다. 칸트를 따르는 아렌트에게 판단은 인지적 역량이 아닌 반성적 역량이다. 이는 항상 정신의 구성물인 일반성과 감각 경험에 주어진 특수성이 어우러지는 정신의 "신비한 능력"이다. 이성을 부여받은 인간이 특수한 것들을 관찰하고 판단할 때 주요 요소는 이에 의미를 부여하는 전체적 조망이다. 즉 판단에서 전체를 볼 수 있는 관찰자의 시각은 아주 특이한 능력으로서 결코 지성intellectus에 내재하지 않으며, 삼단논법 형식으로 특수자들을 일반 규칙 아래에 포괄하는 규정에 따른 판단과도 무관하다.

정치적 판단 과정에서 규정에 따른 판단 과정의 횡포를 막기 위해서 아렌트는 정치적 인간의 핵심 덕목인 아리스토텔레스의 '프로네시스phronêsis', 즉 실천적 지혜의 시각에서 칸트의 반성적 판단을 정치적으로 재해석한다. 아렌트는 실천적 지혜에 대한 분석이 한 사안을 보고 판단할 수 있는 모든 가능한 입장 중 최상의 개관이라는 점에서 칸트의 미적 판단력으로 이어져야 한다고 여러 저작에서 주장한다(본문 pp. 245~276 참조). 그 후 수 세기 동안 거의 누구도 '프로네시스'를 언급한 적이 없었다. 공통감을 판단력의 기능으로 논의한 칸트에 이르러서야 우리는 이를 다시 접하게 된다. 칸트는 이를 "확장된 사유 방식"이라 부르고, 모든 타자의 입장에서 생각하는 능력이라고 다음과 같이 정의했다. "타인의 시각에서 사유할 수 있음을 제시한다. 그러므로 자기 자신과의 합치는 타인들과의 잠재적 합치를 통해서 합류한다. 판단력은 이러한 확장된 사유 방식에 의존하며, 이에 입각한 판단은 정당성에 대한 적절한 힘을 낳는다"(본문 PP. 269~270 참조).

간단히 말해서 "확장된 사유 방식"은 인간의 상상력이다. 일찍이 아렌트는 우리 인간은 상상력 없이는 세계에서 방향감을 가질 수 없다고 주장한다. 인간의 정신에 유일하게 내장된 "내부 나침반"[8]이 곧 상상력이다. 그녀는 상상력, 즉 확장된 사유 방식에 의거한 판단이 칸트의 세 비판서 중 진정으로 정치적 기능을 담당하는 반면에 실천 이성으로서의 입법의 이성은 정치가 아닌 도덕성에 귀속한다고 주장한다. 아리스토텔레스의 실천적 지혜와 칸트의 반성적 판단은 공히 확장된 사유 방식에서 자신

---

8 한나 아렌트, 홍원표 외 옮김, 앞의 책, p. 511.

의 "주관적, 사적 조건들"을 극복하는 역량으로 작동하기에 그렇다. 폴리스의 경우에서 정치적 인간은 자신을 차별화하는 특징적 탁월성이 주어지는데, 그는 동시에 가장 자유로운 인간이기도 하다. 그 인간은 모든 관점에서 고려할 수 있게 하는 통찰 덕분에 이동과 관련해 최상의 자유를 누린다.

지금까지 보았듯이, 칸트가 발견한 미적 판단을 아리스토텔레스의 실천적 지혜에 입각해 정치적 판단으로 이해한 부분은 아렌트 정치사상의 백미다. 우리가 다시금 강조해야 할 부분은 아렌트에게 칸트의 미적 판단이 비인지적 판단이라는 점이다. 이런 이유로 아렌트는 칸트의《판단력 비판》을 정치 이론서로 독해한다. 그녀 자신도 18세기 프랑스 혁명을 '읽어주는 대중'으로서 목격한 칸트처럼 20세기 여러 사건을 새롭게 구성하는 열정 어린 관찰자였다. 아렌트는 인간의 반성적 판단 역량이 이해나 의지와 독립된 역량임을 보여주며 궁극적으로 판단 역량을 정치적으로 확장하고자 했다. 그럼으로써 단독자the singular의 철학이 인간의 가장 정치적인 역량인 반성적 판단을 통해서 복원될 수 있다고 보았을 것이다. 이런 점에서 정치는 '특수한 것에 대한 기예'다. 우리는 칸트와 아렌트의 이른바 '반성적 판단'을 통해서만 단독자로서 정면 대응하는 현상을 만나게 된다. 요컨대, 아렌트는 아리스토텔레스의 '프로네시스'와 칸트의 제3비판에 의거해서 판단이 인식이나 의지로 환원될 수 없음을 성공적으로 보여주었다.

아렌트의 정치적 판단의 중요성을 파악하기 위해 판단을 세계성의 측면에서 검토해야 한다. 우리가 사는 세계에서 길을 잃지 않기 위해서는 무엇보다 상상력이라는 "유일한 내부 나침반"을 적절히 활용해야 한다는 점을 직접 아렌트의 말로 들어보자. "자유는 의지가 아닌 상상력의 술어로서 나타나며, 상상력은 '확장된 사유 방식'과 가장 긴밀하게 연관됩니다. 확장된 사유 방식이 바로 탁월한 정치적 사유 방식입니다. 이를 통해 우리는 '다른 모든 사람의 입장에서 사유할' 가능성을 가지고 있기 때문입니다"(p. 340f.). 상상력이란 "감각적 지각 안에 존재하지 않는 것을 마음속에 있게 하는 것"(본문 p. 549 참조)인데, 이때 상상력을 위한 닻은 다름 아닌 세계의 세계성Weltlichkeit der Welt과 아름다움이다.

대체로 우리는 아름다움을 두고 이를 명확히 정의할 수는 없어도 일반적인 아름다움이 무엇인지는 안다. 특수한 것들 내의 보편적인 것을 대면할 때 이 '나'는 보편성을 말하기 때문이다. 이처럼 아름다움을 분별할 수 있는 능력이 곧 아렌트가 말하는 본래적 판단이다. 이는 가까이 대면하는 사태나 특수한 것들을 대면할 때 작용하는 능력이다. 아렌트는 이별난 능력을 최초로 자각한 사상가로 키케로를 꼽는다. 키케로는 "무지한 군중"이 어떻게 웅변가의 대단히 정교한 수사 장치들을 곧잘 받아들여 설득될 수 있는지를 의아해하며 다음과 같이 말했다. "모든 사람은 예술과 비율에 관한 지식도 없이 '침묵의 감각silent sense'으로 예술과 비율의 문제에서 옳고 그름을 분별한다. …… 유식한 사람과 무지한 사람 사이에 판단의 차이가 거의 없는 반면, 만드는 데에는 가장 큰 차이가 있다는 것은 놀라운 일이다"(본문 p. 737 참조). 이들의 판단에 "결코 주관적일 수 없는 토대"가 있음을 알 수 있다. 이는 분명 세계의 세계성과 무관하지 않다. 모든 판단은 세계 내에서 특정 입장을 갖는 주관성에서 비롯하지만 동시에 이는 모두가 자기 자신의 입장이 있는 세계가 객관적 사실이자 우리가 공유하는 무엇임을 주장하고 있기 때문이다. 이때 인간이 가진 최고의 분별 감각인 취미가 작용한다. 직접 아렌트의 말을 들어보자. "취미는 세계로서 세계가 보고 듣는 것, 그것이 자체의 유용성 및 이에 대한 실존적인 관심과 독립적으로 보고 들어야 하는 방식을 결정한다. 취미는 세계를 '세계성'에 따라 평가한다. 취미는 감각적 삶이나 도덕적 자아와 관계를 맺는 대신 둘 다에 반대하며, 세계에 대한 "사심이 없는" 순수 관심을 제시한다. 인간, 즉 그의 삶도, 자아도 아닌 취미 판단에 가장 중요한 것은 세계다."

물론 취미 판단이 곧 정치적 판단일 수는 없지만, 양자의 판단이 어떤 의무를 지지 않는다는 점에서 매우 유사한 측면이 있다. 이렇듯 침묵 속의 대화인 사유와 달리 모든 반성적 판단 작용은 '침묵 속의 감각'에 의거한다. 특히 노년의 아렌트는 칸트의 정치사상을 재구성하려는 시도에서 인간의 "사회성"을 바탕으로 한 취미 현상에 주목했다. 칸트가 제시한 취미 판단이야말로 정치 현상의 판단에 적용할 수 있는 특이한 재능, 즉 가르침을 받을 수는 없어도 연습할 수는 있는 재능이다. 정신 활동 중 사유가 현상으로부터 물러 나와 보편성의 영역에서 작동하는 반면에, 정신이 특수한 현상들의 세계로 되돌아올 때 이들 현상을 다루게 될 새로운 "재능"이 필요하다. 놀랍게도 아렌트에게 정신의 이 특수한 재능을 "예리하게 함"에 유일하게 도움을 줄 수 있는 것은 "예시들 examples"이다(본문 pp. 38, 87, 547, 550, 555~557 참조). 이는 논리적으로 해명할 수 없는 사안이기 때문이다. 한마디로 판단은 특수자를 사유하는 역량이다. 그런데 "보편성이 발견될 수 있는" 다른 특수자들에 의존하는 방법밖에 없다면, 이 역량에는 판단을 위한 모든 기준이나 범주가 결핍되어 있음을 의미한다. 그렇다고 기준을 경험에서 빌려올 수 없으며, 외부에서 끌어올 수도 없다. 관찰자는 어떤 특수자를 또 다른 특수자로 판단할 수는 없다. 특수자들의 가치나 진가를 결정하고자 할 때 두 특수자와 관련이 있으면서도 이들과 구별되는 제3의 비교 준거가 있어야 한다.

그렇다면 판단의 타당성은 어디에서 기인하는가? 아렌트는 그 타당성이 객관적이거나 보편적이지 않지만 그렇다고 개인의 변덕에 좌우될 주관적 성향도 아닌 "예시적 타당성"(본문 p. 556 참조) 또는 상호 주관적, 재현적representative 타당성에서 기인한다고 보았다. 이러한 사고가 상상을 통해서만 가능하다는 점에서 일말의 희생을 감수해야 한다. 다시 말해서, 정치적 판단을 위한 타당성은 복수의 인간 내에 있는 관찰자 자신의 공통감sensus communis, 상호 주관적 공동체에서 닦인 현실 감각을 적극적으로 활용해서 사건들 내의 예증성을 상상을 통해 재현함으로써 획득된다. 궁극적으로 이 모든 과정은 인간 간의 상호 소통과 무관하지 않다. 소통을 통해 형성된 공통감으로 우리는 공동체 성원이 되고, 사적 오감으로 주어진 일들을 두고 소통하게 된다.

이처럼 판단의 모태가 공동체 성원이라는 점을 통해서 얻어지는 감각이라면 우리는 타인의 판단을 환기하지 않고서는 판단할 수 없게 된다. 이는 타인들의 존재를 배려하는 일이며, 이들의 동의를 얻고 승인을 요구하는 과정이기도 하다. 여기서 우리가 자신의 취미를 통해 판단에 이르게 될 때, 세계의 '좋은 부분'과 불화할 수는 있어도 '전체 세계'와 불화할 수는 없다. 칸트와 아렌트가 "취미 내의 자아주의egoism가 극복된다"고 주장한 점을 수긍할 수 있다. 요컨대, 우리는 취미 판단 안에서 직감적으로 특수-일반 또는 단독-보편이라는 이중 구속 안에서 무관여적 태도를 견지한다. 우리가 아름다움에 직면할 때 느끼는 것은 정확히 다수 속의 관찰자를 통한 무관여적인 음미 또는 즐거움이다.

아렌트에게 사유와 공통감이 공히 비가시성을 지향한다는 점이 흥미롭다. 그런데 "사유 과정은 공통감과 달리 신체적으로 두뇌에 위치할 수 있으나 모든 생물학적 자료data를 초월한다"는 점에서 양자는 확실히 분리된다. 이와 반대로, 공통감이나 실재성 감각은 '공동 나타남'이라는 점에서 생물학적 기관에 속한다. 공통감이 감성의 영역에 속하는 한, 신체의 생물학적 조건에서 벗어날 수 없다. 반면 가장 치열한 정신 활동인 사유는 모든 감각이 가능한 나타남의 세계로부터 물러나 과거, 현재, 미래로 확장해나간다. 이 점에서 사유는 일차적으로 감각들에 부재한 부분을 그 자체로 현전화하려는 정신의 능력이다.

그런데 아렌트에게 판단은 사유가 지향하는 공통감만으로는 충분하지 않다. 특히 아렌트가 정치적 판단의 원형으로 삼는 미적 판단은 진정한 자기로 복귀하려는 사유와 달리 자기를 벗어나려는 "탈자성ecstasy"의 기쁨, 즉 세계 현상성의 기쁨을 취한다. 자아에서 벗어나 세계의 현상성phenomenality에서 유래하는 기쁨은 정치 현상에 관한 더 많은 자료를 수집할 수 있게 하는 자유로운 상상의 나래를 선호하는 반면에 인지적, 논리적 또는 이데올로기적 과정에는 마음의 문을 닫는다. 이러한 연유에서 정치인은 가시적인 것 안에서 비가시적인 것을 자유자재로 재현할 수 있어야 한다. 그런데 이러한 재현 능력은 실제로 부재한 부분을 현재화하는 단순한 상상력이 아니라 경이와 취미에서 미적 즐거움을 취할 수 있는 정신의 고유한 기능이어야 한다.

판단이라는 정신 작용이 인간의 오감 중 가장 객관적인 감각이라 할 시각이 아닌, 취미에서 유래하는 이유가 여기에 있다. 모든 감각 중 미각과 후각이 단연코 가장 사적이며 기쁨을 추구한다. 이들 취미와 취향은 대상이 아닌 침에 녹거나 공기 중에 떠다니는 분자들의 감각 작용sensation을 감지한다. 당연히 장미 향이나 특별한 음식 맛은 대상에 매이지도 않고 돌이켜볼 수도 없는 감각이다. 우리가 방금 본 광경이나 들은 멜로디는 부재하더라도 현전화할 수 있지만, 취미 또는 취향은 현전화가 불가능하다. 요컨대, 이들 감각은 '재'현될represented 수 없다. 그런데 이 미각과 후각만이 본성상 분별적이며 특수자를 특수자로 관계한다. 모든 판단에는 이처럼 분별적인 속성과 특수자로서의 성향이 결정적으로 중요하다. 더욱이 자신의 판단을 검증해주는 쾌락과 불쾌의 감정은 미각과 후각에 압도적으로 나타난다. 특히 정치적 판단에서 중요한 점은 나를-즐겁게-또는-역겹게-하는 일이 내게-맞든가-그렇지-않은 일과 거의 같다는 사실이다. 이처럼 취미에 관한 한, 그 어떤 논란도 일지 않는다. 가령 내가 삭힌 홍어를 역겨워한다면 그 어떤 설명으로도 내가 홍어를 좋아하도록 설득할 수는 없다.

따라서 정치적 판단의 암묵적인 기준은 최소의 유용성을 지니면서 최대의 세계성에 속한 사물, 즉 예술가, 시인, 음악가, 철학자 등의 작품에 관해 문명이 규정한 태도나 상호 작용의 양식에 의거한다. 간단히 표현하자면 예술 작품이 세계와 깊은 연관이 있다는 말이다. 이러한 맥락에서 아렌트는 페리클레스의 "우리는 미를 사랑하지만 절제하고, 지혜를 사랑하지만 유약하지 않다"[9]를 인용한다. 여기서 '절제'와 '유약성'은 정치인의 정치적 판단과 무관하지 않다. 이런 의미에서 페리클레스가 말한 "우리는 정치 판단의 한계 내에서 미를 사랑하고 유약성이라는 야만적인 악덕 없이 철학을 한다"에서 지혜 사랑과 미 사랑의 한계는 정치 영역인 '폴리스'를 통해 규정된다. 정치로 야만인과 그리스인의 구분도 가능했다. 결국 이들 간의 차이는 문화의 차이로서 미와 지혜에 대한 다른 태도를 의미한다. '미' 사랑이 야만적이지 않으려면 절제, 판단, 분별, 식별에서 목표를 지향할 수 있는 능력이 뒤따라야 한다. 오늘날의 '취미'가 바로 이러한 능력이다. 미의 올바른 사랑인 '취미'는 인간이 세계 내 사물을 보살필 수 있도록 하기에 정치적 판단의 결정적 소양이 된다.

5 세계 사랑과 세계 소외의 역설

마지막으로 세계는 궁극적으로 "인간의 세계 사랑의 산물"이라고

---

9 한나 아렌트, 《과거와 미래 사이》, p. 285.

한 아렌트의 통찰로 돌아가자.《인간의 조건》후반부에서 심혈을 기울여 분석한 세계 사랑과 세계 소외는 그녀의 비판적 정치사상을 잘 보여주고 있다. 세계의 실세적인 측면을 가늠할 유일한 특징은 세계가 인간 모두를 위한 공동의 것이라는 점인데, 이른바 세계감Weltsinn(본문 p. 272 참조), 즉 공통감이야말로 지극히 사적이라 할 오감과 이들이 지각하는 특수 정보를 우리 현실에 적합하게 하는 유일한 감각이다. 따라서 한 공동체에서 공통감이 현저히 감소하거나 이를 상실할 때 인간은 세계에서 소외된다. 근대에 발생한 현상 공간의 위축과 공통감 쇠퇴 등의 세계 소외 현상은 생산자 사회보다 노동자 사회에서 더 극단적으로 발생해왔다. 세계의 사물에 대한 인간의 지배권이 증대됨으로써 세계와 인간 간에 설정한 거리가 확대되는 방식으로 세계 소외가 발생한다.

　　인간의 세계성을 위한 가장 기본적인 정치 조건이 소유인 점을 유의하자. 많은 경우에 세계 소외는 세계 내에서 자기 장소를 박탈당하고 벌거벗은 생존 위기로 내몰리는 토지의 수용 과정과 맞물려 있다. 이렇듯 근대는 정작 그 의도와 달리 특정 계층의 인구를 세계에서 소외시키면서 시작되었다. 아렌트 스스로 근대의 특징을 마르크스식의 자기 소외가 아닌 세계 소외로 이해한 부분이 많은 것을 시사한다. 문제는 정치적인 것이 사라진 전반적인 사회적 삶의 과정이 궁극적으로 이를 초래한 세계 소외 법칙에 구속된다는 점이다. 더욱이 세계의 모든 사물, 즉 생산 과정의 모든 최종 생산물이 점점 더 빠른 속도로 이 과정에 재투입되는 실정이다. 자본주의 사회에서 부의 축적 과정은 세계와 (인간의) 세계성의 희생 위에서만 가능하다. 잔인성을 특징으로 하는 세계 소외 과정은 사회가 새로운 삶 과정의 주체로 자리 잡을 때 도래한다. 아렌트는 이 모든 소외 현상을 모래 폭풍을 동반한 "사막"에 비유한다.

　　근대에서 승리한 세계 소외의 제물이 세계 사랑이라는 점은 구체적으로 무엇을 의미하는가? 근대의 가장 특징적인 현상인 세계 소외가 초래하는 심각한 문제점은 인간 정신의 역량 중 가장 '정치적인 것'이라고 할 수 있는 판단력을 마비시킨다는 점이다. 아렌트의 《인간의 조건》은 고대 그리스의 폴리스와 관련해서 근대를 진단한다. 이러한 맥락에서 세계 소외의 심각한 문제점을 되돌아봐야 한다(pp. 246, 323). 공적 영역이 제대로 작동하지 않는 세계 소외의 과정에는 반드시 전문가의 전문 지식에 입각한 '인지적 판단'이 지배하게 된다. 정치 영역에서 정치 공학 또는 전문가적 지식이 난무한다면 정치는 궁극적으로 경영, 관리 또는 한낱 행정으로 환원될 것이다. 아렌트에게 이들 영역의 실체는 '사회적인 것the social' 이다. 사회적인 것은 사회적 현상들의 선정치적 영역이다. 이들의 비정치적 특성은 오늘날의 대중문화에 가장 잘 나타난다. 한국이나 미국이 대면한 가장 고질적인 모순은 '정치적 자유'가 '사회적 노예 상태'로 곧장 전락할 수 있다는 점이다.

　　만약 공적 영역에 뭔가를 이루려는 의지만 난무한다면 새 정부가 들어설 때마다 마주하게 되는 혁신이라는 영속적인 쿠데타의 세상을 살아야 할지도 모른다. 칸트 이후 아렌트 정치 이론의 독창성은 구체적인 정치 현상들의 위상학topology을 보여준 점이다. 이들 정치 현상은 참된 명제를 강요하는 인식의 범주에도, 반드시 관철하고 말겠다는 의지의 영역에도 존재하지 않는다. 이들 정치 현상의 장은 미적 대상의 장소에 가깝다. 공연예술의 세계처럼 관찰자가 존재하지 않는다면 정치의 세계도 존재하지 않는다. 공적 영역은 행위자나 제작자가 아닌 비평가와 관찰자로 구성되며, 관찰자만이 어떤 단독적 행위가 가치 있는지와 없는지를 결정할 수 있는 위치에 있기 때문이다. 결국 정치적 판단은 취미 판단이 교육과 연마를 통해서 형성되듯이 경험과 설득을 통해서 형성되며, 이러한 연습과 교육이 부재할 때 미적 결정과 선택에서 큰 착오를 일으키게 될 것이다.

지금까지 논의한 판단은 규정적 판단이나 인지적 판단이 아니라 반성적 판단이다. 이는 한마디로 특수자들을 일반 규칙하에 두지 않고서도 판단할 수 있는 역량이다. 문제는 정치적인 것의 본질이 이미 고대 그리스의 공동체 경험을 통해서 드러났는데도[10] 근대의 시작 이래 정치적인 것을 정부와 동일시한 점이다. 오늘날에도 그리스와 로마의 고대 경험을 논의하지 않고 정치적인 것의 영역을 다루는 일은 거의 불가능하다. 사회적인 것과 구별되는 정치적인 것이 보장되는 영역에서 반성적 판단이 가능하다. 정치적인 것의 영역에서 인간의 인지적 측면은 중요하지 않다. 특수자를 특수자로 다루는 최고의 정신 역량인 판단력은 정치적인 것의 지평에서 발현된다.

한편, 자유가 선정치적이라 할 수 있는 사회적인 영역에 위치할 때 정부는 권력과 폭력을 독점하게 된다. 이에 반해 말과 행동에서 정치적인 것은 각자의 재능 또는 자질과 무관한 '누군가'와 관련이 있다. 여기서 세계 내에서 사물들을 끊임없이 능동적으로 판단하는 데 결정적으로 기능하는 취미 역량은 특질에 바탕을 둔 구별 감각이다. 인간의 미각과 후각이 식용 가능한 음식과 독성 물질을 구별하기 위해서 발달했듯 정치인의 판단 역량도 기본적으로 오감을 아우르며 미를 분별할 수 있는 취미 판단에서 비롯한다. 최소한 취미 공동체 감각의 근간이 되어 한 사회에서 문화를 탈야만화하는 역할을 담당하고 열린 공간을 공유한다. 정치적인

10　가령 아테네에서 자유인들이 모여 토론하는 아고라, 즉 특정 현안을 두고 토론하는 세계가 곧 '정치적인 것'의 지평이다. 여기에 설득의 여신인 페이토Peitho가 동등한 인간 사이에 군림해 강제나 강요 없이 모든 사안을 결정할 수 있다. 따라서 어떤 강제력이나 폭력도 정치적인 것에서 배제된다. 이런 점에서 상명하복 없이 수행될 수 없는 전쟁은 비정치적인 것의 전형이다. 그리스어로 분투적 정신agonistic spirit에서 분투의 동사형인 'aristeuein'이 가장 '정예롭다'는 의미로 사용되는 부분이 흥미롭다.

것이 자유를 전제하는 데 반해서, 정치적인 것의 점진적 소멸은 판단의 쇠퇴를 가져온다. 결국 정치적인 것은 문화적인 것의 미, 정치적으로 표출된 지속성, 세계의 잠재적 불후성이 스스로 드러내는 광채 없이는 존속할 수 없다.

그래서 실존의 위협에 당면한 21세기 모든 인류에게 아렌트의 다음 질문은 뼈아프다. "오늘의 위기 중 위험에 처한 것은 인간인가 세계인가?"[11] 신뢰할 만한 미래학자에 따르면, 인류가 우려하는 실존적 위협은 지진, 감마선 폭발, 운석의 충돌, 초대형 화산 폭발과 같은 자연적 위협이 아니라 인류가 자초한 기후 재앙, 잠재적인 미래 기술, 이에 따른 전체주의의 도래와 무관하지 않다. 재앙이 발생할 확률이 극도로 낮을지라도, 우리가 사는 세계가 실존적 위험성을 외면할 수는 없다. 아렌트는 당장 핵전쟁의 발발로 세계 인구의 99% 이상을 절멸시킬 수 있을 뿐 아니라, 이들이 거주하는 세계를 사막으로 초토화할 수 있다고 주장한다.[12] 기술 혁명의 부정적 여파로 생긴 전체주의적 파국도 세계를 사막화하기는 마찬가지다. 더 큰 위험은 사막에는 모래 폭풍이 있어서 묘지처럼 절대 고요하지 않다는 점이다.[13]

위의 질문에 우리가 어떻게 응답하는가와 무관하게 한 가지 확실한 점은 인간을 현재 걱정거리의 중심에 두고 안도하기에 앞서서 인간이 변해야 한다는 어떤 응답도 근본적으로 비정치적이라는 사실이다. 정치의 중심에 인간보다는 세계에 대한 우려가 있어서다. 이러한 우려가 사실상 어떻게 구성되든지 간에, 이런 걱정 없이 세계 내 인간과 정치적 인간

---

11   한나 아렌트, 《정치의 약속》, p. 145.

12   한나 아렌트, 앞의 책, pp. 195f., 236, 247.

13   실존적 위험에 대한 가장 정교한 분석으로 Nick Bostrom, "Existential Risk Prevention as Global Priority," *Global Policy* (2013) 4-1이 있다.

모두 살 만한 가치가 있는 삶을 발견할 수 없다.

모든 번역은 동시에 반역이라고들 한다. 하지만 나는 이를 참된 언어를 동경하는 일말의 철학적 작업이자 해석으로 받아들이고 싶다. 원저자보다 옮긴이가 '언어 그 자체'를 더 많이 의식해야 한다는 점에서 그렇다. 아무쪼록 이번 번역이 텍스트와 씨름하는 과정에서 아렌트가 의도한 것을 나름 거두어들인 결과물이었으면 한다. 훌륭한 연주자가 원곡을 자기 방식으로 해석해서 돋보이게 하듯이 이 번역도 아렌트의 취지를 한껏 되살아나게 했으면 하는 바람이 간절하다.

고전 반열에 오른 저작을 출간하는 일은 아렌트의 표현대로 세계를 쌓아나가는 지난한 작업이다. 이 과정에 동참한 분들에게 진심 어린 고마움을 표현하고 싶다. 먼저, 이 책을 소개해준 김선욱 교수께 깊이 감사드린다. 번역 초고부터 교열 과정에 이르기까지 가장 냉정하면서도 현명한 독자의 역할을 자임한 박우나 작가에게도 고맙다. 여러 학교 업무로 일정이 늦어질 수밖에 없는 상황에서 이해와 배려로 잘 이끌어준 백수미 편집장께 죄송한 마음과 고마운 마음을 함께 전하고 싶다. 또한 번역자의 문장과 문체를 한 땀 한 땀 조율해준 문해순, 박나래, 이승희 선생께도 감사드린다. 옮긴이에게 번역 작업이 가장 치열한 학습의 과정이었듯이, 이 분들의 노고가 조금이나마 보상이 되었으면 한다. 마지막으로 소홀했던 가족에게도 미안한 마음을 전한다.

찾아보기

539,565,640,648,663,699

공화국기금 157~159,168,170~172

공화당 288,289,291,652

공화당원 289,290

공화주의 95,102,107,319,484,496,
529,638,642

공화파 319

공회당 회합 town hall meeting 220,
530,646~648

과두제 76,93,105,111,120,234

관념론 79,82,596,686

관념론자 82

관료제 78,79,187,225,412,413,
513,540,650,653,654,659,715,
772

관조적 삶 85,87,89,421,422,572,
633,690

괴테, 요한 볼프강 폰 54,206,386,743

구분 52,55,62,70,71,73,74,81,96,
98~101,109~111,113,114,116,
120,123,124,130,131,140~142,
145,159,227,228,231,318,389,
421~423,425,430,467,483,522,
555,615~618,639,640,644,647,
657~660,663~665,672,673,677,
712,719,784

구약성서 428,465

구체적 보편성 271

구체제 316,318~320,497,527,541

국가안보 698,700

국가 이성 153,698~700,703

국립인문재단 626

국민 국가 58,244,532

국민공회 536

국제연맹 168

군사 행동 118

군주제 76,93,95,105~111,116,118,
122,138,309,319,488,494~496,
499,526,527,529,536,661,663

권력 75~78,81,93~95,100,
102~105,108~111,114,123,
124,130~132,137,140,146~148,
162,163,176,186,193~196,202,
211~214,218,221,226,228,229,
231~233,236~238,256,281,287,
288,292,307,310,314,340,343,
358,360,361,372,373,376,397,
398,444,446,479,481,483~488,
497,503,506~510,523,524,529,
530,532,536,537,541,544,545,
579,584,635,636,651,653~658,
660,665,666,669,670,680,712

권력에의 의지 736

권리 장전 165,168

권위 58,98,100~102,107,127~132,
137,140~142,144~147,149~152,
158,215,278,282,283,337,358,
407,411,474,485,489,513,524,

ㄹ

라슬로 러이크 190

라이프니츠, 고트프리트 690

라틴아메리카 293

란다우, 모세 407

랜돌프, 존 314

레닌, 블라디미르 44, 61, 63, 78, 79, 81,
   178, 184, 191, 213, 217, 279, 282,
   484, 513, 540, 544, 545, 564, 655

레닌주의 44

레바논 232

레뱌드킨, 마리야 515, 519

레스 푸블리카res puplica 317

레싱 435

레지스탕스 321

레크리에이션 247

레테 평의회 310

렘브케 513

로고스 61, 66

로마 69, 71, 90, 95, 96, 102, 109,
   113, 115, 118~124, 129, 146~155,
   160, 253~256, 264, 275, 310, 317,
   339, 345~348, 360, 452, 467, 468,
   482, 531, 533, 542, 543, 577, 581,
   663~665, 677, 678, 680, 709, 723,
   727

로마 시대 531, 709

로마인 90, 117, 123, 147, 149~151,
   153, 154, 253, 254, 264, 345, 531,
   581, 664, 677, 678, 690, 723

로베스피에르, 막시밀리앙 드 153, 279,
   318~320, 366, 490, 493, 495, 496,
   503, 536~539, 750

로앙, 루이드 93

로크, 존 424~427, 435, 676

록펠러, 넬슨 288~290, 293, 294

론칼리, 안젤로 주세페 382, 679, 680,
   685

루마니아 236

루소, 장 자크 103, 246, 279, 280, 493,
   537, 657, 662

루스벨트, 프랭클린 292

루이 16세 489

루터 44, 89, 152, 685

룩셈부르크, 로자 180, 239, 540, 639,
   640

르네상스 531, 578, 727

리, 로버트 458

리비우스, 티투스 360, 483

리앙쿠르 공작 489~491

리처드 3세 329, 714

리처드슨, 엘리엇 693

리푸틴 514

옮긴이   신충식

서울대학교 대학원 정치학과에서 정치철학을 공부하고 미국 뉴스쿨 사회과학대학원 철학과에서 타자성과 시간 현상학에 관한 논문 "The Living Present and Otherness"(2005)로 박사학위를 받았다. 성균관대학교 사회과학대학 연구교수를 거쳐 경희대학교 후마니타스칼리지 교수로 재직하고 있으며 한국현상학회 회장을 역임했다. 주요 관심 분야는 현상학, 해석학, 정치 이론, 공직 윤리, 교양 교육이다. 최근 논문으로 〈슈미트와 하이데거: '정치현상학'의 가능성 모색〉, 〈책임의 역설과 행정악行政惡의 문제〉, 〈해석학으로서 행정학의 가능성에 대한 검토〉, 〈아렌트의 초기 시간 분석과 이웃사랑의 가능성〉, 〈아렌트의 '정치적 사유'에 대한 현상학적 분석〉, 〈가다머와 아렌트: 아리스토텔레스의 '프로네시스'〉 등이 있다. 지은 책으로 《보수주의와 보수의 정치 철학》(공저), 《생태 문명 생각하기》(공저), 《공직 윤리》(공저) 등이 있고 《인간을 인간답게》, 《다른 하이데거》 등을 번역했다.

난간 없이 사유하기
한나 아렌트의 정치 에세이

1판 1쇄 발행	2023년 9월 30일
1판 2쇄 발행	2023년 11월 10일

지은이	한나 아렌트	옮긴이	신충식
펴낸곳	(주)문예출판사	펴낸이	전준배

편집	백수미 이효미 박해민	디자인	최혜진
영업·마케팅	하지승	경영관리	강단아 김영순

출판등록	2004.02.12. 제 2013 – 000360호 (1966.12.2. 제 1 – 134호)
주소	04001 서울시 마포구 월드컵북로 21
전화	393 – 5681 팩스 393 – 5685
홈페이지	www.moonye.com 블로그 blog.naver.com/imoonye
페이스북	www.facebook.com/moonyepublishing
이메일	info@moonye.com
ISBN	978-89-310-2332-9 93160

잘못 만든 책은 구입하신 서점에서 바꿔드립니다.

문예출판사® 상표등록 제 40 – 0833187호, 제 41 – 0200044호